U0127974

贛文化通典

—— 方言卷　第三冊

目錄

第四章

江西方言代表方言
點字音對照

本章對照江西方言三十二處代表方言點的單字讀音。方言點的排列按第三章各方言點音系所列的順序：贛方言點——客家方言點——官話方言點——徽州方言點——吳方言點——閩方言點。

本章用作對照的單字音共四百八十個，這些字均選自《方言調查字表》[1]。每個字註明其中古音韻地位：攝、開合、等第、聲調、韻母、聲母，例如：

001[2]多：果開一平歌端表示「多」字在中古語音系統中屬於「果攝」「開口」「一等」「平聲」「歌韻」「端母」；

174 貪：咸開一平覃透表示「貪」字在中古語音系統中屬於「咸攝」「開口」「一等」「平聲」「覃韻」「透母」；

480 局：通合三入燭群表示「局」字在中古語音系統中屬於「通攝」「合口」「一等」「入聲」「燭韻」「群母」。

1　中國社會科學院語言研究所編：《方言調查字表》，商務印書館 1981 年版。

2　為便於查找，本章用作對照的單字編定順序以數字標記。

多音字只收其中一讀，用小號字註明，例如：「007 磨名詞」「017 假真～」（相同的字用「～」號表示）。字音有文白異讀的，只收彔白讀音。字音的聲母韻母以國際音標標註。為了便於對照比較，聲調採用傳統的「發圈法」標示調類（具體調值可以參見第三章「江西方言代表方言點的音系」中各方言點音系）：以「꜀□」「꜂□」「□꜄」「□꜆」分別表示平聲、上聲、去聲、入聲；聲調作陰陽兩分的，「꜀□」「꜂□」「□꜄」「□꜆」只分別表示陰平、陰上、陰去、陰入，以「꜁□」「꜃□」「□꜅」「□꜇」分別表示陽平、陽上、陽去、陽入。例如：

鉛山話有 5 個聲調：

　花꜀fa（陰平）魚꜁ŋ（陽平）　　女꜂ŋy（上聲）

　錯 tsʻo꜄吙（去聲）　　　　　雪ɕiɛʔ꜆（入聲）

廣豐話有 8 個聲調：

　多꜀to（陰平）　　　　　　茄꜁gie（陽平）

　酒꜂tsɤɯ（陰上）　　　　　件꜃giẽn（陽上）

　線ɕiẽn꜄（陰去）　　　　　嫩nuɑ̃n꜅（陽去）

　鴨æʔ꜆（陰入）　　　　　　月ȵyæʔ꜇（陽入）

少數方言點如修水話，陰平和陰去各有兩類，再加數字「1」「2」，以「꜀1□」「꜀2□」和「□꜄1」「□꜄2」分別表示。例如：

　多꜀1tɔ（陰平 1）箍꜀2gu（陰平 2）

　過 kɔ꜄1（陰去 1）錯 dzŋ꜄2（陰去 2）

以下是本章所收單字索引（480 單字按《方言調查字表》所列十六攝的順序排列）：

1. 果摄：（315页）

| 001 多 | 002 大 | 003 箩 | 004 歌 | 005 鹅 | 006 茄 | 007 磨 | 008 坐 |
| 009 过 | 010 火 | 011 祸 | 012 靴 | | | | |

2. 假摄：（316页）

| 013 爬 | 014 耙 | 015 马 | 016 茶 | 017 假 | 018 牙 | 019 虾 | 020 下 |
| 021 谢 | 022 车 | 023 蛇 | 024 夜 | 025 瓦 | 026 花 | | |

3. 遇摄：（318页）

027 谱	028 簿	029 路	030 租	031 错	032 簏	033 苦	034 五
035 虎	036 户	037 乌	038 女	039 猪	040 初	041 锄	042 煮
043 书	044 鼠	045 锯	046 去	047 鱼	048 斧	049 扶	050 柱
051 主	052 竖	053 树	054 区	055 雨	056 芋		

4. 蟹摄：（322页）

057 戴	058 袋	059 菜	060 在	061 改	062 开	063 爱	064 带
065 盖	066 害	067 排	068 戒	069 派	070 买	071 卖	072 柴
073 街	074 鞋	075 矮	076 败	077 世	078 米	079 梯	080 泥
081 洗	082 鸡	083 溪	084 倍	085 妹	086 对	087 队	088 罪
089 碎	090 灰	091 外	092 会	093 怪	094 挂	095 快	096 岁
097 肺	098 桂						

5. 止摄：（327页）

099 被	100 纸	101 是	102 儿	103 寄	104 戏	105 眉	106 地
107 资	108 四	109 迟	110 师	111 二	112 李	113 字	114 祠
115 柿	116 事	117 市	118 儿	119 气	120 吹	121 亏	122 跪
123 醉	124 锤	125 水	126 飞	127 肥	128 尾	129 鬼	130 围

6. 效摄：（331页）

131 宝	132 毛	133 讨	134 脑	135 老	136 早	137 草	138 造
139 高	140 熬	141 好	142 袄	143 饱	144 罩	145 找	146 炒
147 咬	148 表	149 笑	150 照	151 烧	152 桥	153 舀	154 鸟
155 料	156 叫						

7. 流摄：（334页）

157 母	158 豆	159 走	160 狗	161 后	162 厚	163 浮	164 流
165 酒	166 皱	167 愁	168 瘦	169 手	170 九	171 牛	172 有
173 油							

8. 咸摄：（336页）

174 贪	175 潭	176 南	177 盃	178 暗	179 搭	180 踏	181 拉
182 盒	183 胆	184 淡	185 篮	186 三	187 敢	188 塔	189 腊
190 赚	191 杉	192 咸	193 插	194 衫	195 鸭	196 尖	197 占
198 盐	199 猎	200 接	201 叶	202 欠	203 严	204 店	205 甜
206 嫌	207 贴	208 叠	209 犯	210 法			

9. 深摄：（341页）

211 林	212 心	213 寻	214 参	215 针	216 深	217 金	218 琴
219 阴	220 集	221 十	222 急				

10. 山摄：（342页）

223 炭	224 难	225 兰	226 汗	227 安	228 辣	229 割	230 办
231 山	232 产	233 间	234 眼	235 八	236 杀	237 板	238 颜
239 偏	240 面	241 连	242 煎	243 线	244 扇	245 善	246 件
247 演	248 舌	249 热	250 建	251 歇	252 边	253 片	254 面
255 天	256 年	257 莲	258 先	259 肩	260 现	261 烟	262 捏
263 节	264 切	265 结	266 搬	267 半	268 判	269 拌	270 满
271 端	272 短	273 断	274 暖	275 乱	276 酸	277 官	278 完
279 换	280 碗	281 泼	282 脱	283 活	284 关	285 还	286 刷
287 刮	288 全	289 转	290 传	291 砖	292 船	293 软	294 卷
295 拳	296 铅	297 绝	298 雪	299 反	300 饭	301 万	302 原
303 园	304 远	305 发	306 罚	307 袜	308 月	309 县	310 血

11. 臻摄：（353页）

311 根	312 恨	313 恩	314 民	315 尽	316 新	317 身	318 认
319 紧	320 银	321 笔	322 七	323 一	324 斤	325 劲	326 近
327 本	328 门	329 墩	330 嫩	331 寸	332 孙	333 滚	334 稳
335 骨	336 笋	337 准	338 春	339 顺	340 闰	341 出	342 橘
343 分	344 问	345 军	346 云				

12. 宕摄：（358页）

347 帮	348 糖	349 浪	350 糠	351 薄	352 托	353 恶	354 奖
355 想	356 像	357 张	358 帐	359 长	360 肠	361 丈	362 装
363 床	364 章	365 唱	366 上	367 姜	368 响	369 痒	370 略
371 削	372 药	373 光	374 黄	375 郭	376 放	377 防	378 旺

13. 江摄：（362页）

379 棒	380 撞	381 双	382 江	383 讲	384 剥	385 角	386 学

14. 曾摄：（363页）

| 387 灯 | 388 等 | 389 层 | 390 肯 | 391 北 | 392 墨 | 393 贼 | 394 刻 |
| 395 冰 | 396 升 | 397 蝇 | 398 力 | 399 直 | 400 色 | 401 织 | 402 国 |

15. 梗摄：（365页）

403 打	404 冷	405 生	406 梗	407 硬	408 拍	409 白	410 拆
411 客	412 争	413 耕	414 麦	415 摘	416 兵	417 病	418 镜
419 影	420 井	421 晴	422 声	423 城	424 轻	425 席	426 尺
427 听	428 零	429 醒	430 壁	431 锡	432 矿	433 横	434 兄
435 荣							

16. 通摄：（369页）

436 东	437 懂	438 桶	439 痛	440 铜	441 动	442 洞	443 聋
444 粽	445 公	446 空	447 红	448 木	449 读	450 谷	451 冬
452 脓	453 松	454 毒	455 风	456 梦	457 中	458 虫	459 弓
460 熊	461 六	462 宿	463 竹	464 粥	465 肉	466 曲	467 蜂
468 缝	469 龙	470 松	471 重	472 肿	473 春	474 供	475 共
476 用	477 绿	478 足	479 烛	480 局			

	001 多 果开一 平歌端	002 大~小 果开一 去箇定	003 笋 果开一 平歌来	004 歌 果开一 平歌见	005 鹅 果开一 平歌疑	006 茄 果开三 平戈群	007 磨名词 果合一 去过明	008 坐 果合一 上果从
南昌	꜀to	tʰaiꜛ	loꜛ	꜀ko	ŋoꜛ	꜀tɕʰia	moꜛ	tsʰoꜛ
修水	꜀cꜛ	daiꜛ	꜀lꜛ	꜀kꜛ	꜀ŋꜛ	꜀guɛ	moꜛ	dzɛꜛ
湖口	꜀to	daiꜛ	꜀lo	꜀ko	꜀ŋo	꜀dʑia	moꜛ	dzoꜛ
鄱阳	꜀to	꜀tʰai	loꜛ	꜀ko	꜀ŋo	꜀tɕʰiɒ	꜀mo	꜀tsʰo
铅山	꜀to	tʰaiꜛ	꜀lo	꜀ko	꜀ŋo	꜀tɕʰiɛ	moꜛ	꜀tsʰo
抚州	꜀to	xaiꜛ	꜀lo	꜀ko	꜀ŋo	꜀tɕʰyo	moꜛ	꜀tsʰo
资溪	꜀to	xaiꜛ	꜀lo	꜀ko	꜀ŋo	꜀tɕʰio	moꜛ	꜀tʰo
宜黄	꜀to	xaiꜛ	꜀lo	꜀ko	꜀ŋo	꜀tɕʰio	moꜛ	꜀tʰo
丰城	꜀to	taiꜛ	꜀lo	꜀ko	꜀ŋo	꜀tɕʰio	moꜛ	tsʰoꜛ
高安	꜀to	tʰaiꜛ	꜀lo	꜀ko	꜀ŋo	꜀tɕʰio	moꜛ	tʰoꜛ
新余	꜀to	tʰaiꜛ	꜀lo	꜀ko	꜀ŋo	꜀tɕʰio	moꜛ	tsʰoꜛ
吉安	꜀to	tʰaiꜛ	꜀lo	꜀ko	꜀ŋo	꜀tɕʰia	moꜛ	tsʰoꜛ
遂川	꜀to	tʰæꜛ	꜀lo	꜀ko	꜀ŋo	꜀tɕʰio	moꜛ	꜂tsʰo
宁都	꜀to	tʰaiꜛ	꜀lo	꜀ko	꜀ŋo	꜀tsʰo	moꜛ	꜀tsʰo
瑞金	꜀to	tʰɛꜛ	꜀lo	꜀ko	꜀ŋo	꜀tɕʰio	moꜛ	꜀tsʰo
于都	꜀tɤ	tʰæꜛ	꜀lɤ	꜀kɤ	꜀ŋɤ	꜀tɕʰiɤ	mɤꜛ	꜀tsʰɤ
赣县	꜀uɛ	tʰæꜛ	꜀nɛu	꜀kɛu	꜀ŋɛu	꜀tɕʰiɛu	mɛuꜛ	꜀tsʰuɛ
南康	꜀to	tʰæꜛ	꜀lo	꜀ko	꜀ŋo	꜀tɕʰio	moꜛ	꜀tsʰo
龙南	꜀tʊ	tʰaiꜛ	꜀lʊ	꜀kʊ	꜀ŋʊ	꜀tɕʰiʊ	mʊꜛ	꜀tsʰʊ
寻乌	꜀to	tʰaiꜛ	꜀lo	꜀ko	꜀ŋo	꜀kʰio	moꜛ	꜀tsʰo
黄坳	꜀cꜛ	tʰaiꜛ	꜀lɔ	꜀kɔ	꜀ŋɔ	꜀kʰiɔ	mɔꜛ	꜀cꜛ
铜鼓	꜀cꜛ	tʰai	꜀cꜛ	꜀cꜛ	꜀ŋꜛ	꜀tɕʰiꜛ	mꜛ	꜀cꜛ
大溪	꜀to	tʰæꜛ	꜀lo	꜀ko	꜀ŋo	꜀tɕʰio	moꜛ	꜀tsʰo
太源	꜀to	tʰaiꜛ	꜀lo	꜀ko	꜀ŋo	꜀tɕʰia	moꜛ	꜀tsʰo
九江	꜀to	tʊꜛ	꜀lo	꜀ko	꜀ŋo	꜀tɕʰiɛ	moꜛ	tsʰoꜛ
赣州	꜀to	taꜛ	꜀lo	꜀ko	꜀o	꜀tɕʰio	moꜛ	tsoꜛ
白槎	꜀tuo	taꜛ	꜀luo	꜀ko	꜀ŋo	꜀tɕʰiɛ	moꜛ	tsuoꜛ
浮梁	꜀to	tʰaꜛ	꜀lo	꜀kiɛ	꜀ŋiɛ	꜀tɕʰiɛ	moꜛ	tsʰoꜛ
婺源	꜀tɵ	tʰuꜛ	꜀lɵ	꜀kɵ	꜀ge	꜀tɕʰiɛ	buꜛ	꜀tsʰɵ
上饶	꜀to	doꜛ	꜀lo	꜀ko	꜀ŋo	꜀ge	moꜛ	꜁dzo
广丰	꜀to	doꜛ	꜀lai	꜀ko	꜀ŋo	꜀gie	mieꜛ	꜁dzo
铜山	꜀to	tuaꜛ	꜀lua	꜀ko	꜀ia	꜀kiɐ	boꜛ	꜁tsə

		009 过 果合一 去过见	010 火 果合一 上果晓	011 祸 果合一 上果匣	012 靴 果合三 平戈晓	013 爬 假开二 平麻並	014 耙 名词 假开二 去祃並	015 马 假开二 上马明	016 茶 假开二 平麻澄
南	昌	kuo⁼	꜀fo	fo⁼	꜁ɕye	꜁p'a	p'a⁼	꜀ma	꜁ts'a
修	水	kɔ⁼ ¹	꜀fɔ	fɔ⁼	꜁fɛ	꜁ba	ba⁼	꜀ma	꜁dza
湖	口	ku⁼	꜀xu	xuo⁼	꜁ɕyɛ	꜁ba	ba⁼	꜀ma	꜁dza
鄱	阳	ko⁼	꜀fo	꜁fo	꜁ɕyɒ	꜁p'ɒ	꜁p'ɒ	꜀mɒ	꜁ts'ɒ
铅	山	ko⁼	꜀xo	o⁼	꜁ɕyɛ	꜁p'a	p'a⁼	꜀ma	꜁ts'a
抚	州	kuo⁼	꜀fo	fo⁼	꜁ɕyo	꜁p'a	p'a⁼	꜀ma	꜁ts'a
资	溪	kuo⁼	꜀fo	fo⁼	꜁ɕio	꜁p'a	p'a⁼	꜀ma	꜁t'a
宜	黄	kuo⁼	꜀fo	fo⁼	꜁ɕio	꜁p'a	p'a⁼	꜀ma	꜁t'a
丰	城	kuo⁼	꜀fo	fo⁼	꜁ɕio	꜁p'a	p'a⁼	꜀ma	꜁ts'a
高	安	kuo⁼	꜀fo	꜁uo	꜁ɕio	꜁p'a	p'a⁼	꜀ma	꜁t'a
新	余	꜁kuo	꜀fo	fo⁼	꜁ɕio	꜁p'a	p'a⁼	꜀ma	꜁ts'a
吉	安	꜁kuo	꜀fo	fo⁼	꜁ɕio	꜁p'a	p'a⁼	꜀ma	꜁ts'a
遂	川	ko⁼	꜀xo	xo⁼	꜁ɕio	꜁p'a	p'a⁼	꜀ma	꜁ts'a
宁	都	ko⁼	꜀fo	fo⁼	꜁so	꜁p'a	p'a⁼	꜁ma	꜁ts'a
瑞	金	ko⁼	꜀xo	xo⁼	꜁ɕio	꜁p'a	p'a⁼	꜀ma	꜁ts'a
于	都	ky⁼	꜀xy	xy⁼	꜁ɕiɤ	꜁p'a	p'a⁼	꜁ma	꜁ts'a
赣	县	kəu⁼	꜀xəu	xəu⁼	꜁ɕiəu	꜁p'a	p'a⁼	꜁ma	꜁ts'a
南	康	ko⁼	꜀xo	xo⁼	꜁ɕio	꜁p'a	p'a⁼	꜁ma	꜁ts'a
龙	南	ku⁼	꜀fu	xu⁼	꜁ɕiʊ		p'a⁼	꜀ma	꜁ts'a
寻	乌	ko⁼	꜀xo	xo⁼	꜁so	꜁p'a	p'a⁼	꜀ma	꜁ts'a
黄	坳	kɔ⁼	꜀fɔ	fɔ⁼	꜁ɕiɔ	꜁p'a	p'a⁼	꜀ma	꜁ts'a
铜	鼓	kɔ⁼	꜀fɔ	fɔ⁼	꜁ɕiɔ	꜁p'a	p'a⁼	꜀ma	꜁ts'a
大	溪	ko⁼	꜀xo	xo⁼	꜁ɕio	꜁p'a	p'a⁼	꜀ma	꜁ts'a
太	源	꜁ku	꜀fu	fo⁼	꜁ɕio	꜁p'a	p'a⁼		꜁ts'a
九	江	ko⁼	꜀xo	xo⁼	꜁ʂuei	꜁p'ɒ	p'ɒ⁼	꜀mɒ	꜁ts'ɒ
赣	州	ko⁼	꜀xo	xo⁼	꜁ɕio	꜁p'a	p'a⁼	꜀ma	꜁ts'a
白	槎	kuo⁼	꜀xuo	xuo⁼	꜁ʂuɤ	꜁p'a	pa⁼	꜀ma	꜁tʂ'a
浮	梁	kuo⁼	꜀xuo	xuo⁼	꜁ɕyɛ	꜁p'o	p'o⁼	꜀mo	꜁tʂ'o
婺	源	ku⁼	꜀xɵ	꜀xɵ	꜁ɕye	꜁p'ɵ	p'ɵ⁼	꜀bɵ	꜁ts'ɵ
上	饶	ko⁼	꜀xo	꜀o	꜁ɕy	꜁ba	ba⁼	꜀ma	꜁dza
广	丰	kye⁼	꜀xye	꜀uy	꜁xye	꜁bɑ	bɑ⁼	꜀mɑ	꜁dzɑ
铜	山	kə⁼	꜀xə	xə⁼	꜁xia	꜁pe	pe⁼	꜀be	꜁te

		017	018	019	020	021	022	023	024
		假真~	牙	虾	下方位	谢姓	车	蛇	夜
		假开二上马见	假开二平麻疑	假开二平麻晓	假开二上马匣	假开三去祃邪	假开三平麻昌	假开三平麻船	假开三去祃以
南	昌	꜀ka	ŋa꜔	꜀xa	xa꜔	ɕia꜔	꜀tsʰa	sa꜔	ia꜔
修	水	꜀ka	꜁ŋa	꜁xa	xa꜔	dʑia꜔	꜁da	꜁sa	ia꜔
湖	口	꜀ka	꜁ŋa	꜀xa	xa꜔	dʑia	꜁dʑa	꜁sa	ia꜔
鄱	阳	꜀kɒ	ŋɒ	꜀xɒ	xɒ꜔	tɕʰiɒ	꜁tsʰɒ	꜁sɒ	꜁iɒ
铅	山	꜀ka	꜁ŋa	꜀xa	꜀xa	tɕiɛ	꜁tsʰɛ	꜁sɛ	iɛ
抚	州	꜀ka	꜁ŋa	꜀xa	꜀xa	tɕia꜔	꜁tʰa	꜁sa	ia꜔
资	溪	꜀ka	꜁ŋa	꜀xa	꜀xa	ɕia꜔	꜁tʰa	꜁sa	ia꜔
宜	黄	꜀ka	꜁ŋa	꜀xa	꜀xa	ɕia꜔	꜁tʰa	꜁sa	ia꜔
丰	城	꜀ka	꜁ŋa	꜀xa	xa꜔	tɕia꜔	꜁tsʰa	꜁sa	ia꜔
高	安	꜀ka	꜁ŋa	꜀xa	xa꜔	tsʰia꜔	꜁tʰa	꜁sa	ia꜔
新	余	꜀ka	꜁ŋa	꜁xa	xa꜔	sa꜔	꜁tʰa	꜁sa	ia꜔
吉	安	꜀ka	꜁ŋɛ	꜀xɛ	xa꜔	ɕia꜔	꜁tsʰa	꜁sa	ia꜔
遂	川	꜀ka	꜁ŋa	꜀xa	xa꜔	ɕia꜔	꜁tsʰa	꜁sa	ia꜔
宁	都	꜀ka	꜁ŋa	꜀xa	꜀xa	tɕia꜔	꜁tsʰa	꜁sa	ia꜔
瑞	金	꜀ka	꜁ŋa	꜀xa	xa꜔	tɕia꜔	꜁tsʰa	꜁sa	ia꜔
于	都	꜀ka	꜁ŋa	꜀xa	xa꜔	tsʰia꜔	꜁tʃʰa	꜁ʃa	ia꜔
赣	县	꜀ka	꜁ŋa	꜀xa	xa꜔	tɕia꜔	꜁tsʰa	꜁sa	ia꜔
南	康	꜀ka	꜁ŋa	꜀xa	꜀xa	tɕia꜔	꜁tsʰa	꜁sa	ia꜔
龙	南	꜀ka	꜁ŋa	꜀xa	xa꜔	tɕia꜔	꜁tsʰa	꜁sa	ia꜔
寻	乌	꜀ka	꜁ŋa	꜀xa	xa꜔	tɕia꜔	꜁tsʰa	꜁sa	ia꜔
黄	坳	꜀ka	꜁ŋa	꜀xa	xa꜔	tɕia꜔	꜁tsʰa	꜁sa	ia꜔
铜	鼓	꜀ka	꜁ŋa	꜀xa	xa꜔	tsʰia꜔	꜁tsʰa	꜁sa	ia꜔
大	溪	꜀ka	꜁ŋa	꜀xa	꜀xa	ɕia꜔	꜁tɕʰia	꜁sa	ia꜔
太	源	꜀ka	꜁ŋa	꜀xa	xa꜔	tɕia꜔	꜁tsʰa	꜁sa	ia꜔
九	江	꜀tɕiɒ	꜁iɒ	꜀ɕiɒ	ɕiɒ꜔	ɕiɒ꜔	꜁tʂʰei	꜁ʂei	iɛ꜔
赣	州	꜀tɕia	꜁ia	꜀ɕia	ɕia꜔	ɕiɛ꜔	꜁tsʰe	꜁se	iɛ꜔
白	槎	꜀tɕia	꜁ia	꜀ɕia	ɕia꜔	ɕiɛ꜔	꜁tʂʰɛ	꜁ʂɛ	iɛ꜔
浮	梁	꜀ko	꜁ŋo	꜀xo	xo꜔	ɕʰiɛ꜔	꜁tɕʰiɛ	꜁ɕiɛ	iɛ꜔
婆	源	꜀kɵ	꜁gɵ	꜀xɵ	꜁xɵ	tsʰe꜔	꜁tɕʰie	꜁ɕie	ie꜔
上	饶	꜀ka	꜁ŋa	꜀xa	꜁xa	dʑie꜔	꜁tɕʰie	꜁ɕie	ie꜔
广	丰	꜀kɑ	꜁ŋɑ	꜀xɑ	꜁xo	dʑie꜔	꜁tɕʰie	꜁ɕie	iɑ꜔
铜	山	꜀ke	꜁ge	꜀xe	꜁e	ɕia꜔	꜁tɕʰia	tsua	ia꜔

	025 瓦 假合二 上马疑	026 花 假合二 平麻晓	027 谱 遇合一 上姥帮	028 簿 遇合一 上姥並	029 路 遇合一 去暮来	030 租 遇合一 平模精	031 错 遇合一 去暮清	032 箍 遇合一 平模见
南 昌	ꞓua	₌fa	ꞓpʻu	pʻu⁼	lu⁼	₌tsu	tsʻo⁼	₌ku
修 水	ꞓŋa	₌fa	ꞓbu	bu⁼	lu⁼	₌tsʅ	dzʅ⁼ ²	₌gu
湖 口	ꞓŋa	₌xua	ꞓbu	bu⁼	lu⁼	₌tsu	dzu⁼	₌gu
鄱 阳	ꞓuɒ	₌fɒ	ꞓpʻu	₌pʻu	₌lu	₌tsu	tsʻo⁼	₌kʻu
铅 山	ꞓua	₌fa	ꞓpʻu	₌pʻu	lu⁼	₌tsu	tsʻo⁼	₌kʻu
抚 州	ꞓua	₌fa	ꞓpʻu	₌pʻu	lu⁼	₌tsu	tsʻo⁼	₌ku
资 溪	ꞓua	₌fa	ꞓpʻu	₌pʻu	lu⁼	₌tsʅ	tsʻo⁼	₌ku
宜 黄	ꞓua	₌fa	ꞓpʻu	pʻu⁼	lu⁼	₌tu	tʻo⁼	₌ku
丰 城	ꞓua	₌fa	ꞓpʻu	pʻu⁼	lu⁼	₌tsʅ	tsʻo⁼	₌ku
高 安	ꞓŋa	₌fa	ꞓpʻu	pʻu⁼	lu⁼	₌tsu	tʻo⁼	₌ku
新 余	ꞓŋa	₌fa	ꞓpʻu	pʻu⁼	lu⁼	₌tsʅ	₌tsʻo	₌ku
吉 安	ꞓua	₌fa	ꞓpʻu	pʻu⁼	lu⁼	₌tsʅ	₌tsʻo	₌ku
遂 川	ꞓŋa	₌xua	ꞓpʻu	ꞓpʻu	lu⁼	₌tsʅ	tsʻo⁼	₌ku
宁 都	ꞓŋa	₌fa	ꞓpʻu	₌pʻu	lu⁼	₌tsu	tsʻo⁼	₌ku
瑞 金	ꞓŋa	₌fa	ꞓpʻu	₌pʻu	lu⁼	₌tsu	tsʻo⁼	₌kʻu
于 都	ꞓŋa	₌fa	ꞓpʻu	₌pʻu	lu⁼	₌tsu	tsʻɤ⁼	₌ku
赣 县	ꞓŋa	₌xua	ꞓpʻu	pʻu⁼	lu⁼	₌tsʅ	tsʻəu⁼	₌ku
南 康	ꞓŋa	₌xua	ꞓpʻu	pʻu⁼	lu⁼	₌tsu	tsʻo⁼	₌ku
龙 南	ꞓŋa	₌fa	ꞓpʻu	₌pʻu	lu⁼	₌tsu	tsʻu⁼	₌ku
寻 乌	ꞓŋa	₌fa	ꞓpʻu	₌pʻu	lu⁼	₌tsu	tsʻo⁼	₌kʻu
黄 坳	ꞓŋa	₌fa	ꞓpʻu	₌pʻu	lu⁼	₌tsu	tsʻɔ⁼	₌ku
铜 鼓	ꞓŋa	₌fa	ꞓpʻu	₌pʻu	lu⁼	₌tsʅ	tsʻɔ⁼	₌ku
大 溪	ꞓŋa	₌xua	ꞓpʻu	₌pʻu	lu⁼	₌tsu	tsʻo⁼	₌kʻu
太 源	ꞓŋa	₌xa	ꞓpʻu	pʻu⁼	lu⁼	₌tsu	₌tsʻo	₌kʻu
九 江	Ꞌuɒ	₌xuɒ	ꞓpʻu	pu⁼	ləu⁼	₌tsuɒ	tsʻo⁼	₌ku
赣 州	Ꞌva	₌xua	ꞓpʻu	pu⁼	lu⁼	₌tsʅ	tsʻo⁼	₌ku
白 槎	ꞓua	₌fa	ꞓpʻu	pu⁼	ləu⁼	₌tsəu	tsʻuo⁼	₌kʻu
浮 梁	Ꞌŋo	₌xo	ꞓpʻu	ꞓpʻu	ləu⁼	₌tsəu	tsʻuo⁼	₌kʻu
婆 源	Ꞌgɵ	₌xɵ	ꞓpʻu	ꞓpʻu	lu⁼	₌tsu	tsʻu⁼	₌kʻu
上 饶	Ꞌŋa	₌xua	ꞓpʻu	ꞓbu	lu²	₌tsʅ	tsʻo⁼	₌kʻu
广 丰	ꞓuɑ	₌xuɑ	pʻuɣ	ꞓbu	luɣ²	₌tsʅɣ	tsʻo⁼	₌kʻuɣ
铜 山	Ꞌxia	₌xue	ꞓpʻɔ	ꞓpʻɔ	lɔ⁼	₌tsɔ	tsʻo⁼	₌kʻɔ

		033 苦 遇合一 上姥溪	034 五 遇合一 上姥疑	035 虎 遇合一 上姥晓	036 户 遇合一 上姥匣	037 乌 遇合一 平模影	038 女 遇合三 上语泥	039 猪 遇合三 平鱼知	040 初 遇合三 平鱼初
南	昌	kʰu	ŋ̍	fu	fu	u	ȵy	tɕy	tsʰu
修	水	gu	ŋ̍	fu	fu	u	ŋui	tu	dzɿ
湖	口	gu	ŋ̍	xu	xu	u	ȵy	tɕy	dzu
鄱	阳	kʰu	u	fu	fu	u	ȵy	tɕy	tsʰu
铅	山	kʰu	ŋ̍	fu	fu	u	ȵy	tɕy	tsʰu
抚	州	kʰu	ŋ̍	fu	fu	u	ȵiɛ	tɛ	tsʰu
资	溪	kʰu	ŋ̍	fu	fu	u	ȵiɛ	tɛ	tʰu
宜	黄	kʰu	ŋ̍	fu	fu	u	ȵiɛ	tɛ	tʰu
丰	城	kʰu	ŋ̍	fu	fu	vu	ni	tsʅ	tsʰʅ
高	安	kʰu	ŋ̍	fu	fu	u	θ	tθ	tʰu
新	余	kʰu	ŋ̍	fu	fu	u	ni	tsɿ	tsʰɿ
吉	安	kʰu	ŋ̍	fu	fu	u	ȵy	ty	tsʰu
遂	川	fu	əŋ	fu	fu	u	ȵy	ty	tsʰu
宁	都	kʰu	ŋ̍	fu	fu	vu	ȵiɛ	tɕiɛ	tsʰu
瑞	金	fu	ŋ̍	fu	fu	vu	ȵiu	tɕie	tsʰu
于	都	kʰu	əŋ	fu	fu	vu	ȵie	tʃe	tsʰu
赣	县	fu	əŋ	fu	fu	u	ni	tsu	tsʰu
南	康	fu	əŋ	fu	fu	vu	ni	tse	tsʰu
龙	南	fu	ŋ̍	fu	fu	vu	ni	tsu	tsʰu
寻	乌	fu	ŋ̍	fu	fu	vu	ȵi	tsu	tsʰu
黄	坳	kʰu	ŋ̍	fu	fu	vu	ȵi	tsu	tsʰɔ
铜	鼓	kʰu	ŋ̍	fu	fu	vu	ni	tʂu	tʂʅ
大	溪	kʰu	ŋ̍	fu	fu	u	ŋ̍	tɕiɛ	tsʰu
太	源	fu	ŋ̍	fu	fu	vu	ȵiu	tʃu	tsʰu
九	江	kʰu	u	xu	xu	u	ʅ	tʂʅ	tʂʰuɛ
赣	州	kʰu	vu	fu	fu	vu	ȵy	tɕy	tsʰu
白	槎	kʰu	vu	fu	fu	u	m̩ʅ	tʂʅ	tsʰəu
浮	梁	kʰu	u	fu	fu	u	y	tɕy	tʂʰəu
婺	源	kʰu	vu	xu	xu	u	li	tɕy	tsʰu
上	饶	kʰu	ŋ̍	fu	u	u	ȵy	tɕy	tsʰu
广	丰	kʰuɣ	ŋo	xuɣ	uɣ	ɣu	ȵye	ta	tsʰo
铜	山	kʰɔ	ŋɔ	xɔ	xɔ	ɔ	lu	tu	tsʰue

	041 锄 遇合三 平鱼崇	042 煮 遇合三 上语章	043 书 遇合三 平鱼书	044 鼠 遇合三 上语书	045 锯 遇合三 去御见	046 去 遇合三 去御溪	047 鱼 遇合三 平鱼疑	048 斧 遇合三 上虞非
南昌	⊆tsʻu	ᶜtɕy	⊂ɕy	ᶜɕy	kieꜛ	tɕʻieꜛ	ȵie	ᶜfu
修水	⊆dzʅ	⁼tu	⊆su	su	kiɛꜛ¹	dziɛꜛ²	⊆ŋui	⊆fu
湖口	⊆dzu	ᶜtɕy	⊂ɕy	ᶜɕy	tɕyꜛ	dʑiꜛ	⊆ȵy	⊂fu
鄱阳	⊆tsʻu	ᶜtɕy	⊂ɕy	ᶜɕy	tɕyꜛ	tɕʻieꜛ	⊆ȵy	⊂fu
铅山	⊆tsʅ	ᶜtɕy	⊂ɕy	ᶜtɕʻy	keꜛ	kʻɯꜛ	⊆ŋ̍	⊂fu
抚州	⊆tsʻu	⁼tu	⊆su	⊂su	kiɛꜛ	tɕʻiɛꜛ	⊆ȵiɛ	⊂fu
资溪	⊆ʒʅ	⁼ɜt	⊆ɜs	ᶜɜs	kɛꜛ	kʻɛꜛ	⊆ȵɜ	⊂fu
宜黄	⊆tʻu	⁼tɜ	⊆su	ᶜɜs	kɛꜛ	kʻiɛꜛ	⊆ȵiɛ	⊂fu
丰城	⊆tsʻʮ	ᶜtsʮ	⊆sʮ	ᶜsʮ	tɕiɛꜛ	tɕʻiɛꜛ	⊆ȵiɛ	⊆fu
高安	⊆tʻu	ᶜtʃɵ	⊆ʃɵ	ᶜʃɵ	tɕyꜛ	tɕʻyꜛ	⊆yɵ	⊂fu
新余	⊆tsʅ	ᶜtsʅ	⊆sʅ	ᶜsʅ	⊆tsʅ	⊆tɕʻie	⊆ni	⊂fu
吉安	⊆tsʻu	ᶜty	⊂ɕy	ᶜɕy	⊆kɛ	⊆ʒʅ	⊆ȵie	⊂fu
遂川	⊆tsʻu	ᶜtɕy	⊂ɕy	ᶜɕy	tɕyꜛ	ɕiꜛ	⊆ȵy	⊂fu
宁都	⊆tsʻə	ᶜtɕiɛ	⊂ɕiɛ	⊂sa	kiɛꜛ	ɕiɛꜛ	⊆ȵiɛ	ᶜpu
瑞金	⊆tsʻu	ᶜtɕie	⊆su	ᶜɕie	tɕiuꜛ	ɕiuꜛ	⊆ȵiu	⊂fu
于都	⊆tsʻu	ᶜtʃe	⊆ʃu	ᶜʃe	keꜛ	ɕivꜛ	⊆ȵiəŋ	⊂fu
赣县	⊆tsʻu	ᶜtsu	⊆su	ᶜse	keꜛ	ɕiꜛ	⊆əŋ	⊂fu
南康	⊆tsʻu	ᶜtsu	⊆su	ᶜtɕʻyi	kəꜛ	xəꜛ	⊆əŋ	⊂fu
龙南	⊆tsʻu	ᶜtsu	⊆su	⊂si	tɕiꜛ	ɕiꜛ	⊆ŋ̍	⊂fu
寻乌	⊆tsʻu	ᶜtsu	⊆su	ᶜsu	kieꜛ	kʻiꜛ	⊆ŋ̍	⊂fu
黄坳	⊆tsʻɔ	ᶜtsu	⊆su	⊂tsʻu	kiꜛ	kʻiꜛ	⊆ŋ̍	ᶜpu
铜鼓	⊆tsʻʅ	ᶜtʃu	⊆ʃu	ᶜtʃʻu	kɛꜛ	ɕiꜛ	⊆ȵɛ	⊂fu
大溪	⊆tsʅ	ᶜtɕy	⊂ɕy	ᶜtɕʻy	kɛꜛ	kʻɛꜛ	⊆ȵɛ	⊂fu
太源	⊆tsʻu	ᶜtʃu	⊆ʃu	⊂ʃu	⊆tɕiu	⊆ɕiu	⊆ȵiu	⊂fu
九江	⊆tsʻuɛ	ᶜtʂʮ	⊆su	⊂su	tʂʮꜛ	tɕʻiꜛ	⊆ʮ	⊂fu
赣州	⊆tsʻu	ᶜtɕy	⊂ɕy	⊂ɕy	tɕyꜛ	tɕʻyꜛ	⊆y	⊂fu
白槎	⊆tsʻuɛ	ᶜtʂʮ	⊆sʮ	⊂sʮ	tʂʮꜛ	tʂʻʮꜛ	⊆ʮ	⊂fu
浮梁	⊆ʂuɛ	ᶜtɕy	⊂ɕy	ᶜɕy	tɕyꜛ	tɕʻiꜛ	⊆y	⊂fu
婺源	⊆su	ᶜtɕy	⊂ɕy	ᶜtɕʻy	tɕyꜛ	tɕʻyꜛ	⊆ȵy	⊂fu
上饶	⊆dzu	ᶜtɕy	⊂ɕy	ᶜtɕʻy	keꜛ	kʻəꜛ	⊆ŋ̍	⊂fu
广丰	⊆sɑ	⁼ie	⊂ɕie	ᶜtɕʻie	keꜛ	kʻɤꜛ	⊆ŋɣ	fuɣ
铜山	⊆tɯ	ᶜtsʅ	⊆tsʅ	ᶜtsʅ	kɯꜛ	kʻɯꜛ	⊆xɯ	ᶜpɔ

		049 扶 遇合三 平虞奉	050 柱 遇合三 上虞澄	051 主 遇合三 上虞章	052 竖 遇合三 上虞禅	053 树 遇合三 去遇禅	054 区 遇合三 平虞溪	055 雨 遇合三 上虞云	056 芋 遇合三 去虞云
南	昌	fuᐟ	tɕʰyᐟ	ꜗtɕy	ꜗɕy	ɕyᐟ	₌tɕʰy	ꜗy	yᐟ
修	水	₌bu	duᐟ	ꜗtu	suᐟ	suᐟ	₌gui	ꜗvi	viᐟ
湖	口	₌fu	dʑyᐟ	ꜗtɕy	ɕyᐟ	ɕyᐟ	₌dʑy	ꜗy	yᐟ
鄱	阳	₌fu	₌tɕʰy	ꜗtɕy	₌ɕy	₌ɕy	₌tɕʰy	ꜗy	₌y
铅	山	₌fu	₌tɕʰy	ꜗtɕy	₌ɕy	ɕyᐟ	₌tɕʰy	ꜗy	yᐟ
抚	州	₌fu	₌tʰu	ꜗtu	suᐟ	suᐟ	₌tɕʰi	ꜗi	iᐟ
资	溪	₌fu	₌tʰu	ꜗtu	suᐟ	suᐟ	₌tɕʰi	ꜗi	iᐟ
宜	黄	₌fu	₌tʰu	ꜗtu	suᐟ	suᐟ	₌tɕʰi	ꜗi	iᐟ
丰	城	₌fu	tsʰuᐟ	ꜗtsu	ꜗsu	suᐟ	₌tɕʰy	ꜗi	yᐟ
高	安	₌fu	tʃʰθᐟ	ꜗtʃθ	ʃθᐟ	ʃθᐟ	₌tɕʰyθ	ꜗθ	θᐟ
新	余	₌fu	tsʰɿᐟ	ꜗtsɿ	sɿᐟ	sɿᐟ	₌tsʰɿ	ꜗi	iᐟ
吉	安	₌fu	tsʰuᐟ	ꜗtsu	suᐟ	ɕyᐟ	₌tɕʰy	ꜗy	yᐟ
遂	川	₌fu	tɕʰyᐟ	ꜗtɕy	ɕyᐟ	tɕʰyᐟ	₌tɕʰy	ꜗy	yᐟ
宁	都	₌pʰu	₌tsʰu	ꜗtsu	suᐟ	suᐟ	₌tsʰu	ꜗvu	iuᐟ
瑞	金	₌pʰu	₌tsʰu	ꜗtsu	suᐟ	suᐟ	₌tɕʰiu	ꜗiu	iuᐟ
于	都	₌pʰu	₌tʃʰu	ꜗtʃu	ʃuᐟ	ʃuᐟ	₌tɕʰy	ꜗy	yᐟ
赣	县	₌pʰu	₌tsʰu	ꜗtsu	suᐟ	suᐟ	₌tɕʰi	ꜗi	iᐟ
南	康	₌pʰu	₌tsʰu	ꜗtsu	suᐟ	suᐟ	₌tɕʰyi	ꜗiu	iuᐟ
龙	南	₌pʰu	₌tsʰu	ꜗtsu	suᐟ	suᐟ	₌tɕʰi	ꜗi	iᐟ
寻	乌	₌fu	₌tsʰu	ꜗtsu	suᐟ	suᐟ	₌kʰi	ꜗiu	iuᐟ
黄	坳	₌fu	₌tsʰu	ꜗtsu	suᐟ	suᐟ	₌kʰi	ꜗi	iᐟ
铜	鼓	₌fu	tsʰuᐟ	ꜗtsu	suᐟ	suᐟ	₌kʰui	ꜗi	iᐟ
大	溪	₌fu	₌tɕʰy	ꜗtɕy	₌ɕy	ɕyᐟ	₌tɕʰy	ꜗy	yᐟ
太	源	₌fu	tʃʰuᐟ	ꜗtʃu	ʃuᐟ	ʃuᐟ	₌tɕʰy	ꜗy	yᐟ
九	江	₌fu	tʂʰʅᐟ	ꜗtʂʅ	ʂʅᐟ	ʂʅᐟ	₌tʂʰʅ	ꜗʅ	ʅᐟ
赣	州	₌fu	tɕʰyᐟ	ꜗtɕy	ɕyᐟ	ɕyᐟ	₌tɕʰy	ꜗy	yᐟ
白	槎	₌fu	tʂʰʅᐟ	ꜗtʂʅ	ʂʅᐟ	ʂʅᐟ	₌tʂʰʅ	ꜗʅ	ʅᐟ
浮	梁	₌fu	tɕʰyᐟ	ꜗtɕy	ɕyᐟ	ɕyᐟ	₌tɕʰy	ꜗy	yᐟ
婺	源	₌fu	ꜗtɕʰy	ꜗtɕy	ꜗtɕʰi	tɕʰyᐟ	₌tɕʰy	ꜗy	yᐟ
上	饶	₌fu	ꜛdʑy	ꜗtɕy	ꜗɕy	ɕyᐟ	₌tɕʰy	ꜗy	yᐟ
广	丰	₌bu	ꜛdzo	ꜗtɕye	ꜗɕye	dziɣuᐟ	₌kʰye	yæʔ₌	yeᐟ
铜	山	₌pʰu	ꜗtʰiau	ꜗtsu	suᐟ	tɕʰiuᐟ	₌kʰu	ꜗxɔ	ɔᐟ

		057 戴 蟹开一 去代端	058 袋 蟹开一 去代定	059 菜 蟹开一 去代清	060 在 蟹开一 上海从	061 改 蟹开一 上海见	062 开 蟹开一 平咍溪	063 爱 蟹开一 去代影	064 带鞋~ 蟹开一 去泰端
南	昌	tai⁼	t'ai⁼	ts'ai⁼	ts'ai⁼	꜂kai	꜀k'ai	ŋai⁼	tai⁼
修	水	tɛi⁼¹	dɛi⁼	dzɛi⁼²	dzɛi⁼²	꜂kɛi	꜀xɛi	ŋɛi⁼¹	tai⁼¹
湖	口	tai⁼	dai⁼	dzai⁼	dzai⁼	꜂kai	꜀xai	ŋai⁼	tai⁼
鄱	阳	tai⁼	꜀t'ai	ts'ai⁼	꜀ts'ai	꜂kai	꜀k'ɛi	ŋai⁼	tai⁼
铅	山	tai⁼	꜀t'ai	ts'ai⁼	꜀ts'ai	꜂kai	꜀k'ai	ŋai⁼	꜂tai
抚	州	tai⁼	꜀t'ai	ts'ai⁼	꜀ts'ai	꜂koi	꜀k'oi	ŋoi⁼	tai⁼
资	溪	tai⁼	xoi⁼	t'ai⁼	꜀t'ai	꜂koi	꜀k'oi	ŋoi⁼	tai⁼
宜	黄	tai⁼	xɛi⁼	t'ai⁼	꜀tɛi	꜂kɛi	꜀k'ɛi	ɛi⁼	tai⁼
丰	城	tai⁼	t'ai⁼	ts'ei⁼	ts'ei⁼	꜂kei	꜀k'ei	ŋei⁼	tai⁼
高	安	tɔi⁼	t'ɔi⁼	t'ɔi⁼	t'ɔi⁼	꜂kɔi	꜀k'ɔi	ŋɔi⁼	tai⁼
新	余	꜁toi	t'oi⁼	꜁ts'oi	ts'oi⁼	꜂koi	꜀k'oi	꜁ŋoi	꜁tai
吉	安	꜁tai	t'oi⁼	꜁ts'oi	ts'oi⁼	꜂koi	꜀k'oi	꜁ŋoi	꜁tai
遂	川	tæ⁼	t'uɛ⁼	ts'uɛ⁼	꜂ts'ɤ	꜂kuɛ	꜀k'ɤ	uɛ⁼	tæ⁼
宁	都	tai⁼	t'ɔi⁼	ts'ɔi⁼	ts'ɔi⁼	꜂kɔi	꜀k'ɔi	ŋɔi⁼	tai⁼
瑞	金	tɛ⁼	t'uɛ⁼	ts'uɛ⁼	꜁ts'ɤ	꜂kuɛ	꜀k'uɛ	uɛ⁼	tɛ⁼
于	都	tæ⁼	t'uɛ⁼	ts'ɤ⁼	꜁ts'ɤ	꜂kuɛ	꜀k'ɤ	꜁ɤ	tæ⁼
赣	县	tæ⁼	t'ue⁼	ts'ue⁼	꜁ts'ue	꜂kæ	꜀xue	ŋæ⁼	tæ⁼
南	康	tæ⁼	t'æ⁼	ts'æ⁼	꜁ts'æ	꜂kiæ	꜀xæ	ŋæ⁼	tæ⁼
龙	南	tai⁼	t'ɔi⁼	ts'ɔi⁼	꜁ts'ɔi	꜂kɔi	꜀xɔi	ŋɔi⁼	tai⁼
寻	乌	tai⁼	t'uɐi⁼	ts'uɐi⁼	꜁ts'uɐi	꜂kuɐi	꜀k'uɐi	ŋuɐi⁼	tai⁼
黄	坳	tai⁼	t'ɔi⁼	ts'ɔi⁼	ts'ai⁼	꜂kɔi	꜀k'ɔi	ɔi⁼	tai⁼
铜	鼓	tai⁼	t'ɔi⁼	ts'ɔi⁼	ts'ɔi⁼	꜂kɔi	꜀k'ɔi	ɔi⁼	tai⁼
大	溪	tæ⁼	t'uɛ⁼	ts'uɛ⁼	꜁ts'uɛ	꜂kæ	꜀k'uɛ	uɛ⁼	tæ⁼
太	源	꜁tai	t'uɔi⁼	꜁ts'uɔi	ts'uɔi⁼	꜂kuɔi	꜀xuɔi	꜁uɔi	꜁tai
九	江	tai⁼	tai⁼	ts'ai⁼	tsai⁼	꜂kai	꜀k'ai	ŋai⁼	tai⁼
赣	州	tæ⁼	t'æ⁼	ts'æ⁼	tsæ⁼	꜂kiɛ	꜀k'iɛ	ȵiɛ⁼	tæ⁼
白	槎	tai⁼	tai⁼	ts'ai⁼	tsai⁼	꜂kai	꜀k'ai	ŋai⁼	tai⁼
浮	梁	ta⁼	t'ɤ⁼	ts'ɤ⁼	ts'ɤ⁼	꜂kiɛ	꜀k'iɛ	ȵiɛ⁼	ta⁼
婺	源	te⁼	t'e⁼	ts'ɵ⁼	ts'ɵ⁼	꜂ke	꜀k'e	ve⁼	tɤ⁼
上	饶	tæ⁼	dæ⁼	ts'æ⁼	꜂dzæ	꜂kæ	꜀k'æ	ŋæ⁼	꜂tæ
广	丰	tɐi⁼	dɐi⁼	ts'ɐi⁼	꜂dzɐi	꜂kɐi	꜀k'ɐi	ɐi⁼	꜂tai
铜	山	ti⁼	tə⁼	ts'ai⁼	꜂tsai	꜀kuɐi	꜀k'ui	ai⁼	tua⁼

		065 盖 蟹开一 去泰见	066 害 蟹开一 去泰匣	067 排 蟹开二 平皆並	068 戒 蟹开二 去怪见	069 派 蟹开二 去卦滂	070 买 蟹开二 上蟹明	071 卖 蟹开二 去卦明	072 柴 蟹开二 平佳崇
南	昌	kai꜄	xai꜄	₌p'ai	kai꜄	ᶜp'ai	ᶜmai	mai꜄	₌ts'ai
修	水	kɛi꜄¹	xɛi꜄	₌bai	kai꜄¹	bai꜄²	ᶜmai	mai꜄	₌dzai
湖	口	kai꜄	xai꜄	₌bai	kai꜄	bai꜄	ᶜmai	mai꜄	₌dzai
鄱	阳	kai꜄	₌xai	₌p'ai	kai꜄	p'ai꜄	ᶜmai	₌mai	₌sai
铅	山	kai꜄	xai꜄	₌p'ai	kai꜄	p'ai꜄	ᶜmai	mai꜄	₌sai
抚	州	koi꜄	xoi꜄	₌p'ai	kai꜄	p'ai꜄	ᶜmai	mai꜄	₌sai
资	溪	koi꜄	xoi꜄	₌p'ai	kai꜄	p'ai꜄	ᶜmai	mai꜄	₌sai
宜	黄	kɛi꜄	xɛi꜄	₌p'ai	kai꜄	p'ai꜄	ᶜmai	mai꜄	₌sai
丰	城	kei꜄	xei꜄	₌p'ai	kai꜄	p'ai꜄	ᶜmai	mai꜄	₌ts'ai
高	安	kɔi꜄	xɔi꜄	₌p'ai	kai꜄	p'ai꜄	ᶜmai	mai꜄	₌t'ai
新	余	₌koi	xoi꜄	₌p'ai	₌kai	₌p'ai	ᶜmai	mai꜄	₌ts'ai
吉	安	₌koi	xoi꜄	₌p'ai	₌kai	₌p'ai	ᶜmai	mai꜄	₌ts'ai
遂	川	kuɛ꜄	xuɛ꜄	₌p'æ	kiæ꜄	p'æ꜄	ᶜmæ	mæ꜄	₌ts'æ
宁	都	kɔi꜄	xɔi꜄	₌p'ai	kai꜄	p'ai꜄	₌mai	mai꜄	₌sai
瑞	金	kuɛ꜄	xuɛ꜄	₌p'ɛ	kiɛ꜄	ᶜp'ɛ	₌mɛ	mɛ꜄	₌ts'ɛ
于	都	kuɛ꜄	xuɛ꜄	₌p'æ	kæ꜄	p'æ꜄	₌mæ	mæ꜄	₌ts'æ
赣	县	kuɛ꜄	xæ꜄	₌p'æ	kæ꜄	p'æ꜄	₌mæ	mæ꜄	₌ts'æ
南	康	kiæ꜄	xæ꜄	₌p'æ	kiæ꜄	p'æ꜄	₌mæ	mæ꜄	₌sæ
龙	南	kɔi꜄	xɔi꜄	₌p'ai	kai꜄	p'ai꜄	ᶜmai	mai꜄	₌ts'ai
寻	乌	kuɐi꜄	₌xuɐi꜄	₌p'ai	kai꜄	p'ai꜄	₌mai	mai꜄	₌sai
黄	坳	kɔi꜄	xɔi꜄	₌p'ai	kai꜄	p'ai꜄	ᶜmai	mai꜄	₌ts'ai
铜	鼓	kɔi꜄	xɔi꜄	₌p'ai	kuai꜄	p'ai꜄	ᶜmai	mai꜄	₌ts'ai
大	溪	kuɛ꜄	xuɛ꜄	₌p'æ	kæ꜄	p'æ꜄	ᶜme	me꜄	₌sæ
太	源	₌kuɔi	xai꜄	₌p'ai	₌kai	₌p'ai	ᶜmai	mai꜄	₌ts'ai
九	江	kai꜄	xai꜄	₌p'ai	kai꜄	p'ai꜄	ᶜmai	mai꜄	₌ts'ai
赣	州	kie꜄	xæ꜄	₌p'æ	tɕiɛ꜄	p'æ꜄	ᶜmæ	mæ꜄	₌ts'æ
白	槎	kai꜄	xai꜄	₌p'ai	tɕiai꜄	p'ai꜄	ᶜmai	mai꜄	₌ts'ai
浮	梁	kie꜄	xɛ꜄	₌p'a	ka꜄	p'a꜄	ᶜma	ma꜄	₌ɕia
婺	源	ke꜄	xe꜄	₌p'ɵ	kɔ꜄	p'ɔ꜄	ᶜbɔ	bɔ꜄	₌sɔ
上	饶	kæ꜄	xæ꜄	₌bæ	kæ꜄	p'æ꜄	ᶜmæ	mæ꜄	₌sæ
广	丰	kɐi꜄	xɐi꜄	₌bai	kai꜄	p'ai꜄	ᶜmai	mai꜄	₌sai
铜	山	kua꜄	xai꜄	₌pai	kai꜄	p'ai꜄	ᶜbuɛi	buɛi꜄	₌ts'a

		073 街 蟹开二 平佳见	074 鞋 蟹开二 平佳匣	075 矮 蟹开二 上蟹影	076 败 蟹开二 去夬並	077 世 蟹开三 去祭书	078 米 蟹开四 上荠明	079 梯 蟹开四 平齐透	080 泥 蟹开四 平齐泥
南	昌	⊂kai	⊆xai	⊂ŋai	p'ai⊃	sʅ⊃	⊂mi	⊂t'i	⊆ȵi
修	水	⊂kai	⊆xai	⊂ŋai	bai⊃	sʅ⊃¹	⊂mi	⊆di	⊆ȵi
湖	口	⊂kai	⊆xai	⊂ŋai	bai⊃	sʅ⊃	⊂mi	⊆dy	⊆ȵi
鄱	阳	⊂kai	⊆xai	⊂ŋai	⊆p'ai	sʅ⊃	⊂mi	⊂t'i	⊆ȵi
铅	山	⊂kai	⊆xai	⊂ŋai	p'ai⊃	sʅ⊃	⊂mi	⊂t'i	⊆ȵi
抚	州	⊂kai	⊆xai	⊂ŋai	p'ai⊃	ɕi⊃	⊂mi	⊂t'i	⊆ȵi
资	溪	⊂kai	⊆xai	⊂ŋai	p'ai⊃	ɕi⊃	⊂mi	⊂ɕi	⊆ȵi
宜	黄	⊂kai	⊆xai	⊂ŋai	p'ai⊃	sʅ⊃	⊂mi	⊂ɕi	⊆ȵi
丰	城	⊂kai	⊆xai	⊂ŋai	p'ai⊃	sʅ⊃	⊂mi	⊂t'i	⊆ȵi
高	安	⊂kai	⊆xai	⊂ŋai	p'ai⊃	sɵ⊃	⊂mi	⊂t'i	⊆li
新	余	⊂kai	⊆xai	⊂ŋai	p'ai⊃	⊆ɕi	⊂mi	⊂t'i	⊆ȵi
吉	安	⊂kai	⊆xai	⊂ŋai	p'ai⊃	sʅ⊃	⊂mi	⊂t'i	⊆ȵi
遂	川	⊂kiæ	⊆xæ	⊂ŋæ	p'æ⊃	sʅ⊃	⊂mi	⊂t'i	⊆ȵi
宁	都	⊂kai	⊆xai	⊂ŋai	p'ai⊃	sai⊃	⊂mi	⊂t'i	⊆nai
瑞	金	⊂kiɛ	⊆ɜx	⊂ɜ	p'ɜ⊃	sʅ⊃	⊂mi	⊂t'ie	⊆nie
于	都	⊂kæ	⊆xæ	⊂æ	p'æ⊃	ʃʅ⊃	⊂mi	⊂t'i	⊆ȵie
赣	县	⊂kæ	⊆xæ	⊂æ	p'æ⊃	sʅ⊃	⊂mi	⊂t'i	⊆nei
南	康	⊂kiæ	⊆xæ	⊂æ	p'æ⊃	sʅ⊃	⊂mi	t'i⊃	⊆ni
龙	南	⊂kai	⊆xai	⊂ai	p'ai⊃	sʅ⊃	⊂mi	⊂t'i	⊆ne
寻	乌	⊂kai	⊆xai	⊂ai	p'ai⊃	sʅ⊃	⊂mi	⊂t'i	⊆ȵie
黄	坳	⊂kai	⊆xai	⊂ai	p'ai⊃	sʅ⊃	⊂mi	⊂t'i	⊆nai
铜	鼓	⊂kai	⊆xai	⊂ai	p'ai⊃	sʅ⊃	⊂mi	⊂t'iɛ	⊆nɛ
大	溪	⊂kɛ	⊆xæ	⊂ŋæ	p'ɛ⊃	sʅ⊃	⊂mi	⊂t'i	⊆ȵiɛ
太	源	⊂tɕiai	⊆xai	⊂ŋai	p'ai⊃	ʃɛ⊃	⊂mai	⊂t'i	⊆nai
九	江	⊂kai	⊆xai	⊂ŋai	pai⊃	sʅ⊃	⊂mi	⊂t'i	⊆li
赣	州	⊂tɕiɛ	⊆ɕiɛ	⊂ȵiɛ	pæ⊃	sʅ⊃	⊂mi	⊂t'i	⊆ni
白	槎	⊂tɕiai	⊆ɕiai	⊂ŋai	pai⊃	sʅ⊃	⊂mi	⊂t'i	⊆nei
浮	梁	⊂ka	⊆xa	⊂ŋa	p'a⊃	ɕi⊃	⊂mɛ	⊂t'ɛ	⊆ȵi
婺	源	⊂kɔ	⊆xɔ	⊂gɔ	⊆p'ɔ	ɕi⊃	⊆bi	⊂t'i	⊆li
上	饶	⊂kæ	⊆xæ	⊂ŋæ	bæ⊃	sʅ⊃	⊂mi	⊂t'i	⊆ȵie
广	丰	⊂kai	⊆xai	⊂ai	bai⊃	ɕi⊃	⊂mi	⊆t'uɐi	⊆ȵie
铜	山	⊂kuɐi	⊆uɐi	⊂uɐi	pai⊃	ɕi⊃	⊆bi	⊂t'ui	⊆ñ

	081 洗	082 鸡	083 溪	084 倍	085 妹	086 对	087 队	088 罪
	蟹开四 上荠心	蟹开四 平齐见	蟹开四 平齐溪	蟹合一 上贿並	蟹合一 去队明	蟹合一 去队端	蟹合一 去队定	蟹合一 上贿从
南昌	꜂çi	꜀tçi	꜀çi	pi꜄	mi꜄	ti꜄	ti꜄	tsʻui꜄
修水	꜂si	꜀tçi	꜀çi	bi꜄	mi꜄	ti꜄¹	ti꜄¹	dzi꜄
湖口	꜀si	꜀tçi	꜀dzi	bi꜄	mi꜄	ty꜄	ty꜄	dzy꜄
鄱阳	꜂çi	꜀tçi	꜀tçi	꜀pʻiɛi	꜀mei	tɛi꜄	tɛi꜄	tsʻɛi꜄
铅山	꜂çi	꜀tçi	꜀tçʻi	pʻoi꜄	moi꜄	toi꜄	toi꜄	tsʻoi꜄
抚州	꜂çi	꜀tçi	꜀tçʻi	pi꜄	moi꜄	tui꜄	tui꜄	tsʻui꜄
资溪	꜂çi	꜀tçi	꜀tçʻi	pi꜄	moi꜄	ti꜄	ti꜄	tsʻi꜄
宜黄	꜂çi	꜀tçi	꜀çi	pʻɛi꜄	mɛi꜄	tɛi꜄	tɛi꜄	tʻɛi꜄
丰城	꜂si	꜀tçi	꜀çi	pʻei꜄	mei꜄	tui꜄	tui꜄	tsʻei꜄
高安	꜂si	꜀tçi	꜀çi	pʻai꜄	mai꜄	tɔi꜄	tɔi꜄	tʻɔi꜄
新余	꜂çi	꜀tçi	꜀çi	pi꜄	꜁moi	꜁tui	꜁tui	tsʻui꜄
吉安	꜂çi	꜀tçi	꜀çi	pʻei꜄	mei꜄	꜁tui	꜁tui	tsʻui꜄
遂川	꜂çi	꜀tçi	꜀çi	pʻɛ꜄	꜁mɛ	tui꜄	tui꜄	tçʻy꜄
宁都	꜂çiɛi	꜀tsai	꜀çi	꜀pʻiɛi	mɔi꜄	tuoi꜄	tʻuoi꜄	tsʻuoi꜄
瑞金	꜂çie	꜀tçie	꜀tçʻie	pʻe꜄	꜀muɛ	tuɛ꜄	tuɛ꜄	tsʻuɛ꜄
于都	꜂se	꜀ke	꜀çi	pʻe꜄	muɛ꜄	tuɛ꜄	tuɛ꜄	tsʻui꜄
赣县	꜂sei	꜀kei	꜀çi	pʻei꜄	muɛ꜄	tuɛ꜄	tuɛ꜄	tsʻei꜄
南康	꜂çi	꜀tçi	꜀tçʻi	pʻæ꜄	mæ꜄	tuɛ꜄	tuɛ꜄	tsʻæ꜄
龙南	꜂se	꜀ki	꜀çi	pʻi꜄	mɔi꜄	ti꜄	ti꜄	tsʻi꜄
寻乌	꜂çie	꜀kie	꜀çi	pʻuɐi꜄	muɐi꜄	tui꜄	tui꜄	tsʻui꜄
黄坳	꜂se	꜀ki	꜀çi	pʻi꜄	mɔi꜄	tui꜄	tui꜄	tçʻi꜄
铜鼓	꜂se	꜀kɛ	꜀çi	pʻi꜄	mi꜄	ti꜄	ti꜄	tsʻi꜄
大溪	꜂sɛ	꜀kɛ	꜀kʻɛ	pʻuɛ꜄	muɛ꜄	tuɛ꜄	tuɛ꜄	tsʻuɛ꜄
太源	꜂sai	꜀tçiai	꜀tçʻi	pʻuɔi꜄	muɔi꜄	꜁tuɔi	꜁tuɔi	tsʻuɔi꜄
九江	꜂çi	꜀tçi	꜀çi	pei꜄	mei꜄	tei꜄	tei꜄	tsei꜄
赣州	꜂çi	꜀tçi	꜀çi	pe꜄	me꜄	tue꜄	tue꜄	tsue꜄
白槎	꜂çi	꜀tçi	꜀çi	pei꜄	mei꜄	tei꜄	tei꜄	tsei꜄
浮梁	꜂sɛ	꜀tçi	꜀tçʻi	pʻɛ꜄	mɛ꜄	tɛ꜄	tɛ꜄	tsʻɛ꜄
婺源	꜂si	꜀tçi	꜀tçʻi	꜀pʻe	be꜄	te꜄	te꜄	꜂tsʻe
上饶	꜂çi	꜀tçi	꜀tçʻi	꜂bui	mui꜄	tui꜄	dui꜄	꜁dzui
广丰	꜂çi	꜀ki	꜀kʻi	꜂buɐi	muɐi꜄	tuɐi꜄	duɐi꜄	꜁dzuɐi
铜山	꜂suɐi	꜀kuɐi	꜀kʻuɐi	꜂pə	bə꜄	tui꜄	tui꜄	꜂tsuɐi

		089 碎 蟹合一 去队心	090 灰 蟹合一 平灰晓	091 外 蟹合一 去泰疑	092 会开~ 蟹合一 去泰匣	093 怪 蟹合二 去怪见	094 挂 蟹合二 去卦见	095 快 蟹合二 去卦溪	096 岁 蟹合三 去祭心
南	昌	sui꜒	꜀fii	uai꜒	fii꜒	kuai꜒	kua꜒	kʻuai꜒	sui꜒
修	水	ɕi꜒ 1	꜀fi	ŋai꜒	fi꜒	kuai꜒ 1	kua꜒ 1	guai꜒ 2	ɕi꜒ 1
湖	口	sy꜒	꜀xuei	ŋai꜒	xuei꜒	kuai꜒	kua꜒	guai꜒	si꜒
鄱	阳	sɛi꜒	꜀fʒi	꜀uɛi	꜀fei	kuai꜒	kuɒ꜒	kʻuai꜒	sɛi꜒
铅	山	soi꜒	꜀fui	ŋai꜒	fui꜒	kuai꜒	kua꜒	kʻuai꜒	ɕi꜒
抚	州	soi꜒	꜀foi	uai꜒	fi꜒	kuai꜒	kua꜒	kʻuai꜒	sui꜒
资	溪	si꜒	꜀foi	uai꜒	fi꜒	kuai꜒	kua꜒	kʻuai꜒	si꜒
宜	黄	sɛi꜒	꜀fʒi	uai꜒	fei꜒	kuai꜒	kua꜒	kʻuai꜒	ɕi꜒
丰	城	sʮ꜒	꜀fei	ŋai꜒	fei꜒	kuai꜒	kua꜒	kʻuai꜒	ɕi꜒
高	安	sɔi꜒	꜀fɔi	ŋai꜒	fi꜒	kuai꜒	kua꜒	kʻuai꜒	si꜒
新	余	꜀suoi	꜀foi	uai꜒	fi꜒	꜁kuai	꜁kua	꜁kʻuai	꜁ɕi
吉	安	꜁sui	꜀fei	uai꜒	fei꜒	꜁kuai	꜁kua	꜁kʻuai	꜁sui
遂	川	sui꜒	꜁xuɜi	uæ꜒	xuɜi꜒	kuæ꜒	kua꜒	kʻuæ꜒	sui꜒
宁	都	suoi꜒	꜀fɔi	ŋɔi꜒	fei꜒	kai꜒	ka꜒	kʻai꜒	ɕiɛi꜒
瑞	金	suɛ꜒	꜁xu꜒	ŋuɛ꜒	fe꜒	kiɛ꜒	ka꜒	kʻiɛ꜒	suɛ꜒
于	都	suɛ꜒	꜁xu꜒	vuɛ꜒	fi꜒	kuɛ꜒	kua꜒	kʻuɛ꜒	se꜒
赣	县	sei꜒	꜁xu꜒	uæ꜒	xue꜒	kuæ꜒	kua꜒	kʻuæ꜒	sue꜒
南	康	sæ꜒	꜁xuæ	væ꜒	xue꜒	kuæ꜒	kua꜒	kʻuæ꜒	ɕi꜒
龙	南	si꜒	꜀fɔi	ŋɔi꜒	fi꜒	kai꜒	ka꜒	kʻai꜒	sɔi꜒
寻	乌	sui꜒	꜁xuɐi	ŋiɐu꜒	fuɐi꜒	kuai꜒	ka꜒	kʻuai꜒	suɐi꜒
黄	坳	sui꜒	꜀fɔi	uai꜒	fi꜒	kuai꜒	kua꜒	kʻuai꜒	sɔi꜒
铜	鼓	tsʅ꜒	꜀fɔi	ŋɔi꜒	fi꜒	kuai꜒	kua꜒	kʻuai꜒	si꜒
大	溪	suɛ꜒	꜁xuɛ	ŋæ꜒	xuɛ꜒	kuæ꜒	kua꜒	kʻuæ꜒	sɛ꜒
太	源	꜁sui	꜁fuɔi	ŋai꜒	fuɔi꜒	꜁kuai	ka꜒	꜁fai	꜁suɔi
九	江	sei꜒	꜁xuei	uai꜒	xuei꜒	kuai꜒	kuɒ꜒	kʻuai꜒	sei꜒
赣	州	sue꜒	꜁xu꜒	væ꜒	xue꜒	kuæ꜒	kua꜒	kʻuæ꜒	sue꜒
白	槎	tsʻei꜒	꜀fei	vai꜒	fei꜒	kuai꜒	kua꜒	kʻuai꜒	sei꜒
浮	梁	sɛ꜒	꜁xuɛ	ua꜒	xuɛ꜒	kua꜒	ko꜒	kʻua꜒	ʒɛ꜒
婺	源	se꜒	꜁xe	gɔ꜒	xe꜒	kua꜒	kua꜒	kʻua꜒	si꜒
上	饶	꜁sui	꜁xui	ŋæ꜒	ui꜒	kuæ꜒	kua꜒	kʻuæ꜒	sui꜒
广	丰	꜁suɐi	꜁xui	uai꜒	uɐi꜒	kuai꜒	kuɒ꜒	kʻuai꜒	ɕy꜒
铜	山	tsʻui꜒	꜁xə	ua꜒	xuəi꜒	kuai꜒	kua꜒	kʻuai꜒	xə꜒

		097	098	099	100	101	102	103	104
		肺	桂	被~單	纸	是	儿	寄	戏
		蟹合三	蟹合四	止開三	止開三	止開三	止開三	止開三	止開三
		去廢敷	去霽見	上紙並	上紙章	上紙禪	平支日	去寘見	去寘曉
南	昌	fiɨꜙ	kuiꜙ	pʰiꜗ	ᶜtsʅ	çiꜙ	ө	tɕiꜙ	çiꜙ
修	水	fiꜙ¹	kuiꜙ¹	biꜙ	ᶜtɛ	sʅꜙ	ɛ	tɕiꜙ¹	çiꜙ¹
湖	口	feiꜙ	kueiꜙ	biꜙ	ᶜtʂʅ	sʅꜙ	꜀ɵ	tɕiꜙ	çiꜙ
鄱	阳	fiꜙ	kueiꜙ	꜀pʰi	ᶜtsʅ	꜀sʅ	꜀ɵ	tɕiꜙ	çiꜙ
铅	山	fiꜙ	kuiꜙ	꜀pʰi	ᶜtɕi	꜀sʅ	꜀n̠i	tɕiꜙ	çiꜙ
抚	州	fiꜙ	kuiꜙ	꜀pʰi	ᶜti	çiꜙ	꜀ɵ	tɕiꜙ	çiꜙ
资	溪	fiꜙ	kuiꜙ	꜀pʰi	ᶜti	çiꜙ	꜀ɵ	tɕiꜙ	çiꜙ
宜	黄	fiꜙ	kuiꜙ	꜀pʰi	ᶜtsʅ	꜀çi	ɛ	tɕiꜙ	çiꜙ
丰	城	fiꜙ	kuiꜙ	pʰeiꜙ	ᶜtsʅ	sʅꜙ	꜀ɵ	tɕiꜙ	çiꜙ
高	安	fiꜙ	kuiꜙ	pʰiꜙ	ᶜtɵ	seꜙ	꜀ɵ	tɕiꜙ	çiꜙ
新	余	꜀fi	꜀kui	pʰiꜙ	ᶜtɕi	çiꜙ	꜀ɵ	꜀tɕi	꜀çi
吉	安	꜀fei	꜀kui	pʰeiꜙ	ᶜtɵ	sʅꜙ	꜀ɵ	꜀tɕi	꜀çi
遂	川	feiꜙ	kuiꜙ	꜀pʰi	ᶜtsʅ	çieꜙ	꜀ɵ	tɕiꜙ	çiꜙ
宁	都	fiɛiꜙ	kuoiꜙ	꜀pʰi	ᶜtɕi	sʅꜙ	꜀ɵ	tɕiꜙ	çiꜙ
瑞	金	feꜙ	kueꜙ	꜀pʰi	ᶜtsʅ	sʅꜙ	꜄ɣ	tɕieꜙ	çiꜙ
于	都	fiꜙ	kuiꜙ	pʰeꜙ	ᶜtʃʅ	sʅꜙ	꜀ɵ	keꜙ	tɕʰiꜙ
赣	县	feiꜙ	kueiꜙ	pʰiꜙ	ᶜtsʅ	sʅꜙ	꜀ɵ	tɕiꜙ	tɕʰiꜙ
南	康	fiꜙ	kuiꜙ	꜀pʰi	ᶜtsʅ	sʅꜙ	꜀ɵ	tɕiꜙ	tɕʰiꜙ
龙	南	fiꜙ	kuiꜙ	꜀pʰi	ᶜtsʅ	sʅꜙ	꜀ɵ	tɕiꜙ	tɕʰiꜙ
寻	乌	fuiꜙ	kuiꜙ	꜀pʰi	ᶜtsʅ	çiꜙ	꜀o	kiꜙ	çiꜙ
黄	坳	pʰiꜙ	kuiꜙ	꜀pʰi	ᶜtsʅ	sʅꜙ	꜀i	kiꜙ	çiꜙ
铜	鼓	fuiꜙ	kuiꜙ	pʰiꜙ	ᶜtʂʅ	ʂʅꜙ	꜀ɵ	tɕiꜙ	çiꜙ
大	溪	fɛꜙ	kuɛꜙ	꜀pʰi	ᶜtsʅ	꜀sʅ	ɛ	tɕiꜙ	çiꜙ
太	源	feꜙ	꜀kui	꜀pʰi	ᶜtʃi	ʃiꜙ	ɛ	꜀tɕi	꜀çi
九	江	feiꜙ	kueiꜙ	peiꜙ	ᶜtsʅ	sʅꜙ	꜀ɚ	tɕiꜙ	çiꜙ
赣	州	feꜙ	kueꜙ	peꜙ	ᶜtsʅ	sʅꜙ	꜀a	tɕiꜙ	çiꜙ
白	槎	feiꜙ	kueiꜙ	peiꜙ	ᶜtsʅ	ʂʅꜙ	꜀ɚ	tɕiꜙ	çiꜙ
浮	梁	fɛꜙ	kueꜙ	pʰɛꜙ	ᶜtɕi	çiꜙ	꜀ɵ	tɕiꜙ	çiꜙ
婺	源	fiꜙ	tɕy	꜀pʰi	ᶜtɕi	꜀çi	꜀ø	tɕiꜙ	çiꜙ
上	饶	fiꜙ	kuiꜙ	꜄bi	ᶜtɕi	꜄çi	꜀n̠i	tɕiꜙ	çiꜙ
广	丰	fiꜙ	kuiꜙ	꜄bi	ᶜtɕie	dʑi	n̩	keꜙ	xiꜙ
铜	山	xuiꜙ	kuiꜙ	꜄pʰɤ	ᶜtsua	꜄çi	꜀ɵ	kiaꜙ	xiꜙ

	105 眉	106 地	107 资	108 四	109 迟	110 师	111 二	112 李 姓
	止开三 平脂明	止开三 去至定	止开三 平脂精	止开三 去至心	止开三 平脂澄	止开三 平脂生	止开三 去至日	止开三 上止来
南昌	mi꜄	tʰi꜄	꜀tsʅ	sʅ꜄	꜀tsʰʅ	꜀sʅ	θ꜄	꜀li
修水	꜀mi	di꜄	꜀tsʅ	sʅ꜄ [1]	꜀dzʅ	꜀sʅ	ɛ꜄	꜀di
湖口	꜀mi	di꜄	꜀tsʅ	sʅ꜄	꜀dzʐ	꜀sʅ	ɚ꜄	꜀di
鄱阳	꜀mi	꜀tʰi	꜀tsʅ	sʅ꜄	꜀tsʰʅ	꜀sʅ	꜀ə	꜀li
铅山	꜀mi	꜀tʰi	꜀tsʅ	sʅ꜄	꜀tsʰʅ	꜀sʅ	꜀ɛ	꜀li
抚州	꜀mi	꜀tʰi	꜀tsʅ	sʅ꜄	꜀tʰi	꜀sʅ	ɘ꜄	꜀ti
资溪	꜀mi	çi꜄	꜀tsʅ	sʅ꜄	꜀tʰi	꜀sʅ	ɘ꜄	꜀ti
宜黄	꜀mei	çi꜄	꜀tsʅ	sʅ꜄	꜀tɕʰi	꜀sʅ	ɛ꜄	꜀ti
丰城	꜀mi	tʰi꜄	꜀tsʅ	sʅ꜄	꜀tsʰʅ	꜀sʅ	θ꜄	꜀li
高安	꜀mi	tʰi꜄	꜀tsu	su꜄	꜀tʰɵ	꜀su	θ꜄	꜀li
新余	꜀mi	tʰi꜄	꜀tsʅ	꜀sʅ	꜀tsʰʅ	꜀sʅ	θ꜄	꜀li
吉安	꜀mi	tʰi꜄	꜀tsə	sʅ꜄	꜀tʰə	꜀sʅ	θ꜄	꜀li
遂川	꜀mɛ	tʰi꜄	꜀tsʅ	sʅ꜄	꜀tsʰʅ	꜀sʅ	ȵi꜄	꜀li
宁都	꜀mi	tʰi꜄	꜀tsə	si꜄	꜀tɕʰi	꜀sə	ȵi꜄	꜀li
瑞金	꜀mi	tʰi꜄	꜀tsʅ	sʅ꜄	꜀tsʰʅ	꜀sʅ	ȵi꜄	꜀ti
于都	꜀mi	tʰi꜄	꜀tsʅ	si꜄	꜀tʃʅ	꜀sʅ	ȵi꜄	꜀ti
赣县	꜀mei	tʰi꜄	꜀tsʅ	si꜄	꜀tsʰʅ	꜀sʅ	ȵi꜄	꜀li
南康	꜀mi	tʰi꜄	꜀tsʅ	sʅ꜄	꜀tsʰʅ	꜀sə	ȵi꜄	꜀li
龙南	꜀mi	tʰi꜄	꜀tsʅ	si꜄	꜀tsʰʅ	꜀sʅ	ni꜄	꜀li
寻乌	꜀muɐi	tʰi꜄	꜀tsʅ	çi꜄	꜀tsʰʅ	꜀sʅ	ȵi꜄	꜀li
黄坳	꜀mi	tʰi꜄	꜀tsʅ	si꜄	꜀tsʰʅ	꜀sʅ	ȵi꜄	꜀li
铜鼓	꜀mi	tʰi꜄	꜀tsʅ	si꜄	꜀tʂʰʅ	꜀sʅ	ȵi꜄	꜀li
大溪	꜀mi	tʰi꜄	꜀tsʅ	sʅ꜄	꜀tsʰʅ	꜀sʅ	ȵi꜄	꜀li
太源	꜀me	tʰi꜄	꜀tsʅ	çi꜄	꜀tʃʅ	꜀sʅ	ȵi꜄	꜀li
九江	꜀mei	ti	꜀tsʅ	sʅ꜄	꜀tʂʅ	꜀sʅ	ɚ꜄	꜀li
赣州	꜀me	ti	꜀tsʅ	sʅ꜄	꜀tsʰʅ	꜀sʅ	a꜄	꜀li
白槎	꜀mei	ti	꜀tsʅ	sʅ꜄	꜀tsʰʅ	꜀sʅ	ɚ꜄	꜀li
浮梁	꜀me	tʰɛ꜄	꜀tsʅ	sʅ꜄	꜀tɕʰi	꜀sʅ	ɚ꜄	꜀lɪ
婺源	꜀bi	tʰi꜄	꜀tsʅ	sʅ꜄	꜀tɕʰi	꜀çi	ø꜄	꜀li
上饶	꜀mi	di꜄	꜀tsʅ	sʅ꜄	꜀dzʅ	꜀sʅ	ə꜄	꜀li
广丰	꜀me	die꜄	꜀tsɣ	çi꜄	꜀dze	꜀se	ŋ̍꜄	꜀li
铜山	꜀bi	tuɐi꜄	꜀tsʅ	çi꜄	꜀tɕi	꜀sai	li꜄	꜀li

		113 字 止开三 去志从	114 祠 止开三 平之邪	115 柿 止开三 上止崇	116 事 止开三 去志崇	117 市 止开三 上止禅	118 几~个 止开三 上尾见	119 气 止开三 去未溪	120 吹 止合三 平支昌
南	昌	tsɿ꜄	꜀tsɿ	sɿ꜄	sɿ꜄	sɿ꜄	꜀tɕi	tɕʰi꜄	꜀tsʰui
修	水	dzɿ꜄	꜀dzɿ	sɿ꜄	sɿ꜄	sɿ꜄	꜀tɕi	dʑi꜄²	꜀du
湖	口	dzɿ꜄	꜀dzɿ	dzɿ꜄	sɿ꜄	ʂɿ꜄	꜀tɕi	dʑi꜄	꜀dʑy
鄱	阳	꜀tsʰɿ	꜀tsʰɿ	꜀tsʰɿ	꜀sɿ	꜀sɿ	꜀tɕi	tɕʰi꜄	꜀tɕʰyei
铅	山	tsɿ꜄	꜀tsʰɿ	꜀sɿ	꜀sɿ	꜀sɿ	꜀tɕi	tɕʰi꜄	꜀tɕʰy
抚	州	tsɿ꜄	꜀tsʰɿ	sɿ꜄	sɿ꜄	ɕi꜄	꜀tɕi	tɕʰi꜄	꜀tʰui
资	溪	tsɿ꜄	꜀tsʰɿ	sɿ꜄	sɿ꜄	ɕi꜄	꜀tɕi	tɕʰi꜄	꜀tʰui
宜	黄	tsɿ꜄	꜀tsʰɿ	sɿ꜄	sɿ꜄	sɿ꜄	꜀tɕi	tɕʰi꜄	꜀tʰu
丰	城	tsʰɿ꜄	꜀tsʰɿ	tsʰɿ꜄	sɿ꜄	sɿ꜄	꜀tɕi	tɕʰi꜄	꜀tsʰʮ
高	安	tʰu꜄	꜀tsʰu	sə꜄	su꜄	sə꜄	꜀tɕi	ɕʃ꜄	꜀tʃə
新	余	tsɿ꜄	꜀tsʰɿ	ɕi꜄	sɿ꜄	ɕi꜄	꜀tɕʰi	꜀ɕi	꜀tʰoi
吉	安	tsɿ꜄	꜀tsʰɿ	sɿ꜄	sɿ꜄	sɿ꜄	꜀tɕi	꜀tɕʰi	꜀tʰui
遂	川	tsɿ꜄	꜀tsʰɿ	sɿ꜄	sɤ꜄	sɿ꜄	꜀tɕi	tɕʰi꜄	꜀tɕʰy
宁	都	tsʰə꜄	꜀sə	sə꜄	sə꜄	꜀sə	꜀tɕi	tɕʰi꜄	꜀tsʰuoi
瑞	金	tsʰɿ꜄	꜀tsʰɿ	sɿ꜄	sɿ꜄	sɿ꜄	꜀tɕi	ɕi꜄	꜀tsʰue
于	都	tsɿ꜄	꜀tsʰɿ	sɿ꜄	sɿ꜄	ʃɿ꜄	꜀tɕi	ɕi꜄	꜀tʃui
赣	县	tsɿ꜄	꜀tsʰɿ	tsʰɿ꜄	sɿ꜄	sɿ꜄	꜀tɕi	ɕi꜄	꜀tsʰei
南	康	tsʰə꜄	꜀tsʰə	sə꜄	sə꜄	sə꜄	꜀tɕi	tɕʰi꜄	꜀tɕʰyi
龙	南	sɿ꜄	꜀tsʰɿ	꜀sɿ	sɿ꜄	꜀sɿ	꜀tɕi	tɕʰi꜄	꜀tɕʰi
寻	乌	tsɿ꜄	꜀tsʰɿ	sɿ꜄	sɿ꜄	sɿ꜄	꜂ki	kʰi꜄	꜀tsʰui
黄	坳	tsɿ꜄	꜀tsʰɿ	sɿ꜄	sɿ꜄	sɿ꜄	꜀tɕi	ɕi꜄	꜀tsʰui
铜	鼓	tsɿ꜄	꜀tsʰɿ	sɿ꜄	sɿ꜄	ʂʮ꜄	꜀tɕi	ɕi꜄	꜀tʂʰɛ
大	溪	tsɿ꜄	꜀tsʰɿ	꜀sɿ	sɿ꜄	sɿ꜄	꜀tɕi	tɕʰi꜄	꜀tɕʰy
太	源	tɕi꜄	꜀tsʰɿ	sɿ꜄	sɿ꜄	sɿ꜄	꜀tɕi	꜀tɕʰi	꜀tʃʰioi
九	江	ˌtsɿ꜄	꜀tsʰɿ	sʅ꜄	sɿ꜄	sʅ꜄	꜀tɕi	tɕʰi꜄	꜀tʂʰyei
赣	州	tsɿ꜄	꜀tsʰɿ	sɿ꜄	sɿ꜄	sɿ꜄	꜀tɕi	tɕʰi꜄	꜀tsʰue
白	槎	sɿ꜄	꜀tsʰɿ	sɿ꜄	sɿ꜄	sɿ꜄	꜀tɕi	tɕʰi꜄	꜀tsʰuei
浮	梁	sɿ꜄	꜀tsʰɿ	sʅ꜄	sʅ꜄	ɕi꜄	꜀tɕi	tɕʰi꜄	꜀tɕʰy
婺	源	tsʰɿ꜄	꜀tsʰɿ	꜂ɕi	tɕʰi꜄	꜂sɿ	꜀tɕi	tɕʰi꜄	꜀tɕʰy
上	饶	dzɿ꜄	꜀dzɿ	꜂sɿ	sɿ꜄	꜂ɕi	꜀tɕi	tɕʰi꜄	꜀tɕʰy
广	丰	dʑy꜄	꜀dʑy	꜂se	se꜄	꜂ɕi	꜂kʁ	kʰi꜄	꜀tɕʰy
铜	山	li꜄	꜀tsɿ	꜂kʰi	sɿ꜄	꜂ɕi	꜂kui	kʰi꜄	꜀tsʰə

	121 亏 止合三 平支溪	122 跪 止合三 上纸溪/群	123 醉 止合三 去至精	124 锤 止合三 平脂澄	125 水 止合三 上旨书	126 飞 止合三 平微非	127 肥 止合三 平微奉	128 尾 止合三 上尾微
南昌	꜀kʼui	ᶜkʼui	tsuiᶜ	꜁tsʼui	꜂sui	꜁fii	fiiᶜ	꜂ui
修水	꜁gui	꜂gui	tɕiᶜ¹	꜁du	꜂fi	꜁fi	꜁fi	꜂vi
湖口	꜁guei	gueiᶜ	tsyᶜ	꜁dzy	꜂çy	꜁fei	꜁fei	꜂uei
鄱阳	꜀kʼuɛi	kuɛiᶜ	tsɛiᶜ	꜁tɕʼyɛi	꜂çyɛi	꜁fi	꜁fi	꜀uɛi
铅山	꜀kʼui	ᶜkʼui	tɕiᶜ	꜁tɕʼy	꜂çy	꜁fi	꜁fi	꜁mi
抚州	꜀kʼui	ᶜkʼui	tsuiᶜ	꜁tsʼui	꜂sui	꜁fi	꜁fi	꜁mi
资溪	꜀kʼui	ᶜkʼui	tsiᶜ	꜁tʼi	꜂fi	꜁fi	꜁fi	꜁mi
宜黄	꜀kʼui	ᶜkʼui	tɕiᶜ	꜁tɜi	꜂su	꜁fi	꜁fi	꜁mi
丰城	꜀kʼui	ᶜkʼui	tɕiᶜ	꜁tsʼui	꜂sʯ	꜁fi	꜁fi	꜁mi
高安	꜀kʼui	ᶜkʼui	tsiᶜ	꜁tʃʼɵ	xɵ	꜁fi	꜁fi	꜁mi
新余	꜁kʼui	ᶜkʼui	꜁tɕi	꜁tsʼui	꜂suoi	꜁fi	꜁fi	꜁mi
吉安	꜀kʼui	ᶜkʼui	꜁tsui	꜁tsʼui	꜂sui	꜁fei	꜁fei	꜁mi
遂川	꜀kʼui	ᶜtɕʼy	tɕyᶜ	꜁tsʼui	꜂çy	꜁fei	꜁fei	꜂mei
宁都	꜀kʼuoi	꜂kʼuoi	tsuoiᶜ	꜁tsʼuoi	꜂suoi	꜁fi	꜁pʼɛi	꜁mɛi
瑞金	꜀kʼue	ᶜkʼue	tsueᶜ	꜁tsʼue	꜂sue	꜁fe	꜁pʼe	꜁me
于都	꜀kʼui	ᶜkʼui	tsuiᶜ	꜁tʃʼui	꜂ʃui	꜁fe	꜁fi	꜁mi
赣县	꜀kʼuei	kʼueiᶜ	tseiᶜ	꜁tsʼei	꜂sei	꜁fei	꜁fei	꜁mi
南康	꜁tɕʼyi	ᶜtɕʼyi	tɕiᶜ	꜁tɕʼyi	꜂çyi	꜁fi	꜁fi	꜁mi
龙南	꜀kʼui	ᶜkʼui	tsiᶜ	꜁tɕʼi	꜂çi	꜁fi	꜁fi	꜁mi
寻乌	꜀kʼui	ᶜkʼui	tsuiᶜ	꜁tsʼui	꜂sui	꜁fi	꜁fi	꜁muɐi
黄坳	꜀kʼui	ᶜkʼui	tsuiᶜ	꜁tsʼui	꜂sui	꜁fi	꜁pʼi	꜁mi
铜鼓	꜀kʼui	ᶜkui	tsiᶜ	꜁tʂʼʅ	꜂ʂʅ	꜁fi	꜁fi	꜁mi
大溪	꜀kʼuɛ	ᶜkʼuɛ	tsɛᶜ	꜁tsʼuɛ	꜂fi	꜁fi	꜁fi	꜁mi
太源	꜀kʼui	kuiᶜ	꜁tsui	꜁tsʼui	꜂ʃuoi	꜁puoi	꜁fe	꜂mui
九江	꜀kʼuei	kueiᶜ	tseiᶜ	꜁tʂʼuɿi	꜂ʂuɿi	꜁fei	꜁fei	꜂uei
赣州	꜀kʼue	kueᶜ	tsueᶜ	꜁tsʼue	꜂sue	꜁fi	꜁fe	꜂ve
白槎	꜀kʼuei	ᶜkuei	tseiᶜ	꜁tsʼei	꜂ʂuɿi	꜁fei	꜁fei	꜂vei
浮梁	꜀kʼuɛ	ᶜkʼuɛ	tsɛᶜ	꜁tɕʼy	꜂çy	꜁fɜ	꜁fɜ	꜂uɛ
婺源	꜁tɕʼy	ᶜtɕʼy	tsiᶜ	꜁tɕʼy	꜂çy	꜁fi	꜁fi	꜂bi
上饶	꜀kʼui	ᶜkʼui	tsuiᶜ	꜁dzy	꜂çy	꜁fi	꜁bi	꜂mi
广丰	꜀kʼy	ᶜkʼy	tsuɐiᶜ	꜁dzuai	꜂çy	꜁fi	꜁fi	꜂muɐi
铜山	꜀kʼui	ᶜkʼui	tsuiᶜ	꜁tui	꜂tsui	꜁pə	꜁pui	꜂bə

		129 鬼 止合三 上尾见	130 围 上合三 平微云	131 宝 效开一 上晧帮	132 毛 效开一 平豪明	133 讨 效开一 上晧透	134 脑 效开一 上晧泥	135 老 效开一 上晧来	136 早 效开一 上晧精
南昌		꜂kui	꜁ui	꜀pau	mau⁼	꜀tʰau	꜂lau	꜂lau	꜀tsau
修水		꜂kui	꜁vi	꜀pau	꜁mau	dau	꜂nau	꜂lau	꜀tsau
湖口		꜂kuei	꜁uei	꜀pau	꜁mau	dau	꜂nau	꜂lau	꜀tsau
鄱阳		꜂kuɛi	꜁uɛi	꜀pau	꜁mau	꜀tʰau	꜂nau	꜂lau	꜀tsau
铅山		꜂kui	꜁ui	꜀pau	꜁mau	꜀tʰau	꜂nau	꜂lau	꜀tsau
抚州		꜂kui	꜁ui	꜀pau	꜁mau	꜀xau	꜂lau	꜂lau	꜀tsau
资溪		꜂kui	꜁ui	꜀pau	꜁mau	꜀xau	꜂nau	꜂lau	꜀tsau
宜黄		꜂kui	꜁ui	꜀pou	꜁mɔu	꜀tʰou	꜂nou	꜂lou	꜀tɔu
丰城		꜂kui	꜁vi	꜀pau	꜁mau	꜀tʰau	꜁lau	꜂lau	꜀tsau
高安		꜂kui	꜁ui	꜀pau	꜁mau	꜀tʰau	꜂lau	꜂lau	꜀tsau
新余		꜂kui	꜁ui	꜀pau	꜁mau	꜀tʰau	꜂lau	꜂lau	꜀tsau
吉安		꜂kui	꜁ui	꜀pau	꜁mau	꜀tʰau	꜂lau	꜂lau	꜀tsau
遂川		꜀tɕy	꜁ui	꜀pɒ	꜁mɒ	꜀tʰɒ	꜂nɒ	꜂lɒ	꜀tsɒ
宁都		꜂kuoi	꜁vi	꜀pau	꜁mau	꜀tʰau	꜂nau	꜂lau	꜀tsau
瑞金		꜂kue	꜁ve	꜀pɔ	꜁mɔ	꜀tʰɔ	꜂nɔ	꜂lɔ	꜀tsɔ
于都		꜂kui	꜁vi	꜀pɔ	꜁mɔ	꜀tʰɔ	꜂nɔ	꜂lɔ	꜀tsɔ
赣县		꜂kuei	꜁uei	꜀pɔ	꜁mɔ	꜀tʰɔ	꜂nɔ	꜂lɔ	꜀tsɔ
南康		꜀tɕyi	꜁vi	꜀pɔ	꜁mɔ	꜀tʰɔ	꜂nɔ	꜂lɔ	꜀tsɔ
龙南		꜂kui	꜁vi	꜀pau	꜁mau	꜀tʰau	꜂nau	꜂lau	꜀tsau
寻乌		꜂kui	꜁vi	꜀pau	꜁mau	꜀tʰau	꜂nau	꜂lau	꜀tsau
黄坳		꜂kui	꜁vi	꜀pau	꜁mau	꜀tʰau	꜂nau	꜂lau	꜀tsau
铜鼓		꜂kui	꜁vui	꜀pau	꜁mau	꜀tʰau	꜂nau	꜂lau	꜀tsau
大溪		꜂kue	꜁uɜ	꜀po	꜁mo	꜀tʰo	꜂no	꜂lo	꜀tso
太源		꜂kui	꜁vui	꜀pau	꜁mau	꜀tʰau	꜂nau	꜂lau	꜀tsau
九江		꜂kuei	꜁uei	꜀pau	꜁uau	꜀tʰau	꜂lau	꜂lau	꜀tsau
赣州		꜂kue	꜁ve	꜀pɔ	꜁mɔ	꜀tʰɔ	꜂nɔ	꜂lɔ	꜀tsɔ
白槎		꜂kuei	꜁vei	꜀pau	꜁mau	꜀tʰau	꜂lau	꜂lau	꜀tsau
浮梁		꜂kuɛ	꜁uɛ	꜀pau	꜁mau	꜀tʰau	꜂lau	꜂lau	꜀tsau
婺源		꜀tɕy	꜁y	꜀pɔ	꜁bɔ	꜀tʰɔ	꜂lɔ	꜂lɔ	꜀tsɔ
上饶		꜂kui	꜁ui	꜀pou	꜁mɔu	꜀tʰou	꜁nɔu	꜂lɔu	꜀tsɔu
广丰		꜂kuɐi	꜁ui	꜀pɐu	꜁mau	꜀tʰuγ	꜂nau	꜂lɑu	꜀tsɐu
铜山		꜂kui	꜁ui	꜀po	꜁ben	꜀tʰo	꜁nau	꜂lau	꜀tsa

		137 草 效开一 上皓清	138 造 效开一 上皓从	139 高 效开一 平豪见	140 熬 效开一 平豪疑	141 好~坏 效开一 上皓晓	142 祆 效开一 上皓影	143 饱 效开二 上巧帮	144 罩 效开二 去效知
南	昌	ᶜtsʰau	tsʰau⁼	₌kau	ŋau⁼	ᶜxau	ŋau⁼	ᶜpau	tsau⁼
修	水	ᶜdzau	dzau⁼	₌kau	₌ŋau	ᶜxau	ŋau⁼	ᶜpau	tsau⁼¹
湖	口	ᶜdzau	dzau⁼	₌kau	₌ŋau	ᶜxau	ŋau⁼	ᶜpau	tsau⁼
鄱	阳	ᶜtsʰau	₌tsʰau	₌kau	₌ŋau	ᶜxau	ŋau⁼	ᶜpau	tsau⁼
铅	山	ᶜtsʰau	tsʰau⁼	₌kau	₌ŋau	ᶜxau	₌ŋau	ᶜpau	tsau⁼
抚	州	ᶜtsʰau	tsʰau⁼	₌kau	₌ŋau	ᶜxau	ŋau⁼	ᶜpau	tsau⁼
资	溪	ᶜtsʰau	tsʰau⁼	₌kau	₌ŋau	ᶜxau	ŋau⁼	ᶜpau	tsau⁼
宜	黄	ᶜtʰɔu	tʰau⁼	₌kɔu	₌ŋau	ᶜxɔu	ŋɔu⁼	ᶜpau	tsau⁼
丰	城	ᶜtsʰau	ᶜtsʰau	₌kau	₌ŋau	ᶜxau	ŋau⁼	ᶜpau	tsau⁼
高	安	ᶜtʰau	tʰau⁼	₌kau	₌ŋau	ᶜxau	ŋau⁼	ᶜpau	tsau⁼
新	余	ᶜtsʰau	tsʰau⁼	₌kau	₌ŋau	ᶜxau	ŋau⁼	ᶜpau	₌tsau
吉	安	ᶜtsʰau	tsʰau⁼	₌kau	₌ŋau	ᶜxau	ŋau⁼	ᶜpau	₌tsau
遂	川	ᶜtsʰɒ	tsʰɒ⁼	₌kɒ	₌ŋɒ	ᶜxɒ	ᶜɒ	ᶜpɒ	tsɒ⁼
宁	都	ᶜtsʰau	tsʰau⁼	₌kau	₌ŋau	ᶜxau	ᶜŋau	ᶜpau	tsau⁼
瑞	金	ᶜtsʰɔ	tsʰɔ⁼	₌kɔ	₌ŋɔ	ᶜxɔ	ᶜɔ	ᶜpɔ	tsɔ⁼
于	都	ᶜtsʰɔ	tsʰɔ⁼	₌kɔ	₌ŋɔ	ᶜxɔ	ᶜɔ	ᶜpɔ	tsɔ⁼
赣	县	ᶜtsʰɔ	tsʰɔ⁼	₌kɔ	₌ŋɔ	ᶜxɔ	ᶜɔ	ᶜpɔ	tsɔ⁼
南	康	ᶜtsʰɔ	tsʰɔ⁼	₌kɔ	₌ŋɔ	ᶜxɔ	ᶜɔ	ᶜpɔ	tsɔ⁼
龙	南	ᶜtsʰau	tsʰau⁼	₌kau	₌ŋau	ᶜxau	ᶜau	ᶜpau	tsau⁼
寻	乌	ᶜtsʰau	tsʰau⁼	₌kau	₌ŋau	ᶜxau	ᶜau	ᶜpau	tsau⁼
黄	坳	ᶜtsʰau	tsʰau⁼	₌kau	₌ŋau	ᶜxau	ᶜau	ᶜpau	tsau⁼
铜	鼓	ᶜtsʰau	tsʰau⁼	₌kau	₌ŋau	ᶜxau	ᶜau	ᶜpau	tsau⁼
大	溪	ᶜtsʰo	tsʰau⁼	₌kau	₌ŋau	ᶜxo	ᶜo	ᶜpau	tsau⁼
太	源	ᶜtsʰau	tsʰau⁼	₌kau	₌ŋau	ᶜxau	ᶜau	ᶜpau	₌tsau
九	江	ᶜtsʰau	tsau⁼	₌kau	₌ŋau	ᶜxau	ŋau⁼	ᶜpau	tsau⁼
赣	州	ᶜtsʰɔ	tsɔ⁼	₌kɔ	₌ŋɔ	ᶜxɔ	ŋɔ⁼	ᶜpɔ	tsɔ⁼
白	槎	ᶜtsʰau	tsau⁼	₌kau	₌ŋau	ᶜxau	ŋau⁼	ᶜpau	tsau⁼
浮	梁	ᶜtsʰau	tsʰau⁼	₌kau	₌ŋau	ᶜxau	ŋau⁼	ᶜpau	tʂau⁼
婺	源	ᶜtsʰɔ	tsʰɔ⁼	₌kɔ	₌ŋɔ	ᶜxɔ	ᶜɡɔ	ᶜpɒ	tsɒ⁼
上	饶	ᶜtsʰɔu	dzɔu⁼	₌kɔu	₌ŋɔu	ᶜxɔu	ŋɔu⁼	ᶜpɔu	tsɔu⁼
广	丰	ᶜtsʰuɛ	dzau⁼	₌kuɛ	₌ŋau	ᶜxɛu	ᶜme	ᶜpau	dzau⁼
铜	山	ᶜtsʰau	tsau⁼	₌ko	₌go	ᶜxo	ᶜo	ᶜpa	tsau⁼

	145 找~钱 效开二 上巧庄	146 炒 效开二 上巧初	147 咬 效开二 上巧疑	148 表 效开三 上小帮	149 笑 效开三 去笑心	150 照 效开三 去笑章	151 烧 效开三 平宵书	152 桥 效开三 平宵群
南昌	ᶜtsau	ᶜtsʻau	ᶜŋau	ᶜpiɛu	ɕiɛuᶜ	tsɛuᶜ	₌sɛu	₌tɕʻiɛu
修水	ᶜtsau	₌dzau	ᶜŋau	ᶜpiau	ɕiauᶜ [1]	tauᶜ [1]	₌sau	₌dziau
湖口	ᶜtsau	₌dzau	ᶜŋau	ᶜpiau	siauᶜ	tʃauᶜ	₌ʂau	₌dziau
鄱阳	ᶜtsau	ᶜtsʻau	ᶜŋau	ᶜpiau	ɕiauᶜ	tsauᶜ	₌sau	₌tɕʻiau
铅山	ᶜtsau	ᶜtsʻau	ᶜŋau	ᶜpiau	ɕiauᶜ	tsauᶜ	₌sau	₌tɕʻiau
抚州	ᶜtsau	ᶜtsʻau	ᶜŋau	ᶜpiɛu	ɕiɛuᶜ	tsɛuᶜ	₌sɛu	₌tɕʻiɛu
资溪	ᶜtsau	ᶜtsʻau	ᶜŋau	ᶜpiau	ɕiauᶜ	tsauᶜ	₌sau	₌tɕʻiau
宜黄	ᶜtau	ᶜtʻau	ᶜŋau	ᶜpiau	ɕiauᶜ	tauᶜ	₌sau	₌tɕʻiau
丰城	ᶜtsau	ᶜtsʻau	ᶜŋau	ᶜpiau	ɕiauᶜ	tsɛuᶜ	₌sɛu	₌tɕʻiau
高安	ᶜtsau	ᶜtʻau	ᶜŋau	ᶜpiɛu	siɛuᶜ	tauᶜ	₌sau	₌ɕiau
新余	ᶜtsau	ᶜtsʻau	ᶜŋau	ᶜpiɛu	₌sɛuᶜ	tɛuᶜ	₌sɛuᶜ	₌tɕʻiɛu
吉安	ᶜtsau	ᶜtsʻau	ᶜŋau	ᶜpiau	₌ɕiau	₌tsau	₌sau	₌tɕʻiau
遂川	ᶜtsɒ	ᶜtsʻɒ	ᶜŋɒ	ᶜpiɒ	ɕiɒᶜ	tsəᶜ	₌səᶜ	₌tɕʻɒᶜ
宁都	ᶜtsau	ᶜtsʻau	₌ŋau	ᶜpiɛu	ɕiɛuᶜ	tsauᶜ	₌sau	₌tsʻau
瑞金	ᶜtsɔ	ᶜtsʻɔ	₌ŋɔ	ᶜpiɔ	ɕiɔᶜ	tsɔᶜ	₌sɔ	₌tɕʻiɔ
于都	ᶜtsɔ	ᶜtsʻɔ	₌ŋɔ	ᶜpiɔ	siɔᶜ	tʃɔᶜ	₌ʃɔ	₌tɕʻiɔ
赣县	ᶜtsɔ	ᶜtsʻɔ	₌ŋɔ	ᶜpiɔ	ɕiɔᶜ	tsɔᶜ	₌sɔ	₌tɕʻiɔ
南康	ᶜtsɔ	ᶜtsʻɔ	₌ŋɔ	ᶜpiɔ	ɕiɔᶜ	tsɔᶜ	₌sɔ	₌tɕʻiɔ
龙南	ᶜtsau	ᶜtsʻau	ᶜŋau	ᶜpiau	siauᶜ	tsauᶜ	₌sau	₌tɕʻiau
寻乌	ᶜtsau	ᶜtsʻau	ᶜŋau	ᶜpiau	ɕiauᶜ	tsauᶜ	₌sau	₌kʻiau
黄坳	ᶜtsau	ᶜtsʻau	ᶜŋau	ᶜpiau	ɕiauᶜ	tsauᶜ	₌sau	₌kʻiau
铜鼓	ᶜtsau	ᶜtsʻau	ᶜŋau	ᶜpiau	siauᶜ	tʃauᶜ	₌ʃau	₌tɕʻiau
大溪	ᶜtsau	ᶜtsʻau	ᶜŋau	ᶜpiau	ɕiauᶜ	tsauᶜ	₌sau	₌tɕʻiau
太源	ᶜtsau	ᶜtsʻau	ᶜŋau	ᶜpiəu	₌sau	₌tsuɛᶜ	₌səu	₌tɕʻiəu
九江	ᶜtsau	ᶜtsʻau	₌ŋau	ᶜpiau	ɕiauᶜ	tʂauᶜ	₌ʂau	₌tɕʻiau
赣州	ᶜtsɔ	ᶜtsʻɔ	₌ŋɔ	ᶜpiɔ	ɕiɔᶜ	tsɔᶜ	₌sɔ	₌tɕʻiɔ
白槎	ᶜtsau	ᶜtsʻau	₌iau	ᶜpiau	ɕiauᶜ	tsauᶜ	₌sau	₌tɕʻiau
浮梁	ᶜtʂau	ᶜtʂʻau	ᶜŋau	ᶜpiau	ɕiauᶜ	tɕiauᶜ	₌ɕiau	₌tɕʻiau
婆源	ᶜtsɒ	ᶜtsʻɒ	₌ŋɒ	ᶜpiɔ	siɔᶜ	tsɔᶜ	₌sɔ	₌tɕʻiɔ
上饶	ᶜtsɔu	ᶜtsʻɔu	₌ŋɔu	ᶜpiɔu	ɕiɔuᶜ	tɕiɔuᶜ	₌ɕiɔu	₌dziɔu
广丰	ᶜtsau	ᶜtsʻau	₌ŋau	ᶜmiəu	tɕʻiəuᶜ	tɕiəuᶜ	₌ɕiəu	₌giəu
铜山	ᶜtsau	ᶜtsʻa	₌ŋau	ᶜpiə	tɕʻiəᶜ	tɕiəᶜ	₌ɕiə	₌kiə

	153 舀 效开三 上小以	154 鸟 效开四 上萧端	155 料 效开四 去啸来	156 叫 效开四 去啸见	157 母 流开一 上厚明	158 豆 流开一 去候定	159 走 流开一 上厚精	160 狗 流开一 上厚见
南昌	⁻iɛu	⁻n̠iɛu	liɛu⁼	tɕiɛu⁻	⁻mu	t'ɛu⁼	⁻tsɛu	⁻kɛu
修水	⁻iau	⁻tiau	diau⁼	tɕiau⁻¹	⁻mu	dɛi⁼	⁻tsei	⁻kɛi
湖口	⁻iau	⁻tiau	diau⁼	tɕiau⁻	⁻mu	dɛu⁼	⁻tsɛu	⁻kɛu
鄱阳	⁻iau	⁻tiau	˗liau	tɕiau⁻	⁻mu	˗nɛu	⁻tsəu	⁻kəu
铅山	⁻iau	⁻tiau	liau⁼	tɕiau⁻	⁻mu	t'ɛu⁼	⁻tsɛu	⁻kɛu
抚州	⁻iɛu	⁻tiɛu	tiɛu⁼	tɕiɛu⁻	⁻mu	xɛu⁼	⁻tsɛu	⁻kiɛu
资溪	⁻iau	⁻tiau	tiau⁼	tɕiau⁻	⁻mu	xɛu⁼	⁻tsɛu	⁻kiɛu
宜黄	⁻iau	⁻tiau	tiau⁼	tɕiau⁻	⁻mu	xiu⁼	⁻tiu	⁻kiu
丰城	⁻iau	⁻n̠iau	liau⁼	tɕiau⁻	⁻mu	t'ɛu⁼	⁻tsɛu	⁻kiɛu
高安	⁻iau	⁻liɛu	liɛu⁼	tɕiau⁻	⁻mu	xɛu⁼	⁻tsau	⁻kiɛu
新余	⁻uɛi	⁻tiɛu	liɛu⁼	₌tɕiɛu	⁻mu	xɛu⁼	⁻tɕiɛu	⁻uɛi
吉安	⁻iau	⁻tiau	liau⁼	₌tɕiau	⁻mu	t'ɛu⁼	⁻tsɛu	⁻kɛu
遂川	⁻iɒ	⁻tiɒ	liɒ⁼	tɕiɒ⁻	⁻mu	t'iə⁼	⁻tsə	⁻kiə
宁都	⁻iɛu	⁻tiɛu	liɛu⁼	tɕiɛu⁻	₌mu	t'iɛu⁼	⁻tsəu	⁻kəu
瑞金	⁻io	₌tio	lio⁼	tɕio⁻	₌mu	t'ɣ⁼	⁻ɣɣ	⁻kɣ
于都	⁻io	₌tio	lio⁼	tɕio⁻	₌məm	t'ieu⁼	⁻tsieu	⁻kieu
赣县	⁻io	₌tio	lio⁼	tɕio⁻	₌məu	t'e⁼	⁻tse	⁻ke
南康	⁻io	₌tio	lio⁼	tɕio⁻	₌mo	t'ɜ⁼	⁻tsɜ	⁻kɛ
龙南	⁻iau	⁻tiau	liau⁼	tɕiau⁻	⁻mu	t'ɛu⁼	⁻tsɛu	⁻kiɛu
寻乌	⁻iau	⁻tiau	liau⁼	kiau⁼	⁻mu	t'iu⁼	⁻tɕiu	⁻kiu
黄坳	⁻iau	⁻tiau	liau⁼	kiau⁼	⁻mu	t'ɛu⁼	⁻tsɛu	⁻kiɛu
铜鼓	⁻iau	⁻n̠iau	liau⁼	tɕiau⁻	⁻mu	t'ɛu⁼	⁻tsɛu	⁻kiɛu
大溪	⁻iau	⁻tiau	liau⁼	tɕiau⁻	⁻mo	t'ɜ⁼	⁻tsɜ	⁻kɛ
太源	⁻iəu	⁻tau	liəu⁼	₌tɕiəu	⁻mu	t'əu⁼	⁻tsəu	⁻kau
九江	⁻iau	⁻liau	liau⁼	tɕiau⁻	⁻mu	təu⁼	⁻tsəu	⁻kəu
赣州	⁻iɔ	⁻tiɔ	liɔ⁼	tɕiɔ⁻	⁻mu	tieu⁼	⁻tɕieu	⁻kieu
白槎	⁻iau	⁻liao	liau⁼	tɕiau⁻	⁻mu	təu⁼	⁻tsəu	⁻kəu
浮梁	⁻iau	⁻liau	liau⁼	tɕiau⁻	⁻mu	t'au⁼	⁻tsau	⁻kau
婺源	⁻iɔ	⁻liɔ	liɔ⁼	tɕiɔ⁻	₌bu	t'a⁼	⁻tsa	⁻tɕia
上饶	⁻iɔu	⁻tiɔu	liɔu⁼	tɕiɔu⁻	⁻mu	de⁼	⁻tse	⁻ke
广丰	⁻iɑu	⁻tiɯɯ	liɯi⁼	iəi⁼	⁻moŋ	dɣɯ⁼	⁻tsɣɯ	⁻ku
铜山	⁻iə	⁻tɕiau	liə⁼	kiə⁼	₌bu	tau⁼	⁻tsau	⁻kau

		161	162	163	164	165	166	167	168
		后_{前~}	厚	浮	流	酒	皱	愁	瘦
		流开一 上厚匣	流开一 上厚匣	流开三 平尤奉	流开三 平尤来	流开三 上有精	流开三 去宥庄	流开三 平尤崇	流开三 去宥生
南	昌	xɛu⁼	xɛu⁼	꜁fɛu	liu	꜂tɕiu	tɕiu⁼	꜁tsʰɛu	sɛu⁼
修	水	xɛi⁼	xɛi⁼	꜁iʒ	꜁diu	tɕiu	tsɛi⁼ ¹	꜁dziɿ	sɛi⁼ ¹
湖	口	xɛu⁼	xɛu⁼	꜁uʒ	꜁dieu	꜂tsiɛu	tsɛu⁼	꜁dzɛu	sɛu⁼
鄱	阳	꜂xəu	꜂xəu	꜁fu	꜁liəu	꜂tɕiəu	tsəu⁼	꜁tsʰəu	səu⁼
铅	山	꜂xɛu	꜂xɛu	꜁fu	꜁lɛu	꜂tɕiu	tɕiu⁼	꜁tɕʰiu	꜂ɕiu
抚	州	xɛu⁼	꜂xɛu	꜁fɛu	꜁uʒ	꜂tiu	꜂tɕiu	tsɛu⁼	꜁tsʰɛu	sɛu⁼
资	溪	꜂xɛu	꜂xɛu	꜁uʒ	꜁tiu	꜂tɕiu	tsɛu⁼	꜁sɛu	sɛu⁼
宜	黄	xiu⁼	xiu⁼	꜁pʰu	꜁liu	꜂tɕiu	tɛu⁼	꜁ɕiu	sɛu⁼
丰	城	xɛu⁼	xɛu⁼	꜁fu	꜁liu	꜂tɕiu	tsɛu⁼	꜁tsʰɛu	sɛu⁼
高	安	xɛu⁼	xɛu⁼	꜁fɛu	꜁liu	꜂tɕiu	tsau⁼	꜁tsʰau	sau⁼
新	余	xɛu⁼	xɛu⁼	꜁fu	꜁liu	꜂tɕiu	꜁tɕiu	꜁tɕʰiu	꜁uʒ
吉	安	꜂xɛu	꜂xɛu	꜁uʒ	꜁liu	꜂tɕiu	꜁uʒ	꜁tsʰuʒ	꜁uʒ
遂	川	xiə⁼	꜂xiə	꜁fu	꜁niu	꜂tɕiə	tsə⁼	꜁tsʰə	sə⁼
宁	都	xəu⁼	꜂xəu	꜁fəu	꜁liəu	꜂tɕiəu	tsəu⁼	꜁tsʰəu	səu⁼
瑞	金	xɤ⁼	xɤ⁼	꜁fɤ	꜁liu	꜂tɕiu	tsɤ⁼	꜁tsʰɤ	sɤ⁼
于	都	xieu⁼	꜂xieu	꜁fieu	꜁ly	꜂tsy	tsieu⁼	꜁tɕʰieu	ɕieu⁼
赣	县	xe⁼	꜂xe	꜁fe	꜁liu	꜂tɕiu	tse⁼	꜁tsʰe	se⁼
南	康	xɛ⁼	꜂xɛ	꜁fɛ	꜁liu	꜂tɕiu	tsɛ⁼	꜁tsʰɛ	sɛ⁼
龙	南	xɛu⁼	꜂xɛu	꜁fɛu	꜁lieu	꜂tsieu	tsɛu⁼	꜁tsʰɛu	sɛu⁼
寻	乌	xiu⁼	xiu⁼	꜁fu	꜁liu	꜂tɕiu	tɕiu⁼	꜁tɕʰiu	꜂ɕiu
黄	坳	꜂xuʒ	꜂xuʒ	꜁uʒ	꜁liu	꜂tɕiu	tɕiu⁼	꜁uʒ	꜂uʒ
铜	鼓	꜂xuʒ	꜂xuʒ	꜁uʒ	꜁liu	꜂tsiu	tsɛu⁼	꜁tsʰuʒ	sɛu⁼
大	溪	꜂xɛ	꜂xɛ	꜁fu	꜁lɛ	꜂tɕiu	tɕiu⁼	꜁tɕʰiu	se⁼
太	源	xəu⁼	kau⁼	꜁fu	꜁liu	꜂tɕiu	꜁tʃəu	꜁tʃʰəu	꜂sau
九	江	xəu⁼	xəu⁼	꜁fəu	꜁liəu	꜂tɕiəu	tsəu⁼	꜁tsʰuʒ	səu⁼
赣	州	xieu⁼	xieu⁼	꜁fieu	꜁liu	꜂tɕiu	tɕiu⁼	꜁tɕʰiu	ɕio⁼
白	槎	xəu⁼	xəu⁼	꜁fəu	꜁liəu	꜂tɕiəu	tsəu⁼	꜁tsʰəu	səu⁼
浮	梁	xau⁼	xau⁼	꜁fau	꜁liəu	꜂tɕiəu	tɕiəu⁼	꜁ɕiəu	ɕiau⁼
婺	源	꜂ɕia	꜂ɕia	꜁fa	꜁la	꜂tsa	tsa⁼	꜁tsʰa	sa⁼
上	饶	꜂xe	꜂xe	꜁fu	le⁼	꜂tɕiu	tɕiu⁼	꜁dʑiu	꜂ɕiu
广	丰	꜂u	꜂xiɤɯ	꜁fiɤɯ	lɣɯ⁼	꜂tsɣɯ	tɕiɑɯ⁼	꜁dzɣɯ	꜂ɕiaɯ
铜	山	꜂au	꜂kau	꜁pʰu	lau⁼	꜂tɕiu	tɕiu⁼	꜁tsʰə	sə⁼

	169 手	170 九	171 牛	172 有	173 油	174 贪	175 潭	176 南
	流开三 上有书	流开三 上有见	流开三 平尤疑	流开三 上有云	流开三 平尤以	咸开一 平覃透	咸开一 平覃定	咸开一 平覃泥
南昌	ꜛçiu	ꜛtçiu	n̠iu꜔	ꜛiu	iu꜔	ꜛtʰon	꜊tʰan	lan꜔
修水	ꜛsu	ꜛtçiu	꜊n̠iu	ꜛiu	꜊iu	꜊dan	꜊dan	꜊non
湖口	ꜛʂɛu	ꜛtçiɛu	꜊n̠iɛu	ꜛiɛu	꜊iɛu	꜊don	꜊dan	꜊non
鄱阳	ꜛsɔu	ꜛtçiɔu	꜊n̠iɔu	ꜛiɔu	꜊iɔu	ꜛtʰõn	꜊tʰãn	꜊nõn
铅山	ꜛçiu	ꜛtçiu	꜊ŋɛu	ꜛiu	꜊iu	ꜛtʰan	꜊tʰan	꜊nan
抚州	ꜛçiu	ꜛtçi	꜊ŋɛu	ꜛiu	꜊iu	ꜛtʰam	꜊tʰam	꜊lam
资溪	ꜛçiu	ꜛtçiu	꜊n̠iu	ꜛiu	꜊iu	ꜛtʰam	꜊tʰam	꜊nam
宜黄	ꜛçiu	ꜛtçiu	꜊n̠iu	ꜛiu	꜊iu	꜊xam	꜊xam	꜊lam
丰城	ꜛsɛu	ꜛtçiu	꜊n̠iu	ꜛiu	꜊iu	ꜛtʰan	꜊tʰan	꜊lɔn
高安	ꜛsɛu	ꜛtçiu	꜊n̠iu	ꜛiu	꜊iu	ꜛtʰɔn	꜊tʰɔn	꜊lɔn
新余	ꜛsɿ	ꜛtçiu	꜊n̠iu	ꜛiu	꜊iu	꜊tʰan	꜊tʰan	꜊lan
吉安	ꜛçiu	ꜛtçiu	꜊n̠iu	ꜛiu	꜊iu	꜊tʰan	꜊tʰan	꜊lan
遂川	ꜛçiu	ꜛtçiu	꜊n̠iu	ꜛiu	꜊iu	꜊tʰãn	꜊tʰãn	꜊nãn
宁都	ꜛsɐu	ꜛtsɐu	꜊nɐu	iɐu꜔	꜊iɐu	꜊tʰan	꜊tʰan	꜊nan
瑞金	ꜛçiu	ꜛtçiu	꜊n̠iu	iu꜔	꜊iu	꜊tʰan	꜊tʰan	꜊nan
于都	ꜛçy	ꜛtçy	꜊n̠y	꜊y	꜊y	꜊tʰã	꜊tʰã	꜊nã
赣县	ꜛse	ꜛtçiu	꜊n̠iu	꜊iu	꜊iu	꜊tʰã	꜊tʰã	꜊nã
南康	ꜛçiu	ꜛtçiu	꜊n̠iu	꜊iu	꜊iu	꜊tʰã	꜊tʰã	꜊nã
龙南	ꜛçieu	ꜛtçieu	꜊n̠ieu	꜊ieu	꜊ieu	꜊tʰain	꜊tʰain	꜊nain
寻乌	ꜛçiu	ꜛkiu	꜊n̠iu	꜊iu	꜊iu	꜊tʰan	꜊tʰan	꜊nan
黄坳	ꜛçiu	ꜛkiu	꜊n̠iu	꜊iu	꜊iu	꜊tʰan	꜊tʰan	꜊nan
铜鼓	ꜛʂu	ꜛtçiu	꜊n̠iu	꜊iu	꜊iu	꜊tʰan	꜊tʰan	꜊nan
大溪	ꜛçiu	ꜛtçiu	꜊ŋɛ	ꜛiu	꜊iu	꜊tʰan	꜊tʰuon	꜊nan
太源	ꜛʃɐu	ꜛtçiu	꜊nau	ꜛiu	꜊iu	꜊tʰan	꜊tʰɔn	꜊nɔn
九江	ꜛʂɐu	ꜛtçiɐu	꜊liɐu	ꜛnɐu	꜊iɐu	꜊tʰan	꜊tʰan	꜊lan
赣州	ꜛçiu	ꜛtçiu	꜊n̠iu	ꜛiu	꜊iu	꜊tʰãn	꜊tʰãn	꜊nãn
白槎	ꜛsɐu	ꜛtçiɐu	꜊n̠iɐu	ꜛiɐu	꜊iɐu	꜊tʰan	꜊tʰan	꜊lan
浮梁	ꜛçiɐu	ꜛtçiɐu	꜊iɐu	ꜛiɐu	꜊iɐu	ꜛtʰo	꜊tʰɐn	꜊no
婺源	ꜛsa	ꜛtçia	꜊n̠ia	ꜛia	꜊ia	꜊tʰum	꜊tʰum	꜊num
上饶	ꜛçiu	ꜛtçiu	꜊ŋe	ꜛiu	꜊iu	꜊tʰãn	꜊duõn	꜊nuõn
广丰	ꜛtçʰye	ꜛkiɣɯ	꜊n̠iɣɯ	ꜛiɣɯ	꜊iɣɯ	꜊tʰãn	꜊dæn	꜊nãn
铜山	ꜛtçʰiu	ꜛkau	꜊gu	ꜛiu	꜊iu	꜊tʰan	꜊tʰan	꜊lan

		177 蚕	178 暗	179 搭	180 踏	181 拉	182 盒	183 胆	184 淡
		咸开一 平覃从	咸开一 去勘影	咸开一 入合端	咸开一 入合透	咸开一 入合米	咸开一 入合匣	咸开一 上敢端	咸开一 上敢定
南	昌	⊆tsʼon	ŋon⊃	tat⊃	tʼat⊃	⊂la	xot⊃	⊂tan	tʼan⊃
修	水	⊆dzan	ŋon⊃¹	tæt⊃	dæt⊃	⊂la	xət⊃	⊂tan	dan⊃
湖	口	⊆dzon	ŋon⊃	ta⊃	da⊃	⊂la	xɔ⊃	⊂tan	dan⊃
鄱	阳	⊆tsõn	ŋõn⊃	tɒ⊃	tʼɒ⊃	⊂lɒ	xo⊃	⊂tãn	⊆tʼãn
铅	山	⊆tʃuon	ŋon⊃	teʔ⊃	tʼɐʔ⊃	lɐʔ⊃	xoʔ⊃	⊂tan	tʼan⊃
抚	州	⊆tsʼom	ŋom⊃	tap⊃	tʼap⊃	⊂la	xop⊃	⊂tam	xam⊃
资	溪	⊆tsʼam	ŋom⊃	tap⊃	xap⊃	⊂la	xop⊃	⊂tam	⊆xam
宜	黄	⊆tʼam	ŋom⊃	tap⊃	tʼap⊃	⊂la	xop⊃	⊂tam	⊆xam
丰	城	⊆tsʼen	ŋon⊃	tæʔ⊃	tʼæʔ⊃	⊂la	xɔ⊃	⊂tan	tʼan⊃
高	安	⊆tʼon	ŋon⊃	tat⊃	tʼat⊃	⊂la	xɔt⊃	⊂tan	tʼan⊃
新	余	⊆tsʼan	⊆ŋon	taʔ⊃	tʼaʔ⊃	laʔ⊃	xoʔ⊃	⊂tan	tʼan⊃
吉	安	⊆tsʼan	⊆ŋon	ɜt⊃	tʼɜ⊃	⊂la	xo⊃	⊂tan	tʼan⊃
遂	川	⊆tsʼãn	uɛn⊃	ta⊃	tʼa⊃	⊂la	xo⊃	⊂tãn	⊂tʼãn
宁	都	⊆tsʼan	ŋon⊃	tat⊃	tʼat⊃	⊂lai	xɔit⊃	⊂tan	tʼan⊃
瑞	金	⊆tsʼan	uɛn⊃	tæʔ⊃	tʼæʔ⊃	⊂la	xuɛʔ⊃	⊂tan	⊆tʼan
于	都	⊆tsʼã	õ⊃	ta⊃	tʼa⊃	læ⊃	xuæ⊃	⊂tã	⊆tʼã
赣	县	⊆tsʼã	õ⊃	taʔ⊃	tʼaʔ⊃	⊂læ	xoʔ⊃	⊂tã	⊆tʼã
南	康	⊆tsʼã	uɛ̃⊃	ta⊃¹	tʼa⊃¹	⊂la	xuə⊃	⊂tã	⊆tʼã
龙	南	⊆tsʼain	ain⊃	tæʔ⊃	tʼæʔ⊃	⊂la	xɔiɔ⊃	⊂tain	⊆tʼain
寻	乌	⊆tsʼan	uan⊃	taiʔ⊃	tʼaiʔ⊃	⊂la	xaiʔ⊃	⊂tan	⊆tʼan
黄	坳	⊆tsʼan	an⊃	tait⊃	tʼait⊃	lait⊃	xait⊃	⊂tan	⊆tʼan
铜	鼓	⊆tsʼan	an⊃	tat⊃	tʼat⊃	⊂la	xat⊃	⊂tan	⊆tʼan
大	溪	⊆tsʼuon	ŋan⊃	tæʔ⊃	tʼæʔ⊃	⊂la	xuəʔ⊃	⊂tan	⊆tʼan
太	源	⊆tsʼen	⊂on	taiʔ⊃	tʼauʔ⊃	⊂la	xoʔ⊃	⊂tɔn	⊆tʼɔn
九	江	⊆tsʼan	an⊃	tɒ⊃	tʼɒ⊃	⊂lɒ	xo⊃	⊂tan	tan⊃
赣	州	⊆tsʼãn	ŋãn⊃	ta⊃	tʼa⊃	⊂la	xo⊃	⊂tãn	tãn⊃
白	槎	⊆tsʼan	ŋan⊃	⊆ta	⊆tʼa	⊂la	⊆xo	⊂tan	tan⊃
浮	梁	⊆tsʼen	ɲien⊃	to⊃	tʼo⊃	⊂la	xɛ⊃	⊂to	tʼo⊃
婺	源	⊆tsʼum	væin⊃	tə⊃	tʼə⊃	⊂la	xɔ⊃	⊂tum	⊆tʼum
上	饶	⊆dzʲõn	ŋuõn⊃	tɐʔ⊃	dɐʔ⊃	lɐʔ⊃	xɐuʔ⊃	⊂tãn	⊆dãn
广	丰	⊆dzæn	æn⊃	tæʔ⊃	dæʔ⊃	læʔ⊃	xæʔ⊃	⊂tãn	⊆dãn
铜	山	⊆tsʼan	an⊃	ta⊃	⊂ta	⊂la	xæʔ⊃	⊂tã	⊂tan

	185 篮 咸开一 平谈来	186 三 咸开一 平谈心	187 敢 咸开一 上敢见	188 塔 咸开一 入盍透	189 腊 咸开一 入盍来	190 赚 咸开二 去陷澄	191 杉 咸开二 平咸生	192 咸 咸开二 平咸匣
南昌	lanᵓ	꜀san	ꜛkon	tʻatᵓ	latꜝ	tsʻanᵓ	꜀san	꜀xan
修水	꜀lan	꜀san	ꜛkon	tʻætᵓ	lætꜝ	dzanᵓ	꜀san	꜀xan
湖口	꜀lan	꜀san	ꜛkon	daᵓ	laᵓ	dzanᵓ	꜀sa	꜀xan
鄱阳	꜀lãn	꜀sãn	ꜛkõn	tʻɒᵓ	lɒᵓ	꜀tsʻõn	꜀sɒ	꜀xãn
铅山	꜀lan	꜀san	ꜛkon	tʻɐʔᵓ	lɐʔꜝ	tsʻanᵓ	꜀san	꜀xan
抚州	꜀lam	꜀sam	ꜛkom	tʻapᵓ	lapꜝ	tsʻamᵓ	꜀sam	꜀xam
资溪	꜀lam	꜀sam	ꜛkom	tʻapᵓ	lapꜝ	tsʻamᵓ	꜀sam	꜀xam
宜黄	꜀lam	꜀sam	ꜛkom	tʻapᵓ	lapꜝ	tʻamᵓ	꜀sam	꜀xam
丰城	꜀lan	꜀san	ꜛkon	tʻæʔᵓ	læʔꜝ	tsʻanᵓ	꜀sa	꜀xan
高安	꜀lan	꜀san	ꜛkon	tʻatᵓ	latꜝ	tʻanᵓ	꜀sa	꜀xan
新余	꜀lan	꜀san	ꜛkon	tʻaʔᵓ	laʔꜝ	tsʻanᵓ	꜀sa	꜀xan
吉安	꜀lan	꜀san	ꜛkon	꜀tʻɛ	lɛᵓ	tsʻanᵓ	꜀san	꜀xan
遂川	꜀nãn	꜀sãn	ꜛkuɛn	tʻaᵓ	laᵓ	tsʻãnᵓ	꜀sa	꜀xãn
宁都	꜀lan	꜀san	ꜛkon	tʻatᵓ	latꜝ	tsʻanᵓ	꜀sa	꜀xan
瑞金	꜀lan	꜀san	ꜛkuɛn	tʻæʔᵓ	læʔꜝ	tsʻanᵓ	꜀sa	꜀xan
于都	꜀lã	꜀sã	ꜛkã	tʻaᵓ	laᵓ	tʻãᵓ	꜀sa	꜀xã
赣县	꜀lã	꜀sã	ꜛkã	tʻaʔᵓ	laʔꜝ	tsʻãᵓ	꜀sa	꜀xã
南康	꜀lã	꜀sã	ꜛkuɛ̃	tʻaᵓ ₁	laᵓ	tsʻãᵓ	꜀sã	꜀xã
龙南	꜀lain	꜀sain	ꜛkain	tʻæʔᵓ	læʔꜝ	tsʻainᵓ	꜀sa	꜀xain
寻乌	꜀lan	꜀san	ꜛkan	tʻaiʔᵓ	laiʔꜝ	tsʻanᵓ	꜀san	꜀xan
黄坳	꜀lan	꜀san	ꜛkan	tʻaitᵓ	laitꜝ	tsʻanᵓ	꜀sa	꜀xan
铜鼓	꜀lan	꜀san	ꜛkan	tʻatᵓ	latꜝ	tsʻanᵓ	꜀sa	꜀xan
大溪	꜀lan	꜀san	ꜛkan	tɐʔᵓ	lɐʔꜝ	tsʻanᵓ	꜀san	꜀xan
太源	꜀lɔn	꜀sɔn	ꜛkɔn	tʻaiʔᵓ	luaiʔꜝ	tsʻɔnᵓ	꜀sɔn	꜀xan
九江	꜀lan	꜀san	ꜛkan	tʻɒᵓ	lɒᵓ	tʂʻuɤ̃ᵓ	꜀san	꜀xan
赣州	꜀lãn	꜀sãn	ꜛkãn	tʻaᵓ	laᵓ	tsõnᵓ	꜀sa	꜀ɕĩn
白槎	꜀lan	꜀san	ꜛkan	꜀tʻa	꜀la	tsuanᵓ	꜀san	꜀ɕiɛn
浮梁	꜀no	꜀so	ꜛkiɛ	tʻoᵓ	loᵓ	tɕʻyiᵓ	꜀so	꜀xo
婺源	꜀lum	꜀sum	ꜛkẽ	tʻθᵓ	lθᵓ	tsʻumᵓ	꜀sum	꜀xẽ
上饶	꜀nãn	꜀sãn	ꜛkuõn	tʻɐʔᵓ	lɐʔꜝ	dzãnᵓ	꜀sãn	꜀xãn
广丰	꜀lãn	꜀sãn	ꜛkæn	tʻæʔᵓ	læʔꜝ	dzãnᵓ	꜀sãn	꜀xãn
铜山	꜀nã	꜀sã	ꜛkã	tʻaᵓ	ꜛla	tʻanᵓ	꜀san	꜀kian

		193 插 咸开二 入洽初	194 衫 咸开二 平衔生	195 鸭 咸开二 入狎影	196 尖 咸开三 平盐精	197 占霸~ 咸开三 去艳章	198 盐 咸开三 平盐以	199 猎 咸开三 入叶来	200 接 咸开三 入叶精
南	昌	tsʰat₌	₌san	ŋat₌	₌tɕiɛn	tsɛn⁼	₌iɛn	liɛt₌	tɕiɛt₌
修	水	dzæt₌	₌san	ŋæt₌	₌tɕiɛn	tɛn⁼¹	₌iɛn	diɛt₌	tɕiɛt₌
湖	口	dzaᵛ	₌san	ŋaᵛ	₌tsiɛn	tsɛn⁼	₌iɛn	dieᵛ	tsie⁼
鄱	阳	tsʰɒ₌	₌sãn	ŋo₌	₌tɕiẽn	tɕyõn⁼	₌iẽn	lie₌	tɕie₌
铅	山	tsʰɐʔ₌	₌san	ŋɐʔ₌	₌tɕiɛn	tɕiɛn⁼	₌iɛn	liɛʔ₌	tɕiɛʔ₌
抚	州	tsʰap₌	₌sam	ŋap₌	₌tɕiɛn	tɛm⁼	₌iɛm	tiɛp₌	tɕiɛp₌
资	溪	tsʰap₌	₌sam	ŋap₌	₌tɕiam	tam⁼	₌iam	tiap₌	tɕiap₌
宜	黄	tʰap₌	₌sam	ŋap₌	₌tɕiam	tam⁼	₌iam	tiap₌	tɕiap₌
丰	城	tsæʔ₌	₌san	ŋæʔ₌	₌tɕiɛn	tsɛn⁼	₌iɛn	liɛʔ₌	tɕiɛʔ₌
高	安	tʰat₌	₌san	ŋat₌	₌tɕiɛn	tan⁼	₌iɛn	liɛt₌	tɕiɛt₌
新	余	tsʰaʔ₌	₌san	ŋaʔ₌	₌tɕiɛn	₌tɛn	₌iɛn	liɛʔ₌	tɕiɛʔ₌
吉	安	₌tsʰɿ	₌san	₌ȵiɛ	₌tɕiɛn	₌tsan	₌iɛn	lie⁼	₌tɕiɛ
遂	川	tsʰa⁼	₌sãn	a⁼	₌tɕiẽn	tsãn⁼	₌iẽn	lie⁼	tɕie⁼
宁	都	tsʰat₌	₌san	ŋat₌	₌tɕiɛn	tsan⁼	₌iɛn	liɛt₌	tɕiɛt₌
瑞	金	tsʰæʔ₌	₌san	æʔ₌	₌tɕiɛn	tɕiɛn⁼	₌iɛn	liɛʔ₌	tɕiɛʔ₌
于	都	tsʰa⁼	₌sã	a⁼	₌tsĩ	tʃã⁼	₌ĩ	liɛ⁼	tɕiɛ⁼
赣	县	tsʰaʔ₌	₌sã	aʔ₌	₌tɕĩ	tɕĩ⁼	₌ĩ	liɛʔ₌	tɕiɛʔ₌
南	康	tsʰa⁼₁	₌sã	a₌₁	₌tɕĩ	tsã⁼	₌ĩ	liɛ⁼	tɕiɛ₌₁
龙	南	tsʰæʔ₌	₌sain	æʔ₌	₌tsiain	tsain⁼	₌iain	liɛʔ₌	tsiɛʔ₌
寻	乌	tsʰaiʔ₌	₌san	aiʔ₌	₌tɕiɛn	tsan⁼	₌ian	liɛʔ₌	tɕiɛʔ₌
黄	坳	tsʰait₌	₌san	ait₌	₌tɕian	tsan⁼	₌ian	liɛt₌	tɕiɛt₌
铜	鼓	tsʰat₌	₌san	at₌	₌tsiɛn	tsɛn⁼	₌iɛn	liɛt₌	tsiɛt₌
大	溪	tsʰɐʔ₌	₌san	ŋɐʔ₌	₌tɕiɛn	tsɛn⁼	₌iɛn	liɛʔ₌	tɕiɛʔ₌
太	源	tʃʰauʔ₌	₌ʃan	auʔ₌	₌tɕian	₌tʃan	₌ian	liɛʔ₌	tɕiɛʔ₌
九	江	tsʰɒ₌	₌san	iɒ₌	₌tɕiɛn	tʂɛ̃⁼	₌iɛn	lie₌	tɕiɛ₌
赣	州	tsʰa⁼	₌sãn	ia⁼	₌tɕĩn	tsãn⁼	₌ĩn	lie⁼	tɕiɛ₌
白	槎	₌tsʰa	₌san	₌ia	₌tɕiɛn	tsan⁼	₌iɛn	₌lie	₌tɕiɛ
浮	梁	tʂʰoᵛ	₌ʂo	ŋoᵛ	₌tɕi	tɕi⁼	₌ȵi	lie⁼	tɕie₌
婺	源	tsʰɵᵛ	₌sum	gɵᵛ	₌tsĩ	tɕĩ⁼	ĩ	leᵛ	tse⁼
上	饶	tsʰɐʔ₌	₌sãn	ŋɐʔ₌	₌tɕiẽn	tɕiẽn⁼	₌iẽn	liɐʔ₌	tɕiɐʔ₌
广	丰	tsʰæʔ₌	₌sãn	æʔ₌	₌tɕiẽn	tɕiẽn⁼	₌iẽn	liæʔ₌	tɕiæʔ₌
铜	山	tsʰa₌	₌sã	a₌	₌tɕĩ	tɕian⁼	₌ian	liæʔ₌	tɕi₌

		201 叶树~ 咸开三 入叶以	202 欠 咸开三 去釅溪	203 严 咸开三 平严疑	204 店 咸开四 去㮇端	205 甜 咸开四 平添定	206 嫌 咸开四 平添匣	207 贴 咸开四 入贴透	208 叠 咸开四 入贴定
南	昌	iɛt	tɕʰien	ȵien	tien	tʰien	ɕien	tʰiet	tʰiet
修	水	iɛt	dzien ²	ȵien	tien ¹	dien	ɕien	diet	diet
湖	口	iɛʔ	dzien	ȵien	tien	dien	ɕien	dieʔ	dieʔ
鄱	阳	ie	tɕʰiẽn	ȵiẽn	tiẽn	tʰiẽn	ɕiẽn	tʰie	tʰie
铅	山	iɛʔ	tɕʰien	ȵien	tien	tʰien	ɕien	tʰieʔ	tʰieʔ
抚	州	iɛp	tɕʰiem	ȵiem	tiɛm	tʰiem	ɕiem	tʰiep	tʰiep
资	溪	iap	tɕʰiam	ȵiam	tiam	ɕiam	ɕiam	ɕiap	ɕiap
宜	黄	iap	tɕʰiam	ȵiam	tiam	ɕiam	ɕiam	ɕiap	ɕiap
丰	城	iɛʔ	tɕʰien	ȵien	tien	tʰien	ɕien	tʰieʔ	tʰieʔ
高	安	iɛt	ɕien	ien	lien	tʰien	ȵien	tʰiet	tʰiet
新	余	iɛʔ	tɕʰien	ȵien	tien	tʰien	ȵien	tʰieʔ	tʰieʔ
吉	安	ie	tɕʰien	ȵien	tien	tʰien	ɕien	tʰie	tʰie
遂	川	ie	tɕʰiẽn	ȵiẽn	tiẽn	tʰiẽn	ɕiẽn	tʰie	tʰie
宁	都	iet	tsʰan	nan	tien	tʰien	san	tʰiet	tʰiet
瑞	金	iɛʔ	tɕʰiɛn	ȵien	tien	tʰien	ɕien	tʰie	tʰie
于	都	ie	tɕʰi	ȵĩ	tĩ	tʰĩ	ɕĩ	tʰie	tʰie
赣	县	iɛʔ	tɕʰi	ȵĩ	ti	tʰi	ɕi	tʰieʔ	tʰieʔ
南	康	ie	tɕʰĩ	ȵĩ	tĩ	tʰĩ	ɕĩ	tʰie ₁	tʰie
龙	南	iɛʔ	tɕʰiain	ȵiain	tiain	tʰiain	ɕiain	tʰie	tʰie
寻	乌	iɛʔ	kʰien	ȵien	tien	tʰien	ɕien	tʰie	tʰie
黄	坳	iɛt	kʰian	ȵian	tian	tʰian	ɕian	tʰiet	tʰiet
铜	鼓	iɛt	tɕʰien	ȵien	tien	tʰien	ɕien	tʰiet	tʰiet
大	溪	iɛʔ	tɕʰien	ȵien	tien	tʰien	ɕien	tʰieʔ	tʰieʔ
太	源	iɛʔ	tɕʰian	ȵian	tian	tʰian	ɕian	tʰaiʔ	tʰauʔ
九	江	ie	tɕʰien	ien	tien	tʰien	ɕien	tʰie	tie
赣	州	ie	tɕʰiin	iin	tiin	tʰiin	ɕiin	tʰie	tie
白	槎	iɛ	tɕʰien	ȵien	tien	tʰien	ɕien	tʰiɛ	tiɛ
浮	梁	ie	tɕʰi	ȵi	ti	tʰi	ɕi	tʰie	tʰie
婺	源	ie	tɕʰi	ȵĩ	tĩ	tʰĩ	ɕĩ	tʰe	tʰe
上	饶	iɐʔ	tɕʰiẽn	ȵiẽn	tiẽn	diẽn	ien	tʰiɐʔ	diɐʔ
广	丰	iæʔ	kʰiẽn	ȵiẽn	tiẽn	diẽn	ien	tʰiæʔ	diæʔ
铜	山	iɐ	kʰian	gian	tian	tʰian	xian	tʰiæ	tiæʔ

	209 犯	210 法	211 林	212 心	213 寻	214 参人~	215 针	216 深
	咸合三 上范奉	咸合三 入乏非	深开三 平侵来	深开三 平侵心	深开三 平侵邪	深开三 平侵生	深开三 平侵章	深开三 平侵书
南昌	fan²	fat꜓	lin²	₋ɕin	₌tɕʻin	₌sin	₌tsin	₌sin
修水	₋fan	fæt꜓	₌din	₋ɕin	dzin	₋sən	₋tən	₋sən
湖口	fan²	fa²	₌din	₋sin	dzin	₋sən	₋tʃən	₋ʂən
鄱阳	₋fãn	fɔ²	₋lin	₋ɕin	₋tɕʻin	₋sən	₋tsən	₋sən
铅山	fan²	feʔ꜓	₋lin	₋ɕin	₋tɕʻin	₋sɛn	₋tsen	₋sen
抚州	fam²	fap꜓	₌tim	₋ɕim	₌tɕʻim	₋sɛm	₋tim	₋ɕim
资溪	₋fam	fap꜓	₌tim	₋sim	₌tsʻim	₋sim	₋tim	₋sim
宜黄	fam²	fap꜓	₌lim	₋ɕim	₌tɕʻim	₋ɕim	₋tɕim	₋ɕim
丰城	fan²	fæʔ꜓	₌lin	₋ɕin	₌tɕʻin	₋sɛn	₋tsən	₋sɛn
高安	fan²	fat꜓	₌lin	₋sin	₌tsʻin	₋sɛn	₋tən	₋sən
新余	fan²	faʔ꜓	₌lin	₋ˡsin	tɕʻin	₋ⁿasɛn	₋ˡtɕin	₋ⁿsin
吉安	fan²	₋fɜ	₌lin	₋ɕin	₌tɕʻin	₋sən	₋tsən	₋sən
遂川	fãn²	fa²	₌lĩn	₋cĩn	₌tɕʻin	₋sẽn	₋tɕĩn	₋sẽn
宁都	fan²	fat꜓	₌lin	₋ɕin	₌tɕʻin	₋sən	₋tsən	₋sən
瑞金	fan²	fæʔ꜓	₌lin	₋ɕin	₌tɕʻin	₋sen	₋tɕin	₋ɕin
于都	fã²	fa²	₌lẽ	₋sẽ	₌tsʻẽ	₋sẽ	₋tʃẽ	₋ʃẽ
赣县	fã²	faʔ꜓	₌liəŋ	₋ɕiəŋ	₌tɕʻiəŋ	₋sən	₋tsən	₋sən
南康	fã²	fa²₁	₌liəŋ	₋ɕiəŋ	₌tɕʻiəŋ	₋sẽ	₋tɕiəŋ	₋ɕieŋ
龙南	fain²	fæʔ꜓	₌len	₋sin	₌tsʻin	₋sain	₋tsen	₋sen
寻乌	fan²	faiʔ꜓	₌lin	₋ɕin	₌tɕʻin	₋ɕin	₋tɕin	₋ɕin
黄坳	fan²	fait꜓	₌lin	₋ɕin	₌tɕʻin	₋sən	₋tsən	₋sən
铜鼓	fan²	fat꜓	₌lin	₋sin	₌tsʻin	₋ʂən	₋tʂən	₋tʂʻən
大溪	fan²	feʔ꜓	₌lin	₋sin	₌tsʻin	₋sin	₋tsin	₋sin
太源	fan²	xaiʔ꜓	₌lin	₋ɕin	₌tɕʻin	₋ʃen	₋tʃen	₋ʃen
九江	fan²	fɔ²	₌lin	₋ɕin	₌ɕin	₋sən	₋tʂən	₋sən
赣州	fãn²	fa²	₌liəŋ	₋ɕiəŋ	₌tɕʻiəŋ	₋sən	₋tɕiəŋ	₋ɕiəŋ
白槎	fan²	₋fa	₌lin	₋ɕin	₌ɕin	₋sən	₋tsən	₋sən
浮梁	fo²	fo²	₌len	₋sɛn	₌tsʻɛn	₋sɛn	₋tɕien	₋ɕien
婺源	fum²	fə²	₌læn	₋sæn	₌tsʻæn	₋sæn	₋tsæn	₋sæn
上饶	fãn²	feʔ꜓	₌lĩn	₋sĩn	₌dʒĩn	₋sĩn	₋tsĩn	₋sĩn
广丰	fãn²	fæʔ꜓	₌lĩn	₋sĩn	₌dʒĩn	₋sẽn	₋tsæ̃n	₋sĩn
铜山	xuan²	xuæ꜓	₌lien	₋ɕien	₌tɕien	₋ɕien	₋tsan	₋tɕʻien

		217 金 深开三 平侵见	218 琴 深开三 平侵群	219 阴 深开三 平侵影	220 集 深开三 入缉从	221 十 深开三 入缉禅	222 急 深开三 入缉见	223 炭 山开一 去翰透	224 难~易 山开一 平寒泥
南	昌	꜀tɕin	꜁tɕʰi	꜁in	tɕit̚	sit̚	tɕit̚	ᵗʰan꜄	lan꜄
修	水	꜀tɕin	꜁dʑin	꜁in	dʑit̚	sət̚	tɕit̚	dan꜄²	꜁nan
湖	口	꜀tɕin	꜁dʑin	꜁in	dʑi꜄	ʂɛ꜄	tɕi꜄	dan꜄	꜁nan
鄱	阳	꜀tɕin	꜁tɕʰin	꜁in	tɕʰi꜄	sə꜄	tɕi꜄	tʰãn꜄	꜁lãn
铅	山	꜀tɕin	꜁tɕʰin	꜁in	tɕʰiʔ̚	seʔ̚	tɕiʔ̚	tʰan꜄	꜁nan
抚	州	꜀tɕim	꜁tɕʰim	꜁im	tɕʰip̚	ɕip̚	tɕip̚	xan꜄	꜁lan
资	溪	꜀tɕim	꜁tɕʰim	꜁im	tɕʰip̚	sip̚	tɕip̚	xan꜄	꜁nan
宜	黄	꜀tɕim	꜁tɕʰim	꜁im	tɕʰip̚	ɕip̚	tɕip̚	xan꜄	꜁lan
丰	城	꜀tɕin	꜁tɕʰin	꜁in	tɕʰiʔ̚	sɿ꜄	tɕiʔ̚	tʰan꜄	꜁nan
高	安	꜀tɕin	꜁ɕin	꜁in	tɕʰit̚	ʃɵt̚	tɕit̚	tʰan꜄	꜁lan
新	余	꜀tɕin	꜁tɕʰin	꜁in	tɕʰieʔ̚	sɿʔ̚	tɕiɛʔ̚	꜁tʰan	꜁lan
吉	安	꜀tɕin	꜁tɕʰin	꜁in	tɕʰiɛ꜄	sɛ꜄	꜁tɕiɛ	꜁tʰan	꜁lan
遂	川	꜀tɕin	꜁tɕʰin	꜁ĩn	tsʰɛ꜄	sɛ꜄	tɕiɛ꜄	tʰãn꜄	꜁nãn
宁	都	꜀tsən	꜁tsʰən	꜁in	tɕʰiet̚	sat̚	tsət̚	tʰan꜄	꜁nan
瑞	金	꜀tɕin	꜁tɕʰin	꜁in	tɕʰiʔ̚	ɕiʔ̚	tɕiʔ̚	tʰan꜄	꜁nan
于	都	꜀tɕiẽ	꜁tɕʰiẽ	꜁iẽ	tɕʰiɛ꜄	sæ꜄	tɕiɛ꜄	tʰã꜄	꜁nã
赣	县	꜀tɕiəŋ	꜁tɕʰiəŋ	꜁iəŋ	tɕʰiɛʔ̚	sɛʔ̚	tɕiɛʔ̚	tʰã꜄	꜁nã
南	康	꜀tɕiəŋ	꜁tɕʰiəŋ	꜁iəŋ	tɕʰiɛ꜄	sæ꜄	tɕiɛ꜄₁	tʰã꜄	꜁nã
龙	南	꜀tɕin	꜁tɕʰin	꜁in	tsʰieʔ̚	seʔ̚	tɕieʔ̚	tʰain꜄	꜁nain
寻	乌	꜀kin	꜁kʰin	꜁in	tɕʰiʔ̚	ɕiʔ̚	kiʔ̚	tʰan꜄	꜁nan
黄	坳	꜀kin	꜁kʰin	꜁in	tɕʰit̚	sʅ꜄	kit̚	tʰan꜄	꜁nan
铜	鼓	꜀tɕin	꜁tɕʰin	꜁in	tsʰit̚	ʂət̚	tɕit̚	tʰan꜄	꜁lan
大	溪	꜀tɕiin	꜁tɕʰin	꜁in	tɕʰiɛʔ̚	seʔ̚	tɕiɛʔ̚	tʰan꜄	꜁nan
太	源	꜀tɕin	꜁tɕʰin	꜁in	tɕʰiʔ̚	ʃuʔ̚	tɕiʔ̚	꜁tʰan	꜁nan
九	江	꜀tɕin	꜁tɕʰin	꜁in	tɕi꜄	ʂʅ꜄	tɕi꜄	tʰan꜄	꜁lan
赣	州	꜀tɕiəŋ	꜁tɕʰiəŋ	꜁iəŋ	tɕiɛ꜄	sæ꜄	tɕiɛ꜄	tʰãn꜄	꜁nãn
白	槎	꜀tɕin	꜁tɕʰin	꜁in	꜁tɕi	sʅ꜄	꜁tɕi	tʰan꜄	꜁lan
浮	梁	꜀tɕiɛn	꜁tɕʰiɛn	꜁iɛn	tsʰɜ꜄	ɕi꜄	tɕi꜄	tʰo꜄	꜁no
婺	源	꜀tɕiæn	꜁tɕʰiæn	꜁iæn	tsʰa꜄	sa꜄	tɕia꜄	tʰum꜄	꜁num
上	饶	꜀tɕĩin	꜁dʑĩin	꜁ĩin	dʑiɛʔ̚	ɕiɛʔ̚	tɕiɪʔ̚	tʰãn꜄	꜁nãn
广	丰	꜀kĩin	꜁gĩin	꜁ĩin	dzeʔ̚	sæʔ̚	kiɪʔ̚	tʰãn꜄	꜁nãn
铜	山	꜁kien	꜁kien	꜁ien	tɕiɛʔ̚	tsæʔ̚	kie꜄	tʰuã꜄	꜁lan

	225 兰 山开一 平寒来	226 汗 山开一 去翰匣	227 安 山开一 平寒影	228 辣 山开一 入曷来	229 割 山开一 入曷见	230 办 山开二 去裥並	231 山 山开二 平山生	232 产 山开二 上产生
南昌	꜁lan	xon꜒	꜁ŋon	lat꜖	kot꜖	pʻan꜒	꜁san	꜂tsʻan
修水	꜁lan	xon꜒	꜁ŋon	læt꜖	kɛt꜖	ban	꜁san	꜁dzan
湖口	꜁lan	xon꜒	꜁ŋon	la	kɔ꜒	ban	꜁san	꜂san
鄱阳	꜁lãn	꜁xõn	꜁ŋõn	lɒ꜖	ko꜖	꜁pʻãn	꜁sãn	꜂sãn
铅山	꜁lan	xon꜒	꜁on	lɛʔ꜖	koʔ꜖	pʻan꜒	꜁san	꜂san
抚州	꜁lan	xon꜒	꜁ŋon	lat꜖	kot꜖	pʻan꜒	꜁san	꜂san
资溪	꜁lan	xon꜒	꜁ŋon	lat꜖	kot꜖	pʻan꜒	꜁san	꜂san
宜黄	꜁lan	xon꜒	꜁on	lat꜖	kot꜖	pʻan꜒	꜁san	꜂san
丰城	꜁lan	xɔn꜒	꜁ŋɔn	læʔ꜖	kueʔ꜖	pʻan꜒	꜁san	꜂san
高安	꜁lan	xɔn꜒	꜁ŋon	lat꜖	kot꜖	pʻan꜒	꜁san	꜂san
新余	꜁lan	xon꜒	꜁ŋon	laʔ꜖	koʔ꜖	pʻan꜒	꜁san	꜂san
吉安	꜁lan	xon꜒	꜁ŋon	lɛ꜒	꜁ko	pʻan꜒	꜁san	꜂tsʻan
遂川	꜁nãn	xuɛn꜒	꜁uẽn	la꜒	ko꜒	pʻãn꜒	꜁sãn	꜂tsʻãn
宁都	꜁lan	xon꜒	꜁ŋon	lat꜖	kɔit꜖	pʻon꜒	꜁san	꜂tsʻan
瑞金	꜁lan	xuɛn꜒	꜁uɛn	læʔ꜖	kuɛʔ꜖	pʻan꜒	꜁san	꜂tsʻan
于都	꜁lã	xõ꜒	꜁õ	la꜒	kuɛ	pʻã꜒	꜁sã	꜂tsʻã
赣县	꜁lã	xõ꜒	꜁ŋã	laʔ꜖	koʔ꜖	pʻã꜒	꜁sã	꜂tsʻã
南康	꜁lã	xuɛ꜒	꜁ŋã	la꜒	kuɛ₁	pʻã꜒	꜁sã	꜂tsʻã
龙南	꜁lain	xuɔn꜒	꜁vain	læʔ꜖	kuəʔ꜖	pʻain꜒	꜁sain	꜂tsʻain
寻乌	꜁lan	xuan꜒	꜁van	laiʔ꜖	kuaiʔ꜖	pʻan꜒	꜁san	꜂tsʻan
黄坳	꜁lan	xuɔn꜒	꜁nɔ	lait꜖	kɔit꜖	pʻan꜒	꜁san	꜂tsʻan
铜鼓	꜁lan	xɔn꜒	꜁nɔ	lat꜖	kuɔt꜖	pʻan꜒	꜁san	꜂ʂan
大溪	꜁lan	xuon꜒	꜁ŋan	lɤʔ꜖	kuəʔ꜖	pʻan꜒	꜁san	꜂san
太源	꜁lɔn	xon꜒	꜁on	luaiʔ꜖	kaiʔ꜖	pʻan꜒	꜁ʃan	꜂ʃan
九江	꜁lan	xan꜒	꜁ŋan	lɒ꜖	ko꜖	pan꜒	꜁san	꜂tsʻan
赣州	꜁lãn	xãn꜒	꜁ãn	la꜒	ko꜒	pãn꜒	꜁sãn	꜂tsʻãn
白槎	꜁lan	xan꜒	꜁ŋan	꜁la	꜁ko	pan꜒	꜁san	꜂tsʻan
浮梁	꜁no	xɛn꜒	꜁niɛn	lo꜒	kiɛ꜒	pʻo꜒	꜁ʂo	꜂ʂo
婺源	꜁num	xum꜒	꜁m̩	lə꜒	kə꜒	pʻum꜒	꜁sum	꜂sum
上饶	꜁nãn	xuõn꜒	꜁ŋuõn	lɛʔ꜖	kuɛʔ꜖	bãn꜒	꜁sãn	꜂tsʻãn
广丰	꜁lãn	xuẽn꜒	꜁uẽn	læʔ꜖	kuæʔ꜖	bãn꜒	꜁sãn	꜂sãn
铜山	꜁lan	kuã꜒	꜁uã	꜂lua	kua	pan꜒	꜁suã	꜂san

	233 间中~ 山开二 平山见	234 眼 山开二 上产疑	235 八 山开二 入點帮	236 杀 山开二 入點生	237 板 山开二 上潸帮	238 颜 山开二 平删疑	239 偏 山开三 平仙滂	240 面脸 山开三 去线明
南昌	꜀kan	꜂ŋan	pat꜆	sat꜆	꜂pan	꜁ŋan	꜀pʰiɛn	miɛn꜅
修水	꜀kan	꜂ŋan	pæt꜆	sæt꜆	꜂pan	꜁ŋan	꜀biɛn	miɛn꜅
湖口	꜀kan	꜂ŋan	pa꜄	sa꜄	꜂pan	꜁ŋan	꜁biɛn	miɛn꜅
鄱阳	꜀kãn	꜂ŋãn	pɒ꜄	sɒ꜄	꜂pãn	꜁ŋãn	꜀pʰiẽn	꜁miẽn
铅山	꜀kan	꜂ŋan	pɐʔ꜆	sɐʔ꜆	꜂pan	꜁ŋan	꜀pʰiɛn	miɛn꜅
抚州	꜀kan	꜂ŋan	pat꜆	sat꜆	꜂pan	꜁ŋan	꜀pʰiɛn	miɛn꜅
资溪	꜀kan	꜂ŋan	pat꜆	sat꜆	꜂pan	꜁ŋan	꜀pʰiɛn	miɛn꜅
宜黄	꜀kan	꜂ŋan	pat꜆	sat꜆	꜂pan	꜁ŋan	꜀pʰĩ	miɛn꜅
丰城	꜀kan	꜂ŋan	pæʔ꜇	sæʔ꜇	꜂pan	꜁ŋan	꜀pʰiɛn	miɛn꜅
高安	꜀kan	꜂ŋan	pat꜆	sat꜆	꜂pan	꜁ŋan	꜀pʰiɛn	miɛn꜅
新余	꜀kan	꜂ŋan	paʔ꜇	saʔ꜇	꜂pan	꜁ŋan	꜁pʰiɛn	꜁miɛn
吉安	꜀kan	꜂ŋan	꜀pɛ	꜀sɛ	꜂pan	꜁ŋan	꜀pʰiɛn	miɛn꜅
遂川	꜁kiãn	꜂ȵiãn	pa꜄	sa꜄	꜂pãn	꜁ȵiãn	꜀pʰiẽn	miɛn꜅
宁都	꜀kan	꜂ŋan	pat꜆	sat꜆	꜂pan	꜁ŋan	꜀pʰiɛn	miɛn꜅
瑞金	꜀kan	꜂ŋan	pæʔ꜇	sæʔ꜇	꜂pan	꜁ŋan	꜀pʰiɛn	miɛn꜅
于都	꜀kã	꜂ŋã	pa꜄	sa꜄	꜂pã	꜁ŋã	꜀pʰĩ	mĩ꜅
赣县	꜀kã	꜂ŋã	paʔ꜆	saʔ꜆	꜂pã	꜁ĩ	꜀pʰĩ	mĩ꜅
南康	꜀kã	꜂ŋã	pa꜆1	sa꜆1	꜂pã	꜁ŋã	꜀pʰĩ	mĩ꜅
龙南	꜀kain	꜂ŋain	pæʔ꜆	sæʔ꜆	꜂pain	꜁ŋain	꜀pʰain	miɛn꜅
寻乌	꜀kan	꜂ŋan	paiʔ꜆	saiʔ꜆	꜂pan	꜁ŋan	꜀pʰiɛn	miɛn꜅
黄坳	꜀kan	꜂ŋan	pait꜆	sait꜆	꜂pan	꜁ŋan	꜀pʰiɛn	miɛn꜅
铜鼓	꜀kan	꜂ŋan	pat꜆	ʂat꜆	꜂pan	꜁ŋan	꜀pʰiɛn	miɛn꜅
大溪	꜀kan	꜂ŋan	pɐʔ꜇	sɐʔ꜇	꜂pan	꜁ŋan	꜀pʰiɛn	miɛn꜅
太源	꜀kan	꜂ȵian	paiʔ꜆	saiʔ꜆	꜂pan	꜁ŋan	꜀pʰian	mian꜅
九江	꜀kan	꜂iɛn	pɒ꜄	sɒ꜄	꜂pan	꜁iɛn	꜀pʰiɛn	miɛn꜅
赣州	꜀tɕĩn	꜂ĩn	pa꜄	sa꜄	꜂pãn	꜁ĩn	꜀pʰiin	mĩn꜅
白槎	꜀tɕiɛn	꜂iɛn	꜁pa	꜁sa	꜂pan	꜁iɛn	꜀pʰiɛn	miɛn꜅
浮梁	꜀ko	꜂ŋo	po꜄	ʂo꜄	꜂po	꜁ŋo	꜀pʰĩ	mi꜅
婺源	꜀kẽ	꜂ŋẽ	pəʔ꜇	sə꜄	꜂pum	꜁ŋẽ	꜀pʰĩ	mĩ꜅
上饶	꜀kãn	꜂ŋãn	pɐʔ꜇	sɐʔ꜇	꜂pãn	꜁ŋãn	꜀pʰiẽn	miẽn꜅
广丰	꜀kãn	꜂ŋãn	pæʔ꜇	sæʔ꜇	꜂pãn	꜁ŋãn	꜀pʰiẽn	miẽn꜅
铜山	꜀kãi	꜂gan	pue꜄	sæ꜄	꜂pan	꜁gan	꜀pʰian	bien꜅

		241 连 山开三 平仙来	242 煎 山开三 平仙精	243 线 山开三 去线心	244 扇 名词 山开三 去线书	245 善 山开三 上狝禅	246 件 山开三 上狝群	247 演 山开三 上狝以	248 舌 山开三 入薛船
南	昌	lien⁻	₌tɕien	ɕien⁻	sen⁻	sen⁻	tɕʰien⁻	⁻ien	set₌
修	水	₌dien	₌tɕien	ɕien⁻¹	sen⁻¹	sen⁻	dʑien⁻	⁻ien	sət₌
湖	口	₌dien	₌tsien	sien⁻	ʂen⁻	ʂen⁻	dʑien⁻	⁻ien	ʂɛ⁻
鄱	阳	₌liẽ	₌tɕiẽ	ɕiẽ⁻	ɕyõ⁻	₌ɕyõ	₌tɕʰiẽ	⁻iẽ	sə⁻
铅	山	₌lien	₌tɕien	ɕien⁻	sen⁻	sen⁻	tɕʰien⁻	⁻ien	seʔ₌
抚	州	₌tien	₌tɕien	ɕien⁻	sen⁻	sen⁻	tɕʰien⁻	⁻ien	set₌
资	溪	₌tien	₌tɕien	ɕien⁻	sen⁻	sen⁻	tɕʰien⁻	⁻ien	sat₌
宜	黄	₌tien	₌tɕien	ɕien⁻	ɕien⁻	sen⁻	tɕʰien⁻	⁻ien	ɕiet₌
丰	城	₌lien	₌tɕien	ɕien⁻	sen⁻	san⁻	tɕʰien⁻	⁻ien	seʔ₌
高	安	₌lien	₌tsien	sien⁻	san⁻	san⁻	ɕien⁻	⁻ien	sat₌
新	余	₌lien	₌tɕien	₌sen	₌sen	sen⁻	ɕien⁻	⁻ien	seʔ₌
吉	安	₌lien	₌tɕien	₌ɕien	₌san	san⁻	tɕʰien⁻	⁻ien	se⁻
遂	川	₌liẽ	₌tɕiẽ	ɕiẽ⁻	sã⁻	sẽ⁻	⁻tɕʰiẽ	⁻iẽ	se⁻
宁	都	₌lien	₌tɕien	ɕien⁻	san⁻	san⁻	tsʰan⁻	⁻ien	sat₌
瑞	金	₌lien	₌tɕien	ɕien⁻	ɕien⁻	ɕien⁻	tɕʰien⁻	⁻ien	ɕieʔ₌
于	都	₌lĩ	₌tsĩ	sĩ⁻	ʃ⁻	ɕĩ⁻	tɕĩ⁻	⁻ĩ	ʃæ⁻
赣	县	₌li	₌tɕĩ	sĩ⁻	səŋ⁻	sã⁻	tɕĩ⁻	⁻ĩ	saʔ₌
南	康	₌liĩ	₌tɕiĩ	ɕiĩ⁻	sẽ⁻	sẽ⁻	tɕʰiĩ⁻	⁻iĩ	se⁻
龙	南	₌lien	₌tsien	sien⁻	sain⁻	sain⁻	kʰien⁻	⁻ien	sæʔ₌
寻	乌	₌lien	₌tɕien	ɕien⁻	san⁻	san⁻	kʰien⁻	₌ien	ɕiɛʔ₌
黄	坳	₌len	₌tsen	sen⁻	sen⁻	sen⁻	tɕʰien⁻	⁻ien	set₌
铜	鼓	₌lien	₌tsien	sien⁻	ʂen⁻	ʂen⁻	tɕʰien⁻	⁻ien	ʂət₌
大	溪	₌lien	₌tɕien	ɕien⁻	ɕien⁻	sen⁻	tɕʰien⁻	⁻ien	seʔ₌
太	源	₌lian	₌tsan	₌san	ʃen⁻	ʃen⁻	tɕʰian⁻	⁻ian	ʃɛʔ₌
九	江	₌lien	₌tɕien	ɕien⁻	ʂɛ̃⁻	ʂɛ̃⁻	tɕien⁻	⁻ien	ʂai⁻
赣	州	₌lĩn	₌tɕĩn	ɕĩn⁻	səŋ⁻	səŋ⁻	tɕĩn⁻	⁻ĩn	₌se
白	槎	₌lien	₌tɕien	ɕien⁻	san⁻	san⁻	tɕien⁻	⁻ien	₌se
浮	梁	₌ni	₌tɕi	ɕi⁻	ɕi⁻	ɕi⁻	tɕʰi⁻	⁻ni	tɕʰie⁻
婺	源	₌ñi	₌tsi	si⁻	ɕĩ⁻	₌ɕĩ	⁻tsʰi	⁻i	tsʰe⁻
上	饶	₌liẽn	₌tɕiẽn	ɕiẽn⁻	sæn⁻	⁻ɕiẽn	₌dʑiẽn	⁻iẽn	dʑiaʔ₌
广	丰	₌liẽn	₌tɕiẽn	ɕiẽn⁻	ɕiẽn⁻	⁻ɕiẽn	⁻giẽn	⁻iẽn	dʑiæʔ₌
铜	山	₌lian	₌tsuã	suã⁻	ɕi⁻	⁻ɕian	⁻kian	⁻ian	⁻tɕi

		249 热	250 建	251 歇	252 边	253 片	254 面~粉	255 天	256 年
		山开三 入薛日	山开三 去愿见	山开三 入月晓	山开四 平先帮	山开四 去霰滂	山开四 去霰明	山开四 平先透	山开四 平先泥
南	昌	iɛt˨	ȶɕiɛn˥ [1]	ɕiɛt˨	₋piɛn	˥pʰiɛn	miɛn˥	₋tʰiɛn	ȵiɛn˥
修	水	ȵiɛt˨	ȶɕiɛn˥ [1]	ɕiɛt˨	₋piɛn	biɛn˥ [2]	miɛn˥	₋diɛn	₋ȵiɛn
湖	口	ȵiɛ˨	ȶɕiɛn˥	ɕiɛ˨	₋piɛn	biɛn˥	miɛn˥	₋diɛn	₋ȵiɛn
鄱	阳	yə˨	ȶɕiɛ̃˥	ɕiɛ˨	₋piɛ̃	pʰiɛ̃˥	₋miɛ̃	₋tʰiɛ̃	₋ȵiɛ̃
铅	山	ȵiɛʔ˨	ȶɕiɛn˥	ɕiɛʔ˨	₋piɛn	pʰiɛn˥	miɛn˥	₋tʰiɛn	₋ȵiɛn
抚	州	ȵiɛt˨	ȶɕʰiɛn˥	ɕiɛt˨	₋piɛn	pʰiɛn˥	miɛn˥	₋tʰiɛn	₋ȵiɛn
资	溪	ȵiɛt˨	ȶɕiɛn˥	ɕiɛt˨	₋piɛn	pʰiɛn˥	miɛn˥	₋ɕiɛn	₋ȵiɛn
宜	黄	ȵiɛt˨	ȶɕiɛn˥	ɕiɛt˨	₋piɛn	pʰiɛn˥	miɛn˥	₋ɕiɛn	₋ȵiɛn
丰	城	ȵiɛʔ˨	ȶɕiɛn˥	ɕiɛʔ˨	₋piɛn	pʰiɛn˥	miɛn˥	₋tʰiɛn	₋ȵiɛn
高	安	lat˨	ȶɕiɛn˥	ɕiɛt˨	₋piɛn	pʰiɛn˥	miɛn˥	₋tʰiɛn	₋iɛn
新	余	ȵiɛʔ˨	₋ȶɕiɛn	səʔ˨	₋piɛn	₋pʰiɛn	miɛn˥	₋tʰiɛn	₋ȵiɛn
吉	安	ȵiɛ˥	₋ȶɕiɛn	₋ɕiɛ	₋piɛn	₋pʰiɛn	miɛn˥	₋tʰiɛn	₋ȵiɛn
遂	川	ȵiɛ˥	ȶɕiɛ̃˥	₋ɕiɛ	₋piɛ̃	pʰiɛ̃˥	miɛ̃˥	₋tʰiɛ̃	₋ȵiɛ̃
宁	都	nat˨	tsan˥	ɕiɛt˨	₋piɛn	pʰiɛn˥	miɛn˥	₋tʰiɛn	₋nan
瑞	金	ȵiɛʔ˨	ȶɕiɛn˥	ɕiɛ˨	₋piɛn	pʰiɛn˥	miɛn˥	₋tʰiɛn	₋ȵiɛn
于	都	ȵiɛ˥	tɕĩ˥	ɕiɛ	₋pĩ	pĩ˥	mĩ˥	₋tʰĩ	₋ȵĩ
赣	县	ȵiɛʔ˨	tɕĩ˥	ɕiɛʔ˨	₋pĩ	pĩ˥	mĩ˥	₋tʰĩ	₋ȵĩ
南	康	ȵiɛ˥	tɕĩĩ˥	ɕiɛ [1]	₋pĩĩ	pʰĩĩ˥	mĩĩ˥	₋tʰĩĩ	₋ȵĩĩ
龙	南	ȵiɛʔ˨	ȶɕiɛn˥	₋ɕiɛ	₋piɛn	pʰiɛn˥	miɛn˥	₋tʰiɛn	₋ȵiɛn
寻	乌	ȵiɛʔ˨	kiɛn˥	xiɛʔ˨	₋piɛn	pʰiɛn˥	miɛn˥	₋tʰiɛn	₋ȵiɛn
黄	坳	ȵiɛt˨	kiɛn˥	ɕiɛt˨	₋piɛn	pʰiɛn˥	miɛn˥	₋tʰiɛn	₋ȵiɛn
铜	鼓	ȵiɛt˨	ȶɕiɛn˥	ɕiɛt˨	₋piɛn	pʰiɛn˥	miɛn˥	₋tʰiɛn	₋ȵiɛn
大	溪	ȵiɛʔ˨	ȶɕiɛn˥	ɕiɛʔ˨	₋piɛn	pʰiɛn˥	miɛn˥	₋tʰiɛn	₋ȵiɛn
太	源	ȵiɛʔ˨	₋ȶɕian	ɕiɛʔ˨	₋pian	₋pʰian	mian˥	₋tʰan	₋nan
九	江	ŋai˨	ȶɕiɛn˥	ɕiɛ˨	₋piɛn	pʰiɛn˥	miɛn˥	₋tʰiɛn	₋liɛn
赣	州	iɛ˥	ȶɕĩĩ˥	ɕiɛ˥	₋pĩn	pʰĩn˥	mĩn˥	₋tʰĩn	₋nĩn
白	槎	₋ȵɤ	ȶɕiɛn˥	₋ɕiɛ	₋piɛn	pʰiɛn˥	miɛn˥	₋tʰiɛn	₋ȵiɛn
浮	梁	iɛ˥	tɕi˥	ɕiɛ˥	₋pi	pʰi˥	mi˥	₋tʰi	₋ni
婆	源	ȵiɛ˥	tɕĩ˥	ɕiɛ˥	₋pĩ	pʰĩ˥	mĩ˥	₋tʰi	₋ñĩ
上	饶	ȵiɛʔ˨	ȶɕiɛ̃˥	ɕiɐʔ˨	₋piɛ̃	pʰiɛ̃˥	miɛ̃˥	₋tʰiɛ̃	₋ȵiɛ̃
广	丰	ȵiæʔ˨	kiɛn˥	xiæʔ˨	₋piɛ̃	pʰiɛ̃˥	miɛ̃˥	₋tʰiɛ̃	₋ȵiɛ̃
铜	山	liæʔ˨	kian˥	xiə˥	₋pĩ	pʰĩ˥	mĩ˥	₋tʰĩ	₋ñĩ

	257 莲 山开四 平先来	258 先 山开四 平先心	259 肩 山开四 平先见	260 现 山开四 去霰匣	261 烟 山开四 平先影	262 捏 山开四 入屑泥	263 节 山开四 入屑精	264 切 山开四 入屑清
南昌	꜁lien	꜀ɕien	꜀tɕien	ɕien²	꜀ien	n̠iet꜇	tɕiet꜆	tɕʰiet꜆
修水	꜁dien	꜀ɕien	꜀tɕien	ɕien²	꜁ien	n̠iet꜇	tɕiet꜆	dziet꜇
湖口	꜁dien	꜀sien	꜀tɕien	ɕien²	꜁ien	n̠ie꜇	tsie꜆	dzie꜇
鄱阳	꜁lien	꜀ɕiẽn	꜀tɕiẽn	꜁ɕiẽn	꜁iẽn	n̠ie꜇	tɕie꜆	tɕʰie꜆
铅山	꜁lien	꜀ɕien	꜀tɕien	ɕien²	꜁ien	n̠ieʔ꜇	tɕieʔ꜆	tɕʰieʔ꜆
抚州	꜁tien	꜀ɕien	꜀tɕien	ɕien²	꜁ien	n̠iet꜇	tɕiet꜆	tɕʰiet꜆
资溪	꜁tien	꜀ɕien	꜀tɕien	ɕien²	꜁ien	n̠iet꜇	tɕiet꜆	tɕʰiet꜆
宜黄	꜁tien	꜀ɕien	꜀tɕien	ɕien²	꜁ien	n̠iet꜇	tɕiet꜆	tɕʰiet꜆
丰城	꜁lien	꜀ɕien	꜀tɕien	ɕien²	꜁ien	n̠ieʔ꜇	tɕieʔ꜆	tɕʰieʔ꜆
高安	꜁lien	꜀sien	꜀tɕien	ɕien²	꜁ien	iet꜇	tsiet꜆	tsʰiet꜆
新余	꜁lien	꜀ɕien	꜀tɕien	ɕien²	꜁ien	n̠ieʔ꜇	tɕieʔ꜆	tɕʰieʔ꜆
吉安	꜁lien	꜀ɕien	꜀tɕien	꜁ɕien	꜁ien	n̠ie²	꜀tɕie	꜀tɕʰiɛ
遂川	꜁liẽn	꜀ɕiẽn	꜀kiẽn	ɕiẽn²	꜁iẽn	n̠ie²	tɕie꜆	tɕʰye꜆
宁都	꜁lien	꜀ɕien	꜀tsan	san²	꜁ien	nət꜇	tɕiet꜆	tɕʰiet꜆
瑞金	꜁lien	꜀ɕien	꜀tɕien	ɕien²	꜁ien	n̠ieʔ꜇	tɕieʔ꜆	tɕʰieʔ꜆
于都	꜁lĩ	꜁sĩ	꜀tɕĩ	ɕĩ²	꜁ĩ	ni꜇	tsie²	tsʰie²
赣县	꜁lĩ	꜁ɕĩ	꜀tɕĩ	ɕĩ²	꜁ĩ	nieʔ꜇	tɕieʔ꜆	tɕʰieʔ꜆
南康	꜁liĩ	꜀ɕiĩ	꜀tɕiĩ	ɕiĩ²	꜁iĩ	neʔ꜇	tɕie꜆₁	tɕʰie꜆₁
龙南	꜁lien	꜀sien	꜀tɕien	ɕien²	꜁ien	n̠ie²	tsieʔ꜆	tsʰieʔ꜆
寻乌	꜁lien	꜀ɕien	꜀kien	ɕien²	꜁ien	n̠ieʔ꜇	tɕieʔ꜆	tɕʰieʔ꜆
黄坳	꜁lɛn	꜀sɛn	꜀kien	xien²	꜁ien	n̠iet꜇	tsɛt꜆	tsʰɛt꜆
铜鼓	꜁lien	꜀sien	꜀tɕien	ɕien²	꜁ien	n̠iet꜇	tsiet꜆	tsʰiet꜆
大溪	꜁lien	꜀ɕien	꜀tɕien	ɕien²	꜁ien	n̠ieʔ꜇	tɕieʔ꜆	tɕʰieʔ꜆
太源	꜁lian	꜀san	꜀tɕian	ɕian²	꜁ian	n̠ieʔ꜇	tsaiʔ꜆	tsʰaiʔ꜆
九江	꜁lien	꜀ɕien	꜀tɕien	ɕien²	꜀ien	lie꜇	tɕie꜆	tɕʰie꜆
赣州	꜁lĩn	꜀ɕĩn	꜀tɕĩn	ɕĩn²	꜁ĩn	n̠ie²	tɕie꜆	tɕʰie꜆
白槎	꜁lien	꜀ɕien	꜀tɕien	ɕien²	꜁ien	n̠ie꜇	꜀tɕie	꜀tɕiɛ
浮梁	꜁ni	꜀ɕi	꜀tɕi	ɕi²	꜁ni	ie꜇	tɕie꜆	tɕʰie꜆
婺源	꜁ñĩ	꜀sĩ	꜀tɕĩ	ɕĩ²	꜁ĩ	n̠ie²	tse²	tsʰe²
上饶	꜁liẽn	꜀ɕiẽn	꜀tɕiẽn	ɕiẽn²	꜁iẽn	n̠iɐʔ꜇	tɕiɐʔ꜆	tɕʰiɐʔ꜆
广丰	꜁liẽn	꜀ɕiẽn	꜀kiẽn	iẽn²	꜁iẽn	n̠iæʔ꜇	tɕiæʔ꜆	tɕʰiæʔ꜆
铜山	꜁lian	꜀suĩ	꜀kuĩ	xian²	꜁ian	꜁ni	tsuɐi꜆	tɕʰiæ꜆

	265 结	266 搬	267 半	268 判	269 拌	270 满	271 端~年	272 短
	山开四 入屑见	山合一 平桓帮	山合一 去换帮	山合一 去换滂	山合一 上缓並	山合一 上缓明	山合一 平桓端	山合一 上缓端
南昌	tɕiɛt꜆	₌pon	pon꜄	p'on꜄	p'on꜄	ˉmon	₌ton	ˉton
修水	tɕiɛt꜆	₌pon	pon꜄[1]	bon꜄[2]	bon꜄	ˉmon	₌ton	ˉton
湖口	tɕie꜆	₌pən	pən꜄	bən꜄	bən꜄	ˉmən	₌ton	ˉton
鄱阳	tɕie꜆	₌põn	põn꜄	p'õn꜄	₌p'õn	ˉmõn	₌tõn	ˉtõn
铅山	tɕieʔ꜆	₌pon	pon꜄	p'on꜄	₌p'on	ˉmon	₌ton	ˉton
抚州	tɕiɛt꜆	₌pon	pon꜄	p'on꜄	p'on꜄	ˉmon	₌ton	ˉton
资溪	tɕiɛt꜆	₌pon	pon꜄	p'on꜄	p'on꜄	ˉmon	₌ton	ˉton
宜黄	tɕiɛt꜆	₌pon	pon꜄	p'on꜄	p'on꜄	ˉmon	₌ton	ˉton
丰城	tɕieʔ꜆	₌pɛn	pɛn꜄	p'ɛn꜄	p'ɛn꜄	ˉmɛn	₌tuɛn	ˉtuɛn
高安	tɕiɛt꜆	₌pan	pan꜄	p'an꜄	p'an꜄	ˉman	₌tɔn	ˉtɔn
新余	tɕieʔ꜆	₌pon	₌pon	₌p'on	p'on꜄	ˉmon	₌ton	ˉton
吉安	₌tɕie	₌pon	₌pon	₌p'on	p'on꜄	ˉmon	₌ton	ˉton
遂川	tɕie꜄	₌pẽn	pẽn꜄	p'ãn꜄	p'ãn꜄	ˉmẽn	₌tuẽn	ˉtuẽn
宁都	tsat꜆	₌puon	puon꜄	p'uon꜄	₌p'uon	ˉmuon	₌tuon	ˉtuon
瑞金	tɕieʔ꜆	₌puɛn	puɛn꜄	p'uɛn꜄	p'uɛn꜄	ˉmuɛn	₌tuɛn	ˉtuɛn
于都	tɕie꜄	₌pã	pã꜄	p'ã꜄	p'ã꜄	ˉmã	₌tõ	ˉtõ
赣县	tɕieʔ꜆	₌põ	põ꜄	p'õ꜄	p'õ꜄	ˉmõ	₌tõ	ˉtõ
南康	tɕie꜆[1]	₌puẽ	puẽ꜄	p'uẽ꜄	p'uẽ꜄	ˉmuẽ	₌tuẽ	ˉtuẽ
龙南	tɕieʔ꜆	₌pain	pain꜄	p'ain꜄	pain꜄	ˉmain	₌tuɔn	ˉtuɔn
寻乌	kieʔ꜆	₌pan	pan꜄	p'an꜄	p'an꜄	ˉman	₌tuan	ˉtuan
黄坳	kiɛt꜆	₌pan	pan꜄	p'an꜄	p'an꜄	ˉman	₌tuan	ˉtuan
铜鼓	tɕiɛt꜆	₌pan	pan꜄	p'an꜄	p'ɔn꜄	ˉman	₌tɔn	ˉtɔn
大溪	tɕieʔ꜆	₌pan	pan꜄	p'uon꜄	₌p'uon	ˉman	₌tuon	ˉtuon
太源	tɕieʔ꜆	₌puan	₌puan	₌p'uan	p'uan꜄	ˉmuan	₌tuan	ˉtuan
九江	tɕie꜆	₌põ	põ꜄	p'õ꜄	põ꜄	ˉmõ	₌tõ	ˉtõ
赣州	tɕie꜆	₌põn	põn꜄	p'õn꜄	põn꜄	ˉmõn	₌tõn	ˉtõn
白槎	₌tɕie	₌pan	pan꜄	p'an꜄	pan꜄	ˉman	₌tan	ˉtan
浮梁	tɕie꜆	₌pɛn	pɛn꜄	p'ɛn꜄	p'ɛn꜄	ˉmɛn	₌tɛn	ˉtɛn
婺源	tɕie꜆	₌pum	pum꜄	p'um꜄	₌p'um	ˉmum	₌tum	ˉtum
上饶	tɕieʔ꜆	₌puõn	puõn꜄	p'uõn꜄	₌buõn	ˉmuõn	₌tuõn	ˉtuõn
广丰	kiæʔ꜆	₌puẽn	puẽn꜄	p'uẽn꜄	₌buẽn	ˉmuẽn	₌tãn	ˉtuẽn
铜山	kiæ꜆	₌puã	puã꜄	p'uã꜄	₌puã	ˉmuã	₌tən	ˉtuan

	273 斷折~	274 暖	275 亂	276 酸	277 官	278 完	279 換	280 碗
	山合一上緩定	山合一上緩泥	山合一去換來	山合一平桓心	山合一平桓見	山合一平桓匣	山合一去換匣	山合一上緩影
南昌	tʻonꜛ	ꜛlon	lonꜛ	꜀son	꜀kuon	꜀uon	uonꜛ	ꜛuon
修水	donꜛ	ꜛnon	lonꜛ	꜀son	꜀kuon	꜀uon	uonꜛ	ꜛuon
湖口	donꜛ	ꜛnon	lonꜛ	꜀son	꜀kuan	꜀uan	uanꜛ	ꜛuan
鄱陽	꜀tʻõn	ꜛnõn	꜀lõn	꜀sõn	꜀kuõn	꜀uõn	꜀uõn	ꜛuõn
鉛山	꜀tʻon	ꜛnon	lonꜛ	꜀son	꜀kuan	꜀uan	uanꜛ	ꜛuan
撫州	xonꜛ	ꜛlon	lonꜛ	꜀son	꜀kuon	꜀uon	uonꜛ	ꜛuon
資溪	xonꜛ	ꜛnon	lonꜛ	꜀son	꜀kuon	꜀uon	uonꜛ	ꜛuon
宜黃	꜀xon	ꜛnon	lonꜛ	꜀son	꜀kuon	꜀uon	uonꜛ	ꜛuon
豐城	tʻuɛnꜛ	ꜛluɛn	luɛnꜛ	꜀suɛn	꜀kuɛn	꜀vɛn	fɛnꜛ	ꜛvɛn
高安	tʻonꜛ	ꜛlɔn	lɔnꜛ	꜀sɔn	꜀kuan	꜀fan	fanꜛ	ꜛuan
新余	xonꜛ	ꜛlon	lonꜛ	꜀son	꜀kuon	꜀uon	uonꜛ	ꜛuon
吉安	tʻonꜛ	ꜛlon	lonꜛ	꜀son	꜀kuon	꜀uon	fonꜛ	ꜛuon
遂川	ꜛtʻuẽn	ꜛluẽn	luẽnꜛ	꜀suẽn	꜀kuẽn	꜀uãn	xuẽnꜛ	ꜛuẽn
寧都	꜀tʻuon	ꜛnuon	luonꜛ	꜀suon	꜀kuon	꜀von	vonꜛ	ꜛvon
瑞金	꜀tʻuɛn	ꜛnuɛn	luɛnꜛ	꜀suɛn	꜀kuɛn	꜀vɛn	vɛnꜛ	ꜛvɛn
于都	꜀tʻõ	ꜛnõ	꜀lõ	꜀sõ	꜀kõ	꜀võ	võꜛ	ꜛvõ
贛縣	꜀tʻõ	ꜛnõ	꜀lõ	꜀sõ	꜀kõ	꜀uõ	uõꜛ	ꜛuõ
南康	꜀tʻuẽ	ꜛnuẽ	luẽꜛ	꜀suẽ	꜀kuẽ	꜀vã	xuẽꜛ	ꜛvẽ
龍南	꜀tʻuɔn	ꜛnuɔn	luɔnꜛ	꜀suɔn	꜀kuɔn	꜀vain	xuɔnꜛ	ꜛvain
尋烏	꜀tʻuan	꜀nuan	luanꜛ	꜀suan	꜀kuan	꜀van	fanꜛ	ꜛvan
黃坳	tʻuanꜛ	ꜛnuan	luanꜛ	꜀suan	꜀kuan	꜀van	vɔnꜛ	ꜛvɔn
銅鼓	tʻɔnꜛ	ꜛnɔn	lɔnꜛ	꜀sɔn	꜀kɔn	꜀vɔn	vɔnꜛ	ꜛvɔn
大溪	꜀tʻuon	ꜛnuon	luonꜛ	꜀suon	꜀kuan	꜀uan	xuanꜛ	ꜛuon
太源	꜀tʻuan	ꜛnuan	luanꜛ	꜀suan	꜀kuan	꜀fan	fanꜛ	ꜛuan
九江	tõꜛ	ꜛlõ	lõꜛ	꜀sõ	꜀kuõ	꜀uõ	xuõꜛ	ꜛuõ
贛州	tõnꜛ	ꜛnõn	lõnꜛ	꜀sõn	꜀kõn	꜀õn	xõnꜛ	ꜛõn
白槎	tan	ꜛlan	lanꜛ	꜀san	꜀kuan	꜀van	fanꜛ	ꜛuan
浮梁	tʻɛnꜛ	ꜛlɛn	lɛnꜛ	꜀sen	꜀kuɛn	꜀ŋo	xuɛnꜛ	ꜛuɛn
婺源	ꜛtʻum	ꜛnum	numꜛ	꜀sum	꜀kum	꜀m̩	xumꜛ	ꜛm̩
上饒	ꜛduõn	ꜛnuõn	luõnꜛ	꜀suõn	꜀kuõn	꜀yõn	uãnꜛ	ꜛuõn
廣豐	ꜛdĩn	ꜛnãn	lĩnꜛ	꜀sãn	꜀kuẽn	꜀yẽn	uẽnꜛ	ꜛuẽn
銅山	ꜛtən	ꜛnuan	luan	꜀sən	꜀kuã	꜀uan	uã	ꜛuã

		281 泼 山合一 入末滂	282 脱 山合一 入末透	283 活 山合一 入末匣	284 关~门 山合二 平删见	285 还~钱 山合二 平删匣	286 刷 山合二 入鎋生	287 刮 山合二 入鎋见	288 全 山合三 平仙从
南	昌	pʻot꜇	tʻot꜇	uot꜇	꜀kuan	uan꜄	sot꜇	kuat꜇	꜀tɕʻyon
修	水	buət꜇	duət꜇	uət꜇	꜀kuan	꜀uan	suæt꜇	kuæt꜇	꜀dʑiɛn
湖	口	bɛʔ꜇	dɔʔ꜇	uɛʔ꜇	꜀kuan	꜀uan	sɔʔ꜄	kua꜄	꜀dʑyɛn
鄱	阳	pʻo꜄	tʻo꜄	uə꜄	꜀kuãn	꜀xuãn	so꜄	kuɒ꜄	꜀tɕiɛ̃n
铅	山	pʻiɛʔ꜇	tʻoʔ꜇	uɛʔ꜇	꜀kuan	꜀uan	ʃouʔ꜇	kuɛʔ꜇	꜀tɕʻiɛn
抚	州	pʻot꜇	tʻot꜇	uot꜇	꜀kuan	꜀uan	sot꜇	kuat꜇	꜀tɕʻyon
资	溪	pʻot꜇	xot꜇	fot꜇	꜀kuan	꜀uan	sot꜇	kuot꜇	꜀tɕiɛn
宜	黄	pʻot꜇	xot꜇	fot꜇	꜀kuan	꜀uan	suot꜇	kuat꜇	꜀tɕiɛn
丰	城	pʻuθʔ꜇	tʻuoʔ꜇	vɛʔ꜇	꜀kuan	꜀van	suæʔ꜇	kuæʔ꜇	꜀tɕʻyɛn
高	安	pʻat꜇	xot꜇	fat꜇	꜀kuan	꜀fan	sot꜇	kuat꜇	꜀tsʻiɛn
新	余	pʻoʔ꜇	xoʔ꜇	uoʔ꜇	꜀kuan	꜀uan	soʔ꜇	kuɛʔ꜇	꜀tɕion
吉	安	꜀pʻo	꜀tʻo	fɛ꜄	꜀kuan	꜀uan	suɛ꜄	꜀kuɛ	꜀tɕʻyon
遂	川	pʻo꜄	tʻo꜄	xuɛ꜄	꜀kuãn	꜀uãn	sua꜄	kua꜄	꜀tɕʻyɛ̃n
宁	都	pʻuət꜀	tʻuət꜀	fuət꜀	꜀kan	꜀van	suət꜀	kuət꜀	꜀tɕiɛn
瑞	金	pʻæʔ꜇	tʻuɛʔ꜄	xuaʔ꜇	꜀kʻuɛn	꜀van	suɛʔ꜇	kuɛʔ꜇	꜀tɕʻyɛn
于	都	pʻa꜄	tʻæ꜄	xuæ꜄	꜀kʻuã	꜀vã	suæ꜄	kuæ꜄	꜀tsʻiõ
赣	县	pʻoʔ꜇	tʻoʔ꜇	xoʔ꜇	꜀kʻuã	꜀uã	soʔ꜇	kuaʔ꜄	꜀tsʻĩ
南	康	pʻuɛ꜅	tʻuɛ꜅	xuə꜄	꜀kuã	꜀vã	suɛ꜅	kua꜅	꜀tɕʻyĩ
龙	南	pʻæʔ꜇	tʻiʔ꜇	fæʔ꜇	꜀kain	꜀vain	suæʔ꜇	kuæʔ꜇	꜀tsʻyɔn
寻	乌	pʻaiʔ꜇	tʻuaiʔ꜇	faiʔ꜇	꜀kuan	꜀van	suaiʔ꜇	kuaiʔ꜇	꜀tɕʻiɛn
黄	坳	pʻait꜇	tʻit꜇	fɔit꜇	꜀kuan	꜀fan	suait꜇	kuait꜇	꜀tsʻɛn
铜	鼓	pʻat꜇	tʻɔt꜇	fuɔt꜇	꜀kuan	꜀fan	suɔt꜇	kuat꜇	꜀tsʻiɛn
大	溪	pʻɛʔ꜇	tʻɛʔ꜇	uɛʔ꜇	꜀kuan	꜀xuan	suə꜄	kuɛʔ꜇	꜀tɕʻyon
太	源	pʻuaiʔ꜇	tʻuaiʔ꜇	fuaiʔ꜇	꜀kuan	꜀fan	ʃauʔ꜇	kuaiʔ꜇	꜀tɕian
九	江	pʻo꜄	tʻo꜄	xuai꜄	꜀kuõ	꜀xuõ	ʂɯ꜄	kuɒ꜄	꜀tɕiɛn
赣	州	pʻo꜄	tʻo꜄	xo꜄	꜀kʻuan	꜀xuãn	so꜄	kua꜄	꜀tɕʻyĩn
白	槎	꜀pʻo	꜀tʻuo	꜀xuo	꜀kuan	꜀fan	꜀so	꜀kua	꜀tɕiɛn
浮	梁	pʻɛ꜄	tɕʻɛ꜄	xo꜄	꜀ko	꜀xuo	ɕyɛ꜄	kua꜄	꜀tsʻɛn
婺	源	pʻθ꜄	tʻθ꜄	vθ꜄	꜀kum	꜀xum	sθ꜄	kua꜄	꜀tsʻĩ
上	饶	pʻæʔ꜇	tʻæʔ꜇	uɛʔ꜇	꜀kuãn	꜀uãn	ɕyɛʔ꜇	kuɛʔ꜇	꜀dʑyõn
广	丰	pʻæʔ꜇	tʻæʔ꜇	uæʔ꜇	꜀kuãn	꜀uãn	ɕyæʔ꜇	kuæʔ꜇	꜀dʑyɛ̃n
铜	山	pʻua꜄	tʻæ꜄	꜀ua	꜀kũi	꜀xãi	suæ꜄	kua꜄	꜀tsuan

		289 转~身	290 传~达	291 砖	292 船	293 软	294 卷~起	295 拳	296 铅~笔
		山合三 上狝知	山合三 平仙澄	山合三 平仙章	山合三 平仙船	山合三 上狝日	山合三 上狝见	山合三 平仙群	山合三 平仙以
南	昌	ᶜtsuon	₌tsʼon	⊂tson	₌sʼon	ᶜȵyon	ᶜtɕyon	₌tɕʼyon	⊂tɕʼyon
修	水	ᶜten	₌den	⊂ten	₌sen	ᶜŋuen	ᶜkuen	₌guen	⊂dzien
湖	口	ᶜtɕyen	₌dzyen	⊂tɕyen	₌çyen	ᶜȵyen	ᶜtɕyen	₌dzyen	₌ien
鄱	阳	ᶜtɕyõn	₌tɕʼyõn	⊂tɕyõn	₌çyõn	ᶜȵyẽn	ᶜtɕyõn	₌tɕʼyõn	₌iẽn
铅	山	ᶜtʃuen	₌tʃʼuen	⊂tʃuen	₌ʃuen	ᶜȵyan	ᶜtʃuen	₌tʃʼuen	₌ien
抚	州	ᶜton	₌tʼon	⊂ton	₌son	ᶜȵyon	ᶜtɕyon	ᶜtɕʼyon	₌tɕʼyon
资	溪	ᶜton	₌xon	⊂ton	₌son	ᶜnien	ᶜtɕien	₌kʼuon	₌tɕʼien
宜	黄	ᶜtɕien	₌tɕʼien	⊂tɕien	₌çien	ᶜnien	ᶜkuan	₌kʼuan	₌tɕʼien
丰	城	ᶜtsuen	₌tsʼuen	⊂tsuen	₌tsʼuen	ᶜȵyen	ᶜtɕyen	₌tɕʼyen	₌tɕʼien
高	安	ᶜtʃɔn	₌tʃʼɔn	⊂tʃɔn	₌ʃɔn	ᶜyon	ᶜtɕyon	₌tɕʼyon	₌yon
新	余	ᶜton	₌tʼon	⊂ton	₌son	ᶜnion	ᶜtɕion	₌tɕʼion	₌ion
吉	安	ᶜtsuon	₌tsʼuon	⊂tsuon	₌tsʼuon	ᶜȵyon	ᶜtɕyon	₌tɕʼyon	₌tɕʼien
遂	川	ᶜtsuẽn	₌tsʼuẽn	⊂tsuẽn	₌tsʼuẽn	ᶜȵyẽn	ᶜtɕyẽn	₌tɕʼyẽn	₌tɕʼyẽn
宁	都	ᶜtsuan	₌tsʼuan	⊂tsuan	₌suan	⊂nuan	ᶜtsan	₌tsʼan	₌ien
瑞	金	ᶜtsuen	₌tsʼuen	⊂tsuen	₌suen	ᶜȵyan	ᶜtɕyen	₌tɕʼyen	₌yen
于	都	ᶜtʃõ	₌tʃʼõ	⊂tʃõ	₌ʃõ	ᶜȵiõ	ᶜtɕiõ	₌tɕʼiõ	₌iõ
赣	县	ᶜtsõ	₌tsʼõ	⊂tsõ	₌sõ	ᶜȵiõ	ᶜtɕiõ	₌tɕʼiõ	₌ĩ
南	康	ᶜtsuẽ	₌tsʼuẽ	⊂tsuẽ	₌tsʼuẽ	ᶜȵiẽ	ᶜtɕʼyĩ	₌tɕʼyĩ	⊂tɕʼiẽ
龙	南	ᶜtsuɔn	₌tsʼuɔn	⊂tsuɔn	₌suɔn	ᶜȵyõn	ᶜtɕyɔn	₌tɕʼyɔn	₌yon
寻	乌	ᶜtsuan	₌tsʼuan	⊂tsuan	₌tsʼuan	ᶜȵyan	ᶜkien	₌kʼien	₌ien
黄	坳	ᶜtsuon	₌tsʼuɔn	⊂tsuon	₌suɔn	ᶜȵyan	ᶜkien	₌kʼien	⊂tɕʼien
铜	鼓	ᶜtʂɔn	₌tʂʼɔn	⊂tʂɔn	₌ʂɔn	ᶜnion	ᶜtɕien	₌tɕʼien	₌nien
大	溪	ᶜtɕyon	₌tɕʼyon	⊂tɕyon	₌çyon	ᶜȵyon	ᶜtɕyon	₌tɕʼyon	₌ien
太	源	ᶜtʃuan	₌tʃʼuan	⊂tʃuan	₌ʃuan	ᶜȵyan	ᶜtɕyan	₌tɕʼyan	₌ian
九	江	ᶜtʂʯõ	₌tʂʼʯõ	⊂tʂʯõ	₌tʂʼʯõ	ᶜʯõ	ᶜtʂʯõ	₌tʂʼʯõ	⊂tɕʼien
赣	州	ᶜtsõn	₌tsʼõn	⊂tsõn	₌tsʼõn	ᶜȵyin	ᶜtɕyin	₌tɕʼyin	₌tɕʼyin
白	槎	ᶜtʂʯan	₌tʂʼʯan	⊂tʂʯan	₌tʂʼʯau	ᶜʯan	ᶜtʂʯan	₌tʂʼʯan	⊂tɕʼien
浮	梁	ᶜtɕyi	₌tɕʼyi	⊂tɕyi	₌çyi	ᶜyi	ᶜtɕyi	₌tɕʼyi	₌tɕʼi
婺	源	ᶜtɕɥ	₌tɕʼɥ	⊂tɕɥ	₌çɥ	ᶜnỹ	ᶜtɕɥ	₌tɕʼɥ	₌kʼẽ
上	饶	ᶜtɕyõn	₌dzyõn	⊂tɕyõn	₌çyõn	ᶜȵyõn	ᶜtɕyõn	₌dzyõn	₌iẽn
广	丰	ᶜtyẽn	₌dzyẽn	⊂tɕyẽn	₌çyẽn	ᶜȵyẽn	ᶜkyẽn	₌gyẽn	₌iẽn
铜	山	ᶜtən	₌tsuan	⊂tsən	₌tsuən	ᶜlən	ᶜkən	₌kuan	₌ian

	297 绝 山合三 入薛从	298 雪 山合三 入薛心	299 反 山合三 上阮非	300 饭 山合三 去愿奉	301 万 山合三 去愿微	302 原 山合三 平元疑	303 园 山合三 平元云	304 远 山合三 上阮云
南昌	tɕʰyot꜕	ɕyot꜕	ꜛfan	fan꜔	uan꜔	ȵyon꜔	yon꜔	ꜛyon
修水	dziɛt꜕	ɕiɛt꜕	ꜛfan	fan꜔	uan꜔	꜔ŋuen	꜔iɛn	ꜛiɛn
湖口	dzyɛ꜔	syɛ꜕	ꜛfan	fan꜔	uan꜔	꜔ȵyen	꜔yen	ꜛyen
鄱阳	tɕʰie꜔	ɕie꜕	ꜛfãn	ꜛfãn	꜔uãn	꜔ȵyẽ	꜔yẽ	ꜛyẽ
铅山	tɕʰiɛʔ꜕	ɕiɛʔ꜕	ꜛfan	fan꜔	uan꜔	꜔ȵyẽ	꜔yẽ	ꜛyẽ
抚州	tɕʰyot꜕	ɕyot꜕	ꜛfan	fan꜔	uan꜔	꜔ȵyon	꜔yon	ꜛyon
资溪	tɕʰiɛt꜕	ɕiɛt꜕	ꜛfan	fan꜔	uan꜔	꜔ȵiɛn	꜔iɛn	ꜛiɛn
宜黄	tɕʰiɛt꜕	ɕiɛt꜕	ꜛfan	fan꜔	uan꜔	꜔uan	꜔uan	ꜛuan
丰城	tɕʰyɛʔ꜕	ɕyɛʔ꜕	ꜛfan	fan꜔	van꜔	꜔ȵyen	꜔yen	ꜛyen
高安	tsʰiɛt꜕	siɛt꜕	ꜛfan	fan꜔	uan꜔	꜔ȵyon	꜔yon	ꜛyon
新余	tɕʰio꜔	soʔ꜕	ꜛfan	fan꜔	uan꜔	꜔ion	꜔ion	ꜛion
吉安	tɕʰyɛ꜔	ɕyɛ꜕	ꜛfan	fan꜔	uan꜔	꜔yon	꜔yon	ꜛyon
遂川	tɕʰyɛ꜔	ɕyɛ꜔	ꜛfãn	fãn꜔	uãn꜔	꜔yẽn	꜔yẽn	ꜛyẽn
宁都	tɕʰiɛt꜕	ɕiɛt꜕	ꜛfan	pʰan꜔	van꜔	꜔nan	꜔vien	ꜛvien
瑞金	tɕʰyɛʔ꜕	ɕyɛʔ꜕	ꜛfan	fan꜔	van꜔	꜔ȵyɐn	꜔yɐn	ꜛyen
于都	tsʰyɛ꜔	syɛ꜔	ꜛfã	fã꜔	vã꜔	꜔ȵiõ	꜔iõ	ꜛiõ
赣县	tɕʰiɛʔ꜕	ɕiɛʔ꜕	ꜛfã	fã꜔	uã꜔	꜔ĩ	꜔ĩ	ꜛĩ
南康	tɕʰyɛ꜔	ɕyɛ꜕1	ꜛfã	fã꜔	vã꜔	꜔yĩ	꜔yĩ	ꜛyĩ
龙南	tsʰyɔiʔ꜕	syɔiʔ꜕	ꜛfain	fain꜔	vain꜔	꜔ȵyɔn	꜔yɔn	ꜛyɔn
寻乌	tɕʰiɛʔ꜕	ɕiɛʔ꜕	ꜛfan	fan꜔	van꜔	꜔ȵiɛn	꜔iɛn	ꜛiɛn
黄坳	tsʰɛt꜕	sɛt꜕	ꜛfan	fan꜔	van꜔	꜔ȵiɛn	꜔iɛn	ꜛiɛn
铜鼓	sʰiɛt꜕	siɛt꜕	ꜛfan	fan꜔	van꜔	꜔ȵiɛn	꜔iɛn	ꜛiɛn
大溪	tɕʰiɛʔ꜕	ɕiɛʔ꜕	ꜛfan	pʰuon꜔	uan꜔	꜔ȵyon	꜔yon	ꜛyon
太源	tɕʰiɛʔ꜕	suaiʔ꜕	ꜛxan	pʰan꜔	uan꜔	꜔ȵyan	꜔yan	ꜛian
九江	tɕiɛ꜕	ɕie꜕	ꜛfan	fan꜔	uan꜔	꜔uõ	꜔uõ	ꜛuõ
赣州	tɕio꜔	ɕyɛ꜔	ꜛfãn	fãn꜔	vãn꜔	꜔yĩn	꜔yĩn	ꜛyĩn
白槎	꜔tʂʅɛ	ꜛɕie	ꜛfan	fan꜔	van꜔	꜔ʮan	꜔ʮan	ꜛʮan
浮梁	tɕʰyɛ꜔	ɕyɛ꜔	ꜛfo	fo꜔	ŋo꜔	꜔yi	꜔yi	ꜛyi
婺源	tsʰe꜔	se꜔	ꜛfum	fum꜔	m̩꜔	꜔nỹ	꜔ỹ	ꜛỹ
上饶	dziɐʔ꜕	ɕiɐʔ꜕	ꜛfãn	fãn꜔	uãn꜔	꜔ȵyõn	꜔yõn	ꜛyõn
广丰	dzyɐʔ꜕	ɕyɐʔ꜕	ꜛfãn	fãn꜔	fãn꜔	꜔ȵyẽn	꜔yẽn	ꜛyẽn
铜山	tsuæʔ꜕	sɔ꜕	ꜛpãi	puən꜔	ban꜔	꜔guan	꜔uan	ꜛuan

		305 发~财 山合三 入月非	306 罚 山合三 入月奉	307 袜 山合三 入月微	308 月 山合三 入月疑	309 县 山合四 去霰匣	310 血 山合四 入屑晓	311 根 臻开一 平痕见	312 恨 臻开一 去恨匣
南	昌	fat₌	fat₌	uat₌	ȵyot₌	ɕiɛn²	ɕyot₌	₋kiɛn	xɛn²
修	水	fæt₌	fæt₌	uæt₌	ŋuɛt₌	ɕiɛn²	ɕiɛt₌	₋ikɛn	xɛn²
湖	口	fa⁻	fa²	ua⁻	ȵye⁻	ɕiɛn²	ɕye⁻	₋kən	xən²
鄱	阳	fɒ⁻	fɒ⁻	uɒ⁻	ȵye⁻	₋ɕiẽn	ɕie₌	₋kən	₋xən
铅	山	feʔ₌	feʔ₌	mæʔ₌	ȵyeʔ₌	ɕiɛn²	ʃueʔ₌	₋kɛn	xɛn²
抚	州	fat₌	fat₌	uat₌	ȵyot₌	ɕyon²	ɕyot₌	₋kɛn	xɛn²
资	溪	fat₌	fat₌	uat₌	uot₌	ɕiɛn²	ɕiɛt₌	₋kɛn	xɛn²
宜	黄	fat₌	fat₌	uat₌	uɛt₌	ɕiɛn²	fiɛt₌	₋kɛn	xɛn²
丰	城	fæʔ₌	fæʔ₌	væʔ₌	ȵyeʔ₌	ɕiɛn²	ɕyeʔ₌	₋kiɛn	xɛn²
高	安	fat₌	fat₌	uat₌	yot₌	ɕyon²	ɕyot₌	₋kiɛn	xən²
新	余	faʔ₌	faʔ₌	uaʔ₌	ȵioʔ₌	ɕion²	soʔ₌	₋kiɛn	xɛn²
吉	安	₋fɛ	fɛ²	mɛ⁻	ye⁻	ɕiɛn²	₋ɕyɛ	₋kɛn	xɛn²
遂	川	fa⁻	xua⁻	ua⁻	ȵye⁻	ɕyẽn²	ɕye⁻	₋kiẽn	xẽn²
宁	都	fat₌	fat₌	muat₌	nat₌	ɕiɛn²	fiɛt₌	₋kən	xən²
瑞	金	fæʔ₌	fæʔ₌	mæʔ₌	ȵyeʔ₌	iɛn²	ɕyeʔ₌	₋ken	xɛn²
于	都	fa⁻	fa²	ma⁻	ȵye⁻	iõ²	ɕyɛ⁻	₋kẽ	xẽ²
赣	县	faʔ₌	faʔ₌	maʔ₌	ȵieʔ₌	ɕĩ⁻	ɕiɛʔ₌	₋kəŋ	xəŋ²
南	康	fa⁻ 1	fa⁻	ma⁻	ȵie⁻	ɕyĩ²	ɕyɛ₌ 1	₋kẽ	xẽ²
龙	南	fæʔ₌	fæʔ₌	væʔ₌	ȵyoiʔ₌	yon²	ɕyoiʔ₌	₋kien	xain²
寻	乌	faiʔ₌	faiʔ₌	maiʔ₌	ȵieʔ₌	iɛn²	ɕieʔ₌	₋kin	xin²
黄	坳	fait₌	fait₌	mait₌	ȵiet₌	iɛn²	xiɛt₌	₋kiɛn	xɛn²
铜	鼓	fat₌	fat₌	mat₌	ȵiet₌	ɕiɛn²	ɕiɛt₌	₋kɛn	xɛn²
大	溪	feʔ₌	feʔ₌	mɐʔ₌	ȵyɐʔ₌	ɕiɛn²	ɕyɐʔ₌	₋kɪn	xɛn²
太	源	xaiʔ₌	xuaiʔ₌	muaiʔ₌	ȵyeʔ₌	ɕian²	ɕieʔ₌	₋kɛn	xɛn²
九	江	fɒ⁻	fɒ⁻	uɒ⁻	ŋai⁻	ɕiɛn²	ɕie⁻	₋kən	xən²
赣	州	fa⁻	fa⁻	va⁻	ye⁻	ɕyin²	ɕye⁻	₋kəŋ	xəŋ²
白	槎	₋fa	₌fa	₋va	₋ʒe	ɕiɛn²	₋ɕie	₋kən	xən²
浮	梁	fo⁻	fo²	uo⁻	ye²	ɕyi²	ɕye²	₋kɛn	xɛn²
婺	源	fə⁻	fə²	bə⁻	ȵyø⁻	cĩ²	ɕyø⁻	₋kuæn	xæn²
上	饶	feʔ₌	feʔ₌	mɐʔ₌	ȵyɐʔ₌	ɕiẽn⁻	ɕyɐʔ₌	₋kĩn	xæ̃n²
广	丰	fæʔ₌	fæʔ₌	mæʔ₌	ȵyæʔ₌	yẽn²	xyæʔ₌	₋kæn	xæ̃n²
铜	山	xuæ⁻	xuæʔ₌	₌bə	₌gə	kui⁻	xui₌	₋kən	xən²

	313 恩 臻开一 平痕影	314 民 臻开三 平真明	315 尽~量 臻开三 上轸从	316 新 臻开三 平真心	317 身 臻开三 平真书	318 认 臻开三 去震日	319 紧 臻开三 上轸见	320 银 臻开三 平真疑
南昌	⁼ŋɛn	⊆min	tɕʰin⁼	⊂ɕin	ɕin	n̠in⁼	ᶜtɕin	n̠in⁼
修水	⊆ŋɛn	⊆min	dzin⁼	⊂ɕin	⊂sɛn	n̠in⁼	ᶜtɕin	⊆n̠in
湖口	⊆ŋən	⊆min	dzin⁼	⊂sin	⊂ʂən	n̠in⁼	ᶜtɕin	⊆n̠in
鄱阳	⊆ŋən	⊆min	⊂tɕʰin	⊂ɕin	⊂sən	⊂iən	ᶜtɕin	⊆n̠in
铅山	⊆en	⊆min	tɕʰin⁼	⊂ɕin	⊂sen	n̠in⁼	ᶜtɕʰin	⊆n̠in
抚州	⊆ŋɛn	⊆min	tɕʰin⁼	⊂ɕin	⊂ɕin	n̠in⁼	ᶜtɕin	⊆n̠in
资溪	⊆ŋɛn	⊆min	tɕʰin⁼	⊂sin	⊂sin	n̠in⁼	ᶜtɕin	⊆n̠in
宜黄	⊆n̠ɜ	⊆min	tɕʰin⁼	⊂ɕin	⊂ɕin	n̠in⁼	ᶜtɕin	⊆n̠in
丰城	⊆ŋɛn	⊆min	tɕʰin⁼	⊂ɕin	⊂sɛn	n̠in⁼	ᶜtɕin	⊆n̠in
高安	⊆ŋən	⊆min	tsʰin⁼	⊂sin	⊂sən	n̠iən⁼	ᶜtɕin	⊆in
新余	⊆ŋɛn	⊆min	tɕʰin⁼	⊂ɕin	⊂sin	n̠in⁼	ᶜtɕin	⊆in
吉安	⊆ŋɛn	⊆min	tɕʰin⁼	⊂ɕin	⊂ɕin	n̠in⁼	ᶜtɕin	⊆in
遂川	⊆ŋɛ̃	⊆mĩn	tɕʰin⁼	⊂ɕĩ	⊂ɕĩ	ñĩn⁼	ᶜtɕĩn	⊆ĩn
宁都	⊆ŋən	⊆min	tɕʰin⁼	⊂ɕin	⊂sən	nən⁼	ᶜtsən	⊆nən
瑞金	⊆en	⊆min	tɕʰin⁼	⊂ɕin	⊂ɕin	n̠in⁼	ᶜtɕin	⊆n̠yin
于都	⊆ẽ	⊆mẽ	tsʰẽ⁼	⊂sẽ	⊂ʃẽ	n̠iẽ⁼	ᶜtɕiẽ	⊆n̠iẽ
赣县	⊆ŋəu	⊆miən	tɕʰiən⁼	⊂ɕiən	⊂sən	n̠iən⁼	ᶜtɕiən	⊆n̠iən
南康	⊆ŋɛ̃	⊆miən	tɕʰiən⁼	⊂ɕiən	⊂ɕiən	niən⁼	ᶜtɕiən	⊆niən
龙南	⊆ain	⊆men	tsʰin⁼	⊂sin	⊂sen	n̠in⁼	ᶜtɕin	⊆n̠in
寻乌	⊆in	⊆min	tɕʰin⁼	⊂ɕin	⊂ɕin	n̠in⁼	ᶜkin	⊆n̠yn
黄坳	⊆ɜ	⊆min	tɕʰin⁼	⊂sin	⊂sɛn	n̠in⁼	ᶜkin	⊆n̠yɛn
铜鼓	⊆ɜ	⊆min	tsʰin⁼	⊂sin	⊂ʂɛn	n̠in⁼	ᶜtɕin	⊆in
大溪	⊆ŋin	⊆min	tsʰin⁼	⊂sin	⊂sin	n̠iin⁼	ᶜtɕiin	⊆n̠iin
太源	⊆ɛn	⊆min	tɕʰin⁼	⊂ɕin	⊂ʃɛn	n̠in⁼	ᶜtɕin	⊆n̠in
九江	⊆ŋən	⊆min	tɕin⁼	⊂ɕin	⊂sən	⊂ʒən	ᶜtɕin	⊆in
赣州	⊆ŋəu	⊆miən	tɕiən⁼	⊂ɕiən	⊂sən	⊂iən	ᶜtɕiən	⊆iən
白槎	⊆ŋən	⊆min	tɕin⁼	⊂ɕin	⊂sən	⊂zən	ᶜtɕin	⊆in
浮梁	⊆n̠ien	⊆men	tsʰen⁼	⊂sən	⊂ɕien	ien⁼	ᶜtɕien	⊆ien
婺源	⊆væn	⊆mæn	tsʰæn⁼	⊂sæn	⊂sæn	n̠iæn⁼	ᶜtɕiæn	⊆n̠iæn
上饶	⊆ŋɛn	⊆mĩn	dzĩn⁼	⊂sĩn	⊂sĩn	ñĩn⁼	ᶜtɕĩn	⊆n̠ĩn
广丰	⊆æ̃n	⊆mĩn	dzĩn⁼	⊂sĩn	⊂sĩn	nĩn⁼	ᶜkĩn	⊆mĩn
铜山	⊆nɛ	⊆mien	tɕien⁼	⊂ɕien	⊂ɕien	lien⁼	ᶜkien	⊆gən

		321 笔	322 七	323 一	324 斤	325 劲有~	326 近	327 本	328 门
		臻开三 入质帮	臻开三 入质清	臻开三 入质影	臻开三 平殷见	臻开三 去焮见	臻开三 上隐群	臻合一 上混帮	臻合一 平魂明
南	昌	pit꜍	tɕʰit꜍	it꜍	₌tɕin	tɕin꜒	tɕʰin꜒	ꜛpin	min꜒
修	水	pit꜍	dzit꜍	it꜍	₌tɕin	tɕin꜒¹	dzin꜒	ꜛpən	₌mən
湖	口	pi꜒	dzi꜒	i꜍	₌tɕin	tɕin꜒	dzin꜒	ꜛpən	₌mən
鄱	阳	pi꜕	tɕʰi꜕	i꜕	₌tɕin	tɕin꜒	₌tɕʰin	ꜛpən	₌mən
铅	山	piʔ꜍	tɕʰiʔ꜍	iʔ꜍	₌tɕin	tɕin꜒	tɕʰin꜒	ꜛpen	₌men
抚	州	pit꜍	tɕʰit꜍	it꜍	₌tɕin	tɕin꜒	tɕʰin꜒	ꜛpun	₌mun
资	溪	pit꜍	tɕʰit꜍	it꜍	₌tɕin	tɕin꜒	₌tɕʰin	ꜛpin	₌min
宜	黄	pit꜍	tɕʰit꜍	it꜍	₌tɕin	tɕin꜒	₌tɕʰin	ꜛpɛn	₌mɛn
丰	城	piʔ꜍	tɕʰiʔ꜍	iʔ꜍	₌tɕin	tɕin꜒	tɕʰin꜒	ꜛpən	₌mən
高	安	pit꜍	tsʰit꜍	it꜍	₌tɕin	tɕin꜒	ɕin꜒	ꜛpin	₌mən
新	余	piɛʔ꜍	tɕʰiɛʔ꜍	iʔ꜍	₌tɕin	₌tɕin	tɕʰin꜒	ꜛpun	₌mun
吉	安	₌pi	₌tɕʰi	₌i	₌tɕin	₌tɕin	tɕʰin꜒	ꜛpɛn	₌mɛn
遂	川	piɛ꜒	tɕʰiɛ꜒	iɛ꜒	₌tɕĩn	tɕĩn꜒	ꜛtɕʰĩn	ꜛpẽn	₌mẽn
宁	都	pit꜍	tɕʰit꜍	it꜍	₌tsən	tsən꜒	₌tsʰən	ꜛpən	₌mən
瑞	金	piʔ꜍	tɕʰiʔ꜍	iʔ꜍	₌tɕin	tɕin꜒	₌tɕʰyin	ꜛpin	₌min
于	都	piɛ꜒	tsʰiɛ꜒	iɛ꜒	₌tɕiẽ	tɕiẽ꜒	tsʰẽ꜒	ꜛpẽ	₌mẽ
赣	县	piɛʔ꜍	tɕʰiɛʔ꜍	iɛʔ꜍	₌tɕiəŋ	tɕiəŋ꜒	₌tɕʰiəŋ	ꜛpən	₌məŋ
南	康	piɛ꜍¹	tɕʰiɛ꜍¹	iɛʔ꜍	₌tɕiəŋ	tɕiəŋ꜒	ꜛtɕʰiəŋ	ꜛpẽ	₌mẽ
龙	南	peʔ꜍	tɕʰieʔ꜍	ieʔ꜍	₌tɕin	tɕin꜒	₌tɕʰin	ꜛpen	₌men
寻	乌	piʔ꜍	tɕʰiʔ꜍	iʔ꜍	₌kin	kin꜒	₌kʰun	ꜛpun	₌mun
黄	坳	pit꜍	tɕʰit꜍	it꜍	₌tɕin	tɕin꜒	kʰyən꜒	ꜛpuən	₌muən
铜	鼓	pit꜍	tɕʰit꜍	it꜍	₌tɕin	tɕin꜒	tɕʰin꜒	ꜛpən	₌mən
大	溪	peʔ꜍	tsʰɛʔ꜍	iɛʔ꜍	₌tɕin	tɕim꜒	tɕʰim꜒	ꜛpen	₌men
太	源	piʔ꜍	tɕʰiʔ꜍	iʔ꜍	₌tɕyn	₌tɕin	₌tɕʰian	ꜛpuan	₌mun
九	江	pi꜒	tɕʰi꜒	i꜍	₌tɕin	tɕin꜒	tɕin꜒	ꜛpən	₌mən
赣	州	piɛ꜒	tɕʰiɛ꜒	iɛ꜒	₌tɕiəŋ	tɕiəŋ꜒	tɕiəŋ꜒	ꜛpəŋ	₌məŋ
白	槎	₌pei	₌tɕʰi	₌i	₌tɕin	tɕin꜒	tɕin꜒	ꜛpən	₌mən
浮	梁	pɛ꜒	tsʰɛ꜒	i꜒	₌tɕien	tɕien꜒	tɕʰien꜒	ꜛpen	₌men
婺	源	pa꜒	tsʰa꜒	ia꜒	₌tɕiæn	tɕiæn꜒	ꜛtɕʰiæn	ꜛpæn	₌mæn
上	饶	piʔ꜍	tsʰiʔ꜍	iiʔ꜍	₌tɕĩn	tɕĩn꜒	ꜛdʑĩn	ꜛpĩn	₌mĩn
广	丰	piʔ꜍	tsʰiʔ꜍	iiʔ꜍	₌kĩn	kĩn꜒	ꜛgæn	ꜛpoŋ	₌moŋ
铜	山	pie꜍	tɕʰie꜍	ie꜍	₌kən	kien꜒	ꜛkən	ꜛpuan	₌bən

	329 墩 臻合一 平魂端	330 嫩 臻合一 去慁泥	331 寸 臻合一 去慁清	332 孫 臻合一 平魂心	333 滾 臻合一 上混见	334 穩 臻合一 上混影	335 骨 臻合一 入没见	336 笋 臻合三 上准心
南昌	꜀tin	lin꜄	tsʰun꜄	꜀sun	꜂kun	꜂un	kut꜆	꜂sun
修水	꜀tən	lən꜄	dzən꜄[2]	꜀sən	꜂kuən	꜂uən	kuət꜆	꜂çin
湖口	꜀tən	nən꜄	dzən꜄	꜀sən	꜂kun	꜂un	kuɛ꜆	꜂syn
鄱阳	꜀tɛn	꜀nɛn	tsʰən꜄	꜀sən	꜂kuən	꜂uən	kuə꜆	꜂sən
铅山	꜀ten	nen	tsʰen꜄	꜀sen	꜂kuen	꜂uen	kueʔ꜆	꜂çin
抚州	꜀tun	lun꜄	tsʰun꜄	꜀sun	꜂kun	꜂un	kut꜆	꜂sun
资溪	꜀tin	nin꜄	tʰin꜄	꜀sin	꜂kun	꜂un	kut꜆	꜂sin
宜黄	꜀tɛn	lɛn꜄	tʰen꜄	꜀sɛn	꜂kun	꜂un	kut꜆	꜂çin
丰城	꜀tən	lən꜄	tsʰən꜄	꜀sən	꜂kuən	꜂vən	kuiʔ꜆	꜂sən
高安	꜀tən	lən꜄	tʰen꜄	꜀sən	꜂kuən	꜂uən	kuət꜆	꜂sin
新余	꜀tun	lun꜄	tsʰun꜄	꜀sun	꜂kun	꜂un	kuoʔ꜆	꜂sɛs
吉安	꜀tun	lun꜄	tsʰun꜄	꜀sun	꜂kun	꜂uɛn	kuɛ꜆	꜂sun
遂川	꜀tũn	nɛ̃n꜄	tsʰɛ̃n꜄	꜀sɛ̃n	꜂kuĩn	꜂ũn	kuɛ꜆	꜂çỹn
宁都	꜀tun	nun꜄	tsʰun꜄	꜀sun	꜂kun	꜂vən	kut꜆	꜂çin
瑞金	꜀tuin	nuin꜄	tsʰuin꜄	꜀suin	꜂kuin	꜂vin	kuiʔ꜆	꜂suin
于都	꜀tuɛ	nuɛ꜄	tsʰuɛ꜄	꜀suɛ	꜂kuɛ̃	꜂vẽ	kuɛ꜆	꜂suɛ
赣县	꜀tən	nən꜄	tsʰəŋ꜄	꜀ȵes	꜂kuəŋ	꜂uəŋ	kuaʔ꜆	꜂səŋ
南康	꜀tẽ	nɛ̃꜄	tsʰɛ̃꜄	꜀sɛ̃	꜂kuɛ̃	꜂vẽ	kuə꜆[1]	꜂sɛ̃
龙南	꜀ten	nen꜄	tsʰun꜄	꜀sen	꜂kuen	꜂ven	kueʔ꜆	꜂sen
寻乌	꜀tun	nun꜄	tsʰun꜄	꜀sun	꜂kun	꜂vun	kuiʔ꜆	꜂sun
黄坳	꜀tuən	nuən꜄	tsʰuən꜄	꜀suən	꜂kuən	꜂vən	kuit꜆	꜂suən
铜鼓	꜀tən	lən꜄	tsʰən꜄	꜀sən	꜂kuən	꜂vən	kuət꜆	꜂sən
大溪	꜀ten	nen꜄	tsʰɛn꜄	꜀sɐs	꜂kuɛn	꜂uɛn	kuəʔ꜆	꜂sɪn
太源	꜀tun	nun꜄	tsʰun꜄	꜀sun	꜂kun	꜂un	kuiʔ꜆	꜂sun
九江	꜀tən	lən꜄	tsʰən꜄	꜀sən	꜂kuən	꜂uən	ku꜄	꜂sən
赣州	꜀təŋ	nəŋ꜄	tsʰuəŋ꜄	꜀suəŋ	꜂kuəŋ	꜂vəŋ	ko꜄	꜂səŋ
白槎	꜀tən	lən꜄	tsʰən꜄	꜀sən	꜂kuən	꜂uən	꜀ku	꜂sən
浮梁	꜀ten	lɛn꜄	tsʰen꜄	꜀sɛn	꜂kuɛn	꜂uɛn	ui꜄	꜂sen
婺源	꜀tæn	læn꜄	tsʰæn꜄	꜀sæn	꜂kuæn	꜂væn	ke꜄	꜂sæn
上饶	꜀tĩn	nĩn꜄	tsʰĩn꜄	꜀sĩn	꜂kuĩn	꜂uĩn	kuiʔ꜆	꜂çĩn
广丰	꜀tuẽn	nuẽn꜄	tsʰuẽn꜄	꜀suẽn	꜂koŋ	꜂uẽn	kuæʔ꜆	꜂çyoŋ
铜山	꜀tuən	lən꜄	tsʰuən꜄	꜀suən	꜂kuən	꜂uən	kuə꜆	꜂suən

	337	338	339	340	341	342	343	344
	准	春	顺	闰	出	橘	分~开	问
	臻合三 上准章	臻合三 平谆昌	臻合三 去稕船	臻合三 去稕日	臻合三 入术昌	臻合三 入术见	臻合三 平文非	臻合三 去问微
南昌	ꜛtsun	꜕tsʻun	sun²	lun²	tsʻut꜕	tɕyt꜕	꜕fin	un²
修水	ꜛtən	꜕dən	sən²	lən²	dət꜕	kut꜕	꜕fən	uən²
湖口	ꜛtɕyn	꜕dʑyn	ɕyn²	yn²	dʑy꜕	tɕy꜕	꜕fən	mən²
鄱阳	ꜛtɕyẽ	꜕tɕʻyẽ	꜕ɕyẽ	꜕yẽ	tɕʻyə꜕	tɕy꜕	꜕fən	꜕mən
铅山	ꜛtʃuen	꜕tʃuen	ʃuen²	ȵyen²	tʃueʔ꜕	tʃueʔ꜕	꜕fen	men²
抚州	ꜛtun	꜕tʻun	sun²	lun²	tʻut꜕	tɕyt꜕	꜕fun	un²
资溪	ꜛtin	꜕tʻin	sin²	lin²	tʻit꜕	kut꜕	꜕fin	un²
宜黄	ꜛtun	꜕tʻun	sun²	ȵin²	tʻut꜕	tɕit꜕	꜕fən	uɛn²
丰城	ꜛtsen	꜕tsʻen	sen²	len²	tsʻuəʔ꜕	tɕyʔ꜕	꜕fən	von²
高安	ꜛtʃen	꜕tʃʻen	ʃen²	len²	tʃət꜕	tɕyot꜕	꜕fən	uən²
新余	ꜛtun	꜕tʻun	sun²	lun²	tʻuoʔ꜕	tɕioʔ꜕	꜕fun	un²
吉安	ꜛtsun	꜕tsʻun	sun²	lun²	꜕tɕʻy	꜕tɕy	꜕fen	uɛn²
遂川	ꜛtsũin	꜕tsʻũin	ɕỹn²	ỹn²	tsʻo²	tɕio²	꜕fẽn	uẽn²
宁都	ꜛtsun	꜕tsʻun	sun²	lun²	tsʻut꜕	tsət꜕	꜕fən	mən²
瑞金	ꜛtsuin	꜕tsʻuin	suin²	yin²	tsʻuiʔ꜕	tɕyiʔ꜕	꜕fin	min²
于都	ꜛtʃuẽ	꜕tʃʻuẽ	ʃuẽ²	yẽ²	tsʻuɛ꜕	tɕyɛ꜕	꜕fẽ	mẽ²
赣县	ꜛtsəŋ	꜕tsʻəŋ	səŋ²	iəŋ²	tsʻoʔ꜕	tɕieʔ꜕	꜕fəŋ	məŋ²
南康	ꜛtɕyoŋ	꜕tɕʻyoŋ	ɕyoŋ²	yoŋ²	tsʻuɛ꜕₁	tɕʻiə꜕₁	꜕fẽ	mẽ²
龙南	ꜛtsen	꜕tsʻen	sen²	in²	tsʻeʔ꜕	tɕieʔ꜕	꜕fen	men²
寻乌	ꜛtsun	꜕tsʻun	sun²	ȵyn²	tsʻuiʔ꜕	kiʔ꜕	꜕fun	mun²
黄坳	ꜛtsuən	꜕tsʻuən	suən²	yən²	tsʻuit꜕	kit꜕	꜕fən	muən²
铜鼓	ꜛtʂən	꜕tʂʻən	ʂən²	zən²	tʂʻət꜕	tɕit꜕	꜕fən	vən²
大溪	ꜛtɕyin	꜕tɕʻyin	ɕyin²	yin²	tɕʻyəʔ꜕	tɕyəʔ꜕	꜕fen	men²
太源	ꜛtʃun	꜕tʃʻun	ʃun²	yn²	tʃʻuiʔ꜕	tɕiʔ꜕	꜕pun	꜕mun
九江	ꜛtʂuən	꜕tʂʻuən	ʂuən²	uən²	tʂʻʅ꜕	tʂʅ꜕	꜕fən	uən²
赣州	ꜛtsəŋ	꜕tsʻəŋ	səŋ²	yəŋ²	tsʻo²	tɕio²	꜕fəŋ	vəŋ²
白槎	ꜛtʂuən	꜕tʂʻuən	ʂuən²	uən²	꜕tʂʻʅ	꜕tʂʅ	꜕fən	vən²
浮梁	ꜛtɕyen	꜕tɕʻyen	ɕyen²	yen²	tɕʻy²	tɕy²	꜕fen	uen²
婺源	ꜛtsæn	꜕tsʻæn	sæn²	iæn²	tɕʻyø²	kua²	꜕fæn	væn²
上饶	ꜛtɕyĩn	꜕tɕʻyĩn	ɕyĩn²	ȵyĩn²	tɕʻyɪʔ꜕	tɕyɪʔ꜕	꜕fin	mĩn²
广丰	ꜛtɕyoŋ	꜕tɕʻyoŋ	ɕyoŋ²	ȵyoŋ²	tɕʻyæʔ꜕	kyuʔ꜕	꜕fuẽn	muẽn²
铜山	ꜛtsuən	꜕tsʻuən	suən²	luən²	tsʻuə꜕	kie꜕	꜕puən	bən²

		345 军 臻合三 平文见	346 云 臻合三 平文云	347 帮 宕开一 平唐帮	348 糖 宕开一 平唐定	349 浪 宕开一 去宕来	350 糠 宕开一 平唐溪	351 薄 宕开一 入铎並	352 托 宕开一 入铎透
南	昌	⊂tɕyn	yn⁼	⊂pɔŋ	ɔŋ⁼	lɔŋ⁼	⊂kʰɔŋ	pʰɔʔ⊇	tʰɔʔ⊇
修	水	⊂kuin	⊆vin	⊂pɛŋ	⊆dɔŋ	lɔŋ⁼	⊆xɔŋ	bɔʔ⊇	dɔʔ⊇
湖	口	⊂tɕyn	⊆yn	⊂pɔŋ	⊆dɔŋ	lɔŋ⁼	⊆xɔŋ	bɔ⁼	dɔ⁼
鄱	阳	⊂tɕyn	⊆yn	⊂pãn	⊆tʰãn	ˍlãn	⊂kʰan	pʰo⊇	tʰo⊇
铅	山	⊂tʃuen	⊆yen	⊂pon	⊆tʰan	lan⁼	⊂kʰan	pʰoʔ⊇	tʰoʔ⊇
抚	州	⊂tɕyn	⊆yn	⊂pon	ɔŋ⁼	lɔŋ⁼	⊆koŋ	pʰoʔ⊇	xoʔ⊇
资	溪	⊂tɕin	⊆in	⊂pon	⊆xɔŋ	lɔŋ⁼	⊂kʰoŋ	pʰɔʔ⊇	xɔʔ⊇
宜	黄	⊆kun	⊆uan	⊂pon	⊆xoŋ	lɔŋ⁼	⊂kʰoŋ	pʰɔʔ⊇	xɔʔ⊇
丰	城	⊂tɕyn	⊆yn	⊂pɔŋ	⊆xoŋ	lɔŋ⁼	⊂kʰoŋ	pʰɔʔ⊇	tʰuɵʔ⊇
高	安	⊂tɕyɵn	⊆yɵn	⊂pon	⊆xoŋ	lɔŋ⁼	⊂kʰoŋ	pʰɔk⊇	tʰɔk⊇
新	余	⊂tɕyn	⊆yn	⊂pon	ɔŋ⁼	lɔŋ⁼	⊆xoŋ	pʰɔʔ⊇	tʰɔʔ⊇
吉	安	⊂tɕyn	⊆yn	⊂pon	⊆pɔŋ	lɔŋ⁼	⊂kʰoŋ	pʰo⁼	tʰo⁼
遂	川	⊂tɕỹn	⊆ỹn	⊂põ	⊆tʰõ	lõ⁼	⊂kʰõ	pʰo⁼	tʰo⁼
宁	都	⊂tsən	⊆in	⊂poŋ	⊆tʰoŋ	lɔŋ⊇	⊆xoŋ	pʰɔk⊇	tʰɔk⊇
瑞	金	⊂tɕyin	⊆yin	⊂poŋ	⊆tʰoŋ	lɔŋ⁼	⊆xoŋ	pʰɔʔ⊇	tʰɔʔ⊇
于	都	⊂tɕyẽ	⊆yẽ	⊂põ	⊆tʰõ	lõ⁼	⊆xõ	pʰɣ⁼	tʰɣʔ⊇
赣	县	⊂tɕiəŋ	⊆iəŋ	⊂põ	⊆tʰõ	lõ⁼	⊆xõ	pʰoʔ⊇	tʰoʔ⊇
南	康	⊂tɕyɵŋ	⊆yɵŋ	⊂põ	⊆tʰõ	lõ⁼	⊆xõ	⊆pʰo	tʰo⊇2
龙	南	⊂tɕin	⊆in	⊂poŋ	⊆tʰoŋ	lɔŋ⁼	⊆xoŋ	pʰɔʔ⊇	tʰɔʔ⊇
寻	乌	⊂kun	⊆yn	⊂poŋ	⊆tʰoŋ	lɔŋ⁼	⊂kʰoŋ	pʰɔʔ⊇	tʰuaiʔ⊇
黄	坳	⊂kyən	⊆yɵn	⊂poŋ	⊆tʰoŋ	lɔŋ⁼	⊂kʰoŋ	pʰɔk⊇	tʰɔk⊇
铜	鼓	⊂tɕin	⊆in	⊂poŋ	⊆tʰoŋ	lɔŋ⁼	⊂kʰoŋ	pʰɔk⊇	tʰɔk⊇
大	溪	⊂tɕyin	⊆yiŋ	⊂poŋ	⊆tʰoŋ	lɔŋ⁼	⊂kʰoŋ	pʰɐʔ⊇	tʰɐʔ⊇
太	源	⊂tɕyn	⊆un	⊂poŋ	⊆tʰoŋ	lɔŋ⁼	⊆xoŋ	pʰoʔ⊇	tʰoʔ⊇
九	江	⊂tʂuən	⊆uən	⊂pã	⊆tʰã	lã⁼	⊂kʰã	po⁼	tʰo⁼
赣	州	⊂tɕyŋ	⊆yŋ	⊂pãn	⊆tʰãn	lãn⁼	⊂kʰãn	po⁼	tʰo⁼
白	槎	⊂tʂuəŋ	⊆uəŋ	⊂paŋ	⊆tʰaŋ	laŋ⁼	⊂kʰaŋ	⊆po	tʰuo⁼
浮	梁	⊂tɕyen	⊆yen	⊂paŋ	⊆tʰaŋ	laŋ⁼	⊂kʰaŋ	pʰau⁼	tʰau⁼
婺	源	⊂kuæn	⊆væn	⊂pã	⊆tʰã	nã⁼	⊂kʰã	pʰɐ⁼	tʰɐʔ⊇
上	饶	⊂tɕyin	⊆yin	⊂põŋ	⊆dãn	nãn⁼	⊂kʰãn	bɔʔ⊇	tʰɔʔ⊇
广	丰	⊂kyoŋ	⊆yoŋ	⊂pãŋ	⊆dãŋ	lãŋ⁼	⊂kʰãŋ	biæʔ⊇	tʰuæʔ⊇
铜	山	⊆kuən	⊆xuən	⊂pon	⊆tən	lən⁼	⊂kʰən	⊆po	tʰɔ⁼

	353 恶善~	354 奖	355 想	356 像相~	357 张量词	358 帐蚊~	359 长~短	360 肠
	宕开一 入铎影	宕开三 上养精	宕开三 上养心	宕开三 上养邪	宕开三 平阳知	宕开三 去漾知	宕开三 平阳澄	宕开三 平阳澄
南昌	ŋɔʔ꜖	꜓tɕiɔŋ	꜓ɕiɔŋ	tɕʰiɔŋ꜓	꜖tsɔŋ	tsɔŋ꜓	꜖tsʰɔŋ	꜖tsʰɔŋ
修水	ŋɔʔ꜖	꜓tɕiɔŋ	꜓ɕiɔŋ	꜖ɕiɔŋ	꜖tɕɔŋ	tɔŋ꜓[1]	꜖dɔŋ	꜖dɔŋ
湖口	ŋɔ꜓	꜓tsiɔŋ	꜓siɔŋ	dziɔŋ꜓	꜖tʂɔŋ	tʂɔŋ꜓	꜖dʐɔŋ	꜖dʐɔŋ
鄱阳	ŋo꜓	꜓tɕiẽn	꜓ɕiẽn	꜖tɕiẽn	꜖tsãn	tsãn꜓	꜖tsʰãn	꜖tsʰãn
铅山	ŋɔʔ꜖	꜓tɕian	꜓ɕian	꜖tɕian	꜖tsan	tsan꜓	꜖tsʰan	꜖tsʰan
抚州	ŋɔʔ꜖	꜓tɕiɔŋ	꜓ɕiɔŋ	ɕiɔŋ꜓	꜖tɔŋ	tɔŋ꜓	꜖tʰɔŋ	꜖tʰɔŋ
资溪	ŋɔʔ꜖	꜓tɕiɔŋ	꜓ɕiɔŋ	꜖ɕiɔŋ	꜖tɔŋ	tɔŋ꜓	꜖xɔŋ	꜖xɔŋ
宜黄	ŋɔʔ꜖	꜓tɕiɔŋ	꜓ɕiɔŋ	꜖ɕiɔŋ	꜖tɔŋ	tɔŋ꜓	꜖tʰɔŋ	꜖tʰɔŋ
丰城	ŋɔʔ꜖	꜓tɕiɔŋ	꜓ɕiɔŋ	tɕʰiɔŋ꜓	꜖tsɔŋ	tsɔŋ꜓	꜖tsʰɔŋ	꜖tsʰɔŋ
高安	ŋɔk꜖	꜓tsiɔŋ	꜓siɔŋ	siɔŋ꜓	꜖tʃɔŋ	tɔŋ꜓	꜖tʰɔŋ	꜖tʰɔŋ
新余	ŋɔʔ꜖	꜓tɕiɔŋ	꜓soŋ	soŋ꜓	꜖toŋ	꜖toŋ	꜖tʰoŋ	꜖tʰoŋ
吉安	꜖ŋo	꜓tɕiɔŋ	꜓ɕiɔŋ	꜖ɕiɔŋ	꜖tsɔŋ	꜖tsɔŋ	꜖tsʰɔŋ	꜖tsʰɔŋ
遂川	ŋo꜓	꜓tɕiõ	꜓ɕiõ	꜖ɕiõ	꜖tsõ	tsõ꜓	꜖tsʰõ	꜖tsʰõ
宁都	ŋɔk꜖	꜓tɕiɔŋ	꜓ɕiɔŋ	tɕʰiɔŋ꜓	꜖tsɔŋ	tsɔŋ꜓	꜖tsʰɔŋ	꜖tsʰɔŋ
瑞金	ɔʔ꜖	꜓tɕiɔŋ	꜓ɕiɔŋ	tɕʰiɔŋ꜓	꜖tsɔŋ	tsɔŋ꜓	꜖tsʰɔŋ	꜖tsʰɔŋ
于都	ɣʔ꜖	꜓tsiõ	꜓siõ	tsʰiõ꜓	꜖tʃõ	tʃõ꜓	꜖ʃõ	꜖ʃõ
赣县	oʔ꜖	꜓tɕiɔ̃	꜓ɕiɔ̃	tɕʰiɔ̃꜓	꜖tsɔ̃	tsɔ̃꜓	꜖tsʰɔ̃	꜖tsʰɔ̃
南康	o꜓[2]	꜓tɕiɔ̃	꜓ɕiɔ̃	꜖ɕiɔ̃	꜖tsɔ̃	tsɔ̃꜓	꜖tsʰɔ̃	꜖tsʰɔ̃
龙南	ɔʔ꜖	꜓tsɔŋ	꜓siɔŋ	tsʰiɔŋ꜓	꜖tsɔŋ	tsɔŋ꜓	꜖tsʰɔŋ	꜖tsʰɔŋ
寻乌	ɔʔ꜖	꜓tɕiɔŋ	꜓ɕiɔŋ	꜖ɕiɔŋ	꜖tsɔŋ	tsɔŋ꜓	꜖tsʰɔŋ	꜖tsʰɔŋ
黄坳	ɔk꜖	꜓tɕiɔŋ	꜓ɕiɔŋ	꜖ɕiɔŋ	꜖tɔŋ	tsɔŋ꜓	꜖tsʰɔŋ	꜖tsʰɔŋ
铜鼓	ɔk꜖	꜓tsiɔŋ	꜓siɔŋ	siɔŋ꜓	꜖tʂɔŋ	tʂɔŋ꜓	꜖tʂʰɔŋ	꜖tʂʰɔŋ
大溪	ŋæʔ꜖	꜓tɕiɔŋ	꜓ɕiɔŋ	꜖tɕiɔŋ	꜖tsɔŋ	tsɔŋ꜓	꜖tsʰɔŋ	꜖tsʰɔŋ
太源	ŋoʔ꜖	꜓tɕiɔŋ	꜓ɕiɔŋ	tɕʰiɔŋ꜓	꜖tʃɔŋ	꜖tʃɔŋ	꜖tʃʰɔŋ	꜖tʃʰɔŋ
九江	ŋo꜓	꜓tɕiã	꜓ɕiã	ɕiã꜓	꜖tʂã	tʂã꜓	꜖tʂʰã	꜖tʂʰã
赣州	ŋo꜓	꜓tɕiãn	꜓ɕiãn	꜖ɕiãn	꜖tsãn	tsãn꜓	꜖tsʰãn	꜖tsʰãn
白槎	꜖ŋo	꜓tɕiaŋ	꜓ɕiaŋ	꜖ɕiaŋ	꜖tsaŋ	tsaŋ꜓	꜖tsʰaŋ	꜖tsʰaŋ
浮梁	ŋau꜓	꜓tsa	꜓sa	tsʰa꜓	꜖tɕia	tɕia꜓	꜖tɕʰia	꜖tɕʰia
婺源	gɔ꜓	꜓tsiã	꜓siã	꜖tsʰiã	꜖tɕia	tɕia꜓	꜖tɕʰiã	꜖tɕʰiã
上饶	ŋɔʔ꜖	꜓tɕiãn	꜓ɕiãn	꜖dziãn	꜖tɕiãn	tɕiãn꜓	꜖dziãn	꜖dziãn
广丰	uæʔ꜖	꜓tɕiãn	꜓ɕiãn	꜖ɕiãn	꜖tiãn	tɕiãn꜓	꜖dæn	꜖dæn
铜山	ɔ꜓	꜓tɕiũ	꜓ɕiũ	tɕʰiũ꜓	꜖tiũ	tiũ꜓	꜖tən	꜖tən

		361 丈 宕开三 上养澄	362 装 宕开三 平阳庄	363 床 宕开三 平阳崇	364 章 宕开三 平阳章	365 唱 宕开三 去漾昌	366 上动词 宕开三 上养禅	367 姜 宕开三 平阳见	368 响 宕开三 上养晓
南	昌	tsʰɔŋ⁼	₌tsɔŋ	₌tsʰɔŋ	₌tsɔŋ	ʿtsʰɔŋ	sɔŋ⁼	₌tɕiɔŋ	ʿɕiɔŋ
修	水	dɔŋ⁼	₌tsɔŋ	₌dzɔŋ	₌tɕi	dɔŋ⁼²	sɔŋ⁼	₌tɕiɔŋ	ʿɕiɔŋ
湖	口	dzɔŋ⁼	₌tsɔŋ	₌dzɔŋ	₌tsɔŋ	dzɔŋ⁼	ʂɔŋ⁼	₌tɕiɔŋ	ʿɕiɔŋ
鄱	阳	₌tsʰãn	₌tsãn	₌sãn	₌tsãn	tsʰãn⁼	₌sãn	₌tɕiẽn	ʿɕiẽn
铅	山	tsʰan⁼	₌tʃuon	₌ʃuon	₌tsan	tsʰan⁼	₌san	₌tɕian	ʿɕian
抚	州	tʰɔŋ⁼	₌ŋɔsi	₌sɔŋ	₌tɔŋ	tʰɔŋ⁼	sɔŋ⁼	₌tɕiɔŋ	ʿɕiɔŋ
资	溪	xɔŋ⁼	₌tɕi	₌sɔŋ	₌tɕi	tʰɔŋ⁼	sɔŋ⁼	₌tɕiɔŋ	ʿɕiɔŋ
宜	黄	tʰɔŋ⁼	₌tɕi	₌sɔŋ	₌tɕi	tʰɔŋ⁼	sɔŋ⁼	₌tɕiɔŋ	ʿɕiɔŋ
丰	城	tsʰɔŋ⁼	₌tsɔŋ	₌tsʰɔŋ	₌tsɔŋ	₌tsʰɔŋ	sɔŋ⁼	₌tɕiɔŋ	ʿɕiɔŋ
高	安	tʰɔŋ⁼	₌tʃɔŋ	tʰɔŋ⁼	₌tɔŋ	₌tsʰɔ	sɔŋ⁼	₌tɕiɔŋ	ʿɕiɔŋ
新	余	tʰɔŋ⁼	₌ŋtsoŋ	₌ŋɔs	₌tɔŋ	ŋɔ⁼	sɔŋ⁼	₌tɕiɔŋ	ʿsɔŋ
吉	安	tsʰɔŋ⁼	₌tɕi	₌tsʰɔŋ	₌tsɔŋ	₌tsʰɔŋ	sɔŋ⁼	₌tɕiɔŋ	ʿɕiɔŋ
遂	川	tsʰõ⁼	₌tsõ	₌tsʰõ	₌tsõ	tsʰõ⁼	sõ⁼	₌tɕiõ	ʿɕiõ
宁	都	₌tsʰɔŋ	₌tsɔŋ	₌tsʰɔŋ	₌tsɔŋ	tsʰɔŋ⁼	₌sɔŋ	₌tsɔŋ	ʿsɔŋ
瑞	金	tsʰɔŋ⁼	₌tsɔŋ	₌tsʰɔŋ	₌tsɔŋ	tsʰɔŋ⁼	₌sɔŋ	₌tɕiɔŋ	ʿɕiɔŋ
于	都	tʃʰõ⁼	₌tsõ	₌sõ	₌tʃõ	tʃʰõ⁼	₌sõ	₌tɕiõ	ʿɕiõ
赣	县	tsʰɔ̃⁼	₌tsɔ̃	₌tsʰɔ̃	₌tsɔ̃	tsʰɔ̃⁼	₌sɔ̃	₌tɕiɔ̃	ʿɕiɔ̃
南	康	tsʰɔ̃⁼	₌tsɔ̃	₌tsʰɔ̃	₌tsɔ̃	tsʰɔ̃⁼	₌sɔ̃	₌tɕiɔ̃	ʿɕiɔ̃
龙	南	tsɔŋ⁼	₌tsɔŋ	₌tsʰɔŋ	₌tsɔŋ	tsɔŋ⁼	₌sɔŋ	₌tɕiɔŋ	ʿɕiɔŋ
寻	乌	tsʰɔŋ⁼	₌tsɔŋ	₌tsʰɔŋ	₌tsɔŋ	tsʰɔŋ⁼	₌sɔŋ	₌kiɔŋ	ʿɕiɔŋ
黄	坳	tsʰɔŋ⁼	₌tsɔŋ	₌tsʰɔŋ	₌tsɔŋ	tsʰɔŋ⁼	sɔŋ⁼	₌kiɔŋ	ʿxiɔŋ
铜	鼓	tsʰɔŋ⁼	₌tsɔŋ	₌tsʰɔŋ	₌tsɔŋ	tsʰɔŋ⁼	sɔŋ⁼	₌tɕiɔŋ	ʿɕiɔŋ
大	溪	tsʰɔŋ⁼	₌tsɔŋ	₌sɔŋ	₌tsɔŋ	tsʰɔŋ⁼	₌sɔŋ	₌tɕiɔŋ	ʿɕiɔŋ
太	源	tʃʰɔŋ⁼	₌tʃɔŋ	₌tʃʰɔŋ	₌tʃɔŋ	tʃɔŋ⁼	₌ʃɔŋ	₌tɕiɔŋ	ʿɕiɔŋ
九	江	tʂʰã⁼	₌tʂʰuã	₌tʂʰuã	₌tʂã	tʂʰã⁼	ʂã⁼	₌tɕiã	ʿɕiã
赣	州	tsãn⁼	₌tsãn	₌tsʰãn	₌tsãn	tsʰãn⁼	sãn⁼	₌tɕiãn	ʿɕiãn
白	槎	tsaŋ⁼	₌tsaŋ	₌tsʰaŋ	₌tsaŋ	tsʰaŋ⁼	saŋ⁼	₌tɕiaŋ	ʿɕiaŋ
浮	梁	tɕʰia⁼	₌tʂaŋ	₌ʂaŋ	₌tɕia	tɕʰia⁼	ɕia⁼	₌tɕia	ʿɕia
婺	源	ʿtɕʰiã	₌tɕiã	₌ɕiã	₌tɕiã	tɕʰiã⁼	ʿɕiã	₌tɕiã	ʿɕiã
上	饶	ʿdziãn	₌tɕiãn	₌ɕyɔŋ	₌tɕiãn	tɕiãn⁼	ʿɕiãn	₌tɕiãn	ʿɕiãn
广	丰	ʿdziãn	₌tẽn	₌sɔ̃ŋ	₌tɕiãn	tɕiãn⁼	₌dziãn	₌kiãn	ʿxiãn
铜	山	ʿtɛn	₌tsən	₌tsʰən	₌tɕiũ	tɕiũ⁼	ʿtɕiũ	₌kiũ	ʿxian

	369 痒 宕开三 上养以	370 略 宕开三 入药来	371 削 宕开三 入药心	372 药 宕开三 入药以	373 光 宕合一 平唐见	374 黄 宕合一 平唐匣	375 郭姓 宕合一 入铎见	376 放 宕合三 去漾非
南昌	⁻ioŋ	lioʔ˭	ɕioʔ˭	ioʔ꞊	₌kuoŋ	uoŋ⁼	kuoʔ˭	foŋ⁼
修水	⁻ioŋ	dioʔ꞊	ɕioʔ˭	ioʔ꞊	₌ikuoŋ	₌foŋ	koʔ꞊	foŋ⁼ [1]
湖口	⁻ioŋ	dio⁼	ɕio⁼	io⁼	₌kuoŋ	₌xuoŋ	kuo⁼	foŋ⁼
鄱阳	⁻iẽn	lio꞊	ɕio꞊	io꞊	₌kuãn	₌uãn	kuə꞊	fãn⁼
铅山	⁻ian	liaiʔ꞊	ɕiaiʔ꞊	iaiʔ꞊	₌kon	₌uon	koʔ꞊	fon⁼
抚州	⁻ioŋ	tioʔ꞊	ɕioʔ꞊	ioʔ꞊	₌kuoŋ	₌uoŋ	kuo꞊	foŋ⁼
资溪	⁻ioŋ	tioʔ꞊	ɕioʔ꞊	ioʔ꞊	₌kuoŋ	₌uoŋ	kuoʔ꞊	foŋ⁼
宜黄	⁻ioŋ	tioʔ꞊	ɕioʔ꞊	ioʔ꞊	₌kuoŋ	₌foŋ	kuoʔ꞊	foŋ⁼
丰城	⁻ioŋ	lioʔ꞊	ɕioʔ꞊	ioʔ꞊	₌kuoŋ	₌voŋ	kuoʔ꞊	foŋ⁼
高安	⁻ioŋ	liot˭	siot˭	iot˭	₌kuoŋ	₌uoŋ	kɔk˭	foŋ⁼
新余	⁻ioŋ	lioʔ꞊	soʔ˭	ioʔ꞊	₌ikuoŋ	₌uoŋ	kuo꞊	₌foŋ
吉安	⁻ioŋ	lio⁼	₌ɕio	io⁼	₌kuoŋ	₌foŋ	₌kuo	₌foŋ
遂川	⁻iõ	lio⁼	ɕio⁼	io⁼	₌kõ	₌xõ	ko⁼	xõ⁼
宁都	₌ioŋ	liok꞊	ɕiok˭	iok꞊	₌koŋ	₌voŋ	kɔk˭	foŋ⁼
瑞金	₌ioŋ	lioʔ꞊	ɕioʔ꞊	ioʔ꞊	₌koŋ	₌voŋ	koʔ꞊	xoŋ⁼
于都	₌iõ	liyʔ꞊	ɕiyʔ꞊	iyʔ꞊	₌kõ	₌võ	kɤʔ꞊	xõ⁼
赣县	₌iõ	lioʔ꞊	ɕioʔ꞊	ioʔ꞊	₌kɔ̃	₌uõ	koʔ꞊	fɔ̃⁼
南康	₌iõ	oɬi꞊	ɕio⁼ ₂	io⁼	₌kɔ̃	₌xɔ̃	ko꞊ ₂	fɔ̃⁼
龙南	₌ioŋ	lioʔ꞊	sioʔ꞊	ieu⁼	₌koŋ	₌foŋ	koʔ꞊	foŋ⁼
寻乌	₌ioŋ	liɛʔ꞊	ɕioʔ꞊	ioʔ꞊	₌koŋ	₌voŋ	kuaiʔ꞊	foŋ⁼
黄坳	⁻ioŋ	liok꞊	ɕiok˭	iok꞊	₌koŋ	₌voŋ	kɔk˭	foŋ⁼
铜鼓	₌ioŋ	liok꞊	siok˭	iok꞊	₌koŋ	₌foŋ	kɔk˭	foŋ⁼
大溪	⁻ioŋ	liɛʔ꞊	ɕiaiʔ꞊	iɛʔ꞊	₌kuoŋ	₌uoŋ	kuɐʔ꞊	foŋ⁼
太源	⁻ioŋ	lioʔ꞊	ɕioʔ꞊	ioʔ꞊	₌kuoŋ	₌voŋ	koʔ꞊	₌pioŋ
九江	⁻iã	lio⁼	ɕio⁼	io⁼	₌kuã	₌xuã	ko꞊	fã⁼
赣州	⁻iãn	lio⁼	ɕio⁼	io⁼	₌kõn	₌xuãn	ko⁼	fãn⁼
白槎	⁻iãn	lio⁼	ɕio⁼	io⁼	₌kuãn	₌xuãn	ko⁼	fãn⁼
浮梁	⁻ȵia	lia⁼	sa⁼	ia⁼	₌kuaŋ	₌xuaŋ	kau⁼	faŋ⁼
婺源	⁻iã	liɒ⁼	siɒ⁼	iɒ⁼	₌kuã	₌xuã	kuɒ⁼	fã⁼
上饶	⁻iãn	liaiʔ꞊	ɕiaiʔ꞊	iɛiʔ꞊	₌kuõŋ	₌uõŋ	kuɐʔ꞊	fõŋ⁼
广丰	⁻iãn	liæʔ꞊	ɕiæʔ꞊	iæʔ꞊	₌kyãn	₌yãn	kuæʔ꞊	fiãn⁼
铜山	⁻tɕiũ	liæʔ꞊	ɕia⁼	⁻iə	₌kən	₌ŋ̍	kuæ꞊	pan⁼

	377 防 宕合三 平阳奉	378 旺 宕合三 去漾云	379 棒 江开二 上讲並	380 撞 江开二 去绛澄	381 双 江开二 平江生	382 江 江开二 平江见	383 讲 江开二 上讲见	384 剥 江开二 入觉帮
南昌	foŋ꜕	uoŋ꜒	pʰoŋ꜒	tsʰoŋ꜒	⊂soŋ	⊂koŋ	ꜛkoŋ	poʔ꜕
修水	⊆foŋ	uoŋ꜒	poŋ꜒	dzoŋ꜒	⊂soŋ	⊂koŋ	ꜛkoŋ	poʔ꜕
湖口	⊆foŋ	uoŋ꜒	poŋ꜒	dzoŋ꜒	⊂soŋ	⊂tɕioŋ	ꜛkoŋ	po꜕
鄱阳	⊆fãn	⊂uãn	⊂pãn	⊂tsʰãn	ɕyãn	kãn	ꜛkãn	poʔ꜕
铅山	⊆fon	uon꜒	pʰon꜒	tʃuon꜒	⊂ʃuon	kan	ꜛkan	poʔ꜕
抚州	⊆foŋ	uoŋ꜒	poŋ꜒	tsʰoŋ꜒	⊂soŋ	⊂koŋ	ꜛkoŋ	poʔ꜕
资溪	⊆foŋ	uoŋ꜒	poŋ꜒	tʰoŋ꜒	⊂soŋ	⊂koŋ	ꜛkoŋ	poʔ꜕
宜黄	⊆foŋ	uoŋ꜒	poŋ꜒	tʰoŋ꜒	⊂soŋ	⊂koŋ	ꜛkoŋ	poʔ꜕
丰城	⊆fɔŋ	voŋ꜒	pʰoŋ꜒	tsʰoŋ꜒	⊂soŋ	⊂koŋ	ꜛkoŋ	poʔ꜕
高安	⊆fɔŋ	uoŋ꜒	pʰoŋ꜒	tʰoŋ꜒	⊂soŋ	⊂koŋ	ꜛkoŋ	pok꜕
新余	⊆foŋ	uoŋ꜒	poŋ꜒	tsʰoŋ꜒	⊂soŋ	⊂koŋ	ꜛkoŋ	poʔ꜕
吉安	⊆fɔŋ	uoŋ꜒	poŋ꜒	tsʰoŋ꜒	⊂soŋ	⊂koŋ	ꜛkoŋ	⊂po
遂川	⊆xõ	uõ꜒	pɛ̃ŋ꜒	tsʰõ꜒	⊂sõ	⊂kõ	ꜛkõ	po꜒
宁都	⊆foŋ	voŋ꜒	poŋ꜒	tsʰoŋ꜒	⊂soŋ	⊂koŋ	ꜛkoŋ	pok꜕
瑞金	⊆foŋ	voŋ꜒	pɤŋ꜒	tsʰoŋ꜒	⊂soŋ	⊂koŋ	ꜛkoŋ	poʔ꜕
于都	⊆fõ	võ꜒	pɔ꜒	tsʰõ꜒	⊂sõ	⊂kõ	ꜛkõ	pyʔ꜕
赣县	⊆fã	uɔ꜒	pã꜒	tsʰã꜒	⊂sɔ̃	⊂kɔ̃	ꜛkɔ̃	poʔ꜕
南康	⊆fã	võ꜒	pɔ̃꜒	tsʰɔ̃꜒	⊂sɔ̃	⊂kɔ̃	ꜛkɔ̃	po꜕ 2
龙南	⊆fɔŋ	voŋ꜒	pəŋ꜒	tsʰoŋ꜒	⊂soŋ	⊂koŋ	ꜛkoŋ	poʔ꜕
寻乌	⊆fɔŋ	voŋ꜒	poŋ꜒	tsʰoŋ꜒	⊂soŋ	⊂koŋ	ꜛkoŋ	poʔ꜕
黄坳	⊆fɔŋ	vɔŋ꜒	puŋ꜒	tsʰɔŋ꜒	⊂suŋ	⊂kɔŋ	ꜛkɔŋ	pok꜕
铜鼓	⊆fɔŋ	vɔŋ꜒	poŋ꜒	tsʰɔŋ꜒	⊂sɔŋ	⊂kɔŋ	ꜛkɔŋ	pok꜕
大溪	⊆fɔŋ	uoŋ꜒	pʰoŋ꜒	tsʰoŋ꜒	⊂soŋ	⊂koŋ	ꜛkoŋ	pɛʔ꜕
太源	⊆foŋ	voŋ꜒	pʰoŋ꜒	tʃʰoŋ꜒	⊂sɤŋ	⊂koŋ	ꜛkoŋ	poʔ꜕
九江	⊆fã	uã꜒	pã꜒	tʂʅã꜒	⊂ʂuã	⊂tɕiã	ꜛtɕiã	po꜕
赣州	⊆fãn	vãn꜒	pãn꜒	tson꜒	⊂sõn	⊂tɕiãn	ꜛtɕiãn	po꜕
白槎	⊆faŋ	vaŋ꜒	paŋ꜒	tsaŋ꜒	⊂saŋ	⊂tɕiaŋ	ꜛtɕiaŋ	⊂po
浮梁	⊆faŋ	uaŋ꜒	pʰaŋ꜒	tʂʰaŋ꜒	⊂ʂaŋ	⊂kaŋ	ꜛkaŋ	pau꜕
婺源	⊆fã	iã꜒	pʰã꜒	tɕʰiã꜒	⊂ɕiã	⊂kã	ꜛkã	pɔʔ꜕
上饶	⊆fɔ̃ŋ	uõ̃ŋ꜒	bõŋ꜒	dʑyõŋ꜒	⊂ɕyõŋ	⊂kãn	ꜛkãn	pɛʔ꜕
广丰	⊆fiãn	yãn꜒	bãŋ꜒	dzãŋ꜒	⊂sãŋ	⊂kãŋ	ꜛkãŋ	piɛʔ꜕
铜山	⊆xoŋ	oŋ꜒	poŋ꜒	tson꜒	⊂san	⊂kan	ꜛkan	pæ꜕

		385 角 江开二 入觉见	386 学 江开二 入觉匣	387 灯 曾开一 平登端	388 等 曾开一 上等端	389 层 曾开一 平登从	390 肯 曾开一 上等溪	391 北 曾开一 入德帮	392 墨 曾开一 入德明
南	昌	koʔ꜍	xoʔ꜍	꜀tɛn	꜂tɛn	꜁tsʼɛn	꜂kʼɛn	pɛt꜍	mɛt꜍
修	水	koʔ꜍	xoʔ꜍	꜀tɛn	꜂tɛn	꜁dzɛn	꜂xɤn	pɛt꜍	mɛt꜍
湖	口	kɔ꜍	xɔ꜍	꜀tən	꜂tən	꜁dzən	꜂xən	pe꜍	me꜍
鄱	阳	ko꜍	xo꜍	꜀tən	꜂tən	꜁tsʼən	꜂kʼən	pə꜍	mə꜍
铅	山	kɐʔ꜍	xɐʔ꜍	꜀ten	꜂ten	꜁tsʼen	꜂kʼen	pɛʔ꜍	mɛʔ꜍
抚	州	koʔ꜍	xoʔ꜍	꜀tɤn	꜂tɤn	꜁tsʼɤn	꜂kʼɤn	pɛʔ꜍	mæʔ꜍
资	溪	koʔ꜍	xoʔ꜍	꜀tɤn	꜂tɛn	꜁tʼɛn	꜂kʼɤn	pɛʔ꜍	mɛʔ꜍
宜	黄	koʔ꜍	xoʔ꜍	꜀tɛn	꜂tɛn	꜁tʼɛn	꜂kʼɛn	pɛʔ꜍	mɛʔ꜍
丰	城	koʔ꜍	xoʔ꜍	꜀tɛn	꜂tɛn	꜁tsʼɛn	꜂kʼien	pɛʔ꜍	mɛʔ꜍
高	安	kɔk꜍	xɔk꜍	꜀tɛn	꜂tẽ	꜁tʼɛn	꜂kʼien	pɛt꜍	mɛt꜍
新	余	koʔ꜍	xoʔ꜍	꜀tɛn	꜂tɤn	꜁tsʼɤn	꜂kʼien	pɛʔ꜍	mæʔ꜍
吉	安	꜀ko	xo꜍	꜀tɛn	꜂tɛn	꜁tsʼɛn	꜂kʼen	꜀pe	me꜍
遂	川	ko꜍	xo꜍	꜀tẽn	꜂tẽn	꜁tsʼẽn	꜂kʼẽn	pe꜍	mo꜍
宁	都	kɔk꜍	xɔk꜍	꜀tin	꜂tin	꜁tsʼən	꜂xən	pək꜍	mək꜍
瑞	金	koʔ꜍	xoʔ꜍	꜀ten	꜂ten	꜁tsʼen	꜂xen	peʔ꜍	miʔ꜍
于	都	kʏʔ꜍	xʏ꜍	꜀tẽ	꜂tẽ	꜁tsʼuẽ	꜂xẽ	pɛʔ꜍	mɛʔ꜍
赣	县	koʔ꜍	xoʔ꜍	꜀təŋ	꜂təŋ	꜁tsʼəŋ	꜂xəŋ	pɛʔ꜍	mɛʔ꜍
南	康	ko꜍ 2	xo꜍	꜀tẽ	꜂tẽ	꜁tsʼɛn	꜂xẽ	pə꜍ 2	mə꜍
龙	南	koʔ꜍	xoʔ꜍	꜀tain	꜂tain	꜁tsʼain	꜂tɕʼien	pæʔ꜍	mæʔ꜍
寻	乌	koʔ꜍	xoʔ꜍	꜀tin	꜂tin	꜁tɕʼin	꜂xin	piʔ꜍	moʔ꜍
黄	坳	kɔk꜍	xɔk꜍	꜀tɛn	꜂tɛn	꜁tsʼɛn	꜂kʼien	pɛt꜍	mɛt꜍
铜	鼓	kɔk꜍	xɔk꜍	꜀tɛn	꜂tɛn	꜁tsʼɛn	꜂kʼen	pɛk꜍	mɛk꜍
大	溪	kɐʔ꜍	xɐʔ꜍	꜀tɛn	꜂ten	꜁tsʼɛn	꜂kʼen	pɛʔ꜍	mɛʔ꜍
太	源	koʔ꜍	xoʔ꜍	꜀tɛn	꜂ten	꜁tsʼɛn	꜂xen	pɛʔ꜍	mɛʔ꜍
九	江	tɕio꜍	ɕio꜍	꜀tən	꜂tən	꜁tsʼən	꜂kʼən	pai꜍	mai꜍
赣	州	ko꜍	ɕio꜍	꜀təŋ	꜂təŋ	꜁tsʼəŋ	꜂kʼəŋ	pæ꜍	mæ꜍
白	槎	꜀tɕio	꜀ɕio	꜀tən	꜂tən	꜁tsʼən	꜂kʼən	꜀pe	꜀me
浮	梁	kau꜍	xau꜍	꜀tai	꜂tai	꜁tsʼai	꜂kʼai	pai꜍	mai꜍
婆	源	kɒ꜍	xɒ꜍	꜀tɔ̃	꜂tɔ̃	꜁tsʼæn	꜂tɕʼiɔ̃	pɔ꜍	ba꜍
上	饶	kɐʔ꜍	xɐʔ꜍	꜀tĩn	꜂tĩn	꜁dzʼin	꜂kʼin	pɛʔ꜍	mɛʔ꜍
广	丰	kuɐʔ꜍	xuɐʔ꜍	꜀tĩn	꜂tæ̃n	꜁tsʼæ̃n	꜂kʼæ̃n	pæʔ꜍	moʔ꜍
铜	山	kæ꜍	ꜛo	꜀tien	꜂tan	꜁tsʼən	꜂kʼien	pæ꜍	mæʔ꜍

	393 贼	394 刻	395 冰	396 升	397 蝇	398 力	399 直	400 色
	曾开一入德从	曾开一入德溪	曾开二平蒸帮	曾开二平蒸生	曾开三平蒸以	曾开三入职来	曾开三入职澄	曾开三入职生
南昌	ts‘ɛt₌	k‘ɛt₌	₋pin	₋saŋ	in⁼	lit₌	ts‘it₌	sɛt₌
修水	dzɐt₌	xɛt₌	₋pin	₋sən	₋in	dit₌	dzɿt₌	sɛt₌
湖口	dzɐ⁼	xɛ⁼	₋pin	₋ʂən	₋in	di⁼	dzʅ⁼	sɛ⁼
鄱阳	ts‘ə⁼	k‘ə⁼	₋pin	₋sən	₋in	li⁼	ts‘ə⁼	sə⁼
铅山	ts‘ɛʔ₌	k‘ɛʔ₌	₋pin	₋sen	₋in	liʔ₌	ts‘ɛʔ₌	sɛʔ₌
抚州	ts‘ɛʔ₌	k‘ɛʔ₌	₋pin	₋çin	₋in	tiʔ₌	t‘iʔ₌	sɛʔ₌
资溪	t‘ɛʔ₌	k‘ɛʔ₌	₋pɐn	₋çin	₋in	tiʔ₌	t‘iʔ₌	sɛʔ₌
宜黄	t‘ɛʔ₌	k‘ɛʔ₌	₋pin	₋çin	₋in	tiʔ₌	tç‘iʔ₌	sɛʔ₌
丰城	ts‘ɛʔ₌	k‘ɛʔ₌	₋pin	₋sɛn	₋in	liʔ₌	tsʅʔ₌	sɛʔ₌
高安	t‘ɛt₌	k‘ɛt₌	₋pin	₋sən	₋in	lit₌	t‘ət₌	sɛt₌
新余	ts‘ɛʔ₌	k‘ɛʔ₌	₋pin	₋sɿn	₋in	tieʔ₌	ts‘ɛʔ₌	sɛʔ₌
吉安	ts‘ɛ⁼	k‘ɛ⁼	₋pin	₋çin	₋in	te⁼	ts‘ɛ⁼	₋sɛ
遂川	ts‘ɛ⁼	k‘iɛ⁼	₋pĩ	₋sĩ	₋in	tiɛ⁼	ts‘ɛ⁼	sɛ⁼
宁都	ts‘ək₌	k‘ək₌	₋pin	₋sən	₋in	lik₌	ts‘ək₌	sək₌
瑞金	ts‘eʔ₌	k‘eʔ₌	₋pin	₋çin	₋in	tiʔ₌	tç‘iʔ₌	seʔ₌
于都	ts‘ɛ⁼	k‘ɛ⁼	₋pẽ	₋ʃẽ	₋ẽ	lɛʔ₌	tʃ‘ɛ⁼	sɛʔ₌
赣县	ts‘ɛʔ₌	k‘ɛʔ₌	₋pieŋ	₋sən	₋ieŋ	lieʔ₌	ts‘ɛʔ₌	sɛʔ₌
南康	ts‘ə⁼	k‘ə⁼₂	₋pieŋ	₋çieŋ	₋ieŋ	₋ɜiɛ	₋ts‘ɛ	₋sə₂
龙南	ts‘æʔ₌	k‘ieʔ₌	₋pen	₋sen	₋in	leʔ₌	ts‘eʔ₌	sæʔ₌
寻乌	ts‘aiʔ₌	k‘iʔ₌	₋pin	₋çin	₋in	liʔ₌	tç‘iʔ₌	çiʔ₌
黄坳	ts‘ɛt₌	k‘iɛt₌	₋pin	₋sən	₋in	lit₌	tsʅt₌	sɛt₌
铜鼓	ts‘ɛk₌	k‘ɛk₌	₋pin	₋ʂən	₋in	lit₌	tsʅt₌	sɛk₌
大溪	ts‘ɛʔ₌	k‘ɛʔ₌	₋pin	₋sin	₋in	lɛʔ₌	ts‘ɛʔ₌	sɛʔ₌
太源	ts‘ɛʔ₌	k‘ɛʔ₌	₋pin	₋ʃin	₋in	liʔ₌	tʃ‘ʃʔ₌	₋sɛ
九江	tsai⁼	k‘ai⁼	₋pin	₋sən	₋in	li⁼	tsʅ⁼	sai⁼
赣州	tsæ⁼	k‘iɛ⁼	₋pieŋ	₋səŋ	₋ieŋ	liɛ⁼	tsæ⁼	sæ⁼
白槎	₋tsɛ	₋k‘ɜ	₋pin	₋sən	₋in	₋li	₋tsʅ	₋sɛ
浮梁	ts‘ai⁼	k‘ai⁼	₋pai	₋çiai	₋iai	lai⁼	tç‘iai⁼	çiai⁼
婺源	ts‘ɔ⁼	tç‘iɔ⁼	₋põ	₋sæn	₋ĩ	lɔ⁼	ts‘a⁼	sɔ⁼
上饶	dzɛʔ₌	k‘ɛʔ₌	₋pĩn	₋çĩn	₋ĩn	lɛʔ₌	dziɛʔ₌	çiɛʔ₌
广丰	dzæʔ₌	k‘æʔ₌	₋pæn	₋sĩn	₋sĩn	leʔ₌	dzeʔ₌	sæʔ₌
铜山	ts‘æʔ₌	k‘æ₌	₋pien	₋çien	₋çien	laʔ₌	tieʔ₌	sæ₌

	401 织 曾开三 入职章	402 国 曾合一 入结见	403 打 梗开二 上梗端	404 冷 梗开二 上梗来	405 生 梗开二 平庚生	406 梗 梗开二 上梗见	407 硬 梗开二 去映疑	408 拍 梗开二 入陌滂
南昌	tsit̚	kuɛt̚	ˉta	˪laŋ	ˍsaŋ	ˉkuaŋ	ŋaŋ⁼	pʻaʔ̚
修水	tɛt̚	kuɛt̚	ˉta	˪laŋ	ˍsaŋ	ˉkuaŋ	ŋaŋ⁼	ba²
湖口	tsʅ	kuɛ	ˉta	˪lən	ˍsaŋ	ˉkən	ŋaŋ⁼	ba²
鄱阳	tsə	kuə	ˉtɒ	˪lən	ˍsən	ˉkuən	ˍŋən	pˋə
铅山	tseʔ	kuɛʔ	ˉta	˪lɛn	ˍsɛn	ˉkuɛn	ŋɛn⁼	pʻɛʔ̚
抚州	tiʔ̚	kuɛʔ̚	ˉta	˪laŋ	ˍsaŋ	ˉkuaŋ	ŋaŋ⁼	pʻaʔ̚
资溪	tiʔ̚	kuɛʔ̚	ˉta	˪laŋ	ˍsaŋ	ˉkuaŋ	ŋaŋ⁼	pʻaʔ̚
宜黄	tɕiʔ̚	kuɛʔ̚	ˉta	˪laŋ	ˍsaŋ	ˉkuaŋ	ŋaŋ⁼	pʻaʔ̚
丰城	tsiʔ̚	kuɛʔ̚	ˉta	˪laŋ	ˍsaŋ	ˉkuaŋ	ŋaŋ⁼	pʻaʔ̚
高安	tøt̚	kuat̚	ˉta	˪laŋ	ˍsaŋ	ˉkuaŋ	ŋaŋ⁼	pʻak̚
新余	tɕiɛʔ̚	kuɛʔ̚	ˉta	˪laŋ	ˍsaŋ	ˉkuaŋ	ŋaŋ⁼	pʻaʔ̚
吉安	ˍtsɛ	ˍkuɛ	ˉta	˪laŋ	ˍsaŋ	ˉkuaŋ	ŋaŋ⁼	ˍpʻa
遂川	tseˉ	kueˉ	ˉta	˪lã	ˍsã	ˉkuẽn	ŋã⁼	pʻa
宁都	tsək̚	kək̚	ˉta	ˍlaŋ	ˍsaŋ	ˉkaŋ	ŋaŋ⁼	pʻak̚
瑞金	tɕiʔ̚	kuiʔ̚	ˉta	ˍlen	ˍsaŋ	ˉkaŋ	ŋaŋ⁼	pʻɔʔ̚
于都	tʃɛʔ̚	kuʔ̚	ˉta	ˍliã	ˍsã	ˉkã	ŋã⁼	pʻaʔ̚
赣县	tsɛʔ̚	koʔ̚	ˉta	ˍlã	ˍsã	ˉkɔ̃	ŋã⁼	pʻaʔ̚
南康	tsə² ₂	kuə² ₂	ˉta	ˍlã	ˍsã	ˉkuã	ŋã⁼	pʻa ₂
龙南	tseʔ̚	kuəʔ̚	ˉta	ˍlaŋ	ˍsaŋ	ˉkaŋ	ŋaŋ⁼	pʻəʔ̚
寻乌	tɕiʔ̚	kuiʔ̚	ˉta	ˍliaŋ	ˍsaŋ	ˉkaŋ	ŋaŋ⁼	pʻɔʔ̚
黄坳	tsɿt̚	kuɛt̚	ˉta	˪laŋ	ˍsən	ˉkiɛn	ŋaŋ⁼	pʻak̚
铜鼓	tsɿt̚	kuɛk̚	ˉta	˪laŋ	ˍsaŋ	ˉkɛn	ŋaŋ⁼	pʻak̚
大溪	tseʔ̚	kuɛʔ̚	ˉta	˪lɛn	ˍsan	ˉkuɛn	ŋan⁼	pʻɛʔ̚
太源	tʃeʔ̚	kuɛʔ̚	ˉtaŋ	ˍlaŋ	ˍʃaŋ	ˉkuaŋ	ŋaŋ⁼	pʻaʔ̚
九江	tsʅ̚	kuai̚	ˉtɒ	˪lən	ˍsən	ˉkən	ŋən⁼	pʻai⁼
赣州	tsæ̚	koˉ	ˉta	˪ləŋ	ˍsəŋ	ˉkəŋ	ŋəŋ⁼	pʻaˉ
白槎	ˍtsʅ	ˍkuɛ	ˉta	˪lən	ˍsən	ˉkən	ŋən⁼	ˍɛ̆
浮梁	tɕiaiˉ	kuaiˉ	ˉta	ˉnai	ˍɕiai	ˉkiɛn	ŋa⁼	pʻa
婺源	tsa⁼	ke⁼	ˉta	ˉnɔ̃	ˍsɔ̃	ˉkɔ̃	ŋɔ̃⁼	pˋɔ
上饶	tɕiiʔ̚	kuɛʔ̚	ˉta	ˉnæn	ˍɕiæn	ˉkuæn	ŋæn⁼	pʻɛʔ̚
广丰	tsiʔ̚	kuʔ̚	ˉtai	˪læn	ˍsæn	ˉkuæn	ŋæn⁼	pʻæʔ̚
铜山	tɕie̚	kɔ̚	ˉta	˪lien	ˍɕi	ˉkien	ŋĩ	pʻa

	409 白 梗开二 入陌並	410 拆 梗开二 入陌彻	411 客 梗开二 入陌溪	412 争 梗开二 平耕庄	413 耕 梗开二 平耕见	414 麦 梗开二 入麦明	415 摘 梗开二 入麦知	416 兵 梗开三 平庚帮
南昌	pʻaʔ꜔	tsʻaʔ꜔	kʻaʔ꜔	꜀tsaŋ	꜀kan	maʔ꜔	tsaʔ꜔	꜀pin
修水	baʔ꜔	dzaʔ꜔	xaʔ꜔	꜀tsaŋ	꜀kan	maʔ꜔	tsaʔ꜔	꜀pin
湖口	ba꜓	dza꜓	xɛ꜓	꜀tsən	꜀kən	ma꜓	tsa	꜀pin
鄱阳	pʻə꜓	tsʻə꜓	kʻə꜓	꜀tsən	꜀kən	mə꜓	tsə꜔	꜀pin
铅山	pʻɛʔ꜔	tsʻɛʔ꜔	kʻɛʔ꜔	꜀tsɛn	꜀kɛn	mɛʔ꜔	tsɛʔ꜔	꜀pin
抚州	pʻaʔ꜔	tsʻaʔ꜔	kʻaʔ꜔	꜀tsaŋ	꜀kaŋ	maʔ꜔	tsaʔ꜔	꜀pin
资溪	pʻaʔ꜔	tʻaʔ꜔	kʻaʔ꜔	꜀tsaŋ	꜀kaŋ	maʔ꜔	tsaʔ꜔	꜀pin
宜黄	pʻaʔ꜔	tʻaʔ꜔	kʻaʔ꜔	꜀tsaŋ	꜀kaŋ	mɛʔ꜔	taʔ꜔	꜀pin
丰城	pʻaʔ꜔	tsʻaʔ꜔	kʻaʔ꜔	꜀tsaŋ	꜀kiɛn	maʔ꜔	tsaʔ꜔	꜀pin
高安	pʻak꜔	tʻak꜔	kʻak꜔	꜀tsaŋ	꜀kiɛn	mak꜔	tsak꜔	꜀pin
新余	pʻaʔ꜔	tsʻaʔ꜔	kʻaʔ꜔	꜀tsaŋ	꜀kiɛn	maʔ꜔	tsaʔ꜔	꜀pin
吉安	pʻa꜓	꜀tsʻa	kʻa꜓	꜀tsaŋ	꜀kaŋ	ma꜓	꜀tsa	꜀pin
遂川	pʻa꜓	tsʻa꜓	kʻa꜓	꜀tsã	꜀kiɛ̃	mæ꜓	tsa	꜀pĩ
宁都	pʻak꜔	tsʻak꜔	kʻak꜔	꜀tsaŋ	꜀kən	mak꜔	tsak꜔	꜀pin
瑞金	pʻaʔ꜔	tsʻaʔ꜔	kʻaʔ꜔	꜀tsaŋ	꜀kaŋ	maʔ꜔	tsaʔ꜔	꜀pin
于都	pʻa꜓	tsʻaʔ꜔	kʻaʔ꜔	꜀tsã	꜀kẽ	maʔ꜔	tsaʔ꜔	꜀pẽ
赣县	pʻaʔ꜔	tsʻaʔ꜔	kʻaʔ꜔	꜀tsã	꜀kəŋ	maʔ꜔	tsaʔ꜔	꜀piəŋ
南康	꜀pʻa	tsʻa꜔ ₂	kʻa꜔ ₂	꜀tsã	꜀kã	꜀ma	tsa꜔ ₂	꜀piəŋ
龙南	pʻaʔ꜔	tsʻaʔ꜔	kʻaʔ꜔	꜀tsaŋ	꜀kaŋ	maʔ꜔	tsaʔ꜔	꜀pen
寻乌	pʻaʔ꜔	tɕʻiaʔ꜔	kʻiʔ꜔	꜀tsaŋ	꜀kaŋ	maʔ꜔	tsaʔ꜔	꜀pin
黄坳	pʻat꜔	tsʻak꜔	kʻak꜔	꜀tsɔn	꜀kaŋ	mak꜔	tsak꜔	꜀pin
铜鼓	pʻak꜔	tsʻak꜔	kʻak꜔	꜀tsɛn	꜀kɛn	mak꜔	tsak꜔	꜀pin
大溪	pʻɐʔ꜔	tsʻɐʔ꜔	kʻɐʔ꜔	꜀tsɛn	꜀kɛn	mɛʔ꜔	tsɛʔ꜔	꜀pin
太源	pʻaʔ꜔	tsʻaʔ꜔	xaʔ꜔	꜀tʃaŋ	꜀kaŋ	mɛʔ꜔	tʃɛʔ꜔	꜀pin
九江	pai꜔	tsʻai꜔	kʻai꜔	꜀tsɛn	꜀kən	mai꜔	tsai꜔	꜀pin
赣州	pæ꜓	tsʻæ꜓	kʻiɛ꜓	꜀tsəŋ	꜀kəŋ	mæ꜓	tsæ꜓	꜀piəŋ
白槎	꜀pe	꜀tsʻɛ	꜀kʻɛ	꜀tsən	꜀kən	꜀mɛ	꜀tsɛ	꜀pin
浮梁	pʻa꜓	tɕʻia꜓	kʻa꜓	꜀tɕia	꜀ka	ma꜓	tɕia꜓	꜀pai
婺源	pʻɔ꜓	tsʻɔ꜓	kʻɔ꜓	꜀tsɔ̃	꜀kɔ̃	bɔ꜓	tsɔ꜓	꜀pɔ̃
上饶	bɛʔ꜔	tsʻɛʔ꜔	kʻɛʔ꜔	꜀tɕiɛn	꜀kæn	mɛʔ꜔	tsɛʔ꜔	꜀pĩ
广丰	bæʔ꜔	tsʻæʔ꜔	kʻæʔ꜔	꜀tsæn	꜀kæn	mæʔ꜔	tæʔ꜔	꜀pĩ
铜山	꜀pe	tʻia꜔	kʻe꜔	꜀tɕi	꜀kien	꜀be	tia꜔	꜀pien

	417 病 梗开三 去映並	418 镜 梗开三 去映见	419 影 梗开三 上梗影	420 井 梗开三 上静精	421 晴 梗开三 平清从	422 声 梗开三 平清书	423 城 梗开三 平清禅	424 轻 梗开三 平清溪
南昌	pʰiaŋ⊃	tɕiaŋ⊃	⊂iaŋ	⊂tɕiaŋ	⊆tɕʰiaŋ	⊂saŋ	saŋ⊃	⊆tɕʰiaŋ
修水	biaŋ⊃	tɕiaŋ⊃ [1]	⊂iaŋ	⊂tɕiaŋ	⊆dziaŋ	⊂saŋ	⊆dɛn	⊆dziaŋ
湖口	biaŋ⊃	tɕin⊃	⊂iaŋ	⊂tsiaŋ	⊆dziaŋ	⊂ʂaŋ	⊆dzʑn	⊆dziaŋ
鄱阳	⊆pʰin	tɕin⊃	⊂in	⊂tɕin	⊆tɕʰin	⊂sən	⊆tsʰən	⊆tɕʰin
铅山	pʰin⊃	tɕin⊃	⊂in	⊂tɕin	⊆tɕʰin	⊂sen	⊆tsʰen	⊆tɕʰin
抚州	pʰiaŋ⊃	tɕiaŋ⊃	⊂iaŋ	⊂tɕiaŋ	⊆tɕʰiaŋ	⊂saŋ	⊆saŋ	⊆tɕʰiaŋ
资溪	pʰiaŋ⊃	tɕiaŋ⊃	⊂iaŋ	⊂tɕiaŋ	⊆tɕʰiaŋ	⊂saŋ	⊆saŋ	⊆tɕʰiaŋ
宜黄	pʰiaŋ⊃	tɕiaŋ⊃	⊂iaŋ	⊂tɕiaŋ	⊆tɕʰiaŋ	⊂saŋ	⊆saŋ	⊆tɕʰiaŋ
丰城	pʰiaŋ⊃	tɕiaŋ⊃	⊂iaŋ	⊂tɕiaŋ	⊆tɕʰiaŋ	⊂saŋ	⊆tsʰɛn	⊆tɕʰiaŋ
高安	pʰiaŋ⊃	tɕiaŋ⊃	⊂iaŋ	⊂tsiaŋ	⊆tsʰiaŋ	⊂saŋ	⊆tʰɛn	⊂ɕiaŋ
新余	pʰiaŋ⊃	⊆tɕiaŋ	⊂iaŋ	⊂tɕiaŋ	⊆tɕʰiaŋ	⊂saŋ	⊆tʰin	⊆tɕʰiaŋ
吉安	pʰiaŋ⊃	⊆tɕiaŋ	⊂iaŋ	⊂tɕiaŋ	⊆tɕʰiaŋ	⊂saŋ	⊆saŋ	⊆tɕʰiaŋ
遂川	pʰiã⊃	tɕiã⊃	⊂iã	⊂tɕiã	⊆tɕʰiã	⊂sã	⊆tsʰɛ̃n	⊆tɕʰiã
宁都	pʰiaŋ⊃	tsaŋ⊃	⊂iaŋ	⊂tɕiaŋ	⊆tɕʰiaŋ	⊂saŋ	⊆saŋ	⊆tsʰaŋ
瑞金	pʰiaŋ⊃	tɕiaŋ⊃	⊂iaŋ	⊂tɕiaŋ	⊆tɕʰiaŋ	⊂saŋ	⊆saŋ	⊆tɕʰiaŋ
于都	pʰiã⊃	tɕiã⊃	⊂iã	⊂tsiã	⊆tsʰiã	⊆ʃa	⊆ʃa	⊆tɕʰiã
赣县	pʰiã⊃	tɕiã⊃	⊂iã	⊂tɕiã	⊆tɕʰiã	⊂sã	⊆sã	⊆tɕʰiã
南康	pʰiã⊃	tɕiã⊃	⊂iã	⊂tɕiã	⊆tɕʰiã	⊂sã	⊆sã	⊆tɕʰiã
龙南	pʰiaŋ⊃	tɕiaŋ⊃	⊂iaŋ	⊂tsiaŋ	⊆tsʰiaŋ	⊂saŋ	⊆saŋ	⊆tɕʰiaŋ
寻乌	pʰiaŋ⊃	kiaŋ⊃	⊂iaŋ	⊂tɕiaŋ	⊆tɕʰiaŋ	⊂saŋ	⊆tɕʰin	⊆kʰiaŋ
黄坳	pʰiaŋ⊃	kiaŋ⊃	⊂iaŋ	⊂tɕiaŋ	⊆tɕʰiaŋ	⊂sən	⊆saŋ	⊆kʰin
铜鼓	pʰiaŋ⊃	tɕiaŋ⊃	⊂iaŋ	⊂tsiaŋ	⊆tsʰiaŋ	⊂ʂaŋ	⊆tʂʰən	⊆tɕʰiaŋ
大溪	pʰian⊃	tɕian⊃	⊂iin	⊂tɕiin	⊆tɕʰian	⊂sin	⊆san	⊆tɕʰian
太源	pʰiaŋ⊃	⊆tɕiaŋ	⊂in	⊂tɕiaŋ	⊆tɕʰiaŋ	⊂ʃaŋ	⊆tsʰɛn	⊆tɕʰiaŋ
九江	pin⊃	tɕin⊃	⊂in	⊂tɕin	⊆tɕʰin	⊂ʂən	⊆tʂʰən	⊆tɕʰin
赣州	piəŋ⊃	tɕiəŋ⊃	⊂iəŋ	⊂tɕiəŋ	⊆tɕʰiəŋ	⊂ʐəŋ	⊆tsʰəŋ	⊆tɕʰiəŋ
白槎	pin⊃	tɕin⊃	⊂in	⊂tɕin	⊆tɕʰin	⊂sən	⊆tsʰən	⊆tɕʰin
浮梁	pʰai⊃	kai⊃	ŋai	⊂tsai	⊆tsʰai	⊂ɕiai	⊆ɕiai	⊆kʰai
婺源	pɔ̃⊃	tɕiɔ̃⊃	⊂iɔ̃	⊂tsɔ̃	⊆tsʰɔ̃	⊂sɔ̃	⊆sɔ̃	⊆tɕʰiɔ̃
上饶	bĩn⊃	tɕĩn⊃	⊂ĩn	⊂tɕĩn	⊆dzĩn	⊂ɕĩn	⊆dzĩn	⊆tɕʰĩn
广丰	bæ̃n⊃	kĩn⊃	⊂ĩn	⊂tsĩn	⊆sĩn	⊂sĩn	⊆sĩn	⊆kʰĩn
铜山	pĩ⊃	kiã⊃	⊂iã	⊂tɕĩ	⊆tɕĩ	⊂ɕiã	⊆ɕiã	⊆kʰien

		425 席草~ 梗开三 入昔邪	426 尺 梗开三 入昔昌	427 听 梗开四 平青透	428 零 梗开四 平静来	429 醒 梗开四 上迥心	430 壁 梗开四 入锡帮	431 锡 梗开四 入锡心	432 矿 梗合二 上梗见
南	昌	tɕʰiaʔ˞	tsʰaʔ˞	ˉtʰiaŋ	liaŋ	ˊɕiaŋ	piaʔ˞	ɕiaʔ˞	ˉkʰuoŋ
修	水	ɕit˞	daʔ˞	꜒diaŋ	ꜗdiaŋ	ꜛɕiaŋ	piaʔ˞	ɕiaʔ˞	guoŋ
湖	口	dzi˥	dzạ˥	ꜗdiaŋ	ꜗdiaŋ	ꜛsiaŋ	pia˥	sia˥	guoŋ
鄱	阳	tɕʰiˉ	tsʰɔˉ	ꜗtʰin	ꜗlin	ˊɕin	pi˞	ɕi˞	kʰuanˉ
铅	山	tɕʰiʔ˞	tsʰeʔ˞	ꜗtʰin	ꜗlin	ˊɕin	pi˞ʔ	ɕiʔ˞	kʰuonˉ
抚	州	tɕʰiaʔ˞	tʰaʔ˞	ꜗtʰiŋ	ꜗtian	ˊɕiaŋ	piaʔ˞	ɕiaʔ˞	kʰuoŋˉ
资	溪	tɕʰiaʔ˞	tʰaʔ˞	ꜗtʰiaŋ	ꜗtiaŋ	ˊɕiaŋ	piaʔ˞	ɕiaʔ˞	kʰuoŋˉ
宜	黄	tɕʰiaʔ˞	tʰaʔ˞	ꜗɕiaŋ	ꜗtiaŋ	ˊɕiaŋ	piaʔ˞	ɕiaʔ˞	kʰuoŋˉ
丰	城	tɕʰiaʔ˞	tsʰaʔ˞	ꜗtʰiaŋ	ꜗliaŋ	ˊɕiaŋ	piaʔ˞	ɕiaʔ˞	kʰuoŋˉ
高	安	ɕiʔ˞	tʰak˞	ꜗtʰiaŋ	ꜗliaŋ	ˊsiaŋ	piak˞	siak˞	ꜗkʰoŋ
新	余	tɕʰiaʔ˞	tʰaʔ˞	ꜗtʰiãˉ	ꜗliaŋ	ˊsaŋ	piaʔ˞	sɛ˥	ꜗkʰuoŋ
吉	安	ɕiaˉ	ꜗtsʰa	ꜗtʰiaŋ	ꜗliaŋ	ˊɕiaŋ	ꜗpia	ɕia	ꜗkʰuoŋ
遂	川	tɕʰiaˉ	tsʰa˥	ꜗtʰiã	ꜗniã	ˊɕiã	pia	ɕia	kʰõˉ
宁	都	tɕʰiak˞	tsʰak˞	ꜗtʰiaŋ	ꜗliaŋ	ˊɕiaŋ	piak˞	ɕiak˞	kʰɔŋˉ
瑞	金	tɕʰiaʔ˞	tsʰaʔ˞	ꜗtʰin	ꜗlin	ˊɕiaŋ	piaʔ˞	ɕiaʔ˞	kʰɔŋˉ
于	都	tsʰiaˉ	tʃʰaʔ˞	ꜗtʰiã	ꜗliã	ˊsiã	piaʔ˞	ɕiaʔ˞	kʰõˉ
赣	县	ɕiɛʔ˞	tsʰaʔ˞	ꜗtʰiã	ꜗliã	ˊɕiã	piɛʔ˞	ɕiɛʔ˞	kʰuãˉ
南	康	ꜗɕiɛ	tsʰa˞2	ꜗtʰiã	ꜗliã	ˊɕiã	pia˞2	ɕia˞2	kʰõˉ
龙	南	tsʰiaʔ˞	tsʰaʔ˞	ꜗtʰiaŋ	ꜗliaŋ	ˊsiaŋ	piaʔ˞	siaʔ˞	kʰɔŋˉ
寻	乌	tɕʰiaʔ˞	tsʰaʔ˞	ꜗtʰiaŋ	ꜗliaŋ	ˊɕiaŋ	piaʔ˞	ɕiaʔ˞	kʰɔŋˉ
黄	坳	tɕʰit˞	tsʰak˞	ꜗtʰin	ꜗlin	ˊɕiaŋ	piak˞	ɕiak˞	kʰɔŋˉ
铜	鼓	ɕit˞	tsʰak˞	ꜗtʰiaŋ	ꜗliaŋ	ˊsiaŋ	piak˞	siak˞	kʰɔŋˉ
大	溪	tsʰɤʔ˞	tsʰɤʔ˞	ꜗtʰan	ꜗlɪn	ˊɕian	piɛʔ˞	sɛʔ˞	kʰuoŋˉ
太	源	ɕiʔ˥	tsʰaʔ˞	ꜗtʰan	ꜗlin	ˊsaŋ	piaʔ˞	ɕiʔ˞	ꜗkʰuoŋ
九	江	ɕiˉ	tʂʰʅˉ	ꜗtʰin	ꜗlin	ˊɕin	piˉ	ɕiˉ	kʰuãˉ
赣	州	ɕiɛˉ	tsʰæˉ	ꜗtʰiəŋ	ꜗliəŋ	ˊɕiəŋ	piɛˉ	ɕiɛˉ	kʰuãnˉ
白	槎	ꜗɕi	ꜗtsʰʅ	ꜗtʰin	ꜗlin	ˊɕin	ꜗpi	ꜗɕi	kʰuaŋˉ
浮	梁	saiˉ	tɕʰiaiˉ	ꜗtʰai	ꜗnai	ˊsai	paiˉ	saiˉ	kʰuaŋˉ
婺	源	tsʰɔˉ	tsʰɔˉ	ꜗtʰɔ	ꜗnɔ̃	ˊsɔ̃	pɔˉ	sɔˉ	kʰuãˉ
上	饶	dziɛʔ˞	tɕʰiʔ˞	ꜗtʰin	ꜗnĩn	ˊɕĩn	pɪʔ˞	ɕiʔ˞	kʰuõŋˉ
广	丰	seʔ˞	tsʰʅʔ˞	ꜗtʰin	ꜗlĩn	ˊsĩn	pɪʔ˞	sʅʔ˞	kʰɑ̃ŋˉ
铜	山	ˊtɕʰiə	tɕʰiə˞	ꜗtʰiã	ꜗlien	ˊtɕʰĩ	pia˞	ɕia˞	kʰɔŋˉ

	433 横~直 梗合二 平庚匣	434 兄 梗合三 平庚晓	435 荣 梗合三 平庚云	436 东 通合一 平东端	437 懂 通合一 上董端	438 桶 通合一 上董透/定	439 痛 通合一 去送透	440 铜 通合一 平东定
南昌	uaŋ꜄	꜀ɕiaŋ	꜁iuŋ	꜀tuŋ	꜂tuŋ	꜂t'uŋ	t'uŋ꜄	꜁t'uŋ
修水	꜁uaŋ	꜀ɕiaŋ	꜁iaŋ	꜀tɛn	꜂tɛn	꜀dɔŋ	dɔŋ꜄ ²	꜁dɔŋ
湖口	꜁uaŋ	꜀ɕiɔŋ	꜁iɔŋ	꜀toŋ	꜂toŋ	꜀doŋ	doŋ꜄	꜁doŋ
鄱阳	꜁uɛn	꜀ɕyɛŋ	꜁yɛŋ	꜀tɛŋ	꜂tɛŋ	꜂t'əŋ	t'əŋ꜄	꜁t'əŋ
铅山	꜁uɛn	꜀ɕiɔŋ	꜁iɔŋ	꜀toŋ	꜂toŋ	꜂t'oŋ	t'oŋ꜄	꜁t'oŋ
抚州	꜁uaŋ	꜀ɕiaŋ	꜁iuŋ	꜀tuŋ	꜂tuŋ	꜂t'uŋ	t'uŋ꜄	꜁t'uŋ
资溪	꜁uaŋ	꜀ɕiaŋ	꜁iuŋ	꜀tuŋ	꜂tuŋ	꜂t'uŋ	t'uŋ꜄	꜁t'uŋ
宜黄	꜁uaŋ	꜁fiaŋ	꜁iuŋ	꜀tuŋ	꜂tuŋ	꜂xŋ̩	xŋ̩꜄	꜁xŋ̩
丰城	꜁vaŋ	꜀ɕiaŋ	꜁iuŋ	꜀tuŋ	꜂tuŋ	꜂t'uŋ	t'uŋ꜄	꜁t'uŋ
高安	꜁uaŋ	꜀ɕiuŋ	꜁iuŋ	꜀tuŋ	꜂tuŋ	꜂t'uŋ	t'uŋ꜄	꜁t'uŋ
新余	꜁uaŋ	꜁saŋ	꜁iuŋ	꜀tuŋ	꜂tuŋ	꜂t'uŋ	꜅t'uŋ	꜁t'uŋ
吉安	꜁uaŋ	꜀ɕiaŋ	꜁uŋ	꜀tuŋ	꜂tuŋ	꜂t'uŋ	꜁t'uŋ	꜁t'uŋ
遂川	꜁uã	꜀ɕiã	꜁iõŋ	꜀tõŋ	꜂tõŋ	꜂t'õŋ	t'õŋ꜄	꜁t'õŋ
宁都	꜁vaŋ	꜁fiaŋ	꜁iuŋ	꜀tuŋ	꜂tuŋ	꜂t'uŋ	t'uŋ꜄	꜁t'uŋ
瑞金	꜁vaŋ	꜀ɕiaŋ	꜁iɤŋ	꜀tɤŋ	꜂tɤŋ	꜂t'ɤŋ	t'ɤŋ꜄	꜁t'ɤŋ
于都	꜁vã	꜀ɕiã	꜁iəŋ	꜀təŋ	꜂təŋ	꜂t'əŋ	t'əŋ꜄	꜁t'əŋ
赣县	꜁uã	꜀ɕiəŋ	꜁iəŋ	꜀təŋ	꜂təŋ	꜂t'əŋ	t'əŋ꜄	꜁t'əŋ
南康	꜁vã	꜀ɕiã	꜁iəŋ	꜀təŋ	꜂təŋ	꜂t'əŋ	t'əŋ꜄	꜁t'əŋ
龙南	꜁vaŋ	꜀ɕiaŋ	꜁in	꜀təŋ	꜂təŋ	꜂t'əŋ	t'əŋ꜄	꜁t'əŋ
寻乌	꜁vaŋ	꜀ɕiaŋ	꜁iuŋ	꜀tuŋ	꜂tuŋ	꜂t'uŋ	t'uŋ꜄	꜁t'uŋ
黄坳	꜁vaŋ	꜁xiuŋ	꜁iuŋ	꜀tuŋ	꜂tuŋ	꜂t'uŋ	t'uŋ꜄	꜁t'uŋ
铜鼓	꜁vaŋ	꜀ɕiəŋ	꜁iəŋ	꜀təŋ	꜂təŋ	꜂t'əŋ	t'əŋ꜄	꜁t'əŋ
大溪	꜁uan	꜀ɕiəŋ	꜁iəŋ	꜀təŋ	꜂təŋ	꜂t'əŋ	t'əŋ꜄	꜁t'əŋ
太源	꜁vaŋ	꜁sʌŋ	꜁iɤŋ	꜀tɤŋ	꜂tɤŋ	꜂t'ɤŋ	꜄t'ɤŋ	꜁t'ɤŋ
九江	꜁xuən	꜀ɕiɔŋ	꜁iɔŋ	꜀toŋ	꜂toŋ	꜂t'oŋ	t'oŋ꜄	꜁t'oŋ
赣州	꜁xuən	꜀ɕiəŋ	꜁iəŋ	꜀təŋ	꜂təŋ	꜂t'əŋ	t'əŋ꜄	꜁t'əŋ
白槎	꜁fən	꜀s'uəŋ	꜁uəŋ	꜀təŋ	꜂təŋ	꜂t'əŋ	t'əŋ꜄	꜁t'əŋ
浮梁	꜁ua	꜁xuai	꜁iɔŋ	꜀toŋ	꜂toŋ	꜂t'oŋ	t'oŋ꜄	꜁t'oŋ
婺源	꜁xuã	꜁xuã	꜁iõ	꜀tæm	꜂tæm	꜂t'æm	t'æm꜄	꜁t'æm
上饶	꜁uæn	꜀ɕyoŋ	꜁yoŋ	꜀toŋ	꜂toŋ	꜂t'oŋ	t'oŋ꜄	꜁doŋ
广丰	꜁uæn	꜀xæŋ	꜁yoŋ	꜀toŋ	꜂toŋ	꜂doŋ	t'oŋ꜄	꜁doŋ
铜山	꜁xũ	꜀xiã	꜁iɔŋ	꜀tan	꜂toŋ	꜂t'an	t'iã꜄	꜁tan

		441 动 通合一 上董定	442 洞 通合一 去送定	443 聋 通合一 平东来	444 粽 通合一 去送精	445 公 通合一 平东见	446 空~缺 通合一 去送溪	447 红 通合一 平东匣	448 木 通合一 入屋明
南	昌	t'uŋ⌐	t'uŋ⌐	₌luŋ	tsuŋ⌐	₌kuŋ	k'uŋ⌐	fuŋ⌐	muʔ₌
修	水	dəŋ⌐	dəŋ⌐	₌ŋɛ₌	tsəŋ⌐¹	₌kən⌐	xəŋ⌐¹	₌fəŋ	muʔ⌐
湖	口	doŋ⌐	doŋ⌐	₌loŋ	tsoŋ⌐	₌koŋ	goŋ⌐	₌xoŋ	mu⌐
鄱	阳	₌ȶ'ɛ₌	ȶ'ɛ₌	₌lɛŋ	tsɛŋ⌐	₌kuɛŋ	k'uɛŋ⌐	₌fɛŋ	mu₌
铅	山	₌t'oŋ	t'oŋ⌐	₌loŋ	tsoŋ⌐	₌koŋ	k'oŋ⌐	₌foŋ	mɣʔ₌
抚	州	t'uŋ⌐	t'uŋ⌐	₌luŋ	tsuŋ⌐	₌kuŋ	k'uŋ⌐	₌fuŋ	muʔ₌
资	溪	t'uŋ⌐	t'uŋ⌐	₌luŋ	tsuŋ⌐	₌kuŋ	k'uŋ⌐	₌fuŋ	muʔ₌
宜	黄	₌xŋ̍	t'uŋ⌐	₌luŋ	tuŋ⌐	₌kuŋ	k'uŋ⌐	₌fuŋ	muʔ₌
丰	城	t'uŋ⌐	t'uŋ⌐	₌luŋ	tsuŋ⌐	₌kuŋ	k'uŋ⌐	₌fuŋ	muʔ₌
高	安	t'uŋ⌐	t'uŋ⌐	₌luŋ	tuŋ⌐	₌kuŋ	k'uŋ⌐	₌fuŋ	muk₌
新	余	t'uŋ⌐	t'uŋ⌐	₌luŋ	₌tsuŋ	₌ikuŋ	k'uŋ₌	₌fuŋ	mut₌
吉	安	t'uŋ⌐	t'uŋ⌐	₌luŋ	₌tsuŋ	₌kuŋ	₌k'uŋ	₌fuŋ	₌mo
遂	川	₌t'õŋ⌐	t'õŋ⌐	₌lõŋ	tsõŋ⌐	₌kõŋ	k'õŋ⌐	₌xõŋ	mo⌐
宁	都	₌t'uŋ	t'uŋ⌐	₌luŋ	tsuŋ⌐	₌kuŋ	k'uŋ⌐	₌fuŋ	mok₌
瑞	金	₌t'ɣŋ	t'ɣŋ⌐	₌lɣŋ	tsɣŋ⌐	₌kɣŋ	k'ɣŋ⌐	₌fɣŋ	mɣ₌
于	都	₌t'ɛ₌	t'ɛ₌	₌lɛ₌	tsɛŋ⌐	₌kɛ₌	k'ɛ₌	₌xɛ₌	₌mɛn
赣	县	₌t'ɛ₌	t'ɛ₌	₌lɛ₌	tsəŋ⌐	₌kɛ₌	k'ɛ₌	₌xɛ₌	moʔ₌
南	康	₌t'ɛ₌	t'ɛ₌	₌lɛ₌	tsəŋ⌐	₌kɛ₌	k'ɛ₌	₌xɛ₌	mu₌²
龙	南	₌t'əŋ	t'əŋ₌	₌ləŋ	tsəŋ⌐	₌kəŋ	k'əŋ⌐	₌fəŋ	məʔ₌
寻	乌	₌t'uŋ	t'uŋ⌐	₌luŋ	tsuŋ⌐	₌kuŋ	k'uŋ⌐	₌fuŋ	muʔ₌
黄	坳	₌t'uŋ	t'uŋ⌐	₌luŋ	tsuŋ⌐	₌kuŋ	k'uŋ⌐	₌fuŋ	muk₌
铜	鼓	₌t'ɛ₌	t'ɛ₌	₌lɛ₌	tsəŋ⌐	₌kɛ₌	k'ɛ₌	₌fəŋ	muk₌
大	溪	₌t'ɛ₌	t'ɛ₌	₌lɛ₌	tsəŋ⌐	₌kɛ₌	k'ɛ₌	₌fɛ₌	məʔ₌
太	源	t'ɣŋ⌐	t'ɣŋ⌐	₌lɣŋ	₌tsɣŋ	₌kɣŋ	₌k'ɣŋ	₌fɣŋ	muʔ₌
九	江	toŋ⌐	toŋ⌐	₌loŋ	tsoŋ⌐	₌koŋ	k'oŋ⌐	₌xoŋ	mo₌
赣	州	təŋ⌐	təŋ⌐	₌ləŋ	tsəŋ⌐	₌kəŋ	k'əŋ⌐	₌xəŋ	mo⌐
白	槎	təŋ⌐	təŋ⌐	₌ləŋ	tsəŋ⌐	₌kəŋ	k'əŋ⌐	₌xəŋ	₌mu
浮	梁	t'oŋ⌐	t'oŋ⌐	₌loŋ	tsoŋ⌐	₌koŋ	k'oŋ⌐	₌xoŋ	mu⌐
婺	源	₌t'uɐ₌	t'uɐ₌	₌luɐ₌	tsuɐ₌	₌kuɐ	k'uɐ₌	₌xuɐ₌	bu⌐
上	饶	⌐doŋ	doŋ⌐	₌noŋ	tsoŋ⌐	₌koŋ	k'oŋ⌐	₌uoŋ	moʔ₌
广	丰	⌐doŋ	doŋ⌐	₌loŋ	tɕyoŋ⌐	₌koŋ	k'oŋ⌐	₌ŋ̍	moʔ₌
铜	山	toŋ⌐	toŋ⌐	₌loŋ	tsan⌐	₌koŋ	k'ɔŋ⌐	₌an	mɔʔ₌

	449 读 通合一 入屋定	450 谷 通合一 入屋见	451 冬 通合一 平冬端	452 脓 通合一 平冬泥	453 松轻~ 通合一 平冬心	454 毒 通合一 入沃定	455 风 通合三 平东非	456 梦 通合三 去送明
南昌	t'uʔ꜆	kuʔ꜆	꜀tuŋ	luŋ꜄	꜀suŋ	t'uʔ꜆	꜀fuŋ	muŋ꜄
修水	duʔ꜆	kuʔ꜆	꜀tən	꜀ləŋ	꜀sən	duʔ꜆	꜀fən	mən꜄
湖口	du꜄	ku꜄	꜀toŋ	꜀noŋ	꜀soŋ	du꜄	꜀foŋ	moŋ꜄
鄱阳	t'u꜄	ku꜆	꜀təŋ	꜀nəŋ	꜀səŋ	t'u꜄	꜀fəŋ	꜂məŋ
铅山	t'ɣʔ꜆	kuɣʔ꜆	꜀toŋ	꜀noŋ	꜀soŋ	t'ɣʔ꜆	꜀foŋ	moŋ꜄
抚州	t'uʔ꜆	kuʔ꜆	꜀tuŋ	꜁luŋ	꜀suŋ	t'uʔ꜆	꜀fuŋ	muŋ꜄
资溪	t'uʔ꜆	kuʔ꜆	꜀tuŋ	꜁luŋ	꜀suŋ	t'uʔ꜆	꜀fuŋ	muŋ꜄
宜黄	t'uʔ꜆	kuʔ꜆	꜀tuŋ	꜁luŋ	꜀suŋ	t'uʔ꜆	꜀fuŋ	muŋ꜄
丰城	t'uʔ꜆	kuʔ꜆	꜀tuŋ	꜁luŋ	꜀suŋ	t'uʔ꜆	꜀fuŋ	muŋ꜄
高安	t'uk꜆	kuk꜆	꜀tuŋ	꜁luŋ	꜀suŋ	t'uk꜆	꜀fuŋ	muŋ꜄
新余	t'uʔ꜆	kuʔ꜆	꜀tuŋ	꜁luŋ	꜀suŋ	t'uʔ꜆	꜀fuŋ	muŋ꜄
吉安	t'o꜄	꜀ko	꜀tuŋ	꜁luŋ	꜀suŋ	t'o꜄	꜀fuŋ	muŋ꜄
遂川	t'o꜄	ko꜆	꜀tõŋ	꜁lõŋ	꜀sõŋ	t'o꜄	꜀xõŋ	mõŋ꜄
宁都	t'ok꜆	kok꜆	꜀tuŋ	꜀nuŋ	꜀suŋ	t'ok꜆	꜀fuŋ	muŋ꜄
瑞金	t'ɣʔ꜆	kɣʔ꜆	꜀tɣŋ	꜁nɣŋ	꜀sɣŋ	t'ɣʔ꜆	꜀fɣŋ	myŋ꜄
于都	t'u꜄	kuʔ꜆	꜀təŋ	꜀nəŋ	꜀səŋ	t'u꜄	꜀fəŋ	məŋ꜄
赣县	t'oʔ꜆	koʔ꜆	꜀təŋ	꜀nəŋ	꜀səŋ	t'oʔ꜆	꜀fəŋ	məŋ꜄
南康	꜀t'u	ku꜆₂	꜀təŋ	꜁ləŋ	꜀səŋ	꜀t'u	꜀fəŋ	məŋ꜄
龙南	t'ʊʔ꜆	kəʔ꜆	꜀təŋ	꜀nəŋ	꜀səŋ	t'ʊ꜄	꜀fəŋ	məŋ꜄
寻乌	t'uʔ꜆	kuʔ꜆	꜀tuŋ	꜀nuŋ	꜀suŋ	t'uʔ꜆	꜀fuŋ	muŋ꜄
黄坳	t'uk꜆	kuk꜆	꜀tuŋ	꜁n̠iuŋ	꜀suŋ	t'uk꜆	꜀fuŋ	muŋ꜄
铜鼓	t'uk꜆	kuk꜆	꜀tuŋ	꜀nəŋ	꜀səŋ	t'uk꜆	꜀fəŋ	məŋ꜄
大溪	t'əʔ꜆	kuəʔ꜆	꜀təŋ	꜀nəŋ	꜀səŋ	t'əʔ꜆	꜀fəŋ	məŋ꜄
太源	t'oʔ꜆	kuʔ꜆	꜀tɣŋ	꜀nɣŋ	꜀sɣŋ	t'uʔ꜆	꜂pɣŋ	myŋ꜄
九江	təu꜆	ku꜆	꜀toŋ	꜁loŋ	꜀soŋ	təu꜆	꜀foŋ	moŋ꜄
赣州	to꜄	ko꜄	꜀təŋ	꜀nəŋ	꜀səŋ	to꜄	꜀fəŋ	məŋ꜄
白槎	꜀təu	꜀ku	꜀təŋ	꜁ləŋ	꜀səŋ	꜀təu	꜀xəŋ	məŋ꜄
浮梁	t'ɛu꜄	ku꜄	꜀toŋ	꜁loŋ	꜀soŋ	t'ɛu꜄	꜀foŋ	moŋ꜄
婺源	t'u꜄	ku꜄	꜀tæm	꜁læm	꜀sæm	t'u꜄	꜀fæm	mæm꜄
上饶	dɔʔ꜆	kuʔ꜆	꜀toŋ	꜀noŋ	꜀soŋ	dɔʔ꜆	꜀foŋ	moŋ꜄
广丰	dyʔ꜆	kuʔ꜆	꜀toŋ	꜀noŋ	꜀soŋ	dyʔ꜆	꜀foŋ	moŋ꜄
铜山	t'æʔ꜆	kɔ꜆	꜀tan	꜀lan	꜀san	tɔʔ꜆	꜀fuan	ban꜄

	457 中~间 通合三 平东知	458 虫 通合三 平东澄	459 弓 通合三 平东见	460 熊 通合三 平东云	461 六 通合三 入屋来	462 宿 通合三 入屋心	463 竹 通合三 入屋知	464 粥 通合三 入屋章
南昌	₌tsuŋ	₌tsʰuŋ	₌kuŋ	ɕiuŋ	liuʔ₌	suʔ₌	tsuʔ₌	tsuʔ₌
修水	₌tən	₌dən	₌kən	₌ɕiɛn	diuʔ₌	suʔ₌	tuʔ₌	tuʔ₌
湖口	₌tʂoŋ	₌dzʐoŋ	₌koŋ	₌ɕioŋ	diu	siu	tʂu	tʂu
鄱阳	₌tɕʰyoŋ	₌tɕʰyoŋ	₌kuɛn	₌ɕyɛn	liou	su	tɕy	tɕy
铅山	₌tʃoŋ	₌tʃoŋ	₌koŋ	₌ʃoŋ	lyʔ₌	suɣʔ₌	tʃuɣʔ₌	tʃuɣʔ₌
抚州	tun	₌tʰun	₌tɕiun	₌ɕiun	tiu	ɕiuʔ₌	tuʔ₌	tuʔ₌
资溪	tun	₌tʰun	₌tɕiun	₌ɕiun	tiu	ɕiuʔ₌	tuʔ₌	tuʔ₌
宜黄	tun	₌tʰun	₌tɕiun	₌ɕiun	tiu	ɕiuʔ₌	tuʔ₌	tuʔ₌
丰城	₌tsuŋ	₌tsʰuŋ	₌kuŋ	₌ɕiuŋ	liuʔ₌	ɕiuʔ₌	tsʰuʔ₌	tsʰuʔ₌
高安	₌tun	₌tʰun	₌kun	₌ɕiuŋ	liuk₌	siuk₌	tuk₌	tuk₌
新余	₌tun	₌tʰun	₌kun	₌sun	liu	suʔ₌	tuʔ₌	tuʔ₌
吉安	₌tsuŋ	₌tsʰuŋ	₌kuŋ	₌ɕiuŋ	tio	so	tio	₌tso
遂川	₌tsə̃ŋ	₌tsʰə̃ŋ	₌kə̃ŋ	₌ɕiə̃ŋ	tio	ɕio	tio	tso
宁都	₌tsuŋ	₌tsʰuŋ	₌kuŋ	₌ɕiuŋ	liok₌	ɕiok₌	tsok₌	tsok₌
瑞金	₌tsɣŋ	₌tsʰɣŋ	₌kɣŋ	₌ɕiɣŋ	tiɣʔ₌	ɕiɣʔ₌	tsɣʔ₌	tsɣʔ₌
于都	₌tʃəŋ	₌tʃʰəŋ	₌kəŋ	₌ɕiəŋ	lyʔ₌	suʔ₌	tʃuʔ₌	tʃuʔ₌
赣县	₌tsəŋ	₌tsʰəŋ	₌kəŋ	₌ɕiəŋ	tioʔ₌	ɕioʔ₌	tsoʔ₌	tsoʔ₌
南康	₌tsəŋ	₌tsʰəŋ	₌kəŋ	₌ɕiəŋ	tiu	ɕio ₂	tso ₂	tsu ₂
龙南	₌tsəŋ	₌tsʰəŋ	₌kəŋ	₌ɕiəŋ	tiəʔ₌	siəʔ₌	tsəʔ₌	tsəʔ₌
寻乌	₌tsuŋ	₌tsʰuŋ	₌kuŋ	₌ɕiuŋ	tiuʔ₌	suʔ₌	tsuʔ₌	tsuʔ₌
黄坳	₌tsuŋ	₌tsʰuŋ	₌kiuŋ	₌xiuŋ	liuk₌	ɕiuk₌	tsuk₌	tsuk₌
铜鼓	₌tsəŋ	₌tsʰəŋ	₌tɕiəŋ	₌ɕiəŋ	liuk₌	siuk₌	tsuk₌	tʂuk₌
大溪	₌tsəŋ	₌tsʰəŋ	₌kəŋ	₌səŋ	təʔ₌	səʔ₌	tsəʔ₌	tsəʔ₌
太源	₌tʃɣŋ	₌tʃʰɣŋ	₌kɣŋ	₌ɕiɣŋ	liuʔ₌	suʔ₌	tʃuʔ₌	tʃuʔ₌
九江	₌tsoŋ	₌tsʰoŋ	₌koŋ	₌ɕioŋ	ləu	səu	tsəu	tʂəu
赣州	₌tsəŋ	₌tsʰəŋ	₌kəŋ	₌ɕiəŋ	lo	so	tso	₌tɕiu
白槎	₌tsəŋ	₌tsʰəŋ	₌kəŋ	₌ɕyəŋ	ləu	₌səu	₌tʂəu	₌səu
浮梁	₌tʂoŋ	₌tʂʰoŋ	₌tɕioŋ	₌ɕioŋ	liɛu	ɕiɛu	tʂu	tʂu
婺源	₌tsɯm	₌tsʰɯm	₌tɕiɯm	₌ɕiɯm	la	sɔ	tsu	tsu
上饶	₌tɕioŋ	₌dzyoŋ	₌koŋ	₌ɕyoŋ	loʔ₌	suʔ₌	tɕyuʔ₌	tɕyuʔ₌
广丰	₌toŋ	₌dzyoŋ	₌kyoŋ	₌xyoŋ	lyʔ₌	suʔ₌	tyuʔ₌	tɕyuʔ₌
铜山	₌toŋ	₌tʰan	₌kioŋ	₌xien	læʔ₌	sɔ₌	tie	₌tɕiɔ

	465	466	467	468	469	470	471	472
	肉	曲酒~	蜂	缝~隙	龙	松~树	重轻~	肿
	通合三 入屋日	通合三 入屋溪	通合三 平钟敷	通合三 去用奉	通合三 平钟来	通合三 平钟邪	通合三 上肿澄	通合三 上肿章
南昌	ȵiuʔ	tɕʰiuʔ	꜀fuŋ	fuŋ²	꜁luŋ	꜀ɕiuŋ	tsʰuŋ²	꜂tsuŋ
修水	ȵiuʔ	dziuʔ	꜀fəŋ	fəŋ²	꜁ləŋ	꜁dzəŋ	dəŋ²	꜂təŋ
湖口	ȵiu²	dziu²	꜀foŋ	foŋ	꜁lioŋ	꜁dzioŋ	dzoŋ²	꜂tʂoŋ
鄱阳	ȵy꜁	tɕʰy꜁	꜀fəŋ	꜀fəŋ	꜁ləŋ	꜀səŋ	꜀tɕʰyəŋ	꜂tɕyəŋ
铅山	ȵiyʔ	tʃʰuyʔ	꜀foŋ	foŋ	꜁loŋ	꜁tʃoŋ	꜁tʃʰoŋ	꜁tʃoŋ
抚州	ȵiuʔ	tɕʰiuʔ	꜀fuŋ	fuŋ²	꜁tiuŋ	꜁tɕʰiuŋ	tʰuŋ²	꜂tuŋ
资溪	ȵiuʔ	tɕʰiuʔ	꜀fuŋ	fuŋ²	꜁tiuŋ	꜁tɕʰiuŋ	꜁tɕʰiuŋ	꜂tuŋ
宜黄	ȵiuʔ	tɕʰiuʔ	꜀fuŋ	fuŋ²	꜁tiuŋ	꜀suŋ	tʰuŋ²	꜂tuŋ
丰城	ȵiuʔ	tɕʰiuʔ	꜀fuŋ	fuŋ²	꜁luŋ	꜁tɕʰiuŋ	tsʰuŋ²	꜂tsuŋ
高安	iuk꜁	ɕiuk꜁	꜀fuŋ	fuŋ²	꜁luŋ	꜀ɕiuŋ	tʰuŋ²	꜂tuŋ
新余	ȵiut꜁	tɕʰiuʔ	꜀fuŋ	fuŋ²	꜁luŋ	꜁tɕʰiuŋ	tʰuŋ²	꜂tuŋ
吉安	ȵio²	꜀tɕʰio	꜀fuŋ	fuŋ²	꜁luŋ	꜁tɕʰiuŋ	tsʰuŋ²	꜂tsuŋ
遂川	ȵio²	tɕʰio	꜀fə̃ŋ	fə̃ŋ	꜁lə̃ŋ	꜁tsʰə̃ŋ	꜂tsʰə̃ŋ	꜂tsə̃ŋ
宁都	nok꜁	tɕʰiok꜁	꜀fuŋ	fuŋ²	꜁liuŋ	꜁tɕʰiuŋ	꜁tsʰuŋ	꜂tsuŋ
瑞金	ȵiɣʔ	tɕʰiɣʔ	꜀fʋŋ	fʋŋ²	꜁tiʋŋ	꜁tɕʰiʋŋ	꜁tsʰɣŋ	꜂tsɣŋ
于都	ȵiuʔ	tɕʰiuʔ	꜀fəŋ	fəŋ	꜁ləŋ	꜁tsʰəŋ	꜁tʃəŋ	꜂tʃəŋ
赣县	ȵioʔ	tɕʰioʔ	꜀fəŋ	fəŋ	꜁ləŋ	꜁tsʰəŋ	꜁tsʰəŋ	꜂tsəŋ
南康	ȵiu꜁ 2	tɕʰiu꜁ 2	꜀fəŋ	fəŋ	꜁ləŋ	꜁tsʰəŋ	꜁tsʰəŋ	꜂tsəŋ
龙南	ȵiəʔ	tɕʰiəʔ	꜀fəŋ	fəŋ	꜁ləŋ	꜁tsʰiəŋ	꜁tsʰəŋ	꜂tsəŋ
寻乌	ȵiuʔ	tɕʰiuʔ	꜀fuŋ	fuŋ	꜁luŋ	꜀suŋ	꜁tsʰuŋ	꜂tsuŋ
黄坳	ȵiuk꜁	kʰiuk꜁	꜀fuŋ	fuŋ	꜁liuŋ	꜁tɕʰiuŋ	꜁tsʰuŋ	꜂tsuŋ
铜鼓	ȵiuk꜁	tɕʰiuk꜁	꜀fəŋ	fəŋ	꜁liəŋ	꜁siəŋ	꜁tʂʰəŋ	꜂tʂəŋ
大溪	ȵyəʔ	tɕʰyəʔ	꜀fəŋ	fəŋ	꜁ləŋ	꜁tsʰəŋ	꜁tsʰəŋ	꜂tsəŋ
太源	ȵiuʔ	tɕʰiuʔ	꜀pʰʋŋ	fʋŋ	꜁lʋŋ	꜁tsʰʋŋ	tʃʰɣŋ	꜂tʃɣŋ
九江	ʒəu꜁	tɕʰiəu	꜀foŋ	foŋ	꜁loŋ	꜁soŋ	tsoŋ²	꜂tsoŋ
赣州	io²	tɕʰio	꜀fəŋ	fəŋ	꜁ləŋ	꜁tsəŋ	tsʰəŋ²	꜂tsəŋ
白槎	꜁zɐu	tʂʰʅ	꜀xeŋ	fəŋ	꜁ləŋ	꜁səŋ	tsʰəŋ²	꜂tsəŋ
浮梁	ieu²	tɕʰiɛu	꜀foŋ	foŋ²	꜁lioŋ	꜁tsʰoŋ	tsʰoŋ²	꜂tsoŋ
婺源	ȵia²	tɕʰia²	꜀fɛm	fɛm²	꜁maiŋ	꜁tsʰɛm	꜁tsʰɛm	꜂tsɛm
上饶	ȵyoʔ	tɕʰyuʔ	꜀foŋ	foŋ	꜁noŋ	꜁dzyoŋ	꜂dzyoŋ	꜂tɕyoŋ
广丰	ȵyoʔ	kʰiiʔ	꜀foŋ	foŋ	꜁lyoŋ	꜁soŋ	꜁dzyoŋ	꜂yoŋ
铜山	xieʔ	kʰæ	꜀pʰan	pʰan²	꜁lien	꜁tsʰan	꜂tan	꜂tɕien

	473 春 通合三 平钟书	474 供~养 通合三 平钟见	475 共~用 通合三 去用群	476 用 通合三 去用以	477 绿 通合三 入烛来	478 足 通合三 入烛精	479 烛 通合三 入烛章	480 局 通合三 入烛群
南昌	₌tsuŋ	₌tɕiuŋ	kʰuŋ²	luŋ²	liuʔ₋	tsuʔ₋	tsuʔ₋	tɕʰiuʔ₋
修水	₌dən²	₌kən	xən²	iən²	diuʔ₋	tɕiuʔ₋	tuʔ₋	dziuʔ₋
湖口	₌tsoŋ	₌koŋ	dzioŋ²	ioŋ²	diu²	tsiu²	tsu²	dzy²
鄱阳	₌tɕyən	₌kuən	kʰuən²	₌yən	lu₋	tsu₋	tɕy₋	tɕʰy²
铅山	₌tʃoŋ	₌tʃoŋ	tʃoŋ²	ioŋ²	lɤʔ₋	tsuɤʔ₋	tʃuɤʔ₋	tʃuɤʔ₋
抚州	₌tuŋ	₌tɕiuŋ	tɕʰiuŋ²	iuŋ²	tiuʔ₋	tɕiuʔ₋	tuʔ₋	tɕʰiuʔ₋
资溪	₌tuŋ	₌tɕiuŋ	tɕʰiuŋ²	iuŋ²	tiuʔ₋	tɕiuʔ₋	tuʔ₋	tɕʰiuʔ₋
宜黄	₌tʰuŋ	₌kuŋ	kʰuŋ²	iuŋ²	tiuʔ₋	tɕiuʔ₋	tuʔ₋	tɕʰiuʔ₋
丰城	₌tsuŋ	₌kuŋ	kʰuŋ²	iuŋ²	liuʔ₋	tɕiuʔ₋	tsuʔ₋	tɕʰiuʔ₋
高安	₌tuŋ	₌kuŋ	kʰuŋ²	iuŋ²	liuk₋	tsiuk₋	tuk₋	ɕiuk₋
新余	₌tuŋ	₌kuŋ	kʰuŋ²	iuŋ²	liuʔ₋	tɕiuʔ₋	tuʔ₋	tɕʰiuʔ₋
吉安	₌tsuŋ	₌kuŋ	tɕʰiuŋ²	iuŋ²	lio²	₌tɕio	₌to	tɕʰio²
遂川	₌tsʰən	₌kən	kʰən²	iən²	tio²	tɕio₋	tso₋	tɕʰio²
宁都	₌suŋ	₌tsuŋ	tsʰuŋ²	iuŋ²	liok₋	tsok₋	tsok₋	tsʰok₋
瑞金	₌tsɤŋ	₌tɕiɤŋ	tɕʰiɤŋ²	iɤŋ²	tiɤʔ₋	tɕiɤʔ₋	tsɤʔ₋	tɕʰiɤʔ₋
于都	₌tsən	₌kən	kʰən²	iən²	lyʔ₋	tsiuʔ₋	tʃuʔ₋	tɕʰy²
赣县	₌sən	₌kən	kʰən²	iən²	lioʔ₋	tɕioʔ₋	tsoʔ₋	tɕʰioʔ₋
南康	₌sən	₌kən	kʰən²	iən²	₌tiu	tɕio₋ 2	tsu₋ 2	₌tɕiu
龙南	₌tsən	₌kən	kʰən²	iən²	lɔʔ₋	tsiɔʔ₋	tsɔʔ₋	tɕʰiəʔ₋
寻乌	₌tsuŋ	₌kuŋ	kʰuŋ²	iuŋ²	liuʔ₋	tɕiuʔ₋	tsuʔ₋	kʰiuʔ₋
黄坳	₌tsuŋ	₌kiuŋ	kʰiuŋ²	iuŋ²	liuk₋	tɕiuk₋	tsuk₋	kʰiuk₋
铜鼓	₌tsən	₌tɕiən	tɕʰiən²	iən²	liuk₋	tsiuk₋	tʃuk₋	tɕʰiuk₋
大溪	₌tsən	₌tɕiən	kʰən²	iən²	lyəʔ₋	tsəʔ₋	tsəʔ₋	tɕʰyəʔ₋
太源	₌tʃyŋ	₌tʃyŋ	kʰyŋ²	iyŋ²	liuʔ₋	tsuʔ₋	tʃuʔ₋	tɕʰiuʔ₋
九江	₌tʂʰoŋ	₌koŋ	koŋ²	ioŋ²	ləu₋	tsəu₋	tsəu₋	tʂu²
赣州	₌tsən	₌kən	kən²	iən²	lo₋	tso²	tso²	tɕio²
白槎	₌tsən	₌kən	kən²	uən²	₋nei	₌nsəu	₌nsəu	tʂʰʅ²
浮梁	₌tsoŋ	₌tɕioŋ	tɕʰioŋ²	ioŋ²	liɛu₋	tɕiɛu₋	tʂɛu₋	tɕʰiɛu₋
婺源	₌tsɐm	₌tɕiɐm	tɕʰiɐm²	iɐm²	la²	tsa²	tsu²	tɕʰia²
上饶	₌tɕyoŋ	₌tɕyoŋ	dzyoŋ²	yoŋ²	lɔʔ₋	tɕyuʔ₋	tɕyuʔ₋	dzyoʔ₋
广丰	₌yoŋ	₌kyoŋ	gyoŋ²	yoŋ²	lyʔ₋	tsuʔ₋	tɕyuʔ₋	gyoʔ₋
铜山	₌tɕien	₌kioŋ	kioŋ²	ien²	lieʔ₋	tɕio₋	tɕie₋	kioʔ₋

江西方言代表方言點詞語對照

　　本章對照江西方言三十二處代表方言點的詞語。方言點的排列按第三章各方言點音系所列的順序：贛方言點——客家方言點——官話方言點——徽州方言點——吳方言點——閩方言點。

　　本章用作對照的詞語條目共四八〇條，以普通話詞語設立條目，大多數是單詞，例如「001[1]太陽」「357 尋找」「445 勤快」，部分詞條是短語，例如「003 打雷」「259 生孩子」「312 玩龍燈」。一些詞條普通話沒有合適的單詞，以短語表示，例如「134 晾曬衣服的竹竿」「277 清水中煮」「266 為受驚的孩子招魂」。為了使詞條表義明確，部分詞條採用釋義式的說明，例如「223 皮膚上被蚊蟲叮咬而成的疙瘩」「264 過舊曆年時舉行祭祀」。部分詞條在前後用括號加字補充說明，或在條目後以小號字作註釋和舉出用例，例如「239（小兒圍著脖子的）涎布」「011（天）旱」「198（流）口水」「007 淋（雨）」「048 中元節農曆七月十五」「075 向日葵稱植株」「061 打穀桶木製的，或方形或圓形」「136（器物的）底碗～」「349 趕快～上他」「410 多離市區有～

1　為便於查找，本章用作對照的詞語編定順序以數字標記。

遠？」。為了考察相關詞語或詞語的相關義項之間在詞義或詞形方面的聯繫，部分詞條把兩個及兩個以上的詞語合起來設立為一個條目（詞語之間劃豎線），例如「163 伯母｜叔母」「301 掙錢｜賺錢」「279 吃（飯）｜喝（茶）｜抽（煙）」；部分詞條則或列出兩個及兩個以上註釋，或舉出兩個及兩個以上的用例（註釋、用例之間劃豎線），例如「159 父親背稱｜面稱」「165 姨母大於母親｜小於母親」「064 稻植株：種～｜子實：曬～」「016 淹水～了村子｜落水～死」「400 怎樣他這個人～？｜～才能學好外語？」「303 買～酒｜～肉｜～豆腐｜～布」。

本章中記彔方言詞條，詞語讀音以國際音標標註。聲調採用以五度數字標示調值的方法表示，例如「日上 tsĩn⁴⁴ŋycʔ²³」（「040 白天」條南昌話點）、「腈肉 ŋit⁵sɔŋ²³」（「250 瘦肉」條上饒話點）。因詞語連讀有時會發生聲、韻、調的音變，所標示的為詞語的實際讀音。詞語所記漢字，大多使用本字，部分使用同音字或近音字。由於本字未必都能確考，故同音字或近音字也就不另加符號表示。一些詞語就用方框代替待考的用字，例如「蜇□婆 dzæ̃t³²ka³⁴bɔ屆²⁴」（「102 蟑螂」條修水話點）、「□□ tsɔ⁵¹xɔ̃～51」（「400 怎樣」條婺源話點）。方言詞語中有可以省略的字（音節），以外加圓括號表示，例如「托卵（袋）tʻoʔ²luɛn⁴（tʻuɛ⁵¹）」（「298 拍馬屁」條瑞金話點）、「包（蘿）粟 pau⁴⁴（lo⁴⁴）suʔ⁵」（「067 玉米」條廣豐話點）。方言詞語中有兩個音節合音構成的音節，在詞語的兩個漢字上加連弧線表示，例如「何（一個 xɔi²¹³kɔ0）」（「403 哪個」條高安話點）、「今（囝日 kiɐ̃³³lieʔ⁴）」（「035 今天」條銅山話點）。方言詞語中附於前面音節之後的後綴「兒」以小號字表示，例如「明個兒 mən⁵⁵kor⁰」（「038 明天」

條白槎話點）、「伯兒 pæ̃n⁵²」（「161 伯父」條廣豐話點）。

　　一個詞語條目在方言中有多種說法的，因受頁面版式的限制，一般只收其中一個詞語。必要時也收入兩個詞語，中以斜線隔開，較常用的列前。例如：「女豬 ŋiɛ⁴⁵tɛ³² ／豬嬤 tɛ³²mo²⁴」（「087 母豬」條撫州話點）、「難為 num¹¹y¹¹ ／相承 sɔ̃⁵⁵tsʻɔ̃¹¹」（「292 謝謝」條婺源話點）。為節省頁面篇幅，一些詞語的不同說法包含共有的字（音節），則不重複出現共有的字（音節）並在可以換著說的字（音節）下畫波浪線，例如「日上／時 næʔ²³dziã⁰/se⁰」（「040 白天」條廣豐話點），表示兼有「日上 næʔ²³dziã⁰」「日時 næʔ²³se0」兩種說法。某些詞語條目在方言中以不同的詞語形式表示其中的部分，共同構成條目的指稱範圍，以在方言詞語之間加豎線表示，例如：「水牯（水牛）ɕyei⁴²ku⁰ ｜黃牯（黃牛）xuã²⁴ku⁴²」（「083 公牛」條鄱陽話點）、「啞牯（男）a⁴⁴ku²¹² ｜啞婆（女）a⁴⁴pʻo³⁵」（「227 啞巴」條瑞金話點）。

　　由於江西方言種類較多，在確定詞語條目時難以完全照應各個方言點，凡方言點中無相應說法的都作空缺處理。個別詞條因受調查合作人語言條件所限，一時難以確定，也暫作留空，容待進一步調查補充。

　　以下是本章所收詞條索引（480 詞條分為 27 類）：

1. 天文：(381 頁)

| 001 太阳 | 002 月亮 | 003 打雷 | 004 闪电 | 005 刮风 | 006 下雨 |
| 007 淋(雨) | 008 冰雹 | 009 雾 | 010 结冰 | 011 旱 | |

2. 地理：(384 頁)

012 山	013 河	014 水渠	015 发洪水	016 淹	017 水田
018 田埂	019 烂泥巴	020 灰尘	021 垃圾	022 东西	023 颜色
024 声音	025 气味	026 滋味	027 地方	028 家	029 胡同

3. 时令、时间:(390 页)

030 夏天	031 冬天	032 今年	033 去年	034 明年	035 今天
036 昨天	037 前天	038 明天	039 后天	040 白天	041 晚上
042 上午	043 中午	044 下午	045 早晨	046 傍晚	047 天黑
048 中元节	049 现在	050 从前	051 后来		

4. 农业:(401 页)

052 插秧	053 耘田	054 浇(肥)	055 放牛	056 养猪	057 喂猪
058 箩筐	059 畚箕	060 绳子	061 打谷桶	062 晒谷簟	063 锄头

5. 植物:(406 页)

064 稻	065 稻穗	066 高粱	067 玉米	068 红薯	069 豌豆
070 蚕豆	071 丝瓜	072 南瓜	073 辣椒	074 萝卜	075 向日葵
076 柚子	077 油茶树	078 浮萍	079 杜鹃花	080 箬叶	081 刺
082 出芽					

6. 动物:(415 页)

083 公牛	084 母牛	085 小牛	086 种公猪	087 母猪	088 公狗
089 猴子	090 蝙蝠	091 公鸡	092 母鸡	093 公鸭	094 鸟儿
095 鸟窝	096 麻雀	097 蜻蜓	098 蝴蝶	099 蝉	100 蜘蛛
101 虱子	102 蟑螂	103 蚂蚁	104 蚯蚓	105 青蛙	106 蚂蟥
107 鳖	108 鳝鱼	109 泥鳅	110 翅膀	111 (鱼)鳞	112 下蛋
113 孵(小鸡)	114 产(崽)	115 阉			

7. 房舍:(433 页)

116 建造房子		117 房间	118 厅堂	119 厨房	120 厕所
121 猪圈	122 椽子	123 窗户	124 门槛	125 台阶	

8. 器具用品:(438 页)

126 桌子	127 抽屉	128 脸盆	129 毛巾	130 肥皂	131 梳子
132 剪刀	133 扫帚	134 晾晒衣服的竹竿		135 尿桶	
136 (器物的)底碗~		137 柴火	138 锅盖	139 甑子	140 炊帚
141 汤匙	142 筷子				

9. 称谓:(444 页)

143 男人	144 女人	145 婴儿	146 小伙子	147 姑娘	148 邻居
149 客人	150 陌生人	151 木匠	152 厨师	153 乞丐	

10. 亲属:(451 页)

154 曾祖父	155 祖父	156 祖母	157 外祖父	158 外祖母	159 父亲
160 母亲	161 伯父	162 叔父	163 伯母∣叔母		164 姑母
165 姨母	166 舅父	167 舅母	168 兄	169 弟	170 姊

171 妹	172 嫂子	173 弟媳妇	174 丈夫	175 妻子	176 儿子
177 女儿	178 儿媳妇	179 女婿	180 孙子｜侄子		
181 外孙｜外甥		182 岳父	183 岳母	184 公公	185 婆婆
186 连襟	187 妯娌	188 亲戚			

11. 身体：(472 页)

189 头脑袋	190 头发	191 辫子	192 脸	193 眼睛	194 眼珠子
195 鼻子	196 嘴	197(人的)舌头	198 口水	199 脖子	200 胳膊肘
201 左手	202 右手	203 手指头	204 指甲	205 乳房｜乳汁	
206 肚子～疼	207 肛门	208 男阴	209 男女交合	210 脚称整个下肢	
211 膝盖	212 脚跟				

12. 疾病、医疗：(483 页)

213 讳称小儿生病		214 发烧	215 咳嗽	216 腹泻	217 呕吐
218 作呕	219(嗓音)嘶哑		220 发疟疾	221 出麻疹	222 中暑
223 皮肤上被蚊虫叮咬而成的疙瘩			224 兔唇	225 斜视眼	226 雀斑
227 哑巴	228 傻子	229 抓中药	230 用药毒～老鼠		

13. 衣服穿戴：(491 页)

231 衣服	232 衬衫	233 汗背心	234 袖子	235(衣服)口袋	
236(中式)纽扣		237 袜子	238 手绢儿	239 涎布	240 尿布
241 斗笠					

14. 饮食：(496 页)

| 242 早饭 | 243 午饭 | 244 干饭 | 245 稀饭 | 246 米粉条 | 247 饭粒 |
| 248 糍粑 | 249 馄饨 | 250 瘦肉 | 251 糯米酒 | 252 开水 | 253 米汤 |

15. 红白大事：(500 页)

254 娶妻	255 出嫁	256 定婚	257 新娘	258 怀孕	259 生孩子
260 坐月子	261 去世	262 埋葬	263 坟墓	264 过旧历年时举行祭祀	
265 灶神	266 为受惊的孩子招魂				

16. 日常生活：(507 页)

267 干活	268 歇息	269 说话	270 打盹	271 睡觉	272 做梦
273 起床	274 穿	275 脱	276 做饭	277 清水中煮	
278 腌	279 吃(饭)｜喝(茶)｜抽(烟)			280 夹(菜)	281 下饭
282 饿	283 洗澡	284 拉(屎、尿)		285 擤鼻涕	286 打喷嚏
287 打冷战					

17. 讼事：(516 页)

| 288 坐牢 | 289 画押 | | | | |

429 湿	430 快	431 晚	432 干净	433 肮脏	434 热闹
435 腻	436(药)有效	437 刺(鼻)	438 刺(眼)	439 胖｜肥	
440 好、妥帖	441 差,次	442 事不顺利			
443 有本事、能干		444 吝啬	445 勤快	446 爽捷	447 灵活
448 愚蠢	449 漂亮	450 丑			

26. 副词:(588 页)

451 刚	452 常常	453 总	454 都	455 净	456 只有
457 无缘无故	458 特意	459 幸亏			

27. 数量词:(592 页)

460 个	461 头	462 口	463 只	464 尾	465 块
466 棵	467 片	468 幢	469 扇	470 床	471 套
472 辆	473 叠	474 阵	475 顿	476 遍	477 次
478 二十六	479 一百五十	480 一点儿			

	001 太阳	002 月亮	003 打雷 天上~了
南 昌	日头 ȵit⁵tʻɛu⁰	月光 ȵyot²kuoŋ⁴²	□雷 xɛn²¹lui²⁴
修 水	日头 ȵiɛt⁴²dɛi²⁴	月光 ŋuɛt⁴²kuoŋ³⁴	打雷 ta²¹li²⁴
湖 口	日头 ȵi²¹³dɛu²¹¹	亮月 liɔŋ²¹³ȵye⁴⁵⁵	打雷 ta³⁴³ly²¹¹
鄱 阳	日头 ie⁴⁴tʻɔu⁰	月光 ȵye⁴⁴kuãn²¹	打雷 tɤ⁴²lei²⁴
铅 山	日头 ȵiʔ⁴tʻɛu⁰	月光 ȵyɛʔ⁴kuon³³	响雷公 ɕian⁴⁵loi²⁴koŋ³³
抚 州	日头 ȵiet⁵xɛu²⁴	月光 ȵyot⁵kuoŋ⁰	响雷 ɕioŋ⁴⁵lui²⁴
资 溪	热头 ȵiɛt⁵xɛu¹³	月公公 uot⁵kuŋ³¹kuŋ⁰	响雷公 ɕioŋ³⁵loi¹³kuŋ³¹
宜 黄	日头 ȵit⁵xɛu⁴⁵	月亮 uɛt⁵tioŋ²²	打雷 ta⁴⁵³lei⁴⁵
丰 城	日头 ȵiʔ⁵tʻɛu³³	月光 ȵyɛʔ⁵kuoŋ³⁵	响雷 ɕioŋ⁴¹lei³³
高 安	日头 it⁵tʻɛu²¹³	月光 yɔt³kuoŋ³⁵	响雷公 ɕioŋ⁴²loi²¹³kuŋ³⁵
新 余	日牯 ȵiɛʔ⁵ku⁴⁵	月公 ȵio⁵kuŋ⁴²	打雷公 ta²¹luoi⁴²kuŋ⁴⁵
吉 安	日头 ȵi³³⁴tʻɛu²¹	月光 ȵye²¹⁴kuoŋ³³⁴	打雷 ta⁵³loi²¹
遂 川	日头 ȵiɛ²¹⁴tʻiə²²	月亮 ȵye²¹⁴tiõ²¹⁴	打雷 ta³¹le²²
宁 都	日头 nət⁵tʻiɛu¹³	月光 nat⁵kɔŋ⁴²	打雷公 ta²¹⁴lui¹³kuŋ⁴²
瑞 金	热头 ȵiɛʔ⁴tʻɤ³⁵	月光 ȵyɛʔ⁴kɔŋ⁴⁴	打雷公 ta⁴⁴luɛ³⁵kʏŋ⁴⁴
于 都	热头 ȵiɛʔ⁵tʻiɛu³⁵	月光 ȵyɛ⁴²kõ³¹	打雷公 ta³⁵luɛ⁴⁴kəŋ³¹
赣 县	日头 ȵiɛʔ⁵tʻe²¹²	月光 ȵiɛʔ⁵kuõ²⁴	打雷 ta⁵³le²¹²kəŋ²⁴
南 康	日头 ȵiɛ⁵tʻɛ¹¹	月光 ȵiɛ³kõ³³	响雷公 ɕiõ²¹le²²kəŋ³³
龙 南	日头 ȵiɛ²³tʻɛu³¹²	月光 ȵyɔi²³kɔŋ²⁴	打雷公 ta⁵³li³¹²kəŋ²⁴
寻 乌	热头 ȵiɛ²³⁴tʻiu²¹⁴	月光 ȵiɛʔ³⁴kɔŋ²⁴	响雷 ɕioŋ⁴²lui²¹⁴kuŋ²⁴
黄 坳	日头 ȵit⁵tʻiɛu²¹²	月光 ȵiɛt⁵kuaŋ²⁴	响雷 ɕioŋ³¹lɔi²¹²
铜 鼓	日头 ȵit⁵tʻɛu¹³	月光 ȵiɛt⁵kuoŋ²¹⁴	打雷公 ta²¹lɛ¹³kəŋ²¹⁴
大 溪	热头公 ȵiɛʔ⁵tʻɛ²¹kəŋ³³	月光 ȵyɤ⁵kuoŋ³³	响雷公 ɕioŋ⁴³luɛ²¹kəŋ³³
太 源	日头 ȵiʔ⁴tʻɛu²¹²	月光 ŋuaiʔ²kuoŋ⁴⁴	响雷公 ɕioŋ³⁵li²⁴kuŋ⁴⁴
九 江	日头 ʐ̩⁵³tʻɔu⁴⁴	月亮 ɣai⁵³liã⁰	打雷 tɤ²¹³lei⁴⁴
赣 州	日头 iɛʔ³²tʻiɛu⁴²	月亮 yɛʔ²liãn²¹²	打雷 ta⁴⁵luɛ⁴²
白 槎	日头 ʐ̩⁴²tʻɔu⁴⁴	月亮 ɣɛ⁵⁵liaŋ⁰	打雷 ta²¹⁴lei⁵⁵
浮 梁	日头 ni³³tʻau²⁴	月光 yɛ³³kuaŋ⁵⁵	打雷 ta³¹lɛ²⁴
婺 源	日头 ni⁵¹tʻa¹¹	月光 ȵyɵ⁵¹kuã⁵⁵	打雷鸣 ta²le¹¹mɔ̃¹¹
上 饶	热头 ȵiɛ²³de⁴²³	月光 ȵyɔ²kuõ⁴⁴	响雷公 ɕian⁵²lui⁴²koŋ⁴⁴
广 丰	热头 niæʔ²dɣɯ²³¹	月光 ȵyæʔ²kyãn⁴⁴	响雷公 xian⁴³luɐi²¹koŋ⁴⁴
铜 山	日头 lieʔ²tʻau²⁴	月光 gə²¹kɛn³³	响雷公 xian⁴⁴lui²¹koŋ³³

	004 闪电	005 刮风	006 下雨
南昌	霍闪 fɔʔ⁵sɛn⁰	起风 tɕʰi²¹³fuŋ⁴²	落雨 lɔʔ²y²¹³
修水	霍闪 fɔʔ⁴²sɛn²¹	起风 dʑi²¹fəŋ³⁴	落雨 lɔʔ⁴²vi²¹
湖口	□火 tʂa⁴⁵⁵xo³⁴³	起风 dʑi³⁴³foŋ⁴²	落雨 lo²¹³y³⁴³
鄱阳	霍闪 fo⁴⁴ɕyõn⁴²	起风 tɕʰi⁴²fəŋ²¹	落雨 lo⁴⁴y⁴²
铅山	霍闪 xoʔ⁴sɛn⁴⁵	起风 tɕʰi⁴⁵foŋ³³	落雨 lɛʔ⁴y⁴⁵
抚州	霍闪 fɔʔ²sɛm⁴⁵	起风 tɕʰi⁴⁵fuŋ³²	落雨 lɔʔ⁵i⁴⁵
资溪	霍闪 fɔʔ³sam³⁵	起风 tɕʰi³⁵fuŋ³¹	落雨 lɔʔ⁵i³⁵
宜黄	线影 ɕien⁴²iaŋ⁴⁵³	发风 fat²fuŋ³³	落雨 lɔʔ⁵i⁴⁵³
丰城	火□ fo⁴¹sɛʔ³²	起风 tɕʰi³²fuŋ³⁵	落雨 lɔʔ⁵i⁴¹
高安	霍闪 fɔk⁵sɛn⁴²	刮风 kuat⁵fuŋ³⁵	落雨 lɔk²ɵ⁴²
新余	雷火 luoi⁴²fo²¹³	发风 fa²⁵fuŋ⁴⁵	落雨 lɔʔ⁵i²¹³
吉安	霍闪哩 fo³³⁴sɛn⁵³li⁰	刮风 kuo³³⁴fuŋ³³⁴	落雨 luo²¹⁴y⁵³
遂川	霍闪 fa⁵⁵sɛ̃n³¹	起风 tɕʰi³¹xõŋ⁵³	落雨 lo²¹⁴y³¹
宁都	蛇子影 sa¹³tsə⁰ian²¹⁴	刮风 kuat³²fuŋ⁴²	落雨 lɔk⁵vu²¹⁴
瑞金	闪光 ɕien⁴⁴kɔŋ⁴⁴	起风 ɕi⁴⁴f ɤ ŋ⁴⁴	落雨 lɔʔ⁴iu²¹²
于都	火闪 xɤ³⁵ɕi³⁵	起风 ɕi³⁵fəŋ³¹	落雨 lɤʔ⁵i³⁵
赣县	火蛇子 xəu⁵³sa²¹²tsɿ⁰	起风 tɕʰi⁵³fəŋ²⁴	落雨 lɔʔ⁵i⁵³
南康	火闪 xo²¹sã²¹	起风 ɕi²¹fəŋ³³	落水/雨 lo³³ɕyi²¹/i²¹
龙南	火蛇子 xʊ⁵³sa²¹²tse⁰	起风 tɕʰi⁵³fəŋ²⁴	落雨 lɔʔ²³i⁵³
寻乌	霍闪 xɔʔ²¹san⁴²	刮风 kaiʔ²¹fuŋ²⁴	落雨 lɔʔ²¹i⁴²
黄坳	霍闪子 fɔ⁵³sa³¹tsɿ⁰	起风 tɕʰi³¹fuŋ²⁴	落水 lɔk⁵sui³¹
铜鼓	火闪 fɔ²¹sɛn²¹	刮风 kuak³fəŋ²¹⁴	落水 lɔk⁵i²¹
大溪	霍闪 fəʔ⁵ɕien⁴³³	起风 tɕʰi⁴³fəŋ³³	落雨 ləʔ⁵y⁴³³
太源	雷公影 li²⁴kuŋ⁴⁴iaŋ³²⁵	发风 xaiʔ⁴puŋ⁴⁴	落水 lɔʔ²ʃui³²⁵
九江	闪电 ʂan²¹³tien²¹	刮风 kuɒ⁵³foŋ³¹	下雨 ɕin²¹u̯²¹³
赣州	闪电 sãn⁴⁵tĩn²¹²	刮风 kuaʔ³²fəŋ³³	下雨 ɕia²¹²y⁴⁵
白槎	闪电 ʂan²¹⁴tian³¹²	刮风 kua⁴²fəŋ⁴²	落雨 lo⁴²u̯²¹⁴
浮梁	□火儿 tɕʰiɛ²⁴xər⁰	刮风 ko²¹³foŋ⁵⁵	落雨 lau³³y³¹
婺源	霍闪 xɵ³⁵ɕi²	发风 fɵ⁵¹fɐm⁵⁵	落雨 lɒ⁵¹y²
上饶	霍闪 fɔʔ⁴ɕiẽn⁵²	起风 tɕʰi⁴³foŋ⁴⁴	落雨 lɛʔ²y²³¹
广丰	血闪 xyæʔ⁴ɕiẽn⁵²	起风 kʰi⁴³foŋ⁴⁴	落雨 luæʔ²yæʔ²³
铜山	□掣 tˠi⁴⁴tsʰua⁴²	起风 kʰi⁴⁴xuan³³	落雨 lɔʔ²¹xɔ⁵⁵

	007 淋（雨）衣服~湿了	008 冰雹	009 雾
南　昌	涿 tɔʔ⁵	雹子 pʻɔʔ²tsɿ⁰	雾 u²¹
修　水	□ dzai²²	雹子 bɔʔ³²tsɿ⁰	雾 u²²
湖　口	涿 to⁴⁵⁵	雹仇 bau²¹³lɛ⁰	雾 u²¹³
鄱　阳	涿 to⁴⁴	雹子 pʻau⁴⁴tsɿ⁰	雾 u²¹
铅　山	涿 teʔ⁴	雹子 pʻɔʔ⁴tsɿ⁰	雾 mu²¹
抚　州	淋 tim²⁴/淀 tsʻaʔ⁵	雹子 pʻɔʔ⁵tsɿ⁰	雾 muŋ⁴⁵/罩子 tsau⁴¹tsɿ⁰
资　溪	淋 tim¹³	雹 pʻɔʔ⁵	雾 muŋ³⁵
宜　黄	淋 tin⁴⁵	雹儿 pʻɔʔ⁵ɛ⁰	雾 u²²
丰　城	淋 lin³³	雹子 pʻɔʔ⁵tsɿ⁰	雾 muŋ²¹³
高　安	淀 tsʻɔt²	雹哩 pʻɔk²li⁰	雾 u²²
新　余	□ tɕʻiau¹²	雹子 pʻɔʔ³⁴tsɿ⁰	雾 u¹²
吉　安	淋 lin²¹	雹子 pau²¹⁴tsi⁵³	雾 u²¹⁴
遂　川	淀 tsʻɒ²¹⁴	雹子 pʻɒ²¹⁴tsɿ⁰	雾 u²¹⁴
宁　都	涿 tok⁵	雹 pʻɔk⁵	雾 muŋ⁴⁴
瑞　金	淀 tsʻɔ⁵¹	雹 pʻɔʔ⁴	雾纱 mγŋ³⁵sa⁴⁴
于　都	淀 tʃɔ⁴²	雹 pʻˠ⁴²	雾雾 məŋ⁴⁴vu⁴²
赣　县	淀 tsʻoʔ⁵	雹 pʻoʔ⁵	雾露 məŋ⁴⁴lu⁴⁴
南　康	淀 tsʻɔ⁵³	雹 pʻo³³	雾 vu⁵³
龙　南	淀 tsʻau²²	雹嗵 pʻau²²teʔ⁰	雾 vu²²
寻　乌	涿 tɔʔ²¹	雹 pʻɔʔ³⁴	雾露 muŋ²¹⁴lu⁵⁵
黄　坳	□ tsʻau⁵³	雹 pʻɔk⁵	雾 u⁵³
铜　鼓	淋 lin¹³	雹子 pʻɔk⁵tsɿ⁰	雾 u⁵¹
大　溪	淋 lin²¹³	雹子 pʻɔʔ⁵tsɿ⁰	雾 u⁴³⁵
太　源	涿 taʔ⁴/淋 lin²¹²	雹 pʻau⁴²	云露 ven²⁴lu⁴²/雾 muŋ²¹²
九　江	淋 lin⁴⁴	冰雹 pin³¹pau²¹	雾 u²¹
赣　州	淀 tsʻɔ²¹²	冰雹 pĩn³³pɔ²¹²	雾 u²¹²
白　槎	打 ta²¹⁴	冰雹 pin⁴²po⁴²	雾 vu³¹²
浮　梁	涿 tau²¹³	雹子儿 pʻau³³tsər⁰	雾 u³³
婺　源	涿 to⁵¹	雹 pʻɒ⁵¹	雾气 vu⁵¹tɕʻi³⁵
上　饶	溇 ɕyɐʔ²³	雹子 bɐʔ²tsɿ⁵²	雾 mon²¹²
广　丰	溇 suæʔ²³	雹子 biæʔ²tsɤ⁵²	雾 muˠ²¹²
铜　山	淋 lan²⁴	□子 tʻæʔ²tɕi⁴⁴³	雾 bu²¹

	010 结冰今年暖冬没有～	011 （天）旱 今年～了三个月	012 山一座～ | ～脚
南 昌	上凌 sɔŋ^{21}lɨn^{45}	干 kon^{42}	山 san^{42}
修 水	结冻凌□ tɕiɛt^{42}təŋ^{55}lin^{24}kau^{0}	旱 xon^{22}	山 san^{34}
湖 口	结凌冰 tɕiɛ^{455}lin^{211}bin^{42}	干 kon^{42}	山 san^{42}
鄱 阳	结凌冰 tɕie^{44}lən^{24}pin^{21}	旱 xõn^{21}	山 sãn^{21}
铅 山	起扣 tɕʻi^{45}kʻɛu^{21}	干 kon^{33}	山 san^{33}
抚 州	打凌 ta^{45}lɛn^{24}	干 kon^{32}	山 san^{32}
资 溪	结冰凌 tɕiɛt^{3}pɛn^{31}lɛn^{13}	旱干 xon^{22}kon^{31}	山 san^{31}
宜 黄	冻冰 tuŋ^{42}pin^{33}	干 kon^{33}	山 san^{33}
丰 城	结冰凌 tɕiɛʔ^{32}pin^{35}lɛn^{33}	干 kɔn^{35}	山 san^{35}
高 安	冻冰 tuŋ^{44}pin^{35}	干 kɔn^{35}	山 san^{35}
新 余	结冰 tɕiɛʔ^{5}pin^{45}	干 kon^{45}	山 san^{45}
吉 安	结冰 tɕiɛ^{334}piŋ^{334}	旱 xan^{214}	山 san^{334}
遂 川	结冰 tɕiɛ^{55}pĩn^{53}	旱 xuɛ̃n^{35}	山 sãn^{53}
宁 都	打构 ta^{214}kəu^{31}	旱 xon^{44}	山 san^{42} | 岭 laŋ^{42}
瑞 金	□冰 kʻen^{51}pin^{44}	旱 xuɛn^{44}	岭 tiaŋ^{44}
于 都	结凌冰 tɕiɛ^{323}lẽ^{44}pẽ^{31}	旱 xõ^{42}	岽 təŋ^{323} | 岭 liã^{31}
赣 县	结冰 tɕiɛʔ^{32}piəŋ^{24}	旱 xõ^{44}	岭 liã^{24}
南 康	结冰 tɕiɛ^{24}piəŋ^{33}	旱 xuɛ̃^{33}	山 sã^{24}
龙 南	结冰 tɕiɛʔ^{43}pin^{24}	旱 xuɔn^{24}	岭 liaŋ^{24}
寻 乌	结冰 kiɛʔ^{21}pin^{24}	旱 xuan^{24}	山 san^{24}
黄 坳	结冰 kiɛt^{2}pin^{24}	干 kɔn^{24}	岭 liaŋ^{31}
铜 鼓	结凌冰 tɕiɛt^{3}lɛn^{13}pin^{214}	干 kɔn^{214}	山 san^{214}
大 溪	结冰 tɕiɛʔ^{4}pɪn^{33}	熷 tsau^{33}	岭 tian^{433}
太 源	结□ tɕiɛʔ^{4}tɛn^{44}	熷 tsɑu^{44}	山 san^{44}
九 江	结冰 tɕiɛ^{53}pin^{31}	旱 xan^{21}	山 san^{31}
赣 州	结冰 tɕiɛʔ^{32}piəŋ^{33}	旱 xãn^{212}	山 sãn^{33}
白 槎	结冰 tɕiɛ^{42}pin^{42}	旱 xan^{312}	山 ʂan^{42}
浮 梁	打冻 ta^{31}toŋ^{213}	干 kiɛn^{55}	山 ʂo^{55}
婺 源	起冰 tɕʻi^{35}pɔ̃^{55}	干 kum^{55}	山 sum^{55}
上 饶	结霜冰 tɕiɛʔ^{4}ɕyɔ̃ŋ^{44}pĩn^{44}	干 kuõn^{44}	山 sãn^{44}
广 丰	起构 kʻi^{43}kiɑu^{434}	旱 xuɛ̃n^{24}	山 sãn^{44}
铜 山	起扣 kʻi^{44}kʻə^{21}	旱 uã^{55}	山 suã^{33}

	013 河门前有条~	014 水渠	015 发洪水
南 昌	河 xo^{24}	水沟 sui^{213}kiɛu^{42}	发/涨大水 fat^5/tsɔŋ^{213}t'ai^{21}sui^{213}
修 水	河 xo^{24}	圳 tuən^{55}	涨大水 tɔŋ^{21}dai^{35}fi^{21}
湖 口	港 kɔŋ^{343}	水道 çy^{343}dau^{213}	发大水 fa^{455}dai^{213}çy^{343}
鄱 阳	河 xo^{24}	水沟 çyɛi^{42}kəu^{21}	涨大水 tsãn^{42}t'ai^{21}çyɛi^{42}
铅 山	港 kan^{45}/河 xo^{24}	圳沟 tʃuen^{21}kɛu^{33}	涨大水 tsan^{45}t'ai^{21}çy^{45}
抚 州	河 xo^{24}/港 kɔŋ^{45}	沟 kiɛu^{32}	涨大水 tɔŋ^{45}xai^{212}sui^{45}
资 溪	河 xo^{13}	水沟 fi^{35}kɛu^{31}	涨大水 tɔŋ^{35}xai^{22}fi^{35}
宜 黄	港 kɔŋ^{453}	沟 kiu^{33}/圳 tɛn^{42}	涨大水 tɔŋ^{453}xai^{22}su^{453}
丰 城	河 xo^{33}	圳 tsuən^{213}	涨水 tsɔŋ^{41}sɿ^{41}
高 安	河 xo^{213}	□渠 tɛi^{35}ts'ɵ^{213}	涨大水 tɔŋ^{42}xai^{22}xɵ^{42}
新 余	河 xo^{42}	圳 tun^{42}	涨水 toŋ^{21}suoi^{213}
吉 安	河 xo^{21}	水沟 sui^{53}kɛu^{334}	发洪水 fa^{334}fuŋ^{21}sui^{53}
遂 川	河 xo^{22}	渠嘚 tçy^{22}tɛ^0	发大水 fa^{55}t'ai^{214}çy^{31}
宁 都	河 xo^{13}	水圳 suoi^{214}tsun^{31}	涨大水 tsɔŋ^{214}t'ai^{42}suoi^{214}
瑞 金	河 xo^{35}	圳 tsuin^{42}	涨大水 tsɔŋ^{44}t'ɛ^{51}sue^{212}
于 都	河 xɣ^{44}	水沟 ʃui^{35}kieu^{31}	涨大水 tsõ^{35}t'a^{42}ʃui^{35}
赣 县	河 xəu^{212}	圳 tsən^{44}	发大水 faʔ^{32}t'æ^{44}sei^{53}
南 康	河 xo^{11}	圳沟 tçiəŋ^{53}kɛ^{33}	发/涨大水 faʔ^{24}/tsõ^{21}t'a^{33}çyi^{21}
龙 南	河 xu^{312}	圳 tsen^{44}	发大水 fæʔ^{43}t'ai^{22}çi^{53}
寻 乌	河坝 xo^{214}pa^{55}	圳 tsun^{55}	发大水 faiʔ^{21}t'ai^{55}sui^{42}
黄 坳	河 xɔ^{212}	水圳 sui^{31}tsuən^{53}	涨大水 tsɔŋ^{31}t'ai^{53}sui^{31}
铜 鼓	河 xɔ^{13}	水圳 si^{21}tsuan^{51}	涨大水 toŋ^{21}t'ai^{51}sɛ^{21}
大 溪	河 xo^{213}	水圳 fi^{43}tçyɪn^{52}	涨大水 tsɔŋ^{43}t'ai^{43}fi^{433}
太 源	河 xo^{212}/坑 xaŋ^{44}	圳沟 tʃuen^{42}kau^{44}	涨大水 tsɔŋ^{35}t'ai^{42}ʃui^{325}
九 江	河 xo^{44}	水渠 ʂuei^{213}tʂ'ʮ^{44}	发洪水 fɔ^{53}xoŋ^{44}ʂuei^{213}
赣 州	河 xo^{42}	水渠 sue^{45}tçy^{212}	涨洪水 faʔ^{32}xən^{42}sue^{45}
白 槎	河 xo^{55}	水渠 ʂei^{214}tʂ'ʮ^{55}	发洪水 fa^{42}xən^{55}ʂei^{214}
浮 梁	河 xɛ^{24}	圳沟 tçyen^{213}kau^{55}	涨大水 tʂa^{31}t'a^{33}çy^{31}
婺 源	河 xɵ^{11}	水圳 çy^{2}tsæn^{35}	发大水 fɵ^{51}t'u^{51}çy^2
上 饶	河 xo^{423}	圳 tçyĩn^{43}ke^{44}	涨大水 tçiãn^{52}do^{21}çy^{52}
广 丰	溪 k'i^{44}	圳 tçyoŋ^{55}kiɣu^{44}	涨大水 tçiãn^{43}do^{21}çy^{52}
铜 山	溪 k'uəi^{33}	水圳 tsui^{44}tsuon^{21}	涨大水 tçian^{44}tua^{21}sui^{443}

	016 淹水~了村子｜落水~死	017 水田	018 田埂水田临更低处的埂子,用以蓄水
南 昌	滘 ŋan⁴² ｜ □ ut⁵	田 tʰien²⁴	田塍 tʰien²⁴sin²⁴
修 水	浸 tɕin⁵⁵	田 dien²⁴	田塍 dien²⁴sən²⁴
湖 口	滘 ŋan⁴²	田 dien²¹¹	田塍 dien²¹¹ʂən²¹¹
鄱 阳	浸 tɕin³⁵ ｜ 揾 uən³⁵	田 tʰiẽn²⁴	田坝 tʰiẽn²⁴pʋ⁰
铅 山	揾 uen²¹	田 tʰiẽn²⁴	田塍 tʰiẽn²⁴sen⁰
抚 州	浸 tɕim⁴¹ ｜ □ ut²	田 tʰiẽn²⁴	田塍 tʰiẽn²⁴ɕin⁰
资 溪	浸 tsim⁵³	田 ɕien¹³	田塍 ɕien¹³sin¹³
宜 黄	满 mon⁴⁵³ ｜ 浸 tɕin⁴²	田 ɕien⁴⁵	田塍 ɕien⁴⁵ɕin⁴⁵
丰 城	没 mɛʔ³² ｜ 浸 tɕin²¹³	田 tʰiɛn³³	田塍崴 tʰiɛn³³sen³³tsei⁰
高 安	浸 tɕin⁴⁴	田 tʰiɛn²¹³	田塍 tʰiɛn²¹³sən²¹³
新 余	浸 tɕin¹²	田 tʰiɛn⁴²	田塍 tʰiɛn⁴²sen⁴²
吉 安	浸 tɕin²¹⁴	田 tʰiɛn²¹	田塍 tʰiɛn²¹ɕin²¹
遂 川	浸 tɕin⁵⁵	田 tʰiẽn²²	田塍 tʰiẽn²²sẽn²²
宁 都	浸 tɕin³¹	田 tʰien¹³	田塍 tʰien¹³sən¹³
瑞 金	没 miʔ⁴ ｜ 浸 tɕin⁴²	田 tʰien³⁵	田塍 tʰien³⁵ɕin³⁵
于 都	□ tsʻəŋ⁴⁴ ｜ □ tsʻɤ⁴	田 tʰĩ⁴⁴	田塍 tʰĩ⁴⁴ʃe⁴⁴
赣 县	没 mæʔ⁵ ｜ 浸 tɕiəŋ⁴⁴	田 tʰĩ²¹²	田塍 tʰĩ²¹²sən²¹²
南 康	□ kʻu⁵⁵	田 tʰĩ¹¹	田塍 tʰĩ¹¹sən¹¹
龙 南	□ tsʻəʔ⁴³	田 tʰain³¹²	田塍 tʰain³¹²sen³¹²
寻 乌	没 miu²¹ ｜ □ tsʻuʔ³⁴	田 tʰien²¹⁴	田塍 tʰien²¹⁴sun²¹⁴
黄 坳	浸 tɕin⁵³ ｜ □ kʻuk⁵	田丘 tʰen²¹²tɕiu²⁴	田塍 tʰen²¹²sen²¹²
铜 鼓	淹 ien²⁴ ｜ 浸 tɕin⁵¹	田 tʰien¹³	田塍 tʰien¹³sen¹³
大 溪	揾 uɛn⁵²	田 tʰiɛn²¹³	田塍 tʰiɛn²¹sin²¹³
太 源	□ tsʻuʔ⁴	田 tʰan²¹²	田塍 tʰan²⁴sen²¹²
九 江	淹 ien³¹ ｜ □ ŋan²¹	田 tʰien⁴⁴	田埂 tʰien⁴⁴kən²¹³
赣 州	淹 ĩn³³	田 tʰĩn⁴²	田埂 tʰĩn⁴²keŋ⁴⁵
白 槎	淹 ian⁴²	田 tʰian⁵⁵	田埂 tʰian⁵⁵kən²¹⁴
浮 梁	揾 uɛn²⁴	田 tʰĩ²⁴	田塍 tʰĩ²⁴ɕiai²⁴
婺 源	揾 væn³⁵	田 tʰĩ¹¹	田塍 tʰĩ¹¹sæn¹¹
上 饶	揾 uĩn⁴³⁴	田 diẽn⁴²³	田塍 diẽn²³¹ɕĩn⁰
广 丰	揾 uẽn⁴³⁴	田 diẽn²³¹	田塍 diẽn²⁴sĩn⁰
铜 山	揾 uon²¹ ｜ □ tu⁵⁵	塍 tsʻan²⁴	塍岸 tsʻan²¹xuã²¹

	019 烂泥巴	020 灰尘	021 垃圾
南　昌	溃泥 tsɿ⁴²ɲi⁴²	灰 fii⁴²	沤屑 ŋɔʔ⁵ɕie⁰
修　水	□泥巴 ɕiat⁴²ɲi²⁴pa⁰	灰 fi³⁴	□屑 uai²²ɕiɛt⁴²
湖　口	烂泥巴 lan²¹³ɲi²¹¹pa⁴²	灰尘 xuei⁴²dzən²¹¹	垃垃 la⁴²la⁴²/屑 ɕie⁴⁵⁵
鄱　阳	□泥巴 u²⁴ɲi²⁴pɒ⁰	灰灰子 fɛi²¹fɛi²¹tsɿ⁰	屑屑子 ɕie⁴⁴ɕie⁴⁴tsɿ⁰
铅　山	烂泥 lan²¹ɲi²⁴	尘灰 tsʻen²⁴fui³³	垃圾 leʔ⁴seʔ⁴
抚　州	烂泥巴 lan²¹²ɲi²⁴pa⁰	尘灰 tʻin²⁴foi⁰	屑子 ɕiɛt²tsɿ
资　溪	乌泥 u³¹ɲi¹³	尘灰 tʻin¹³foi³¹	垃圾 la³¹ɕip³
宜　黄	烂泥 lan²²ɲi⁴⁵	尘灰 tɕʻin⁴⁵fi³³	屑儿 ɕiɛt²ŋe⁰
丰　城	污滚泥 vu³⁵kuən⁴¹ɲi³⁵	灰 fei³⁵	屑哩 ɕieʔ³²ti⁰
高　安	田泥巴 tʻien²¹³li²¹³pa⁰	灰 foi³⁵	屑哩 ɕiɛt⁵li⁰
新　余	烂泥 lan¹²ɲi⁴²	灰 foi⁴⁵	屑哩 səʔ⁵li⁰
吉　安	烂泥巴 lan²¹⁴ɲi²¹pa³³⁴	灰尘 fei³³⁴tsʻən²¹	垃圾 la²¹⁴tɕi³³⁴
遂　川	烂泥巴 nan²¹⁴ɲi²²pa⁰	灰 xuɛ⁵³	齷□ o⁵³so⁵⁵
宁　都	烂泥 lan⁴⁴nai¹³	尘灰 tsʻən¹³fuoi⁴²	垃圾 lak⁵siet³²
瑞　金	烂泥 nan⁵¹ne³⁵	尘灰 tɕʻin³⁵xue⁴⁴	□屑 laʔ⁴ɕiɛʔ²
于　都	烂泥□ lã⁴⁴ɲie⁴⁴tsʻɔ⁴⁴	灰 xue³¹	垃圾 la⁴²tsʻa⁴²
赣　县	烂泥 lã⁴⁴ne²¹²	灰尘 xue²⁴	垃圾 laʔ³²tsʻaʔ³²
南　康	烂泥 lã⁵³ni¹¹	灰尘 xuæ³³tsʻɛ̃¹¹	垃□ lo⁵⁵suæ²¹
龙　南	烂泥 lan²²ne³¹²	灰尘 fɔi²⁴tsʻen³¹²	垃圾 la²³tɕiɛ²³
寻　乌	烂泥 lan⁵⁵ɲie²¹⁴	灰尘 xuɐi²⁴tɕʻin²¹⁴	齷糟 o²⁴tsau²⁴
黄　坳	烂泥 lan⁵³ni²¹²	灰尘 fɛi²⁴tsʻən²¹²	圾□ sɔit²tɔi²⁴
铜　鼓	烂泥巴 lan⁵¹ɲi¹³pa²⁴	灰 foi²¹⁴	垃圾 lat⁵tɕit³
大　溪	烂泥巴 lan⁴³ɲiɛ²¹pa³³	灰尘 xuɛ³³tsʻn²¹³	垃圾 lɛʔ⁵sɛʔ⁴⁵
太　源	烂泥 lʌn⁴²nai²¹²	尘灰 tsʻen²⁴fɔi⁴⁴	邋屑 lai²²saiʔ⁴
九　江	泥巴糊儿 li⁴⁴pɒ⁰xu⁴⁴ɚ⁰	灰 xuei³¹	垃圾 lɒ²¹tɕi⁰
赣　州	烂泥巴 lãn²¹³ni⁴²pa³³	灰尘 xue³³tsʻən⁴²	粪草 fən²¹²tsʻɔ⁴⁵
白　槎	烂泥 lan³¹²ɲi⁵⁵	灰 fei⁴²	垃圾 la⁴²ɕi⁰
浮　梁	烂泥巴 no³³lɛ²⁴po⁵⁵	灰 fe⁵⁵	垃圾儿 lɛ³³sər³³
婺　源	□黄泥 la³⁵vã¹¹li¹¹	灰 xe⁵⁵	垃圾 lə⁵¹sɔ⁵¹
上　饶	烂泥 nãn²⁴ɲie⁴²³	灰尘 xui⁵²dziĩn⁴²³	垃圾 luɐʔ²sɐʔ⁵
广　丰	烂泥滞 lãn²¹ɲie⁴⁴tɕʻi⁴⁴	灰 xui⁴⁴	垃圾 læʔ²sæʔ⁵
铜　山	烂涂糜 nuã²¹tʻɔ²¹bə²⁴	□□ ien³³ia³³	垃圾 læʔ²sæ⁴²

	022	023	024
	东西	颜色	声音
南 昌	东西 toŋ⁴²ɕi⁰	颜色 ŋan⁴⁵sɛt⁵	声音 saŋ⁴²in⁰
修 水	东西 təŋ³⁴ɕi⁰	颜色 ŋan²⁴sɛt⁴²	声音 saŋ³⁴in³⁴
湖 口	东西 toŋ⁴²ɕi⁰	色气 se⁴⁵⁵dʑi²¹³	声音 ʂaŋ⁴²in⁴²
鄱 阳	东西 təŋ²¹ɕi⁰	颜色 ŋãn²⁴sə⁴⁴	声音 sən²¹in²¹
铅 山	东西 toŋ³³ɕi⁰	色气 seʔ⁴tɕi²¹	声音 sen³³in³³
抚 州	东西 tuŋ³²ɕi⁰	颜色 ŋan²⁴sɛʔ²	声音 saŋ³²in³²
资 溪	东西 tuŋ³¹si³¹	颜色 ŋan¹³sɛʔ³	声音 saŋ³¹in³¹
宜 黄	东西 tuŋ³³ɕi³³	色气 sɛʔ⁵tɕi⁴²	声音 saŋ³³in³³
丰 城	东西 tuŋ³⁵ɕi⁰	颜色 ŋan³³sɛʔ³²	声音 saŋ³⁵in³⁵
高 安	东西 tuŋ³⁵si⁰	颜色 ŋan²¹³sɛt⁵	声音 saŋ³⁵in³⁵
新 余	东西 tuŋ⁴⁵ɕi⁴⁵	颜色 ŋan⁴²sɛʔ⁵	声音 saŋ⁴⁵in⁴⁵
吉 安	东西 tuŋ³³⁴ɕi³³⁴	颜色 ŋan²¹se³³⁴	声音 saŋ³³⁴iŋ³³⁴
遂 川	东西 tə̃ŋ⁵³ɕi⁰	颜色 ŋan²²sɛ⁵⁵	声音 sã⁵³in⁰
宁 都	东西 tuŋ⁴²ɕi⁴²	颜色 ŋan¹³sək³²	声音 saŋ⁴²in⁴²
瑞 金	东西 tɤŋ⁴⁴sɿ⁴⁴	色 seʔ²	声音 saŋ⁴⁴in⁴⁴
于 都	东西 təŋ³¹si³¹	颜色 ŋã⁴⁴se³²³	声音 sã³¹iẽ³¹
赣 县	东西 təŋ²⁴ɕi²⁴	颜色 ĩ²¹²sɛʔ³²	声音 sã²⁴ɿ²⁴
南 康	东西 təŋ²²ɕi³³	颜色 ŋã¹¹se⁵⁵	声音 sã³³iəŋ³³
龙 南	东西 təŋ²⁴ɕi²⁴	颜色 ŋain⁵³sæʔ⁴³	声音 saŋ²⁴in²⁴
寻 乌	东西 tuŋ⁴⁴sɿ⁴⁴	色 ɕieʔ²¹	声音 saŋ²⁴in²⁴
黄 坳	东西 toŋ²⁴ɕi⁰	颜色 ŋan²¹¹sɛt⁵	声音 saŋ²⁴in²⁴
铜 鼓	东西 təŋ¹ɕi⁰	颜色 ŋan¹³sek³	声音 saŋ²¹⁴in⁰
大 溪	东西 təŋ³³ɕi³³	颜色 ŋan²¹sɛʔ⁴⁵	声响 san³³ɕioŋ⁴³³
太 源	东西 tɤŋ⁴⁴si⁴⁴	□色 ioŋ⁴²ɪsʔ⁴	声音 saŋ⁴⁴in⁴⁴
九 江	东西 toŋ³¹ɕi⁰	颜色 iɛn⁴⁴sai⁵³	声音 ʂoŋ³¹in⁰
赣 州	东西 təŋ³³ɕi³³	颜色 ĩn²¹²sɤʔ³²	声音 sən³³iəŋ³³
白 槎	东西 təŋ⁴²ɕi⁰	颜色 ian⁵⁵sɛ⁴²	声音 ʂən⁴²in⁰
浮 梁	东西儿 toŋ⁵⁵sɤ⁰n̩i⁰	颜色 ŋo²⁴sai³³	声音 ʂai⁵⁵iɛn⁵⁵
婆 源	东西 tɐm⁵⁵ɕi⁵⁵	颜色 ŋẽ¹¹sɔ⁵¹	声音 sɔ̃⁵⁵iɐn⁵⁵
上 饶	东西 toŋ⁴⁴ɕi⁴⁴	颜色 ŋãn⁴²sɛʔ⁵	声音 ɕĩn⁴⁴ĩn⁴⁴
广 丰	东西 toŋ⁴⁴ɕi⁴⁴	颜色 ŋãn²¹sæʔ⁵	声响 sĩn⁴⁴xiãn⁵²
铜 山	东西 toŋ³³se³³	颜色 ŋan²¹sæ⁴²	声息 ɕiã³³sə⁴²

	025 气味	026 滋味	027 地方 没有～放东西
南 昌	气息 tɕʰi²¹³ɕit⁵	味道 ui²¹tʰau²¹	落里 lɔʔ²li⁰
修 水	气色 dzi³⁵sɛt⁴²	味道 vi²²dau⁰	地方 di²²fɔŋ⁰
湖 口	气丝 dʑi²¹³sɿ⁴²	味道 uei²¹³dau²¹³	地方 di²¹³fɔŋ⁴²
鄱 阳	气息 tɕʰi³⁵sə⁴⁴	味道 uɛi²¹tʰau²¹	地方 tʰi²¹fan⁰
铅 山	味道 ui²¹tʰau²¹	味道 ui²¹tʰau²¹	所在 sɿ⁴⁵tsʰai²¹
抚 州	气息 tɕʰi⁴¹ɕi²	味道 ui²¹²xau²¹²	地方 tʰi²¹²fɔŋ⁰
资 溪	味道 ui²²xau²²	味道 ui²²xau²²	地方 ɕi²²fɔŋ³¹
宜 黄	气息 tɕʰi⁴²ɕi²	味道 ui²²xɔu²²	地方 tʰi⁴²fɔŋ³³
丰 城	气味 tɕʰi²⁴vi²¹³	味道 vi²⁴tʰau²¹³	地方 tʰi²¹⁴fɔŋ⁰
高 安	气哩 ɕi⁴⁴li⁰	味道 ui²²tʰau²²	地方 tʰi²²fɔŋ⁰
新 余	味道 ui¹²tʰau¹²	味道 ui¹²tʰau¹²	地方 tʰi¹²fɔŋ⁰
吉 安	气味 tɕʰi²¹⁴ui²¹⁴	味道 ui²¹⁴tʰau²¹⁴	地方 tʰi²¹⁴fan³³⁴
遂 川	气息 ɕi⁵⁵sɛ⁰	味道 ui²¹⁴tʰɒ⁰	地方 tʰi²¹⁴xõ⁵³
宁 都	气息 tɕʰi³¹sɛt³²	味道 vi⁴⁴tʰau⁴⁴	地方 tʰi²¹fɔŋ⁴²
瑞 金	气 tɕʰi⁴²	味 ve⁵¹	□□ sɿ⁴⁴sɛ⁵¹
于 都	气色 tɕʰi³²³sɛ³²³	味道 vi⁴²tʰɔ⁴²	地方 tʰi⁴²fɔ³¹
赣 县	气色 ɕi⁴⁴sɛʔ³²	味道 ue⁴⁴tʰɔ⁴⁴	地方 tʰi⁴⁴fɔŋ²⁴
南 康	气色 tɕʰi⁵³sə⁵⁵	味道 ue⁵³tʰɔ⁵³	地方 tʰi⁵³fɔ³³
龙 南	味道 vi²²tʰau²²	味道 vi²⁴tʰau²²	□下 taŋ²⁴xa⁰
寻 乌	气 tɕʰi⁴²	味道 muɐi⁵⁵tʰau⁵⁵	□□ nɔʔ²¹tsɿ⁴²
黄 坳	味道 mi⁵³tʰau⁵³	味道 mi⁵³tʰau⁵³	地方 tʰi⁵³fɔŋ⁰
铜 鼓	气味 ɕi⁵¹ui⁵¹	味道 ui⁵¹tʰau⁰	地方 tʰi⁵¹fɔŋ⁰
大 溪	味道 ue⁴³tʰɔ⁴³⁵	味道 ue⁴³tʰɔ⁴³⁵	地方 tʰi⁴³fɔŋ³³
太 源	味道 ui⁴²tʰau⁴²	味道 ui⁴²tʰau⁴²	地方 tʰi⁴²fɔŋ⁴⁴ /□在 tsɿ⁴⁴tsʰai⁴²
九 江	味儿 uei²¹ɚ⁰	味儿 uei²¹ɚ⁰	地方 ti²¹fã⁰
赣 州	味道 ve²¹tau²¹²	滋味 tsɿ³³ue⁰	地方 ti²¹²fãn³³
白 槎	气 tɕʰi³¹²	滋味 tsɿ⁴²vei³¹²	地方 ti³¹²faŋ⁰
浮 梁	气儿 tɕʰiər²¹³	味道 ue³³tʰau³³	地方 tʰɛ³³fan⁵⁵
婺 源	气味 tɕʰi³⁵vi⁵¹	味道 vi⁵¹tʰɔ⁵¹	场下 tɕʰiã²xə³¹ /许在 ɕy²tsʰe³¹
上 饶	气息 tɕʰi⁴³sɿʔ⁵	味道 ui²¹dou²¹²	场地 dʑiãn⁴²di²¹²
广 丰	气息 kʰe⁴⁴sɿʔ⁵	味道 fi²¹dɑu²¹²	场地 dʑiãn²⁴di⁰
铜 山	气息 kʰi⁴⁴ɕie⁴²	味素 bi²¹sɔ²¹	所在 sɔ⁴⁴tsai⁵⁵

	028	029	030
	家 我~在南昌	胡同	夏天
南昌	屋里 ut⁵li⁰	巷子 xɔŋ²¹tsɿ⁰	热天 let⁵t'iɛn⁴²
修水	屋里 u?⁴²di⁰	巷 xɔŋ²²	热天 ȵiet⁴²diɛn⁴⁴
湖口	屋里 u⁴²li⁰	乔里 lɔŋ⁴⁴⁵li⁰	热天 ȵiɛ²¹³diɛn⁴²
鄱阳	屋里 u⁴⁴li⁰	弄弄子 lən²¹lən²¹tsɿ⁰	热时间 yə⁴⁴sɿ²⁴kãn⁰
铅山	屋里 uɤ?⁴li⁰	弄堂 lɔŋ²¹t'an²⁴	热天 ȵiɛ?⁴t'iɛn³³
抚州	屋□ u?²xa²²	巷子 xɔn²¹²tsɿ	热天 ȵiɛt⁵t'iɛn⁰
资溪	屋下 u?³xa²²	弄弄子 luŋ²²luŋ²²tsɿ⁰	热天 ȵiet⁵ɕian³¹
宜黄	屋里 ut⁵ti⁰	巷儿 xɔŋ²²ɛ⁰	热天 ȵiet⁵ɕiɛn³³
丰城	屋里 u?³²li⁰	巷 xɔŋ²¹³	热天 ȵiɛ?³²t'iɛn³⁵
高安	屋里 uk⁵li⁰	巷 xɔŋ²²	热天 iet⁵t'iɛn³⁵
新余	屋里 u?⁵li⁰	巷同 xan¹²t'uŋ⁰	热时间 ȵiɛ?⁵ɕi²kan⁴⁵
吉安	屋里 uo³³⁴li⁰	胡同 fu¹¹tuŋ¹¹	夏天 xa²¹⁴t'iɛn³³⁴
遂川	屋里 uɛ⁵⁵ti³⁵	巷 xõ²¹⁴	热天 ȵiɛ²¹⁴t'ĩẽn⁵³
宁都	屋□ vuk⁵ka⁴²	巷 xɔŋ⁴⁴	热天 nat⁵t'iɛn⁴²
瑞金	屋□ vɤ?²k'a⁴⁴	洞子 t'ɤŋ⁵¹tsɿ⁰	热天 ȵiɛ?⁴t'iɛn⁴⁴
于都	屋□/里 vu?⁵k'ua⁴⁴/li⁰	巷子 xõ⁴²tsɿ³⁵	热天 ȵiɛ?⁵t'ĩ³¹
赣县	屋□ uo?³²xa⁴⁴	巷子 xõ⁴⁴tsɿ	夏天 xa⁴⁴t'ĩ²⁴
南康	屋□/里 u⁵⁵k'ua³³/ti⁰	巷嘞 xɔ̃⁵³lə⁰	热天 nie⁵³t'ĩ³³
龙南	屋□ vəʔ⁴³k'a²⁴	巷弄嗰 xɔŋ²²lɔŋ²²te?⁰	夏天 xa²²t'iain²⁴
寻乌	屋□ vu?²¹k'a²⁴	洞子 t'uŋ⁵⁵tsɿ⁰	夏天 xa⁵⁵t'iɛn²⁴
黄坳	屋□ uk²k'a²⁴	巷子 xɔŋ⁵³tsɿ⁰	热天 niet⁵t'iɛn²⁴
铜鼓	屋下 uk³xa⁰	巷子 xɔŋ⁵¹tsɿ⁰	夏天 xa⁵¹t'iɛn²¹⁴
大溪	屋□ uəʔ⁴xua⁴³⁵	弄堂 lən⁴³t'ɔŋ²¹³	热天 ȵiɛ?⁵t'iɛn³³
太源	寮嗰 lɑu²⁴te⁰	弄 luŋ⁴²	热天 ȵiɛ?²t'an⁴⁴
九江	屋里 u⁵³li⁰	巷儿 xã²¹ɚ⁰	夏天 ɕin²¹t'iɛn³¹
赣州	家 tɕia³³	巷子 xãn²¹²tsɿ⁰	夏天 ɕia²¹²t'ĩn³³
白槎	家 tɕia⁴²	巷子 xan³¹²tsɿ⁰	夏天 ɕia³¹²t'ian³³
浮梁	家 ko⁵⁵	弄 lɔŋ³³	热天嘞 iɛ³³t'i⁵⁵lɛ⁰
婺源	家 kɵ⁵⁵	□ vɔ̃⁵¹/巷 xã⁵¹	热天 ȵiɛ⁵¹t'i⁰
上饶	归里 ku?⁵li⁴⁴	弄堂 nɔŋ²⁴dãn⁰	热天 ȵiɛ?²t'iẽn⁴⁴
广丰	处里 tɕ'yu?⁵li⁴⁴	弄 lɔŋ²¹²	热天 niæ?²t'iẽn⁴⁴
铜山	□处 xəʔ⁴ts'u²¹	巷团 xan²¹kiã⁴⁴³	热天 liæ?²t'ĩ³³

	031 冬天	032 今年
南 昌	冷大 laŋ²¹³t'iɛn⁴²	今年 tɕin⁴²n̠iɛn⁴⁵
修 水	冬大 təŋ³⁴diɛn⁴⁴	今年 tɕin³⁴n̠iɛn²⁴
湖 口	冷大 laŋ³⁴³diɛn⁴²	今年 tɕin⁴²n̠iɛn²¹¹
鄱 阳	冷时间 lən⁴²sɿ²⁴kãn⁰	今年 tɕin²¹n̠iẽn⁰
铅 山	冬间天 toŋ³³kan³³t'iɛn³³	今年 tɕin³³n̠iɛn²⁴
抚 州	冬下 tuŋ³²xa²¹²	今年 tɕim³²n̠iɛn²⁴
资 溪	冬下 tuŋ³¹xa²²	今年 tɕim³¹n̠iɛn⁴⁵
宜 黄	冬下 tuŋ³³xa²²	今年 tɕin³³n̠iɛn⁴⁵
丰 城	冬下 tuŋ³⁵xa⁰	今年 tɕin³⁵n̠iɛn³³
高 安	冷天 laŋ⁴²t'iɛn³⁵	今年 tɕin³⁵iɛn²¹³
新 余	冷时间 laŋ²¹ɕi⁴²kan⁴⁵	今年 tɕin⁴⁵n̠iɛn⁴²
吉 安	冬天 tuŋ³³⁴t'iɛn³³⁴	今年 tɕin³³⁴n̠iɛn²¹
遂 川	冷天 lã³⁵t'iẽn⁵⁵	今年家 tɕiã⁵³n̠iẽn²²ko⁰
宁 都	冬天 tuŋ⁴²t'iɛn⁴²	今年 tsən⁴²nan¹³
瑞 金	冬下（天）tɤŋ⁴⁴xa⁴⁴（t'iɛn⁴⁴）	今年 tɕin⁴⁴n̠iɛn³⁵
于 都	冬下 təŋ³¹xa³¹	今年 kẽ³¹n̠i⁴⁴
赣 县	冬下 təŋ²⁴xa⁴⁴	今年 tɕiəŋ²⁴n̠ĩ²¹²
南 康	冬天 təŋ³³t'ĩ³³	今年 tɕiəŋ³³n̠ĩ¹¹
龙 南	冬天 təŋ²⁴t'iain²⁴	今年 tɕin²⁴n̠iɛn³¹²
寻 乌	冬下 təŋ²⁴xa²⁴	今年 kin²⁴n̠iɛn²¹⁴
黄 坳	冬下 toŋ²⁴xa⁰	今年 kin²⁴niɛn⁰
铜 鼓	冬下 təŋ²¹⁴xa⁰	今年 tɕin²¹⁴n̠iɛn¹³
大 溪	冷天 lɛn⁴³t'iɛn³³	今年 tɕiin⁵²n̠iɛn²¹³
太 源	冬下 tuŋ⁴⁴xa⁴²	今年 tɕin⁴⁴nan²¹²
九 江	冬天 toŋ³¹t'iɛn³¹	今年 tɕin³¹liɛn⁴⁴
赣 州	冬天 təŋ³³t'ĩn³³	今年 tɕiəŋ³³nĩn⁴²
白 槎	冬天 təŋ⁴²t'ian⁰	今年 tɕin⁴²n̠ian⁰
浮 梁	冬下天嘞 toŋ⁵⁵xo⁰t'i⁵⁵lɛ⁰	今年 tɕiɛn⁵⁵ni²⁴
婺 源	年冬 n̠ĩ¹¹tɐm⁵⁵	今年 tɕiæn⁵⁵n̠ĩ¹¹
上 饶	冬天 toŋ⁴⁴t'iɛ̃n⁰	今年 tɕiĩn⁴⁴n̠iɛ̃n⁰
广 丰	冬间 toŋ⁴⁴kãn⁰	□年 ka⁴³n̠iɛ̃n²⁴
铜 山	冬天 tan³³t'ĩ³³	今囝年 kiã³³n̠ĩ²⁴

		033 去年	034 明年
南	昌	旧年 tɕʻiu²¹ȵien⁴⁵	明年 miaŋ⁴⁵ȵien⁴⁵
修	水	旧年 dʑiu²²ȵien²⁴	明年 miaŋ²⁴ȵien²⁴
湖	口	旧年 dʑiɛu²¹³ȵien²¹¹	明年 miaŋ²¹¹ȵien²¹¹
鄱	阳	旧年 tɕʻiəu²¹ȵiẽn⁰	明年 min²⁴ȵiẽn⁰
铅	山	旧年 kʻɛu²¹ȵien²⁴	明年 min²⁴ȵien²⁴
抚	州	旧年 tɕʻiu²¹²ȵien²⁴	明年 miaŋ²⁴ȵien²⁴
资	溪	旧年 tɕʻiu²²ȵien¹³	明年 miaŋ¹³ȵien¹³
宜	黄	旧年 tɕʻiu²²ȵien⁴⁵	明年 miaŋ⁴⁵ȵien⁴⁵
丰	城	旧年 tɕʻiu²¹³ȵien³³	明年 miaŋ³³ȵien³³
高	安	旧年 tɕʻiu²²ien²¹³	明年 miaŋ²¹³ien²¹³
新	余	旧年 tɕʻiu¹²ȵien⁴²	明年 miaŋ⁴²ȵien⁴²
吉	安	旧年 tɕʻiu²¹⁴ȵien²¹	明年 miaŋ²¹ȵien²¹
遂	川	旧年家 tɕʻiə²¹⁴ȵiẽn²²ko⁰	明年家 miã²²ȵiẽn²²ko⁰
宁	都	旧年 tsʻəu⁴⁴nan¹³	明年 miaŋ¹³nan¹³
瑞	金	旧年 tɕʻiu⁵¹ȵien³⁵	明年 miaŋ³⁵ȵien⁴⁴
于	都	旧年 tɕʻy⁴²ȵĩ⁴⁴	明年 miã⁴⁴ȵĩ⁴⁴
赣	县	旧年 tɕʻiu⁴⁴ȵĩ²¹²	明年 miã²¹²ȵĩ²¹²
南	康	旧年 tɕʻiu⁵³nĩ¹¹	明年 miã¹¹nĩ¹¹
龙	南	旧年 tɕʻiu²²ȵien³¹²	明年 miaŋ³¹²ȵien³¹²
寻	乌	去年子 kʻiu⁵⁵ȵien²¹⁴tsɿ⁰	明年子 miaŋ²¹⁴ȵien²¹⁴tsɿ⁰
黄	坳	旧年 tɕʻiu⁵³nien⁰	明年 miaŋ²¹²nien⁰
铜	鼓	旧年 tɕʻiu⁵¹ȵien¹³	明年 miaŋ¹³ȵien¹³
大	溪	旧年 tɕʻiu⁴³ȵien²¹³	明年 miaŋ²¹ȵien²¹³
太	源	去年 ɕiu⁴⁴nan²¹²	明年 men²⁴nan²¹²
九	江	去年 tʂʻʅ²¹liɛn⁴⁴	明年 min⁴⁴liɛn⁴⁴
赣	州	去年 tɕʻy²¹²nĩn⁴²	明年 miəŋ⁴²nĩn⁴²
白	槎	去年 tʂʻʅ³¹²ȵian⁰	明年 mən⁵⁵ȵian⁰
浮	梁	旧年 tɕʻiɛu³³ȵi²⁴	明年 mai²⁴ȵi²⁴
婺	源	旧年 tɕʻia⁵¹ȵĩ¹¹	明年 mɔ̃¹¹ȵĩ¹¹
上	饶	旧年 ge²¹ȵiẽn⁴²³	明年 mĩn⁴²ȵiẽn⁴²³
广	丰	去年 kʻɤʔ²ȵiẽn²⁴	□年 mɑ²³¹ȵiẽn⁰
铜	山	旧年 ku²¹ȵĩ²⁴	明囝年 miã²¹ȵĩ²⁴

	035 今天	036 昨天
南 昌	今日 tɕin⁴²n̦it⁵	昨日 tsʰɔʔ⁵n̦it⁵
修 水	今日 tɕin³⁴n̦it⁴²	昨日 dzoʔ³²n̦it⁴²
湖 口	今朝 tɕin⁴²t̠sau⁴²	昨日 dzo²¹³n̦i²¹³
鄱 阳	今朝 tɕin²¹t̠sau²¹	昨日 tsʰo⁴⁴ie⁴⁴
铅 山	今朝 tɕin³³tsau³³	昨日 tsʰɐʔ⁴n̦iʔ⁴
抚 州	今朝 tɕim³²tɛu³²	昨日 tsʰɔʔ⁵n̦it⁵
资 溪	今朝 tɕim³¹tau³¹	昨日 tʰɔʔ⁵n̦it⁵
宜 黄	今朝 tɕim³³tau³³	昨日 tʰɔʔ⁵n̦it⁵
丰 城	今□ tɕin³⁵ia⁰	昨日 tsʰɔʔ⁵n̦iʔ⁵
高 安	今□ tɕin³⁵ŋa⁰	昨日 tsʰɔk²it⁵
新 余	今日 tɕin⁴⁵n̦iɛʔ⁵	昨日 tsʰoʔ⁴n̦iɛʔ⁵
吉 安	今日 tɕin³³⁴n̦i²¹⁴	昨日 tsʰo²¹⁴n̦i²¹⁴
遂 川	今头 tɕĩn⁵³tʰiə²²	昨日 tɕʰi²¹⁴n̦iɛ²¹⁴
宁 都	今朝 tsən⁴²tsau⁴²	昨日 tsʰɔk⁵nət⁵
瑞 金	今朝 tɕin⁴⁴tso⁴⁴	昨日 tsʰɔʔ⁴n̦iʔ²
于 都	今朝 kẽ³¹tso³¹	昨日 tsʰɔ⁴²n̦iɛ³²³
赣 县	今日 tɕiən²⁴n̦iɛʔ⁵	昨日 tsʰɔʔ⁵pu²⁴n̦iɛʔ⁵
南 康	今日 tɕiən³³niɛ⁵³	昨日 tsʰo³³niɛ⁵³
龙 南	今日 tɕin²⁴niɛʔ²³	昨哺日 tsʰaʔ²³pu²⁴n̦iɛʔ²³
寻 乌	今哺日 kin²⁴pu²⁴n̦iʔ²¹	昨哺日 tsʰɔʔ³⁴pu²⁴n̦iʔ²¹
黄 坳	今哺 tɕin²¹²pu²⁴	昨哺 tsʰɔk⁵pu²⁴
铜 鼓	今哺 tɕin²¹⁴pu²¹⁴	昨哺 tsʰɔk⁵pu²¹⁴
大 溪	今哺 tɕin³³pu³³	昨哺 tɕʰia²¹pu³³
太 源	今朝 tɕin⁴⁴tsɛu⁴⁴	昨日（哺） tsʰɑuʔ²n̦iʔ⁴（pu⁴²）
九 江	今天 tɕin³¹tʰiɛn³¹	昨天 tso⁵³tʰiɛn³¹
赣 州	今日 tɕiən³³iɛʔ³²	昨日 tso²¹²iɛʔ³²
白 槎	今个儿 tɕin⁴²kor⁰	昨个儿 tso²¹⁴kor⁰
浮 梁	今朝 tɕiɛn⁵⁵tɕiau⁰	昨日 tsʰo³³n̦i⁰
婺 源	今日 tɕiæn⁵⁵n̦i⁵¹	昨日 tsʰɒ⁵¹n̦i⁵¹
上 饶	今朝 tɕiĩn⁴⁴tɕiou⁴⁴	昨日 dzaʔ²n̦iɛʔ²³
广 丰	□日 kɤʔ²næʔ⁵	昨暝 sæʔ²mæn²⁴
铜 山	今囝日 kia³³lieʔ⁴	昨日 tso²¹lieʔ⁴

	037 前天	038 明天
南昌	前日 tɕʰien²⁴n̩it⁵	明日 mian⁴⁵n̩it⁵
修水	前日 dzʑien²⁴n̩it⁴²	明日 mian²⁴n̩it⁴²
湖口	前日 dzʑien²¹¹n̩i²¹³	明朝 mian²¹¹tʂau⁴²
鄱阳	前日 tɕʰiẽn²⁴·ie⁴⁴	明朝 min²⁴tsau⁰
铅山	前日 tɕʰien²⁴n̩i?⁴	明朝 min²⁴tsau³³
抚州	前日 tɕʰien²⁴n̩it⁵	明朝 mian²⁴tɛu³²
资溪	前日 tɕʰien¹³n̩it⁵	明朝 mian¹³tau³¹
宜黄	前日 tɕʰien⁴⁵n̩it⁵	明朝 mian⁴⁵tau³³
丰城	前日 tɕʰien³³n̩i?⁵	明日 mian³³n̩i?⁵
高安	前日 tɕʰien²¹³it⁵	明日 mian²¹³it⁵
新余	前日 tɕʰien⁴²n̩ie?⁵	明日 mian⁴²n̩ie?⁵
吉安	前日 tɕʰian²¹n̩i²¹⁴	明日 mian²¹n̩i²¹⁴
遂川	前日 tɕʰiẽn²²n̩iɛ⁵⁵	明日 miã²²n̩iɛ⁵⁵
宁都	前日 tɕʰien¹³nət⁵	明朝 mian¹³tsau⁴²
瑞金	前日 tɕʰien³⁵n̩i?²	明朝 mian³⁵tsɔ⁴⁴
于都	前日 tsʮ̃⁴⁴niɛ³²³	明（朝）日 miã⁴⁴tsɔ³¹niɛ³²³
赣县	前哺日 tɕʰi²¹²pu²⁴niɛ?⁵	明哺 miã²¹²pu²⁴niɛ?⁵
南康	前日 tɕʰiĩ¹¹nie⁵³	明日 miã¹¹nie⁵³
龙南	前头日 tɕʰiain³¹²tʰɛu⁰niɛ²³	明头日 mian³¹²tʰɛu⁰niɛ²³
寻乌	前日哺 tɕʰien²¹⁴n̩i²¹pu²⁴	明朝哺 mian²¹⁴tsau²⁴pu²⁴
黄坳	前哺 tɕʰian²¹²pu²⁴	天光 tʰɛn²¹²kuaŋ²¹²
铜鼓	前日 tɕʰien¹³n̩it⁵	天光 tʰien²¹⁴kɔŋ²¹⁴
大溪	前日 tɕʰien²¹n̩i?⁵	天光 tʰien³³kuɔŋ³³
太源	前日 tsʰan²⁴n̩i?⁴	□头 nan⁴⁴tʰɛu²¹²
九江	前天 tɕʰien⁴⁴tʰien³¹	明天 min⁴⁴tʰien³¹
赣州	前日 tɕʰiĩn⁴²iɛ³²	明日 miən⁴²iɛ³²
白槎	前个儿 tɕʰian⁵⁵kor⁰	明个儿 mən⁵⁵kor⁰
浮梁	前日 tɕʰi²⁴n̩i⁰	明朝 mai²⁴tɕiau⁰
婺源	前日 tsʮ̃¹¹n̩i⁵¹	明日 mɔ̃¹¹n̩i⁵¹
上饶	前日 dzʑiẽn⁴²niɛ?²³	明朝 mĩn⁴²tɕiou⁴⁴
广丰	□日 suæ?²na?²³	□日 mɣ?²næ?²³
铜山	昨日 tso⁵⁵lie?⁰	唔日 mã²¹lie?⁴

	039 后天	040 白天
南 昌	后日 xɛu²¹n̠it⁵	日上 n̠it⁵soŋ⁰
修 水	后日 xɛi²²n̠it⁴²	日里 n̠it⁴²di⁰
湖 口	后日 xɛu²¹³n̠i⁰	日上 n̠i²¹³soŋ²¹³
鄱 阳	后朝 xəu²¹tsau²¹	日里 ie⁴⁴li⁰
铅 山	后日 xɛu³³n̠i⁴	日上 n̠i⁴san⁰
抚 州	后日 xɛu²¹²n̠it⁵	日上 n̠it⁵soŋ²²
资 溪	后日 xɛu³¹n̠it⁵	日上 n̠it⁵soŋ²²
宜 黄	后日 xɛu²²n̠it⁵	日上 n̠it⁵soŋ²²
丰 城	后日 xau²¹³n̠i⁵	日里 n̠i⁵li⁰
高 安	后日 xɛu²²it⁵	日里 it⁵li⁰
新 余	后日 xɛu¹²n̠iɛ⁵	日间 n̠iɛ⁵kan⁴⁵
吉 安	后日 xɛu²¹⁴n̠i²¹⁴	日里 n̠i²¹⁴li⁰
遂 川	后日 xə²¹⁴n̠iɛ⁵⁵	日里辰 n̠i⁵⁵ti³¹sɛn²²
宁 都	后日 xəu⁴⁴nət⁵	日嘚辰 nət⁵tək⁰sən¹³
瑞 金	后日 xɤ⁴⁴n̠i²²	日辰 n̠i²²ɕin³⁵
于 都	后日 xieu³¹n̠iɛ³²³	日里 n̠iɛ³²³li⁰
赣 县	后日 xe⁴⁴n̠iɛ⁵	日里 n̠iɛ⁵li⁰
南 康	后日 xe³³n̠iɛ⁵³	日子头 n̠iɛ⁵³tsʅ⁰t'ɛ¹¹
龙 南	后日 xɛu²²n̠iɛ²³	日子头 n̠iɛ²³tsʅ⁰t'ɛu³¹²
寻 乌	后日晡 xiu⁵⁵n̠i²¹pu²⁴	日皓 n̠i²¹xau⁵⁵
黄 坳	后日 xɛu⁵³nit²	日里 nit⁵li⁰
铜 鼓	后日 xɛu⁵¹n̠it⁵	日里 n̠it⁵li⁰
大 溪	后日 xe⁴³n̠iʔ⁵	日上头 n̠iʔ⁵soŋ⁴³t'ɛ²¹³
太 源	后日 xɛu⁴²n̠i⁴	日嘚 n̠i⁴te⁰/日头 n̠i⁴t'ɛu²¹²
九 江	后天 xəu²¹t'iɛn³¹	白天 pai⁵³t'iɛn³¹
赣 州	后日 xieu²¹²iɛ³²	白天 pɣʔ³²t'ĩn³³
白 槎	后个儿 xəu³¹²kor⁰	白日 pɛ⁵⁵zʅ⁴²
浮 梁	后日 xau³³n̠i⁰	日家 n̠i³³ko⁵⁵
婺 源	后日 ɕia³¹n̠i⁵¹	日家 n̠i⁵¹kø⁵⁵
上 饶	后日 xe²³¹n̠iɛʔ⁰	日上 n̠iɛʔ²³ɕiãn⁰
广 丰	后日 u²⁴næʔ⁰	日上/时 næʔ²³dʑiãn⁰/se⁰
铜 山	后日 au⁵⁵lieʔ⁰	日时 lieʔ⁴ɕi⁰

	041 晚上	042 上午
南 昌	夜晚 ia²¹uan²¹³	上昼 sɔŋ²¹tɕiu⁴⁵
修 水	夜里 ia²²di⁰	上昼 sɔŋ²²tu⁵⁵
湖 口	夜上 ia²¹³ʂŋ²¹³	上昼 ʂɔŋ²¹³dzɛu⁴⁵⁵
鄱 阳	夜蛮 iɒ²¹mãn⁰	上昼 sãn²¹tsəu³⁵
铅 山	夜上 iɛ²¹san⁰	上昼 san²⁴tɕiu²¹
抚 州	夜间 ia²¹²kan³²	上昼 sɔŋ²¹²tiu²¹²
资 溪	夜间 ia²²kan³¹	上昼 sɔŋ²²tiu⁵³
宜 黄	夜界 ia⁴²kai⁴²	上昼 sɔŋ²²tɕiu⁴²
丰 城	夜间 ia²¹³kan³⁵	上昼 sɔŋ²¹tʂəu²¹³
高 安	夜里 ia²²li⁰	上昼 sɔŋ²²teu⁴⁴
新 余	夜间 ia¹²kan⁴⁵	上昼 sɔŋ¹²tɕiu¹²
吉 安	夜里 ia²¹⁴li⁰	上半日 sɔŋ²¹⁴puon²¹ɲi²¹⁴
遂 川	夜里辰 ia²¹⁴ti³¹sɛ̃n²²	晏上 ãn⁵⁵sõ²¹⁴
宁 都	夜哺 ia⁴⁴pu⁴²	早晨头 tsau²¹⁴sən¹³tʼiɐu¹³
瑞 金	夜哺 ia⁵¹pu⁴⁴	晏昼 an⁴²tɕiu⁴²
于 都	夜哺 ia⁴²pu³¹	晏昼 ã³²³tɕieu³²³
赣 县	夜哺 ia⁴⁴pu²⁴	晏昼 ŋã⁴⁴tse⁴⁴
南 康	夜哺 ia⁵³pu³³	晏昼 ãn⁵³tɕiu⁵³
龙 南	夜哺头 ia²²pu²⁴tʼɐu⁰	昼边头 tsɛu⁴⁴piain²⁴tʼɐu⁰
寻 乌	晏哺 an⁵⁵pu²⁴	上昼 sɔŋ⁵⁵tɕiu⁵⁵
黄 坳	夜哺 ia⁵³pu²⁴	上昼 sɔŋ⁵³tɕiu⁵³
铜 鼓	夜哺 ia⁵¹pu²¹⁴	上昼 sɔŋ⁵¹tu⁵¹
大 溪	夜哺头 ia⁴³pu³³tʼɛ²¹³	上昼 sɔŋ⁴³tɕiu⁵²
太 源	晏哺 an⁴⁴pu⁴² / 夜嗰 ia⁴²tɛ⁰	上昼 ʃɔŋ⁴⁴tsɛu⁴⁴
九 江	晚上 uan²¹³sã⁰	上午 sã²¹u²¹³
赣 州	晚上 vãn⁴⁵sãn⁰	上午 sãn²¹²u⁴⁵
白 槎	晚黑儿 van²¹⁴xɚ⁴²	上午 saŋ³¹²vu⁰
浮 梁	夜家 iɛ³³ko⁵⁵	上昼 ɕia³³tɕiɛu⁰
婺 源	夜家 iɛ⁵¹kø⁵⁵	上昼 ɕiã³¹tsa³⁵
上 饶	黄昏 uõŋ⁴²fin⁴⁴	上昼 ɕiãn²⁴tɕiu⁰
广 丰	洋昏 iãn²¹xuɐ̃n⁴⁴	昼前 tʏuɯ⁴⁴suɐi⁰
铜 山	暗时 an²¹ɕi⁰	早起 tsa⁴⁴kʼi⁴⁴³

	043 中午	044 下午
南 昌	当昼 toŋ⁴²tɕiu⁴⁵	下昼 xa²¹tɕiu⁴⁵
修 水	昼辰 tu⁵⁵ɕin²⁴	下午 xa²²tu⁵⁵
湖 口	中时 tʂoŋ⁴²sʐ²¹¹	下午 xa²¹³dzɐu⁴⁵⁵
鄱 阳	昼时 tsəu³⁵sʐ²⁴	下昼 xɒ²¹tsəu³⁵
铅 山	当昼 tan³³tɕiu²¹	彎昼 man⁴⁵tɕiu²¹
抚 州	昼间 tiu²¹²kan⁰	下昼 xa²¹²tiu²¹²
资 溪	昼间 tiu⁵³kan³¹	下昼 xa²²tiu⁵³
宜 黄	昼间 tɕiu⁴²kan³³	下昼 xa²²tɕiu⁴²
丰 城	昼间 tsəu²¹³kan³⁵	下昼 xa²⁴tsəu²¹³
高 安	当昼里 toŋ³⁵tɐu⁴⁴li⁰	下昼 xa²²tɐu⁴⁴
新 余	昼间 tɕiu¹²kan⁴⁵	下昼 xa¹²tɕiu¹²
吉 安	中时 tsuŋ³³⁴sʐ²¹	下午 xa²¹⁴u⁵³
遂 川	晏 ãn⁵⁵	卜彎 xa²¹⁴man²¹⁴
宁 都	晏昼 ŋan³¹tsəu³¹	卜哺 xa⁴⁴pu⁴²
瑞 金	当昼 toŋ⁴⁴tɕiu⁴²	下昼 xa⁴⁴tɕiu⁴²
于 都	晏昼 ã³²³tɕieu³²³	下哺 xa³¹pu³¹
赣 县	晏昼心子 ŋã⁴⁴tse⁴⁴ɕiəŋ²⁴tsʐ⁰	下昼 xa⁴⁴tse⁴⁴
南 康	晏昼头 ãn⁵³tɕiu⁵³tʼɛ¹¹	下昼 xa⁵³tɕiu⁵³
龙 南	当昼边子 toŋ²⁴tseu⁴⁴piain²⁴tsʐ⁰	下哺头 xa²⁴pu²⁴tʼɐu⁰
寻 乌	当昼 toŋ²⁴tɕiu⁵⁵	下昼 xa⁵⁵tɕiu⁵⁵
黄 坳	昼边 tɕiu⁵³piɛn²⁴	下昼 xa⁵³tɕiu⁵³
铜 鼓	当昼子 toŋ²¹⁴tu⁵¹tsʐ⁰	下昼 xa⁵¹tu⁵¹
大 溪	昼边 tɕiu⁵²piɛn³³	下昼 xa⁴³tɕiu⁵²
太 源	日昼 ȵi ʔ⁴tsɐu⁴⁴	下昼 xa⁴²tsɐu⁴⁴
九 江	中午 tʂoŋ³¹u²¹³	下午 ɕin²¹u²¹³
赣 州	中午 tsəŋ³³u⁴⁵	下午 ɕia²¹²u⁴⁵
白 槎	晌午 saŋ²¹⁴vu⁰	下午 ɕia³¹²vu²¹⁴
浮 梁	当昼 taŋ⁵⁵tɕiɛu⁰	下昼 xo³³tɕiɛu⁰
婺 源	当昼 tã⁵⁵tsa³⁵	下昼 xɵ³¹tsa³⁵
上 饶	晏昼 ŋãn⁴³tɕiu⁴³⁴	口时 ŋa⁴²ɕiˑ⁴²³
广 丰	昼日 tɤɯ⁴⁴næʔ⁵	昼罢 tɤɯ⁴⁴pɑ⁴⁴
铜 山	日昼 lieʔ⁴tau²¹	日昼后 lieʔ⁴tau²¹au⁵⁵

	045 早晨	046 傍晚
南 昌	清早 tɕʰin⁴²tsau²¹³	断夜边子 tʰon²¹ia²¹piɛn⁴²tsɿ⁰
修 水	早晨 tsau²¹ɕin²⁴	断暗 don²²ŋon⁵⁵
湖 口	早上 tsau³⁴³ʂɔŋ²¹³	断暗 don²¹³ŋon⁴⁵⁵
鄱 阳	清早 tɕʰin²¹tsau⁴²	夜边子 iɒ²¹piẽn²¹tsɿ⁰
铅 山	天光早 tʰiɛn³³kuon³³tsau⁴⁵	夜边 ie²¹piɛn³³
抚 州	早间 tsau⁴⁵kan⁰	来夜 loi²⁴ia²¹²
资 溪	早晨 tsau³⁵sin¹³	夜夜边 ia²²ia²²piɛn³¹
宜 黄	早间 tɔu⁴⁵³kan³³	挨夜边 ŋai⁴⁵ia²²piɛn³³
丰 城	早间 tsau⁴¹kan³⁵	夜边哩 ia²¹³piɛn³⁵li⁰
高 安	日早 it⁵tsau⁴²	夜边子 ia²¹piɛn³³tsɿ⁰
新 余	早晨 tsau²¹³sɛn⁴²	暗间 ŋon¹²kan⁴⁵
吉 安	清早 tɕʰin³³⁴tsau⁵³	断暗间哩 tʰon²¹⁴ŋon²¹⁴kan³³⁴li⁰
遂 川	清早 tɕʰin⁵³tsɔ³¹	快天晚 kʰuæ⁵⁵tʰiẽn⁵³mãn³⁵
宁 都	早晨头 tsau²¹⁴sən¹³tʰiəu¹³	捱夜边嗰 ŋai¹³ia⁴⁴piɛn⁴²tək⁰
瑞 金	清早 tɕʰin⁴⁴tsɔ²¹²	来夜边子 luɛ³⁵ia⁵¹piɛn⁴⁴tsɿ⁰
于 都	清早 tsʰẽ³¹tsɔ³⁵	天晏边 tʰĩ³¹ŋã³²³pĩ³¹
赣 县	早晨 tsɔ⁵³sən²¹²	天晏边子 tʰĩ²⁴ŋã⁴⁴pĩ²⁴tsɿ⁰
南 康	早晨 tsɔ²¹ɕiəŋ¹¹	断暗边子 tʰuɛ⁵³uɛ⁵³pĩ³³tsɿ⁰
龙 南	早晨头 tsau⁵³sen³¹²tʰɐu⁰	晏晡头 an⁴⁴pu⁴⁴tʰɐu⁰
寻 乌	清早 tɕʰin²⁴tsau⁴²	挨夜 ai²⁴ia⁵⁵
黄 坳	清早 tsʰin²⁴tsau³¹	临夜晡 lin²¹²ia⁵³pu²⁴
铜 鼓	早晨 tsau²¹sən¹³	捱夜子 ai¹³ia⁵¹tsɿ⁰
大 溪	早晨 tsau⁴³sɪn²¹³	夜边 ia⁴³piɛn³³
太 源	清早 tsʰin⁴⁴tsau³²⁵	晏晡头 an⁴⁴pu⁴²tʰɐu²¹²
九 江	早上 tsau²¹³ʂã⁰	傍晚 põ²¹uan²¹³
赣 州	早晨 tsɔ⁴⁵sən⁴²	傍晚子 põn²¹²vãn⁴⁵tsɿ⁰
白 槎	清早 tɕʰin⁴²tsau²¹⁴	快黑 kʰuai³¹²xei⁴²
浮 梁	清早 tsʰɛn⁵⁵tsau³¹	挨夜儿 ŋɔ⁵⁵iɛ³³n̠i̯⁰
婺 源	朝家 tsɔ⁵⁵kɵ⁵⁵	挨夜边 ŋɔ⁵⁵ie⁵¹pĩ⁵⁵
上 饶	天光 tʰiẽn⁴⁴kuõŋ⁴⁴	夜边儿 ie²¹piɛn⁴⁴n̠i̯⁴⁴
广 丰	天光 tʰiẽn⁴⁴kyãn⁴⁴	洋昏 / 乌荫边 iãn²¹xuẽn⁴⁴ / uɣ⁴⁴in⁴⁴piẽn⁴⁴
铜 山	早起头 tsa⁴⁴kʰi⁴⁴tʰau²⁴	暗暝囝 an⁴⁴mĩ⁴⁴kiã⁴⁴³

	047 天黑~了，住卜吧	048 中元节 农历七月十五
南 昌	断夜 t'on²¹ia²¹	七月半 tɕ'it⁵n̩yot⁵pon⁴⁵
修 水	天暗 dien⁴⁴ŋon⁵⁵	七月半 dzit⁴²ŋuɛt⁴²pon⁵⁵
湖 口	天夜 dien⁴²ia²¹³	七月半 dziɛ⁴⁵⁵n̩yɛ²¹³pan⁴⁵⁵
鄱 阳	大暗 t'iɛn²¹ŋõn³⁵	七月半 tɕ'i⁴⁴n̩ye⁴⁴põn³⁵
铅 山	夜 iɛ²¹	鬼时节 kui⁴⁵sŋ²⁴tɕiɛʔ⁴
抚 州	天夜 t'iɛn³²ia²¹²	七月半 tɕ'it²n̩yot²pon⁴¹
资 溪	夜 ia²²	鬼节 kui³⁵tɕiɛt³
宜 黄	夜 ia²²	七月半 tɕ'it²uɛt⁵pon⁴²
丰 城	夜 ia²¹³	七月半 tɕ'iʔ³²n̩yɛʔ⁵pen²¹³
高 安	天夜 t'iɛn³⁵ia²²	七月半 tɕ'it⁵yɔt⁵pan⁴⁴
新 余	天夜 t'iɛn⁴⁵ia¹²	七月十二 tɕ'iɛʔ⁵n̩io?⁵sɛ?³⁴ə¹²
吉 安	夜 ia²¹⁴	鬼节 kui⁵³tɕiɛ³³⁴
遂 川	大晚 t'iɛ̃n⁵³mã̍n³⁵	鬼节 tɕy³¹tɕiɛ⁵⁵
宁 都	大暗 t'iɛn⁴²ŋon³¹	鬼节 kui²¹⁴tɕiɛt³²
瑞 金	夜 ia⁵¹	鬼节 kui²¹²tɕiɛʔ²
于 都	夜 ia⁴²	鬼节 kui³⁵tɕiɛ³²³
赣 县	夜 ia⁴⁴	七月半 tɕ'iɛʔ³²n̩iɛʔ⁵pã⁴⁴
南 康	夜 ia⁵³	七月半 tɕ'iɛ⁵³nie⁵³puɛ̃⁵³
龙 南	夜 ia⁴⁴	七月半 tɕ'iɛʔ⁴³n̩yɔiʔ²³pain⁴⁴
寻 乌	暗 ŋan⁵⁵	鬼子节 kui⁴²tsŋ⁰tɕiɛʔ²¹
黄 坳	断暗 t'uan²⁴an⁵³	鬼节 kui³¹tɕiɛt²
铜 鼓	天暗 t'iɛn²¹⁴an⁵¹	七月半 tɕ'it³n̩iɛt⁵pan⁵¹
大 溪	夜 ia⁴³⁵	七月半 ts'iʔ⁴n̩yɛʔ⁵puon⁵²
太 源	晏晡头 an⁴⁴pu⁴²t'ɛu²¹²	七月半 ts'iʔ⁴ŋuaiʔ²pʌn⁴²
九 江	天黑 t'iɛn³¹xai⁵³	七月半 tɕ'i⁵³ɥai⁵³põ²¹
赣 州	断黑 tõn²¹xæ²¹²	七月半 tɕ'i³³yɛ²¹põn²¹²
白 槎	天黑 t'ian⁴²xei⁴²	七月半 tɕ'i⁴²ɥɛ⁵⁵pan³¹²
浮 梁	天暗 t'i⁵⁵uɛn²¹³	七月半 ts'ɛ²¹³yɛ³³pen²¹³
婺 源	天暗 t'i⁵⁵væn³⁵	七月半 ts'a⁵¹n̩yø⁵¹pum³⁵
上 饶	暗 ŋuõn⁴³⁴	七月半 ts'iʔ⁴n̩yɔ?²puõn⁴³⁴
广 丰	乌荫 uɤ⁴⁴in⁴³⁴	七月半 ts'iʔ⁴n̩yæʔ⁴puẽn⁴³⁴
铜 山	暗 an²¹	七月半 tɕ'iɛʔ⁴gə²¹puã²¹

	049 现在 ~的生活比从前好多了	050 从前 现在的生活比~好多了	051 后来 上个月来过一次电话，～就没有了消息
南 昌	而今 θ²¹³tɕin⁴²	老早 lau⁴²tsau²¹³	落后 lɔʔ⁵xɤu²¹
修 水	而今 ɛ²⁴tɕin³⁴	以前 i²¹dʑiɛn²⁴	落尾 lɔʔ⁴²vi²¹
湖 口	个嘚 ko⁴²tɛ⁰	以前 i³⁴³dʑiɛn²¹¹	以后 i³⁴³xɤu²¹³
鄱 阳	个会 ko³⁵fei⁰	原来 nyẽ²⁴lai²⁴	后来 xɤu²¹lai²⁴
铅 山	为今 ui²⁴tɕin³³	往回 uon⁴⁵fui²⁴	打背 ta⁴⁵poi²¹
抚 州	该卞 koi³²xa²¹²	从前 tɕʻiuŋ²⁴tɕʻiɛn²⁴	行后 xan²⁴xɤu²¹²
资 溪	该卞 koi³¹xa²²	行前 xan¹³tɕʻiɛn¹³	打背 ta³⁵poi³¹
宜 黄	个卞 ko⁴²xa²²	早先 tou⁴⁵³ɕiɛn³³	背后 pei⁴²xɤu²²
丰 城	现在 ɕiɛn²¹³tsʻei⁰	从前 tɕʻiuŋ³³tɕʻiɛn³³	后米 xɤu²¹³lei³³
高 安	里卞子 li⁴²xa²²tsɿ⁰	以前 i⁴²tsʻiɛn²¹³	后米 xau²²lɔi²¹³
新 余	应今 in⁴⁵tɕin⁴⁵	以前 i²¹tɕʻiɛn⁴²	后水 ɛu¹²suoi²¹³
吉 安	而今 θ²¹tɕin³³⁴	以前 i⁵³tɕʻiɛn²¹	后米 xɤu²¹⁴loi²¹
遂 川	□哩 kãn²²li⁰	□早 ka⁵³tsɔ³¹	后来 xɔ²¹⁴lɛ²²
宁 都	今□ tsən⁴²ti¹³	原来 nan¹³lai¹³	打背 ta²¹⁴puoi³¹
瑞 金	底卞 ti²¹²xa⁵¹	往回子 vɔŋ²¹²fe³⁵tsʻɿ⁰	背后 pue⁴²xɤ⁵¹
于 都	而今 i³⁵tɕiẽ³¹	早先 tsɔ³⁵ɕi³¹	以后 i³⁵xieu³¹
赣 县	应正 iəŋ²⁴tsã²⁴	老早 lɔ⁵³tsɔ⁵³	□后 liɔ²¹²xe⁴⁴
南 康	应今 əŋ⁵³tɕiəŋ³³	早先 tɔ²¹ɕiĩ³³	后米 xɛ³³læ¹¹
龙 南	□正 lian⁴⁴tsaŋ²⁴	老早嘚 lau⁵³tsau⁵³teʔ⁰	□□嘚 taʔ²²ma²⁴teʔ⁰
寻 乌	今 kin²⁴	以前 i⁴²tɕʻiɛn²¹⁴	以后 i⁴²xiu⁵⁵
黄 坳	而今 i²¹²tɕin²⁴	以前 i³¹tsʻɛn²¹²	后头 xɤu⁵³tʻɤu²¹²
铜 鼓	而今 ə¹³tɕin²¹⁴	以前 i²¹tɕʻiɛn¹³	后米 xɤu⁵¹lɔi¹³
大 溪	□问 ti⁴³tɕien³³	往回 uɔŋ⁴³xuɛ²¹³	后背 xɛ⁴³pue⁵²
太 源	为今 vui²⁴tɕin⁴⁴	以前 i³⁵tsʻan²¹²	打背 taŋ³⁵pɔi⁴⁴
九 江	现在 ɕiɛn²¹tsai²¹	以前 i²³tɕʻiɛn⁴⁴	后米 xɔu²¹lai⁴⁴
赣 州	现在 ɕĩn²¹tsæ²¹²	以前 i⁴⁵tɕʻĩn⁴²	后米 xieu²¹lai⁴²
白 槎	现在 ɕian³¹²tsai⁰	从前 tsʻəŋ⁵⁵tɕʻian⁵⁵	后米 xɔu³¹²lai⁵⁵
浮 梁	□□嘞 le⁵⁵uɛn³¹le⁰	以前 i³¹tsʻi²⁴ˣ	后头 xɛu³³tʻɛu²⁴
婺 源	而今 ni²tɕiæn⁵⁵	老早 lɔ³⁵tsɔ²	后米 ɕia³¹le¹¹
上 饶	这卞 tɕie²⁴xa⁰	往回 uɔ̃ŋ⁵²xui⁰	后背 xe²¹pui⁴³⁴
广 丰	□ nai²⁴	往常 ãŋ⁴⁴ɕian⁵²	后罢 uʔ²¹ba²⁴
铜 山	即久 tɕieʔ⁴kuⁱ⁴⁴³	往时 ɔŋ⁴⁴ɕi²⁴	后梢 au²¹sau³³

	052 插秧	053 耘田
南　昌	栽禾 tsai⁴²uo⁴⁵	耘禾 yn⁴⁵uo⁴⁵
修　水	栽禾 tsɛi³⁴uo²⁴	耘禾 vin²⁴uo²⁴
湖　口	栽禾 dzai⁴²uo²¹¹	□禾 ua⁴⁵⁵uo²¹¹
鄱　阳	栽田 tsai²¹tʰiẽn²⁴	耘禾 yn²⁴o²⁴
铅　山	栽禾 tsai³³o²⁴	耘禾 yen²⁴o²⁴
抚　州	栽禾 tsai³²uo²⁴	耘禾 yn²⁴uo²⁴
资　溪	栽禾 tsai³¹uo¹³	耘禾 in¹³uo¹³
宜　黄	栽禾 tai³³uo⁴⁵	耘禾 un⁴⁵uo⁴⁵
丰　城	栽禾 tsai³⁵vo³³	耘禾 lei³³vo³³
高　安	栽禾 tsɔi³⁵uo²¹³	□禾草 lu⁴⁴uo²¹³tsʻau⁴²
新　余	栽禾 tsoi⁴⁵uo⁴²	耘禾 luoi⁴²uo⁴²
吉　安	莳田 sɿ³³⁴tʰiɛn²¹	耘田 lai²¹tʰiɛn²¹
遂　川	莳田 sɿ⁵³tʰiẽn²²	耘田 uẽn²²tʰiẽn²²
宁　都	栽禾 tsai⁴²vo¹³	耘禾 in¹³vo¹³
瑞　金	莳田 sɿ⁴²tʰiɛn³⁵	耘田 yin³⁵tʰiɛn⁴⁴
于　都	莳田 ʃɿ³¹tʰĩ⁴⁴	耘田 lɛ⁴⁴tĩ⁴⁴
赣　县	莳田 sɿ²⁴tĩ²¹²	耘田 iəŋ²¹²tĩ²¹²
南　康	莳禾 sɿ³³vo¹¹	耘禾 yəŋ¹¹vo¹¹
龙　南	种禾嘚 tsəŋ²⁴⁴xʊ³¹²teʔ⁰	□田 lau²⁴tʰiain³¹²
寻　乌	莳禾 sɿ²⁴vo²¹⁴	耘禾 vin²¹⁴vo²¹⁴
黄　坳	莳田 tsʻɿ²⁴tʰiɛn²¹²	耘田 yən²¹²tʰiɛn²¹²
铜　鼓	栽禾 tsɔi²¹⁴vo¹³	耘禾 yin¹³vo¹³
大　溪	栽禾 tsai³³o²¹³	耘禾 yɯn²¹tʰiɛn²¹³
太　源	栽秧禾 tsɔi⁴⁴iɔŋ⁴⁴vo²¹²	□禾 lu⁴²vo²¹²
九　江	插秧 tsʻɒ⁵³tsʻã³¹	耘田 ɥən⁴⁴tʰiɛn⁴⁴
赣　州	莳田 sɿ³³tʰĩn⁴²	耘禾 yən⁴²o⁴²
白　槎	栽秧 tsai⁴²iaŋ⁴²	耘田 ɥən⁵⁵tʰian⁵⁵
浮　梁	栽禾 tsɛ⁵⁵uo²⁴	耘田 yen²⁴tĩ²⁴
婺　源	莳禾 ɕi⁵⁵vɵ¹¹	耘田 væn¹¹tĩ¹¹
上　饶	栽禾 tsæ⁴⁴o⁴²³	耘田 yn²⁴diẽn⁴²³
广　丰	栽田 tsɐi⁴⁴diẽn²³¹	戽田 xuɤ⁴⁴diẽn²³¹
铜　山	播塍 po⁴⁴tsʻan²⁴	薅草 kʻau³³tsʻau⁴⁴³

	054 浇 (肥) 浇人粪尿或化肥溶液	055 放牛	056 养猪~比种田划算
南 昌	浇 tɕieu⁴²	膜牛 iaŋ⁴⁵n̦iu⁴⁵	看猪 kʻon⁴²tɕy⁴²
修 水	浇 tɕiau³⁴	膜牛 iaŋ⁵⁵n̦iu²⁴	蓄猪 ɕiuʔ⁴²tu³⁴
湖 口	壅 uŋ⁴⁵⁵	膜牛 iaŋ⁴⁵⁵n̦ieu²¹¹	豢猪 gon²¹³tɕy⁴²
鄱 阳	壅 uəŋ⁴²	看牛 kʻõn²¹n̦iəu²⁴	看猪 kʻõn²¹tɕy²¹
铅 山	浇 tɕiau³³¹	看牛 kʻon³³ŋeu²⁴	饲猪 tsʻʅ²¹tɕy³³
抚 州	壅 iuŋ²¹²	膜牛 iaŋ⁴¹ŋɛu²⁴	饲猪 xɛ²¹²tɛ³²
资 溪	泼 pʻot³	膜牛 iaŋ⁵³n̦iɛu¹³	饲猪 tʻɛ⁵³tɛ³¹
宜 黄	壅 iuŋ²²	膜牛 iaŋ⁴²n̦iu⁴⁵	饲猪 tʻɛ²²tɛ³³
丰 城	壅 iuŋ³⁵	膜牛 iaŋ⁴¹n̦iu³³	饲猪 sʅ²¹³tsʅ³⁵
高 安	浇 tɕiɛu³⁵	膜牛 iaŋ⁴⁴ŋeu²¹³	养猪 ioŋ⁴²tø³⁵
新 余	壅 iuŋ⁴⁵	看牛 kʻon⁴⁵n̦iu⁴²	蓄猪 tɕʻiuʔ⁵tsʅ⁴⁵
吉 安	浇 tɕiau³³⁴	膜牛 iaŋ³³⁴n̦iu²¹	养猪 ioŋ⁵³ty³³⁴
遂 川	淋 tʻĩn²²	放牛 xõ⁵⁵n̦iu²²	养猪 iõ³¹ty⁵³
宁 都	育 iok³²	膜牛 naŋ⁴⁴nəu¹³	供猪 tsuŋ⁴²tɕie⁴²
瑞 金	淋 tin³⁵	膜牛 n̦iaŋ⁴²n̦iu³⁵	供猪 tɕivŋ⁴²tɕie⁴⁴
于 都	淋 lẽ⁴⁴	膜/放牛 n̦iã³¹/xõ³²³n̦y⁴⁴	养猪 iõ³¹ʃʅ³¹
赣 县	□ fu⁴⁴	膜牛 n̦iã⁴⁴n̦iu²¹²	养猪 iõ⁵³tsu²⁴
南 康	淋 tiəŋ¹¹	膜牛 n̦iã³³niu¹¹	养猪 iõ³³tsu³³
龙 南	□ fu⁴⁴	掌牛 tsoŋ⁵³n̦ieu³¹²	养猪 ioŋ⁵³tsu²⁴
寻 乌	淋 lin²¹⁴	掌牛 tsoŋ⁴²n̦iu²¹⁴	养猪 Ioŋ⁴²tsu²⁴
黄 坳	淋 lin²¹²	掌牛 tsoŋ³¹n̦iu²¹²	养猪 ioŋ³¹tsu³³
铜 鼓	浇 tɕiau²¹⁴	膜牛 iaŋ⁵¹n̦iu¹³	蓄猪 ɕiuk³tu²¹⁴
大 溪	浇 tɕiau³³	俜牛 pian⁵²ŋe²¹³	供猪 tɕiəŋ⁵²tɕie³³
太 源	淋 lin²⁴	膜牛 n̦iaŋ⁴⁴ŋau²¹²	养猪 ioŋ³⁵tɕy⁴⁴
九 江	浇 tɕiau³¹	放牛 fã²¹liəu⁴⁴	养猪 iã²¹³tʂʅ³¹
赣 州	浇 tɕiɔ³³	膜牛 n̦iãn²¹²n̦iu⁴²	养猪 iãn⁴⁵tɕy³³
白 槎	壅 in³¹²	放牛 faŋ³¹²n̦iu⁵⁵	喂猪 vei³¹²tʂʅ⁴²
浮 梁	浇 tɕiau⁵⁵	放牛 faŋ²¹³iɛu²⁴	供猪 tɕioŋ⁵⁵tɕy⁵⁵
婺 源	壅 iɐm³⁵	看牛 kʻum⁵⁵n̦ia¹¹	供猪 tɕiɐm⁵⁵tɕy⁵⁵
上 饶	浇 tɕiɔu⁴⁴	看牛 kʻuõn⁵²ŋe⁴²³	供猪 tɕyoŋ⁴⁴tɕy⁴⁴
广 丰	浇 kiəu⁴⁴	看牛 kʻuɐ̃n⁴⁴niɤu²³¹	饲猪 dzɤ²¹ta⁴⁴
铜 山	沃 æʔ⁴	看牛 kʻuã³³u²⁴	饲猪 tɕʻi²¹tw³³

	057	058	059
	喂猪吃了饭再去～	笿筐盛稻谷等物的	畚箕挑土石、粪肥用
南 昌	喂潲 ui⁴⁵sau⁴⁵	笿 lo⁴⁵	大箕 tʻai⁴²tɕi⁰
修 水	调潲 diau²⁴sau³⁴	笿 lɔ²⁴	撮箕 dzut⁴²tɕi³⁴
湖 口	倒猪食 tau⁴⁵⁵tɕy⁴²ʂʅ²¹³	谷笿 ku⁴⁵⁵lo²¹¹	撮斗嘚 dzo²¹³tieu³⁴³tɛ⁰
鄱 阳	把猪食 pɒ⁴²tɕy²¹sə³⁵	笿 lo²⁴	撮箕 tsʻo⁴⁴tɕi²¹
铅 山	饲猪 tsʻʅ²¹tɕy³³	笿 lo²⁴	粪箕 fen²¹tɕi³³
抚 州	饲猪 xɛ²¹²tɛ³²	笿 lo²⁴	大箕 xai³²tɕi³²
资 溪	饲猪 tʻɛ⁵³tɛ³¹	笿 lo¹³	大箕 xai²²tɕi³¹
宜 黄	饲猪 tʻɛ²²tɛ³³	笿 lo⁴⁵	大箕 xai³³tɕi³³
丰 城	养猪 iɔŋ⁴¹tsʅ³⁵	笿 lo³³	□箕 lian²¹³tɕi³⁵
高 安	舀潲 ieu⁴²sau⁴⁴	笿 lo²¹³	□箕子 kɛu²¹³tɕi³⁵tsu⁰
新 余	搞潲 kau²¹sau⁴⁵	笿 lo⁴²	篮盘 lan⁴²pʻon⁴²
吉 安	供猪 tɕiuŋ³³⁴ty³³⁴	笿 lo²¹	撮箕 tsʻo³³⁴tɕi³³⁴
遂 川	供猪 tɕiɐ̃⁵³ty⁵³	笿 lo²²	粪箕 fɐ̃⁵⁵tɕi⁵³
宁 都	供猪 tsuŋ⁴²tɕie⁴²	笿 lo¹³	粪笿 pɐn³¹lo¹³
瑞 金	供猪 tɕivŋ⁴²tɕie⁴⁴	笿 lo³⁵	□ kaŋ⁴²
于 都	供猪 tɕiɐŋ³²³tʃɛ³¹	笿 lɣ⁴⁴	粪箕 fɐŋ³²³tɕi³¹
赣 县	供猪 tɕiɐŋ⁴⁴tsu²⁴	笿 ləu²¹²	粪箕 fɐŋ⁴⁴tɕi²⁴
南 康	供猪 tɕiɐŋ³³tsu³³	笿 lo¹¹	粪箕 fɛ̃⁵³tɕi³³
龙 南	供猪 tɕiɐŋ⁵³tsu²⁴	笿 lʊ³¹²	粪箕 fen⁴⁴tɕi²⁴
寻 乌	供猪 kiuŋ⁵⁵tsu²⁴	笿 lo²¹⁴	粪箕 fun⁵⁵ki²⁴
黄 坳	供猪 tɕiɔŋ⁵³tsu²⁴	谷笿 kuk⁵lɔ⁰	畚箕 pɐn⁵³tɕi²⁴
铜 鼓	搞猪食 kau²¹tu²¹⁴ʂʅt⁵	笿 lɔ¹³	畚箕 pɐn⁵¹tɕi²⁴
大 溪	供猪 tɕiɐŋ⁵²tɕiɛ³³	笿 lo²¹³	畚箕 pɛn⁵²tɕi³³
太 源	养猪 iɔŋ³⁵tɕy⁴⁴	笿 lo²¹²	粪箕 fɛn⁴²tɕi⁴⁴
九 江	喂猪 uei²¹tʂʅ³¹	笿 lo⁴⁴	撮箕 tsʻuŋ⁵³tɕi⁰
赣 州	喂猪 ve²¹tɕy³³	笿 lo⁴²	粪箕 feŋ²¹²tɕi³³
白 槎	喂猪 vei³¹²tʂʅ⁴²	笿筐 lo⁵⁵kʻuaŋ⁰	撮箕 tsʻo⁴²tɕi⁰
浮 梁	供猪 tɕiɔŋ⁵⁵tɕy⁵⁵	谷笿 ku²¹³lo²⁴	粪箕 fen²¹³tɕi⁰
婺 源	分猪食 fæn⁵⁵tɕy⁵⁵sa⁵¹	谷笿 ku⁵¹lə¹¹	粪箕 fæn³⁵tɕi⁰
上 饶	供猪 tɕyoŋ⁴⁴tɕy⁴⁴	笿 lo⁴²³	粪箕 fin⁴³tɕi⁴⁴
广 丰	饲猪 dzɤ²¹tɑ⁴⁴	笿 lai²³¹	畚箕 puɐ̃⁴⁴ki⁴⁴
铜 山	饲猪 tɕʻi²¹tɯ³³	□篮 tɕien³³nã²⁴	畚箕 puon³³ki³³

	060 绳子	061 打谷桶 木制的，或方形或圆形
南 昌	索子 sɔʔ⁵tsɿ⁰	禾桶 uo⁴⁵tʻuŋ²¹³
修 水	索子 sɔʔ⁴²tsɿ⁰	方桶 fɔŋ³⁴tʻəŋ²¹
湖 口	绳嘚 ʂən²¹¹tɛ⁰	禾□ uo²¹¹xoŋ³⁴³
鄱 阳	绳子 sən²⁴tsɿ⁰	禾斛 o²⁴fu⁰
铅 山	索子 sɛʔⁿtsɿ⁰	禾仓 o²⁴tsʻan³³
抚 州	绳嘚 ɕin²⁴tɛʔ⁰	禾斛 uo²⁴fu⁰
资 溪	绳 ɕin¹³	禾斛 uo¹³fu⁰
宜 黄	绳 ɕin⁴⁵	禾桶 uo⁴⁵xŋ⁴⁵³
丰 城	绳崽 sɛn³³tsei⁰	禾屋 vo³³vo³²
高 安	绳子 sən²¹³tsu⁰	禾桶 uo²¹³tʻuŋ⁴²
新 余	绳嘚 sɛn⁴²tɛ⁰	禾桶 uo⁴²tʻuŋ²¹³
吉 安	绳子 sen²¹tsɿ⁰	禾桶 uo²¹tʻuŋ⁵³
遂 川	绳 ɕĩn²²	禾桶 uo²²tʻɤ̃ŋ³¹
宁 都	绳子 sən¹³tsə⁰	禾桶 vo¹³tʻuŋ²¹⁴
瑞 金	绳 ɕin³⁵	禾桶 vo³⁵tʻɤŋ²¹²
于 都	绳子 sẽ⁴⁴tsɿ⁰	禾桶 vɣ⁴⁴tʻəŋ³⁵
赣 县	绳子 sən²¹²tsɿ⁰	扁桶 pĩ⁵³tʻəŋ⁵³
南 康	绳嘞 ɕiəŋ¹¹lə⁰	禾桶 vo¹¹tʻəŋ²¹
龙 南	绳嘚 sen³¹²tɛʔ⁰	桶缸 tʻəŋ⁵³kɔŋ²⁴
寻 乌	索 sɔʔ²¹	禾桶 vo²⁴tʻuŋ⁴²
黄 坳	绳子 sən²¹²tsɿ⁰	□桶 lɔ²⁴tʻəŋ³¹
铜 鼓	绳 sen¹³tsɿ⁰	禾桶 vɔ¹³tʻəŋ²¹
大 溪	索子 səʔⁿtsɿ⁰	禾桶 o²¹tʻəŋ⁴³³
太 源	索崽 sɔʔⁿtsɔi³²⁵	禾仓 vo²⁴tsʻɔŋ⁴⁴
九 江	绳子 ʂən⁴⁴tsɿ⁰	禾盆 uo⁴⁴pʻən⁴⁴
赣 州	绳子 sən⁴²tsɿ⁰	打谷桶 ta⁴⁵koʔ³²tʻəŋ⁴⁵
白 槎	绳子 ʂən⁵⁵tsɿ⁰	打谷桶 ta²⁴kuʔ⁴²tʻəŋ²¹⁴
浮 梁	索儿 sau²¹³n̠ʅ⁰	禾斛 uo²⁴fu⁰
婺 源	绳 sæn¹¹	禾斛 ve¹¹xu⁵⁵
上 饶	绳 ɕĩĩn⁴²³	禾桶 o⁴²tʻoŋ⁵²
广 丰	绳 sĩn²³¹	禾桶 ye²¹doŋ²⁴
铜 山	索 so⁴²	粟桶 tɕʻieʔ⁴tʻan⁴⁴³

	062 **晒谷簟**篾编的，可卷	063 **锄头**统称
南　昌	晒谷簟 sai⁴⁵kuʔ⁵tʰiɛn²¹	锄头 tsʰu²⁴tʰɛu⁰
修　水	□箕 di⁴⁴tɕi³⁴	锄头 dzɿ²⁴dei⁰
湖　口	晒谷簟 ʂai⁴⁵⁵ku⁴⁵⁵diɛn²¹³	乞锄 ua⁴²dzu²¹¹
鄱　阳	竹簟 tɕy⁴⁴tʰiɛn²¹	锄头 tɕʰy²⁴tʰəu⁰
铅　山	篾簟 miɛʔ⁴tʰiɛn²¹	锄头 tsʰɿ²⁴tʰɛu⁰
抚　州	晒簟 sa⁴¹tʰiɛm²¹²	锄头 tsʰu²⁴xɛu⁰
资　溪	围掇 ui¹³tɔt⁵	锄头 tɕʰɛ¹³xɛu¹³
宜　黄	竹簟 tuʔ²ɕiam²²	镬头 tɕioʔ²²xɛu⁴⁵
丰　城	晒簟 sai²⁴tʰiɛn²¹³	镢□ tɕioʔ⁵vuʔ²
高　安	晒簟 sai⁴⁴tʰiɛn²²	锄头 tʰu²¹³tʰɛu⁰
新　余	竹簟 tuʔ⁵tʰiɛn¹²	镬乞 tɕioʔ⁵uɛʔ⁵
吉　安		镬头 tɕio²¹⁴tʰɛu²¹
遂　川	晒簟 sa⁵⁵tʰiɛ̃³⁵	镬头 tɕio⁵⁵tʰiə²²
宁　都	筻 tat³²	镬头 tsɔk⁵tʰiəu¹³
瑞　金	簟筻 tʰiɛn⁵¹taʔ²	镬头 tɕioʔ²tʰy³⁵
于　都	□□ taŋ²¹²paʔ²¹²	镬头 tɕioʔ⁵tʰieu⁴⁴
赣　县	簟筻 tʰi⁴⁴taʔ³²	镬头 tɕioʔ⁵tʰe²¹²
南　康	□筻嘞 tsɔ²⁴tɔ²⁴lə⁰	镬头 tɕio⁵⁵tʰɛ¹¹
龙　南	□晒嘚 mi⁵³sai⁴⁴teʔ⁰	镬锄 tɕioʔ²³tsʰu³¹²
寻　乌	谷筻 kuʔ²¹taʔ²¹	镬头 kiɔʔ²¹tʰiu²¹⁴
黄　坳	晒□ sai⁵³kʰɛn²¹²	镢头 tɕiɔk⁵tʰɛu²¹²
铜　鼓	簟箕 tʰi⁵¹tɕi²¹⁴	锄头 tsʰɿ¹³tʰɛu¹³
大　溪	谷筻 kuəʔ²⁴teʔ⁴⁵	镢头 tɕyʔ²⁴tʰɛ²¹³
太　源	谷筻 kuʔ²⁴taʔ⁴	锄头 tsʰɿ²⁴tʰɛu²¹²
九　江	□ tɕiã³¹	锄头 tsʰəu⁴⁴tʰəu⁰
赣　州	扁子 piĩn⁴⁵tsɿ⁰	锄头 tsʰu⁴²tʰieu⁴²
白　槎	竹席 tsʰʅ⁴²ɕi⁵⁵	锄头 tsʰəu⁵⁵tʰəu⁰
浮　梁	晒簟 ɕia²¹³tʰi³³	锄头 ʂɛu²⁴tʰau⁰
婺　源	谷簟 ku⁵¹tʰi³¹	锄头 su¹¹tʰa¹¹
上　饶	簟皮 diɛ̃²⁴bi⁴²³	锄头 dzu²³¹te⁰
广　丰	簟 diɛ̃²⁴	锄头 sa²⁴dɣu⁰
铜　山	篾簟 bi²¹tian⁵⁵	锄头 tɯ²¹tʰau²⁴

	064 稻植株: 种~ ｜ 子实: 晒~	065 稻穗
南昌	禾 uo⁴⁵ ｜ 谷 kuʔ⁵	禾穟/秒 uo²⁴saʔ²⁵/miɛu²¹³
修水	禾 uo²⁴ ｜ 谷 kuʔ⁴²	禾穟 uo²⁴sɛt⁴²
湖口	禾 uo²¹¹ ｜ 谷 ku⁴⁵⁵	禾刁嘚 uo²¹¹tiau⁴²tɛ⁰
鄱阳	禾 o²⁴ ｜ 谷 ku⁴⁴	禾穟子 o²⁴sɒ⁴⁴tsʅ⁰
铅山	禾 o²⁴ ｜ 谷 kuɣʔ⁴	禾穟 o²⁴sɛʔ⁴
抚州	禾 uo²⁴ ｜ 谷 kuʔ²	禾穟 uo²⁴saʔ²
资溪	禾 uo¹³ ｜ 谷 kuʔ³	禾穟 uo¹³saʔ³
宜黄	禾 uo⁴⁵ ｜ 谷 kuʔ²	禾穟 uo⁴⁵saʔ²
丰城	禾 vo³³ ｜ 谷 kuʔ³²	禾穟 vo³³saʔ³²
高安	禾 uo²¹³ ｜ 谷 kuk⁵	禾穟 uo²¹³sat⁵
新余	禾 uo⁴² ｜ 谷 kuʔ⁵	禾穟 uo⁴²saʔ⁵
吉安	禾 uo²¹ ｜ 谷 ku³³⁴	禾串 uo²¹tsʻuon²¹⁴
遂川	禾 uo²² ｜ 谷 ko⁵⁵	禾穟 uo²²sa⁵⁵
宁都	禾 vo¹³ ｜ 谷 kok⁵	禾穟 vo¹³sak³²
瑞金	禾 vo³⁵ ｜ 谷 kuʔ²	禾串 vo³⁵tsʻuɛn⁴²
于都	禾 vɣ⁴⁴ ｜ 谷 kuʔ⁵	禾串 vɣ⁴⁴tsʻ̃ɣ⁴⁴
赣县	禾 xəu²¹² ｜ 谷 koʔ³²	禾串 xəu²¹²tsʻuõ⁴⁴
南康	禾 vo¹¹ ｜ 谷 ku⁵⁵	禾串 vo¹¹tsʻã⁵³
龙南	禾嘚 xʋ³¹²teʔ⁰ ｜ 谷 kəʔ⁴³	禾串 xʋ³¹²tsʻuon⁴⁴
寻乌	禾 vo²¹⁴ ｜ 谷 kuʔ²¹	禾串 vo²¹⁴tsʻuan⁵⁵ / 禾穟 vo²¹⁴saʔ²¹
黄坳	禾 vɔ²¹² ｜ 谷 kuk²	禾串 vɔ²¹²tsʻɔn⁵³
铜鼓	禾 vɔ¹³ ｜ 谷 kuk³	禾穟 uɔ¹³sak³
大溪	禾 vo²¹² ｜ 谷 kuʔ⁴	谷穟□ kuəʔ⁴sɛʔ²⁴⁵/tɕiau⁴³³
太源	禾 vo²¹² ｜ 谷 ku²¹	禾穟 vo²⁴sɛʔ⁴
九江	稻 tau²¹	禾串 uo⁴⁴tsʻuən²¹
赣州	禾 o⁴² ｜ 谷 ko²¹³	谷串 koʔ³²tsʻãn²¹²
白槎	秧 iaŋ⁴² ｜ 谷 ku⁵⁵/稻 tau³¹²	谷 ku⁴²
浮梁	禾 uo²⁴ ｜ 谷 ku²¹³	禾穟儿 uo²⁴ɕiər²¹³
婺源	禾 ve¹¹ ｜ 谷 ku⁵¹	谷穟 ku⁵¹sɔ⁵¹
上饶	禾 o⁴²³ ｜ 谷 kuʔ⁵	禾穟 o⁴²sɛʔ⁵
广丰	谷 kuʔ⁵	谷穟□ kuʔ⁴sæʔ⁵/tɕiɑu⁵²
铜山	粟 tɕʻie⁴²	籼穗 tiu⁵⁵ɕy²¹

	066 高粱	067 玉米
南　昌	高粱 kau⁴²liəŋ⁰	玉米 y²¹mi²¹³
修　水	芦粟 lu²⁴suʔ⁴²	苞粟 pau³⁴suʔ⁴²
湖　口	芦粟 lu²¹¹ɕy⁴⁵⁵	玉米靶嘚 y⁴⁵⁵mi³⁴³pa⁴⁵⁵tɛ⁰
鄱　阳	芦粟 lu²⁴su⁰	玉米 y⁴⁴mi⁴²
铅　山	芦粟 lu²⁴suɤʔ⁴	金豆 tɕin³³tʰɛu²¹
抚　州	粟 ɕiuʔ²	苞谷 pau³²kuʔ²
资　溪	粟 ɕiuʔ³	苞粟 pau³¹suʔ³
宜　黄	高粱 kɔu³³tiəŋ⁴⁵	苞粟 pau³³suʔ²
丰　城	高粱 kau³⁵liəŋ⁰	米米子 mi⁴¹mi⁴¹tsɿ⁰
高　安	粟子 suk⁵tsu⁰	苞谷 pau³⁵kuk⁵
新　余	粟子 siuʔ⁵tsɿ⁰	苞粟 pau⁴⁵siuʔ⁵
吉　安	高粱 kau³³⁴liəŋ³¹	苞粟 pau³³⁴ɕio³³⁴
遂　川	粟米 ɕio⁵⁵mi³⁵	苞粟 pɒ⁵³ɕio⁵⁵
宁　都	粟子 siɔk³²tsə⁰	苞粟 pau⁴²siɔk³²
瑞　金	高粱 kɔ⁴⁴liəŋ³⁵	苞粟 pɔ⁴⁴ɕiɤʔ²
于　都	高粱粟 kɔ³¹liõ⁴⁴siuʔ⁵	苞粟 pɔ³¹siuʔ⁵
赣　县	粟子 ɕioʔ³²tsɿ⁰	苞粟 pɔ²⁴ɕioʔ³²
南　康	粟嘞 ɕiu⁵⁵lə⁰	苞粟 pɔ³³ɕiu⁵⁵
龙　南	高粱粟 kau²⁴liəŋ²²ɕiəʔ⁵⁵	苞粟 pau²⁴ɕiəʔ⁵⁵
寻　乌	粟子 ɕiuʔ²¹tsɿ⁰	苞粟 pau²⁴ɕiuʔ²¹
黄　坳	高粱粟 kau²⁴liəŋ²¹²ɕiuk²	苞粟 pau²⁴ɕiuk²
铜　鼓	芦粟 lu¹³ɕiuk³	苞粟 pau²¹⁴ɕiuk³
大　溪	高粱 kau³³liəŋ²¹³	苞粟 pau³³səʔ⁴⁵
太　源	高粱 kau⁴⁴liɔŋ²¹²	苞粟 pau⁴⁴suʔ⁴
九　江	高粱 kau³¹liã⁴⁴	玉米 ʯ²¹mi²¹³
赣　州	高粱 kɔ³³liãn⁴²	苞粟 pɔ³³ɕioʔ³²
白　槎	高粱 kau⁴²liaŋ⁵⁵	苞谷 pau⁴²ku⁴²
浮　梁	芦粟 lɛu²⁴ɕiɛu²¹³	玉米 y³³mai³¹
婺　源	穄粟 tse³⁵sa⁵¹	苞萝 pɒ⁵⁵lə¹¹
上　饶	高粱粟 kɔu⁴⁴liəŋ⁴²suʔ⁵	苞粟 pɔu⁴⁴suʔ⁵
广　丰	高粱粟 kəu⁴⁴liãn⁴⁴suʔ⁵	苞（萝）粟 pau⁴⁴(lo⁴⁴)suʔ⁵
铜　山	高粱 kau³³niũ²⁴	番珠 xuan³³tsu³³

	068	069
	红薯	豌豆
南 昌	萝卜薯 lo⁴⁵pʻoᵒɕy⁴⁵	豌豆 uan⁴²tʻɛu²¹
修 水	薯 su²⁴	冬豆子 təŋ³⁴dɛi²²tsʅ⁰
湖 口	萝卜苕 lo²¹¹bo²¹¹ʂau²¹¹	豌豆唧 uan³⁴³dɛu²¹³tɛ⁰
鄱 阳	山薯 sãn²¹ɕy²⁴	豌豆 uõn⁴²tʻəu²¹
铅 山	番薯 fan³³sʅ⁰	扣子豆 kʻɛu²¹tsʅ⁰tʻɛu²¹
抚 州	薯 sɛ²⁴	鱼眼豆 n̠ie²⁴ŋanᵒxɛu²¹²
资 溪	薯 sɛ¹³	鱼眼豆 ŋe¹³ŋan³⁵xɛu²²
宜 黄	薯 sɛ⁴⁵	豌豆 uan⁴⁵³xiu²²
丰 城	薯 sʅ⁴¹	豆子 xɛu²¹³tsʅ⁰
高 安	薯子 xɵ⁴²tsu⁰	豌豆 uan³⁵xɛu²²
新 余	番薯 fan⁴⁵sʅ⁴²	豌豆子 uon⁴⁵xɛu¹²tsʅ⁰
吉 安	薯唧 ɕy⁵³tɛ⁰	豌豆 uan⁵³tʻɛu²¹⁴
遂 川	番薯 fan⁵³ɕy²²	雪豆 ɕie⁵⁵tʻiə²²
宁 都	番薯 fan⁴²sa²¹⁴	雪豆 ɕiet³²tʻiəu⁴⁴
瑞 金	番薯 fan⁴⁴ɕie³⁵	雪豆子 ɕyɛʔ²tʻɤ⁰tsʅ⁰
于 都	番薯 fã³¹sɛ⁴⁴	冬豆 təŋ³¹tʻieu⁴²
赣 县	番薯 fã²⁴su⁵³	雪豆子 ɕieʔ³²tʻe⁴⁴tsʅ⁰
南 康	番薯 fã³³su²¹	冬豆 təŋ³³tʻe⁵³
龙 南	番薯 fan²⁴su⁵³	冬豆 təŋ²⁴tʻɛu²²
寻 乌	番薯 fan²⁴su²¹⁴	雪豆 ɕiɛʔ²¹tʻiu⁵⁵
黄 坳	番薯 fan²⁴su²¹²	冬豆 təŋ²⁴tʻɛu⁵³
铜 鼓	番薯 fan²¹⁴su¹³	豌豆 vɒn²⁴xɛu⁵³
大 溪	番薯 fan⁵²ɕy²¹³	麦豆 mɐʔ⁵tɤ⁴³⁵
太 源	番薯 xʌn⁴⁴ɕy²¹²	豌豆 vʌn³⁵tʻɛu⁴²
九 江	萝卜苕儿 lo⁴⁴poᵒʂau⁴⁴ɚ⁰	豌豆 uan³¹təu²¹
赣 州	番薯 fãn³³ɕy⁰	雪豆 ɕyɛʔ³²tieu²¹²
白 槎	洋芋头 iaŋ⁵⁵ʯ³¹²tʻəu⁰	豌豆 van⁴²təu³¹²
浮 梁	红薯 xoŋ²⁴ɕy²⁴	铳子豆儿 tsoŋ²¹³tsʅ⁰tʻar³³
婺 源	番薯 fum⁵⁵ɕy²	豌豆 m̩²tʻa⁵¹
上 饶	番薯 fãn⁵²ɕy⁴²³	麦豆 mɐʔ²de²¹²
广 丰	番薯 fãn⁵²ɕye⁰	麦豆 mæʔ²dɤu²¹²
铜 山	番薯 xan³³tsʅ²⁴	麦豆 be²¹tau²¹

	070 蚕豆	071 丝瓜
南　昌	蚕豆 tsʻon²⁴tʻɛu²¹	丝瓜 si⁴²kua⁰
修　水	蚕豆 dzon²⁴dɛi²²	梢瓜 sau³⁴kua³⁴
湖　口	蚕豆嘚 dzon²¹¹dɛu²¹³tɛ⁰	丝瓜 sʅ⁴²kua⁴²
鄱　阳	蚕豆 tsʻuõn²⁴tʻəu²¹	丝瓜子 sʅ²¹kuɒ²¹tsʅ⁰
铅　山	佛豆 feʔ⁴tʻɛu²¹	天萝 tʻien³³lo²⁴
抚　州	蚕豆 tsʻom²⁴xɛu²¹²	纺线 foŋ⁴⁵ɕien⁴¹
资　溪	蚕豆 tsʻom¹³xɛu²²	纺线 foŋ³⁵ɕien⁵³
宜　黄	蚕豆 tʻom⁴⁵xiu²²	纺线 foŋ⁴⁵³ɕien⁴²
丰　城	官豆 kuɵn³⁵xɛu²¹³	纺线 foŋ⁴¹ɕien²¹⁴
高　安	蚕豆 tʻon²¹³xɛu²²	鱼冻哩 ɵ²¹³tuŋ⁴⁴li⁰
新　余	牛皮豆子 ȵiu⁴²pʻ i̵⁴²xɛu¹²tsʅ⁰	迷子 mi⁴²tsʅ⁰
吉　安	蚕豆 tsʻan²¹tʻɛu²¹⁴	鱼子 ȵiɛ²¹tsʅ⁰
遂　川	豌豆 uãn⁵³tʻiə²²	留举 liu²²tɕy³¹
宁　都	老虎豆 lau²¹⁴fu²¹⁴tʻiəu⁴⁴	乱绩 luon⁴⁴tɕit²
瑞　金	老虎豆 lɔ⁴⁴fu⁴⁴tʻɤ⁵¹	乱丝 luɛn⁵¹sʅ⁴⁴
于　都	巴豆子 pa³¹tʻieu⁴²tsʅ⁰	囊瓜 nã⁴⁴kua³¹
赣　县	□豆子 sõ³¹²tʻe⁴⁴tsʅ⁰	囊瓜 nɔ²¹²kua²⁴
南　康	夹豆子 ka²⁴tʻɛ⁵³tsʅ⁰	囊瓜 nɔ̃¹¹kua³³
龙　南	蚕豆 tsʻain³¹²tʻɛu²²	囊瓜 nuɔn³¹²ka²⁴
寻　乌	老虎豆 lau⁴²fu⁴²tʻiu⁵⁵	囊瓜 nan²¹⁴ka²⁴
黄　坳	蚕豆 tsʻan²¹tɛu⁵³	线瓜 sɛn⁵³kua²⁴
铜　鼓	蚕豆 tsʻan¹³xɛu⁵³	线瓜 ɕien⁵¹kua²⁴
大　溪	佛豆 fəʔ⁵tʻɛ⁴³⁵	天萝 tʻien⁵²lo²¹³
太　源	佛豆 feʔ²tʻɛu⁴²	□□ nan⁴²tɕi⁴²
九　江	蚕豆 tsʻan⁴⁴tɛu²¹	丝瓜 sʅ³¹kuɒ³¹
赣　州	蚕豆 tsʻãn⁴²tieu²¹²	丝瓜 sʅ³³kua³³
白　槎	蚕豆 tsʻan⁵⁵tɛu³¹²	丝瓜 sʅ⁴²kua⁰
浮　梁	□豆儿 ŋo³³tʻar³³	麻瓜儿 mo²⁴kor⁵⁵
婺　源	蚕豆 tsʻum¹¹tʻa⁵¹	天萝 tʻi⁵⁵lə¹¹
上　饶	佛豆 fɔʔ²de²¹²	天萝 tʻien⁵²lo⁰
广　丰	佛/过年豆 fæʔ²/kye⁴⁴ȵiẽn⁴⁴dɤɯ²¹²	天萝 tʻiẽn⁵²lo⁰
铜　山	□豆 sən³³tau²¹	刺瓜 tsʅ⁴⁴kuəi³³

	072	073
	南瓜	辣椒
南　昌	北瓜　pot⁵kua⁴²	辣椒　lat²tɕiɛu⁴²
修　水	北瓜　pæt⁴²kua³⁴	辣椒　læt⁴²tɕiau³⁴
湖　口	变瓜　piɛn⁴⁵⁵kua⁴²	辣椒　la⁴⁵⁵tɕiau⁴²
鄱　阳	北瓜　pə⁴⁴kuʋ²¹	辣椒　lɒ⁴⁴tɕiau²¹
铅　山	南瓜　nan²⁴kua³³	辣椒　lɐʔ²⁴tɕiau³³
抚　州	南瓜　lam²⁴kua³²	辣子　lat⁵tsʅ⁰
资　溪	南瓜　nam¹³kua³¹	辣椒　lat⁵tɕiau³¹
宜　黄	南瓜　nam⁴⁵kua³³	辣椒　lat⁵tɕiau³³
丰　城	南瓜　nɔn³³kua³⁵	辣椒　læʔ⁵tɕiau³⁵
高　安	南瓜　lɔn²¹³kua³⁵	辣椒　lat⁵tsiɛu⁴⁴
新　余	北瓜　pɛʔ⁵kua⁴⁵ / 瓜哩　kua⁴⁵li⁰	辣椒　laʔ³⁴tsiɛu⁴⁵
吉　安	南瓜　nan²¹kua³³⁴	辣椒　lɛ²¹⁴tɕiau³³⁴
遂　川	番瓟　fãn⁵³pʻu²²	□辣子　ka³¹la⁵⁵tsʅ⁰
宁　都	青瓜　tɕʻiaŋ⁴²ka⁴²	茄椒　tsʻo¹³tɕiau⁴²
瑞　金	番瓟　fan⁴⁴pʻu³⁵	辣子　laʔ⁴tsʅ⁰
于　都	番瓟　pã³¹pʻu⁴⁴	辣椒　laʔ⁵tɕiɔ³¹
赣　县	番瓟　pã²⁴pʻu⁴⁴	辣椒　laʔ⁵tɕiɔ²⁴
南　康	番瓟　fã³³pʻu¹¹	辣椒　la⁵³tɕiɔ³³
龙　南	番瓟　pʻain²⁴pʻu⁵³	辣子　læʔ²³tsʅ⁰
寻　乌	番瓟　fan²⁴pʻu²⁴	辣椒　laiʔ²¹tɕiau²⁴
黄　坳	番瓟　fan²⁴pʻu²¹	辣椒　lait⁵tɕiau²⁴
铜　鼓	番瓟　fan²¹⁴pʻu¹³	辣椒　lat⁵tɕiau²¹⁴
大　溪	南瓜　nan²¹kua³³	番椒　fan³³tɕiau³³
太　源	金瓟　tɕin⁴⁴pʻiu²¹²	□椒　kuʌn³⁵tsiɑu⁴⁴
九　江	南瓜　lan⁴⁴kuʋ³¹	辣椒　lɒ⁵³tɕiau³¹
赣　州	倭瓜　o³³kua³³	辣椒　laʔ³²tɕiɔ³³
白　槎	南瓜　nan⁵⁵kua⁰	大椒　ta³¹²tɕiau⁴²
浮　梁	北瓜儿　pai²¹³kuor⁰	辣椒　lo³³tsiɑu⁵⁵
婺　源	南瓜　num¹¹kɵ⁵⁵	辣椒　lɵ⁵¹tsiɔ⁵⁵
上　饶	南瓜　nãn⁴²kua⁴⁴	辣椒　lɐʔ²tɕiɔu⁴⁴
广　丰	南瓜　nãn²¹kuɑ⁴⁴	辣椒　læʔ²tɕiɒu⁴⁴
铜　山	番瓟　xan³³pu²⁴	辣椒　lua²¹tɕiə³³

	074 萝卜	075 向日葵 称植株
南 昌	萝卜 lo⁴⁵pʻo⁰	葵花 kʻui²⁴fa⁴²
修 水	萝卜 lɔ²⁴bɔ³²	太阳葵 dai²²iɔŋ²⁴gui²⁴
湖 口	萝卜 lo²¹¹bo⁰	葵花 guei²¹¹xua⁴²
鄱 阳	萝卜 lo²⁴pʻu⁴⁴	葵花 kʻuɛi²⁴fɒ²¹
铅 山	萝卜 lo²⁴pʻɤʔ⁴	葵花 kʻoi²⁴fa³³
抚 州	萝卜 lo²⁴pʻuʔ⁰	葵花子 kʻui²⁴fa³²tsʅ⁰
资 溪	萝卜 lo¹³pʻuʔ⁵	葵花子 kʻui¹³fa³¹tsʅ⁰
宜 黄	萝卜 lo⁴⁵pɛʔ²	向日葵 xiɔŋ⁴²n̠it⁵kʻui⁴⁵
丰 城	萝卜 lo³³pi⁰	葵花子 kʻui³³fa³⁵tsʅ⁰
高 安	萝卜 lo²¹³pʻi⁰	向东莲 ɕiɔŋ⁴⁴tuŋ³⁵liɛn²¹³
新 余	萝卜 lo⁴²po⁰	拜东莲 pai¹²tuŋ⁴⁵liɛn⁴²
吉 安	萝卜 lo²¹po⁰	拜东莲 pai²¹⁴tuŋ³³⁴liɛn²¹
遂 川	萝卜 lo²²po⁵⁵	拜子莲 pæ⁵⁵tsʅ³¹liɛ̃²²
宁 都	萝卜 lo¹³pə⁰	向东莲 sɔŋ³¹tuŋ⁴²liɛn¹³
瑞 金	菜头 tsʻuɛ⁴²tʻɤ³⁵	向日葵 ɕiɔŋ⁴²n̠iɛʔ²kʻuɛ³⁵
于 都	萝卜 lɤ⁴⁴pʻuʔ⁵	照日莲 tsɔ³²³n̠iɛ³²³lĩ⁴⁴
赣 县	萝卜 ləu²¹²pʻoʔ⁰	拜东莲 pæ⁵³təŋ²⁴lĩ²¹²
南 康	萝卜 lo¹¹pʻiu⁵⁵	拜东莲 pæ⁵³təŋ³³lĩ¹¹
龙 南	萝□ lʊ³¹²fu²²	葵花子 kʻui³¹²xa²⁴tsʅ⁵³
寻 乌	□□ lau⁴²fu²⁴ / 萝卜子 lo²¹⁴pʻiɛʔ³⁴tsʅ⁵⁵	葵花子 kʻui²¹⁴fa²⁴tsʅ⁰
黄 坳	萝卜 lɔ²¹²pɛt⁰	向日葵 ɕiɔŋ⁵³n̠it²kʻui²¹²
铜 鼓	萝卜 lɔ¹³piɛt³	向东莲 ɕiɔŋ⁵¹təŋ²¹⁴liɛn¹³
大 溪	萝卜 lo²¹pʻə²⁵	葵花子 kʻuɛ²¹xua³³tsʅ⁴³³
太 源	菜头 tsʻɔi⁴⁴tʻɛu²¹²	日头崽 n̠iʔ⁴tʻɛu²¹²tsɔi³²⁵
九 江	萝卜 lo⁴⁴po⁰	向日葵 ɕiã²¹ʒʅ⁵³kʻuei⁴⁴
赣 州	萝卜 lo⁴²pu³³	葵花子 kuɛ⁴²xua³³tsʅ⁴⁵
白 槎	萝卜 lo⁵⁵po⁰	葵花 kʻuei⁵⁵fa⁴²
浮 梁	萝卜儿 lo²⁴pʻor⁰	葵花子 tɕʻy²⁴xo⁵⁵tsʅ³¹
婺 源	萝卜 la¹¹pʻu⁵¹	葵花子 tɕʻy¹¹xø⁵⁵tsʅ⁰
上 饶	萝卜 lɔ²²bɔ²³	葵花子 gui⁴²xua⁴⁴tsʅ⁵²
广 丰	萝卜 lau²¹bɤʔ²³	葵花子 gui²¹xuɑ⁴⁴tsɤ⁵²
铜 山	菜头 tsʻai⁴⁴tʻau²⁴	葵花子 kui²¹xuəi³³tɕi⁴⁴³

	076	077
	柚子	油茶树
南 昌	柚子 iu²¹tsɿ⁰	茶树 tsʻa²⁴ɕy²¹
修 水	柚子 iu²²tsɿ⁰	茶树 dza²⁴su²²
湖 口	柚嘚 iɛu²¹³tɵ⁰	油茶树 iɛu²¹¹dza²¹¹ɕy²¹³
鄱 阳	柚子 iəu²¹tsɿ⁰	茶树 tsʻɒ²⁴ɕy²¹
铅 山	橙 tsʻɛn²⁴	椹子树 sɛn²¹tsɿ⁴⁵ɕy²¹
抚 州	柚子 iu²¹²tsɿ⁰	茶子树 tsʻa²⁴tsɿ⁴⁵su²¹²
资 溪	柚哩 iu²²li⁰	茶树 tʻa¹³su²²
宜 黄	柚儿 iu²²ɛ⁰	家子树 ka³³tsɿ⁴⁵³su⁴²
丰 城	柚子 iu²¹³tsɿ⁰	茶树 tsʻa³³sʅ²¹³
高 安	柚哩 iu²²li⁰	茶树 tsʻa²¹³xɵ²²
新 余	柑哩 kon⁴⁵li⁰	茶子树 tsʻa⁴²tsɿ²¹³ʅ¹²
吉 安	柚子 iu²¹⁴tsɿ⁰	茶树 tsʻa²¹su²¹⁴
遂 川	□柑 xa⁵⁵kuɛn⁰	茶树 tsʻa²²tɕʻy²¹⁴
宁 都	橙子 tsʻan¹³tsə⁰	木子树 muk⁵tsə⁰su³¹
瑞 金	柑 kuɛn⁴⁴	木子树 mɤʔ²tsɿ⁰su⁵¹
于 都	柑子 kõ³¹tsɿ⁰	木子树 mən⁴²tsɿ³⁵su⁴²
赣 县	橙柑 tsʻã²¹²kã²⁴	茶树 tsʻa²¹²su⁴⁴
南 康	橙嘞 tsʻã¹¹lə⁰	木嘞树 mu⁵⁵lə⁰su⁵³
龙 南	柚嘚 iɛu²²teʔ⁰	茶树 tsʻa³¹²su²²
寻 乌	柚柑 iu⁵⁵kan²⁴	茶树 tsʻa²¹⁴su⁵⁵
黄 坳	柚子 iu⁵³tsɿ⁰	木子树 muk⁵tsɿ³¹su⁵³
铜 鼓	柚子 iu⁵¹tsɿ⁰	茶子树 tsʻa¹³tsɿ⁰su⁵¹
大 溪	柚子 iu⁴³⁵tsɿ⁰	茶子树 tsʻa²¹tsɿ⁴³ɕy⁴³⁵
太 源	柚崽 iu⁴²tsɔi³²⁵	茶崽树 tsʻa²⁴tsɔi³²⁵ɕy⁴²
九 江	柚子 iəu²¹tsɿ⁰	茶树 tsʻɒ⁴⁴ʂʅ²¹
赣 州	柚子 iu²¹²tsɿ⁰	油茶树 iu⁴²tsʻa⁴ɕy²¹²
白 槎	柚子 iu³¹²tsɿ⁰	茶树 tsʻa⁵⁵ʂʅ³¹²
浮 梁	柚儿 iɛur³³	茶子儿树 tsʻo²⁴tsər⁰ɕy³³
婺 源	柚仗 ia⁵¹la⁰	椹子树 sɔ³⁵tsɿ⁰ɕy⁵¹
上 饶	橙 dʑiɛn⁴²³/柚子 iu²⁴tsɿ⁰	茶子树 dza⁴²tsɿ⁵²ɕy²¹²
广 丰	橙 dzæn²³¹	茶子树 dza²¹tsɿ⁴³dʑiɣɯ²¹²
铜 山	□ pʻa³³xɔŋ²¹	茶子树 te²¹tɕi⁴⁴tɕʻiu²¹

	078 浮萍	079 杜鹃花
南 昌	浮藻 fu²⁴pʰiɛu²⁴	映山红 in⁴⁵san⁴²fuŋ⁴⁵
修 水	藻 biau²⁴	映山红 in⁵⁵san³⁴fəŋ²⁴
湖 口	湖滂啲 xu²¹¹baŋ²¹¹tɛ⁰	映山红 in⁴⁵⁵san⁴²xoŋ²¹¹
鄱 阳	藻 pʰiau²⁴	清明花 tɕʰin²¹min²⁴fɒ²¹
铅 山	藻 pʰiau²⁴	春天花 tʃuen³³tʰiɛn³³fa³³
抚 州	藻 pʰiɛu²⁴	映山红 in⁴¹san³²fuŋ²⁴
资 溪	藻 pʰiau¹³	清明花 tɕʰin³¹min¹³fa³¹
宜 黄	藻 pʰiau⁴⁵	映山红 in⁴²san³³fuŋ⁴⁵
丰 城	水藻哩 sɿ⁴¹pʰiau³³li⁰	映山红 in²¹³san³⁵fuŋ³³
高 安	藻 pʰiɛu²¹³	映山红 in⁴⁴san³⁵fuŋ²¹³
新 余	藻 pʰiɛu⁴²	映山红 in¹²san⁴⁵fuŋ⁴²
吉 安	藻 pʰiau²¹	映山红 in²¹san³³⁴fuŋ²¹
遂 川	藻 pʰiɒ²²	满山红 mãn³¹sãn⁵³xɔ̃²²
宁 都	藻 pʰiau¹³	映山红 in³¹san⁴²fuŋ¹³
瑞 金	藻子 pʰiɔ³⁵tsɿ⁰	满山红 muen⁴⁴san⁴⁴fɤŋ³⁵
于 都	藻 pʰiɔ⁴⁴	石榴花 saʔ⁵ly⁴⁴xua³¹
赣 县	浮藻 fe²¹²pʰiɔ²¹²	满山红 muõ⁵³sã²⁴xəŋ²¹²
南 康	藻嘞 pʰiɔ¹¹lə⁰	映山红 iəŋ⁵³sã³³xəŋ¹¹
龙 南	藻啲 pʰiau³¹²teʔ⁰	石榴花 saʔ²³lieu³¹²fa²⁴
寻 乌	水藻子 sui⁴²pʰiau²¹⁴tsɿ⁰	石榴花 saʔ³⁴liu²¹⁴fa²⁴
黄 坳	藻子 pʰiau²¹²tsɿ⁰	石榴花 sak⁵liu²¹²fa²⁴
铜 鼓	藻子 pʰiau¹³tsɿ⁰	映山红 in⁵¹san²¹⁴fəŋ¹³
大 溪	藻 pʰiau²¹³	春鸟花 tɕʰym³³tiau⁴³xua³³
太 源	藻 pʰiɑu²¹²	石榴花 saʔ²liu²¹²xa⁴⁴
九 江	湖澎儿 xu⁴⁴pʰən⁴⁴ɚ⁰	杜鹃花儿 təu²¹tʂyõ³¹xuɒ³¹ɚ⁰
赣 州	浮萍 fieu⁴²pʰiəŋ⁴²	满山红 mõn⁴⁵sãn³³xəŋ⁴²
白 槎	藻 pʰiau⁵⁵	杜鹃花 təu³¹²tɕyan⁴²xua⁴²
浮 梁	青藻 tsʰai⁵⁵pʰiau⁰	清明花儿 tsʰai⁵⁵mai²⁴xuor⁰
婺 源	藻仂 pʰiɔ¹¹la⁰	春鸟花 tsʰæn⁵⁵liɔ³⁵xɵ⁵⁵
上 饶	藻 biɔu⁴²³	春鸟花 tɕyĩn⁴⁴tiɔu⁵²xua⁴⁴
广 丰	藻 biau²³¹	清明花 tsĩn⁴⁴mĩn⁴⁴xuɑ⁴⁴
铜 山	藻 pʰiə²⁴	清明花 tɕʰi³³miã²¹xuei³³

	080 箬叶	081 （草木的）刺
南昌	粽叶 tsuŋ⁴⁵iet⁵	劈 lɛt⁵
修水	粽叶 tsən⁵⁵iɛt³²	劈 dzɿ²⁴
湖口	粽箬 tsoŋ⁴⁵⁵n̠io²¹³	刺 dzɿ²¹³
鄱阳	箬皮 n̠io⁴⁴pʰi²⁴	刺 tsʰɿ³⁵
铅山	粽箬 tsoŋ²¹n̠iaʔ⁴	刺 tsʰɿ²¹
抚州	箬叶 n̠ioʔ²iep⁰	劈 lɛʔ⁵
资溪	箬 n̠ioʔ⁵	劈 lɛʔ⁵
宜黄	箬叶 n̠ioʔ⁵iap⁵	劈 lɛʔ⁵
丰城	箬 n̠ioʔ⁵	刺 tsʰɿ²¹³ / 劈 lɛʔ⁵
高安	箬叶 iɔkʔ⁵iɛt²	劈 lak⁵
新余	粽叶 tɕiuŋ¹²iɛʔ⁵	刺 lɛʔ⁵
吉安	粽叶 tsuŋ²¹⁴iɛ³³⁴	刺 tsʰɿ²¹⁴
遂川	箬叶 lo²¹⁴ie²¹⁴	刺 tsʰɿ⁵⁵
宁都	箬叶 nok⁵iat⁵	劈 lit⁵
瑞金	箬叶 n̠iɔʔ²iɛʔ⁴	劈 leʔ²
于都	粽叶 tsəŋ³²³iɛ⁴²	劈 lɛʔ⁵
赣县	粽叶 tsən⁴⁴iɛʔ⁵	劈 lɛʔ⁵
南康	粽叶嘞 tsən⁵³iɛ⁵³lə⁰	劈 lɛ³³
龙南	粽叶 tsən⁴⁴iɛʔ²³	劈 leʔ²³
寻乌	箬叶 n̠iɔʔ²¹iɛʔ²¹	劈 liʔ²¹
黄坳	箬叶 n̠iɔkʔ⁵iɛt⁵	劈 nɛt⁵
铜鼓	箬叶 n̠iɔkʔ⁵iɛt⁵	刺 tsʰɿ⁵¹
大溪	箬皮 n̠yəʔ⁵pʰi²¹³	劈 lɛʔ⁵
太源	粽箬 tsuŋ⁴⁴n̠iɔʔ²	劈 lɛʔ²
九江	箬叶 liau⁵³ie⁵³	刺 tsʰɿ²¹
赣州	粽叶 tsəŋ²¹²iɛʔ³²	刺 tsʰɿ²¹²
白槎	箬叶 liau⁵⁵ie⁵⁵	刺 tsʰɿ³¹²
浮梁	箬皮 ia³³ʒʅ⁰	刺儿 sər²¹³
婺源	箬皮 n̠iɔ⁵¹pʰi¹¹	刺 tsʰɿ³⁵
上饶	粽箬 tsoŋ⁴³n̠yɐʔ²³	刺 tsʰɿ⁴³⁴
广丰	箬皮 n̠yoʔ²bi²³¹	刺 tsʰɣ⁴³⁴
铜山	裹粽箬 kə⁴⁴tsan³³xiə⁵⁵	刺 tɕʰi²¹

	082 （植物）出芽	083 公牛 注意有无水牛、黄牛的区别
南　昌	爆芽 pʻau⁴⁵ŋa²⁴	炀沙牯 ioŋ⁴⁵sa⁴²ku⁴² ｜牛牯 n̠iu⁴⁵ku⁴²
修　水	发芽 fæt⁴²ŋa²⁴	牛牯 n̠iu²⁴ku²¹
湖　口	暴孙嗻 pau⁴⁵⁵sən⁴²tɛ⁰	骚牯 sau⁴²ku³⁴³／水牯（水牛）çy³⁴³ku³⁴³
鄱　阳	发芽 fɔ⁴⁴ŋɒ²⁴	水牯（水牛）çyɐi⁴²ku⁴² ｜黄牯（黄牛）xuãn²⁴ku⁴²
铅　山	出芽 tʃueʔ²ŋa²⁴	牛牯 ŋɐu²⁴ku⁴⁵
抚　州	发芽 fat²ŋa²⁴	牛牯 ŋɐu²⁴ku⁴⁵
资　溪	发芽 fat³ŋa¹³	牛牯 n̠iɐu¹³ku³⁵
宜　黄	爆芽 pau⁴²ŋa⁴⁵	牛牯 n̠iu⁴⁵ku⁴⁵³
丰　城	发芽 fæʔ³²ŋa³³	牛牯 n̠iu³³ku⁴¹
高　安	爆芽 pau⁴⁴ŋa²¹³	骚牯子 sau³⁵ku⁴²tsu／牛牯 ŋɐu²¹³ku⁴²
新　余	爆芽 pau¹²ŋa⁴²	牛牯（统称）n̠iu⁴²ku²¹³／水牯（水牛）suoi²¹³ku²¹³
吉　安	出芽 tɕʻy³³⁴ŋa²¹	牛牯 n̠iu²¹ku⁵³
遂　川	发芽 fa⁵⁵ŋa²²	牛牯 n̠iu²²ku³¹
宁　都	发芽 fat³²ŋa¹³	牛牯 nɐu¹³ku²¹⁴
瑞　金	□芽 tʋŋ⁴⁴ŋa³⁵	牛牯 n̠iu³⁵ku²¹²
于　都	出芽 tsʻuɛ³²³ŋa⁴⁴	牛牯 n̠y⁴⁴ku³⁵
赣　县	□芽 tsʻa⁴⁴ŋã²¹²	牛牯 n̠iu²¹²ku⁵³
南　康	发芽 fa²⁴ŋa¹¹	牛牯嘞 niu¹¹ku²¹lə⁰
龙　南	发/着芽 fæʔ²/tsɔʔ²⁴³ŋa³¹²	牛牯 n̠iɐu³¹²ku⁵³
寻　乌	生芽 saŋ²⁴ŋa²¹⁴	牛牯 n̠iu²¹⁴ku⁴²
黄　坳	发芽 fait²ŋa²¹²	牛牯 n̠iu²¹²ku³¹
铜　鼓	出芽 tsʻuk³ŋa¹³	牛牯 n̠iu¹³ku²¹
大　溪	出芽 tɕʻyəʔ⁴ŋa²¹³	牛牯 n̠ɛ²¹ku⁴³³
太　源	出芽 tɕiuʔ⁴ŋa²¹²	牛牯 ŋɒu²⁴ku³²⁵
九　江	长苗 tʂã²¹³miau⁴⁴	公牛 koŋ³¹liɐu⁴⁴
赣　州	爆芽 pɔ²¹²ia⁴²	牛牯 n̠iu⁴²ku⁴⁵
白　槎	冒芽 mau³¹²ia⁵⁵	公牛 kən⁴²n̠iu⁵⁵
浮　梁	出芽 tɕʻy²¹³ŋor²⁴	水牯（水牛）çy³¹ku³¹ ｜黄牯（黄牛）uaŋ²⁴ku³¹
婺　源	发芽 fθ⁵¹ŋə¹¹	水牯（水牛）çy³⁵ku² ｜黄牯（黄牛）vã¹¹ku²
上　饶	出芽 tɕʻyɪʔ⁵ŋa⁴²³	牛牯 ŋɛ⁴²ku⁵²
广　丰	出芽 tɕʻyæʔ⁴ŋa²³¹	牛牯 n̠ivɯ²¹kuɤ⁵²
铜　山	出芽 tsʻuəʔ⁴ge²⁴	牛牯 u²¹kɔ⁴⁴³

084

母牛注意有无水牛、黄牛的区别

南 昌	牛婆 ȵiu^{45}pʻo^{24}
修 水	牛婆 ȵiu^{24}bɔ^{24}
湖 口	牛婆 ȵiɛu^{24}bo^{24} / 水𤛆（水牛）ɕy^{343}sa^{42}
鄱 阳	水𤛆（水牛）ɕyɛi^{42}sɒ^{21} | 黄牸（黄牛）uãn^{24}tsʻʅ^{24}
铅 山	牛嬷 ŋɛu^{24}mo^{24}
抚 州	牛嬷 ŋɛu^{24}mo^{24}
资 溪	牛嬷 ȵiɛu^{13}mo^{13}
宜 黄	牛嬷 ȵiu^{45}mɔ^{o5}
丰 城	牛婆 ȵiu^{33}pʻo^{33}
高 安	牛婆 ŋɛu^{213}pʻo^{213}
新 余	牛婆（统称） ȵiu^{42}pʻo^{42} | 水婆(水牛)suoi^{213}pʻo^{42}
吉 安	牛婆 ȵiu^{21}pʻo^{21}
遂 川	牛婆 ȵiu^{22}pʻo^{22}
宁 都	牛婆 nəu^{13}pʻo^{13}
瑞 金	牛婆 ȵiu^{35}pʻo^{35}
于 都	牛婆 ȵy^{44}pʻɤ^{44}
赣 县	牛婆 ȵiu^{212}pʻəu^{212}
南 康	牛婆嘞 niu^{11}pʻo^{11}lə^{0}
龙 南	牛嬷 ȵieu^{312}ma^{312}
寻 乌	牛嬷 ȵiu^{21}ma^{214}
黄 坳	牛嬷 ȵiu^{212}ma^{212}
铜 鼓	牛嬷 ȵiu^{13}ma^{13}
大 溪	牛嬷 ŋɛ^{21}ma^{213}
太 源	牛娘 ŋɑu^{24}ȵiɔŋ^{212}
九 江	母牛 mɒ^{213}liəu^{44}
赣 州	母牛 mu^{45}ȵiu^{42}
白 槎	母牛 mu^{214}ȵiu^{55}
浮 梁	水牸（水牛） ɕy^{31}sʅ^{33} | 黄牸（黄牛）uaŋ^{24}sʅ^{33}
婺 源	水牸（水牛） ɕy^{35}tsʻʅ^{51} | 黄牸（黄牛）vã^{11}tsʻʅ^{51}
上 饶	牛嬷 ŋe^{231}mo^{423}
广 丰	牛嬷 ȵiɤɯ^{24}mie^{0}
铜 山	牛母 u^{21}bu^{443}

	085 小牛	086 种公猪
南　昌	牛崽子 n̠iu⁴⁵tsai²¹³tsʅ⁰	猪公 tɕy⁴²kun⁴²
修　水	细牛崽 ɕi⁵⁵n̠iu²⁴tsai²¹	猪牯 tu³⁴ku²¹
湖　口	细牛嘚 ɕi⁴⁵⁵n̠iɐu²¹¹tɛ⁰	猪郎 tɕy⁴²laŋ²¹¹
鄱　阳	哞哞子牛 mie⁴²mie⁴⁴tsʅ⁰n̠iɐu²⁴	郎猪 lãn²⁴tɕy²¹
铅　山	牛崽 ŋɛu²⁴tsai⁴⁵	猪王 tɕy³³uon²⁴
抚　州	牛崽哩 ŋɛu²⁴tsai⁴⁵li⁰	猪牯 tɛ³²ku⁴⁵
资　溪	牛崽 n̠ieu¹³tsoi³⁵	猪牯 tɛ³¹ku³⁵
宜　黄	牛崽 n̠iu⁴⁵tɛi⁴⁵³	猪牯 tɛ³³ku⁴⁵³
丰　城	牛崽 n̠iu³³tsei⁰	猪牯 tsʅ³⁵ku⁴¹
高　安	细牛子 si⁴⁴ŋɛu²¹³tsu⁰	猪牯哩 tsə³⁵ku⁴²li⁰
新　余	牛嘚 n̠iu⁴²tɛ⁰	猪牯 tsʅ⁴⁵ku²¹³
吉　安	牛崽哩 n̠iu²¹tsei⁵³li⁰	猪 ty³³⁴ku⁵³
遂　川	牛崽嘚 n̠iu²²tsɛ³¹tɛ⁰	猪 ty⁵³ku³¹
宁　都	细牛 ɕiɛ⁴²nɐu²¹⁴	猪牯 tɕie⁴²ku²¹⁴
瑞　金	惨羔子 san⁴²kɔ⁴⁴tsʅ⁰	猪牯 tɕie⁴⁴ku²¹²
于　都	□牛 pi⁴⁴n̠y⁴⁴	猪牯 tʃɛ³¹ku³⁵
赣　县	细牛 se⁴⁴niu²¹²	猪牯头 tsu²⁴ku⁵³tʼe²¹²
南　康	牛崽嘞 niu¹¹tsɛ²¹lə⁰	猪牯头 tsu³³ku²¹tʼɛ¹¹
龙　南	牛崽嘚 n̠ieu³¹²tsɛ⁵³tɛ²⁰ / 细牛 se⁴⁴n̠ieu³¹²	猪牯 tsu²⁴ku⁵³
寻　乌	细牛子 ɕiɛ⁵⁵n̠iu²¹⁴tsʅ⁰	猪牯 tsu²⁴ku⁴²
黄　坳	牛崽子 n̠iu²¹²tsɛ³¹tsʅ⁰	猪牯 tsu²⁴ku³¹
铜　鼓	牛子 n̠iu¹³tsʅ⁰	猪牯 tu²¹⁴ku²¹
大　溪	牛子 ŋɛ²¹tsʅ⁴³³	猪牯 tɕie³³ku⁴³³
太　源	牛崽 ŋɑu²⁴tsɔi³²⁵	猪王 tɕy⁴⁴vɔŋ²¹²
九　江	牛崽 liɐu⁴⁴tsai²¹³	公猪 kon³¹tsʅ³¹
赣　州	牛崽子 n̠iu⁴²tsæ⁴⁵tsʅ⁰	种猪 tsən⁴⁵tɕy³³
白　槎	牛娃子 n̠iu⁵⁵va⁵⁵tsʅ⁰	郎猪 laŋ⁵⁵tʂʅ⁴²
浮　梁	牛伢儿 iɛu²⁴ŋa²⁴n̠i⁰	猪郎 tɕy⁵⁵laŋ²⁴
婺　源	牛伢 n̠ia¹¹ŋə⁵⁵ / 细牛 se³⁵n̠ia¹¹	猪斗 tɕy⁵⁵ta²
上　饶	牛伢儿 ŋe⁴²ŋa⁴⁴n̠i⁴²³	猪牯 tɕy⁴⁴ku⁵²
广　丰	牛儿 n̠iɣuɤ²¹n̠ĩn²⁴	猪牯 tɑ⁴⁴kuɣ⁵²
铜　山	牛団 u²¹kiã⁴⁴³	猪牯 tɯ³³kɔ⁴⁴³

	087 母猪 养了生小猪的	088 公狗
南 昌	猪婆 tɕy⁴²pʻo²⁴	狗公 kiɛu²¹³kuŋ⁴²
修 水	猪婆 tu³⁴bɔ²⁴	狗牯 kɛi²¹ku²¹
湖 口	猪婆 tɕy⁴²bɔ²¹¹	犍狗 tɕiɛn⁴⁵⁵kɛu³⁴³
鄱 阳	猪娘 tɕy²¹nʲiãn²⁴	犍狗 tɕiẽn³⁵kəu⁴²
铅 山	猪嬷 tɕy³³mo²⁴	狗牯 kɛu⁴⁵ku⁴⁵
抚 州	女猪 nʲiɛ⁴⁵tɛ³² / 猪嬷tɛ³²mo²⁴	狗公 kʻɛu⁴⁵kuŋ³²
资 溪	猪嬷 tɛ³¹mo¹³	狗牯 kiɛu³⁵ku³⁵
宜 黄	猪嬷 tɛ³³mo⁴⁵	狗牯 kiu⁴⁵³ku⁴⁵³
丰 城	猪婆 tsʅ³⁵pʻo³³	狗牯 kiɛu⁴¹ku⁴¹
高 安	猪婆哩 tsɛ³⁵pʻo²¹³li⁰	公狗 kuŋ³⁵kiɛu⁴²
新 余	猪婆 tsʅ⁴⁵pʻo⁴²	狗牯 kiɛu²¹³ku²¹³
吉 安	猪婆 ty³³⁴pʻo²¹	公狗 kuŋ³³⁴kiɛu⁵³
遂 川	猪婆 ty⁵³pʻo²⁴	狗牯 kiə³⁵ku³¹
宁 都	猪婆 tɕie⁴²pʻo¹³	狗牯 kəu⁴²ku²¹⁴
瑞 金	猪婆 tɕie⁴⁴pʻo³⁵	狗牯 kɤ⁴⁴ku²¹²
于 都	猪婆 tʃɛ³¹pʻɣ⁴⁴	狗牯 kiɛu³⁵ku³⁵
赣 县	猪婆 tsu²⁴pʻəu²¹²	狗牯 ke⁵³ku⁵³
南 康	猪婆 tsu³³pʻo¹¹	狗牯 kɛ²¹ku²¹
龙 南	猪嬷 tsu²⁴ma³¹²	公狗 kəŋ²⁴kiɛu⁵³
寻 乌	猪嬷 tsu²⁴ma²¹⁴	狗牯 kiu⁴²ku⁴²
黄 坳	猪嬷 tsu²⁴ma²¹²	狗牯 kiɛu³¹ku³¹
铜 鼓	猪嬷 tu²¹⁴ma¹³	狗牯 kiɛu²¹ku²¹
大 溪	猪嬷 tɕiɛ³³ma²¹³	狗牯 kɛ⁴³ku⁴³³
太 源	猪娘 tɕy⁴⁴nʲiɔŋ²¹²	狗牯 kɑu³⁵ku³²⁵
九 江	猪婆 tsʅ³¹pʻo⁴⁴	公狗 koŋ³¹kəu²¹³
赣 州	猪婆 tɕy³³pʻo⁴²	狗牯子 kiɛu⁴⁵ku⁴⁵tsʅ⁰
白 槎	猪婆 tsʅ⁴²pʻo⁵⁵	公狗 kəŋ⁴²kəu²¹⁴
浮 梁	猪嬷 tɕy⁵⁵mo²⁴	公狗 koŋ⁵⁵kau³¹
婺 源	猪娘 tɕy⁵⁵nʲia¹¹	牯狗 ku³⁵tɕia²
上 饶	猪嬷 tɕy⁵²mo⁴²³	狗公 ke⁵²koŋ⁴⁴
广 丰	猪嬷 tɑ⁵²mie⁰	狗公 ku⁴³koŋ⁴⁴
铜 山	猪母 tɯ³³bu⁴⁴³	狗牯 kau⁴⁴kɔ⁴⁴³

	089 猴子	090 蝙蝠
南 昌	猴子 xɛu²⁴tsĮ⁰	檐老鼠 iɛn⁴⁵lau²¹³ɕy⁰
修 水	猴崽 xei²⁴tsai²¹	檐老鼠 iɛn²⁴lau²¹su²¹
湖 口	猴嘚 xɛu²¹¹tɛ⁰	檐老鼠 iɛn²¹¹lau³⁴³ɕy³⁴³
鄱 阳	猴子 xəu²⁴tsĮ⁰	檐老鼠 iẽn²⁴lau⁴²ɕy⁴²
铅 山	猴狲 xɛu²⁴sen³³	皮老鼠 pʼi²⁴lau⁴⁵tɕy⁴⁵
抚 州	猴子 xɛu²⁴sĮ⁰	翼老鼠 iet⁵lau⁴⁵su⁴⁵
资 溪	猴子 xɛu¹³tsĮ⁰	檐老鼠 ian¹³lau³⁵sɛ⁴⁵
宜 黄	□狲 ut⁵sen³³	檐老鼠 iɛn⁴⁵lɔu⁴⁵³sɛ⁴⁵³
丰 城	猴子 xɛu³³tsĮ⁰	扁老鼠 pien⁴¹lau⁴¹sĮ⁴¹
高 安	猴嘚 xɛu²¹³tɛ⁰	翼老鼠子 iet²lau⁴²xə⁴²tsu⁰
新 余	猴嘚 xɛu⁴²tɛ⁰	翼老鼠 iɛʔ⁵lau²¹³sĮ²¹³
吉 安	猴子 xɛu²¹tsĮ⁰	檐老鼠 iɛn²¹lau⁵³ɕy⁵³
遂 川	猴嘚 xiə²²tɛ⁰	胎交琵琶 tʼæ⁵³tɕiau⁵³pʼi²²pʼa²²
宁 都	猴子 xəu¹³tsə⁰	檐老鼠 iɛn¹³lau⁴²sa²¹⁴
瑞 金	猴子 xɣ³⁵tsĮ⁰	檐老鼠 iɛn³⁵lɔ⁴⁴ɕie²¹²
于 都	猴子 xieu⁴⁴tsĮ⁰	琵琶老鼠 pʼi⁴⁴pʼa⁴⁴lɔ³⁵ʃɛ³⁵
赣 县	猴子 xe²¹²tsĮ⁰	琵琶老鼠 pi²¹²pʼa²¹²lɔ⁵³su⁵³
南 康	猴嘞 xɛ¹¹lə⁰	琵琶老鼠 pʼi¹¹pʼa¹¹lɔ²¹tɕyi²¹
龙 南	猴嘚 xɛu³¹²tɛʔ⁰	琵琶老鼠 pʼi³¹²pʼa³¹²lau⁵³si⁵³
寻 乌	猴子 xiu²¹⁴tsĮ⁰	琵琶老鼠 pʼi²¹⁴pʼu²⁴lau⁴²su⁴²
黄 坳	猴子 xɛu²¹²tsĮ⁰	琵琶老鼠 pʼi⁵³pʼɔ²¹²lauˀ³¹suˀ³¹
铜 鼓	猴子 xɛu¹³tsĮ⁰	飞檐老鼠 fi²¹⁴iɛn¹³lau²¹tʼu²¹
大 溪	猴崽 xɛu²⁴tsɔi³²⁵	皮老鼠 pʼi²¹lɔ⁴³tɕy⁴³³
太 源	猴狲 xəu²¹²sen⁴⁴	琵琶鸟 pʼi⁴⁴pa⁴⁴tɑu³²⁵
九 江	猴儿 xə⁴⁴	檐老鼠 iɛn⁴⁴lau²¹su²¹³
赣 州	猴子 xieu⁴²tsĮ⁰	琵琶老鼠 pʼi⁴²pʼaʔ³²lɔ⁴⁵ɕy⁰
白 槎	猴子 xəu⁵⁵tsĮ⁰	檐老鼠 ian⁵⁵lau²¹ʂĮ²¹⁴
浮 梁	猴儿 xar²⁴	蝙蝠儿 pi³¹fu²¹³n̠i⁰
婺 源	猴狲 ɕia¹¹sæn⁵⁵	老鼠蒲翼 lɔ³¹tɕy³⁵pʼu¹¹iɔ⁵¹
上 饶	猴狲 xe⁴²sĩn⁴⁴	皮老鼠 pi⁴²lɔu²¹tɕy⁵²
广 丰	猴狲 xiɣɯ²¹suẽn⁴⁴ / □狲 kʼuʔ²⁴ɕyẽn⁴⁴	老鼠□ lau²¹tɕʼie⁴³bi²¹²
铜 山	猴狲 kau²¹suon³³	皮老鼠 pʼə²¹lau⁴⁴tsĮ⁴⁴³

	091	092
	公鸡	母鸡
南 昌	鸡公 tɕi⁴²kuŋ⁴²	鸡婆 tɕi⁴²pʻo²⁴
修 水	炀鸡 iɔŋ²²tɕi³⁴	鸡婆 tɕi³⁴bɔ²⁴
湖 口	鸡公 tɕi⁴²koŋ⁴²	鸡婆嘚 tɕi⁴²bo²¹¹tɛ⁰
鄱 阳	鸡公 tɕi²¹kuəŋ²¹	鸡嬷 tɕi²¹mo²⁴
铅 山	鸡公 tɕi³³koŋ³³	鸡嬷 tɕi³³mo²⁴
抚 州	鸡公 tɕi³²kuŋ³²	鸡嬷 tɕi³²mo²⁴
资 溪	鸡公 tɕi³¹kuŋ³¹	鸡嬷 tɕi³¹mo¹³
宜 黄	鸡公 tɕi³³kuŋ³³	鸡嬷 tɕi³³mo⁴⁵
丰 城	鸡公 tɕi³⁵kuŋ³⁵	鸡婆 tɕi³⁵pʻo³³
高 安	炀鸡 iɔŋ²²kai³⁵	鸡婆哩 kai³⁵pʻo²¹³li⁰
新 余	鸡公 tɕi⁴⁵kuŋ⁴⁵	鸡婆 tɕi⁴⁵pʻo⁴²
吉 安	炀鸡 iɔŋ²¹tɕi³³⁴	鸡婆 tɕi³³⁴pʻo²¹
遂 川	鸡公头 tɕi⁵³kɔ̃ŋ⁵³tʻiə²²	鸡婆 tɕi⁵³pʻo²⁴
宁 都	鸡公 tsai⁴²kuŋ⁴²	鸡婆 tsai⁴²pʻo¹³
瑞 金	鸡公 tɕie⁴⁴kɤŋ⁴⁴	鸡婆 tɕie⁴⁴pʻo³⁵
于 都	鸡公 kɛ³¹kɐŋ³¹	鸡婆 kɛ³¹pʻɤ⁴⁴
赣 县	鸡公（头）kei²⁴kɐŋ²⁴（tʻe⁰）	鸡婆 kei²⁴pʻəu²¹²
南 康	鸡公嘞 tɕi³³kɐŋ³³lə⁰	鸡婆嘞 tɕi³³pʻo¹¹lə⁰
龙 南	鸡牯头 ki²⁴ku²⁴tʻɛu³¹²	鸡嬷 ki²⁴ma³¹²
寻 乌	鸡公 kie²⁴kuŋ²⁴	鸡嬷 kie²⁴ma²¹⁴
黄 坳	鸡公头 kai²⁴kuŋ²⁴tʻɛu²¹²	鸡嬷 kai²⁴ma²¹²
铜 鼓	鸡公头 tɕi²¹⁴kəŋ²¹⁴tʻɛu¹³	鸡嬷 tɕi²¹⁴ma¹³
大 溪	鸡公 kɛ³³kəŋ³³	鸡嬷 kɛ³³ma²¹³
太 源	鸡公 tɕiai⁴⁴kuŋ⁴⁴	鸡娘 tɕiai⁴⁴ȵiɔŋ²¹²
九 江	公鸡 koŋ³¹tɕi³¹	母鸡 mɒ²¹³tɕi³¹
赣 州	鸡公子/头 tɕi³³kəŋ³³tsɹ⁰/tʻieu⁴²	鸡婆 tɕi³³pʻo⁴²
白 槎	公鸡 kəŋ⁴²tɕi⁴²	母鸡 mu²¹⁴tɕi⁴²
浮 梁	鸡公 tɕi⁵⁵koŋ⁵⁵	鸡嬷 tɕi⁵⁵mo²⁴
婺 源	鸡公 tɕi⁵⁵kɐm⁵⁵	鸡嬷 tɕi⁵⁵mɵ¹¹
上 饶	鸡公 tɕi⁴⁴koŋ⁴⁴	鸡嬷 tɕi⁵²mo⁴²³
广 丰	鸡公 ki⁴⁴koŋ⁴⁴	鸡嬷 ki⁵²mie⁰
铜 山	鸡角 kuəi³³kæ⁴²	鸡母 kuəi³³bu⁴⁴³

	093 公鸭	094 鸟儿
南 昌	鸭公 ŋat⁵kuŋ⁴²	雀子 tɕʰiɔʔ⁵tsʅ⁰
修 水	鸭公 ŋæt⁴²kən³⁴	鸟崽 tiau²¹tsai²¹
湖 口	鸭公 ŋa⁴⁴koŋ⁴²	鸟喋 tiau³⁴³tɛ⁰
鄱 阳	鸭公 ŋo⁴⁴kuəŋ²¹	鸟鸟子 tiau⁴²tiau⁴²tsʅ⁰
铅 山	鸭公 ŋɐʔ⁴koŋ³³	鸟 tiau⁴⁵
抚 州	鸭公 ŋap²kuŋ³²	鸟喋 tiau⁴⁵tɛʔ⁰
资 溪	鸭公 ŋap³kuŋ³¹	鸟崽 tiau³⁵tsoi³⁵
宜 黄	鸭公 ŋap²kuŋ³³	鸟哩 tiau⁴⁵³li⁴⁵
丰 城	鸭公 ŋæʔ³²kuŋ³⁵	雀崽 tɕʰiɔʔ³²tsei⁰
高 安	公鸭哩 kuŋ³⁵ŋat⁵li⁰	雀子 tɕʰiɔk⁵tsu⁰
新 余	鸭公 ŋaʔ⁵kuŋ⁴⁵	鸟喋 tiɛu²¹³tɛ⁰
吉 安	鸭公 nie³³⁴kuŋ³³⁴	鸟哩 tiau⁵³li⁰
遂 川	鸭公 a⁵⁵kə̃ŋ⁵³	鸟喋 tiɒ³⁵tɛ⁰
宁 都	鸭公 ŋak⁵kuŋ⁴²	鸟子 tiau⁴²tsə⁰
瑞 金	鸭公 / 牯 aʔ²kɣŋ⁴⁴ / ku²¹²	鸟子 tiɔ⁴⁴tsʅ⁰
于 都	鸭公 a³²³kəŋ³¹	鸟子 tiɔ³¹tsʅ⁰
赣 县	鸭公 aiʔ³²kəŋ²⁴	鸟子 tiɔ²⁴tsʅ⁰
南 康	鸭公 a⁵³kəŋ³³	鸟嘞 tiɔ²¹lə⁰
龙 南	鸭牯头 æʔ⁴³ku⁵³tʰɛu³¹²	鸟喋 tiau²⁴te?⁰
寻 乌	鸭公 ai?²¹kuŋ²⁴	鸟子 tiau²⁴tsʅ⁰
黄 坳	鸭公 at²kuŋ²⁴	鸟子 tiau³¹tsʅ⁰
铜 鼓	鸭公 at³kəŋ²¹⁴	鸟仔 tiau²¹tsʅ⁰
大 溪	鸭公 ŋɐʔ⁴kəŋ³³	鸟 tiau⁴³³
太 源	鸭公 ɑuʔ⁴kuŋ⁴⁴	鸟崽 tɑu³⁵tsɔi³²⁵
九 江	公鸭 koŋ³¹iɒ⁵³	鸟儿 liau²¹³ɚ⁰
赣 州	鸭公 iaʔ³²kəŋ³³	鸟子 tiɔ³³tsʅ⁰
白 槎	公鸭 kəŋ⁴²ia⁴²	雀子 tɕʰiɔ⁴²tsʅ⁰
浮 梁	公鸭儿 koŋ⁵⁵ŋor²¹³	鸟儿 tiau³¹n̻i⁰
婺 源	鸭公 ŋə⁵¹kem⁵⁵	鸟伮 liɔ³¹la⁰
上 饶	鸭公 ŋɐʔ⁴koŋ⁴⁴	鸟 tiɔu⁵²
广 丰	鸭公 æʔ⁴koŋ⁴⁴	鸟 tiəɯ⁵²
铜 山	鸭角 a⁴⁴kæ⁴²	鸟团 tɕiau⁴⁴kiã⁴⁴³

	095	096
	鸟窝	麻雀
南　昌	雀子窠 tɕʻiɔʔ^{5}tsɿ^{0}kʻuo^{42}	奸雀子 kan^{42}tɕʻiɔʔ^{5}tsɿ^0
修　水	鸟崽窠 tiau^{21}tsai^{21}gɔ^{44}	奸精 kon^{34}tɕian^{34}
湖　口	鸟嗯窝 tiau^{343}tɛ^{0}uo^{42}	麻鸟嗯 ma^{211}tiau^{343}tɛ^0
鄱　阳	鸟鸟子窠 tiau^{42}tiau^{42}tsɿ^{0}kʻo^{21}	麻鸟子 mɔ^{24}tiau^{42}tsɿ^0
铅　山	鸟窠 tiau^{45}kʻo^{33}	斑雀鸟 pan^{33}tɕiɐ^{4}tiau^{45}
抚　州	鸟嗯窠 tiau^{45}tɛʔ^{0}kʻuo^{32}	麻雀□ ma^{24}tɕiɔʔ^{2}mi^0
资　溪	鸟崽窝 tiau^{35}tsoi^{35}kʻuo^{31}	禾雀崽 uo^{13}tiau^{35}tsoi^{35}
宜　黄	鸟岫 tiau^{453}sɐu^{42}	麻雀 ma^{45}tɕiɔʔ^2
丰　城	雀崽岫 tɕiɔʔ^{32}tsei^{0}sɐu^{32}	奸雀崽 kan^{35}tɕiɔʔ^{32}tsei^0
高　安	雀子窠 tɕʻiɔk^{5}tsu^{0}kʻo^{35}	奸雀子 / 精精 kan^{35}tɕʻiɔk^{5}tsu^0 / tɕin^{35}tɕin^0
新　余	鸟嗯窠 tʻiɛu^{213}tɛ^{0}kʻo^{45}	奸尖嗯 kan^{45}tɕiɛn^{45}tɛ^0
吉　安	鸟窝 tiau^{53}uo^{334}	奸鸟哩 kan^{334}tiau^{53}li^0
遂　川	鸟窠 tiɔ^{35}kʻo^{53}	麻鸟嗯 ma^{22}tiɔ^{35}tɛ^0
宁　都	鸟子岫 tiau^{42}tsə^{0}sɐu^{214}	麻鸟子 ma^{13}tiau^{42}tsə^0
瑞　金	鸟子斗 tiɔ^{44}tsɿ^{0}ty^{212}	麻鸟子 ma^{35}tiɔ^{44}tsɿ^0
于　都	鸟斗 tiɔ^{31}ty^{35}	麻鸟子 ma^{44}tiɔ^{31}tsɿ^0
赣　县	鸟斗子 tiɔ^{24}te^{53}tsɿ^0	麻鸟子 ma^{212}tiɔ^{24}tsɿ^0
南　康	鸟嘞斗 tiɔ^{21}lə^{0}tɛ^{21}	麻鸟嘞 ma^{11}tiɔ^{21}lə^0
龙　南	鸟斗 tiau^{24}tɛu^{53}	禾□嗯 xu^{312}oeʔ^{43}tɛʔ^0
寻　乌	鸟子斗 tiau^{24}tsɿ^{0}tiu^{42}	禾□子 vo^{214}piʔ^{21}tsɿ^0
黄　坳	鸟斗 tiau^{31}tɛu^{31}	谷□子 kuk^{2}liu^{24}tsɿ^0
铜　鼓	鸟子窝 tiau^{21}tsɿ^{0}vɔ^{214}	麻鸟子 ma^{13}tiau^{21}tsɿ^0
大　溪	鸟窠 tiau^{43}kʻo^{33}	麻雀 ma^{21}tɕiɐ^{45}
太　源	鸟崽斗 tɑu^{35}tsɔi^{325}tɛu^{325}	麻□鸟 ma^{24}pin^{35}tɑu^{325}
九　江	鸟窝 liau^{213}uo^{31}	麻雀 mɔ^{44}tɕʻio^{53}
赣　州	鸟子岫 tiɔ^{33}tsɿ^{0}ɕio^{45}	麻鸟子 ma^{42}tiɔ^{33}tsɿ^0
白　槎	雀窝 tɕʻio^{42}ŋo^{42}	麻雀 ma^{55}tɕʻio^{42}
浮　梁	鸟儿窠 tiau^{31}ni^{0}kʻo^{55}	麻雀儿 mo^{24}tɕia^{213}ni^0
婺　源	鸟窠 liɔ^{35}kʻɵ^{55}	童□ tʻɐm^{11}niã^{11}
上　饶	鸟窠 tiɔu^{52}kʻo^{44}	麻雀 ma^{42}tɕiɐʔ^5
广　丰	鸟窠 tiɐɯ^{43}kʻye^{44}	毛雀 mɑu^{21}tɕiæʔ^5
铜　山	鸟岫 tɕiau^{44}ɕiu^{21}	粟鸟 tɕʻieʔ^{4}tɕiau^{443}

	097 蜻蜓	098 蝴蝶
南 昌	丁丁 tin⁴²tin⁰	蝴蝶（子）fu⁴⁵tʻiɛt⁵（tsʅ⁰）
修 水	□□ tsɛn³⁴kɔʔ³²	蝴蝶 fu²⁴diɛt³²
湖 口	蜻明嘚 dʑin⁴²min²¹¹tɛ⁰	飞拍嘚 fei⁴²ba⁴²tɛ⁰
鄱 阳	朋朋子 pʻən²⁴pʻən²⁴tsʅ⁰	蝴蝶子 xu²⁴tʻiɛ⁴⁴tsʅ⁰
铅 山	刚刚 kan³³kan³³	蝴蝶 fu²⁴tʻiɛʔ⁴
抚 州	江鸡 kɔŋ³²tɕi⁰	洋□婆 iɔŋ²⁴taʔ²pʻo⁰
资 溪	康□ kʻɔŋ³⁵kʻɛ³¹	蝴蝶 fu¹³tiɛp⁵
宜 黄	江鸡 kɔŋ³³tɕi³³	蝴叶婆 fu⁴⁵iap⁴²pʻo⁰
丰 城	□□ ɲien³⁵tɕi⁰	洋洋飞飞 iɔŋ³³iɔŋ⁰fi³⁵fi⁰
高 安	夏公哩 xa²²kuŋ³⁵li⁰	蝴蝶 fu²¹³tʻiɛt⁵
新 余	阴□ in⁴⁵kuan⁴⁵	蝴蝶 fu⁴²tʻiɛʔ³⁴
吉 安	□□ tɕian³³⁴tɕian³³⁴	蝴蝶 fu²¹tiɛ²¹⁴
遂 川	□乌哩 tʻɒ³¹u²²li⁰	蝴蝶嘚 fu²²tiɛ²¹⁴tɛ⁰
宁 都	塘塘□ tʻɔŋ³¹tʻɔŋ³¹pʻi¹³	蝴蝶 fu¹³tʻiɛt⁵
瑞 金	囊□子 nɔŋ³⁵ne⁵¹tsʅ⁰	蝴蝶 fu³⁵tʻiɛʔ⁴
于 都	塘尾 tʻõ⁴⁴mi³¹	□翼崽 pʻa³²³iɛ⁴²tsɛ³⁵
赣 县	塘尾子 tʻõ²¹²mei²⁴tsʅ⁰	蝴蝶子 fu²¹²tʻiɛʔ⁵tsʅ⁰
南 康	囊尾嘞 nõ¹¹mi²¹lə⁰	蝴蝶嘞 fu¹¹tʻiɛ⁵³lə⁰
龙 南	洋尾嘚 iɔŋ³¹²mi²⁴tɛʔ⁰	蝴蝶嘚 fu³¹²tʻiɛʔ²³tɛʔ⁰
寻 乌	洋尾子 iɔŋ²¹⁴muɛi⁵⁵tsʅ⁰	□□子 iɔŋ²¹⁴ɲiaʔ²¹tsʅ⁰
黄 坳	□□ nau³¹ɲit⁵	洋□子 iɔŋ²¹²iɛt²tsʅ⁰
铜 鼓	囊□ nɔŋ¹³mi⁰	洋迷子 iɔŋ¹³mi¹³tsʅ⁰
大 溪	□□ kɔŋ³³kɛ³³	蝴蝶 xu²¹tʻiɛʔ⁵
太 源	黄□ vɔŋ²⁴mi⁴²	蝴蝶 fu²⁴tʻaʔ²
九 江	□□ sɒ³¹in³¹	蝴蝶 xu⁴⁴tiɛ⁵³
赣 州	马兰 ma³³lãn⁴²	蝴蝶 fu⁴²tiɛʔ³²
白 槎	□□ tin⁴²tin⁰	蝴蝶 fu⁵⁵tiɛ⁰
浮 梁	□□儿 tʻai²⁴si³³ɲi⁰	蝴蝶儿 xu²⁴tʻiɛr⁰
婺 源	□□ kʻã⁵⁵kʻe⁵⁵ / □□ kɔ̃⁵⁵tɕi⁵⁵	蒲翼 pʻu¹¹iɔ⁵¹
上 饶	□□ kʻãn⁴⁴ke⁴⁴	蝴蝶 u⁴²diɛʔ²³
广 丰	□□ kʻãn⁴⁴fe⁴⁴	蝴蝶 uɣ²¹diæʔ²³
铜 山	□婴 nã²¹ĩ³³	□婆 xia²¹po²⁴

蝉

南 昌	借落子	tɕia⁴⁵ / tɕie⁴⁵lɔʔ⁵tsɿ⁰
修 水	□□	tɛ³⁴liaŋ²⁴
湖 口	□蝇	kɛ²¹³in²¹¹
鄱 阳	知了子	tɕi²¹liau⁴²tsɿ⁰ / 泥牙嘻嘻 ɳi²⁴ŋa²⁴ɕi²¹ɕi²¹
铅 山	油马嘻嘻	iu²⁴ma⁴⁵ɕi³³ɕi³³
抚 州	□蚰	tɕia³²iu²⁴
资 溪	□□□	iaŋ³¹iaŋ⁰tɕi³¹
宜 黄	江鸡姑娘	kɔŋ³³tɕi³³ku³³ɳiɔŋ⁴⁵
丰 城	蚁呀须须	ɳi²⁴ŋa²¹³ɕi³⁵ɕi⁰
高 安	形亚肚肚	ɕin²¹³ŋa⁴⁴tu²²tu²²
新 余	□□	pi⁴⁵iu⁴⁵
吉 安	蝉	sɛn²¹
遂 川	蝉	sẽn²²
宁 都	□□	nɔŋ⁴²naŋ⁴²
瑞 金	□□子	ɳia³⁵ɳi⁴²tsɿ⁰
于 都	蝉子 ʃi⁴⁴tsɿ⁰ / □□呀 sɿ⁴⁴kui³²³ia³²³
赣 县	丝□呀	sɿ²⁴pi⁴⁴ia²¹²
南 康	呀咿嘞	ia³³i³³lə⁰
龙 南	资□呀嘚	tsɿ²⁴pæʔ⁴³ia²⁴teʔ⁰
寻 乌	□□子	ma²¹⁴tsan²¹⁴tsɿ⁰
黄 坳	□子	san²¹²tsɿ⁰
铜 鼓	蝉	tsʻan¹³
大 溪	丝丝□	sɿ²¹sɿ²¹iin³³
太 源	□□嘻嘻	ɳi²⁴ŋa⁰ɕi⁴⁴ɕi⁴⁴
九 江	知了	tsɿ³¹liau⁰
赣 州	呀咿子	ia⁴⁵i⁴²tsɿ⁰
白 槎	吱哩	tɕi⁴²li⁰
浮 梁	吱□	tɕi⁵⁵iaŋ⁵⁵
婺 源	咕知呀	ku¹¹tsɿ⁵⁵ia¹¹
上 饶	蝉蝉 ɕiẽn⁴²ɕiẽn⁴²³ / 阳□ iãn⁴²tse⁴⁴
广 丰	鸣虫	mĩn²⁴dʑiɔŋ⁰
铜 山	蝉	ɕiãn⁵⁵

	100 蜘蛛	101 虱子
南　昌	则蛛（子）tset⁵tɕy⁴²（tsɿ⁰）	虱 sɛt⁵
修　水	蜘蛛 tɛ³⁴tu³⁴	虱 sɛt⁴²
湖　口	蜘蛛 tʂʅ⁴²tɕy⁴²	虱 sɛ⁴⁵⁵
鄱　阳	□丝 xau²⁴sɿ²¹	虱子 sə⁴⁴tsɿ⁰
铅　山	飞丝虫 fi³³sɿ³³tʃʰoŋ²⁴	虱嬷 sɛʔ²mo²⁴
抚　州	刨索 pʰau²⁴soʔ⁰	虱 sɛt²
资　溪	刨梢 pʰau¹³sau²²	虱 sɛʔ³
宜　黄	刨丝 pʰou⁴⁵sɿ³³	虱 sit⁵
丰　城	糊丝 fu³³sɿ⁰	虱 sɛʔ³²
高　安	巴纱 pa³⁵sa³⁵	虱婆 sɛt⁵pʰo²¹³
新　余	巴纱 pa⁴⁵sa⁴⁵	虱婆 sɛʔ⁵pʰo⁴²
吉　安	八脚 pɛ³³⁴tɕio³³⁴	虱子 sɛ³³⁴tsɿ⁰
遂　川	□□ pia⁵³lɒ³⁵	虱婆 sɛ⁵⁵pʰo²²
宁　都	□□ tsa¹³liau³¹	虱婆 sət³²pʰo¹³
瑞　金	□佬 tɕʰia³⁵lɔ²¹²	虱婆 sɛʔ²pʰo³⁵
于　都	□佬 tɕʰia⁴⁴lɔ³⁵	虱婆 sɛ³²³pʰɣ⁴⁴
赣　县	啦□ laʔ²¹²tɕʰia²¹²	虱婆 sɛʔ³²pʰəu²¹²
南　康	啦□ laʔ¹¹tɕʰia¹¹	虱婆 sɛ²⁴pʰo¹¹
龙　南	□□哪喏 laʔ²²tɕia²²ʔi⁴²²teʔ⁰	虱嬷 sɛʔ⁴³ma³¹²
寻　乌	佬□ lau⁴²kʰia²¹⁴	虱嬷 ɕiʔ²¹ma²¹⁴
黄　坳	啦□子 la²⁴kia²¹²tsɿ⁰	虱嬷 ɕit²ma²¹²
铜　鼓	啦□ la¹³tɕʰia¹³	虱嬷 sɛt³ma¹³
大　溪	飞丝虫 fi³³sɿ⁵²tsʰəŋ²¹³	虱嬷 sɛʔ⁴ma²¹³
太　源	□□ lo⁴²tɕʰio³²⁵	虱 sɛʔ²⁴
九　江	蜘蛛 tʂʅ³¹tʂʅ³¹	虱子 sai⁵³tsɿ⁰
赣　州	□啦 tɕʰia⁴²laʔ³²	虱婆 s ʔ³²pʰo⁴²
白　槎	蜘蛛 tʂʅ⁴²tʂʅ⁰	虱子 sɛ⁴²tsɿ⁰
浮　梁	蜘蛛儿 tɕi⁵⁵tɕyər⁵⁵	虱儿 ʂər²¹³
婺　源	蛛蛛 tɕy⁵⁵tɕy⁵⁵	虱 ɕi⁵¹
上　饶	蟢 ɕi⁵² ／飞丝虫 fi⁴⁴sɿ⁵²dzyoŋ⁴²³	虱嬷 sɿʔ⁵mo⁴²³
广　丰	蟢 xi⁵²	虱嬷 sæʔ⁴mie²³¹
铜　山	□□ nã²¹iã²⁴	虱母 sæʔ⁴bu⁴⁴³

	102	103
	蟑螂	蚂蚁
南　昌	蚻拨子 tsʻat²pot⁰tsʅ⁰	蚂蚁儿子 ma²¹³in⁰tsʅ⁰
修　水	蚻□婆 dzæt³²ka³⁴bɔ²⁴	蚂蚁 ma²¹ȵi²¹
湖　口	臭虫 dzɛu²¹³dzɔŋ²¹¹	蚂蚁嘚 ma³⁴³i³⁴³tɛ⁰
鄱　阳	蚻嬢子 tsʻɒ⁴⁴mo²⁴tsʅ⁰	蚂蚁子 mɒ⁴²ȵi⁴²tsʅ⁰
铅　山	蚻虫 tsʻɛʔ⁴tʃʻoŋ²⁴	蚁子 ŋai³³tsʅ⁰
抚　州	蚻 tsʻat⁵	蚂蚁 ma⁴⁵ȵi⁴⁵
资　溪	蚻 tʻat⁵	蚂蚁 ma³⁵ȵi³⁵
宜　黄	蚻 tʻat²	蚂蚁 ma⁴⁵³ȵi⁴⁵³
丰　城	蚻婆 tsʻæ³²pʻo³³	蚁子 ȵi²¹³tsʅ⁰
高　安	蚻婆哩 tsʻat⁵pʻo²¹³li⁰	蚁哩 i⁴²li⁰
新　余	蚻婆 tsʻaʔ⁵pʻo⁴²	蚁公 ȵi²¹³kuŋ⁴⁵
吉　安	□蚻 kɛ³³⁴tsʻɛ³³⁴	蚂蚁 ma⁵³i⁵³
遂　川	蚻婆 tsʻɛ⁵⁵pʻo²²	蚂蚁 ma³¹ȵi⁵⁵
宁　都	黄蚻 vɔŋ¹³tsʻat³²	蚁公 ȵi²¹⁴kuŋ⁴²
瑞　金	黄蚻 vɔŋ³⁵tsʻaʔ⁴	蚂蚁 ma⁴⁴ne⁴⁴
于　都	黄蚻 võ⁴⁴tsʻaʔ⁵	蚂蚁 ma³¹ȵiɛ³¹
赣　县	黄蚻 uɔ̃²¹²tsʻaʔ³²	蚂□子 ma⁵³nei⁵³tsʅ⁰
南　康	黄蚻嘞 võ¹¹tsʻæ⁵³lə⁰	蚂□ ma²¹mi³³
龙　南	黄蚻 vaŋ³¹²tsʻæʔ²³	蚁公 ŋai⁵³kəŋ²⁴
寻　乌	黄蚻 vɔŋ²¹⁴tsʻaiʔ²¹	蚁公 ŋai⁴²kuŋ²⁴
黄　坳	黄蚻 vɔŋ²¹²tsʻak²	蚁公 ȵi³¹k4ŋ²⁴
铜　鼓	黄蚻 vɔŋ¹³tsʻak³	蚁公 ŋɛ²¹⁴kəŋ²¹⁴
大　溪	蚻虫 tsʻɛʔ⁴tsʻəŋ²¹³	蚁子 ŋɛ⁴³tsʅ⁰
太　源	□崽王 kɑu⁴²tsɔi³²⁵vɔŋ²¹²	蚁 ȵi³²⁵
九　江	蚻巴子 tsɒ⁵³pɒ³¹tsʅ⁰	蚂蚁 mɒ²¹³i⁰
赣　州	黄蚻 xuæ̃⁴²tsʻaʔ³²	蚂□子 ma⁴⁵mi³³tsʅ⁰
白　槎	□蚂子 tau³¹²ma²¹⁴tsʅ⁰	蚂蚁 ma²¹⁴ȵi⁵⁵
浮　梁	油虫 iɛu²⁴tʂʻoŋ²⁴	蚂蚁儿 mo³¹iər³¹
婺　源	油虫 ia¹¹tsʻæm¹¹	蚂蚁 bɵ³¹ȵi³¹
上　饶	灶鸡 tsɔu⁴³tɕi⁴⁴	蚁子 ŋæ⁴⁴tsʅ⁰
广　丰	灶蚂 tsɤuɯ⁴⁴mɑ⁴⁴	蚁子 ŋai⁴⁴tsɤ⁰
铜　山	灶鸡 tsau⁴⁴kuəi³³	草蚁 tsʻau⁴⁴xia⁵⁵

104

蚯蚓

南　昌	寒蟮子	xon²⁴tɕin⁰tsɿ⁰
修　水	寒蚁	xon²⁴n̠i²¹
湖　口	寒蜿嘚	xon²¹¹ɕyɛn³⁴³tɛ⁰
鄱　阳	曲蜿 tɕʻy⁴⁴ɕyõn⁴² ／ 寒蟮子 xõn²⁴ɕin⁴²tsɿ⁰
铅　山	□蜿 mɛ²¹xɛn⁴⁵
抚　州	河蚁	xo²⁴n̠i⁴⁵
资　溪	河泥	xo¹³n̠i¹³
宜　黄	河泥	xo⁴⁵n̠i⁴⁵
丰　城	河泥	xo³³n̠i⁰
高　安	寒蟮哩	xɔn²¹³tɕin³⁵li⁰
新　余	曲蚖	tɕʻiuʔ⁵sen¹²
吉　安	曲蜿哩	tɕʻio³³⁴ɕiɛn⁵³li⁰
遂　川	蜿	ɕiẽn³¹
宁　都	河边	xo¹³piɛn⁴²
瑞　金	河蜿	xo³⁵ɕyɛn²¹²
于　都	河蜿	xɣ⁴⁴ɕĩ³²³
赣　县	河蜿	xəu²¹²ɕĩ⁵³
南　康	蜿公	ɕĩ²¹kəŋ³³
龙　南	虫蚖蛇嘚 ɕyɔn⁵³saʔ³¹²tɛʔ⁰
寻　乌	黄蜿子 vɔŋ²¹⁴ɕiɛn⁴²tsɿ⁰
黄　坳	蜿公 ɕian³¹kuŋ²⁴
铜　鼓	寒蜿 xɔn¹³ɕiɛn²¹
大　溪	蟥蜿 uɔŋ²¹suon⁴³³
太　源	蛇蜒 sa²⁴iɛn²¹²
九　江	曲虫儿 tɕʻiəu⁵³tʂʻoŋ⁴⁴ŋə⁰
赣　州	含蚖 xãn⁴²ɕĩn³³
白　槎	臭缠子 tsʻəu³¹²tsʻan⁵⁵tsɿ⁰
浮　梁	□□儿 kʻaŋ⁵⁵kʻaŋ⁵⁵n̠i⁰
婺　源	□ tʻu³⁵
上　饶	蟥蜿 uɔ̃ŋ⁴²fĩn⁵²
广　丰	蟥蜿 yãn²¹xyẽn⁵²
铜　山	猴□ kau²¹uon⁴⁴³

	105 青蛙统称	106 蚂蟥
南 昌	蛤蟆 xa²⁴ma⁰	蚂蟥 ma²¹³uɒŋ⁰
修 水	青蛙 dʑian²⁴ua³⁴	蚂蟥 ma²¹uɒŋ²⁴
湖 口	蛤蟆 xa²¹¹ma²¹¹	蚂蟥 ma³⁴³uɒŋ²¹¹
鄱 阳	蛤蟆 kʻɒ²⁴mɒ⁰	蚂蟥子 mɒ⁴²uãn²⁴tsɿ⁰
铅 山	蛤蟆 xa²⁴ma⁰	蚂蟥 ma⁴⁵uon²⁴
抚 州	蛤蟆 xa²⁴ma⁰	蚂蟥精 ma⁴⁵uoŋ²⁴tɕin³²
资 溪	蛤蟆 xa¹³ma¹³	蚂蟥□ ma³⁵uɔŋ¹³ɕip³
宜 黄	蛤蟆 xa⁴⁵ma⁰	蟥蜞 uɔŋ⁴⁵tɕʻi⁴⁵
丰 城	蛤蟆 xa³³ma⁰	蚂□吱吱 ma³³maŋ³³tɕi³⁵tɕi⁰
高 安	蛤蟆 xa²¹³ma⁰	蚂蟥□哩 ma⁴²xoŋ²¹³tɕin³⁵li⁰
新 余	蛤蟆 xa⁴²ma⁴²	蚂蚂蜞 ma²¹³ma²¹³tɕʻi⁴²
吉 安	老 / 泥□ lau⁵³ / ɲi²¹kə³³⁴	蚂蟥 ma⁵³faŋ²¹
遂 川	□蟆 kiɛ⁵³ma²²	蚂公清 ma³⁵kə̃ŋ⁵³tɕin⁵³
宁 都	□蟆 xan¹³ma⁴²	蚂蟥蜞 ma⁴²vɔŋ¹³tɕʻi¹³
瑞 金	蛤蟆子 xan³⁵ma⁴⁴tsɿ⁰	蚂蟥蜞 ma⁴⁴vɔŋ³⁵tɕʻi⁴⁴
于 都	青拐 tsʻiã³¹kuɛ³²³	蚂蟥蜞/佬 ma³¹võ⁴⁴tɕʻi⁴⁴/lɔ³⁵
赣 县	拐佬 kuæ⁴⁴lɔ⁵³	蚂佬 ma⁵³lɔ⁵³
南 康	拐嘞 kuæ²¹lə⁰	蚂蟥蜞 ma¹¹võ⁵¹tɕʻi¹¹
龙 南	老怪啲 lau⁵³kai⁴⁴teʔ⁰	蚂□ ma⁵³nau⁵³
寻 乌	蛤蟆子 xai²¹⁴ma²¹⁴tsɿ⁰	蚂□ ma⁴²nau⁴²
黄 坳	拐子 kuai³¹tsɿ⁰	湖蜞 fu²¹²ki²¹²
铜 鼓	拐子 kuai²¹tsɿ⁰	蚂蟥蜞 ma²¹võŋ¹³tɕʻi¹³
大 溪	青蛤 tsʻɿn³³kuəʔ⁴⁵	蚂蟥 ma⁴³uɔŋ²¹³
太 源	□ tɕiai³²⁵	熬蟥 ŋɑu²⁴võŋ²¹²
九 江	蛤蟆 kʻɒ⁴⁴mɒ⁰	蚂蟥 mɒ²¹³xuã⁴⁴
赣 州	拐子 kuæ⁴⁵tsɿ⁰	蚂蟥蜞 ma⁴⁵xuãn⁴²tɕʻi⁴²
白 槎	蛤蟆 kʻɛ⁴²ma⁰	蚂蟥 ma⁴²faŋ⁵⁵
浮 梁	蛤蟆儿 kʻo³³mor⁰	蚂蟥 mo³¹uaŋ²⁴
婺 源	蛤蟆 kʻə¹¹bə¹¹	蜞仂 tɕʻi¹¹la⁰
上 饶	蛤蟆 xa⁴²ma⁰	蚂蟥 ma²³¹uõŋ⁴²³
广 丰	蛤蟆 xɑ²⁴mɑ⁰	蚂蟥 mɑ²¹yãn²³¹
铜 山	蛤蟆 xa²¹mã²⁴	□蜞 gɔ²¹kʻi²⁴

		107	108
		鱉	鱔魚
南 昌		脚鱼 tɕiɔʔ⁵n̠ie⁴⁵	黄鳝 uɔŋ⁴⁵sɛn²¹
修 水		脚鱼 tɕiɔʔ⁴²ŋui²⁴	黄鳝 fɔŋ²⁴sɛn²²
湖 口		团鱼 dɔn²¹¹n̠y²¹¹	黄鳝 uɔŋ²¹¹ʂɛn²¹³
鄱 阳		团鱼 tʰõn²⁴n̠y²⁴	鳝鱼 ɕyõn²¹n̠y²⁴
铅 山		团鱼 tʰon²⁴ŋ²⁴	黄鳝 uon²⁴sɛn²¹
抚 州		脚鱼 tɕiɔʔ⁵n̠ie⁴⁵ / 水鸡 sui⁴⁵tɕi⁰	黄鳝 uɔn²⁴sɛn²¹²
资 溪		水鸡 fɿ¹³tɕi³¹	黄鳝 uɔŋ¹³san²²
宜 黄		脚鱼 tɕiɔʔ²n̠ie⁴⁵	黄鳝 uɔn⁴⁵ɕien²²
丰 城		水鸡 sɿ⁴¹tɕi³⁵	黄鳝 vɔŋ³³sɛn²¹³
高 安		脚鱼 tɕiɔk⁵θ²¹³	鳝鱼 sɛn²²θ²¹³
新 余		脚鱼 tɕiɔʔ⁵n̠i⁴²	□鳝 lan²¹³sɛn¹²
吉 安		脚鱼 tɕio³³⁴n̠ie²¹	黄鳝 uɔn²¹sɛn²¹⁴
遂 川		鼋鱼 yɛ̃²²n̠y²²	黄鳝 xuɔ̃²²sɛ̃n²¹⁴
宁 都		脚鱼 tsɔt³²n̠iɛ¹³	黄鳝 vɔn¹³san⁴⁴
瑞 金		脚鱼 tɕiɔʔ²n̠iu³⁵	黄鳝 vɔn³⁵ɕien⁵¹
于 都		脚鱼 tɕiɣʔ⁵n̠iəŋ⁴⁴	黄鳝 võ⁴⁴ʃẽ⁴²
赣 县		脚鱼 tɕio?³²əŋ²¹²	黄鳝 uõ²¹²sɔŋ⁴⁴
南 康		脚鱼 tɕio⁵³əŋ¹¹	黄鳝 võ¹¹sɛ̃³³
龙 南		鱉嗯 piɛʔ⁴³teʔ⁰	黄鳝 fɔŋ³¹²sain²²
寻 乌		脚鱼 kiɔŋʔ²¹ŋ²¹⁴	黄鳝 vɔŋ²¹⁴ɕien⁵⁵
黄 坳		脚鱼 kiɔk³ŋ²¹²	黄鳝 vɔŋ²¹²san⁵³
铜 鼓		脚鱼 tɕiɔk³ŋɛ¹³	黄鳝 vɔŋ¹³sɛn⁵¹
大 溪		团鱼 tʰan²¹ŋɛ²¹³	黄鳝 uɔŋ²¹sɛn⁴³⁵
太 源		沙鱼 sa⁴⁴n̠iu²¹²	黄鳝 vɔŋ²⁴sɛn⁴²
九 江		脚鱼 tɕio⁵³ʮ⁴⁴	黄鳝 xuã²¹³ʂɛ̃²¹
赣 州		脚鱼 tɕiɔʔ³²y⁴²	黄鳝 xuãn⁴²sɔŋ²¹²
白 槎		脚鱼 tɕio⁴²ʮ⁵⁵	黄鳝 faŋ⁵⁵san³¹²
浮 梁		团鱼 tʰɛn²⁴y⁰	鳝鱼 ɕiɛ³³y²⁴
婺 源		鱉 pe⁵¹	鳝鱼 ɕĩ⁵¹n̠y¹¹
上 饶		团鱼 duõn²³¹ŋ⁰	蛇鱼 ɕie²⁴n̠⁴²³
广 丰		团鱼 dãn²⁴ŋy⁰	蛇鱼 ɕie²¹ŋy²³¹
铜 山		鱉 pi⁴²	鳝鱼 ɕian²¹xu²⁴

	泥鰍	翅膀
南 昌	黃鰍 uɔŋ⁴⁵tɕʻiu⁰	翼甲儿 iet²kaŋ⁰
修 水	黃鰍 fɔŋ²⁴dʑiu⁴⁴	翼膀 iɛt³²pɔŋ²¹
湖 口	泥鰍 ɲi²¹¹dʑiɛu⁴²	翅膀 dʐʐ²¹³pɔŋ³⁴³
鄱 陽	黃鰍 uãn²⁴tɕʻiəu²¹	翼角 ie³⁵kɒ⁴⁴
鉛 山	黃鰍 uon²⁴tɕʻiu³³	翼膀 iɛʔ⁴pon⁴⁵
撫 州	黃鰍 uoŋ²⁴tɕʻiu³²	翼膀 iʔ⁵pɔŋ⁴⁵
資 溪	黃鰍 uɔŋ¹³tɕʻiu³¹	翼膀 iʔ⁵pɔŋ³⁵
宜 黃	鰍魚 tɕʻiu³³ɲiɛ⁴⁵	翼膀 iʔ⁵pɔŋ⁴⁵³
豐 城	黃鰍 vɔŋ³³tɕʻiu³⁵	翼甲 iʔ⁵kæ³²
高 安	黃鰍 uɔn²¹³tsʻiu³⁵	翼膀哩 it²pɔŋ⁴²li⁰
新 余	鰍魚 tɕʻiu⁴⁵ɲi⁴²	翼膀 iɛʔ³⁴pan²¹³
吉 安	泥鰍 ɲi²¹tɕʻiu³³⁴	翼□ iɛ²¹⁴pʻi²¹
遂 川	泥鰍 ɲi²²tɕʻiu⁵³	翼膀 iɛ²¹⁴pʻõ²²
寧 都	鰍魚 tɕʻiu⁴²ɲiɛ¹³	翼拍 iet⁵pʻak³²
瑞 金	鰍魚 tɕʻiu⁴⁴ɲiu³⁵	翼□ iʔ⁴faʔ²
于 都	黃鰍 võ⁴⁴tsʻiu³¹	翼膀 iɛ⁴²põ³⁵
贛 縣	泥鰍 nei²¹²tɕʻiu²⁴	翼拍 iɛʔ⁵pʻoʔ³²
南 康	黃鰍 võ¹¹tɕʻiu³³	翼膀 iɛ⁵³pã²¹
龍 南	泥鰍 ne³¹²tɕʻiu²⁴	翼拍 ie²³pʻaʔ⁴³
尋 烏	泥鰍 ɲie²¹⁴tɕʻiu²⁴	翼甲 iʔ²¹kaiʔ²¹
黃 坳	黃鰍 vɔŋ²¹²tɕʻiu²⁴	翼拍 it⁵pʻa²¹²
銅 鼓	黃鰍 vɔŋ¹³tɕʻiu²¹⁴	翼拍 ɛt⁵pʻa²¹⁴
大 溪	黃鰍 uɔŋ²¹tɕʻiu³³	翼膀 iɛʔ⁵pɔŋ⁴³³
太 源	夫柳 fu⁴⁴liɛu³²⁵	翼膀 iʔ²pɔŋ³²⁵
九 江	泥鰍 li⁴⁴tɕʻiəu³¹	翅膀 tsʻʅ²¹pã²¹³
贛 州	泥鰍 ni⁴²tɕʻiu³³	翅膀 tsʻʅ²¹²pãn⁴⁵
白 槎	泥鰍 ni⁵⁵tɕʻiu⁰	翅膀 tsʻʅ³¹²paŋ²¹⁴
浮 梁	□鰍 iɛ²⁴tsʻiɛu⁰	□□儿 ŋai³³kər⁵⁵
婺 源	泥鰍 li¹¹tsʻa⁵⁵	翼膀 iɔ⁵¹pã²
上 饒	黃鰍 uõŋ⁴²tɕʻiu⁴⁴	翼膀 iɛʔ²põŋ⁵²
廣 豐	鱼/黃鰍 ŋɣ²¹/yãn²¹tsʻɣu⁴⁴	翼膀 ieʔ²piãn⁵²
銅 山	□溜 kɔ⁴⁴liu³³	翼股 çieʔ²kɔ⁴⁴³

	111	112
	（鱼）鳞	下蛋
南　昌	鳞 lin⁴⁵	下蛋 xa²¹tˢan²¹
修　水	鳞 din²⁴	生蛋 saŋ³⁴dan²²
湖　口	鳞 lin²¹¹	生子 saŋ⁴²tsɿ³⁴³
鄱　阳	鳞 lin²⁴	生蛋 sən²¹tã²¹
铅　山	鳞 lin²⁴	生子 sɛn³³tsɿ⁴⁵
抚　州	鳞 tin²⁴	生蛋 saŋ³²tan²¹²
资　溪	鳞 tin¹³	生蛋 saŋ³¹xan²²
宜　黄	鳞 tin⁴⁵	生蛋 saŋ³³xan²²
丰　城	鳞 lin³³	生咯咯 saŋ³⁵ka⁴¹ka⁰
高　安	鳞 lin²¹³	生蛋 saŋ³⁵xan²²
新　余	鳞 lin⁴²	生嘎嘎 saŋ⁴⁵ka²¹³ka⁰
吉　安	鳞 lin²¹	下蛋 xa²¹⁴tan²¹⁴
遂　川	鳞 lĩn²²	下饽饽 xa²¹⁴po²²po⁵⁵
宁　都	鳞子 laŋ¹³tɕi⁰	生咯咯 saŋ⁴²ka⁴²ka⁴²
瑞　金	鳞子 tin³⁵tsɿ⁰	生蛋 saŋ⁴⁴tan⁵¹
于　都	鳞 lẽ⁴⁴	生蛋 sã³¹tã⁴²
赣　县	鳞 liəŋ²⁴	生蛋 sã²⁴tã⁴⁴
南　康	鳞嘞 liəŋ¹¹lə⁰	生蛋 sɛ̃³³tã⁵³
龙　南	鳞 lin³¹²	生蛋 saŋ²⁴ka²⁴ka²⁴
寻　乌	鳞子 lin²¹⁴tsɿ⁰	生蛋 saŋ²⁴tan⁵⁵
黄　坳	鳞 liaŋ²¹²	生蛋 saŋ²⁴tan⁵³
铜　鼓	鳞 lin¹³	生蛋 saŋ²¹⁴tan⁵¹
大　溪	廲 ien⁴³³	生蛋 san³³tan⁴³⁵
太　源	鳞 lin²¹²	生卵 saŋ⁴⁴lʌn⁴⁴
九　江	鳞 lin⁴⁴	下蛋 ɕiɒ²¹tan²¹
赣　州	鳞 liĩn⁴²	下蛋 ɕia²¹tãn²¹²
白　槎	鳞 lin⁵⁵	生蛋 sən⁴²tan³¹²
浮　梁	鳞 lɛn²⁴	生子 ɕia⁵⁵tsɿ³¹²
婺　源	皮 pʻi¹¹/鳞 læn¹¹	生子 sɔ̃⁵⁵tsɿ²
上　饶	廲 iẽn⁵²	生子 ɕiẽn⁴⁴tsɿ⁵²
广　丰	廲 iẽn⁵²	生子 sẽn⁴⁴tsɤ⁵²
铜　山	鳞 lan²⁴	生卵 ɕĩ³³lən⁵⁵

	113 孵（小鸡）	114 产（崽） 母猪～了十只小猪	115 阉～公鸡｜～小公猪｜～老母猪
南 昌	抱 pʻau²¹	下 xa²¹	骟 ɕiɛn⁴⁵｜阉 iɛn⁴²｜阉 iɛn⁴²
修 水	抱 bau²²	生 saŋ³⁴	骟 ɕiɛn⁵⁵
湖 口	抱 bau²¹³	下 xa²¹³	骟 ɕiɛn⁴⁵⁵
鄱 阳	抱 pʻu²¹	下 xɐ²¹	骟 ɕiẽ³⁵
铅 山	抱 pʻu²¹	生 sɛn³³	镦 tɛn³³
抚 州	抱 pʻau²¹²	生 saŋ³²	骟 ɕiɛn⁴¹｜镦 tɛn³³｜镦 tɛn³³
资 溪	抱 pʻau²²	生 saŋ³¹	骟 ɕiɛn⁵³｜结 tɕiɛt｜阉 iam³¹
宜 黄	抱 pʻɔu²²	放 fɔŋ⁴²	骟 ɕiɛn⁴²｜割 kot²｜骟 ɕiɛn⁴²
丰 城	抱 pʻau²¹³	下 xa²¹³／得 tɛʔ³²	骟 ɕiɛn²¹³｜镦 tuən³⁵｜阉 iɛn³
高 安	抱 pʻau²²	生 saŋ³⁵	骟 ɕiɛn⁴⁴｜阉 iɛn³⁵｜阉 iɛn³⁵
新 余	抱 pʻau¹²	生 saŋ⁴⁵	骟 sɛn⁴⁵｜割 koʔ⁵｜骟 sɛn⁴⁵
吉 安	抱 pʻau²¹⁴	生 saŋ³³⁴	骟 ɕiɛn²¹｜镦 tun³³⁴｜镦 tun³³⁴
遂 川	孵 fu⁵³	生 sã⁵³	镦 tẽn⁵³
宁 都	抱 pʻau⁴²	落 lɔk⁵	骟 san³¹｜割 kuat³｜割 kuat³
瑞 金	抱 pʻɔ⁵¹	落 lɔʔ⁴	结 tɕiɛʔ²
于 都	抱 pʻɔ⁴²	落 lɣʔ⁵	镦 tẽ³¹
赣 县	抱 pɔ⁴⁴	供 tɕiəŋ⁴⁴	镦 təŋ²⁴
南 康	抱 pʻu⁵³	养 iɔ̃³³	镦 tẽ³³
龙 南	抱 pʻu²²	供 tɕiəŋ²⁴	阉 iain²⁴
寻 乌	孵 pʻu⁵⁵	供 kiuŋ⁵⁵	结 kiɛ²¹
黄 坳	孵 pʻu⁵³	供 kiɔŋ²⁴	镦 tuən²⁴
铜 鼓	孵 fu¹³	下 xa⁵¹	骟 ɕiɛn⁵¹｜结 tɕiɛt²｜镦 tən²²⁴
大 溪	抱 pʻu⁴³⁵	生 san³³	镦 tɛn³³
太 源	抱 pʻiu⁴²	养 iɔŋ³²⁵	镦 tuen⁴⁴
九 江	孵 fu³¹	生 ʂən³¹	骟 ɕiɛn²¹
赣 州	抱 pʻɔ²¹²	下 ɕia²¹²	镦 təŋ³³
白 槎	抱 pau³¹²	产 tsʻan²¹⁴	骟 ɕian³¹²｜割 ko⁴²｜骟 ɕian³¹²
浮 梁	抱 pʻu³³	下 xo³³／产 ʂo³¹	骟 ɕi²¹³｜结 tɕie²¹³｜骟 ɕi²¹³
婺 源	抱 pʻu⁵¹	生 sɔ̃⁵⁵／下 xɵ³¹	骟 ɕĩ³⁵｜结 tɕie⁵¹｜骟 ɕĩ³⁵
上 饶	抱 bou²¹²	生 ɕiɛ̃n⁴⁴	镦 tĩn⁴⁴
广 丰	抱 buɤ²¹²	养 yãn²⁴	镦 tuẽn⁴⁴
铜 山	抱 pu²¹	生 ɕĩ³³	镦 tuon³³

	116 建造房子_{整棟的}	117 房间_{~很大}
南 昌	做/起屋 tsu⁴⁵/tɕʼi²¹³uʔ⁵	房间 fɔŋ⁴⁵kan⁰
修 水	做屋 tsʅ⁵⁵uʔ⁴²	房间 fɔŋ²⁴kan³⁴
湖 口	做屋 tso⁴⁵⁵u⁴⁵⁵	房里 faŋ²¹¹li⁰
鄱 阳	做屋 tso³⁵u⁴⁴	房间 fãn²⁴kãn⁰
铅 山	做屋 tso²¹uɤʔ⁴	间 kan³³
抚 州	做屋 tsʅ⁴¹uʔ⁵	房间 fɔŋ²⁴kan⁰
资 溪	做房子 tso⁵³fɔŋ¹³tsʅ⁰	房间 fɔŋ¹³kan³¹
宜 黄	做屋 to⁴²uʔ⁵	房间 fɔŋ⁴⁵kan³³
丰 城	做屋 tsʅ²¹³vuʔ³²	房间 fɔŋ³³kan³⁵
高 安	做屋 tsu⁴⁴uk⁵	间哩 kan³⁵li⁰
新 余	做屋 tsʅ¹²uʔ⁵	房喭 fɔŋ⁴²tɛ⁰
吉 安	做屋 to²¹⁴u³³⁴	房间 fɔŋ²¹kan³³⁴
遂 川	做屋 tso²¹⁴uo⁵⁵	房间 xõ²²kiãn⁵³
宁 都	做屋 tso³¹vok³²	间 kan⁴²
瑞 金	做屋 tso⁴²vɤʔ²	间 kan⁴⁴
于 都	做屋 tsɤ³²³vuʔ⁵	间 kã³¹
赣 县	做屋 tsəu⁴⁴uoʔ³²	间 kã²⁴
南 康	做屋 tso⁵³vu⁵³	间 kã³³
龙 南	做屋 tsu⁴⁴vəʔ⁴³	间 kain²⁴
寻 乌	做屋 tso⁵⁵vuʔ²¹	间 kan²⁴
黄 坳	做屋 tsɔ⁵³uk²	间 kan²⁴
铜 鼓	做屋 tsɔ⁵¹uk³	房间 fɔŋ¹³kan²¹⁴
大 溪	做屋 tso⁴²uəʔ⁴⁵	间 tɕien³³
太 源	做寮 tso⁴⁵lau²¹²	间 tɕian⁴⁴
九 江	盖房子 kai²¹fãn⁴⁴tsʅ⁰	房间 fan⁴⁴tɕien³¹
赣 州	做房子 tso²¹fãn⁴²tsʅ⁰	房间 fãn⁴²tɕĩn³³
白 槎	盖房子 kai³¹²faŋ⁵⁵tsʅ⁰	房 faŋ⁵⁵
浮 梁	做屋 tso²¹³u²¹³	房 faŋ²⁴
婆 源	竖屋 tɕʼy³¹vu⁵¹	房 fã¹¹
上 饶	做屋 tso⁴³uʔ⁵	间 kãn⁴⁴
广 丰	做屋 tso⁴⁴uʔ⁵	间 kãn⁴⁴
铜 山	起处 kʼi⁴⁴tsʼu²¹	间 kãi³³

	118	119
	厅堂	厨房
南昌	堂屋（哩）tʰɔŋ²⁴uat⁰（li⁰）	灶屋 tsau⁴⁵uat⁰
修水	厅 diaŋ³⁴	厨下 du²⁴xa²²
湖口	堂前 dɔŋ²¹¹dzien²¹¹	灶前 tsau⁴⁵⁵dzien²¹¹
鄱阳	厅下 tʰin²¹xɒ⁰	灶下 tsau³⁵xɒ⁰
铅山	厅下 tʰin³³xa⁰	厨下 tɕʰy²⁴xa⁰
抚州	厅下 tʰiaŋ³²xa²¹² / 堂前 xoŋ²⁴tɕʰien²⁴	厨下 tʰu²⁴xa²¹²
资溪	厅下 ɕiaŋ³¹xa³¹	厨下 tʰu¹³xa³¹
宜黄	厅下 ɕiaŋ³³xa²²	灶下 tɔu⁴²xa²²
丰城	堂前 xoŋ³³tɕʰien³³	灶下哩 tsau²⁴xa²¹³li⁰
高安	厅下哩 tʰiaŋ³⁵xa²²li⁰	灶前 tsau⁴⁴tsʰien²¹³
新余	厅嗍 tʰiaŋ⁴⁵tɛ⁰	灶口 tsau¹²kʰieu²¹³
吉安	厅哩 tʰiaŋ³³⁴li⁰	灶前 tsau²¹⁴tsʰien²¹
遂川	厅下 tʰiã⁵³xa³⁵	灶前 tsɒ⁵⁵tɕʰiẽn²²
宁都	厅下 tʰiaŋ⁴²xa⁴²	灶前 tsau³¹tsʰan¹³
瑞金	私厅 sɿ⁴⁴tʰin⁴⁴	灶前 tsɔ⁴²tɕʰien³⁵
于都	厅下/子 tʰiã³¹xa³¹ / tsɿ⁰	灶前 tsɔ³²³tsɿ̃⁴⁴
赣县	厅子 tʰiã²⁴tsɿ⁰	灶下 tsɔ⁴⁴xa⁴⁴
南康	厅下 tʰiã³³xa³³	灶前 tsɔ⁵³tɕʰĩ¹¹
龙南	廊下嗍 lɔŋ³¹²xa²⁴tɛ⁰	灶下 tsau⁴⁴xa²⁴
寻乌	厅子 tʰiaŋ²⁴tsɿ⁵⁵	灶下 tsau⁵⁵xa²⁴
黄坳	厅下 tʰaŋ²⁴xa²⁴	灶下 tsau⁵³xa²⁴
铜鼓	厅下 tɕʰiaŋ²¹⁴xa⁵¹	灶下 tsau⁵¹xa⁵¹
大溪	厅下 tʰen³³xa⁴³⁵	灶下 tsau⁵²xa⁴³⁵
太源	厅下 tʰaŋ⁴⁴xa⁴²	灶背 tsau⁴²pɔi⁴⁴
九江	正屋 tʂən²¹u⁵³	灶下 tsau²¹xɒ²¹
赣州	客厅 kʰɤʔ³²tʰiəŋ³³	灶前 tsɔ²¹²tɕʰĩn⁴²
白槎	堂屋 tʰaŋ⁵⁵vu⁴²	灶房 tsau³¹²faŋ⁵⁵
浮梁	堂前 tʰaŋ²⁴tsɿ	厨下 tɕʰy²⁴xo⁰
婺源	堂前 tʰã¹¹tsɿ¹¹	家背 kɵ⁵⁵pe³⁵
上饶	厅下 tʰin⁴⁴xa²³¹	灶门底 tsau⁴³mĩn⁴²ti⁵²
广丰	厅下 tʰĩn⁴⁴xo⁴⁴	灶门底 tsəu⁴⁴mɣʔ⁰tie⁵²
铜山	厅 tʰiã³³	灶口 tsau⁴⁴kʰau⁴⁴³

	120 厕所整间房间	121 猪圈
南 昌	茅厕 mau⁴⁵tsʅ⁰	猪窠 tɕy⁴²kʰuo⁴²
修 水	舍里 sa²¹li⁰	猪栏 tu³⁴lan²⁴
湖 口	茅坑 mau²¹¹xɛn⁴²	猪栏 tɕy⁴²lan²¹¹
鄱 阳	茅司 mau²⁴sʅ⁰	猪囚 tɕy²¹tsʰəu²⁴
铅 山	茅司 mau²⁴sʅ³³	猪栏 tɕy³³lan²⁴
抚 州	茅厕 mau²⁴tsʰʅ⁴¹	猪栏 te³²lan²⁴
资 溪	东司 tuŋ³¹sʅ³¹	猪栏 tɛ³¹lan¹³
宜 黄	茅厕 mau⁴⁵tsʰʅ⁴²	猪栏 tɛ³³lan⁴⁵
丰 城	灰间 fei³⁵kan³⁵	猪栏 tsʮ³⁵lan³³
高 安	窖嘞哩 kau⁴⁴li⁰	猪栏 tsɵ³⁵lan²¹³
新 余	灰间嗲 foi⁴⁵kan⁴⁵tɛ⁰	猪栏 tsʅ⁴⁵lan⁴²
吉 安	茅坑 mau²¹kʰaŋ³³⁴	猪栏 ty³³⁴lan²¹
遂 川	坑头 kã̃⁵³tʰiə²²	猪栏 ty⁵³nan²²
宁 都	屎缸 sʅ⁴²kɔŋ⁴²	猪栏 tɕiɛ⁴²lan¹³
瑞 金	屎缸 sʅ⁴⁴kɔŋ⁴⁴	猪栏 tɕie⁴⁴lan³⁵
于 都	屎坑 sʅ³⁵kã̃³¹/粪寮 fẽ³²³liɔ⁴⁴	猪栏/寮 tʃɛ³¹lã̃⁴⁴/liɔ⁴⁴
赣 县	茅厕 mɔ²¹²tsʰʅ²¹²	猪栏 tsu²⁴lã̃²¹²
南 康	粪坑 fẽ⁵³xã̃³³	猪栏 tsu³³lã̃¹¹
龙 南	粪寮 fen⁴⁴liau³¹²	猪栏 tsu²⁴lain³¹²
寻 乌	屎缸 sʅ⁴²kɔŋ²⁴	猪栏 tsu²⁴lan²¹⁴
黄 坳	屎缸 sʅ³¹kɔŋ²⁴	猪栏 tsu²⁴lan²¹²
铜 鼓	灰楼下 fɔi²¹⁴lɛu¹³xa⁵¹	猪栏 tu²¹⁴lan¹³
大 溪	茅司 mau²¹sʅ³³	猪栏 tɕiɛ³³lan²¹³
太 源	屎□ sʅ³⁵pʰa⁴²	猪栏 tɕy⁴⁴lʌn²¹²
九 江	茅司窖 mau⁴⁴sʅ³¹kau²¹	猪圈 tʂʮ³¹tʂʮõ²¹
赣 州	茅厕 mɔ⁴²tsʰʅ⁴²	猪栏 tɕy³³lãn⁴²
白 槎	茅司 mau⁵⁵sʅ⁴²	猪栏 tʂʮ⁴²lan⁵⁵
浮 梁	茅司 mau²⁴sʅ⁰	猪栏 tɕy⁵⁵no²⁴
婺 源	东司 tɐm⁵⁵sʅ⁵⁵	猪栏 tɕy⁵⁵num¹¹
上 饶	茅司 mɔu⁴²sʅ⁴⁴	猪栏 tɕy⁵²nãn⁴²³
广 丰	茅司 mɑu²¹sɤ⁴⁴	猪栏 tɑ⁵²lãn⁰
铜 山	屎□ sæʔ⁴xæʔ⁴	猪□ tuɯ³³tiau²⁴

	122	123
	椽子_{上搁瓦片}	窗户
南 昌	椽子 tsʻon²⁴tsŋ⁰	阁子 kaʔ⁵tsŋ⁰
修 水	椽皮 dən²⁴bi²⁴	□眼 dæt⁴²ŋan²¹
湖 口	椽嘚 dʑyɛn²¹¹tɛ⁰	窗眼嘚 dzɔŋ⁴²ŋan³⁴³tɛ⁰
鄱 阳	屋桷子 u⁴⁴ko⁴⁴tsŋ⁰	床子 kʻã⁴²tsŋ⁰
铅 山	椽皮 tʃʻuɛn²⁴pʻi²⁴	床门 tɕʻiɛn⁴⁵men⁰
抚 州	桷子 koʔ²tsŋ⁰	床门 tɕʻiɛn⁴⁵mun²⁴
资 溪	桷子 kɔʔ³tsŋ⁰	床 tɕʻiam³⁵
宜 黄	桷哩 kɔʔ²li⁰	窗子 tʻɔŋ³³tsŋ⁰
丰 城	桷子 kɔʔ³²tsŋ⁰	床子 kʻan⁴¹tsŋ⁰
高 安	椽皮哩 tʃʻɔn²¹³pʻi²¹³li⁰	床子 kʻan⁴²tsu⁰
新 余	椽皮 tʻon⁴²pʻi⁴²	床嘚 kʻan²¹³tɛ⁰
吉 安	椽皮 tsʻuon²¹pʻi²¹	窗子 tsʻɔŋ³³⁴tsŋ⁰
遂 川	椽嘚 tsʻuãn²²tɛ⁰	斗门 tia³¹mẽn²²
宁 都	桷子 kok³²tsə⁰	窗子 tsʻɔŋ⁴²tsə⁰
瑞 金	桷子 kɔʔ²tsŋ⁰	窗子 tsʻɤŋ⁴⁴tsŋ⁰
于 都	瓦桷子 ŋa³⁵kɤʔ⁵tsŋ⁰	斗门 tieu³⁵mẽ⁴⁴/皓窗 xɔ⁴²tsʻɔ⁴¹
赣 县	瓦桷子 ŋa⁵³koʔ³²tsŋ⁰	斗门 te⁵³məŋ²¹²
南 康	瓦桷嘞 ŋa²¹ko⁵³lə⁰	皓窗 xɔ⁵³tsʻɔ̃³³
龙 南	瓦桷 ŋa²⁴kɔʔ⁴³	皓窗 xau²²tsʻɔŋ²⁴
寻 乌	瓦桷 ŋa⁴²kɔʔ²¹	□子 iau⁵⁵tsŋ⁰
黄 坳	瓦桷子 ŋa³¹kɔk²tsŋ⁰	光窗 kɔŋ²⁴tsʻɔŋ²⁴
铜 鼓	椽皮 son¹³pʻi³	光窗 kɔŋ²¹⁴tsʻɔŋ²¹⁴
大 溪	椽 tɕʻyon²¹³	窗盘 tsʻɔŋ⁵²pʻan²¹³
太 源	桷崽 kɔʔ⁴tsɔi³²⁵	床门 tsʻan³⁵muen²¹²
九 江	桷 ko⁵³	窗子 tʂʻyã³¹tsŋ⁰
赣 州	瓦桷子 va⁴⁵koʔ³²tsŋ⁰	窗户 tsʻuãn³³fu³³
白 槎	椽子 tsʻuan⁵⁵tsŋ⁰	窗子 tsʻan⁴²tsŋ⁰
浮 梁	屋桷儿 u²¹³kar²¹³	床儿 kʻo³¹ni⁰
婆 源	椽 tɕʻỹ¹¹	床 kʻẽ²
上 饶	椽 dʑyõn⁴²³	窗盘 tɕʻyõŋ⁵²buõn⁰
广 丰	椽 dʑyẽn²³¹	窗盘 tsʻɑ̃ŋ⁵²buẽn⁰
铜 山	桷团 kæʔ⁴kiã⁴⁴³	窗团子 tʻan³³kiã⁴⁴tɕi⁴⁴³

	124 门槛	125 台阶
南昌	门槛 min⁴⁵kʻan²¹³	楼梯步子 lɛu⁴⁵tʻi⁰pʻu²¹tsɿ⁰
修水	门□ mən²⁴dzan²²	墩 tən³⁴
湖口	门槛 mən²¹¹gan²¹³	□□嘚 po⁴⁵⁵tɕi⁴²tɛ⁰
鄱阳	门槛 mən²⁴kʻãn⁴²	□□子 põn²¹ŋən²¹tsɿ⁰
铅山	门槛 men²⁴kʻan²¹	踏步 tʻɐʔ²⁴pʻu²¹
抚州	门□ mun²⁴tsʻan⁴⁵ / 地脚 tʻi²¹²tɕioʔ²	堑阶 tsam⁴⁵kai³²
资溪	门□ mɨn¹³tʻan⁵³	堑阶 tsam³⁵kai⁰
宜黄	门槛 mun⁴⁵kʻan⁴⁵³	岭 tiaŋ⁴⁵³
丰城	门□ mən³³tsʻan²¹³	□子 pʻo³⁵tsɿ⁰
高安	门槛 mən²¹³kʻan⁴²	岸哩 ŋɔŋ⁴⁴li⁰
新余	地安 tʻi¹²ŋan⁴⁵	踏步 tʻaʔ³pʻu⁴²
吉安	门槛 mən²¹kʻan⁵³	台阶 tʻɔi²¹kai³³⁴
遂川	门槛 mɛ̃n²²kʻuɛ̃n³¹	坎嘚 kʻãn⁵⁵tɛ⁰
宁都	户□ fu⁴⁴tsʻan⁴⁴	段子 tuɔn⁴⁴tsə⁰
瑞金	户□ fu⁴⁴tɕien⁴⁴	段子 tuɛn⁴²tsɿ⁰
于都	门□ mɛ̃⁴⁴tɕʻəɹ³²³	楼开 lieu⁴⁴kʻuɛ³¹
赣县	门□ mən²¹²tɕʻiã³²	码头 ma⁵³tʻiu²¹²
南康	户□ fu⁵³ɕiã³³	码踏嘞 ma²¹tʻa⁵³lə⁰
龙南	户□ fu²²tɕʻiain²²	段 tuɔn²²
寻乌	□槛 fu²⁴kʻien²⁴	段子 tuan⁵⁵tsɿ⁰
黄坳	门槛 mən²¹²kʻien²¹²	段子 tən⁵³tsɿ⁰
铜鼓	门隓 men¹³tɕʻien²¹⁴	檐阶下 ien¹³kai²¹⁴xa⁵¹
大溪	门槛 men²¹kʻan⁴³⁵	沿阶 ien²¹kæ³³
太源	门□ muen²⁴tɔŋ⁴⁴ / 地脚 tʻi⁴²tɕioʔ⁴	踏步 tʻaʔ²pʻu⁴²
九江	门槛 mən⁴⁴kʻan²¹³	台阶 tʻai⁴⁴tɕiɛ⁰
赣州	门槛 məŋ⁴²kʻãn³³	码头 ma⁴⁵tʻieu⁴²
白槎	门槛子 mən⁵⁵kʻan²¹⁴tsɿ⁰	踏步 tʻa⁴²pu⁰
浮梁	屋槛 u²¹³kʻan³¹	□□儿 pau²⁴ŋo⁵⁵ȵi⁰
婺源	门隓 mæn¹¹tsʻæn⁵¹	坎 kʻuæn³⁵
上饶	门槛 mĩn⁴²gãn²³¹	踏步 dɐʔ²bu²¹²
广丰	门槛 / 隓 mɔŋ²¹gãn²⁴ /dʑyɛ̃²⁴	级步 kiæʔ⁴buɣ²¹²
铜山	门□ bən²¹tãi⁵⁵	级步 kʻiæʔ⁴pɔ²¹

	126	127	128
	桌子	抽屉	脸盆
南 昌	桌子 tsɔʔ⁵tsʅ⁰	抽箱 tɕʰiu⁴²ɕiɔŋ⁴²	面盆 miɛn²¹pʰin⁰
修 水	桌子 tsɔʔ⁴²tsʅ⁰	抽柜 du²³gui²²	面盆 miɛn²²bən²⁴
湖 口	桌子 tso⁴⁵⁵tsʅ⁰	抽屉嗝 dzɐu⁴²di⁴⁵⁵tɛ⁰	面盆 miɛn²¹³bən²¹¹
鄱 阳	桌子 tso⁴⁴tsʅ⁰	抽屉 tsʰəu²¹tʰi³⁵	面盆 miɛ̃n²¹pʰən²⁴
铅 山	桌 tʃuoʔ⁴	篦 lɤʔ⁴	面盆 miɛn²¹pʰen²⁴
抚 州	桌子 tsoʔ²tsʅ⁰	抽斗 tʰiu³²tɛu⁰	面盆 miɛm²¹²pʰun²⁴
资 溪	桌咿 tsɔʔ³¹i⁰	抽斗 tʰiu³¹tɛu³⁵	面盆 miɛn²²pʰin¹³
宜 黄	桌子 tɔʔ²tsʅ⁰	抽斗 tɕʰiu³³tɛu⁴⁵³	面盆 miɛn⁴²pʰɛn⁴⁵
丰 城	桌子 tsɔʔ³²tsʅ⁰	屉子 tʰi²¹³tsʅ⁰	面盆 miɛn²¹³pʰən³³
高 安	桌子 tsɔk⁵tsu⁰	屉子 tʰi⁴⁴tsu⁰	面盆 miɛn²²pʰən²¹³
新 余	桌子 tɕioʔ⁴⁵tsʅ⁰	抽□ tɕʰiu³⁴uai⁴⁵	面盆 miɛn⁴²pʰuŋ⁰
吉 安	桌子 tso³³⁴tsʅ⁰	抽箱 tɕʰiu³³⁴ɕiɔŋ³³⁴	面盆 miɛn²¹⁴pʰən²¹
遂 川	台嗝 tʰuɛ²²tɛ⁰	抽斗 tɕʰiu⁵³tia³¹	面盆 miɛ̃n²¹⁴pʰɛ̃n²²
宁 都	桌子 tsɔk³²tsə⁰	抽箱 tsʰəu⁴²siɔŋ⁴²	面盆 miɛn⁴⁴pʰən¹³
瑞 金	桌子 tsɔʔ²tsʅ⁰	推箱 tʰue⁴⁴ɕiɔŋ⁴⁴	面盆 miɛn⁵¹pʰin³⁵
于 都	台子 tʰue⁴⁴tsʅ⁰	抽屉 tɕʰy³¹tʰue³²³	面盆 mĩ⁴²pʰɛ̃⁴⁴
赣 县	台子 tʰuɛi²¹²tsʅ⁰	抽箱 tsʰe²⁴ɕiɔŋ²⁴	面盆 mĩ⁴⁴pʰəŋ²¹²
南 康	台嘞 tʰuæ¹¹lə⁰	抽/推箱 tɕʰiu³³/tʰuæ³³ɕiɔ̃³³	面盆 mĩ⁵³pʰɛ̃¹¹
龙 南	桌嘞 tsɔʔ⁴³teʔ⁰	抽箱 tsʰɛu²⁴ɕiɔŋ²⁴	面盆 miɛn²²pʰen³¹²
寻 乌	桌 tsɔʔ²¹	推箱 tʰui²⁴ɕiɔŋ²⁴	面盆 miɛn⁵⁵pʰun²¹⁴
黄 坳	桌 tsɔk²	拖箱 tʰɔ²⁴ɕiɔŋ²⁴	面盆 miɛn⁵³pʰən²¹²
铜 鼓	桌子 tsɔk³tsʅ⁰	拖箱 tʰɔ²¹⁴ɕiɔŋ²¹⁴	面盆 miɛn⁵¹pʰən¹³
大 溪	桌 tsuaʔ⁴⁵	篦 lə̃ʔ⁵	面盆 miɛn⁴³pʰɛn²¹³
太 源	台 tʰɔi²¹²	（台）篦（tʰɔi²⁴）luʔ²	面盆 miɛn⁴²pʰuen²¹²
九 江	桌子 tsɒ⁵³tsʅ⁰	抽屉 tsʰəu³¹tʰi²¹	脸盆 liɛn²¹³pʰən⁴⁴
赣 州	台子 tʰæ⁴²tsʅ⁰	抽屉 tɕʰiu³³ɕiã³³	脸盆 liĩn⁴⁵pʰəŋ⁴²
白 槎	桌子 tso⁴²tsʅ⁰	抽屉 tsʰɒ⁴²tʰi⁰	脸盆 liɛn²¹⁴pʰən⁰
浮 梁	台儿 tʰər²⁴	抽筒儿 tɕʰiɛu⁵⁵sʅ⁵⁵n̠i⁰	面盆儿 mi³³pʰɛn²⁴n̠i⁰
婺 源	桌 tsɒ⁵¹	抽屉 tsʰa⁵⁵tʰi³⁵	面盆 mĩ⁵¹pʰæn¹¹
上 饶	台盘 dæ²⁴buõn⁴²³	屉 tʰi⁴³⁴	面盆 miɛ̃n²⁴buõn⁴²³
广 丰	坛盘 dãn²⁴buɛ̃n⁰	篦 lɤʔ²³	面桶 miɛ̃n²¹dɔŋ²⁴
铜 山	桌 to⁴²	屉 tʰua⁴²	面桶 biɛn²¹tʰan⁴⁴³

	129 毛巾	130 肥皂	131 梳子
南昌	手巾 ɕiu²¹³tɕin⁰	肥皂 fii⁴⁵tsʻau⁰	梳子 su⁴²tsɻ⁰
修水	面巾 mien²²tɕin³⁴	碱 kan²¹	梳子 sɻ³⁴tsɻ⁰
湖口	手巾 ʂeu³⁴³tɕin⁴²	肥皂 fei²¹¹dzau²¹³	□梳 lɔŋ³⁴³su⁴²
鄱阳	手巾 səu⁴²tɕin²¹	洋碱 iẽ²⁴kãn⁴²	梳头 su²¹tʻəu²⁴
铅山	洗面巾 ɕi⁴⁵mien²¹tɕin³³	碱 kan⁴⁵	朗梳 lan⁴⁵sɻ³³
抚州	手巾 ɕiu⁴⁵tɕin³²	碱 kam⁴⁵	梳子 su³²tsɻ⁰
资溪	洗面巾 ɕi³⁵mien²²tɕin³¹	碱 kam³⁵	□ tiɔ⁵ʔ⁵
宜黄	洗面巾 ɕi⁴⁵³mien⁴⁵³tɕin³³	碱 kam⁴⁵³	梳咿 sɛ³³ʔi⁰
丰城	手巾 seu⁴¹tɕin³⁵	碱 kan⁴¹	梳子 su³⁵sɻ⁰
高安	巾哩 tɕin³⁵li⁰	洋碱 iɔŋ²¹³kan⁴²	拢头 luŋ⁴²xɛu²¹³
新余	巾哩 tɕin³⁴li⁰	洋碱 iɔŋ⁴²kan²¹³	脑梳 lau²¹sɻ⁴⁵
吉安	手巾 ɕiu⁵³tɕin³³⁴	洋碱 iɔŋ²¹kan⁵³	梳子 su³³⁴tsɻ⁰
遂川	手巾 ɕiu³¹tɕin⁵⁵	洋碱 iɔ̃²²kiãn³¹	梳咿 su⁵³tɛ⁰
宁都	毛巾 mau¹³tsən⁴²	鬼子膏 kui²¹⁴tsə⁰kau⁴²	脑梳 nau⁴²sə⁴²
瑞金	面帕 mien⁵¹pʻaʔ⁴	胰子 i⁴⁴tsɻ⁰	脑梳 nɔ⁴⁴sɻ⁴⁴
于都	面帕 mĩ⁴²pʻaʔ⁵	胰子 ɕian⁴⁴kã⁴⁴	梳 sɻ³¹
赣县	面帕 mĩ⁴⁴pʻaʔ³²	洋碱 iɔ̃²¹²kã⁵³	梳子 su²⁴tsɻ⁰
南康	面帕 mĩ̃⁵³pʻa⁵³	洋碱 iɔ̃¹¹kã²¹	梳嘞 su³³lə⁰
龙南	面帕 mien²²pʻaʔ⁴³	洋碱 iɔŋ³¹²kan⁵³	梳咿 sɻ²⁴teʔ⁰
寻乌	面帕 mien⁵⁵pʻaʔ²¹	碱 kan⁴²	梳子 sɻ²⁴sɻ⁰
黄坳	面帕 mien⁵³pʻa⁰	洋碱 iɔŋ²¹²kan³¹	梳子 su²⁴tsɻ⁰
铜鼓	面巾 mien⁵¹tɕin²¹⁴	洋碱 iɔŋ¹³kan²¹	梳子 su²¹⁴tsɻ⁰
大溪	洗面巾 se⁴³mien⁴³kɛn³³	洋碱 iɔŋ²¹kan⁴³³	头梳 tʻɛ²¹su³³
太源	洗面□ sai³⁵mien⁴²pʻan²¹²	碱 kan³²⁵	梳 ɕio⁴⁴
九江	毛巾 mau⁴⁴tɕin²¹	肥皂 fei⁴⁴tsau²¹	梳子 səu³¹tsɻ⁰
赣州	毛巾 mɔ⁴²tɕiəŋ³³	肥皂 fe⁴²tsɔ⁰	梳子 su³³sɻ⁰
白槎	手巾 səu²¹⁴tɕin⁰	洋碱 iaŋ⁵⁵tsau³¹²	梳子 səu⁴²tsɻ⁰
浮梁	手巾儿 ɕieu³¹tɕien⁵⁵n̩i⁰	肥皂儿 fɛ²⁴tɕʻyər⁰	梳儿 ʂeu⁵⁵n̩i⁰
婺源	手巾 sa²tɕiæn⁵⁵	肥皂 pʻi¹¹tsʻɒ⁰	梳 su⁵⁵
上饶	洗面巾 ɕi⁵²mien⁴²tɕiĩn⁴⁴	洋碱 iãn⁴²kãn⁵²	头梳 de⁴²su⁴⁴
广丰	面巾 miẽn²¹kiĩn⁴⁴	洋碱 iãn²¹kãn⁵²	头梳 dɣɯ²¹sa⁴⁴
铜山	面巾 bien²¹kən³³	洋碱 iũ²¹kan⁴⁴³	柴梳 tsʻa²¹suəi³³

	132	133	134
	剪刀	扫帚 竹枝扎的，扫地用	晾晒衣服的竹竿
南昌	剪刀 tɕiɛn²¹³tau⁰	箬帚 tʰiɛu²⁴tɕiu⁰	竹篙 tsuʔ⁵kau⁰
修水	交剪 kau³⁴tɕiɛn²¹	箬帚 diau²⁴tu²¹	竹篙 tuʔ⁴²kau³⁴
湖口	剪刀 tɕiɛn³⁴³tau⁴²	帚嗍 tʂɛu³⁴³tɛ⁰	篙子 kau⁴²tsɿ⁰
鄱阳	剪子 tɕiɛ̃⁴²tsɿ⁰	箬帚 tʰiau²⁴tsəu⁴²	篙子 kau²¹tsɿ⁰
铅山	交剪 kau³³tɕiɛn⁴⁵	扫帚 sau²¹tɕiu⁴⁵	笓竿 xon²¹kon³³
抚州	剪子 tɕiɛn⁴⁵tsɿ⁰	槎帚 tsʰa⁴⁵tiu⁴⁵	笓竿 tuʔ²kau³²
资溪	剪咿 tɕiɛn³⁵i⁰	槎帚 tsʰa³⁵tiu³⁵	笓竿 xoŋ¹³koŋ³¹
宜黄	剪咿 tɕiɛn⁴⁵³i⁰	□□箬帚 ta⁴⁵ta⁴⁵ɕiau⁴⁵tɕiu⁴⁵³	竹篙 tuʔ²kɔu³³
丰城	剪刀 tɕiɛn⁴¹tau³⁵	槎帚 tsʰæʔ³²tsɛu⁴¹	竹篙 tsuʔ³²kau³⁵
高安	剪刀 tsiɛn⁴²tau³⁵	帚 tɛu⁴²	竹篙 tuk⁵kau³⁵
新余	剪刀 tɕiɛn²¹tau⁴⁵	擦帚 tsʰaʔ³⁴tɕiu²¹³	竹篙 tuʔ⁵kau⁴⁵
吉安	剪刀 tɕiɛn⁵³tau³³⁴	扫把 sau²¹pa⁵³	竹篙 ty³³⁴kau³³⁴
遂川	交剪 kɒ⁵⁵tɕiɛ̃³¹	□帚 tʰiɒ²²tɕiu³¹	竹篙 tio⁵⁵kɒ⁵³
宁都	交剪 kau⁴²tsan¹³	□扫 tsʰak³²sau²¹⁴	竹篙 tsok³²kau⁴²
瑞金	交剪 kɔ⁴⁴tɕien²¹²	芒扫 mɔŋ³⁵sɔ⁴²	竹篙 tsɤʔ²kɔ⁴⁴
于都	交剪 kɔ³¹tsɿ³⁵	芒扫 mõ⁴⁴sɔ³²³	竹篙 tʃuʔ⁵kɔ³¹
赣县	剪刀 tɕɿ⁵³tɔ²⁴	芒扫 məŋ²¹²sɔ²⁴	竹篙 tsɔʔ³²kɔ²⁴
南康	剪刀 tɕĩ²¹tɔ³³	扫把 sɔ⁵³pa²¹	竹篙 tsu⁵³kɔ³³
龙南	剪刀 tɕiain⁵³tau²⁴	扫□ sau⁵³tɕʰia⁴⁴	竹篙 tsaʔ⁴³kau²⁴
寻乌	剪刀 tɕiɛn⁴²tau²⁴	扫把 sau⁵⁵pa⁴²	竹篙 tsuʔ²¹kau²⁴
黄坳	剪刀 tɕiɛn³¹tau²¹⁴	扫把 sau⁵³pa⁰	晾篙 lɔŋ⁵³kau²⁴
铜鼓	剪刀 tɕiɛn²¹tau²¹⁴	扫把 sau⁵¹pa²¹	竹篙 tuk³kau²¹⁴
大溪	剪刀 tɕiɛn⁴³to³³	干扫 kuon³³so⁵²	笓篙 xɔn⁴³kau³³
太源	剪刀 tsan³⁵tau⁴⁴	秆扫 kʌn³⁵sɑu⁴²	笓竿 xɔŋ⁴²kʌn⁴⁴
九江	剪刀 tɕiɛn²¹³tau³¹	条帚 tʰiau⁴⁴tʂəu²¹³	竹篙 tʂəu⁵³kau³¹
赣州	剪刀 tɕiĩn⁴⁵tɔ³³	扫把 sɔ²¹²pa⁰	竹篙 tsoʔ³²kɔ³³
白槎	剪子 tɕian²¹⁴tsɿ⁰	箬帚 tʰiau⁵⁵tʂʰʮ⁰	笓竿 tʂʮ⁴²kan⁴²
浮梁	剪刀 tsi³¹tau⁵⁵	箬帚 tʰiau²⁴tsəu⁰	笓竿儿 xaŋ³³kɛn⁵⁵n̠i⁰
婺源	剪 tsĩ³⁵	地帚 tʰi⁵¹tsa²	笓 xã⁵¹
上饶	交剪 kou⁴⁴tɕiẽn⁵²	箬帚 diou⁴²tɕiu⁵²	笓篙 xãn²¹kou⁴⁴
广丰	交剪 kau⁴⁴tɕiẽn⁵²	扫帚 suɤ⁴⁴tɕiɤu⁵²	竹笓 tyuʔ²xãn²¹²
铜山	绞剪 ka⁴⁴tɕian⁴⁴³	扫帚 sau⁴⁴tɕʰiu⁴⁴³	□竿 iuʔ²¹kuã³³

	135	136	137
	尿桶可挑的	（器物的）底碗~	柴火
南昌	马子桶 ma²¹³tsɿ⁰tʰuŋ²¹³	屎 tuʔ⁵	柴火 tsʰai²⁴fo⁰
修水	尿桶 ȵiau⁵⁵dən²¹	屎 tuʔ⁴²	柴 dzai²⁴
湖口	尿桶 ȵiau²¹³doŋ³⁴³	屎下 tu⁴⁵⁵xa⁰	柴 dzai²¹¹
鄱阳	尿桶 ȵiau³⁵tʰən⁴²	屎 tu⁴⁴	柴火 sai²⁴fo⁰
铅山	尿桶 ɕi³³tʰoŋ⁴⁵	屎 tɤʔ⁴	柴 sai²⁴
抚州	尿桶 ȵiɛu²¹²tʰuŋ⁴⁵	屎 tuʔ²	柴 sai²⁴
资溪	尿桶 ȵiau²²tʰuŋ¹³	屎 tuʔ³	柴 sai¹³
宜黄	尿桶 ȵiau⁴²xŋ⁰	屎 tut²	柴 sai⁴⁵
丰城	尿桶 ȵiau²¹³tʰuŋ⁴¹	屎 tuʔ³²	柴 tsʰai³³
高安	尿桶 iɛu⁴⁴tʰuŋ⁴²	屎 tuk⁵	柴 tʰai²¹³
新余	尿痛 ȵiɛu⁴⁵tʰuŋ⁴⁵	屎 tuʔ⁵	柴 tɕʰai⁴²
吉安	尿桶 ȵiau²¹⁴tʰuŋ⁵³	屎 tu³³⁴	柴火 tsʰai²¹fo⁵³
遂川	尿桶 ȵiɒ²¹⁴tʰə̃ŋ³¹	底 ti³¹	柴 tsʰai²²
宁都	尿桶 nau⁴⁴tʰuŋ²¹⁴	屎 tuk⁵	柴火 sai¹³fo²¹⁴
瑞金	尿桶 niɔ⁴²tsʰŋ²¹²	屎 tɤʔ²	烧 so⁴⁴
于都	尿桶 niɔ⁴²tʰən³⁵	屎 tuʔ⁵	柴 tsʰæ⁴⁴
赣县	尿桶 niɔ⁴⁴tʰən⁵³	底 te⁵³	柴 tsʰæ²¹²
南康	尿桶 niɔ³³tʰən²¹	屎 tu⁵⁵	柴火 tsʰæ¹¹xo²¹
龙南	尿桶 ȵiau²²tʰən⁵³	底 te⁵³	柴 tsʰai³¹²
寻乌	尿桶 ȵiau⁵⁵tʰuŋ⁴²	屎 tuʔ²¹	柴 sai²¹⁴
黄坳	尿桶 ȵiau⁵³tʰuŋ³¹	底 tai³¹	柴 tsʰai²¹²
铜鼓	尿桶 ȵiau⁵¹tʰən²¹	屎 tuk⁵	柴火 tsʰai¹³fo²¹
大溪	尿桶 ȵiau⁴³tʰən⁴³³	底 te⁴³³	樵 tɕʰiau²¹³
太源	尿桶 nɑu⁴²tʰuŋ³²⁵	屎 tɤʔ / 底ti	柴火 tsʰai²⁴fu³²⁵
九江	粪桶 fən²¹tʰoŋ²¹³	屎儿 tə⁵³	柴火 tsʰai⁴⁴xo⁰
赣州	尿桶 niɔ²¹²tʰən⁴⁵	屎 to²¹²	柴火 tsʰæ⁴²xo⁰
白槎	粪桶 fən³¹²tʰən²¹⁴	屎子 təu⁴²tsɿ⁰	柴火 tsʰai⁵⁵xo²¹⁴
浮梁	尿桶 sɛ⁵⁵tʰoŋ³¹	屎 tɛu²¹³	柴 ɕia²⁴
婺源	尿桶 si⁵⁵tʰɐm²	屎 tu⁵¹	柴 so¹¹
上饶	尿桶 sui⁴⁴tʰoŋ⁵²	屎 tuʔ⁵	柴 sæ⁴²³
广丰	尿桶 so⁴⁴toŋ⁴⁴	屎 tuʔ⁵	柴 sai²³¹
铜山	粗桶 tsʰo³³tʰan⁴⁴³	尻川 kʰa⁴⁴tsʰən³³	柴 tsʰa²⁴

	锅盖	甑子蒸米饭的

	138 锅盖	139 甑子 蒸米饭的
南　昌	镬盖（子）uo⁴²kai⁴⁵（tsl⁰）	饭甑 fan²¹tsɛn⁴⁵
修　水	镬盖 vɔʔ³²kɛi⁵⁵	甑子 tsɛn⁵⁵tsl⁰
湖　口	镬盖 uo⁴⁵⁵kai⁴⁵⁵	甑 tsən⁴⁵⁵
鄱　阳	镬盖子 uə⁴⁴kai³⁵tsl⁰	饭甑 fãn²¹tsɛn³⁵
铅　山	锅盖 ko³³koi²¹	饭甑 fan²⁴tɕin²¹
抚　州	□板/搭 xo²⁴pan⁴⁵/tap²	甑 tsɛn⁴¹
资　溪	镬盖 uo³¹koi⁵³	甑 tsɛn⁵³
宜　黄	锅搭 kuo³³tap²	甑 tɛn⁴²
丰　城	镬盖 vɔʔ⁵kei²¹³	甑 tsɛn²¹³
高　安	镬盖 uɔk²koi⁴⁴	甑 tsɛn⁴⁴
新　余	镬盖 xaʔ³⁴koi⁴²	甑 tɕiɛn⁴²
吉　安	镬盖 uo³³⁴kuoi²¹⁴	甑 tsɛn²¹⁴
遂　川	镬盖 uo²¹⁴kuɛ²¹⁴	甑 tsẽn²¹⁴
宁　都	镬盖 vɔk⁵kɔi³¹	饭甑 pʻan⁴⁴tsən⁴²
瑞　金	镬盖 vɔʔ⁴kuɛ⁴²	饭甑 fan⁵¹tsɛn⁴²
于　都	镬盖 vɤ⁴²kuɛ³²³	饭甑 fã⁴²tsẽ³²³
赣　县	镬盖 uoʔ⁵kuɛ⁴⁴	饭甑 fã⁴⁴tsən⁴⁴
南　康	镬盖 vo³³kuæ⁵²	甑嘞 tsɛ⁵³lə⁰
龙　南	盖嗰 kɔi⁴⁴teʔ⁰	饭甑 fain²²tsain⁴⁴
寻　乌	镬盖 vɔʔ³⁴kuɐi⁵⁵	饭甑 fan⁵⁵tɕin⁵⁵
黄　坳	镬盖 vɔk⁵kɔi⁵³	甑 tsən⁵³
铜　鼓	镬盖 vɔk⁵kɔi⁵¹	甑 tsɛn⁵¹
大　溪	锅盖 ko³³kuɛ⁵²	饭甑 pʻuon⁴³tsɛn⁵²
太　源	顶□ tan³²⁵kʻɔŋ³²⁵	饭甑 pʻʌn⁴²tsɛn⁴²
九　江	镬盖 uo⁵³kai²¹	甑 tsən⁵³
赣　州	锅盖 ko³³kiɛ²¹²	饭甑子 fãn²¹tsʻəŋ⁴²tsl⁰
白　槎	锅盖 ko⁴²kai³¹²	饭甑 fan³¹²tsən³¹²
浮　梁	锅盖 kuo⁵⁵kiɛ²¹³	甑 tʂai²¹³
婺　源	锅□ kə⁵⁵tæn³⁵	饭甑 fum⁵¹tsæn³⁵
上　饶	锅盖 ko⁵²kæ⁰	饭甑 fãn²⁴tsĩn⁰
广　丰	板籇 pãn⁴³kĩn⁵² / 锅盖 kye⁵²kɐi⁰	饭甑 fãn²⁴tsĩn⁰
铜　山	鼎盖 tiã⁴⁴kua²¹	饭炊 puon²¹tsʻə³³

	140 炊帚 篾丝扎的，洗锅用	141 汤匙 小的，舀汤入口
南　昌	刷帚 sot⁵tɕiu⁰	瓢羹 pʰiɛu²⁴kiɛn⁰
修　水	□扫帚 dzaʔ³²sau²¹tu²¹	调羹 diau²⁴kɛn⁴²
湖　口	刷帚 ʂo⁴⁵⁵tʂɛu³⁴³	调羹 diau²¹¹kən⁴²
鄱　阳	筅帚 ɕiẽn⁴²tsəu⁴²	瓢羹 pʰiau²⁴kən²¹
铅　山	筅帚 ɕien⁴⁵tɕiu⁰	调羹 tʰiau²⁴kɛn³³
抚　州	帚嘚 tiu⁴⁵tɛʔ⁰	茶匙 tsʰa²⁴ɕi⁰／ 调羹 tʰiɛu²⁴kɛn⁰
资　溪	刷帚 sot³tiu⁵³	调羹 ɕiau¹³kɛn³¹
宜　黄	刷帚 suot²tɕiu⁴⁵³	调羹 ɕiau⁴⁵kɛn³³
丰　城	筅帚 ɕyɛn⁴¹tsɛu⁴¹	调羹 tʰiau³³kɛn³⁵
高　安	刷帚 sot⁵tɛu²¹³	茶匙 tsʰa²¹³sɿ⁴⁴
新　余	筅帚 sɛn²¹tɕiu²¹³	调羹 tʰiɛu⁴²kiɛn⁴²
吉　安	筅帚 ɕyon⁵³tɕiu²¹⁴	调羹 tʰiau²¹kiɛn³³⁴
遂　川	筅帚 ɕyẽn²²tɕiu³¹	调羹 tʰiɔ²²kiẽn⁵³
宁　都	罗刷 lo¹³sak³²	调羹 tʰiau¹³kaŋ⁴²
瑞　金	甑□ tse⁴²tɕʰia⁴²	调羹 tʰiɔ³⁵ken⁴⁴
于　都	甑□ tsẽ³²³tɕʰia³²³	调羹 tʰiɔ⁴⁴kẽ³¹
赣　县	刷帚 soʔ³²tse⁴⁴	调羹 tʰiɔ²¹²kəŋ²⁴
南　康	甑□ tse⁵³tɕʰia³³	调羹嘞 tʰiɔ¹¹kẽ³³lə⁰
龙　南	甑刷 tsain⁴⁴sɔʔ⁴³	调羹 tʰiau³¹²kiain²⁴
寻　乌	镬帚 vɔʔ³⁴tsa⁵⁵	调羹 tʰiau²¹⁴kin²⁴
黄　坳	洗镬把 sɛ³¹vok⁵pa³¹	调羹 tʰiau²¹²kaŋ²⁴
铜　鼓	洗镬帚 sɛ²¹vok⁵tsɛu²¹	汤匙 tʰəŋ²¹⁴sɿ¹³
大　溪	洗镬把 sɛ⁴³uəʔ⁵pa⁰	调羹 tʰiau²¹kan³³
太　源	镬筅崽 vɔʔ²san³⁵tsɔi³²⁵	调羹 tʰɑu²⁴kaŋ⁴⁴
九　江	刷帚 so⁵³tʂəu²¹³	瓢 pʰiau⁴⁴
赣　州	甑刷 tsəŋ²¹²soʔ³²	调羹 tʰiɔ⁴²kəŋ³³
白　槎	扫把子 sau³¹²pa²¹⁴tsɿ⁰	人子 sau⁵⁵tsɿ⁰
浮　梁	洗帚 si³¹tɕiɛu³¹	瓢儿 pʰiau²⁴ȵi⁰
婺　源	刷帚 sə⁵¹tsa²	羹瓢 kã⁵⁵pʰiɔ¹¹
上　饶	刷帚 ɕyɛ²⁴tɕiu⁵²	调羹 diou⁴²kæn⁴⁴
广　丰	刷帚 ɕyæ²⁴tɕivɯ⁵²	调羹 diɯu²¹kæn⁴⁴
铜　山	鼎□ tiã⁴⁴tsʰuəi²¹	调羹 tiau²¹kien³³

	142	143
	筷子	男人_{成年}
南 昌	筷子 kʻuai²¹³tsʅ⁰	男个 lan⁴⁵ko⁰
修 水	筷子 guai³⁵tsʅ⁰	男客 non²⁴xaʔ⁴²
湖 口	筷子 guai²¹³tsʅ⁰	男衫嘚 / 人 non²¹¹san⁴²tɕ⁰ / n̩in²¹¹
鄱 阳	筷子 kʻuai³⁵tsʅ⁰	男子 nõn²⁴tsʅ⁰
铅 山	筷子 kʻuai²¹tsʅ⁰	男口人 nan²⁴tsɛn⁰n̩in²⁴
抚 州	筷子 kʻuai⁴¹tsʅ⁰	男子人 lam²⁴tsʅ⁰n̩in²⁴
资 溪	筷子 kʻuai⁵³tsʅ⁰ / 箸 tʻɛ²²	男子人 nam¹³tsʅ⁰n̩in¹³
宜 黄	筷子 kʻuai⁴²tsʅ⁰ / 箸 tʻɛ²²	男子人 nam⁴⁵tsʅ⁰n̩in⁴⁵
丰 城	筷子 kʻuai²¹³tsʅ⁰	男客人 nɔn³³kʻaʔ³²n̩in⁰
高 安	筷子 kʻuai⁴⁴tsu⁰	男口人 lɔn²¹³kʻan⁴⁴in²¹³
新 余	筷子 kuai⁴²tsʅ⁰	男客人 lan⁴²kʻai⁴⁵n̩in⁴²
吉 安	筷子 kʻuai²¹⁴tsʅ⁰	男客 lon²¹kʻa³³⁴
遂 川	筷子 kʻuæ⁵⁵tsʅ⁰	男介 nãn²²kiɛ⁵⁵
宁 都	筷子 kʻai³¹tsə⁰	男个 nan¹³kɛi³¹
瑞 金	筷子 kʻiɛ⁴²tsʅ⁰	男子人 nan³⁵tsʅ⁰n̩i³⁵
于 都	筷子 kʻuɛ³²³tsʅ⁰	男子人 nã⁴⁴tsʅ⁰n̩iẽ⁴⁴
赣 县	筷子 kʻuæ⁴⁴tsʅ⁰	男个 nã²¹²kæ⁴⁴
南 康	筷子 kʻuæ⁵³lə⁰	男个 nã¹¹kæ⁰
龙 南	筷子 kʻai⁴⁴tsʅ⁰	男子嘚 nain³¹²tsʅ⁵³tɛ⁰
寻 乌	筷子 kʻai⁵⁵tsʅ⁰	男子人 nan²¹⁴tsʅ⁰n̩in²¹⁴
黄 坳	筷子 kʻuai⁵³tsʅ⁰	男人 nan²¹²n̩in²¹²
铜 鼓	筷子 kʻuai⁵¹tsʅ⁰	男子 nan¹³tsʅ⁰
大 溪	筷子 kʻuæ⁵²tsʅ⁰	男子口 nan²¹tsʅ⁴³sa²¹³
太 源	箸 tɕʻy⁴²	男人 nʌn²⁴n̩in²¹²
九 江	筷子 kʻuai²¹tsʅ⁰	男的 lan⁴⁴ti⁰
赣 州	筷子 kʻuæ²¹²tsʅ⁰	男人 nãn⁴²ĩn⁴²
白 槎	筷子 kʻuai³¹²tsʅ⁰	男人 lan⁵⁵zɔn⁵⁵
浮 梁	筷子 kʻua²¹³tsʅ⁰	男人 nɛn²⁴iɛn⁰
婺 源	筷子 kʻua³⁵tsʅ⁰	男人家 num¹¹iæn¹¹kə⁵⁵
上 饶	筷子 kʻuæ⁴³tsʅ⁵²	男子（人） nuõn⁴²tsʅ⁵²（n̩ĩn⁰）
广 丰	箸 dʑie²¹²	男子（农） nãn²³¹tsʅ⁰（noŋ⁰）
铜 山	箸 tɯ²¹	丈大（农） ta³³pɔ³³（lan²⁴）

144

女人 成年，通常称已婚的

南 昌	女个	ȵy²¹³ko⁰
修 水	女客	ŋui²¹xaʔ⁴²
湖 口	女人	ȵy³⁴³ȵin²¹¹
鄱 阳	女子	ȵy⁴²tsɿ⁰
铅 山	想象子	ɕian⁴⁵ɕian²¹tsɿ⁰
抚 州	娘子人	ȵioŋ²⁴tsɿ⁰ȵin²⁴
资 溪	女子人	ȵi³⁵tsɿ⁰ȵin¹³ / 女官 ȵi³⁵kuon³¹
宜 黄	娘子人	ȵioŋ⁴⁵tsɿ⁰ȵin⁴⁵
丰 城	女客人	ȵi⁴¹kʻaʔ³²ȵin⁰
高 安	女□人	ɵ⁴²kʻan⁴⁴·in²¹³
新 余	女客人	ȵi²¹kʻai⁴⁵ȵin⁴²
吉 安	女客	ȵy⁵³kʻa³³⁴
遂 川	女介	ȵy³¹kiɛ⁵⁵
宁 都	女个	ȵiɛ²¹⁴kɛi³¹
瑞 金	妇娘人	fu⁴⁴ȵioŋ³⁵ȵin³⁵
于 都	婆太人	pʻɣ⁴⁴tʻæ³²³ȵin⁴⁴ / 妇娘子 pu³¹ȵiõ⁴⁴tsɿ⁰
赣 县	妇娘子	fu⁴⁴ȵiõ²²tsɿ⁰
南 康	妇娘嘞	fu³³niõ¹¹lə⁰
龙 南	妇道㖏	fu²²tʻau²²teʔ⁰
寻 乌	妇娘	fu⁵⁵ȵioŋ²¹⁴
黄 坳	妇娘子	pu²⁴ȵioŋ²¹²tsɿ⁰
铜 鼓	妇娘子	pu²¹⁴ȵioŋ¹³tsɿ⁰
大 溪	妇娘子	pu⁴³ȵioŋ²¹tsɿ⁰
太 源	女人	ȵiu³⁵ȵin²¹²
九 江	女的	ʮ²¹³ti⁰
赣 州	女人	ȵy⁴⁵ĩin⁴²
白 槎	娘们儿	ȵiaŋ⁵⁵mər⁰
浮 梁	女人	y³¹iɛn⁰
婺 源	女人家	li³¹iæn¹¹kɵ⁵⁵
上 饶	堂客（人）	dãn⁴²kʻɐʔ⁵（ȵĩn⁰）
广 丰	女家 / 堂客（农）	ȵyæʔ²kɑ⁴⁴ / dãn²¹kʻæʔ⁵（noŋ⁰）
铜 山	查某（农）	tsa³³bo⁴⁴³（lan²⁴）

	145 婴儿出生不久的	146 小伙子男青年
南 昌	毛伢崽子 mau^{42}ŋa^{0}tsai^{213}tsʅ^0	后生子 xɛu^{21}saŋ^{0}tsʅ^0
修 水	毛伢哩 mau^{24}ŋa^{24}li^0	后生崽 xɛi^{22}saŋ^{34}tsai^{21}
湖 口	毛□嘚 mau^{211}pa^{42}tɛ^0	后生家嘚 xɛu^{213}sən^{42}ka^{42}tɛ^0
鄱 阳	奶伢子 nai^{42}ŋɒ^{24}tsʅ^0	后生子 xəu^{21}sən^{21}tsʅ^0
铅 山	毛毛儿 mau^{24}mau^{24}n̠i^{24}	朴朴子 pʻoʔ^{4}pʻoʔ^{0}tsʅ^0
抚 州	毛伢嘚 / 崽 mau^{24}ŋa^{24}tɛʔ^0 / tsai^{45}	后生伢嘚 xɛu^{212}saŋ^{0}ŋa^{24}tɛʔ^0
资 溪	毛伢崽 mau^{13}ŋa^{13}tsoi^{35}	伢崽 ŋa^{13}tsoi^{35}
宜 黄	□伢崽 mɔŋ^{45}a^{33}tɛi^{453}	□□ tɛn^{42}xa^{33}
丰 城	毛伢崽 mau^{35}ŋa^{33}tsei^0	后生 xɛu^{213}saŋ^{35}
高 安	毛毛子 mau^{213}mau^{213}tsu^0	崽哩 tsai^{42}li^0
新 余	毛细 mao^{45}ɕi^0	后生 xɛu^{12}saŋ^0
吉 安	毛伢哩 mau^{21}ŋa^{21}li^0	后生哩 xɛu^{214}saŋ^{334}li^0
遂 川	细伢儿嘚 ɕi^{55}ŋan^{22}tɛ^0	伢嘚 ŋa^{22}tɛ^0
宁 都	赤伢子 tsʻat^{32}ŋa^{13}tsə^0	后生 xəu^{44}saŋ^{42}
瑞 金	赤下毛子 tsʻa^{2}ʔxa^{44}mɔ^{44}tsʅ^0	后生子 xɣ^{51}saŋ^{44}tsʅ^0
于 都	毛伢子 mɔ^{31}ŋa^{44}tsʅ^0	后生子 xieu^{42}sã^{31}tsʅ^0
赣 县	□毛 xa^{212}mɔ^{24}	后生 xe^{44}sã^{24}
南 康	伢毛嘞 ŋa^{11}mɔ^{33}lə^0	后生嘞 xe^{33}sã^{33}lə^0
龙 南	□伢嘚 ŋ̍^{44}ŋa^{53}tɛʔ^0	赖崽嘚 lai^{22}tse^{53}tɛʔ^0
寻 乌	毛□子 mau^{24}xaʔ^{21}tsʅ^0	细赖子 ɕie^{55}lai^{55}tsʅ^0
黄 坳	□伢子 ɔ^{24}ŋa^{212}tsʅ^0	后生子 xɛu^{53}saŋ^{24}tsʅ^0
铜 鼓	安伢子 ŋɔn^{214}ŋa^{13}tsʅ^0	大细子 tʻai^{51}sɛ^{51}tsʅ^0
大 溪	毛头伢 mau^{21}tʻɛ^{21}ŋa^{433}	后生人 xɛ^{21}sɛn^{52}n̠in^{213}
太 源	毛毛儿 mɒu^{24}mɒu^{0}n̠i^{212}	泼泼崽 pʻoʔ^{4}pʻoʔ^{4}tsoi^{325}
九 江	毛伢 mau^{44}ŋɒ^{44}	板儿 pan^{213}ɚ^0
赣 州	毛娃子 mɔ^{33}va^{32}tsʅ^0	后生□子 xieu^{212}saŋ^{33}kua^{45}tsʅ^0
白 槎	伢 ŋa^{55}	男伢 lan^{55}ŋa^{55}
浮 梁	毛毛家儿 mau^{24}mau^{24}ko^{55}n̠i^0	后生家 xɛu^{33}ɕiai^{55}ko^0
婺 源	毛伢 mɔ^{35}ŋɵ^{11} / □□ læn^{51}n̠i^0	□只小 i^{55}tsɒ^{51}siɔ^2
上 饶	毛伢儿 mɒu^{42}ŋa^{44}n̠i^{423}	后生（人）xe^{21}sæn^{52}（n̠in^0）
广 丰	毛头伢/儿 mɑu^{21}tɣɯ^{44}ŋa^{52} / n̠in^{44}	后生（农）xiɣɯ^{21}sæ̃n^{52}（noŋ^0）
铜 山	□□团 ã^{21}ã^{33}kia^{443}	后生团 xau^{21}ɕi^{33}kia^{443}

姑娘 未婚女青年

南 昌	女崽子 ȵy²¹³tsai⁰tsʅ⁰
修 水	□哩 ku⁵⁵li⁰
湖 口	女伢儿嘚 ȵy³⁴³ŋan⁴²tɛ⁰
鄱 阳	女儿子 ȵyn⁴²tsʅ⁰
铅 山	婞□人 ȵien²¹tsɛn⁴⁵ȵin⁰
抚 州	女哩 ȵiɛ⁴⁵li⁰
资 溪	女崽 ȵiɛ³⁵tsoi³⁵
宜 黄	女㜷 ȵiɛ⁴⁵³i⁰
丰 城	女崽家里 ȵi⁴¹tsei⁰ka³⁵li⁰ / 妹崽 mei²¹³tsei⁰ / 妹叽 mei²¹³tɕi⁰
高 安	妹子 mai²²tsu⁰
新 余	小娘 sɛu²¹nioŋ⁰
吉 安	女崽哩 ȵy⁵³tsei⁵³li⁰
遂 川	妹嘚 mei⁵⁵tɛ⁰
宁 都	女客 ȵiɛ²¹⁴kʼak³²
瑞 金	闺女子 kue⁴⁴ȵie⁴⁴tsʅ⁰
于 都	女子 ȵiɛ³⁵tsʅ⁰
赣 县	妹崽子 muɛ⁴⁴tsei⁵³tsʅ⁰
南 康	妹崽嘞 mæ⁵³tse²¹lə⁰
龙 南	妹崽嘚 mɔi²²tse⁵³teʔ⁰
寻 乌	细妹子 ɕie⁵⁵muɛi⁵⁵tsʅ⁰
黄 坳	妹子 mɔi⁵³tsʅ⁰
铜 鼓	妹子 mɔi⁵¹tsʅ⁰
大 溪	妹子 muɛ⁴³tsʅ⁰
太 源	妹崽 mɔi⁴⁴tsɔi³²⁵
九 江	女儿 ʯ²¹³ɚ⁰
赣 州	女娃子 ȵy⁴⁵va⁴²tsʅ⁰
白 槎	女伢 mʯ²¹⁴ŋa⁵⁵
浮 梁	女子儿 y³¹tsər⁰
婺 源	□只女 i⁵⁵tsɒ⁵¹li²
上 饶	囡儿 na²⁴ȵi⁰
广 丰	少娘（农） ɕiəu⁴³ȵiã²⁴（noŋ²³¹）
铜 山	查某团（农） tsau⁴⁴kiã⁴⁴（lan²⁴）

	148	149
	邻居	客人
南 昌	邻舍 $lin^{45}sa^0$	客 $k'a\text{ʔ}^5$
修 水	邻舍 $din^{24}sa^{55}$	客 $xa\text{ʔ}^{42}$
湖 口	隔壁 $ka^{455}pia^{455}$	客 $x\epsilon^{213}$
鄱 阳	邻舍 $lin^{24}s\text{ɒ}^{35}$	客 $k'\text{ə}^{44}$
铅 山	邻厢 $lin^{24}\text{ɕian}^{33}$	客 $k'\epsilon\text{ʔ}^4$
抚 州	邻舍 $tin^{24}sa^{41}$	客 $k'a\text{ʔ}^2$
资 溪	邻舍 $tin^{13}sa^{53}$	客 $k'a\text{ʔ}^3$
宜 黄	邻舍 $tin^{45}sa^{42}$	客 $k'a\text{ʔ}^2$
丰 城	隔壁邻舍 $k\text{æʔ}^{32}pia\text{ʔ}^{32}lin^{33}sa^{213}$	客 $k'a\text{ʔ}^{32}$
高 安	邻舍 $lin^{213}sa^{44}$	客 $k'ak^5$
新 余	隔壁邻舍 $ka\text{ʔ}^5pia\text{ʔ}^5lin^{42}sa^0$	客 $k'a^{12}$
吉 安	邻舍 $lin^{21}sa^{214}$	客 $k'a^{334}$
遂 川	隔壁 $ka^{55}pia^{55}$	客 $k'a^{55}$
宁 都	邻舍 $lin^{13}sa^{31}$	客人 $k'ak^{32}nən^{13}$
瑞 金	邻舍 $tin^{35}sa^{42}$	人客 $\text{ȵ}in^{35}k'a\text{ʔ}^2$
于 都	邻舍 $l\tilde{e}^{44}sa^{323}$	客 $k'a\text{ʔ}^5$
赣 县	隔壁 $ka\text{ʔ}^{32}pia\text{ʔ}^{32}$	客 $k'a\text{ʔ}^{32}$
南 康	邻舍 $lən^{11}sa^{53}$	客人 $k'a^{53}\text{ȵiəŋ}^{11}$
龙 南	邻舍 $lin^{312}sa^{44}$	客 $k'a\text{ʔ}^{43}$
寻 乌	邻舍 $lin^{214}sa^{55}$	客人 $k'a\text{ʔ}^{21}\text{ȵ}in^{214}$
黄 坳	邻舍 $lin^{212}sa^{53}$	客 $k'ak^2$
铜 鼓	邻舍 $lin^{13}sa^{51}$	客人 $k'ak^3\text{ȵ}in^{13}$ / 人客 $\text{ȵ}in^{13}k'ak^3$
大 溪	邻厢 $l\text{ɯn}^{21}\text{ɕiɔŋ}^{33}$	客 $k'\text{ɐʔ}^{45}$
太 源	隔壁人 $ka\text{ʔ}^4pia\text{ʔ}^4\text{ȵ}in^{212}$	客 $xa\text{ʔ}^4$
九 江	邻居 $lin^{44}ts'\text{ʮ}^0$	客人 $k'ai^{53}\text{ʒ}ən^0$
赣 州	邻舍 $l\tilde{i}n^{42}se^{212}$	客人 $k'\text{ɤʔ}^{32}\tilde{i}n^{42}$
白 槎	隔壁 $k\epsilon^{55}pi^0$	客人 $k'\epsilon^{42}\text{z}ən^{55}$
浮 梁	隔壁个 $ka^{213}pai^{213}k\epsilon^0$	客 $k'a^{213}$
婺 源	邻舍 $l\text{æn}^{11}\text{ɕie}^{35}$	客 $k'\text{ɔ}^{51}$
上 饶	邻厢 $n\tilde{i}n^{42}\text{ɕian}^{44}$	（人）客（$n\tilde{i}\tilde{i}n^{42}$）$k'\text{ɐʔ}^5$
广 丰	邻厢 $l\tilde{i}n^{21}\text{ɕian}^{44}$	客 $k'\text{æʔ}^5$
铜 山	邻厢 $lien^{21}\text{ɕian}^{33}$	农客 $lan^{21}k'e^{42}$

	150	151
	陌生人	木匠 注意有无特别的说法
南　昌	生人 $saŋ^{42}n̠in^{0}$	博士 $poʔ^{5}sɿ^{0}$
修　水	生人 $ʂaŋ^{34}n̠in^{24}$	博士 $poʔ^{42}sɿ^{0}$
湖　口	生人 $ʂaŋ^{42}n̠in^{211}$	木匠 $mu^{455}dʑioŋ^{213}$
鄱　阳	生人 $sən^{21}n̠in^{0}$	木匠 $mu^{44}tɕʻiẽn^{21}$
铅　山	生当人 $sɛn^{33}tan^{21}n̠in^{24}$	木匠 $mɤʔ^{4}tɕʻian^{21}$
抚　州	生人 $saŋ^{32}n̠in^{24}$	博士 $poʔ^{2}sɿ^{212}$
资　溪	生人 $saŋ^{31}n̠in^{13}$	博士 $poʔ^{3}sɿ^{22}$
宜　黄	生人 $saŋ^{33}n̠in^{45}$	博士 $poʔ^{2}sɿ^{22}$
丰　城	生人 $saŋ^{35}n̠in^{33}$	木匠 $muʔ^{5}tɕʻioŋ^{213}$
高　安	生人哩 $saŋ^{35}in^{213}li^{0}$	博士 $pok^{5}su^{22}$
新　余	生人 $saŋ^{45}n̠in^{42}$	木匠 $muʔ^{5}tɕʻioŋ^{12}$
吉　安	生人 $s aŋ^{334}n̠in^{21}$	木匠 $mu^{334}ɕioŋ^{214}$
遂　川	生人嘚 $sã^{53}n̠in^{22}te^{0}$	木匠 $mo^{55}ɕiõ^{214}$
宁　都	生当人 $saŋ^{42}toŋ^{31}nən^{13}$	木匠 $mok^{5}ɕioŋ^{44}$
瑞　金	生当人 $saŋ^{44}toŋ^{42}n̠in^{35}$	木匠 $mən^{42}ɕiõ^{42}$
于　都	生人 $sã^{44}n̠iẽ^{44}$	木匠 $mɤʔ^{5}ɕiaŋ^{44}$
赣　县	生疏人 $sã^{24}su^{24}n̠iəŋ^{212}$	木匠 $moʔ^{5}tɕʻioŋ^{44}$
南　康	生疏人 $sã^{33}su^{33}niəŋ^{11}$	木匠 $mu^{53}ɕiõ^{53}$
龙　南	生人 $saŋ^{24}n̠in^{312}$	木头工 $məʔ^{43}tʻɛu^{312}kəŋ^{24}$
寻　乌	唔晓得个人 $ŋ^{214}sau^{42}taiʔ^{21}kie^{0}n̠in^{214}$	木匠师傅 $muʔ^{21}ɕioŋ^{55}sɿ^{24}fu^{55}$
黄　坳	生疏人 $saŋ^{24}su^{24}n̠in^{212}$	木匠 $muk^{5}tɕʻioŋ^{53}$
铜　鼓	生疏人 $saŋ^{214}sɿ^{214}n̠in^{13}$	木匠 $muk^{5}tɕʻioŋ^{51}$
大　溪	生当人 $san^{33}toŋ^{52}n̠iin^{213}$	木匠 $məʔ^{5}tɕʻioŋ^{435}$
太　源	生当人 $saŋ^{44}toŋ^{42}n̠in^{212}$	木匠师傅 $muʔ^{2}tsʻioŋ^{42}sɿ^{44}fu^{42}$
九　江	生人 $ʂən^{31}ʐən^{44}$	木匠 $mo^{53}tɕiã^{0}$
赣　州	认不得的人 $iin^{212}pɤʔ^{2}tɤʔ^{2}ti^{0}iin^{42}$	木工 $mɤ^{232}kəŋ^{33}$
白　槎	生人 $sən^{42}ʐən^{55}$	做木工的 $tsu^{312}mu^{42}kəŋ^{42}ti^{0}$
浮　梁	生人 $ɕiai^{55}iɛn^{0}$	木匠 $mu^{33}tsʻa^{33}$
婺　源	生疏人 $sɔ̃^{55}su^{55}iæn^{11}$	木匠 $bu^{51}tɕiã^{31}$
上　饶	生当人 $ɕiæn^{44}tãn^{44}n̠iĩn^{423}$	木匠 $moʔ^{2}dʑiãn^{212}$
广　丰	生当农 $sæn^{44}tãŋ^{44}noŋ^{0}$	木匠 $moʔ^{2}ɕiãn^{212}$
铜　山	生分农 $ɕĩ^{33}xuon^{21}lan^{24}$	木匠 $bæʔ^{2}tɕʻiũ^{55}$

	152	153
	厨师	乞丐
南 昌	大师傅 tʻai²¹sๅ⁰fu⁰	告化子 kau⁴⁵fa⁰tsๅ⁰
修 水	办厨个 ban²²du²⁴kɔ⁰	告化子 kau⁵⁵fa³⁴sๅ⁰
湖 口	大师傅 dai²¹³sๅ⁴²fu⁰	讨饭个 dau³⁴³fan²¹³ko⁰
鄱 阳	大师傅 tʻai²¹sๅ²¹fu⁰	讨饭个 tʻau⁴²fãn²¹ko⁰
铅 山	大师傅 tʻai²¹sๅ³³fu⁰	告化子 kau²¹fa²¹tsๅ⁰
抚 州	厨倌师傅 tʻu²⁴kuon³²sๅ³²fu⁰	告化子 kau⁴¹fa⁴¹tsๅ⁰
资 溪	大师傅 xai²²sๅ³¹fu⁰	告化子 kau⁵³fa⁵³tsๅ⁰
宜 黄	厨倌 tʻu⁴⁵kuon³³	告化子 kau⁴²fa⁴²tsๅ⁰
丰 城	厨倌 tsʻʅ³³kuɛn³⁵	告花子 kau²¹³fa³⁵tsๅ⁰
高 安	大师傅 xai²²su³⁵fu⁰	告花哩 kau⁴⁴fa³⁵li⁰
新 余	厨倌 tsʻʅ⁴²kuon⁴⁵	告花子 kau⁴²fa⁰tsๅ⁰
吉 安	厨师 tɕʻy²¹sๅ³³⁴	告化子 kau²¹⁴fa²¹⁴tsๅ⁰
遂 川	伙头师傅 xo³¹tʻiə²²sๅ⁵³fu⁰	告化子 kɒ²¹⁴xua⁵⁵tsๅ⁰
宁 都	厨倌 tsʻu¹³kuon⁴²	告化 kau³¹fa³¹
瑞 金	厨倌 tsʻu³⁵kuɛn⁴⁴	告化 kɔ⁴²fa⁴²
于 都	厨倌 tʃʻu⁴⁴kõ³¹	告化子 kɔ³²³xa³¹tsๅ⁰/讨饭佬 tʻɔ³⁵fã⁴²lɔ³⁵
赣 县	厨师 tsʻu²¹²sๅ²⁴	告化子 kɔ⁴⁴xa⁴⁴tsๅ⁰ / 讨饭佬 tʻɔ⁵³fã⁴⁴lɔ⁵³
南 康	伙头 tsʻu³¹²sๅ²⁴	告化嘞 kɔ⁵³xua⁵³lə⁰
龙 南	伙头 xʊ⁵³tʻɛu³¹²	讨饭佬 tʻau⁵³fain²²lau⁵³
寻 乌	厨师 tsʻu²¹⁴sๅ²⁴	告化子 kau⁵⁵fa⁵⁵tsๅ⁰
黄 坳	厨倌 tsʻu²¹²kuan²⁴	讨饭哩 tʻau³¹fan⁵³li⁰
铜 鼓	厨倌 tʻu¹³kɔn²¹⁴	告花子 kau⁵¹fa²¹⁴tsๅ⁰
大 溪	厨倌 tɕʻy²¹kuon³³	讨饭个 tʻɔ⁴³pʻuon⁴³kɛ⁰
太 源	厨倌师傅 tɕʻy²⁴kuʌŋ⁴⁴sๅ⁴⁴fu⁴²	告化崽 kɒu⁴²xa⁰tsɔi³²⁵
九 江	厨师 tʂʻʅ⁴⁴sๅ³¹	讨饭的 tʻau²¹³fan²¹ti⁰
赣 州	厨师 tɕʻy⁴²sๅ⁰	告化子 kɔ²¹²fa³²tsๅ⁰
白 槎	厨子 tʂʻʅ⁵⁵tsๅ⁰	要饭的 iau³¹²fan³¹²ti⁰
浮 梁	厨师儿儿 tɕʻy²⁴sər⁵⁵n̥i⁰	讨饭个 tʻau³¹fo³³kɛ⁰
婺 源	厨倌 tɕʻy¹¹kum⁵⁵	讨饭仍 tʻɔ²fum⁵¹na⁰
上 饶	厨师 dzʐ⁴²sๅ⁴⁴	讨饭个 tʻʊu⁵²fãn²¹kə⁴³⁴/告花子 kɔu⁴³xua⁴⁴tsๅ⁰
广 丰	厨倌 dzye²¹kuẽn⁴⁴	讨饭农 tʻuɣ⁴³fãn²¹non²³¹/告花子 kau⁴⁴xua⁴⁴tsɣ⁰
铜 山	厨倌 tuɯ²¹kuã³³	分糜团 puon³³mãi³³kiã⁴⁴³

	154 曾祖父 背称｜面称	155 祖父 背称｜面称
南 昌	太公 tʻai²¹³kuŋ⁰	公公 kuŋ⁴²kuŋ⁰
修 水	世公 sɛ⁵⁵kən³⁴	公公 kən³⁴kən³⁴
湖 口	公公 koŋ⁴²koŋ⁰	爹爹 tia⁴²tia⁰
鄱 阳	太公 tʻai³⁵kuɐŋ²¹｜太太 tʻai³⁵tʻai⁰	爹爹 tiɒ²¹tiɒ⁰
铅 山	老公儿 lau⁴⁵koŋ³³ŋɛ⁰	公儿 koŋ³³ŋɛ⁰
抚 州	世公 ɕi³²kuŋ³²	公公 kuŋ³²kuŋ⁰
资 溪	世公 ɕi³¹kuŋ³¹	公儿 kuŋ³¹ŋɛ⁰
宜 黄	世公 ɕi³³kuŋ³³	公公 kuŋ³³kuŋ³³
丰 城	太公 tʻai²¹³kuŋ³⁵	公公 kuŋ³⁵kuŋ⁰
高 安	太公 xai²²kuŋ³⁵	公爷 kuŋ³⁵ŋa⁰
新 余	太公 xai¹²kuŋ⁰	公公 kuŋ⁴⁵kuŋ⁴⁵
吉 安	太公 tʻai²¹⁴kuŋ³³⁴	爷爷 ia²¹ia²¹
遂 川	老公 lɒ³⁵kɐ̃ŋ⁵³	公 kɐ̃ŋ⁵³
宁 都	太公 tʻai⁴⁴kuŋ⁴²	公公 kuŋ⁴²kuŋ⁴²
瑞 金	太太 tʻɛ⁴²tʻɛ⁴²	公公 kʌŋ⁴²kʌŋ³⁵
于 都	太公 tʻæ³²³kən³¹	公爹 kən³¹tia³¹｜公公 kən³¹kən³¹
赣 县	太公 tʻæ⁴⁴kən²⁴	爹爹 tia²⁴tia⁰
南 康	公□ kən³³pʻa⁵³	爹爹 tia³³tia⁰
龙 南	老爹 lau⁵³tia²⁴	爹爹 tia²⁴tia²⁴
寻 乌	太公 tʻai⁵⁵kuŋ²⁴	公爹 kuŋ²⁴ta²⁴
黄 坳	老太公 lau³¹tʻai⁵³kuŋ²⁴	阿公 a²⁴koŋ²⁴
铜 鼓	公太 kən²¹⁴tʻai⁵¹	公□ kən²¹⁴ta²¹⁴
大 溪	太公 tʻæ⁵²kəŋ³³	公 kəŋ⁵²
太 源	公□ kuŋ⁴⁴pʻaʔ⁴	阿公 ai⁴⁴kuŋ⁴⁴
九 江	老公公 lau²¹³koŋ³¹koŋ⁰	公公 koŋ³¹koŋ⁰
赣 州	太公 tʻæ²¹²kəŋ³³	爹爹 tia³³tia³³
白 槎	老太 lau⁵⁵tʻai³¹²	爷爷 iɛ⁵⁵iɛ⁰
浮 梁	世公 ɕi²¹³koŋ⁵⁵	太太 tʻa³³tʻa⁰
婺 源	太朝 tʻɔ³⁵tsʻɔ¹¹	朝仍 tsʻɔ¹¹la⁰｜朝朝 tsʻɔ¹¹tsʻɔ¹¹
上 饶	太公 tʻæ⁴³koŋ⁴⁴	公 koŋ⁵²
广 丰	太公 tʻai⁴³koŋ⁴⁴	公 koŋ⁴⁴
铜 山	太公 tʻai⁴⁴kɔŋ³³	公 kɔŋ³³

祖母背称｜面称

南　昌	婆婆	pʻo²⁴pʻo⁰
修　水	妈妈	ma²¹ma²¹
湖　口	奶奶	nai³⁴³nai⁰
鄱　阳	婆婆	pʻo²⁴pʻo⁰
铅　山	妈妈	ma⁴⁵ma⁰
抚　州	婆婆	pʻo²⁴pʻo⁰ ／ 嬷嬷 ma²⁴ma⁰
资　溪	妈妈	ma³⁵ma³¹
宜　黄	妈妈	ma³³ma³³
丰　城	妈妈	ma³⁵ma⁰ ／ 婆婆 pʻo³³pʻo⁰
高　安	妈妈	ma³⁵ma⁰
新　余	婆婆	pʻo⁴²pʻo⁴²
吉　安	婆婆	pʻo²¹pʻo²¹
遂　川	婆	pʻo²²
宁　都	婆婆	pʻo¹³pʻo¹³
瑞　金	奶奶	nɛ⁴²nɛ³⁵
于　都	婆奶	pʻɤ⁴⁴næ³⁵ ｜ 婆婆 pʻɤ⁴⁴pʻɤ⁴⁴
赣　县	奶奶	næ⁵³næ⁰
南　康	奶奶	næ³³næ⁰
龙　南	娭姐	ɔi²⁴tɕia⁵³
寻　乌	奶奶	nai⁴²nai⁴² ／ 娭姐 uɐi²⁴tɕia⁴²
黄　坳	阿婆	a²⁴pʻɔ²¹²
铜　鼓	娭姐	ai²¹⁴tɕia²¹ ｜ 姐姐 tɕia²¹ tɕʻia⁰
大　溪	娭姐	uɛ³³tɕia⁵² ｜ 姐姐 tɕia⁴³tɕia⁵²
太　源	阿婆	ai⁴⁴pʻo²¹²
九　江	婆婆	pʻo⁴⁴pʻo⁰
赣　州	奶奶	næ³³næ³³
白　槎	奶奶	lai²¹⁴lai⁰
浮　梁	妈妈	ma³³ma⁰
婺　源	娘□	ȵiã¹¹pɒ¹¹ ／ □仂 pɒ¹¹la⁰ ｜ □□ pɒ³¹pɒ³⁵
上　饶	妈	ma⁵²
广　丰	妈	mɑ⁵²
铜　山	妈	mã⁴⁴³

	157 外祖父^{背称｜面称}	158 外祖母^{背称｜面称}
南　昌	阿公 ŋa^{42}kuŋ^{0}	阿婆 ŋa^{42}pʻo^{0}
修　水	阿公 ŋa^{34}kəŋ^{34}	阿婆 ŋa^{34}bɔ^{24}
湖　口	家公 ka^{42}koŋ^{42}	家婆 ka^{42}bo^{211}
鄱　阳	外公 ŋai^{21}kuən^{21}	外婆 ŋai^{21}pʻo^{24}
铅　山	外公 ŋai^{21}koŋ^{33}	外婆 ŋai^{21}pʻo^{24}
抚　州	阿公 a^{32}kuŋ^{32}	阿婆 a^{32}pʻo^{32}
资　溪	阿公 a^{31}kuŋ^{31}	阿婆 a^{31}pʻo^{13}
宜　黄	阿公 a^{33}kuŋ^{33}	阿婆 a^{33}pʻo^{45}
丰　城	外公 ŋai^{213}kuŋ^{35}	外婆 ŋai^{213}pʻo^{33}
高　安	外公 ŋai^{22}kuŋ^{35}	外婆 ŋai^{22}pʻo^{213}
新　余	外公 ŋoi^{42}kuŋ^{0}	外婆 ŋoi^{42}pʻo^{0}
吉　安	外公 uai^{214}kuŋ^{334}	外婆 uai^{214}pʻo^{21}
遂　川	外公 uæ^{214}kə̃ŋ^{53}	外婆 uæ^{214}pʻo^{22}
宁　都	外公 ŋɔi^{44}kuŋ^{42}	外婆 ŋɔi^{44}pʻo^{13}
瑞　金	外公 ŋuɛ^{51}kɤŋ^{44}	外婆 ŋuɛ^{51}pʻo^{35}
于　都	外公 vuɛ^{42}kəŋ^{31}	外婆 vuɛ^{42}pʻɣ^{44}
赣　县	外公 uæ^{44}kəŋ^{24}	外婆 uæ^{44}pʻəu^{212}
南　康	□公 tɕia^{33}kəŋ^{33}	□婆 tɕia^{33}pʻo^{11}
龙　南	姐公 tɕʻia^{53}kəŋ^{24}	姐婆 tɕia^{53}pʻʊ^{213}
寻　乌	外公 muɐi^{55}kuŋ^{24}	外婆 muɐi^{55}pʻo^{214}
黄　坳	姐公 tɕia^{31}kuŋ^{24}	姐婆 tɕia^{31}pʻɔ^{212}
铜　鼓	外／姐公 ŋɔi^{51}／tɕia^{21}kən^{214}	外／姐婆 ŋɔi^{51}／tɕia^{21}pʻɔ^{13}
大　溪	外公 ŋæ^{43}kəŋ^{33}	外婆 ŋæ^{43}pʻo^{213}
太　源	外公 ŋai^{42}kuŋ^{44}	外婆 ŋai^{42}pʻo^{212}
九　江	外公 uai^{21}koŋ^{31}	外婆 uai^{21}pʻo^{44}
赣　州	公公 kʻəŋ^{33}kəŋ^{33}	婆婆 pʻo^{0}pʻo^{0}
白　槎	姥爷 lau^{214}iɛ^{55}	姥娘 lau^{214}ȵian^{55}
浮　梁	外公 ua^{33}koŋ^{55}	外婆 ua^{33}pʻo^{24}
婺　源	外公 ŋɔ^{51}kɐum^{55}	外婆 ŋɔ^{51}pʻɵ^{11}
上　饶	外公 ŋai^{21}koŋ^{44}	外婆 ŋai^{21}bo^{24}
广　丰	外公 uai^{21}koŋ^{44}	外婆 uai^{21}bie^{231}
铜　山	外公 ua^{21}koŋ^{33}	外妈 ua^{21}mã^{443}

父亲背称｜面称

南 昌	爷 ia⁴⁵ ｜ 爸爸 paʔ⁵pa⁰
修 水	爷 ia²⁴ / 爷老子 ia²⁴lau²¹tsʅ⁰ ｜ 爸 pa²⁴
湖 口	老子 lau³⁴³tsʅ⁰ ｜ 爹爹 tiɛ⁴²tiɛ⁰
鄱 阳	老子 lau⁴²tsʅ⁰ / 爷 iɒ²⁴ ｜ 爹爹 tiɛ²¹tiɛ⁰
铅 山	爷佬 iɛ²⁴lau⁰ ｜ 爹爹 tiɛ³³tiɛ³³
抚 州	爷 ia²⁴ ｜ 爹爹 ta³²ta³² / 爸爸 paʔ²paʔ⁰
资 溪	爷 ia¹³ ｜ 爸爸 pa⁵³pa⁵³
宜 黄	爷 ia⁴⁵ ｜ 爸爸 pa⁴²pa⁴²
丰 城	爷 ia³³ ｜ 爹爹 tia³⁵tia⁰ / 爸爸 pa³⁵pa⁰ / 家家 ka³⁵ka⁰
高 安	爷子 ia²¹³tsu⁰ ｜ 爸爸 pa⁴⁴pa⁰
新 余	爷子 ia⁴²tsʅ⁰ ｜ 爸爸 pa⁴²pa⁰
吉 安	爷 ia²¹ ｜ 爹 tia³³⁴/ 爸爸 pa³³⁴pa⁰
遂 川	爹 tia²² ｜ 爸 pa⁵⁵
宁 都	爹 tia⁴² ｜ 爸爸 pa⁴⁴pa⁴⁴
瑞 金	爷佬 ia³⁵lɔ²¹² ｜ 爹爹 ta⁴⁴ta⁴⁴ / 爸爸 pa⁴⁴pa⁴⁴
于 都	爷佬 ia⁴⁴lɔ³⁵ ｜ 爸爸 pa⁴⁴pa⁴⁴
赣 县	爷佬 ia²⁴lɔ⁵³ ｜ 爸 pa⁵³
南 康	爷佬 ia¹¹lɔ²¹ ｜ 爸 pa²¹
龙 南	爷佬 ia³¹²lau⁵³ ｜ 爸爸 pa⁴⁴pa⁴⁴
寻 乌	爷佬 ia²¹⁴lau⁴² ｜ 爹 tia²⁴ / 爸 pa²⁴
黄 坳	爷子 ia²¹²tsʅ⁰ ｜ 阿爸 a²⁴pa²⁴
铜 鼓	爷子 ia¹³tsʅ⁰ ｜ 爸爸 pa⁵¹pa⁰
大 溪	爷嘞 ia²¹lɿʔ⁰ ｜ 爹 tia³³
太 源	倠爹 ŋɔi⁴⁴tia⁴⁴ ｜ 阿爹 ai⁴⁴tia⁴⁴
九 江	爷佬 iɒ⁴⁴lau²¹³ ｜ 伯伯 pai⁵³pai⁵³
赣 州	父亲 fu²¹²tɕʻiəŋ³³ ｜ 爸爸 pa⁴²pa⁰ / 爹爹 tiɛ³³tiɛ⁰
白 槎	达 ta⁵⁵ ｜ 爸爸 pa⁵⁵pa⁰
浮 梁	老子 lau³¹tsʅ⁰ ｜ 爸爸 pa⁵⁵pa⁰
婺 源	老子 lɔ³¹tsʅ⁰ ｜ 爹 te⁵⁵ / 爸爸 pa⁵⁵pa⁵⁵ / 爷 ie¹¹
上 饶	老子 lɔu²⁴tsʅ⁰ ｜ 爹 te⁵²
广 丰	爷 ye²³¹ ｜ 爹 tie⁴⁴ / 爸 pɑ⁴⁴
铜 山	老岁 lau²¹xə²¹ ｜ 叔 tse⁴²

母亲 背称 | 面称

| 南　昌 | 娘 n̠iɔŋ⁴⁵ | 姆妈 m̩⁴²ma⁰ |

娘 n̠iɔŋ⁴⁵ | 姆妈 m̩⁴²ma⁰

修　水　娘老子 n̠iɔŋ²⁴lau²¹tsʮ⁰ | 姆妈 m̩⁵⁵ma⁰

湖　口　老娘 lau³⁴³n̠iɔŋ²⁴ | 姆妈 m̩⁴²ma⁰

鄱　阳　老娘 lau⁴²n̠ieñ²⁴ | 姆婆 m̩²¹mə⁴²

铅　山　娘 n̠ian²⁴ | 姆婆 m̩³³mɛ⁰

抚　州　娘 n̠iɔŋ²⁴ | 姆妈 m̩⁰ma³²

资　溪　娘 n̠iɔŋ¹³　/　姆婆 m̩³¹me³¹

宜　黄　娘 n̠iɔŋ⁴⁵ | 姆妈 m̩⁰ma³³

丰　城　娘 n̠iɔŋ³³ | 姆妈 m̩²¹³ma⁰　/　奶奶 nai⁴¹nai⁰

高　安　娘 n̠iɔŋ²¹³ | 姆妈 m̩⁴⁴ma³⁵

新　余　娘娅子 n̠iɔŋ⁴²ŋa⁴²tsʮ⁰ | 姆婆 mu²¹³me⁰

吉　安　娘 n̠iɔŋ²¹ | 姆妈 m̩²¹ma³³⁴/妈妈 ma³³⁴ma³³⁴

遂　川　娘 n̠iõ²² | 妈 ma⁵³

宁　都　姐 tɕia²¹⁴ | 姆妈 m̩²¹⁴ma¹³

瑞　金　姆妈 m̩⁴²ma³⁵ | □□ nen⁴²nen⁴²

于　都　娭佬 vuɛ³¹lɔ³⁵ | 婆 me³⁵

赣　县　娭佬 uɛ²⁴lɔ⁵³ | 婆 mei⁵³

南　康　姐佬 tɕia²¹lɔ²¹ | 嬷 mo³³

龙　南　娭佬 oi²⁴lau⁵³ | □□ vu²⁴vʊ⁴⁴

寻　乌　娭佬 uɐi²⁴lau⁴² | 姆妈 m̩⁴²ma²⁴

黄　坳　阿婆 a²⁴mɛ²⁴

铜　鼓　娭子 ɔi²¹⁴tsʮ⁰　/　阿婆 a²¹⁴mɛ²⁴

大　溪　娭嘞 uɛ³³lɿʔ⁰ | 婆 mɛ³³

太　源　偓娘 ŋɔi⁴⁴n̠ia⁴⁴/偓婆 ŋɔi⁴⁴mɛ⁴⁴ | 阿婆 ai⁴⁴mɛ⁴⁴

九　江　佬娘 lau²¹³lia⁴⁴ | 姆妈 m̩³¹mɒ⁰

赣　州　老妈 lɔ⁴⁵ma³³ | 姆妈 m̩³³ma⁰　/　妈 ma⁴²

白　槎　娘 n̠ian⁵⁵ | 妈 ma⁴²

浮　梁　娘 n̠ia²⁴ | 姆妈 m̩⁵⁵ma⁰

婺　源　姆 m̩³¹　/　娘 n̠iã¹¹ | 姆妈 m̩³¹ma²

上　饶　娘 n̠iãn⁴²³ | 奶 næ⁵²

广　丰　娘 n̠iãn²³¹ | 婆 me⁴⁴

铜　山　老母姐 lau²¹bu⁴⁴tɕia⁴⁴³ | 婆 mẽ⁴⁴³

	伯父 背称│面称	叔父 背称│面称
南 昌	大伯 tʰai²¹paʔ⁵	叔叔 suʔ⁵suʔ⁰
修 水	大伯伯 dai²²paʔ³²paʔ³²	叔叔 suʔ⁴²suʔ⁴²
湖 口	大爹爹 dai²¹³tiɛ⁴²tiɛ⁰	细爹爹 ɕi⁴⁵⁵tiɛ⁴²tiɛ⁰
鄱 阳	伯伯 pə⁴⁴pə⁰	□儿 u⁴⁴uə⁰
铅 山	伯伯 pɛʔ⁴pɛʔ⁰	叔儿 ʃuɣʔ⁴uɛ⁰
抚 州	霞伯 xa²⁴paʔ² │ 大伯 xai²¹²paʔ²	霞叔 xa²⁴suʔ⁰ │ 叔叔 suʔ²suʔ⁰
资 溪	伯□ paʔ³piʔ⁰ │ 大伯 xai²²paʔ³	叔咿 suʔ²iʔ⁰
宜 黄	大伯 xai²²paʔ²	叔叔 suʔ²suʔ²
丰 城	大伯 xai²¹³paʔ³²	叔叔 suʔ³²suʔ⁰
高 安	伯伯 pak⁵pak⁰	叔爷 xuk⁵ia²¹³
新 余	伯伯 paʔ⁵paʔ⁵	叔叔 sɿʔ⁵sɿʔ⁵
吉 安	大伯 tʰai²¹⁴pa³³⁴	叔父 su³³⁴su³³⁴
遂 川	老伯 lɒ⁵³pa⁵⁵	□嗲 ka³⁵tɛ⁰
宁 都	伯伯 pak³²pak³²	叔叔 suk³²suk³²
瑞 金	伯伯 paʔ²paʔ²	叔叔 sɣʔ²sɣʔ²
于 都	伯佬 paʔ⁵lɔ³⁵ │ 大伯 tʰæ⁴²paʔ⁵	叔佬 suʔ⁵lɔ³⁵/叔崽 suʔ⁵tsɛ⁴⁴
赣 县	爷爷 ia²¹²ia²⁴	叔崽 soʔ³²tsei⁵³
南 康	伯爷 pa⁵³ia¹¹ │ 大伯 tʰæ³³pa⁵³	叔叔 sə⁵³sə⁰/叔崽 sə³²tse²¹
龙 南	大爷 tʰai²²ia³¹²	叔叔 səʔ⁴³səʔ⁰
寻 乌	大伯 tʰɒi⁵⁵paʔ²¹	叔叔 suʔ²¹suʔ²¹
黄 坳	阿爷 a²⁴ia²¹²	阿叔 a²⁴suk²
铜 鼓	大伯 tʰai⁵¹pak³	叔叔 suk³suk³
大 溪	伯伯 pɛʔ⁴pɛʔ⁴⁵	叔儿 suəʔ⁴uɛ⁰
太 源	阿伯 ai⁴⁴paʔ⁴ / 大爹 tʰai⁴²tiɛ⁴⁴	阿叔 ai⁴⁴ʃuʔ⁴ / 细爹 sai⁴⁴tiɛ⁴⁴
九 江	大伯 tɒ²¹pai⁵³	叔叔 ʂəu⁵³ʂəu⁰
赣 州	大爷 ta²¹²iɛ⁰	叔叔 soʔ³²so²¹²
白 槎	老爹 lau²¹⁴tiɛ⁴²	小佬 ɕiau²¹lau²¹⁴
浮 梁	伯伯 pa²¹³pa⁰	叔爷 ʂɛu²¹³iɛ²⁴ │ 叔叔 ʂɛu²¹³ʂɛu⁰
婺 源	伯爷 po⁵¹ie¹¹	叔爷 su⁵¹ie¹¹ / 爷爷 ie¹¹ie¹¹
上 饶	伯佬 pɛʔ⁴lou²⁴ │ 伯伯 pɛʔ⁴pɛʔ⁵	叔佬 ɕyuʔ⁴lou²⁴ │ 叔叔 ɕyuʔ⁴ɕyuʔ⁵
广 丰	伯儿 pæ̃⁵²	叔 ɕyuʔ⁵
铜 山	伯公 pe⁴⁴koŋ³³	叔 tse⁴²

伯母｜叔母

南　昌	大妈 t'ai²¹ma⁰｜婶婶 sin²¹³sin⁰
修　水	大伯娘 dai²²paʔ⁴²n̠ioŋ²⁴｜婶婶 sən²¹sən²¹
湖　口	大姆妈 dai²¹³m̩⁴²ma⁰｜细姆妈 ɕi⁴⁵⁵m̩⁴²ma⁴²
鄱　阳	咿儿 i²¹iə⁰｜娘儿 n̠iẽ²⁴nə⁰
铅　山	太太 t'ai²¹t'ai⁰｜细儿 ɕi²¹iɛ⁰
抚　州	姐姐 tɕia⁴⁵tɕia⁰ / 娘娘 nioŋ²⁴n̠ioŋ⁰｜婶□ ɕim⁴⁵mi⁰
资　溪	姆姆 mu³⁵mu³⁵｜婶哩 sim³⁵li⁰
宜　黄	娘娘 n̠ioŋ⁴⁵n̠ioŋ⁴⁵｜婶□ ɕim⁴⁵³mi⁰
丰　城	大姆妈 t'ai²¹³m̩⁴¹ma⁰｜婶子崽 sen⁴¹tsei⁰
高　安	大姆妈 xai²²m̩⁴⁴ma³⁵｜婶子 sən⁴²tsu⁰
新　余	娘娘 n̠ioŋ⁴²n̠ioŋ⁴²｜婶仔 sɛn²¹tɛ⁰
吉　安	□□ lan²¹lan⁰｜嬷嬷 mo³³⁴mo⁰
遂　川	人娘 t'æ²¹⁴n̠iõ⁰｜娘儿姆儿 mẽn³¹mẽn⁵⁵
宁　都	姐姐 tɕia⁴²tɕia⁴²｜姆姆 mu⁴²mu⁴²
瑞　金	□娒 o⁵¹uɛ³⁵｜嬷嬷 mo⁴²mo³⁵
于　都	伯奶 paʔ⁵nɛ³⁵/大娒 t'æ⁴²vuɛ³¹｜叔姆 suʔ⁵məŋ³¹/姆姆 məŋ³¹məŋ³¹
赣　县	娘娘 n̠iɔ²¹²n̠iɔ²¹²｜婆 mei²¹²mei²¹²
南　康	伯婆 pa⁵³me³³｜细婆 se⁵³me³³ / 婆婆 me³³me⁰
龙　南	大娘 t'ai²²n̠ioŋ³¹²｜婶婶 sen⁵³sen⁰
寻　乌	伯婆 paʔ²¹mi²⁴｜婆婆 mi⁴²mi²⁴
黄　坳	阿娘 a²⁴n̠ioŋ²¹²｜娘娘 n̠ioŋ²¹²n̠ioŋ⁰
铜　鼓	伯婆 pak³mɛ²¹⁴｜叔婆 suk³mɛ²¹⁴
大　溪	婆婆 mɛ³³mɛ⁵²｜奶奶 nɛ³³nɛ⁵²
太　源	伯妈 paʔ⁴ma⁴⁴/大婆 t'ai⁴²mɛ⁴⁴｜细□ sai⁴⁴nɛ⁴⁴
九　江	大妈 tɒ²¹mɒ³¹｜婶婶 ʂən²¹³ʂən⁰
赣　州	大大 taʔ³²ta²¹²｜姆姆 mu⁴⁵mu⁴⁵
白　槎	大妈 ta³¹²ma⁴²｜小娘 ɕiau²¹⁴niaŋ⁵⁵
浮　梁	娘娘 n̠ia²⁴n̠ia⁰｜婶儿 ɕiɛn³¹n̠i⁰
婺　源	□仂 iɔ²la⁵⁵｜婶娘 sæn³⁵n̠iã¹¹
上　饶	大婆 do²¹mi⁵²｜奶奶 næ⁴³næ⁵²
广　丰	娘 n̠iãn²³¹｜娘 n̠iãn²⁴
铜　山	姆 m̩⁴⁴³｜婶 tɕien⁴⁴³

姑母 大于父亲｜小于父亲

南　昌	姑娘 ku^{42}n.iɔŋ^0 ／ 姑姑 ku^{42}ku^0	
修　水	姑娘 ku^{34}n.iɔŋ^{24}｜姑姑 ku^{34}ku^0	
湖　口	姑娘 ku^{42}n.iʊŋ^{211}	
鄱　阳	姑娘 ku^{21}n.iẽn^{24}	
铅　山	姑儿 ku^{33}ɛ^0	
抚　州	姑姑 ku^{32}ku^0 ／ 贺姑娘 xo^{212}ku^{32}n.iɔŋ^{24}	
资　溪	贺姑 xo^{22}ku^{31}｜姑姑 ku^{31}ku^0	
宜　黄	贺姑 xo^{22}ku^{33}｜霞姑 xa^{45}ku^{33}	
丰　城	姑姑 ku^{35}ku^0	
高　安	姑姑 ku^{35}ku^{35}	
新　余	姑姑 ku^{45}ku^{45}	
吉　安	姑姑 ku^{334}ku^{334}	
遂　川	姑姊 ku^{53}tɕi^{31}	
宁　都	姑姑 ku^{42}ku^{42}	
瑞　金	姑姑 ku^{42}ku^{35}	
于　都	姑姊 ku^{31}tsi^{35}	
赣　县	姑娘 ku^{24}n.iɔ^{212}	
南　康	人姑 tʼæ^{53}ku^{33}｜细姑 se^{53}ku^{33}/□姑 mã^{21}ku^{24}	
龙　南	大姑 tʼai^{22}ku^{24}｜满姑 main^{24}ku^{24}／满满 main^{23}main^{24}	
寻　乌	大姑 tʼai^{55}ku^{24}｜细姑 ɕie^{55}ku^{24}	
黄　坳	阿满 a^{24}man^{24}	
铜　鼓	姑姑 ku^{214}ku^{214}	
大　溪	姑嘞 ku^{33}lɿʔ^0	
太　源	姑姐 ku^{44}tsi^{325}	
九　江	好姑 xau^{213}ku^{31}	
赣　州	姑姑 ku^{21}ku^{212}	
白　槎	姑 ku^{42}	
浮　梁	姑娘 ku^{55}n.ia^0	
婺　源	姑娘 ku^{55}n.iã^{11}	
上　饶	奶奶 næ^{21}næ^{24}	
广　丰	奶 nai^{44}	
铜　山	姑姑 kɔ^{33}kɔ^{42}	

165

姨母 大于母亲 | 小于母亲

南 昌	人娘 t'o²¹ȵiɔŋ⁴⁵ ｜ 姨娘 i⁴⁵ȵiɔŋ⁰ / 姨 i⁴⁵
修 水	大姨 dai²²i²⁴ ｜ 细姨 ɕi⁵⁵i²⁴
湖 口	大姨娘 dai²¹³i²¹¹ȵiɔŋ²¹¹ ｜ 细姨娘 ɕi⁴⁵⁵i²¹¹ȵiɔŋ²¹¹
鄱 阳	姨儿 i²⁴iə⁰ ｜ 细姨儿 ɕi³⁵i²⁴iə⁰
铅 山	姨儿 i²⁴iɛ⁰
抚 州	贺姨 xo²¹²i⁰ ｜ 姨姐 i²⁴tɕia⁰
资 溪	贺姨 xo²²i¹³ ｜ 小姨 ɕiau³⁵i¹³
宜 黄	贺姨 xo²²i⁴⁵ ｜ 霞姨 xa⁴⁵i⁴⁵
丰 城	姨娘 i³³ȵiɔŋ³³
高 安	人娘 xai²²ȵiɔŋ²¹³ ｜ 姨娘 i²¹³ȵiɔŋ²¹³
新 余	太娘 xai¹²ȵiɔŋ⁴² ｜ 姨娘 i⁴²ȵiɔŋ⁴²
吉 安	大姨 t'ai²¹⁴i²¹ ｜ 姨娘 i²¹ȵiɔŋ²¹
遂 川	大姨娘 t'æ²¹⁴i²²ȵiõ⁰ ｜ 细姨娘 ɕi⁵⁵i²²ȵiõ⁰
宁 都	姨姐 i¹³tɕia⁴² / 姨姨 i¹³i¹³
瑞 金	姨娭 i³⁵uɛ⁴⁴
于 都	姨娭 i⁴⁴vuɛ³¹ / 姨奶 i⁴⁴næ³⁵
赣 县	姨娘 i²¹²ȵiõ²¹²
南 康	大姨婆 t'æ³³i³³p'o¹¹ ｜ 姨娘 i¹¹ȵi²⁴
龙 南	大姨娘 t'ai²²i³¹²ȵiɔŋ³¹² ｜ 小娘 ɕiau⁵³iȵiɔŋ³¹²
寻 乌	大姨 t'ai⁵⁵i²¹⁴ ｜ 满姨 man²⁴i²¹⁴
黄 坳	□ tai⁵³ ｜ 满姨 man²⁴i²¹²
铜 鼓	姨娭 i¹³ɔi²¹⁴
大 溪	姨奶 i²¹næ³³
太 源	姨娘 i²⁴ȵiɔŋ²¹² / 姨□ i²⁴nɛ⁴⁴
九 江	好姨 xau²¹³i⁴⁴
赣 州	姨娘 i⁴²ȵiãn⁴²
白 槎	姨 i⁵⁵
浮 梁	大姨 t'a³³i²⁴ ｜ 细姨 sɛ²¹³i²⁴
婺 源	大姨 t'u⁵¹i¹¹ ｜ 细姨 si³⁵i¹¹
上 饶	大姨 do²⁴i⁰ ｜ 小姨 ɕiɔu⁴⁴i⁰
广 丰	大姨 do²⁴i⁰ ｜ 姨奶 i²¹nai⁴⁴
铜 山	母姨 bu⁴⁴i²⁴ / 人姨 tua²¹i²⁴ ｜ 姨 i²⁴

	舅父 大丁母亲|小丁母亲	舅母
南　昌	母舅 mu²¹³tɕ'iu²¹	舅母 tɕ'iu²¹mu⁰
修　水	母舅 mu²¹dʑiu²²	舅母 dʑiu²²mu²¹
湖　口	嫫嫫 mo²¹¹mo⁰	舅母 dʑiɛu²¹³mu³⁴³
鄱　阳	母舅 mu⁴²tɕ'iəu²¹	舅母 tɕ'iəu²¹mu⁴²
铅　山	舅爹 k'ɛu³³tie³³	妗儿 tɕ'in³³nɛ⁰
抚　州	母舅 mu⁴⁵tɕ'iu²¹²	霞妗 xa²⁴tɕ'im³²
资　溪	母舅 mu³⁵tɕ'iu³¹	霞妗 xa¹³tɕ'im³¹
宜　黄	霞舅 xa⁴⁵tɕ'iu²² ／ 母舅 mu⁴⁵³tɕ'iu²²	霞妗 xa⁴⁵tɕ'in³³
丰　城	母舅 mu⁴¹tɕ'iu²¹³	母妗 mu⁴¹tɕ'in²¹³
高　安	母舅 mu⁴²tɕ'iu²²	舅母 tɕ'iu²²mu⁴²
新　余	母舅 mu²¹tɕ'iu¹²	舅母 tɕ'iu¹²mu²¹³
吉　安	舅舅 tɕ'iəu²¹⁴tɕ'iəu²¹⁴／舅公 tɕ'iəu²¹⁴kuŋ³³⁴	舅母 tɕ'iəu²¹⁴mu⁵³
遂　川	舅舅 tɕ'iu³⁵tɕ'iu⁵⁵	舅母儿 tɕ'iu³⁵mɜ̃⁵⁵
宁　都	舅舅 ts'əu⁴²ts'əu⁴²	舅婆姐 ts'əu⁴²p'o¹³tɕia⁴²
瑞　金	舅公 tɕ'iu⁴⁴kɤŋ⁴⁴	舅婆 tɕ'iu⁴⁴p'o³⁵
于　都	舅公 tɕ'y³¹kəŋ³¹／舅舅 tɕ'y³¹tɕ'y³¹	舅母 tɕ'y³¹məŋ³¹
赣　县	舅公 tɕ'iu⁴⁴kəŋ²⁴	舅婆 tɕ'iu⁴⁴mei⁵³
南　康	舅公 tɕiu³³kəŋ³³	舅母 tɕ'iu³³mu³³
龙　南	舅公 tɕ'ieu²²kəŋ²⁴	舅婆 tɕ'ieu²²p'ʊ⁵³
寻　乌	舅舅 k'iu⁵⁵k'iu⁵⁵	舅婆 k'iu⁵⁵mi²⁴
黄　坳	舅爷 tɕ'iu²⁴ia²¹²	舅娘 tɕ'iu²⁴ȵiɔŋ²¹²
铜　鼓	舅爷 tɕ'iu⁵¹ia¹³	舅婆 tɕ'iu⁵¹mɛ²¹⁴
大　溪	舅爹 tɕ'iu⁴³tɛ³³	舅婆 tɕ'iu⁴³mɛ³³
太　源	舅爹 k'ɛu⁴⁴tie⁴⁴	舅妈 k'ɛu⁴⁴ma⁴⁴
九　江	舅舅 tɕiəu²¹tɕiəu⁰	舅妈 tɕiəu²¹mɒ³¹
赣　州	舅舅 tɕiu²¹tɕiu²¹²	舅母 tɕiu²¹²mu⁴⁵
白　槎	舅舅 tɕiu²⁴tɕiu³¹²	舅妈 tɕiu²⁴ma⁴²
浮　梁	母舅 mu³¹tɕ'iɛu³³	舅母 tɕ'iɛu³³mu³¹
婺　源	舅仇 tɕ'ia³¹la⁰	舅母 tɕ'ia³¹m̩³¹
上　饶	舅爹 ge²¹te⁴⁴	妗奶 dʑĩn²¹næ⁴⁴
广　丰	舅爹 giɤɯ²¹tie⁴⁴	妗娘 gĩn²¹ȵiãn²³¹
铜　山	母舅 bu⁴⁴ku⁵⁵ ／ 舅爹 ku²¹tia³³	母妗 bu⁴⁴kien⁵⁵

	168 兄 背称｜面称	169 弟
南昌	兄 ςian^{42}｜哥哥 ko^{42}ko^{0}	老弟 lau^{213}tʰi^{0}
修水	老兄 lau^{21}ɕian^{34}｜哥哥 ko^{34}ko^{34}	老弟 lau^{21}di^{22}
湖口	哥哥 ko^{42}ko^{0}	老弟 lau^{343}di^{213}
鄱阳	哥哥 ko^{21}ko^{0}	弟郎 tʰi^{21}lã^{0}
铅山	哥郎 ko^{33}lan^{0}｜哥哥 ko^{33}ko^{0}	弟郎 tʰi^{33}lan^{0}
抚州	兄 ɕian^{32}｜哥哥 ko^{32}ko^{0}	弟（崽）tʰi^{212}（tsai^{0}）
资溪	哥咿 ko^{35}ki^{0}｜哥哥 ko^{31}ko^{31}	弟崽 ɕi^{31}tsoi^{35}
宜黄	兄 fiaŋ^{33}｜哥哥 ko^{33}ko^{33}	弟 ɕi^{33}
丰城	老兄 lau^{41}ɕian^{35}｜哥哥 ko^{35}ko^{0}	老弟 lau^{41}tʰi^{213}
高安	兄 ɕian^{35}｜哥哥 ko^{35}ko^{0}	弟子 xɵ^{22}tsu^{0}
新余	兄伢子 saŋ^{45}ŋa^{42}tsɿ^{0}｜哥哥 kɔ^{33}kɔ^{33}	老弟 lau^{21}tʰi^{0}
吉安	兄 ɕian^{334}｜哥哥 ko^{334}ko^{334}	老弟 lau^{53}tʰi^{214}
遂川	老兄 lɒ^{31}ɕiã^{53}｜哥哥 ko^{53}ko^{0}	老弟 lɒ^{35}tʰi^{55}
宁都	哥嗰 ko^{42}tək^{32}｜哥哥 ko^{42}ko^{42}	老弟 lau^{42}tʰiɛ^{44}
瑞金	老兄 lɔ^{44}ɕian^{44}｜哥哥 ko^{42}ko^{35}	老弟 lɔ^{44}tʰie^{44}
于都	老伯 lɔ^{35}paʔ^{5}｜哥哥 kɤ^{31}kɤ^{31}	老弟 lɔ^{35}tʰɛ^{31}
赣县	哥 kəu^{24}	老弟 lɔ^{53}tʰei^{24}
南康	老伯 lɔ^{21}pa^{53}｜哥 ko^{33}	老弟 lɔ^{21}tʰe^{33}
龙南	哥哥 kʊ^{44}kʊ^{0}／哥 kʊ^{53}	老弟 lau^{53}tʰe^{22}
寻乌	兄 suŋ^{24}｜哥哥 ko^{24}ko^{24}	老弟 lau^{42}tʰie^{55}
黄坳	阿哥 a^{24}ko^{24}	老弟 lau^{31}tʰai^{24}
铜鼓	阿哥 a^{214}kɔ^{214}｜哥哥 kɔ^{214}kɔ^{0}	老弟 lau^{21}tʰɛ^{51}
大溪	老伯 lo^{43}pɐʔ^{45}｜哥 ko^{52}	老弟 lo^{43}tʰɛ^{435}
太源	偓哥 ŋɔi^{44}ko^{44}｜阿哥 ai^{44}ko^{44}	阿弟 ai^{44}tʰai^{44}
九江	哥哥 ko^{31}ko^{0}	弟弟 ti^{21}tʰi^{0}
赣州	哥哥 ko^{21}ko^{212}	弟弟 ti^{21}ti^{212}
白槎	哥 ko^{214}	小儿 ɕiaur^{42}
浮梁	哥哥 kiɛ^{55}kiɛ^{0}	弟郎 tʰɛ^{33}laŋ^{0}
婺源	兄佬 ɕiã^{55}lɔ^{2}｜哥 kɵ^{55}	弟佬 tʰi^{35}lɔ^{2}
上饶	哥郎 ko^{52}nãn^{0}｜哥哥 ko^{43}ko^{52}	弟郎 di^{24}nãn^{0}
广丰	哥 ko^{44}	弟郎 die^{21}lãŋ^{0}
铜山	大兄 tua^{21}xiã^{33}｜哥 ko^{42}	小弟 ɕiə^{44}ti^{55}

	姊背称|面称	**妹**
南 昌	姐姐 tɕia²¹³tɕia⁰	妹子 mi²¹tsɿ⁰
修 水	姐姐 tɕia²¹tɕia⁰	老妹 lau²¹mi²²
湖 口	姐姐 tɕia³⁴³tɕia⁰	妹嘚 mi²¹³tɛ⁰
鄱 阳	姐姐 tɕiɒ⁴²tɕiɒ⁰	妹子 mɛi²¹tsɿ⁰
铅 山	姊儿 tɕi⁴⁵iɛ⁰ | 姊姊 tɕi⁴⁵tɕi⁰	妹 moi²¹
抚 州	霞姊 xa²⁴tɕi⁰ | 姐姐 tɕiɛ⁴⁵tɕiɛ⁰	妹妹 moi²¹²moi⁰/ 妹 moi²¹²
资 溪	姊姊 tsi³⁵tsi⁰	妹崽 moi²²tsoi⁰
宜 黄	霞姊 xa⁴⁵tɕi⁴⁵³ | 姐姐 tɕiɛ⁴⁵³tɕiɛ⁴⁵³	妹 mɛi²²
丰 城	霞姊 xa³⁵tɕi⁰ | 姐姐 tɕiɛ⁴¹tɕiɛ⁰	妹 mei²¹³
高 安	姐姐 tɕia⁴²tɕia⁰	妹子 mai²²tsu⁰
新 余	姐姐 tɕia⁴²tɕia⁴²	妹仔 moi⁴²tɛ⁰
吉 安	姐姐 tɕia⁵³tɕia⁵³	妹哩 mei²¹⁴li⁰
遂 川	姊姊 tɕi³¹tɕi⁵⁵	妹嘚 me²¹⁴tɛ⁰
宁 都	姊姊 tɕi³¹tɕi³¹	妹子 mɔi⁴⁴tsə⁰
瑞 金	姐姐 tɕie⁴²tɕie³⁵	老妹 lɔ⁴⁴muɛ⁴²
于 都	姊姊 tsi³⁵tsi⁰	妹子 muɛ³²³tsɿ⁰
赣 县	姐姐 tɕi⁵³tɕi⁰	老妹 lɔ⁵³mue⁴⁴
南 康	阿姐 a³³tɕi²¹ | 姐姐 tɕi²¹tɕi⁰	老妹 lɔ²¹muæ⁵³
龙 南	姊姊 tɕi⁵³tɕi⁰ | 姊 tɕi⁵³	老妹 lau⁵³mɔi²²
寻 乌	姊姊 tɕi⁴²tɕi⁴²	老妹 lau⁴²muei⁵⁵
黄 坳	阿姐 a²⁴tɕia³¹	老妹 lau³¹mɔi⁵³
铜 鼓	姐姐 tɕˀia²¹tɕˀia⁰	老妹 lau²¹mɔi⁵¹
大 溪	阿姊 a³³tɕi⁵² | 姊姊 tɕi⁴³tɕi⁵²	老妹 lo⁴³muɛ⁴³⁵
太 源	阿姐 ai⁴⁴tsi³²⁵	阿妹 ai⁴⁴mɔi⁴⁴ / 妹 mɔi⁴⁴
九 江	姐姐 tɕiɛ²¹³tɕiɛ⁰	妹妹 mei²¹mei⁰
赣 州	姐姐 tɕiɛ⁴²tɕiɛ⁰	妹子 me²¹²tsɿ⁰
白 槎	姐 tɕiɛ²¹⁴	妹儿 mə³¹²
浮 梁	姐姐 tsiɛ²¹³tsiɛ⁰	妹儿 me³³ȵi⁰
婺 源	姐仂 tse²la⁰	□妹仂 li³¹be⁵¹la⁰
上 饶	姊老倌 tɕi⁵²lou⁴³kuõn⁰ | 姊姊 tɕi⁴³tɕi⁵²	囡妹 na⁴²mui²¹²
广 丰	姊 tɕi⁵²	囡妹 nɑ²¹muɛi²¹²
铜 山	姊 tɕi⁴⁴³	小妹 ɕiə⁴⁴bə²¹

	172	173
	嫂子_{背称｜面称}	弟媳妇
南 昌	嫂子 sau²¹³tsʅ⁰	弟媳妇 tⁱi²¹ɕit⁵fu⁰
修 水	嫂子 sau²¹tsʅ⁰	弟嫂 di²²sau²¹
湖 口	嫂嫂 sau³⁴³sau⁰	弟新妇喀 di²¹³ɕin⁴²fu²¹³tɛ⁰
鄱 阳	嫂嫂 sau⁴²sau⁰	弟新妇子 tⁱi²¹ɕin²¹fu²¹tsʅ⁰
铅 山	嫂嫂 sau⁴⁵sau⁰	弟新妇 tⁱi³³ɕin³³fu⁰
抚 州	嫂嫂 sau⁴⁵sau⁰	弟新妇 tⁱi²¹²ɕin³²fu⁰
资 溪	嫂嫂 sau³⁵sau³⁵	弟新妇 ɕi³¹sin³¹fu²²
宜 黄	兄嫂 fiaŋ³³sɔu⁴⁵³｜嫂嫂 sɔu⁴⁵³sɔu⁴⁵³	弟新妇 ɕi³³ɕin³³fu²²
丰 城	兄嫂 ɕiaŋ³⁵sau⁴¹｜嫂嫂 sau⁴¹sau⁰	弟嫂 tⁱi²¹³sau⁴¹
高 安	嫂子 sau⁴²tsu⁰	弟嫂 xɵ²²sau⁴²
新 余	嫂仔 sau²¹tɛ⁰	弟婆嫂 tⁱi¹²pʰo⁴²sau⁰
吉 安	嫂子 sau⁵³tsʅ⁰	弟媳 tⁱi²¹⁴ɕi³³⁴
遂 川	嫂子 sɒ³¹tsʅ⁰	小母儿 ɕiɒ³¹məŋ⁵⁵
宁 都	大嫂 tⁱai⁴⁴sau²¹⁴	弟妇 tⁱie⁴⁴pu⁴²
瑞 金	嫂嫂 sɔ⁴²sɔ²¹²	弟妇 tⁱie⁴⁴pu⁴⁴
于 都	大嫂 tⁱæ³²³sɔ³⁵	弟新妇 tⁱɛ³¹sẽ³¹pu³¹
赣 县	嫂嫂 sɔ⁵³sɔ⁰	弟妇 tⁱei²⁴pʰu²⁴
南 康	大嫂 tⁱæ³³sɔ²¹	老弟嫂嘞 lɔ²¹tⁱe³³sɔ²¹lə⁰
龙 南	嫂喀 sau⁵³teʔ⁰	老弟妇娘 lau⁵³tⁱe²²fu²⁴n̠ioŋ³¹²
寻 乌	嫂 sau⁴²	弟妇 tⁱe⁵⁵pʰu²⁴
黄 坳	嫂嫂 sau³¹sau⁰	弟新妇 tⁱi²⁴ɕin²⁴pu²⁴
铜 鼓	嫂嫂 sau²¹sau⁰	老弟嫂 lau²¹tⁱɛ⁵¹sau²¹
大 溪	嫂嘞 so⁴³lɿʔ⁰	弟妇佬 tⁱi⁴³fu⁴³lo⁴³³
太 源	阿嫂 ai⁴⁴sau³²⁵	弟新妇 tⁱi⁴²sin⁴⁴pʰu⁴⁴
九 江	嫂子 sau²¹³tsʅ⁰	弟媳妇 ti²¹ɕi⁵³fu⁰
赣 州	嫂子 sɔ⁴⁵tsʅ⁰｜嫂嫂 sɔ⁴⁵sɔ⁰	弟媳妇 ti²¹²ɕieʔ³²fu²¹²
白 槎	嫂子 sau²¹⁴tsʅ⁰	兄媳 ɕiəŋ⁴²ɕi⁰
浮 梁	嫂嫂 sau³¹sau⁰	弟新妇儿 tⁱɛ³³sɛn⁵⁵fuər⁰
婺 源	嫂仞 sɔ²la⁰	弟妇 tⁱi³¹fu³¹
上 饶	嫂老倌 sau⁵²lɔu⁴³kuõn⁰｜嫂嫂 sɔu⁴³sɔu⁵²	弟妇 di²¹fu²³¹
广 丰	兄嫂 xæ̃n⁴⁴səɯ⁵²｜嫂 səɯ²⁴	弟妇 die²¹fuɣ²⁴
铜 山	兄嫂 xiã³³so⁴⁴³｜嫂 so⁴⁴³	小婶 ɕiə⁴⁴tɕien⁴⁴³

	174 丈夫	175 妻子
南 昌	老公 lau²¹³kuŋ⁰	老婆 lau²¹³pʻo⁰
修 水	老公 lau²¹kəŋ³⁴	老婆 lau²¹bɔ²⁴
湖 口	屋里男衫嘚 u⁴⁵⁵li⁰non²¹¹ʂan⁴²tɛ⁰	妈妈 ma⁴²ma⁴⁰
鄱 阳	老公 lau⁴²kuəŋ⁰	老婆 lau⁴²pʻo⁰
铅 山	老公 lau⁴⁵koŋ⁰	老马 lau⁴⁵ma⁰
抚 州	老公 lau⁴⁵kuŋ³²	老婆 lau⁴⁵pʻo²⁴ / 老妈子 lau⁴⁵ma³²tsʅ⁰
资 溪	老公 lau³⁵kuŋ³¹	老婆 lau³⁵pʻo¹³
宜 黄	老公 lɔu⁴⁵kuŋ³³	老婆 lɔu⁴⁵pʻo⁴⁵
丰 城	老公 lau⁴¹kuŋ³⁵	老婆 lau⁴¹pʻo³³
高 安	老公 lau⁴²kuŋ³⁵	老婆 lau⁴²pʻo²¹³
新 余	老公 lau²¹kuŋ⁴⁵	老婆 lau²¹pʻo⁴²
吉 安	老公 lau⁵³kuŋ³³⁴	老婆 lau⁵³pʻo²¹
遂 川	男子 nãn²²tsʅ³¹	老婆 lɒ³¹pʻo²²
宁 都	老公 lau²¹⁴kuŋ⁴²	老婆 lau⁴²pʻo¹³
瑞 金	老公 lɔ⁴⁴kvŋ⁴⁴	老婆 lɔ⁴⁴pʻo³⁵
于 都	老公 lɔ³⁵kəŋ³¹	老婆 lɔ³⁵pʻɤ⁴⁴
赣 县	老公 lɔ⁵³kəŋ²⁴	老婆 lɔ⁵³pʻəu²¹²
南 康	老公 lɔ²¹kəŋ³³	老婆 lɔ²¹pʻo¹¹
龙 南	老公 lau⁵³kəŋ²⁴	妇娘 fu²⁴ȵioŋ³¹²
寻 乌	老公 lau⁴²kuŋ²⁴	老婆 lau⁴²pʻo²¹⁴
黄 坳	老公 lau³¹kuŋ²⁴	老婆 lau³¹pʻɔ²¹²
铜 鼓	老公 lau²¹kəŋ²¹⁴	老婆 lau²¹pʻɔ¹³
大 溪	老公 lo⁴³kəŋ³³	老婆 lo⁴³pʻo²¹³
太 源	丈夫 tʃʻɔŋ⁴²pu⁴⁴	妇娘 pu⁴⁴ȵioŋ²¹² / 婆娘 pʻo²⁴ȵioŋ²¹²
九 江	老板 lau²¹³pan²¹³	老婆 lau²¹³pʻo⁰
赣 州	老公 lɔ⁴⁵kəŋ³³	老婆 lɔ⁴⁵pʻo⁴²
白 槎	男人 lan⁵⁵zən⁵⁵	老婆 lau²¹⁴pʻo⁵⁵
浮 梁	老公 lau³¹koŋ³³	老婆 lau³¹pʻo²⁴
婺 源	老公 lɔ³¹kɐm³³	老婆 lɔ³¹pʻɵ¹¹
上 饶	老公 lɔu⁴²koŋ⁴⁴	老马 lɔu⁴²ma²³¹
广 丰	老公 lɑu²¹koŋ⁴⁴	老马 lɑu²¹mɑ²⁴
铜 山	老公 lau²¹kəŋ³³	老马 lau²¹mã⁴⁴³

	176	177
	儿子	女儿
南　昌	崽 tsai²¹³	女 ȵy²¹³
修　水	崽 tsai²¹	女 ŋui²¹
湖　口	崽 tsai³⁴³	女□ ȵy³⁴³nən⁰
鄱　阳	毛□ mau²⁴nə⁰	妹□ mɛi²¹nə⁰
铅　山	崽哩 tsai⁴⁵li⁰	姩 ȵiɛn²¹
抚　州	崽 tsai⁴⁵	女 ȵiɛ⁴⁵
资　溪	崽 tsoi³⁵	女 ȵiɛ³⁵
宜　黄	崽 tɛi⁴⁵³	女 ȵiɛ⁴⁵³
丰　城	崽 tsei⁴¹	女 ȵi⁴¹
高　安	崽 tsai⁴²	女 ɵ⁴²
新　余	崽 tsai²¹³	女 ȵi²¹³
吉　安	崽 tsei⁵³	女 ȵy⁵³
遂　川	崽 tsɛ³¹	女 ȵy⁵³ / 妹嘚 mɛ²¹⁴tɛ⁰
宁　都	崽 tsɛi²¹⁴	女 ȵiɛ²¹⁴
瑞　金	子 tsɿ²¹²	女 ȵie²¹²
于　都	子 tsɿ²³⁵	女 ȵie³⁵
赣　县	崽 tsei⁵³	女 ȵi⁵³
南　康	崽 tse²¹ / 徕嘞 læ³³lə⁰	女 ȵie²¹ / 妹嘞 muæ³³lə⁰
龙　南	崽嘚 tse⁵³teʔ⁰	女嘚 ŋ̍⁵³teʔ⁰
寻　乌	徕子 lai⁵⁵tsɿ⁰	妹子 muɐi⁵⁵tsɿ⁰
黄　坳	徕子 lai⁵³tsɿ⁰	妹子 mɔi⁵³tsɿ⁰
铜　鼓	徕子 lai⁵¹tsɿ⁰	妹子 mɔi⁵¹tsɿ⁰
大　溪	子嘞 tsɿ⁴³lɿʔ⁰	女嘞 ŋ̍⁴³lɿʔ⁰
太　源	崽 tsɔi³²⁵ / 细崽 sai⁴⁴tsɔi³²⁵	妹崽 mɔi⁴⁴tsɔi³²⁵
九　江	儿子 ɚ⁴⁴tsɿ⁰	女儿 ȵy²¹³ɚ⁰
赣　州	儿子 a⁴²tsɿ⁰	女 ȵy⁴⁵
白　槎	儿 ɚ⁵⁵	女 mʅ²¹⁴ / 闺女 kui⁴²mʅ²¹⁴
浮　梁	儿子 ər²⁴tsɿ⁰	女儿 y³¹ȵi⁰
婺　源	儿子 ø¹¹tsɿ²	女 li³¹
上　饶	儿 ȵi⁴²³ / 小来 ɕiɔu²⁴læ⁰	囡儿 na²⁴ȵi⁰
广　丰	儿 n̩⁵²	囡 nãn²⁴
铜　山	囝 kiã⁴⁴³ / 囝囝 kien⁴⁴kiã⁴⁴³	查某囝 tsau⁴⁴kiã⁴⁴³

	178	179
	儿媳妇	女婿
南 昌	新妇 ɕin⁴²fu⁰	郎 lɔŋ⁴⁵
修 水	新妇 ɕin³⁴fu²²	姐夫 tɕia²¹fu³⁴
湖 口	新妇嘚 ɕin⁴²fu²¹³tɛ⁰	郎 lɔŋ²¹¹
鄱 阳	新妇子 ɕin²¹fu²¹²tsʅ⁰	女婿 n̠y⁴²ɕi⁰
铅 山	新妇 ɕin³³fu⁰	郎婿 lan²⁴ɕi⁰
抚 州	新妇 ɕin³²fu⁰	郎 lɔŋ²⁴
资 溪	新妇 sin³¹fu⁰	郎 lɔŋ¹³
宜 黄	新妇 ɕin³³fu⁴²	郎 lɔŋ⁴⁵
丰 城	新妇 ɕin³⁵fu⁰	郎 lɔŋ³³
高 安	新妇 ɕin³⁵fu²²	姑丈 ku³⁵tʰɔŋ²²
新 余	新妇 sɿn⁴⁵fu⁴²	姑丈 ku⁴⁵tʰoŋ¹²
吉 安	媳妇 ɕi³³⁴fu²¹⁴	姑丈 ku³³⁴tʰɔŋ²¹⁴
遂 川	新妇 ɕin⁵³fu³⁵	姑丈 ku⁵³tsõ³⁵
宁 都	新妇 ɕin⁴²pu⁴²	丈公 tsʰɔŋ⁴⁴kuŋ⁴²
瑞 金	新妇 ɕin⁴⁴pu⁴⁴	女婿 n̠ie⁴⁴ɕie⁴²
于 都	新妇 sẽ³¹pu³¹	女婿 n̠ie³⁵sɛ³²³
赣 县	新妇 ɕiəŋ⁴⁴pʰu⁴⁴	姑丈 ku²⁴tsɔ̃⁴⁴
南 康	新妇 ɕiəŋ³³fu³³	姑丈 ku³³tsɔ̃⁵³
龙 南	新妇嘚 ɕin²⁴pu²⁴teʔ⁰	女婿嘚 ŋ⁵³se⁴⁴teʔ⁰
寻 乌	新妇 ɕin²⁴pu²⁴	婿郎 ɕie⁵⁵lɔŋ²¹⁴
黄 坳	新□ ɕin²⁴tɕʰiu²¹²	婿佬 si⁵³lau³¹
铜 鼓	新□ sin²¹⁴tɕʰiu¹³	婿丈 sɛ⁵¹tʰɔŋ⁵¹
大 溪	新妇 sɛn³³pʰɛ⁴³⁵	婿郎 sɛ⁵²lɔŋ²¹³
太 源	新妇 sin⁴⁴pʰiu⁴⁴	女婿 n̠iu³⁵sai⁴⁴
九 江	媳妇 ɕi⁵³fu⁰	女婿 ʮ²¹³ɕi⁰
赣 州	媳妇 ɕiɛʔ³²fu²¹²	女婿 n̠y⁴⁵ɕiɛʔ³²
白 槎	媳妇 ɕi⁴²fu⁰	女婿 mʮ²¹⁴ɕi⁰
浮 梁	新妇儿 sɛn⁵⁵fuər⁰	郎章 laŋ²⁴tɕia⁵⁵
婺 源	新妇 sæn⁵⁵fu³¹	郎章 num¹¹tɕiã⁵⁵
上 饶	新妇 sĩn⁴⁴fu²³¹	囝婿 na⁴²ɕi⁴³⁵
广 丰	新妇 sĩn⁴⁴fuɤ⁴⁴	囝婿 nɑ²¹ɕi⁴³⁴
铜 山	新妇 ɕien³³pu⁵⁵	囝婿 kiã⁴⁴sai²¹

180

孙子儿子之子 | **侄子**兄弟之子

南 昌	孙子 sun⁴²tsʅ⁰	侄子 tsʰit²tsʅ⁰
修 水	孙子 sɛn³⁴tsʅ⁰	侄子 dɛt³²tsʅ⁰
湖 口	孙喟 sən⁴²tɛ⁰	侄子 dʑɛ²¹³tsʅ⁰
鄱 阳	孙子 sən²¹tsʅ⁰	侄郎 tsʰə³⁵lãn⁰
铅 山	孙儿 sɛn³³n̠i⁰	
抚 州	孙（喟）sun³²（tɛʔ⁰）	侄子 tʰit⁵tsʅ⁰
资 溪	孙崽 sun³¹tsoi¹³	侄子 tʰit⁵tsʅ⁰
宜 黄	孙 sɛn³³	侄子 tɕʰit⁵tsʅ⁰
丰 城	孙崽 suən³⁵tsei⁰	
高 安	孙子 sən³⁵tsu⁰	侄子 tsʰət²tsu⁰
新 余	孙喟 sun⁴⁵tɛ⁰	
吉 安	孙子 sun³³⁴tsʅ⁰	侄□ tsʰə²¹⁴n̠in²¹
遂 川	孙 sɛ̃n⁵³	侄儿哩儿 tsʰəŋ²¹⁴lin³⁵
宁 都	孙子 sun⁴²tsə⁰	侄子 tsʰat⁵tsə⁰
瑞 金	孙子 suin⁴⁴tsʅ⁰	侄子 tɕʰiʔ⁴tsʅ⁰ / 侄儿 tɕʰiʔ⁴n̠i³⁵
于 都	孙子 suẽ³¹sʅ⁰	侄子 tʃʰɛ⁴²tsʅ⁰
赣 县	孙子 sən²⁴tsʅ⁰	侄□ tsʰɛʔ⁵n̠iəŋ⁰
南 康	孙嘞 sɛ̃³³lə⁰	侄嘞 tsʰɛ⁵³lə⁰
龙 南	孙喟 sen²⁴teʔ⁰	侄儿 tsʰeʔ²³n̠i³¹²
寻 乌	孙子 sun²⁴tsʅ⁰	侄子 tɕʰiʔ³⁴tsʅ⁰
黄 坳	孙子 suən²⁴tsʅ⁰	
铜 鼓	孙子 sən²¹⁴tsʅ⁰	侄子 tsʰɛt⁵tsʅ⁰
大 溪	孙嘞 sɛn³³lɿʔ⁰	
太 源	孙崽 sen⁴⁴tsɔi³²⁵	孙□ sen⁴⁴tsɛ⁰
九 江	孙儿 sən³¹ə⁰	侄儿 tsʅ⁵³ə⁰
赣 州	孙子 sən³³tsʅ⁰	侄儿子 tsʅɣ²³²a⁴²tsʅ⁰
白 槎	孙 sən⁴²	侄子 tsʅ⁵⁵tsʅ⁰
浮 梁	孙儿 sɛn⁵⁵n̠i⁰	侄郎 tɕʰi³³laŋ⁰
婺 源	孙仂 sæn⁵⁵la⁰	侄仂 tsʰa⁵¹la⁰
上 饶	孙儿 sĩn⁵²n̠i⁰	
广 丰	孙 suẽn⁴⁴	
铜 山	孙 suon³³	

181

外孙女儿之子 | **外甥**姊妹之子

南　昌	外甥 uai²¹saŋ⁰
修　水	外甥 ŋai²²saŋ³⁴
湖　口	外孙 ŋai²¹³sən⁴² ｜ 外甥 ŋai²¹³saŋ⁴²
鄱　阳	外孙子 uɛi²¹sən²¹tsɿ⁰
铅　山	外甥 ŋai²¹sɛn³³
抚　州	外甥 uai²¹²saŋ³²
资　溪	外孙 ŋai²²sun³¹ ｜ 外甥 ŋai²²saŋ³¹
宜　黄	外甥 uai²²saŋ³³
丰　城	外甥 ŋai²¹³saŋ³⁵
高　安	外甥 ŋɔi⁴⁴saŋ³⁵
新　余	外甥 ŋoi⁴²saŋ³⁴
吉　安	外甥 uai²¹⁴saŋ³³⁴
遂　川	外孙 uæ²¹⁴sɛ̃n⁵³ ｜ 外甥 uæ²¹⁴sã⁵³
宁　都	外孙 ŋɔi⁴⁴sun⁴² ｜ 外甥 ŋɔi⁴⁴saŋ⁴²
瑞　金	外甥 ŋuɛ⁵¹saŋ⁴⁴
于　都	外孙 vuɛ⁴²suɛ̃³¹ ｜ 外甥子 vuɛ⁴²sã̃³¹tsɿ⁰
赣　县	外甥 uæ⁴⁴sã²⁴
南　康	外甥嘞 væ⁵³sã³³lə⁰
龙　南	□孙嘚 mɔi⁴⁴saŋ²⁴teʔ⁰ ｜
寻　乌	外孙 muɛi⁵⁵sun²⁴
黄　坳	外甥 vai⁵³saŋ²⁴
铜　鼓	外孙 ŋɔi⁵¹sən²¹⁴ ｜ 外甥 ŋɔi⁵¹saŋ²¹⁴
大　溪	外甥 ŋæ²¹sɛn³³
太　源	外甥 ŋai⁴²saŋ⁴⁴
九　江	外孙 uai²¹sən⁰
赣　州	外甥子 væ²¹²saŋ³³tsɿ⁰ ｜ 外甥 væ²¹²sən⁰
白　槎	外甥 vai³¹²sən⁴²
浮　梁	外孙儿 ua³³sɛn⁵⁵ȵi⁰ ｜ 外甥儿 ua³³ɕia⁵⁵ȵi⁰
婺　源	外甥 ŋɔ⁵¹sã⁵⁵
上　饶	外甥 ŋæ²¹ɕiæn⁴⁴
广　丰	外甥 uai²¹sæn⁴⁴
铜　山	外甥 uəi²¹ɕien³³

	182 岳父背称	183 岳母背称
南昌	丈人 tsʻɔŋ²¹n̠in⁰	丈母娘 tsʻɔŋ²¹mu⁰n̠iɔŋ⁴⁵
修水	丈人公 dɔŋ²²n̠in²⁴kən³⁴	丈人娘 dɔŋ²²n̠in²⁴n̠iɔŋ²⁴
湖口	丈人佬 dzɔŋ²¹³n̠in²¹¹lau³⁴³	丈母娘 dzɔŋ²¹³mu³⁴³n̠iɔŋ²¹¹
鄱阳	丈人老子 tsʻãn²¹in⁰lau⁴²tsʅ⁰	丈母娘 tsʻãn²¹m̩⁰n̠iẽn²⁴
铅山	丈人佬 tsʻan²¹n̠in⁰lau⁴⁵	丈人婆 tsʻan²¹n̠in⁰pʻo²⁴
抚州	丈人公 tʻoŋ²¹²n̠in²⁴kuŋ³²	丈人婆 tʻoŋ²¹²n̠in²⁴pʻo²⁴
资溪	丈人公 tʻoŋ²²n̠in¹³kuŋ³¹	丈人婆 tʻoŋ²²n̠in¹³pʻo¹³
宜黄	丈人公 tʻoŋ²²n̠in⁴⁵kuŋ³³	丈人婆 tʻoŋ²²n̠in⁴⁵pʻo⁴⁵
丰城	丈人 tsʻɔŋ²¹³n̠in³³	丈人婆 tsʻɔŋ²¹³n̠in³³pʻo³³
高安	丈人 tʻoŋ²²in²¹³	丈婆 tʻoŋ²²pʻo²¹³
新余	丈人 tʻoŋ¹²n̠in⁴²	丈母 tʻoŋ¹²mu⁰
吉安	丈人 tsʻɔŋ²¹⁴n̠in²¹	丈母 tsʻɔŋ²¹⁴mu⁵³
遂川	丈人佬 tsʻã²¹⁴n̠in²²lɔ³¹	丈人婆 tsʻã²¹⁴n̠in²²pʻo²²
宁都	丈人爹 tsʻɔŋ⁴⁴nən¹³tia⁴²	丈人姐 tsʻɔŋ⁴⁴nən¹³tɕia⁴²
瑞金	丈人爹 tsʻɔŋ⁴⁴in³⁵ta⁴⁴	丈人娭 tsʻɔŋ⁴⁴in³⁵uɛ⁴⁴
于都	丈人佬 tsʻõ⁴²n̠iẽ³³lɔ³⁵	丈人婆 tsʻõ⁴²n̠iẽ³³pʻɣ⁴⁴
赣县	丈人佬 tsʻɔŋ⁴⁴n̠iəŋ²¹²lɔ⁵³	丈人婆 tsʻɔŋ⁴⁴n̠iəŋ²¹²pʻəu²¹²
南康	丈人佬 tsʻɔ³³n̠iəŋ³³lɔ²¹	丈人婆 tsʻɔ³³n̠iəŋ³³pʻo¹¹
龙南	丈人佬 tsʻɔŋ²²n̠in³¹²lau⁵³	丈人婆 tsʻɔŋ²²n̠in³¹²pʻʊ³¹²
寻乌	丈人佬 tsʻɔŋ⁵⁵n̠in²¹⁴lau⁴²	丈人娭 tsʻɔŋ⁵⁵n̠in²¹⁴uɐi²⁴
黄坳	丈人佬 tsʻɔŋ⁵³n̠in²¹²lau⁰	丈人婆 tsʻɔŋ⁵³n̠in²¹²pʻɔ²¹²
铜鼓	丈人佬 tʻoŋ⁵¹n̠in¹³lau⁰	丈人婆 tʻoŋ⁵¹n̠in¹³pʻɔ¹³
大溪	丈人佬 tsʻɔŋ⁴³n̠im²¹lo⁴³³	丈人娭 tsʻɔŋ⁴³n̠im²¹uɛ³³
太源	□公 tai⁴²kuŋ⁴⁴	□婆 tai⁴²pʻo²¹²
九江	丈佬头儿 tʂã²¹lau²¹³tʻə⁴⁴	丈母娘 tʂã²¹m̩²¹³iã⁴⁴
赣州	丈人佬 tsãn²¹²ĩn⁴²lɔ⁴⁵	丈母娘 tsãn²¹mu⁴⁵n̠iãn⁴²
白槎	丈人 tʂaŋ³¹²zən⁵⁵	丈母 tʂaŋ³¹²mu⁵⁵
浮梁	丈人佬儿 tsʻa³³iɛn²⁴laur⁰	丈人婆 tsʻa³³iɛn²⁴pʻo²⁴
婺源	丈人佬仍 tɕʻia⁵¹n̠iæn¹¹lɔ²la⁰	丈人婆仍 tɕʻia⁵¹n̠iæn¹¹pʻə¹¹la⁰
上饶	丈人佬 dʑiãn²¹n̠ĩn⁴²lou²³¹	丈人婆 dʑiãn²¹n̠ĩn²⁴bo⁴²³
广丰	丈人 dʑiãn²¹n̠ĩn²³¹	丈母 dʑiãn²¹mɔŋ²⁴
铜山	丈农 tiũ²¹lan²⁴	丈母姐 tiũ²¹bu⁴⁴tɕia⁴⁴³

	184	185
	公公 夫之父，背称	**婆婆** 夫之母，背称
南 昌	公公 kuŋ⁴²kuŋ⁰	婆婆 pʻo²⁴pʻo⁰
修 水	公公 kəŋ³⁴kəŋ³⁴	婆婆 bɔ²⁴pɔ²⁴
湖 口	公爹 koŋ⁴²tiɛ⁰	婆 bo²¹¹
鄱 阳	公公 kuəŋ²¹kuəŋ⁰	婆婆 pʻo²⁴pʻo⁰
铅 山	公公 koŋ³³koŋ⁰	婆婆 pʻo²⁴pʻo⁰
抚 州	前头人 tɕʻiɛn²⁴xɛu²⁴n̪in⁰	家妈子 ka³²ma³²tsʅ⁰
资 溪	公儿 kuŋ³¹ŋɛ⁰	妈妈 ma³⁵ma³⁵
宜 黄	公公 kuŋ³³kuŋ³³	妈妈 ma³³ma³³
丰 城	家倌 ka³⁵kuɛn³⁵	家娘 ka³⁵n̪iɔŋ³³
高 安	家倌 ka³⁵kuan³⁵	家婆 ka³⁵pʻo²¹³
新 余	家公 ka³⁴kuŋ⁰	家婆 ka⁴⁵pʻo⁴²
吉 安	家公 ka³³⁴kuŋ³³⁴	家婆 ka³³⁴pʻo²¹
遂 川	家公 ka⁵³kə̃ŋ⁵³	家婆 ka⁵³pʻo²²
宁 都	公太 kuŋ⁴²tʻai³¹	婆姐 pʻo¹³tɕia³¹
瑞 金	家倌 ka⁴⁴kuɛn⁴⁴	家婆 ka⁴⁴pʻo³⁵
于 都	家公 ka³¹kəŋ³¹	家婆 ka³¹pʻʏ⁴⁴
赣 县	家公 ka²⁴kəŋ²⁴	家婆 ka²⁴pʻəu²¹²
南 康	家倌 ka³³kuɛ̃³³	家婆 ka³³pʻo¹¹
龙 南	老倌 lau⁵³kuɔn²⁴	老家 lau⁵³ka²⁴
寻 乌	家倌 ka²⁴kuan²⁴	家婆 ka²⁴pʻo²¹⁴
黄 坳	阿公 a²⁴kuŋ²⁴	阿婆 a²⁴pʻɔ²¹²
铜 鼓	公公 kəŋ²¹⁴kəŋ²¹⁴	婆婆 pʻɛŋ¹³pʻɛŋ¹³
大 溪	公人 kəŋ³³ta³³	娭姐 uɛ³³tɕia⁵²
太 源	佢公 ŋɔi⁴⁴kuŋ⁴⁴ / 翁 ɔŋ⁴⁴	佢□ ŋɔi⁴⁴tsa³²⁵
九 江	公公 koŋ³¹koŋ⁰	婆婆 pʻo⁴⁴pʻo⁰
赣 州	家公 tɕia³³kəŋ³³	家婆 tɕia³³pʻo⁴²
白 槎	公公 kəŋ⁴²kəŋ⁰	婆婆 pʻo⁵⁵pʻo⁰
浮 梁	公儿 koŋ⁵⁵n̪i⁰	婆儿 pʻor²⁴
婺 源	公仂 kɛm⁵⁵la⁰	婆仂 pʻɵ¹¹la⁰
上 饶	公 koŋ⁴⁴	婆 bo⁴²³
广 丰	公 koŋ⁴⁴	妈 ma²⁴
铜 山	大倌 ta⁴⁴kuã³³	大家 ta⁴⁴ke³³

	186	187
	连襟 关系称呼：他们两人是～	妯娌 关系称呼：她们两人是～
南　昌	连襟 liɛn⁴⁵tɕin⁴²	两姆姅 liɔŋ²¹³mu²¹³sin⁰
修　水	两姨夫 diɔŋ²²ᐟ²⁴fu³⁴	叔伯母 suʔ⁴²paʔ⁴²mu²¹
湖　口	姨夫 i²¹¹fu⁰	妯娌 dʐu²¹³di⁰
鄱　阳	两姨夫 liɛ̃⁴²ᐟ²⁴i⁰fu⁰	姑嫂 ku²¹sau⁴²
铅　山	两姨夫 lian⁴⁵i²⁴fu³³	平肩娘 pʻin²¹tɕiɛn³³n̠ian²⁴
抚　州	两老姨 tiɔŋ⁴⁵lau⁴⁵i²⁴	两叔娣 tiɔŋ⁴⁵suʔ²tʻi³²
资　溪	老姨 lau³⁵i¹³	姨叔姨母 i¹³suʔ²i¹³mu³⁵
宜　黄	两姨大 tiɔŋ⁴⁵³i⁴⁵fu³³	两叔娣 tiɔŋ⁴⁵suʔ²ɕi³³
丰　城	姨丈 i³³tsʻɔŋ²¹³	叔伯婆子 suʔ³²paʔ³²pʻo³³tsɿ⁰
高　安	连襟 liɔŋ⁴²ᐟ²¹³kun³⁵	叔伯母 suk⁵pak⁵mu⁰
新　余	连襟 liɛn⁴²tɕin¹²	叔伯母 sɿ⁷⁵pa⁴⁵mu⁰
吉　安	两姨夫 liɔŋ⁵³i²¹fu²¹⁴	叔伯母哩 su³³⁴pa³³⁴mu⁵³tli⁰
遂　川	姨丈 i²²tsɒ̃³⁵	姊嫂 tsɿ³¹sɒ³¹
宁　都	姨丈 i¹³tsʻɔŋ⁴⁴	姊嫂 tsɿ²¹⁴sau²¹⁴
瑞　金	姨丈 i³⁵tsʻɔŋ⁴⁴	两姊嫂 liɔŋ⁴⁴tsɿ⁴⁴sɒ²¹²
于　都	两姨丈 liɔ̃³⁵i⁴⁴tsɒ̃⁴²	两姊嫂 liɔ̃³⁵tsɿ³⁵sɒ³⁵
赣　县	两姊姨爹 liɔ̃⁵³tsɿ⁵³i²¹²tia²⁴	两姊嫂 liɔ̃⁵³tsɿ⁵³sɒ⁵³
南　康	两姨公嘞 liɔ̃²¹i¹¹kəŋ³³lə⁰	两姊嫂 liɔ̃²¹tsɿ²¹sɒ²¹
龙　南	姐妹亲 tɕi⁵³mɔi²²tɕʻin²⁴	两姊嫂 liɔŋ⁵³tse²⁴sau⁵³
寻　乌	姊丈 tɕi⁴²tsʻɔŋ⁵⁵	两姊嫂 liɔŋ⁴²tsɿ⁴²sau⁴²
黄　坳	姨丈 i²¹²tsʻɔŋ⁵³	姊嫂 tsɿ³¹sau³¹
铜　鼓	姨爷 i¹³ia¹³	弟嫂子 tʻi⁵¹sau²¹tsɿ⁰
大　溪	两姨丈 liɔŋ⁴³i²¹tsʻɔŋ⁴³⁵	平肩娘 pʻin²¹tɕien⁵²n̠iɔŋ²¹³
太　源	两姨大 liɔŋ³⁵i²⁴fu⁴⁴	妯娌 seʔ⁴li⁰
九　江	连襟 liɛn⁴⁴tɕin³¹	妯娌 tʂəu⁵³li⁴⁴
赣　州	两姊姨丈 liãn⁴⁵tsɿ²¹i⁴²tsãn²¹²	姊嫂 tsɿ⁴⁵sɒ⁴²
白　槎	□□ pa³¹²ɕian⁴² / 姨丈 i⁵⁵tsʻaŋ³¹²	妯娌 tsəu⁵⁵li⁰
浮　梁	大细姨夫 tʻa³³se⁰i²⁴fu⁰	叔伯母 su²¹³pa²¹³mu³¹
婺　源	大小□ tʻu⁵¹siɔ³⁵tɕʻiɔ¹¹	叔伯母 su⁵¹pɔ⁵¹m̩² / 妯娌 tsʻa⁵¹li⁰
上　饶	大细姨大 do²¹sui⁴⁴ᐟ²¹dʑiãn²³¹	平肩娘 bĩn⁴²tɕiẽn⁵²n̠iãn⁴²³
广　丰	大细姨大 do²¹suai⁴⁴ᐟ²¹dʑiãn²⁴	平肩娘 bĩn²¹kiẽn⁵²n̠iã̃⁰
铜　山	大细姨丈 tua²¹suɛi⁴⁴ᐟ²¹i¹tiũ⁵⁵	同姒团 tan²¹sai⁴⁴kiã⁴⁴³

		188	189	190
		亲戚	头_{脑袋}	头发

		188 亲戚	189 头脑袋	190 头发
南	昌	亲戚 tɕʰin⁴²tɕʰit⁰	脑壳 lau²¹³kʰɔʔ⁵	头发 tʰɛu²⁴faʔ⁵
修	水	亲戚 dzin³⁴dʑit⁴²	脑盖 nau²¹kɛi⁵⁵	头发 dɛi²⁴fæt⁴²
湖	口	亲戚 dʑin⁴²dʑi⁰	头 dɛu²¹¹	头毛 dɛu²¹¹mau²¹¹
鄱	阳	亲戚 tɕʰin²¹tɕʰi⁴⁴	脑壳 nau⁴²kʰo⁴⁴	头发 tʰəu²⁴fɒ⁴⁴
铅	山	亲眷 tɕʰin³³tʃuɛn²¹	头 tʰɛu²⁴	头发 tʰɛu²⁴fɛʔ⁴
抚	州	亲情 tɕʰin³²tɕʰiaŋ²⁴	头 xɛu²⁴	头发 xɛu²⁴fat²
资	溪	亲情 tɕʰin³¹tɕʰiaŋ¹³	头 xɛu¹³	头发 xɛu¹³fat³
宜	黄	亲眷 tɕʰin³³kuan⁴²	脑 lou⁴⁵³	头发 xɛu⁴⁵fat²
丰	城	亲戚 tɕʰin³⁵tɕʰiʔ³²	脑盖 nau⁴¹kɛi²¹³	头发 xɛu³³fæʔ³²
高	安	亲戚 tɕʰin³⁵tɕʰit⁵	脑盖 lau⁴²kɔi⁴⁴	头发 xɛu²¹³fat⁵
新	余	亲戚 tɕʰin³⁴ɕi⁴²	脑□ lau²¹kʰuai⁰	头发 xɛu⁴²fa⁰
吉	安	亲戚 tɕʰin³³⁴tɕʰi³³⁴	脑壳 lau⁵³kʰo³³⁴	头发 tʰɛu¹¹fa³³⁴
遂	川	亲戚 tɕʰin⁵³tɕʰi⁵⁵	脑盖 lɔ³¹kuɛ²¹⁴	头发 tʰia²²xua⁵⁵
宁	都	亲戚 tɕʰin⁴²tɕʰit³²	脑盖 nau²¹⁴kɔi³¹	头发 tʰiəu¹³fat³²
瑞	金	亲戚 tɕʰin⁴⁴tɕʰiʔ²	脑袋 nɔ⁴⁴kuɛ⁴²	头发 tʰv³⁵fæʔ²
于	都	亲戚 tsʰɛ̃³¹tsʰɛ⁵	脑盖 nɔ²³⁵kuɛ³²³	头发 tʰy⁴⁴fa³²³
赣	县	亲戚 tɕʰiəŋ²⁴tɕʰiɛʔ³²	脑盖 nɔ⁵³kuɛ⁴⁴	头发 tʰɛ²¹²fa³²
南	康	亲戚 tɕʰiəŋ³³tɕʰiɛ⁵³	脑盖 lɔ²¹kuæ⁵³	头发 tʰɛ¹¹fa⁵³
龙	南	亲戚 tɕʰin²⁴tɕʰiɛʔ⁴³	头□ tʰɛu³¹²na²⁴	头发 tʰɛu³¹²fæʔ⁴³
寻	乌	亲戚 tɕʰin²⁴tɕʰiʔ²¹	头□ tʰiu²¹⁴na²⁴	□子（毛）ki⁵⁵tʂʅ⁰（mau²¹⁴）
黄	坳	亲戚 tɕʰin²⁴tɕʰit²	头 tʰɛu²¹²	头发 tʰɛu²¹²fait²
铜	鼓	亲戚 tɕʰi²¹⁴tɕʰit³	头 tʰɛu¹³	头发 tʰɛu¹³fat³
大	溪	亲眷 tsʰin³³tɕyon⁵²	头□ tʰɛ²¹na²¹³	头发 tʰɛ²¹fɐʔ⁴⁵
太	源	亲情 tsʰin⁴⁴tsʰaŋ²⁴	头□ tʰɛu²⁴nʌn⁴⁴	头毛 tʰɛu²⁴mau²¹²
九	江	亲戚 tɕʰin³¹tɕʰi⁰	头 tʰəu⁴⁴	头毛 tʰə⁴⁴mau⁴⁴
赣	州	亲戚 tɕʰĩn³³tɕʰiɛʔ³²	脑盖 nɔ⁴⁵kiɛ⁰	头发 tʰiɛu⁴²faʔ³²
白	槎	亲戚 tɕʰin³¹²tɕʰi⁰	头 tʰəu⁵⁵	头毛 tʰəu⁵⁵mau⁵⁵
浮	梁	亲情 tsʰɛn³³tsʰai⁰	头 tʰau²⁴	头发 tʰau²⁴fo⁰
婺	源	亲情 tsʰæn⁵⁵tsʰɔ̃¹¹	脑壳 lɔ³¹kʰɒ⁵¹	头发 tʰa¹¹fɒ⁵¹
上	饶	亲眷 tsʰĩn⁵²tɕyõn⁰	头 de⁴²³	头发 de⁴²fɐʔ⁵
广	丰	亲情 tsʰĩn⁵²dzĩn⁰	头 dɯɯ²³¹	头发 dɯɯ²¹fæʔ⁵
铜	山	亲情 tɕʰʅ³³tɕiã²⁴	头壳 tʰæʔ²kʰæ⁴²	头毛 tʰau²¹bən²⁴

	191	192	193
	辮子	臉	眼睛
南 昌	辮子 pʻiɛn²¹tsʅ⁰	面 miɛn²¹	眼睛 ŋan²¹³tɕiaŋ⁰
修 水	辮子 biɛn³⁴tsʅ⁰	面 miɛn²²	眼睛 ŋan²¹tɕiaŋ³⁴
湖 口	辮□嘚 biɛn²¹³buⁿteⁿ⁰	臉 diɛn³⁴³	眼珠 ŋan³⁴³tɕy⁴²
鄱 阳	辮子 pʻiɛ̃n²¹tsʅ⁰	臉 liɛn⁴²	眼睛 ŋãn⁴²tɕy²¹
铅 山	编子 piɛn³³tsʅ⁰	面 miɛn²¹	眼睛 ŋan⁴⁵tɕin⁰
抚 州	编嘚 piɛn³²tɛʔ⁰	面 miɛm²¹²	眼睛 ŋan⁴⁵tɕiaŋ³²
资 溪	编崽 piɛn³¹tsoi³⁵	面 miɛn²²	眼睛 ŋan³⁵tɕiaŋ³¹
宜 黄	编子 piɛn³³tsʅ⁰	面 miɛn²²	眼睛 ŋan⁴⁵³tɕiaŋ³³
丰 城	辮子 pʻiɛn²¹³tsʅ⁰	面 miɛn²¹³	眼珠 ŋan⁴¹tsʅ³⁵
高 安	辮子 pʻiɛn²²tsu⁰	面肚哩 miɛn²²tuⁿli⁰	眼睛 ŋan⁴²tɕiaŋ³⁵
新 余	编子 piɛn¹²tsʅ⁰	面 miɛn⁴²	眼珠 ŋan²¹³tsʅ⁰
吉 安	编子 pian³³⁴ tsʅ⁰	面 miɛn²¹⁴	眼睛 ŋan⁵³tɕiaŋ³³⁴
遂 川	编嘚 piɛ̃n⁵³tɛ⁰	面 miɛ̃n²¹⁴	眼珠 ɲiã³¹tɕy⁵³
宁 都	编子 piɛn⁴²tsə⁰	面 miɛn⁴⁴	眼睛 ŋan²¹⁴tɕiaŋ⁴²
瑞 金	辮子 pʻiɛn⁵¹tsʅ⁰	面 miɛn⁵¹	眼珠 ŋan⁴⁴tsu⁴⁴
于 都	辮子 pʻĩ⁴²tsʅ⁰	面 mĩ⁴²	眼珠 ŋã³⁵tʃu³¹
赣 县	辮子 pʻĩ⁴⁴tsʅ⁰	面 mĩ⁴⁴	眼珠 ŋã⁵³tsu²⁴
南 康	辮嘞 pʻĩ³³lə⁰	面 mĩ⁵³	眼珠 ŋã²¹tsu³³
龙 南	辮嘚 pʻiain²²teʔ⁰	面 miɛn²²	眼 ŋain⁵³
寻 乌	辮子 pʻiɛn⁵⁵tsʅ⁰	面 miɛn⁵⁵	眼 ŋan⁴²
黄 坳	编子 pian²⁴tsʅ⁰	面 mian⁵³	眼珠 ŋan³¹tsu²⁴
铜 鼓	辮子 pʻiɛn⁵¹tsʅ⁰	面 miɛn⁵¹	眼珠 ŋan²¹tu²¹⁴
大 溪	编子 piɛn³³tsʅ⁰	面嘴 miɛn⁴³tsuɛ⁴³³	目珠 mə⁵ʔtɕy³³
太 源	编崽 piɛn⁴⁴tsɔi³²⁵	面 miɛn⁴²	眼 ɲian³²⁵
九 江	辮子 piɛn²¹tsʅ⁰	臉 liɛn²¹³	眼睛 iɛn²¹³tɕin⁰
赣 州	辮子 pʻĩn²¹²tsʅ⁰	臉 lĩn⁴⁵	眼睛 ĩn⁴⁵tɕiəŋ³³
白 槎	辮子 pian³¹²tsʅ⁰	臉 lian²¹⁴	眼睛 ian²¹⁴tɕin⁴²
浮 梁	辮儿 pʻi³³ɳ̩i⁰	面嘴 mi³³tsɛ³¹	眼珠 ŋo³¹tɕy⁵⁵
婺 源	辮 pʻi³¹	面 mĩ⁵¹	眼睛 ŋɛ̃³¹tsʅ⁵⁵
上 饶	编 piɛ̃n⁴⁴	面嘴 miɛn²¹tsui⁵²	眼睛 ŋãn⁴²tsĩn⁴⁴
广 丰	编 piɛ̃n⁴⁴	面嘴 miɛn²¹tɕy⁵²	目睛 moʔ²tsĩn⁴⁴
铜 山	编团 pʻĩ³³kiã⁴⁴³	面□ bien²¹pʻuəi⁴⁴³	目瞷 mæʔ²tɕiu³³

684

	眼珠子	鼻子
南　昌	眼珠子 ŋan²¹³tɕy⁴²tsʅ⁰	鼻公 pʰit²kuŋ⁰
修　水	眼珠 ŋan²¹tu³⁴	鼻公 bi²²kən³⁴
湖　口	眼珠子嘚 ŋan³⁴³tɕy⁴²tsʅ³⁴³tɛ⁰	鼻子 bi²¹³tsʅ³⁴³
鄱　阳	眼珠子 ŋãn⁴²tɕy²¹tsʅ⁴²	鼻子 pʰi³⁵tsʅ⁰
铅　山	眼睛珠 ŋan⁴⁵tɕin³³tɕy³³	鼻公 pʰiʔ⁴koŋ⁰
抚　州	眼珠子 ŋan⁴⁵tu³²tsʅ⁰	鼻公 pʰit⁵kuŋ³²
资　溪	眼珠子 ŋan³⁵tu³¹tsʅ⁰	鼻公 pʰit⁵kuŋ³¹
宜　黄	眼珠 ŋan⁴⁵³tu³³	鼻公 pʰit⁵kuŋ³³
丰　城	眼珠子 ŋan⁴¹tsʮ³⁵tsʅ⁴¹	鼻公 pʰiʔ⁵kuŋ³⁵
高　安	眼睛哩 ŋan⁴²tɕiaŋ³⁵tsu³⁵li⁰	鼻公 pʰit²kuŋ³⁵
新　余	眼珠仁 ŋan²¹³tsʅ⁰ȵin²¹³	鼻公 pʰiɛʔ³⁴kuŋ⁴⁵
吉　安	眼珠子 ŋan⁵³tsu³³⁴tsʅ⁰	鼻子 pʰi²¹⁴tsʅ⁰
遂　川	眼珠子 ȵiãn³¹tɕy⁵³tsʅ³¹	鼻□ pʰi³⁵kuan⁵⁵
宁　都	眼珠子 ŋan²¹⁴tsu⁴²tsə⁰	鼻公 pʰi⁴²kuŋ⁴²
瑞　金	眼珠仁 ŋan⁴⁴tsu⁴⁴in³⁵	鼻公 pʰi⁵¹kɤŋ⁴⁴
于　都	眼珠仁 ŋã³⁵ʃu³¹iẽ⁴⁴	鼻公 pʰi⁴²kən³¹
赣　县	眼珠仁子 ŋã⁵³tsu²⁴iəŋ²¹²tsʅ⁰	鼻公 pʰi⁴⁴kəŋ²⁴
南　康	眼珠子 ŋã²¹tsu³³tsʅ²¹	鼻公 pʰi³³kən³³
龙　南	眼珠仁 ŋain⁵³tsu²⁴in³¹²	鼻公 pʰi²²kəŋ²⁴
寻　乌	眼珠仁 ŋan⁴²tsu²⁴in²¹⁴	鼻公 pʰi⁵⁵kuŋ²⁴
黄　坳	眼珠子 ŋan³¹tsu²⁴tsʅ⁰	鼻公 pʰit⁵kuŋ²⁴
铜　鼓	眼珠仁 ŋan²¹tu²¹⁴ȵin¹³	鼻公 pʰit⁵kəŋ²¹⁴
大　溪	眼睛珠 ŋan⁴³tɕin³³tɕy³³	鼻公 pʰi⁴³kəŋ³³
太　源	眼珠 ȵian³⁵tɕy⁴⁴	鼻窟 pʰi⁴²feʔ⁴
九　江	眼眼子 iɛn²¹³tɕin⁰tsʅ²¹³	鼻子 pi⁵³tsʅ⁰
赣　州	眼珠子 ĩn⁴⁵tɕy³³tsʅ⁰	鼻子 pi²¹²tsʅ⁰
白　槎	眼珠子 ian²¹⁴tsʮ⁴²tsʅ⁰	鼻子 pi⁵⁵tsʅ⁰
浮　梁	眼珠子儿 ŋo³¹tɕy⁵⁵tsər⁰	鼻孔 pʰɛ³³kʰoŋ³¹
婺　源	眼睛珠 ŋẽ³¹tsɔ⁵⁵tɕy⁵⁵	鼻孔 pʰi³¹kʰɐm²
上　饶	眼睛珠 ŋãn⁴²tsin⁴⁴tɕy⁴⁴	鼻头 biɛʔ²³de⁰
广　丰	目睛珠 moʔ²tsin⁴⁴tɕye⁴⁴	舌末头 dʑiæʔ²mæʔ²dɤɯ²³¹
铜　山	目睭仁 mæʔ²tɕiu³³lien²⁴	鼻空 pʰi²¹kʰan³³

	196 嘴	197 （人的）舌头
南 昌	嘴 tsui²¹³	舌头 sɛt²tʻɛu⁰
修 水	嘴 tɕi²¹	舌头 sɛt³²dɛi²⁴
湖 口	嘴 tɕy³⁴³	舌头 ʃɛ²¹³dɛu⁰
鄱 阳	嘴子 tsɛi⁴²tsʅ⁰	舌头 sə³⁵tʻəu⁰
铅 山	嘴 tɕi⁴⁵	舌头 sɛʔ⁴tʻɛu⁰
抚 州	嘴 tɕi⁴⁵	舌头 sɛt⁵xɛu⁰
资 溪	嘴巴 tɕi³⁵pa⁰	舌头 sɛʔ⁵xɛu⁰
宜 黄	嘴 tɕi⁴⁵³	舌 ɕiɛt⁵
丰 城	嘴 tɕi⁴¹	赚头 tsʻan²¹³/tʻan²¹³tʻɛu⁰
高 安	嘴 tsi⁴²	赚头 tsʻan²²tʻɛu²¹³
新 余	嘴巴 tɕi²¹pa⁴⁵	赚头 tsʻan¹³tʻɛu⁰
吉 安	嘴巴 tɕi⁵³pa⁰	舌头 sɛ²¹⁴tʻɛu²¹
遂 川	嘴巴 tɕy³¹pa⁰	舌嘞 sɛ²¹⁴tɛ⁰
宁 都	嘴 tsɔi²¹⁴	舌刁 sat⁵tiau¹³
瑞 金	嘴 tsuɛ²¹²	舌头 ɕiɛʔ⁴tʻɤ³⁵
于 都	嘴角 tʃuɛ³⁵kɤʔ⁵	舌刁/头 ʃɛ⁴²tiɔ³¹/tʻieu⁴⁴
赣 县	嘴巴 tsuɛ⁵³pa²⁴	舌刁 saʔ⁵tiɔ²⁴
南 康	嘴 tsuæ²¹	舌刁 sə⁵³tiɔ³³
龙 南	嘴包 tsɔi⁵³pau²⁴	舌头 sæʔ²³tʻɛu³¹²
寻 乌	嘴 tsuɐi⁴²	舌□ ɕiɐʔ²¹liau²¹⁴
黄 坳	嘴 tsɔi³¹	舌嫲 sɛt⁵ma²¹²
铜 鼓	嘴 tui²¹	舌嫲 sɛk³ma¹³
大 溪	嘴 tsuɛ⁴³³	舌孃 sɛʔ⁵ma²¹³
太 源	嘴 tʃɔi³²⁵	舌 sɛʔ²
九 江	嘴巴 tsei²¹³pɒ⁰	舌头 ʂai⁵³tʻɛu⁰
赣 州	嘴巴 tsuɛ⁴⁵pa³³	舌刁 sɤʔ³²tiɔ³³
白 槎	嘴巴 tsei²¹⁴pa⁰	舌头 sɛ⁵⁵tʻəu⁰
浮 梁	嘴 tsɛ³¹	舌头 ɕie³³tʻau⁰
婺 源	嘴 tsi²	舌头 tɕʻie⁵¹tʻa¹¹
上 饶	嘴 tsui⁵²	舌头 ɕiɛʔ²³de⁴²³
广 丰	嘴 tɕy⁵²	舌头 dʑiæʔ²dɤɯ²³¹
铜 山	喙空 tsʻui⁴⁴kʻan³³	喙舌 tsʻui⁴⁴tɕʻi⁵⁵

	（流）口水	脖子
南 昌	涎 ɕien⁴⁵	颈 tɕiaŋ²¹³
修 水	灖 dzan²⁴	颈 tɕiaŋ²¹
湖 口	□灖 dieu³⁴³dzan²¹¹	颈 tɕiaŋ³⁴³
鄱 阳	灖 tsʻãn²⁴	颈脖子 tɕin⁴²poˀ³⁵tsɿ⁰
铅 山	口灖水 kʻeu⁴⁵tsʻan²⁴ɕy⁴⁵	颈 tɕin⁴⁵
抚 州	口水 kʻiɛu⁴⁵sui⁴⁵	颈 tɕiaŋ⁴⁵
资 溪	口水 kʻiɛu³⁵fi³⁵	颈 tɕiaŋ³⁵
宜 黄	口澜水 kʻiu⁴⁵³lan⁴⁵su⁴⁵³	颈 tɕiaŋ⁴⁵³
丰 城	口水 kʻiɛu⁴¹sʮ⁴¹	颈 tɕiaŋ⁴¹
高 安	口水 kʻɛu⁴²xɵ⁴²	颈 tɕiaŋ⁴²
新 余	口水 kʻiɛu²¹suəi⁰	扁颈 piɛn²¹tɕiaŋ⁴⁵
吉 安	口水 kʻɛu⁵³sui⁵³	颈根 tɕiaŋ⁵³kən³³⁴
遂 川	口水 xə³¹ɕy³¹	颈筋 tɕiã³¹tɕĩn⁵³
宁 都	口澜 kʻəu²¹⁴lan¹³	颈 tsaŋ²¹⁴
瑞 金	□澜 fu⁴⁴lan³⁵	颈根 tɕiaŋ⁴⁴kien⁴⁴
于 都	口澜水 xieu³⁵lã⁴⁴ʃui³⁵	颈根 tɕiã³⁵kẽ³¹
赣 县	口水 xe⁵³sei⁵³	颈根 tɕiəŋ⁵³kəŋ²⁴
南 康	口水 xɛ²¹ɕyi²¹	颈根 tɕiã²¹kəŋ³³
龙 南	口水 xɛu⁵³ɕi⁵³	颈板 tɕiaŋ⁵³pain⁵³
寻 乌	口澜 xiu⁴²lan²¹⁴	颈 kiaŋ⁴²
黄 坳	口水 xɛu³¹sui³¹	颈筋 tɕiaŋ³¹tɕin²⁴
铜 鼓	口水 xɛu²¹sɛ²¹	颈筋 tɕiaŋ²¹tɕin²¹⁴
大 溪	口灖 kʻɛ⁴³tsʻan²¹³	项颈 xɔŋ²¹tɕiaŋ⁴³³
太 源	嘴水 tʃɔi³⁵ʃui³²⁵/口澜水 xɛu³⁵lʌn²¹²ʃui³²⁵	颈 tɕiaŋ³²⁵
九 江	灖 tsʻan⁴⁴	颈 tɕin²¹³
赣 州	口水 kʻieu⁴⁵sue⁰	颈脖子 tɕiəŋ⁴⁵po⁴²tsɿ⁰
白 槎	口水 kʻəu²¹sei²¹⁴	脖子 po⁵⁵tsɿ⁰
浮 梁	灖儿 ʂor²⁴	颈 kai³¹
婺 源	□□ tɕʻia³¹pʻɵ⁵¹	颈 tɕiɔ̃²
上 饶	口灖水 kʻe⁴³sãn⁴²ɕy⁵²	项颈 xãn²¹tɕĩn⁵²
广 丰	灖 sãn²³¹	项颈 xãn²¹kĩn⁵²
铜 山	澜 nuã⁵⁵	胫□ tau²¹uon⁴⁴³

	200 胳膊肘	201 左手
南　昌	斗脙 tau⁴²tsaŋ⁰	左手 tso²¹³ɕiu²¹³
修　水	手脙 su²¹tsaŋ³⁴	反手 fan²¹su²¹
湖　口	肘子骨嗰 tsɛu³⁴³tsʅ³⁴³ku⁴⁵⁵tɛ⁰	反手 fan³⁴³sɛu³⁴³
鄱　阳	手肘肘子 səu⁴²tɕʻy⁴²tɕʻy⁴²tsʅ⁰	反手 fãn⁴²səu⁴²
铅　山	手梗 ɕiu⁴⁵kuɛn⁴⁵	反手 pan⁴⁵ɕiu⁴⁵
抚　州	斗脙 tɛu⁴⁵tsaŋ⁰	左手 tso⁴⁵ɕiu⁴⁵
资　溪	斗脙 tɛu³⁵tsaŋ³¹	左手 tso³⁵ɕiu³⁵
宜　黄	斗脙 tɛu⁴²taŋ³³	左手 to⁴⁵³ɕiu⁴⁵³
丰　城	斗脙 tɛu⁴¹tsaŋ³⁵	左手 tso⁴¹sɛu⁴¹
高　安	斗脙 tɛu⁴²tsaŋ³⁵	左手 tso⁴²sɛu⁴²
新　余	斗膝牯 tɛu⁴²ɕiʔ⁵ku²¹³	左手 tso²¹sɛu⁰
吉　安	斗脙 tɛu⁵³tsaŋ³³⁴	左手 tso⁵³ɕiu⁵³
遂　川	手□嗰 ɕiu³¹to³⁵tɛ⁰	左手 tso³¹ɕiu³¹
宁　都	手脙□ səu²¹⁴tsaŋ⁴²von³¹	反手 fan⁴²səu²¹⁴
瑞　金	手脙 ɕiu⁴⁴tsaŋ⁴⁴	反手 fan⁴⁴ɕiu²¹²
于　都	手脙 ɕy³⁵tsã³¹	反手 fã³⁵ɕy³⁵
赣　县	手脙 se⁵³tsã²⁴	反手 fã⁵³se⁵³
南　康	手脙 ɕiu²¹tsã³³	左手 tso²¹ɕiu²¹
龙　南	手脙 sɛu⁵³tsaŋ²⁴	左手 tsʊ⁵³sɛu⁵³
寻　乌	手脙 ɕiu⁴²tsaŋ²⁴	反手 fan⁴²ɕiu⁴²
黄　坳	手脙 ɕiu³¹tsaŋ²⁴	左手 tsɔ³¹ɕiu³¹
铜　鼓	手脙骨 sɛu²¹tsaŋ²⁴kɔk³	左手 tsɔ²¹sɛu²¹
大　溪	手掌脙 ɕiu⁴³tsɔŋ⁴³tɛn³³	反手 pan⁴³ɕiu⁴³³
太　源		反手 xʌn³⁵sɛu³²⁵
九　江	肘 tʂəu²¹³	左手 tsuɒ²¹³ʂəu²¹³
赣　州	手脙 ɕiu⁴⁵tsəŋ³³	左□ tso⁴⁵tɕiu⁴⁵
白　槎	手弯 səu²¹⁴van⁴²	小手 ɕiau²¹⁴səu²¹⁴
浮　梁	手□ ɕiɐu³¹tɕʻy³¹	反手 fo³¹ɕiɐu³¹
婺　源	手脙 sa³⁵tsɔ²	反手 fum³⁵sa²
上　饶	手膀骨 ɕiu⁵²põŋ⁴³kuɪʔ⁵	反手 pãn⁴³ɕiu⁵²
广　丰	手筒骨 tɕʻye⁴³toŋ⁴⁴kuæʔ⁵	反手 pãn⁴³tɕʻye⁵²
铜　山	手骨 tɕʻiu⁴⁴kuə⁴²	反手 pan⁴⁴tɕʻiu⁴⁴³

	右手	手指头
南 昌	右手 iu²¹ɕiu²¹³	指□头子 tsit⁵¹ma⁰tˀɛu²⁴tsʮ⁰
修 水	顺手 sən²²su²¹	指拇头 tɛ²¹mu²¹dɛi²⁴
湖 口	顺手 ʂun⁴⁵⁵ʂɛu³⁴³	手指拇嘚 ʂɛu³⁴³tʂʮ³⁴³mu³⁴³tɛ⁰
鄱 阳	顺手 ɕyẽ²¹səu⁴²	手拇头子 səu⁴²mu⁴²tˀəu²⁴tsʮ⁰
铅 山	顺手 ʃuen²¹ɕiu⁴⁵	手指头 ɕiu⁴⁵tsʮ⁴⁵tˀɛu²⁴
抚 州	右手 iu²¹²ɕiu⁴⁵	指头 tiʔ²xɛu²⁴
资 溪	右手 iu²²ɕiu³⁵	手指 ɕiu³⁵tit³
宜 黄	右手 iu²²ɕiu⁴⁵³	手指头 ɕiu⁴⁵³tɕi⁰xɛu⁴⁵
丰 城	右手 iu²¹³sɛu⁴¹	指脑□ tsʮ⁴¹nau⁴¹kei⁰
高 安	右手 iu²²sɛu⁴²	指佬哩 tɛ⁴²lau⁴²li⁰
新 余	右手 iu¹²sɛu⁰	指佬 tɕi⁵¹au²¹³
吉 安	右手 iu²¹⁴ɕiu⁵³	手指头 ɕiu⁵³tsʮ⁵³tˀɛu²¹
遂 川	右手 iu²¹⁴ɕiu³¹	手指 ɕiu³¹tsʮ³¹
宁 都	顺手 sun⁴⁴səu²¹⁴	手指脑 səu²¹⁴tsə²¹⁴nau²¹⁴
瑞 金	顺手 suin⁵¹ɕiu²¹²	手指脑 ɕiu⁴⁴tsʮ⁴⁴nɔ²¹²
于 都	顺手 suẽ⁴³ɕy³⁵	手指脑 ɕy³⁵tsʮ⁰nɔ³⁵
赣 县	顺手 səŋ⁴⁴se⁵³	手指头 se⁵³tsʮ⁵³tˀe²¹²
南 康	右手 iu⁵³ɕiu²¹	手指头 ɕiu²¹tsʮ²¹tˀe¹¹
龙 南	右手 ieu²²sɛu⁵³	手指头 sɛu⁵³tsʮ⁵³tˀɛu³¹²
寻 乌	顺手 sun⁵⁵ɕiu⁴²	手指脑 ɕiu⁴²tsʮ⁴²nau⁴²
黄 坳	右手 iu⁵³ɕiu³¹	手指头 ɕiu³¹tsʮ³¹tˀɛu²¹²
铜 鼓	右手 iu⁵¹sɛu²¹	手指 sɛu²¹tsʮ²¹
大 溪	顺手 ɕyɪn⁴³ɕiu⁴³³	手指头 ɕiu⁴³tsʮ⁴³tɛ²¹³
太 源	顺手 ʃuen⁴²sɛu³²⁵	手指崽 sɛu³⁵tsʮ³⁵tsɔi³²⁵
九 江	右手 iəu²¹ʂəu²¹³	手指头 ʂəu²¹³tsʮ²¹³tˀəu⁰
赣 州	右手 iu²¹²ɕiu⁴⁵	手指头 ɕiu⁴⁵tsʮ⁰tˀieu⁴²
白 槎	大 / 正手 ta³¹² / tsən³¹²səu²¹⁴	手指头 səu²¹⁴tsʮ⁴²tˀəu⁵⁵
浮 梁	顺手 ɕyɛn³³ɕiɛu³¹	手拇头儿 ɕiɛu³¹mo⁰tˀau²⁴ni⁰
婺 源	顺手 sæn⁵¹sa²	手□头 sa²li⁰tˀa¹¹
上 饶	顺手 ɕyɪ̃n²¹ɕiu⁵²	手□头 ɕiu⁴³ɕyuʔ⁵de⁴²³
广 丰	顺手 ɕyoŋ²¹tɕˀye⁵²	指□头 tse⁴³læʔ⁰dɣuɯ²³¹
铜 山	正手 tɕiã⁴⁴tɕˀiu⁴⁴³	指儿头团 tɕien⁴⁴tˀau²¹kiã⁴⁴³

<table>
<tr><th></th><th>204
指甲</th><th>205
乳房 | 乳汁</th></tr>
<tr><td>南 昌</td><td>指甲子 tsɨt^{5}kat^{0}tsɿ^{0}</td><td>奶 lai^{213}</td></tr>
<tr><td>修 水</td><td>指甲 tɛ^{21}kæt^{42}</td><td>□□ mɛ^{55}tɕit^{32} | 奶 nai^{21}</td></tr>
<tr><td>湖 口</td><td>指拇嘚 tʂʅ^{343}mu^{343}xɔ^{455}tɛ^{0}</td><td>奶 nai^{343}</td></tr>
<tr><td>鄱 阳</td><td>手拇蓬子 səu^{42}mu^{42}p'əŋ^{24}tsɿ^{0}</td><td>奶 nai^{42}</td></tr>
<tr><td>铅 山</td><td>手指甲 ɕiu^{45}tsɿ^{45}kɐʔ^{4}</td><td>妈□ ma^{21}tɕi^{33}</td></tr>
<tr><td>抚 州</td><td>指爪 tiʔ^{2}tsau^{45}</td><td>奶 lai^{45}</td></tr>
<tr><td>资 溪</td><td>手指甲 ɕiu^{35}tɨt^{3}kap^{3} | 甲爪 kap^{3}tsau^{35}</td><td>奶 nai^{35}</td></tr>
<tr><td>宜 黄</td><td>指甲壳 tɕi^{453}kat^{2}k'ɛʔ^{2}</td><td>奶 lai^{453}</td></tr>
<tr><td>丰 城</td><td>指爪 tsɿ^{41}tsau^{41}</td><td>奶 nai^{41} | 奶 nai^{35}</td></tr>
<tr><td>高 安</td><td>指甲 tsɵt^{5}kak^{5}</td><td>奶奶 lai^{35}lai^{0} | 奶 lai^{42}</td></tr>
<tr><td>新 余</td><td>指甲 tɕi^{5}kaʔ^{5}</td><td>汁汁 tɕi^{42}tɕi^{42}</td></tr>
<tr><td>吉 安</td><td>指甲 tsɿ^{53}kɛ^{334}</td><td>奶 lai^{53}</td></tr>
<tr><td>遂 川</td><td>手指甲 ɕiu^{31}tsɿ^{31}ka^{5}</td><td>奶 læ^{35} | 奶水 læ^{35}ɕy^{31}</td></tr>
<tr><td>宁 都</td><td>指甲 tsə^{214}kak^{32}</td><td>□子 nən^{214}tsə^{0}</td></tr>
<tr><td>瑞 金</td><td>手指甲 ɕiu^{44}tsɿ^{44}kaʔ^{2}</td><td>□ nen^{42}</td></tr>
<tr><td>于 都</td><td>手指甲 ɕy^{35}tsɿ^{0}ka^{323}</td><td>奶 næ^{35} | 奶水 næ^{35}ʃui^{35}</td></tr>
<tr><td>赣 县</td><td>手指甲 se^{53}tsɿ^{53}kaʔ^{32}</td><td>奶 næ^{53}</td></tr>
<tr><td>南 康</td><td>指甲 tsɿ^{21}ka^{53}</td><td>波 po^{33} | 奶 næ^{21}</td></tr>
<tr><td>龙 南</td><td>手指甲 sɛu^{53}tsɿ^{53}kæʔ^{43}</td><td>□□ nain^{44}nəʔ^{0}</td></tr>
<tr><td>寻 乌</td><td>手指甲 ɕiu^{42}tsɿ^{42}kaiʔ^{21}</td><td>□牯 nin^{42}ku^{42} | □ nin^{42}</td></tr>
<tr><td>黄 坳</td><td>指甲 tsɿ^{31}kait^{2}</td><td>□牯 nɛn^{53} ku^{31}</td></tr>
<tr><td>铜 鼓</td><td>手指 sɛu^{21}tʂʅ^{21}kat^{3}</td><td>□牯 nən^{51}ku^{21} | □ nən^{51}</td></tr>
<tr><td>大 溪</td><td>手甲 ɕiu^{43}kɐʔ^{45}</td><td>□□ mo^{33}mo^{52}/ □ nɛn^{52}</td></tr>
<tr><td>太 源</td><td>手甲 sɛu^{35}kaʔ^{4}</td><td>□ nɛn^{325}</td></tr>
<tr><td>九 江</td><td>指马甲儿 tʂʅ^{213}mɒ^{0}ko^{53}ɚ^{0}</td><td>奶 lai^{213} | 奶水 lai^{23}ʂɥei^{213}</td></tr>
<tr><td>赣 州</td><td>手□爪 ɕiu^{45}pi^{0}tsɔ^{45}</td><td>奶 næ^{45}</td></tr>
<tr><td>白 槎</td><td>指婆儿 tsɿ^{42}p'or^{214}</td><td>妈儿 mar^{312}</td></tr>
<tr><td>浮 梁</td><td>手指甲儿 ɕiɛu^{31}tɕi^{31}kor^{213}</td><td>奶儿 na^{24}ȵi^{0}</td></tr>
<tr><td>婺 源</td><td>手□甲 sa^{2}li^{0}kɵ^{51}</td><td>奶 nĩ^{35}</td></tr>
<tr><td>上 饶</td><td>手甲 ɕiu^{43}kɐʔ^{5}</td><td>奶 ne^{44} / 奶奶 ne^{44}ne^{44}</td></tr>
<tr><td>广 丰</td><td>指□甲 tse^{43}læʔ^{0}kæʔ^{5}</td><td>奶 nɑ^{44} / 奶奶 nɑ^{44}nɑ^{44}</td></tr>
<tr><td>铜 山</td><td>指儿甲 tɕien^{44}ka^{42}</td><td>奶囝 ne^{44}kiã^{443} | 奶 ne^{44}</td></tr>
</table>

	206	207
	肚子~疼	肛门
南 昌	肚子 tu²¹³tsɿ⁰	屁眼 pʻi²¹³ŋan²¹³
修 水	肚子 tu²¹tsɿ⁰	屁眼 bi³⁵ŋan²¹
湖 口	肚子 tu³⁴³tsɿ³⁴³	屁股眼嘚 bi²¹³ku³⁴³ŋan³⁴³tɛ⁰
鄱 阳	肚子 tu⁴²tsɿ⁰	屁眼子 pʻi³⁵ŋan⁴²tsɿ⁰
铅 山	肚 tʻu³³	屎窟眼 sɿ⁴⁵kʻueʔ⁴ŋan⁴⁵
抚 州	肚子 tu⁴⁵tsɿ⁰	屁眼 pʻi⁴¹ŋan⁴⁵
资 溪	肚子 tu³⁵tsɿ⁰	屁眼 pʻi⁵³ŋan³⁵
宜 黄	肚崽 fu⁴²tɛi⁰	屁眼 pʻi⁴²ŋan⁴⁵³
丰 城	肚子 tʻu²¹³tsɿ⁰	屁股眼 pʻi²¹³ku⁴¹ŋan⁴¹
高 安	肚哩 tʻu²²li⁰	屁股眼哩 pʻi⁴⁴ku⁴²ŋan⁴²li⁰
新 余	肚子 tu¹²tsɿ⁰	屁股眼 pʻiɛ⁴²ku²¹nan²¹
吉 安	肚子 tu⁵³tsɿ⁰	屁股眼 pʻi²¹⁴ku⁵³ŋan⁵³
遂 川	肚□ tʻu³⁵pi⁵⁵	屁股眼 pʻi⁵⁵kuɜ³ŋan³¹
宁 都	肚笋 tʻu⁴²lo¹³	屎窟眼 ɕi⁴²fut³²ŋan²¹⁴
瑞 金	肚笋 tʻu⁴⁴lo³⁵	屎窟眼 sɿ⁴⁴vuiʔ²ŋan²¹²
于 都	肚笋 tu³⁵lɤ⁴⁴	屎窟眼 ʃɿ³⁵fɛʔ⁵ŋã³⁵
赣 县	肚 tu⁵³	屎窟眼 sɿ⁵³fɛʔ³²ŋã⁵³
南 康	肚 tʻu³³	屎窟眼 sɿ²¹fæ²⁴ŋã²¹
龙 南	肚 tu⁵³	屎窟眼 sɿ⁵³fəʔ⁴³ȵain⁵³
寻 乌	肚 tu⁴²	屎窟眼 sɿ⁴²fuiʔ²¹ŋan⁴²
黄 坳	肚□ tu³¹pʻai⁵³	屎窟眼 sɿ³¹fuk²ŋan³¹
铜 鼓	肚子 tu⁵¹tsɿ⁰	屁股眼 pʻi⁵¹ku²¹ŋan²¹
大 溪	肚 tu⁵²	屎窟洞 sɿ⁴³kʻuəʔ⁴tʻəŋ⁴³⁵
太 源	肚 tu³²⁵	屎窟眼 sɿ³⁵feʔ⁴ȵian³²⁵
九 江	肚子 təu²¹³tsɿ⁰	屁眼 pʻi²¹ŋan²¹³
赣 州	肚子 tu²¹²tsɿ⁰	屁股眼 pi²¹²ku⁴⁵iĩn⁴⁵
白 槎	肚子 təu³¹²tsɿ⁰	屁眼儿 pʻi³¹²iar²¹⁴
浮 梁	肚儿 tuər²¹³	屁股眼儿 pʻɛ²¹³ku⁰ŋo³¹ȵi⁰
婺 源	肚 tʻu³¹	屁股眼 pʻi³⁵ku³⁵ŋẽ³¹
上 饶	肚 du²³¹	屎窟洞 ɕi⁴³kʻurʔ⁴doŋ²¹²
广 丰	腹 puʔ⁵	股臀肉 guʔ²tuẽn⁴⁴tɕʻyoŋ⁴⁴
铜 山	腹肚 pæʔ⁴tɔ⁴⁴³	尻川空 kʻa⁴⁴tsʻən³³kʻan³³

	208 男阴	209 男女交合
南 昌	卵 lon²¹³	戳鳖 tsʻɔʔ⁵piet⁵
修 水	卵 lon²¹ / □崽 guɛ⁵⁵tsai²¹	戳鳖 dzɔʔ³²piet⁴²
湖 口	□ kɛ⁴⁵⁵	戳屄 dzo²¹³pi⁴²
鄱 阳	卵 luõn⁴²	戳鳖 tsʻo⁴⁴pie⁴⁴
铅 山	脧儿 tsoi³³n̪i⁰	戳鳖 tsʻɛʔ⁴pieʔ⁴
抚 州	卵（子）lon⁴⁵（tsɿ⁰）	戳鳖 tsʻoʔ²piet²
资 溪	卵 lon³⁵	戳鳖 tʻɔʔ³piet³
宜 黄	卵（子）lon⁴⁵³（tsɿ⁰）	戳鳖 tʻɔʔ²piet²
丰 城	卵 lɔn⁴¹/ 鸡巴 tɕi³⁵pa⁰	戳鳖 tsʻɔʔ³²pieʔ³²
高 安	卵子 lɔn⁴²tsu⁰	戳鳖 tsʻɔk⁵piet⁵
新 余	卵 luon²¹³	戳鳖 tsʻɔʔ³⁴pieʔ⁵
吉 安	卵 lon⁵³	戳鳖 tsʻo³³⁴pie³³⁴
遂 川	卵嗝 luẽn³⁵tɛ⁰	戳鳖 tsʻo⁵⁵pæ⁵³
宁 都	卵 luon²¹⁴	屌鳖 tiau³¹piet³²
瑞 金	卵砣 luɛn⁴⁴tʻo³⁵	屌鳖 tiɔ⁴²pieʔ²
于 都	卵□ luɛ̃³⁵kuɛ⁴²	屌鳖 tiɔ⁴²pieʔ⁵
赣 县	卵 lɔ̃⁵³	屌鳖 tiɔ⁵³pieʔ³²
南 康	鸟巴嘞 tiɔ²¹pa⁵³le⁰/卵砣 luɛ̃²¹tʻo¹¹	屌鳖 tiɔ⁵³pie⁵³
龙 南	卵嗝 luɔn⁵³tɛʔ⁰	屌斐鳖 tiau⁵³tsɿ²⁴pieʔ⁴³
寻 乌	卵 luan⁴²	屌斐鳖 tiau⁵⁵tsɿ²⁴pieʔ²¹
黄 坳	卵 luan³¹	屌鳖 tiau⁵³piet²
铜 鼓	卵子 lɔn²¹tsɿ⁰	戳鳖 tsʻɔkʼ³pit³
大 溪	卵 luon⁴³³	戳鳖 tsʻəʔ⁴pieʔ⁴⁵
太 源	膦 lin³²⁵	戳斐 tʃʻɔʔ⁴tsɿ⁴⁴
九 江	鸡巴 tɕi³¹pa⁰	戳屄 tsʻo⁵³pi³¹
赣 州	鸟巴子 tiɔ³³pa³³tsɿ⁰	屌鳖 tiɔ⁴⁵pæ³³
白 槎	鸡巴 tɕi⁴²pa⁰	屌鳖 tiau²¹⁴pie⁴²
浮 梁	鸟□儿 tiau³¹po³³n̪i⁰	戳屄 tsʻau²¹³pie²¹³
婺 源	菩蒂 pʻu¹¹ti³⁵ / 菩鸟 pʻu¹¹tiɔ³⁵	戳屄 tsʻɔ⁵¹pʻi⁵¹
上 饶	卵 luẽn²³¹	戳屄 tsʻɛʔ⁴pieʔ⁵
广 丰	脧 tsuɐi⁴⁴	戳屄 tsʻuæʔ⁴be²⁴
铜 山	卵鸟 lan²¹tɕiau⁴⁴³	戳□□ tsʻo⁴⁴tɕi³³bai³³

	210 脚称整个下肢	211 膝盖
南昌	脚 tɕiɔʔ^5	膝头盖 sɛt^{2}tʰɛu^{0}kai^{45}/□膝 kʰiɛt^{5}ɕit^0
修水	脚 tɕiɔʔ^{42}	膝头盖 ɕit^{42}dɛi^{24}kɛi^{55}
湖口	脚 tɕiɔ^{455}	膝包嘚 sɛ^{455}pau^{42}te^0
鄱阳	脚 tɕio^{44}	□头母子 kʰə^{44}tʰəu^{24}mu^{42}tsɿ^0
铅山	脚 tɕiɐʔ^4	猫儿头 miau^{33}n̩i^{33}tʰɛu^{24}
抚州	脚 tɕioʔ^2	膝头骨 sɛt^{2}tʰɛu^{2}kuʔ^2
资溪	腿 tɕiɔʔ^3	膝头 sot^{3}xɛu^0
宜黄	脚 tɕiɔʔ^5	膝头骨 ɕit^{2}xɛu^{45}kut^2
丰城	脚 tɕiɔʔ^{32}	膝脑盖 ɕiʔ^{32}nau^{41}kei^0
高安	脚 tɕiɔk^5	怀边子 xɔi^{213}piɛn^{35}tsu^0
新余	脚 tɕiɔʔ^5	膝佬牯 səʔ^{5}lau^{21}ku^0
吉安	脚 tɕio^{334}	膝头牯哩 tɕʰi^{334}tʰɛu^{21}ku^{53}li^0
遂川	脚 tɕio^{55}	膝盖脑 tɕʰi^{55}kuɛ^{214}lɒ^{31}
宁都	脚 tsɔt^{32}	膝盖脑 tɕʰit^{32}kɔi^{31}nau^{42}
瑞金	脚 tɕiɔʔ^2	膝头盖子 tɕʰiʔ^{2}tʰɤ^{35}kuɛ^{42}tsɿ^0
于都	脚□ tɕiɤʔ^{5}kuɛ^{42}	膝头脑 tsʰiɛʔ^{5}tʰy^{44}nɔ^{35}
赣县	脚 tɕiɔʔ^{32}	膝头盖 ɕiɛ^{32}tʰe^{212}kue^{44}
南康	脚 tɕio^{53}	膝头盖 tɕʰi^{53}tʰɛ^{11}kuæ^{53}
龙南	脚 tɕiɔʔ^{43}	膝头盖 tɕʰieʔ^{43}tʰɛu^{312}kɔi^{44}
寻乌	脚 kiɔʔ^{21}	膝头 tɕʰiʔ^{21}tʰiu^{214}
黄坳	脚 tɕiɔk^2	膝头盖 tɕʰit^{2}tʰɛu^{212}kɔi^{53}
铜鼓	脚 tɕiɔk^3	膝头 tɕʰit^{3}tʰɛu^{13}
大溪	脚 tɕyɤʔ^{45}	膝头脑 tɕʰiʔ^{4}tʰɛ^{21}no^{433}
太源	脚 tɕiɔʔ^4	脚骨头 tɕiɔʔ^{4}kuɛ^{2}tʰɛu^{212}
九江	脚 tɕio^{53}	□膝波儿 kʰai^{53}tɕʰi^{53}po^{31}ɚ^0
赣州	脚 tɕio^{212}	膝头盖 tɕʰiɛʔ^{32}tʰieu^{42}kiɛ^{212}
白槎	脚 tɕio^{42}	膝包子 tɕʰi^{42}pau^{42}tsɿ^0
浮梁	腿儿 tʰər^{31}	猫儿头 mau^{55}n̩i^{0}tʰau^{24}
婺源	脚 tɕiɒ^{51}	脚膝头 tɕiɒ^{51}tsʰa^{51}tʰa^{11}
上饶	脚 tɕiɐʔ^5	猫咪头 mɔu^{44}mi^{52}de^0
广丰	骹 kʰɑu^{44}	猫儿头 mɑu^{44}nɲ̩^{52}dɤu^0
铜山	骹 kʰa^{33}	骹头□ kʰa^{33}tʰau^{21}u^{443}

	212 脚跟	213 讳称小儿生病
南 昌	脚脖 tɕioʔ⁵tsaŋ⁰	病了 pian²¹lieu⁰
修 水	脚脖 tɕioʔ⁴²tsaŋ³⁴	变狗 pien⁵⁵kei²¹
胡 口	脚脖 tɕio⁴⁵⁵tsen⁴²	不好过 pu⁴⁵⁵xau³⁴³ku⁴⁵⁵
鄱 阳	脚脖 tɕio⁴⁴tsən²¹	做狗子 tso³⁵kəu⁴²tsɿ⁰
铅 山	脚脖 tɕiɛʔ⁴tsen³³	做狗 tso²¹keu⁴⁵
抚 州	脚脖 tɕioʔ²tsaŋ³²	做狗嘚 tsɿ⁴¹kieu⁴⁵tɛʔ⁰
资 溪	脚脖 tɕioʔ⁵tsaŋ³²	寒里 xom¹³li⁰
宜 黄	脚脖 tɕioʔ²taŋ³³	受寒 ɕieu⁴²ham⁴⁵
丰 城	脚脖 tɕioʔ³²tsaŋ³⁵	
高 安	后脖子 xɛu²²tsaŋ³⁵tsu⁰	冷寒得 laŋ⁴²xɔn²¹³tet⁰
新 余	脚脖 tɕioʔ⁵tɕiaŋ⁴²	人不好过 nin⁴²pʌʔ⁵xau²¹kuo⁴²
吉 安	后□ xɛu²¹⁴nan²¹	做狗狗 tso²¹⁴keu⁵³keu⁰
遂 川	脚脖 tɕio⁵⁵tsã⁵³	唔乖 ɔ̃ŋ²²kuæ⁵³
宁 都	脚后脖 tsɔk³²xəu⁴⁴tsaŋ⁴⁴	做狗子 tso³¹kəu²¹⁴tsə⁰
瑞 金	脚脖 tɕioʔ²tsaŋ⁴⁴	做狗 tso⁴²kɤ²¹²
于 都	脚脖 tɕiɤʔ⁵tsã³¹	唔舒服 ŋ̩²¹²su⁴⁴fu⁴²
赣 县	脚脖 tɕioʔ³²tsã²⁴	□□ ua⁴⁴tsɿ⁰
南 康	脚脖 tɕio⁵³tsã³³	唔舒服 ən⁵³su³³fu⁵³
龙 南	脚脖 tɕioʔ⁴³tsaŋ²⁴	唔听话 ŋ̩⁵³tʰiaŋ²⁴va²²
寻 乌	脚脖 kiɔʔ²¹tsaŋ²⁴	唔乖 ŋ̩²¹⁴kai²⁴
黄 坳	脚脖 tɕiɔk²tsaŋ²⁴	变狗 pian⁵³kieu³¹
铜 鼓	脚脖 tɕiɔk³tsaŋ²¹⁴	伤魂 sɔŋ²¹⁴fən¹³
大 溪	脚脖 tɕyɔʔ⁴ten³³	做狗嘞 tso⁴³kɛ⁴³lɿʔ⁰
太 源	脚踭 tɕioʔ⁴tsaŋ⁴⁴	做狗崽 tso⁴²kau³⁵tsɔi³²⁵
九 江	脚后跟 tɕio⁵³xəu²¹kən³¹	不好过 pu⁵³xau²¹³ko²¹
赣 州	脚脖 tɕioʔ³²tsən³³	不舒服 pɤʔ³²ɕy³³foʔ³²
白 槎	脚跟 tɕio⁴²kən⁴²	不舒服 pu⁵⁵su⁴²fu⁰
浮 梁	后脚□儿 xau³³tɕia²¹³mər⁰	做狗 tso²¹³kau³¹
婺 源	脚脖 tɕio⁵¹tsɔ̃⁵⁵	不好过 pu⁵¹xɔ²ku³⁵/不爽皮 pu⁵¹suã²pʰi¹¹
上 饶	脚脖 tɕiɛʔ⁴tẽn⁴⁴	做狗 tso⁴³ke⁵²
广 丰	骹脖 kʰau⁴⁴tæn⁴⁴	做狗 tso⁴⁴ku⁵²
铜 山	骹后脖 kʰaˀ³³au²¹tˀi³³	做狗 tsuəi⁴⁴kau⁴⁴³

	214	215
	发烧	咳嗽
南 昌	发烧 fat⁵sɛu⁴²	咳 kʻiɛt⁵
修 水	发烧 fæt⁴²sau³⁴	吭 xaŋ²¹
湖 口	发烧 fa⁴⁵⁵ʂau⁴²	吭 xan⁴⁵⁵
鄱 阳	发烧 fɔ⁴⁴sau²¹	咳 kʻɔ⁴⁴
铅 山	蒸烧热 tsen³³sau³³ȵiɛʔ⁴	吭 kʻon⁴⁵
抚 州	发烧 fat²sɛu³²	吭 kʻom⁴⁵
资 溪	发热 fat³lɛt³	吭 kʻom³⁵
宜 黄	发烧 fat²sau³³	吭 kʻom⁴⁵³
丰 城	发烧 fæʔ³²sau³⁵	吭 kʻɔn⁴¹
高 安	发烧 fat⁵sɛu³⁵	咳 kʻiɛt⁵
新 余	发烧 faiʔ⁵sɛu⁴⁵	咳 kʻiɛʔ³⁴
吉 安	发烧 fa³³⁴sau³³⁴	咳 kʻɛ³³⁴
遂 川	发烧 fa⁵⁵sɔ⁵³	咳 kʻiɛ⁵⁵
宁 都	发烧 fat³²sau⁴²	咳吷 kʻək³²pʻuoi³¹
瑞 金	□滚 paʔ⁴kuin²¹²	咳 kʻeʔ²
于 都	发烧 fa³²³sɔ³¹	咳 kʻa³²³
赣 县	发烧 faʔ³²sɔ²⁴	咳 kʻɛʔ³²
南 康	发热 fa⁵³ȵie⁵³	咳 kʻæ⁵³
龙 南	发烧 fæʔ⁴³sau²⁴	吭 kʻien⁵³
寻 乌	发烧 faiʔ²¹sau²⁴	□ tsʻoʔ³²¹
黄 坳	发热 fait²ȵiɛt⁵	□ tsʻuk²
铜 鼓	发烧 fat³sɛu²¹⁴	□ tsʻuk³
大 溪	蒸烧热 tsen³³sau³³ȵiɛʔ⁴	吭 kʻuon⁴³³
太 源	发烧 xaiʔ⁴sɛu⁴⁴	□ kʻɔŋ³²⁵
九 江	发烧 fɔ⁵³sau³¹	咳嗽 kʻai⁵³səu²¹
赣 州	发热 faʔ³²iɛ²¹²	咳嗽 kʻɤʔ³²ɕio²¹²
白 槎	发烧 fa³¹²sau⁴²	发咳 fa⁴²kʻɛ⁵⁵
浮 梁	发烧 fo²¹³ɕiau⁵⁵	嗽 ʂau²¹³
婺 源	博烧 pɔ⁵¹sɔ⁵⁵	咳 kʻɔ⁵¹
上 饶	发烧热 fɛʔ⁴ɕiɔu⁴⁴ȵiɛʔ²³	咳 kʻe⁵²
广 丰	发烧热 fæʔ⁴ɕiæɯ⁴⁴ȵiæʔ⁵	咳 kʻe⁵²
铜 山	发烧热 fuæʔ⁴ɕiə³³liæʔ⁴	嗽 sau²¹

	216	217
	腹泻	呕吐
南 昌	泻肚子 ɕia⁴⁵tu²¹³tsʅ⁰	呕 ŋɛu²¹³
修 水	泻肚子 ɕia⁵⁵tu²¹tsʅ⁰	呕 ŋei²¹
湖 口	拉肚子 la⁴²tu³⁴³tsʅ⁰	呕 ŋɛu³⁴³
鄱 阳	泻肚子 ɕiɒ³⁵tu⁴²tsʅ⁰	吐 tʻu⁴²
铅 山	泄肚 ɕiɛʔ⁴tʻu³³	吐 tʻu²¹
抚 州	泻肚子 ɕia⁴¹tu⁴⁵tsʅ⁰	吐 tʻu⁴¹ / 呕 ŋɛu⁴⁵
资 溪	走脚 tsɛu³⁵tɕiɔʔ³	吐 tʻu⁵³
宜 黄	泻肚崽 ɕia⁴²fu⁴²tɛi⁰	吐 fu⁴²
丰 城	泻肚 ɕia²⁴tʻu²¹³	呕 ŋɛu⁴¹
高 安	泄肚 siɛt⁵tʻu²²	呕 ŋɛu⁴²
新 余	泄肚 soʔ⁵tʻu¹²	呕 ɛu²¹³
吉 安	屙肚子 ŋo³³⁴tu⁵³tsʅ⁰	呕 ŋɛu⁵³
遂 川	泄肚 ɕia⁵⁵tʻu³⁵	呕 iə³¹
宁 都	泻肚子 sia³¹tu⁴²tsə⁰	呕 ŋəu²¹⁴
瑞 金	泄肚 ɕiɛʔ²tʻu⁴⁴	呕 ɣ²¹²
于 都	屙肚 ɣ³¹tʻu³¹	呕 y³⁵
赣 县	屙肚 əu²⁴tu⁵³	呕 e⁵³
南 康	屙肚 o³³tʻu³³	呕 ɛ²¹
龙 南	泄肚 ɕiɛʔ⁴³tu⁵³	呕 ɛu⁵³
寻 乌	屙泄肚 o²⁴ɕiɛʔ²¹tu⁴²	呕 ɪu⁴²
黄 坳	肚□唔好 tu²¹pʻai⁵³m̩²¹²xau³¹	呕 ɛu³¹
铜 鼓	泄肚 ɕiɛt³tʻu⁵³	呕吐 ɛu²¹
大 溪	泻肚 ɕia⁴³tu⁵²	吐 tʻu⁵²
太 源	泄肚 siɛʔ⁴tu³²⁵	呕 au³²⁵
九 江	拉肚子 lɒ³¹təu²¹³tsʅ⁰	吐 tʻəu²¹
赣 州	屙肚子 o³³tu²¹²tsʅ⁰	呕 n.ieu⁴⁵
白 槎	屙肚子 o⁴²təu³¹²tsʅ⁰	呕 ŋəu²¹⁴
浮 梁	泻肚 ɕiɛ²¹³tʻɛu³³	吐 tʻɛu²¹³
婺 源	泻肚 se⁵¹tʻu³¹	□ vɵ⁵¹
上 饶	泻肚 se⁴³du²³¹	吐 tʻu⁴³⁴
广 丰	腹泄 puʔ⁵ɕiæʔ⁵/ 泄腹 ɕiæʔ⁴puʔ⁵	吐 tʻuɣ⁴³⁴
铜 山	泻腹 ɕia⁴⁴pæ⁴²	吐 tʻɔ²¹

	218 作呕 欲吐未吐	219 （嗓音）嘶哑	220 发疟疾
南昌	作呕 tsɔʔ⁵ŋɛu²¹³	哑 ŋa²¹³	打脾寒 ta²¹³pʰi²⁴xon⁰
修水	作呕 tsɔʔ⁴²ŋɛi²¹	咽 iɛt⁴²	打摆子 ta²¹pai²¹tsʮ⁰
湖口	作□ tsɔ⁴⁵⁵ion³⁴³	咽 iɛ⁴⁵⁵	打皮寒 ta³⁴³bi²¹¹xon⁰
鄱阳	打□ tɒ⁴²pɒ³⁵	咽 iɛ⁴⁴	打脾寒 ta⁴²pʰi²⁴xuõn²⁴
铅山	作□ tsɐʔ⁴uon²¹	瞎 xɐʔ⁴	打摆子 ta⁴⁵pai⁴⁵tsʮ⁰
抚州	作呕 tsɔʔ²ŋɛu⁴⁵	咽 iɛʔ²	打摆子 ta⁴⁵pai⁴⁵tsʮ⁰
资溪	作呕 tsɔʔ³ŋɛu³⁵	咽 iɛn²²	打脾寒 ta³⁵pʰi¹³xon¹³
宜黄	想吐 ɕiɔŋ⁴⁵³fu⁴²	□哑 kʰatʔia⁴⁵³	打摆子 ta⁴⁵³pai⁴⁵³tsʮ⁰
丰城	作呕 tsɔʔ³²ŋɛu⁴¹	干 kɔn³⁵	打摆子 ta⁴¹pai⁴¹tsʮ⁰
高安	作呕 tsɔk⁵ŋɛu⁴²	咽声 iɛt⁵saŋ³⁵	打摆子 ta⁴²pai⁴²tsu⁰
新余	作呕 tsɔʔ⁵ɛu²¹³	咽声 iɛʔ⁵saŋ⁴⁵	打摆子 ta²¹³pai²¹tsʮ⁰
吉安	作呕 tso³³⁴ŋɛu⁵³	哑 ŋa⁵³	打摆子 ta⁵³pai⁵³tsʮ⁰
遂川	作呕 tso⁵⁵iə³¹	哑 a³¹	打摆子 ta³¹pæ⁵⁵tsʮ⁰
宁都	作呕 tsɔt³²ŋəu²¹⁴	咽嗓 iak³²sɔŋ²¹⁴	打摆子 ta²¹⁴pai⁴²tsə⁰
瑞金	作闷 tsɔʔ²min⁵¹	□咽 maʔ²iɛʔ²	打摆子 ta⁴⁴pe⁴⁴tsʮ⁰
于都	作呕 tsɣʔ⁵y³⁵	沙哑 sa⁴⁴ia²¹²	打摆子 ta³⁵pæ³⁵tsʮ⁰
赣县	想呕 ɕiɔ̃⁵³e⁵³	哑 ŋa⁵³	打摆子 ta⁵³pæ⁵³tsʮ⁰
南康	作呕 tso⁵³ɛ²¹	□ ma¹¹	打摆子 ta²¹pæ²¹tsʮ⁰
龙南	作呕 tsɔʔ⁴³ɛu⁵³	哑 ia⁵³	打仗 ta⁵³tsɔŋ⁴⁴
寻乌	想呕 ɕiɔŋ⁴²ru⁴²	哑 a⁴²	打摆子 ta⁴²pai⁴²tsʮ⁰
黄坳	□□ tɕʰiaʔ⁵³nin²⁴	哑 a³¹	打摆子 ta³¹pai³¹tsʮ⁰
铜鼓	作呕 tsɔt³ɛu²¹	哑 a²¹	打摆子 ta²¹pai²¹tsʮ⁰
大溪	作□ tsəʔ⁴uon⁵²	瞎 xɐʔ⁴⁵	打摆子 ta⁴³pæ⁴³tsʮ⁰
太源	打□ taŋ³⁵vɔʔ⁴	瞎 xaʔ⁴	发脾寒 xaiʔ⁴pʰi²⁴xʌn²¹²
九江	作呕 tso⁵³ŋəu²¹³	咽 iɛ⁵³	打摆子 tɒ²¹³pai²¹³tsʮ⁰
赣州	作呕 tsɔʔ³²n̠ieu⁴⁵	哑 ia⁴⁵	打摆子 ta⁴⁵pæ⁴⁵tsʮ⁰
白槎	作□ tso⁴²pau³¹²	□ n̠ie³¹²	打脾寒 ta²¹⁴pʰi⁵⁵xan⁵⁵
浮梁	发□ fo²¹³ŋau²¹³	哑 ŋo³¹	打脾寒 ta³¹pʰɛ²⁴xɛn⁰
婺源	发□ fə⁵¹ɡɒ⁵¹	哑 ɡə²	打脾寒 ta²pʰi¹¹xum¹¹
上饶	作□ tsɐʔ⁴uõn⁴³⁴	瞎 xɐʔ⁵	打摆子 ta⁴³pæ⁴³tsʮ⁰
广丰	作□ tsuæʔ⁴yãn⁴³⁴	瞎 xæʔ⁵	打半工 tai⁴³puɛn⁴⁴koŋ⁴⁴
铜山	作□ tsuæʔ⁴yãn⁴³⁴	哑 e⁴⁴³	拍半寒 pʰa⁴⁴puã⁴⁴kua²⁴

	221 出麻疹	222 中暑
南　昌	出喜事 tsʻu²ɕi²¹³sɿ²¹	闭痧 pi⁴⁵sa⁴²
修　水	小凉 ɕiau²¹dioŋ²⁴	闭痧 pit⁴²sa³⁴
湖　口	过种 ku⁴⁵⁵tʂoŋ⁴⁴⁵	闭痧 pi⁴⁵⁵sa⁴²
鄱　阳	过麻 ko³⁵mɒ²⁴	闭唡 pi³⁵lie⁰ / 发痧 fɒ⁴⁴sɒ²¹
铅　山	种麻 tʃoŋ²¹ma²⁴	发痧 feʔ⁴sa³³
抚　州	过娘娘 kuo⁴¹ȵioŋ²⁴ȵioŋ⁰	闭痧 pi⁴¹sa³²
资　溪	过喜事 kuo⁵³ɕi³⁵sɿ²²	闭痧 pi⁵³sa³¹
宜　黄	过娘娘 kuo⁴²ȵioŋ⁴⁵ȵioŋ⁰	闭痧 pi⁴²sa³³
丰　城	出麻子 tsʻuɵʔ³²ma³³tsɿ⁰	闭痧 pi²¹³sa³⁵
高　安	出休 tʃɵt⁵ɕiu³⁵	闭痧 pi⁴⁴sa³⁵
新　余	出麻子 tʻʌʔ³⁴ma⁴²tsɿ⁰	闭痧 pi⁴²sa⁴⁵
吉　安	出麻疹 tsʻu³³⁴ma²¹tsɿ⁰	闭痧 pi²¹⁴sa³³⁴
遂　川	出麻花 tsʻo⁵⁵ma²²xua⁵³	闭痧 pi⁵⁵sa⁵³
宁　都	做细婆婆 tso³¹ɕie³¹pʻo¹³po¹³	发痧 fat³²sa⁴²
瑞　金	做麻 tso⁴²ma³⁵	中到热气 tsɣŋ⁴²tɔ⁰ȵiɛ²tɕʻi⁴²
于　都	做好事 tsɣ³²³xɔ³⁵sɿ⁴²	闭到热气 pe³²³tɔ³²³ȵiɛ⁴²ɕi³²³
赣　县	出麻子 tsʻoʔ³²ma²¹²tsɿ⁰	闭痧 pi⁴⁴sa²⁴
南　康	出麻嘞 tɕʻiə²⁴ma¹¹lə⁰	闭痧 pi⁵³sa³³
龙　南	出 / □麻喏 tsʻeʔ⁴³ / xɔŋ⁴⁴ma³¹²teʔ⁰	发痧 fæʔ⁴³sa²⁴
寻　乌	做麻子 tso⁵⁵ma²¹⁴tsɿ⁴²	发痧 faiʔ²¹sa²⁴
黄　坳	出麻子 tsʻuit²ma²¹²tsɿ⁰	闭痧 pi⁵³sa²⁴
铜　鼓	出麻子 tsʻuk³ma¹³tsɿ⁰	发痧 fat³sa²¹⁴
大　溪	种麻 tsəŋ⁵²ma²¹³	发癍 feʔ⁴pan³³
太　源	过麻 ku⁴⁴ma²¹²	发痧 xaiʔ⁴sa⁴⁴
九　江	过小喜 kuɒ²¹ɕiau²¹³ɕi²¹³	发痧 fɔ⁵³sɒ³¹
赣　州	做麻 tso²¹²ma⁴²	闭痧 pi²¹²sa³³
白　槎	出豆子 tʂʻʯ⁵⁵təu³¹²tsɿ⁰	发痧 fa⁴²sa⁴²
浮　梁	过麻儿 kuo²¹³mor²⁴	闭□ pʻɛ²¹³ti⁰
婆　源	出麻 tɕʻyo⁵¹bɵ¹¹	发痧 fe⁵¹sɵ⁰
上　饶	种麻 tɕyoŋ⁴⁴ma⁴²³	闭痧 pi⁴³sa⁴⁴
广　丰	种麻 ioŋ⁴⁴mɑ²³¹	闭痧 pe⁴⁴sa⁴⁴
铜　山	出瘄 tsʻuəʔ⁴m̩²⁴	闭痧 pi⁴⁴se³³

	223	224
	皮肤上被蚊虫叮咬而成的疙瘩	兔唇
南 昌	疱 pau⁴²	缺子 tɕʻyot⁵tsɿ⁰
修 水	疱 pau³⁴	缺嘴 guɛt³²tɕi²¹
湖 口	疱 pau⁴²	缺嘴 dzyɛ²¹³tɕy³⁴³
鄱 阳	疹疹子 tsən⁴²tsən⁴²tsɿ⁰	缺嘴 tɕʻye⁴⁴tsɛi⁴²
铅 山	昹 nan²¹	缺嘴 tɕʻyɛʔ⁴tɕi⁴⁵
抚 州	□ pʻoʔ⁵	缺嘴 tɕʻyot²tɕi⁴⁵
资 溪	疱 pau³¹	缺崽 tɕʻiɔt³tsoi³⁵
宜 黄	疱 pou³³	缺嘴巴 tɕʻiɛt²tɕi⁴⁵³pa⁰
丰 城	疱 pau³⁵	缺嘴 ɕyɛʔ³²tɕi⁴¹
高 安	疱 pau³⁵	缺皮哩 tɕʻyot⁵pʻi⁰li⁰
新 余	波 po⁴⁵	缺嘴巴 tɕʻiuʌʔ³⁴tɕi²¹pa⁰
吉 安	疱 pau³³⁴	缺嘴 tɕʻye³³⁴tɕi⁵³
遂 川	□□ ɕi²²to³⁵	缺嘚 tɕʻye⁵⁵te⁰
宁 都	□ pok³²	缺嘴 tsʻat³²tsoi²¹⁴
瑞 金	□ pʌʔ⁴	缺嘴 tɕʻiɛʔ²tsuɛ²¹²
于 都	疱 pɔ³¹	缺嘴子 tɕʻye³²³tsuɛ³⁵tsɿ⁰
赣 县	□ pʻɔ⁴⁴	缺嘴子 tsʻiɛʔ³²tsue⁵³tsɿ⁰
南 康	□ pʻo⁵³	缺嘴嘞 tɕʻye²⁴tsuæ²¹lə⁰
龙 南	□ pu³¹²	裂嘴 liɛʔ⁴³tsi⁵³
寻 乌	□子 pʻuʔ²¹tsɿ⁰	缺嘴 kʻiɛʔ²¹tsuɛi⁴²
黄 坳	□ pʻu⁵³	缺嘴子 kʻiɛt²tsɔi³¹tsɿ⁰
铜 鼓	疱 pau²¹⁴	缺嘴唇皮 tɕʻiɔk⁵tui²¹tsʻən¹³pʻi¹³
大 溪	疱 pau³³	缺嘴 tɕʻyɛʔ⁴tsuɛ⁴³³
太 源	□ tsʻɔi⁴²	缺嘴 ɕiɛʔ⁴tʃʻi³²⁵
九 江	疱 pau³¹	缺嘴 tʂʻɿɑi⁵³tsei²¹³
赣 州	疱 pɔ³³	缺嘴子 tɕʻyɛʔ³²tsue⁴⁵tsɿ⁰
白 槎	疙瘩 kɛ⁴²ta⁰	豁嘴 xo⁴²tsei⁵⁵
浮 梁	疱 pau⁵⁵	缺嘴儿 tɕʻye²¹³tsər⁰
婺 源	疱 pɔ⁵⁵	缺嘴 tɕʻyø⁵¹tsi²
上 饶	膿 lui²³¹	缺嘴 tɕʻyæ⁴tsui⁵²
广 丰	昹 nãn²¹² / 膿 luɐi²⁴	缺嘴 kʻiæʔ⁴tɕy⁵²
铜 山	膿 lui⁵⁵	缺喙 kʻi⁴⁴tsʻui²¹

第五章·江西方言代表方言點詞語對照

	225 斜视眼一眼视线偏斜，非斗鸡眼	226 雀斑 脸上黄褐或黑褐色的斑点，非麻子
南 昌	□眼哩 tia⁴⁵ŋan⁰li⁰	雀斑 tɕʻiɔʔ⁵pan⁴²
修 水	斜眼 dʑia²⁴ŋan²¹	雀斑 dʑiɔʔ³²pan³⁴
湖 口	鹞眼 iau²¹³ŋan³⁴³	□□嘚 lu²¹¹lu⁴⁵⁵tɛ⁰
鄱 阳	斗子 təu³⁵tsɿ⁰	麻鸟子斑 mɒ²⁴tiau⁴²tsɿ⁰pan²¹
铅 山	睄子眼 sau²⁴tsɿ⁰ŋan⁴⁵	雀鸦斑 tɕiɛʔ²ŋa³³pan³³
抚 州	斜眼子 tɕʻia²⁴ŋan⁴⁵tsɿ⁰/洋花眼 iɔŋ²⁴faˀ⁰ŋan⁴⁵	雀斑 tɕʻiɔʔ²pan³³
资 溪	斗□眼 tɛu⁵³iu⁵³ŋan³⁵	斑 pan³¹
宜 黄	斜眼子 tɕʻia⁴⁵ŋan⁴⁵³tsɿ⁰/□眼 ko⁴⁵³ŋan⁴⁵³	笋壳斑 ɕin⁴⁵³kʻɔʔ²pan³³
丰 城	□丝眼 iɔŋ³³sɿ³⁵ŋan⁴¹	□子 tɕiu⁴¹tsɿ⁰
高 安	斜眼哩 ɕia²¹³ŋan⁴²li⁰	油点 iu²¹³liɛn⁰
新 余	斜眼 ɕia⁴²naŋ⁰	油点 iu⁴²liɛn²¹
吉 安	斜眼 ɕia²¹ŋan⁵³	雀斑 tɕʻyɛ³³⁴pan³³⁴
遂 川	斜眼 ɕia²²ŋan³¹	苍蝇屎 tsʻõ⁵³in⁵³sɿ³¹
宁 都	□佬 tɕiau¹³lau⁴²	乌蝇斑 vu⁴²in¹³pan⁴²
瑞 金	斜眼 tɕʻia³⁵ŋan²¹²	斑 pan⁴⁴
于 都	歪眼 vuɛ³¹ŋã³⁵tsɿ⁰	乌斑 vu³¹pã³¹
赣 县	斜眼 tɕʻia²¹²ŋã⁵³	麻斑 ma²¹²pã²⁴
南 康	斜眼嘞 tɕʻia¹¹ŋã²¹lə⁰	乌蝇屎 vu³³iəŋ³³sɿ²¹
龙 南	斜眼 tɕʻia³¹²ŋain⁵³	□斑 ma⁵³pan²⁴
寻 乌	斜眼 tɕʻia²¹⁴ŋan⁴²	乌斑 vu²⁴pan²⁴
黄 坳	斜眼 ɕia²¹²ŋan³¹	雀斑 tɕʻiɔkˀ²pan²⁴
铜 鼓	斜眼 ɕia¹³ŋan²¹	乌蝇屎 u²¹⁴in¹³sɿ²¹
大 溪	睄眼子 sau²¹ŋan⁴³tsɿ⁰	麻雀斑 ma²¹tɕiɛˀ²pan³³
太 源	斜眼 tɕʻia²¹²nian³²⁵	乌崽斑 tau³⁵tsuɔi³²⁵pan⁴⁴
九 江	□眼儿 ʂuɒ²¹ŋan²¹³ɚ⁰	雀斑 tɕʻiɔ⁵³pan³¹
赣 州	斜眼子 ɕiɛ⁴²iĩn⁴⁵tsɿ⁰	雀斑 tɕʻiɔ³²pãn³³
白 槎	斜眼 ɕiɛ⁵⁵ian²¹⁴	黑□ xei⁴²iəu³¹²
浮 梁	倒眼儿 tau³¹ŋɔ³¹ȵi⁰	麻点儿 mo²⁴ti³¹ȵi⁰
婺 源	歪眼 va⁵⁵ŋẽ³¹	乌斑 vu⁵⁵pum⁵⁵
上 饶	斜眼 dzɛ²¹ŋãn²³¹	麻雀斑 ma⁴²tɕiɛʔ²pãn⁴⁴
广 丰	斜目 ɕiɑu²¹moʔ²³	毛雀斑 mɑu²¹tɕiæʔ²pãn⁴⁴
铜 山	斜目 tsʻua²¹bæʔ²³	毛雀斑 mãu²¹tɕiæʔ²pan³³

	哑巴	傻子
南 昌	哑巴 ŋa²¹³pa⁰	蝉头 sɛn⁴⁵tʻɛu⁰
修 水	哑巴 ŋa²¹pa⁰	蠢牯 dən²¹ku²¹
湖 口	哑子 ŋa³⁴³tsɿ⁰	□巴 nau³⁴³pa⁴²
鄱 阳	哑巴子 ŋɒ⁴²pɒ²¹tsɿ⁰	惛子 xuən²¹tsɿ⁰
铅 山	哑巴子 ŋa⁴⁵pa⁰tsɿ⁰	蝉子 sɛn²⁴tsɿ⁰
抚 州	哑子 a⁴⁵tsɿ⁰	年子 nien²⁴tsɿ⁰
资 溪	哑子 ŋa³⁵tsɿ⁰	□子 ŋɛn¹³tsɿ⁰
宜 黄	哑子 ŋa⁴⁵³tsɿ⁰	□子 ŋɛn⁴⁵tsɿ⁰
丰 城	哑巴 ŋa⁴¹pa⁰	蝉头 sɛn³³tʻɛu⁰
高 安	哑巴 ŋa⁴²pa³⁵	蝉头 sɛn²²tʻɛu²¹³
新 余	哑巴子 ŋa²¹pa⁰tsɿ⁰	蠢子 tʻun²¹tsɿ⁰
吉 安	哑巴 ŋa⁵³pa³³⁴	蠢子 tʻun⁵³tsɿ⁰
遂 川	哑巴 a³¹pa⁰	蠢哩 tɕʻỹn³¹li⁰
宁 都	哑佬 ŋa⁴²lau⁴²	赛气鬼 sai³¹tɕʻi³¹kui²¹⁴
瑞 金	哑牯 a⁴⁴ku²¹² | 哑婆 a⁴⁴pʻo³⁵	□佬 ŋo⁴²lɔ²¹²
于 都	哑佬 a³⁵lɔ³⁵	□佬 ŋ ɣ⁴⁴lɔ³⁵
赣 县	哑佬 a⁵³lɔ²¹²	□佬 ŋəu⁴⁴lɔ²¹²
南 康	哑巴嘞 a²¹pa³³lə⁰	□佬嘞 ə⁵³lɔ²¹lə⁰
龙 南	哑啀 a⁵³teʔ⁰	□牯 a⁴⁴ku⁵³ | □啀 a⁴⁴teʔ⁰
寻 乌	哑佬 a⁴²lau⁴²	□佬 ŋo⁴³lau⁴²
黄 坳	哑子 a³¹tsɿ⁰	蠢包 tsʻuən³¹pau²⁴
铜 鼓	哑子 a²¹tsɿ⁰	蠢牯 tsʻən²¹ku⁰
大 溪	哑巴子 ŋa⁴³pa⁵²tsɿ⁰	傻子 sa⁴³tsɿ⁰
太 源	哑巴崽 a³⁵pa⁴⁴tsɔi³²⁵	傻子 sa³⁵tsɔi³²⁵
九 江	哑巴 iɒ²¹³pɒ⁰	悾巴 xan³¹pɒ⁰
赣 州	哑巴 ia⁴⁵pa⁰	癫佬子 tiĩn³³lɔ⁰tsɿ⁰
白 槎	哑巴 ia²¹⁴pa⁰	傻子 sa²¹⁴tsɿ⁰
浮 梁	哑巴子 ŋo³¹po⁵⁵tsɿ⁰	□子 ŋau⁵⁵tsɿ⁰
婺 源	哑仂 ŋe⁵¹la⁰	痴仂 tɕʻi⁵⁵la⁰
上 饶	哑巴子 ŋa⁴³pa⁵²tsɿ⁰	□子 dʑie²⁴tsɿ⁰
广 丰	哑子 o⁵²tsɿ⁰	呆子 ŋɐi²⁴tsɣ⁰
铜 山	哑子 o⁴⁴tsɿ⁰	呆子 gai²⁴tsɿ⁰

	229 **抓中药** 买中药，注意委婉说法	230 **用药毒**～老鼠	231 **衣服** 统称
南 昌	捡药 tɕien²¹³iɔʔ⁵	毒 t‘uʔ²	衣裳 i⁴²sɔŋ⁰
修 水	捡药 tɕien²¹iɔʔ³²	□ lɔŋ²²	衣裳 i³⁴sɔŋ⁰
湖 口	捡药 tɕian⁴²io⁴⁵⁵	闹 nau²¹³	衣裳 i⁴²ʂɔŋ⁰
鄱 阳	点药 tiẽn⁴²iɔ⁴⁴	闹 nau²¹	衣裳 i²¹sãn⁰
铅 山	捡药 tɕien⁴⁵iɐʔ⁴	闹 nau²¹	衣裳 i³³san³³
抚 州	捡药 tɕien⁴⁵iɔʔ⁵	闹 lau²¹²	衣裳 i³²sɔŋ⁰
资 溪	拣中药 tɕien³⁵tuŋ³¹iɔʔ⁵	闹 lau²²	衣裳 i³¹sɔŋ²²
宜 黄	□中药 k‘a³³tuŋ³³iɔʔ²	闹 lɔu²²	衣裳 i³³sɔŋ³³
丰 城	点茶 tien⁴¹ts‘a³³	□ nau²¹³	衣裳 i³⁵sɔŋ⁰
高 安	买草药 mai⁴²ts‘au⁴²iɔk⁵	药 iɔk⁵	衣裳 i³⁵sɔŋ³⁵
新 余	抓药 ɕia⁴⁵iɔʔ⁵	□ ŋo¹²	衣裳 i⁴⁵sɔŋ⁴⁵
吉 安	捡药 tɕien⁵³io²¹⁴	毒 t‘u²¹⁴	衣裳 i³³⁴sɔŋ³³⁴
遂 川	买中药 mai³¹tsəŋ²²iau⁵⁵	药 io²¹⁴	衫裤 sãn⁵³fu⁵⁵
宁 都	点茶子 tien²¹⁴ts‘a¹³tsə⁰	闹 nau⁴⁴	衫裤子 san⁴²fu³¹tsə⁰
瑞 金	捡茶 tɕien⁴⁴ts‘a³⁵	闹 nɔ⁵¹	衫裤 san⁴⁴fu⁴²
于 都	撮药 tsɣʔⁱ ɣ ʔ⁵	闹 nɔ⁴²	衫裤 sã³¹fu³²³
赣 县	点药 fi⁵³io²ʔ⁵	闹 nɔ⁴⁴	衫裤 sã²⁴fu⁴⁴
南 康	捡药 tɕiĩ²¹io⁵³	闹 nɔ⁵³/毒t‘u⁵³	衫裤/衣 sã³³fu⁵³/ i³³
龙 南	□药 ɕiain⁵³iɔʔ²³	闹 nau²²	衫裤 sain²⁴fu⁴⁴
寻 乌	捡药 kien⁴²iɔʔ³⁴	闹 nau⁵⁵	衫裤 san²⁴fu⁵⁵
黄 坳	捡中药 kien³¹sui³¹ts‘a²¹²	闹 nau⁵³	衫衣 san²⁴i²⁴
铜 鼓	捡药 tɕien²¹iɔk⁵	闹 nau⁵¹	衣衫 i²¹⁴san²¹⁴
大 溪	捡水茶 tɕien⁴³fi⁴³ts‘a²¹³	闹 nau⁴³⁵	衫裤 san³³k‘u⁵²
太 源	撮药 ts‘ɔʔ⁴iɔʔ²	闹 nɑu⁴²	衫裤 san⁴⁴fu⁴²
九 江	捡中药 tɕien²¹³tʂɔŋ³¹io⁵³	毒 təu⁵³	衣服 i³¹fu⁰
赣 州	点药 tiĩn⁴⁵io²¹²	闹 nɔ²¹²	衣裳 i³³sãn³³
白 槎	捡药 tɕian²¹⁴io⁴²	闹 nau³¹²	衣裳 i⁴²saŋ⁵⁵
浮 梁	捡水药 tɕi³¹ɕy³¹ia³³	闹 lau³³	衣裳 i⁵⁵ɕia⁰
婺 源	点药 fi²io⁵¹	毒 t‘u⁵¹	衣裳 i⁵⁵ɕiã¹¹
上 饶	捡水茶 tɕiẽn⁴³ɕy⁴⁴dza⁴²³	毒 dɔ²³	衣裳 i⁵²ɕiãn⁰
广 丰	□水茶 ts‘yʔ⁴ɕy⁴³dza²³¹	度 duɤ²¹²	衫衣/裤 sãn⁴⁴ⁱ⁴⁴/k‘uɤ⁰
铜 山	抾茶 k‘iɐ⁴⁴te²⁴	度 t‘au²¹	衫裤 sã³³k‘ɔ²¹

	232	233
	衬衫	汗背心
南 昌	衬衫 tsʻin²¹³san⁴²	背褡子 pi²¹tatˢtsʅ⁰
修 水	衬衫 dzɛn³⁵san³⁴	背褡 pi⁵⁵tæt⁴²
湖 口	褂嘚 kua⁴⁵⁵tɛ⁰	背心嘚 pi⁴⁵⁵ɕin⁴²tɛ⁰
鄱 阳	褂子 kuɐ³⁵tsʅ⁰	背褡子 pə³⁵tʋ⁴⁴tsʅ⁰
铅 山	绑身 pon⁴⁵sen³³	领褂子 lin⁴⁵kua²¹tsʅ⁰
抚 州	褂子 kua⁴¹tsʅ⁰	背心 poi⁴¹ɕin³²
资 溪	褂崽 kua⁵³tsoi³⁵	背心 poi⁵³sim³¹
宜 黄	衬衣 tʻɛn⁴²ːi⁰	褂褂 kua⁴²kua⁴²
丰 城	褂子 kua²¹³tsʅ⁰	背心 pei²¹³ɕin³⁵
高 安	衫褂子 sa³⁵kua⁴⁴tsu⁰	背心 pɔi⁴⁴sin³⁵
新 余	褂仔 kua⁴²tɛ⁰	背心 pi⁴² sʅn⁰
吉 安	衬衫 tsʻən²¹⁴san³³⁴	背心 pei²¹⁴ɕin³³⁴
遂 川	衬衣 tsʻɛ̃n⁵⁵ːi⁵³	背心 pɛ⁵⁵ɕin⁵³
宁 都	褂子 ka³¹tsə⁰	汗褂子 xuon⁴⁴ka³¹tsə⁰
瑞 金	衬衫 tsʻen⁴²san⁴⁴	蛤蟆褂子 xan³⁵ma⁴⁴ka⁴²tsʅ⁰
于 都	衬衣 tsʻẽ³²³ːi³¹	背褡 puɛ³²³ta³²³
赣 县	衬衫 tsʻəŋ⁴⁴sã²⁴	汗褂子 xõ⁴⁴ka⁴⁴tsʅ⁰
南 康	衬衫 tsʻɛ̃⁵³sã³³	背心 puæ⁵³ɕiəŋ³³
龙 南	衬衣 tsʻain⁴⁴ːi²⁴	汗衣嘚 xuɔn²²ːi²⁴tɛ⁰
寻 乌	白褂子 pʻaʔ²¹ka⁵⁵tsʅ⁰	背心褂子 puɐi⁵⁵ɕin²⁴ka⁵⁵tsʅ⁰
黄 坳	衬衣 tsʻən⁵³ːi²⁴	背心 poi⁵³ɕin²⁴
铜 鼓	衫褂子 san²¹⁴kua⁵¹tsʅ⁰	汗背褡 xɔn⁵¹pe³¹tɛt⁰
大 溪	褂子 kua⁵²tsʅ⁰	领褂子 lin⁴³kua⁵²tsʅ⁰
太 源	衬衣 tsɛn⁴²ːi⁴⁴	领褂崽 liaŋ⁴⁴ka⁴²tsɔi³²⁵
九 江	衬衫 tsʻən²¹san³¹	汗褡儿 xan²¹tʋ⁵³ɚ⁰
赣 州	衬衣 tsʻəŋ²¹²ːi⁴⁴	背心 pe²¹³ɕiəŋ³³
白 槎	衬衫 tsʻən³¹²san⁴²	背褡子 pei⁵⁵ta⁴²tsʅ⁰
浮 梁	绑身 paŋ³¹ɕien⁵⁵	背褡儿 pɛ²¹³to⁰ni⁰
婺 源	衬衫 tsʻæn³⁵sum⁵⁵	□ kʻɔ²
上 饶	衬衫 tsʻin⁴³sãn⁴⁴	汗背褡 xuõn²¹pui⁴³tɛʔ⁵
广 丰	滚身 kuɐ̃n⁴³sĩn⁴⁴	汗衣领褡 xuɐ̃n²¹ːi¹⁴⁴lĩn²¹tæʔ⁵
铜 山	短衫 tə⁴⁴sã³³	夹团 kæʔ⁴kiã⁴⁴³

	234	235
	袖子	（衣服）口袋
南 昌	衫袖 san⁴²tɕʰiu⁰	荷包 xo²⁴pau⁰
修 水	衫袖 san³⁴dʑiu²²	袋 dɛi²²
湖 口	衫袖 san⁴²dʑiɛu²¹³	荷包 xo²¹¹pau⁴²
鄱 阳	衫袖 sãn²¹tɕʰiəu²¹	袋袋子 tʰai²¹tʰai²¹tsʅ
铅 山	衫袖 san³³tɕʰiu²¹	袋 tʰoi²¹
抚 州	衫袖 sam³²tɕʰiu²¹²	袋崽/嗰 xoi²¹²tsai⁴⁵/tɛʔ⁰
资 溪	衫袖 sam³¹tɕʰiu²²	袋崽 xoi²²tsoi³⁵
宜 黄	衫袖 san³³tɕʰiu²²	荷包 xo⁴⁵pau³³
丰 城	衫袖 san³⁵tɕʰiu²¹³	袋崽 xei²¹³tsei⁰
高 安	衫袖 san³⁵tsʰiu²²	袋子 xɔi²²tsu⁰
新 余	衫袖 san⁴⁵tɕʰiu¹²	袋布 xoi¹²pu⁰
吉 安	袖子 ɕiu²¹⁴tsʅ⁰	荷包 xo²¹pau³³⁴
遂 川	袖 ɕiu²¹⁴	袋 tʰuɛ²¹⁴
宁 都	袖子 ɕiu³¹tsə⁰	袋子 tʰɔi⁴⁴tsə⁰
瑞 金	衫袖 san⁴⁴tɕʰiu⁵¹	袋子 tʰuɛ⁵¹tsʅ⁰
于 都	衫袖 sã³¹tɕʰiu⁴²	袋子 tʰuɛ⁴²tsʅ⁰
赣 县	衫袖 sã²⁴tɕʰiu⁴⁴	袋子 tʰuɛ⁴⁴tsʅ⁰
南 康	衫袖 sã³³tɕʰiu³³	袋嘞 tʰuæ⁵³lə⁰
龙 南	衫袖 sain²⁴tɕʰiɛu²²	肚兜 tu⁵³teu²⁴
寻 乌	袖子 tɕʰiu⁵⁵tsʅ⁰	袋子 tʰuɐi⁵⁵tsʅ⁰
黄 坳	衫袖 san²⁴ɕiu⁵³	袋子 tʰɔi⁵³tsʅ⁰
铜 鼓	衫袖 san²¹⁴tɕʰiu⁵¹	袋 tʰɔi⁵¹
大 溪	衫袖 san³³tɕʰiu⁴³⁵	袋子 tʰuɛ⁴³tsʅ⁰
太 源	衫口 san⁴⁴xɛu³²⁵	肚挂 tu³⁵ka⁴⁴
九 江	袖子 ɕiəu²¹tsʅ⁰	荷包 xo⁴⁴pau³¹
赣 州	袖子 ɕiu²¹²tsʅ⁰	荷包 xo⁴²pɔ³³
白 槎	袖子 ɕiəu³¹²tsʅ⁰	荷包儿 xo⁵⁵paur⁴²
浮 梁	衫袖 ʂo⁵⁵tɕʰiɛu⁰	袋儿 tʰɛ³³n̩i⁰
婺 源	手袖 sa²tsʰa⁵¹	袋 tʰe⁵¹
上 饶	衫袖 sãn⁵²dʑiu²¹²	袋 dæ²¹²
广 丰	手袖 tɕʰye⁴³ɕiɣɯ⁴³⁴	袋袋 dɐi²¹dɐi²⁴
铜 山	手口 tɕʰiu⁴⁴ŋ²¹	落团 læʔ⁴kiã⁴⁴³

	236	237	238
	（中式）纽扣布条做的	袜子	手绢儿
南 昌	盘扣 pʻon²⁴kʻieu²¹³	袜子 uat⁵tsʅ⁰	手捏子 ɕiu²¹³n̠iɛt⁵tsʅ⁰
修 水	布扣 pu⁵⁵xɛi³⁵	袜子 uæt⁴²tsʅ⁰	手巾 su²¹tɕin³⁴
湖 口	扣子嘚 gɛu²¹³tsʅ³⁴³tɤ⁰	袜子 ua⁴⁵⁵tsʅ⁰	手捏嘚 ʂɛu³⁴³n̠iɛ⁴⁵⁵tɤ⁰
鄱 阳	盘扣子 pʻõn²⁴kʻəu³⁵tsʅ⁰	袜子 uɒ⁴⁴tsʅ⁰	手幅子 səu⁴²fu⁴⁴tsʅ⁰
铅 山	毛楂结 mau²⁴tsa³³tɕiɛʔ⁴	水袜 ɕy⁴⁵mɐʔ⁴	手巾 ɕiu⁴⁵tɕin³³
抚 州	襻嘚 pʻan⁴¹tɛʔ⁰	水袜 sui⁴⁵uat⁵	手捏子 ɕiu⁴⁵n̠iɛt⁵tsʅ⁰
资 溪	布扣子 pu⁵³kʻieu⁵³tsʅ⁰	水袜 fi³⁵uat³	手捏子 ɕiu³⁵n̠iɛt⁵tsʅ⁰
宜 黄	布扣子 pu⁴²kʻiu⁴²tsʅ⁰	水袜 su⁴⁵³uat⁵	手捏子 ɕiu⁴⁵³n̠iɛt⁵tsʅ⁰
丰 城	布扣子 pu²⁴tɕʻieu²¹³tsʅ⁰	袜子 væ³²tsʅ⁰	手捏子 sɛu⁴¹n̠iɛ⁵tsʅ⁰
高 安	扣襻哩 kʻieu⁴⁴pʻan⁴⁴li⁰	袜子 uat⁵tsu⁰	手捏子 sɛu⁴²iɛt⁵tsu⁰
新 余	布扣子 pu¹²kieu¹²tsʅ⁰	袜 uɛʔ⁵tsʅ⁰	巾嘚 tɕin⁴⁵tɛ⁰
吉 安	扣子 kʻɛu²¹⁴tsʅ⁰	袜哩 ua³³⁴li⁰	手巾 ɕiu⁵³tɕin³³⁴
遂 川	布扣嘚 pu⁵⁵kʻiɔu⁵⁵tɛ⁰	套嘚 tʻɒ⁵⁵tɛ⁰	手巾 ɕiu³⁵tɕĩ⁵⁵
宁 都	扣子 kʻɔu³¹tsə⁰	袜子 mɔt⁵tsə⁰	手帕子 səu²¹⁴pʻat³²tsə⁰
瑞 金	布扣子 pu⁴²kʻɤ⁴²tsʅ⁰	袜子 maʔ²tsʅ⁰	帕子 pʻaʔ²tsʅ⁰
于 都	布扣子 pu³²³n̠y³⁵tsʅ⁰	袜子 ma⁴²tsʅ⁰	手帕 ɕy³⁵pʻaʔ⁵
赣 县	扣子 kʻe⁴⁴tsʅ⁰	袜子 mɔʔ⁵tsʅ⁰	手帕 se⁵³pʻaʔ³²
南 康	纽襻嘞 ne²¹pʻã⁵³lə⁰	袜嘞 ma⁵³lə⁰	手帕嘞 ɕiu²¹pʻa⁵³lə⁰
龙 南	□扣嘚 pʻiɛn⁵³kʻieu⁴⁴tɛʔ⁰	袜嘚 væʔ²³tɛʔ⁰	手帕嘚 sɛu⁵³pʻaʔ⁴³tɛʔ⁰
寻 乌	布扣子 pu⁵⁵kʻiu⁵⁵tsʅ⁰	袜子 maʔ²³tsʅ⁰	手巾 ɕiu⁴²kin²⁴
黄 坳	纽襻 nɛu³¹pʻan⁵³	袜子 maitʻ⁵tsʅ⁰	手帕 ɕiu³¹pʻa⁵³
铜 鼓	布纽子 pu⁵¹nɛu²¹tsʅ⁰	袜子 matʻ⁵tsʅ⁰	手巾 sɛu²¹tɕin²¹⁴
大 溪	布纽子 pu⁵²nɛ⁴³tsʅ⁰	袜 mɐʔ⁵	手巾 ɕiu⁴³kɛn³³
太 源	布钮崀 pu⁴²lɛu³⁵tsɔi³²⁵	水袜 ʃui³⁵maiʔ⁴	手巾崀 sɛu³⁵tʃuɛn⁴⁴tsɔi³²⁵
九 江	盘扣 pʻɔ⁴⁴kʻɔ²¹	袜子 uɒ⁵³tsʅ⁰	手帕 ʂəu²¹³pʻɒ⁵³
赣 州	扣子 kʻieu²¹²tsʅ⁰	袜子 vaʔ³²tsʅ⁴⁵	手巾 ɕiu⁴⁵tɕiən³³
白 槎	布扣子 pu³¹²kʻəu³¹²tsʅ⁰	袜子 vaʔ³¹²tsʅ⁰	手捏子 səu²¹⁴n̠ie⁴²sʅ⁰
浮 梁	布扣儿 pu²¹³kʻau²¹³n̠i⁰	水袜 ɕy³¹uo³³	手捏儿 ʂɛu³¹ier²¹³
婺 源	布纽 pu³⁵n̠ia²	洋袜 iã¹¹bə⁵¹	手捏 saʔle⁵¹
上 饶	麻楂结 ma²¹tsa⁴⁴tɕie²⁵	袜 mɐʔ²³	手巾 ɕiu⁵²tɕiĩn⁴⁴
广 丰	麻楂结 mɑ²¹tsa⁴⁴kiæʔ⁵	袜 mæʔ²³	手撇子 ɕivɯ⁴³iæʔ⁵tsɤ⁰
铜 山	麻楂结 mã²¹tsa³³kiæ⁴²	袜 bə⁵⁵	手巾团 tɕʻiu⁴⁴kən³³kiã⁴⁴³

	239 （小儿围着脖子的）涎布	240 尿布
南　昌	围兜子 ui⁴⁵tɛu⁴²tsɿ⁰	襟片 tɕia²¹pʼiɛn²¹³
修　水	涎枷 dzan²⁴ka³⁴	尿片 n̠iau⁵⁵biɛn³⁵
湖　口	涎枷嘚 dzan²¹¹ka⁴²tɛ⁰	尿片 n̠iau⁴⁵⁵biɛn⁰
鄱　阳	兜兜子 təu²¹təu²¹tsɿ⁰	襟片子 tɕiɒ⁴⁴pʼiẽn³⁵tsɿ⁰
铅　山	涎枷 tsʼan²⁴ka³³	尿片 sɿ⁴⁵pʼiɛn²¹
抚　州	涎枷 tsʼan²⁴ka³²	襟片/嘚 tɕiaʔ²pʼiɛn⁴¹/tɛʔ⁰
资　溪	涎枷 tʼan¹³ka³¹	襟 tɕia²²
宜　黄	兜兜 tɛu³³təu³³	襟儿 tɕiaʔ⁵ɛ⁰
丰　城	围枷崽 vi³³ka³⁵tsei⁰	襟子 tɕiaʔ²tsɿ⁰
高　安	围布 ui²¹³pu⁴⁴	尿片 iɛu²²pʼiɛn⁴⁴
新　余	隔隔巾 kaʔ⁵kaʔ⁵tɕin⁴⁵	襟嘚 tɕiɔŋ³⁴tɛ⁰
吉　安	兜哩 tɛu³³⁴li⁰	襟哩 tɕia²¹⁴li⁰
遂　川	围嘴巴 ui²²tɕy³¹pa⁰	尿布 n̠iɒ²¹⁴pu⁵⁵
宁　都	布兜兜 pu³¹təu⁴²təu⁴²	尿布 nau⁴⁴pu³¹
瑞　金	澜枷 lan³⁵ka⁴⁴	尿贴 n̠iɔ⁵¹tʼiɛʔ²
于　都	□围子 læ⁴⁴vi⁴⁴tsɿ⁰	屎贴子 ʃɿ³⁵tʼiɛ³²³tsɿ⁰
赣　县	□枷 xe⁵³ka²⁴	尿／屎贴子 n̠iɔ⁴⁴/sɿ⁵³tʼiɛʔ³²tsɿ⁰
南　康	□枷嘞 xe²¹ka³³lə⁰	屎贴嘞 sɿ²¹tʼiɛ⁵³lə⁰
龙　南	□枷嘚 xɛu⁵³ka²⁴tɛʔ⁰	尿贴嘚 n̠iau²²tʼiɛʔ²⁴³teʔ
寻　乌	澜枷 lan²¹⁴ka²⁴	贴子 tʼiɛʔ²¹tsɿ⁰
黄　坳	□水袋 xɛu³¹sui³¹tʼɔi⁵³	尿帕子 n̠iau⁵³pʼa⁵³tsɿ⁰
铜　鼓	澜枷 lan¹³ka²¹⁴	尿贴子 n̠iau⁵¹tʼiet³tsɿ⁰
大　溪	涎枷 tsʼan²¹ka³³	屎片 sɿ⁴³pʼiɛn⁵²
太　源	颈枷 tɕiaŋ³⁵ka⁴⁴	屎□ sɿ³⁵pʼan²¹²
九　江	□围 tsʼau⁴⁴uei⁴⁴	尿布 sei³¹pʼiɛn²¹
赣　州	□围子 kʼiɛu⁴⁵vɛ⁴²tsɿ⁰	尿布子 n̠iɔ²¹²puˀtsɿ⁰
白　槎	围□子 vei⁵⁵tʼan⁵⁵tsɿ⁰	尿布 n̠iau³¹²pu³¹²
浮　梁	涎围儿 ʂo²⁴yər²⁴	屎□片儿 ɕi³¹xa⁵⁵pʼi²¹³n̠i⁰
婺　源	围□ y¹¹fuˀ⁵¹／□袋 pʼɔ²tʼe⁵¹	尿片 ɕiˀ²pʼi³⁵
上　饶	涎枷 sãn⁴⁴ka⁴⁴	屎片 ɕi⁴³pʼiẽn⁴³⁴
广　丰	涎兜 sãn²¹tɤɯ⁴⁴	□垫 læʔ²diẽn²¹²
铜　山	澜□ nuã²¹se²⁴	屎□ sai⁴⁴tə̃²¹

	241	242	243
	斗笠	（吃）早饭	（吃）午饭
南　昌	斗笠 tɛu²¹³lit⁰	早饭 tsau²¹³fan²¹	昼饭 tɕiu⁴⁵fan²¹
修　水	斗笠 maʔ³²tɛi²¹	早饭 tsau²¹fan²²	昼饭 tu⁵⁵fan²²
湖　口	斗笠 tɛu³⁴³li⁰	早饭 tsau³⁴³fan²¹³	中饭 tʂoŋ⁴²fan²¹³
鄱　阳	斗笠 təu⁴²ti⁰	早饭 tsau⁴²fãn²¹	昼饭 tsəu³⁵fãn²¹
铅　山	斗笠 tɛu⁴⁵liʔ⁴	天光饭 tʰiɛn³³kuon³³fan²¹	昼饭 tɕiu²¹fan²¹
抚　州	斗笠 tɛu⁴⁵li⁰	早饭 tsau⁴⁵fan²¹²	昼饭 tiu⁴¹fan²¹²
资　溪	斗笠 tɛu³⁵tit³	早饭 tau³⁵fan²²	昼饭 tiu⁵³fan²²
宜　黄	斗笠 tɛu⁴⁵³tiʔ⁰	朝饭 tɔu⁴⁵fan²²	昼饭 tɛu⁴²fan²²
丰　城	斗笠 tɛu⁴¹li⁰	早饭 tsau⁴¹fan²¹³	昼饭 tsɛu²⁴fan²¹³
高　安	斗笠 tɛu⁴²lit²	早饭 tsau⁴²fan²²	昼饭 tɛu⁴⁴fan²²
新　余	斗笠 tɛu²¹li⁰	早饭 tsau²¹fan⁰	昼饭 tɕiu⁴²fan⁰
吉　安	斗笠 tɛu⁵³li²¹⁴	早饭 tsau⁵³fan²¹⁴	点心 tien⁵³ɕin³³⁴
遂　川	斗笠 tiə³¹ti⁵⁵	清早饭 tɕʰin⁵³tsɒ³¹fãn²¹⁴	晏饭 ã⁵⁵fãn²¹⁴
宁　都	笠婆 lit⁵pʰo¹³	早饭 tsau²¹⁴pʰan⁴⁴	昼饭 tsəu³¹pʰan⁴⁴
瑞　金	笠婆 tiʔ²pʰo³⁵	早（饭）tsɔ⁴⁴（fan⁵¹）	昼（饭）tɕiu⁴²（fan⁵¹）
于　都	斗笠 tieu³⁵tie³²³	清早 tsʰɛ̃³¹tsɔ³⁵	晏昼 ŋã³²³tɕy³⁵
赣　县	斗篷 te⁵³pʰəŋ²¹²	早饭 tsɔ⁵³fã⁴⁴	晏饭 ŋã⁴⁴fã⁴⁴
南　康	斗篷 tɛ²¹pʰəŋ¹¹	早晨 tsɔ²¹ɕiəŋ¹¹	晏昼 ŋã⁵³tɕiu⁵³
龙　南	笠嬷 tieʔ²³ma³¹²	早 tsau⁵³	昼 tsɛu⁴⁴
寻　乌	笠嬷 tiʔ³⁴ma²¹⁴	早 tsau⁴²	昼 tɕiu⁵⁵
黄　坳	笠嬷 li⁵³ma²¹²	早 tsau³¹	昼 tɕiu⁵³
铜　鼓	斗笠 tɛu²¹lit⁰	早饭 tsau²¹fan⁵¹	昼饭 tu⁵¹fan⁵¹
大　溪	笠嬷 tiɪʔ⁵ma²¹³	早晨饭 tsau⁴³sɪn²¹pʰuon⁴³⁵	昼饭 tɕiu⁵²puon⁴³⁵
太　源	笠头 liʔ²tʰɛu²¹²	早饭 tsau³⁵pʰʌn⁴²	昼饭 tsɛu⁴²pʰʌn⁴²
九　江	斗笠 təu²¹³li⁵³	早饭 tsau²¹³fan²¹	中饭 tʂoŋ³¹fan²¹
赣　州	斗笠 tieu⁴⁵liɛʔ³²	早饭 tsɔ⁴⁵fãn²¹²	午饭 u⁴⁵fãn⁰
白　槎	斗帽 təu⁵⁵mau³¹²	早饭 tsau²¹⁴fan³¹²	晌午饭 saŋ²¹⁴vu²¹⁴fan³¹²
浮　梁	斗笠 tau³¹lɛ⁰	朝饭 tɕiau⁵⁵fo³³	昼饭 tɕiɛu²¹³fo³³
婺　源	箬笠 ȵiɒ⁵¹la⁵¹	朝饭 tsɔ⁵⁵fum⁵¹	昼饭 tsa³⁵fum⁵¹
上　饶	斗笠 te⁴³lɛʔ²³	天光 tʰiẽn⁴⁴kuɔŋ⁴⁴	晏昼 ŋãn⁴³tɕiu⁴³⁴
广　丰	□笠 lai²¹lɛʔ²³	天光 tʰiẽn⁴⁴kyãn⁴⁴	昼日 tɣɯ⁴⁴nɐʔ⁵
铜　山	斗笠 tau⁴⁴luəi⁵⁵	早起 tsa⁴⁴kˈi⁴⁴³	日昼 lieʔ⁴tau²¹

	244 （大米）干饭	245 稀饭	246 米粉条 米粉蒸熟榨制，作主食
南 昌	饭 fan²¹	粥 tsuʔ⁵	（米）粉（mi²¹³）fin²¹³
修 水	饭 fan²²	粥 tuʔ⁴²	粉 fen²¹
湖 口	饭 fan²¹³	粥 tʂu⁴⁵⁵	粉丝 fən³⁴³sʐ⁴²
鄱 阳	饭 fãn²¹	粥 tɕy⁴⁴	米粉 mi⁴²fən⁴²
铅 山	饭 fan²¹	粥 tʃuɤʔ⁴	粉 fen⁴⁵
抚 州	饭 fan²¹²	粥 tuʔ²	粉 fun⁴⁵
资 溪	饭 fan²²	粥 tuʔ³	粉 fin³⁵
宜 黄	饭 fan²²	粥 tuʔ²	粉 fen⁴⁵³
丰 城	饭 fan²¹³	粥 tsuʔ³²	粉丝 fən⁴¹sʐ³⁵
高 安	饭 fan²²	粥 tut⁵	粉 fən⁴²
新 余	饭 fan¹²	粥 tuʔ⁴⁵	粉 fuŋ²¹³
吉 安	饭 fan²¹⁴	粥 tsu³³⁴	粉 fən⁵³
遂 川	饭 fãn²¹⁴	粥 tso⁵⁵	粉 fẽn³¹
宁 都	饭 pʻan⁴⁴	点心 tien²¹⁴ɕin⁴²	粉干 fən²¹⁴kuon⁴²
瑞 金	饭 fan⁵¹	粥 tsɤʔ²	粉干 fen⁴⁴kuɛn⁴⁴
于 都	饭 fã⁴²	粥 tʃuʔ⁵	粉干 fẽ³⁵kõ³¹
赣 县	饭 fã⁴⁴	稀饭 ɕi²⁴fã⁴⁴	粉干 fən⁵³kõ²⁴
南 康	饭 fã⁵³	粥 tsu⁵⁵	粉干 fẽ²¹kuɛ̃³³
龙 南	饭 fan²²	粥 tsəʔ⁴³	粉嘚 fen⁵³teʔ⁰
寻 乌	饭 fan⁵⁵	粥 tsuʔ²¹	粉子 fun⁵⁵tsʐ⁰
黄 坳	饭 fan⁵³	粥 tsuk²	粉子 fuən³¹tsʐ⁰
铜 鼓	饭 fan⁵¹	粥 tuk³	粉 fen²¹
大 溪	饭 pʻuon⁴³⁵	粥 tsəʔ⁴⁵	粉 fen⁴³³
太 源	饭 pʻʌn⁴²	糜 mɔi⁴⁴	粉 fen³⁵
九 江	干饭 kan³¹fan²¹	稀饭 ɕi³¹fan²¹	米粉丝 mi²³fən²¹³sʐ³¹
赣 州	饭 fãn²¹²	稀饭 ɕi³³fãn⁰	粉干 fən⁴⁵kãn³³
白 槎	干饭 kan⁴²fan³¹²	稀饭 ɕi⁴²fan³¹²	米粉 mi²¹fən²¹⁴
浮 梁	硬饭 ŋa³³fo³³	粥 tʂɛu²¹³	粉丝儿 fen³¹sər⁵⁵
婺 源	饭 fum⁵¹	粥 tsu⁵¹	粉 fæn²
上 饶	饭 fãn²¹²	粥 tɕyuʔ⁵	粉 fĩn⁵²
广 丰	饭 fãn²¹²	粥 tɕyuʔ⁵	粉 fuẽn⁵²
铜 山	糜 mãi³³	糜 bə²⁴	粉 xuon⁴⁴³

	247 饭粒	248 糍粑糯米蒸熟捣制
南　昌	饭粒子 fan^{21}lit^{5}tsɿ^{0}	麻糍 ma^{24}tsʻɿ^{0}
修　水	饭粒 fan^{22}dit^{32}	麻糍 ma^{24}dzɿ^{24}
湖　口	米糁 mi^{343}sən^{0}	麻糍 ma^{211}dzɿ^{211}
鄱　阳	米糁 mi^{42}sãn^{42}	麻糍 mɒ^{24}tsɿ^{0}
铅　山	饭糁 fan^{21}sen^{45}	麻糍馃 ma^{24}tsɿ^{0}ko^{45}
抚　州	饭 fan^{212}	麻糍 ma^{24}tsʻɿ^{24}
资　溪	饭 fan^{22}	麻糍 ma^{13}tsʻɿ^{13}
宜　黄	饭 fan^{22}	麻糍 ma^{45}tsʻɿ^{45}
丰　城	饭糁 fan^{213}sɛn^{41}	麻糍 ma^{33}tsʻɿ^{33}
高　安	饭糁 fan^{22}sɔn^{42}	麻糍 ma^{213}tsʻu^{213}
新　余	饭 fan^{12}	麻糍 ma^{42}tsʻɿ^{42}
吉　安	饭粒 fan^{214}li^{214}	麻糍 ma^{21}tsʻɿ^{21}
遂　川	饭 fãn^{214}	麻糍 ma^{22}tsʻɿ^{22}
宁　都	饭 pʻan^{44}	麻糍 ma^{13}tɕʻi^{31}
瑞　金	饭 fan^{51}	麻糍 ma^{35}tɕʻi^{44}
于　都	饭 fã^{42}	麻糍 ma^{44}tsʻɿ^{44}
赣　县	饭 fã^{44}	糯米米果 no^{44}mi^{53}mi^{53}ko^{53}
南　康	饭 fã^{53}	麻糍 ma^{11}tɕʻi^{11}
龙　南	饭 fan^{53}	糍粑嘚 tɕʻi^{312}pa^{24}teʔ^{0}
寻　乌	饭 fan^{55}	糍粑 ɕi^{214}pa^{24}
黄　坳	饭粒 fan^{53}lit^{5}	糯米果 nɔ^{53}mi^{31}kɔ^{31}
铜　鼓	饭糁 fan^{51}tsʻan^{21}	麻糍 ma^{13}tsʻɿ^{13}
大　溪	饭糁 pʻuon^{43}sɛn^{52}	麻糍馃 ma^{21}tsʻɿ^{21}ko^{433}
太　源	饭糁 pʻʌn^{42}sɑŋ^{325}	□□ puan^{325}tʻɛu^{212}
九　江	饭粒 fan^{21}li^{53}	糍粑 tsʻɿ^{44}pɒ^{31}
赣　州	饭 fãn^{212}	糯米米果 no^{212}mi^{45}mi^{45}ko^{0}
白　槎	粒饭 li^{42}fan^{312}	糍粑 tsɿ^{312}pa^{0}
浮　梁	饭 fo^{33}	麻糍 mo^{24}tsɿ^{0}
婺　源	饭糁 fum^{51}sæn^{35}	麻馃 bɵ^{11}kɵ^{2}
上　饶	饭糁 fãn^{21}sĩn^{52}	麻糍馃 ma^{42}dzɿ^{42}ko^{52}
广　丰	饭糁 fãn^{21}sĩn^{52}	麻糍馃 mɑ^{21}tse^{44}kye^{52}
铜　山	糜□ mãi^{33}xuəʔ^{4}	秫米糍 tsuəʔ^{2}bi^{44}tɕʻi^{24}

	249 馄饨	250 瘦肉	251 糯米酒 去糟、未稀释
南昌	清汤 tɕʰiin⁴²tʰɔŋ⁴²	腈肉 tɕiaŋ⁴²n̠iuʔ⁵	酒娘子 tɕiu²¹³n̠iɔŋ⁴⁵tsʅ⁰
修水	清汤 dzin⁴²dɔŋ⁴²	腈肉 tɕiaŋ³⁴n̠iu⁴²	酒娘 tɕiu²¹n̠iɔŋ²⁴
湖口	馄饨 xun²¹¹dun²¹³	瘦肉嘚 ʂɐu⁴⁵⁵n̠iɛu²¹³tɛ⁰	糯米酒 no²¹³mi³⁴³tɕiɛu³⁴³
鄱阳	清汤 tɕʰin²¹tʰãn²¹	腈肉 tɕin²¹n̠y⁴⁴	酒娘子 tɕiɐu⁴²n̠iẽn²⁴tsʅ⁰
铅山	清汤 tɕʰin³³tʰan³³	腈肉 tɕin³³n̠iʔ⁴	酒娘 tɕiu⁴⁵n̠ian²⁴
抚州	清汤 tɕʰin³²xɔŋ³²	腈肉 tɕiaŋ³²n̠iuʔ²	酒娘子 tɕiu⁴⁵n̠iɔŋ²⁴tsʅ⁰
资溪	清汤 tsʰin³¹xɔŋ³¹	腈肉 tɕʰiaŋ³¹n̠iuʔ⁵	酒娘 tɕiu³⁵n̠iɔŋ¹³
宜黄	清汤 tɕʰin³³xɔŋ³³	腈肉 tɕiaŋ³³n̠iuʔ⁵	酒娘 tɕiu⁴⁵³n̠iɔŋ⁴⁵
丰城	包面 pau³⁵miɛn²¹³	腈肉 tɕiaŋ³⁵n̠iuʔ⁵	水酒 sʅ⁴¹tɕiu⁴¹
高安	包面 pʰau³⁵miɛn⁴⁴	腈肉 tsiaŋ³⁵iuk⁵	甜酒 tʰiɛn²¹³tsiu⁴²
新余	包面 pau⁴⁵miɛn¹²	腈肉 tɕiaŋ⁴⁵n̠iuʔ⁵	水酒 suɐi²¹tɕiu²¹³
吉安	清汤 tɕʰin³³⁴tʰɔŋ³³⁴	腈肉 tɕiaŋ³³⁴n̠iu²¹⁴	酒娘 tɕiu⁵³n̠iɔŋ²¹
遂川	清汤 tɕʰin⁵³tʰɔ̃⁵³	腈肉 tɕia⁵³n̠io⁵⁵	水酒 ɕy³¹tɕiu³¹
宁都	清汤 tɕʰin⁴²tʰɔŋ⁴²	腈肉 tɕiaŋ⁴²nok⁵	糯米酒 no⁴⁴mi²¹⁴tɕiu²¹⁴
瑞金	清汤 tɕʰin⁴⁴tʰɔŋ⁴⁴	腈肉 tɕiaŋ⁴⁴n̠iɤ⁷²	酒娘 tsy³⁵n̠iõ⁴⁴
于都	清汤 tsʰẽ³¹tʰõ³¹	腈肉 tɕiã⁴⁴n̠iuʔ⁵	酒娘 tɕiu²¹²nian²¹²
赣县	清汤 tsʰiɐŋ²⁴tʰɔ²⁴	腈肉 tɕia²⁴n̠io⁵³	酒娘 tɕiu⁵³n̠iɔ²¹²
南康	清汤 tɕʰiɐŋ³³tʰɔ³³	腈肉 tɕiã³³n̠iu⁵³	酒娘嘞 tɕiu²¹n̠iɔ̃¹¹lə⁰
龙南	清汤 tɕʰin²⁴tʰɔŋ²⁴	腈肉 tɕiaŋ²⁴n̠iə⁷²³	水酒 ɕi⁵³tɕiɛu⁵³
寻乌	清汤 tɕʰin²⁴tʰɔŋ²⁴	腈肉 tɕʰiaŋ²⁴n̠iuʔ²¹	黄酒 vɔŋ²¹⁴tɕiu⁴²
黄坳	清□ tɕʰiaŋ²⁴tʰɔŋ²⁴	腈肉 tɕiaŋ²⁴n̠iuk⁵	酒娘 tɕiu³¹n̠iɔŋ²¹²
铜鼓	馄饨 fɐn¹³tʰuɐn⁵¹	腈肉 tɕiaŋ²¹⁴n̠iuk⁵	米酒 mi²¹tɕiu²¹
大溪	清汤 tsʰin³³tʰɔŋ³³	腈肉 tɕiaŋ³³n̠iɤʔ⁵	酒娘 tɕiu⁴³n̠iɔŋ²¹³
太源	清汤 tɕʰin⁴⁴tʰɔŋ⁴⁴	瘦□ sɑu⁴⁴pi²¹²	酒娘 tsiu³⁵n̠iɔŋ²¹²
九江	馄饨 xuɐn⁴⁴tɐn²¹	腈肉 tɕiã³¹ʒɔu⁵³	糯米酒 lo²¹mi²³tɕiɐu²¹³
赣州	清汤 tɕʰiɐŋ³³tʰãn³³	瘦肉 ɕio²¹io²¹²	米酒 mi⁴⁵tɕiu⁰
白槎	馄饨 fɐn⁵⁵tɐn⁰	腈肉 tɕin⁴²ʐɐu³¹²	糯米酒 lo⁵⁵mi²¹⁴tɕiu⁰
浮梁	清汤 tsʰai⁵⁵tʰaŋ⁵⁵	腈肉 tsai⁵⁵iɛu³³	酒娘儿 tɕiɛu³¹n̠ia²⁴n̠i⁰
婺源	清汤 tsʰɔ̃⁵⁵tʰã⁵⁵	腈肉 tsɔ̃⁵⁵n̠ia⁵¹	酒娘 tsa³⁵n̠iã¹¹
上饶	清汤 tsʰĩn⁴⁴tʰãn⁴⁴	腈肉 tsĩn⁴⁴n̠yɔʔ²³	酒娘 tɕiu⁴⁴n̠iãn⁴²³
广丰	清汤 tsʰĩn⁴⁴tʰã̃ŋ⁴⁴	腈肉 tsĩn⁴⁴n̠yuʔ⁵	酒娘 tsyɯ⁴³n̠iãn²³¹
铜山	扁食 pĩ⁴⁴ɕieʔ⁴	腈肉 tɕiã³³xieʔ⁴	酒娘 tɕiu⁴⁴niũ²⁴

	252 （喝的）开水	253 米汤	254 （男子）娶妻
南昌	开水 kʰai^{42}sui^{213}	饮汤 in^{213}tʰɔŋ^{42}	娶老婆 tɕʰy^{213}lau^{213}pʰo^{0}
修水	滚水 kon^{21}fi^{21}	饮汤 in^{21}dɔŋ^{23}	讨老婆 dau^{21}lau^{21}bɔ^{24}
湖口	开水 xai^{42}ɕy^{343}	饮汤 in^{343}dɔŋ^{42}	娶新妇嘚 dʑy^{343}ɕin^{42}fu^{213}tɛ^{0}
鄱阳	开水 kʰai^{21}ɕyɛi^{42}	饮汤 in^{42}tʰãn^{21}	娶老婆 tɕʰi^{42}lau^{42}pʰo^{0}
铅山	溅水 tɕien^{21}ɕy^{45}	饮汤 in^{45}tʰãn^{33}	讨老马 tʰau^{45}lau^{45}ma^{0}
抚州	烧水 sɛu^{32}sui^{45}	饮汤 im^{45}xɔŋ^{32}	娶老婆 tsʰɛ^{45}lau^{45}pʰo^{0}
资溪	开水 kʰai^{31}fi^{35}	饮汤 im^{35}xɔŋ^{31}	娶新如 tɕʰie^{35}sin^{31}fu^{0}
宜黄	开水 kʰɛi^{33}su^{453}	饮汤 im^{453}xɔŋ^{33}	□老婆 pei^{33}lou^{453}pʰo^{45}
丰城	开水 kʰei^{35}sʮ^{41}	饮汤 in^{41}tʰɔŋ^{35}	娶老婆 tɕʰi^{41}lau^{41}pʰo^{33}
高安	开水 kɔi^{35}xɵ^{42}	饮 in^{42}	娶老婆 tsʰi^{42}lau^{42}pʰo^{213}
新余	转水 tuon^{42}suɵi^{21}	粥饮 tuʔ^{5}in^{45}	结老婆 tɕieʔ^{5}lau^{42}pʰo^{0}
吉安	茶 tsʰa^{21}	饮汤 in^{53}tʰɔŋ^{334}	讨老婆 tʰau^{53}lau^{53}pʰo^{21}
遂川	开水 kʰuɛ^{53}ɕy^{31}	饭汤 fan^{214}tʰɛ̃^{53}	讨老婆 tʰɒ^{31}lɒ^{35}pʰɒ^{2}
宁都	开水 kʰɔi^{42}suoi^{214}	□汤 man^{214}tʰɔŋ^{42}	寻老婆 tsʰən^{13}lau^{42}pʰo^{13}
瑞金	开水 kʰuɛ^{44}sue^{212}	饭汤 fan^{51}tʰɔŋ^{44}	讨老婆 tʰɔ^{44}lɔ^{44}pʰɔ^{35}
于都	滚水 kuɛ̃^{35}ʃui^{35}	饭汤 fã^{42}tʰɔ^{31}	讨老婆 tʰɔ^{35}lɔ^{35}pʰɣ^{44}
赣县	滚水 kuɵŋ^{53}sei^{53}	饭汤 fã^{44}tʰɔ^{24}	讨老婆 tʰɔ^{21}lɔ^{53}pʰəu^{212}
南康	开水 kʰæ^{33}ɕyi^{21}	饭汤 fã^{53}tʰɔ^{33}	讨老婆 tʰɔ^{21}lɔ^{21}pʰo^{11}
龙南	滚水 kʰuon^{53}ɕi^{53}	粥汤 tsoʔ^{43}tʰɔŋ^{24}	讨如娘 tʰau^{43}fu^{24}nˌiɔŋ^{312}
寻乌	茶 tsʰa^{214}	饭汤 fan^{55}tʰɔŋ^{24}	讨老婆 tʰau^{42}lau^{42}pʰo^{214}
黄坳	□水 pi^{53}sui^{31}	饭汤 fan^{53}tʰɔŋ^{24}	娶老婆 tɕʰi^{31}lau^{31}pʰɔ^{212}
铜鼓	开水 kʰɔi^{214}se^{21}	饭汤 fan^{51}tʰɔŋ^{214}	讨老婆 tʰau^{21}lau^{21}pʰɔ^{13}
大溪	溅水 tɕien^{52}fi^{433}	饭汤 pʰuon^{43}tʰɔŋ^{33}	讨老婆 tʰo^{43}lo^{43}pʰo^{213}
太源	沸水 pui^{44}ʃui^{325}	饮（汤） in^{35}tʰɔŋ^{44}	讨妇娘 tʰau^{35}pu^{44}nˌiɔŋ^{212}
九江	开水 kʰai^{31}ʂ̣uei^{213}	米汤 mi^{213}tʰa^{31}	娶老婆 tɕʰi^{23}lau^{213}pʰo^{0}
赣州	开水 kʰiɛ^{33}sue^{0}	饭汤 fã^{212}tʰãn^{33}	讨老婆 tʰɔ^{45}lɔ^{45}pʰo^{42}
白槎	茶 tsʰa^{55}	米汤 mi^{214}tʰaŋ^{42}	接老婆 tɕie^{42}lau^{214}pʰo^{0}
浮梁	滚水 kuɛn^{31}ɕy^{31}	饮汤 ien^{31}tʰaŋ^{55}	娶亲 tsʰɛ^{31}tsʰɛn^{55}
婺源	滚水 kuæn^{35}ɕy^{2}	饮汤 ĩ^{35}tʰa^{55}	讨老婆 tʰɔ^{2}lɔ^{31}pʰə^{11}
上饶	溅水 tɕiɛ̃^{43}ɕy^{52}	饮汤 ĩn^{43}tʰãn^{44}	讨老马 tʰɔn^{43}lɔu^{42}ma^{231}
广丰	滚汤 kuɛ̃^{43}tʰãn^{44}	饮汤 ĩn^{44}tʰãn^{44}	讨老马 tʰuɤ^{43}lau^{21}ma^{24}
铜山	滚汤 kuon^{44}tʰɵn^{33}	饮（汤） an^{44}（tʰɵn^{33}）	□老马 tsʰua^{21}lau^{21}mã^{443}

	255	256
	（女孩）出嫁	定婚
南 昌	嫁人 ka⁴⁵n̠in⁴⁵	定亲 tʼin²¹tɕʼin⁴²
修 水	嫁人 ka⁵⁵n̠in²⁴	定亲 din²²dʑin²³
湖 口	出嫁 dzʮ²¹³ka⁴⁵⁵	定婚 din²¹³xun⁴²
鄱 阳	出嫁 tɕʼʯə⁴⁴kɒ³⁵	扎单 tsɒ⁴⁴tãn²¹
铅 山	嫁老公 ka²¹lau⁴⁵koŋ³³	过定 ko²⁴tʼin²¹
抚 州	行嫁 xaŋ²⁴ka⁴¹	成事 saŋ²⁴sʮ²¹²
资 溪	行嫁 xaŋ¹³ka⁵³	过礼 ko⁵³li³⁵
宜 黄	行嫁 xaŋ⁴⁵ka⁴²	扎鞋样 tap²xai⁴⁵iɔŋ⁴²
丰 城	嫁人家 ka²¹³n̠in³³ka⁰	订老婆 tʼiaŋ²¹³lau⁴¹pʼo33
高 安	嫁 ka⁴⁴	发事 fat⁵xɵ²²
新 余	嫁人 ka⁴²n̠in⁴²	交亲 kau⁴⁵tɕʼin³⁴
吉 安	嫁老公 ka²¹⁴lau⁵³kuŋ³³⁴	定亲 tʼiaŋ²¹⁴tɕʼin³³⁴
遂 川	嫁新人嘚 ka⁵⁵ɕin⁵³n̠in²²tɛ⁰	定事 tʼin²¹⁴sɛ²¹⁴
宁 都	行嫁 xaŋ¹³kʼa³¹	定亲 tʼin⁴⁴tɕʼin⁴²
瑞 金	嫁老公 ka⁴²lɔ⁴⁴kɤŋ⁴⁴	签红单 tɕʼien⁴⁴fɤŋ³⁵tan⁴⁴
于 都	嫁人 ka³²³n̠iẽ⁴⁴	定事 tʼẽ⁴²sʮ⁴²
赣 县	出嫁 tsʼɔʔ³²ka⁴⁴	定事 tʼia⁴⁴sʮ⁴⁴
南 康	嫁老公 ka⁵³lɔ²¹kəŋ³³	定事 tʼiã⁵³su⁵³
龙 南	出嫁 tsʼeʔ⁴³ka⁴⁴	卜定 xa²²tʼiaŋ²²
寻 乌	嫁老公 ka⁵⁵lau⁴²kuŋ²⁴	定亲 tʼin⁵⁵tɕʼin²⁴
黄 坳	嫁人 ka⁵³n̠in²¹²	过定 ko⁵³tʼaŋ⁵³
铜 鼓	出宫 tsʼuk³tɕiən²¹⁴	定亲 tʼin⁵¹tɕʼin²¹⁴
大 溪	嫁老公 ka⁵²lɔ⁴³kəŋ³³	过定 ko⁵²tʼɛn⁴³⁵
太 源	行嫁 xɑŋ²⁴ka⁴⁴	过定 ku⁴²tʼɑŋ⁴²
九 江	出嫁 tʂʼʯ⁵³tɕiɒ²¹	定婚 tin²¹xuən³¹
赣 州	嫁人 tɕia²¹²ĩin⁴²	定事 tiəŋ²¹sʮ²¹²
白 槎	出阁 tsʼu⁴²ko⁴²	定日子 tin³¹²zʮ⁴²tsʮ⁰
浮 梁	出嫁 tɕʼy²¹³ko²¹³	定亲 tʼai³³tsʼɛn⁵⁵
婺 源	做新如 tsu³⁵sæn⁵⁵fu³¹	下定 xɵ³¹tʼɔ⁵¹/定事 tʼɔ⁵¹ɕi⁵¹
上 饶	嫁老公 ka⁴³lɔu⁴²koŋ⁴⁴	过定 ko⁴⁴dĩn²¹²
广 丰	做新娘 tso⁴⁴sĩn⁵²n̠iãn⁰	过定 kye⁴⁴dĩn²¹²
铜 山	做新娘 tsuɐi⁴⁴ɕien³³niũ²⁴	过定 kə⁴⁴tien²¹

	257 新娘	258 怀孕
南 昌	新娘子 ɕin⁴²n̠iɔŋ⁴⁵tsʅ⁰	驮肚 tˈo²⁴tˈu²¹
修 水	新娘子 ɕin³⁴n̠iɔŋ²⁴tsʅ⁰	驮肚 dɔ²⁴du²²
湖 口	新嫂嫂 ɕin⁴²sau³⁴³sau⁰	驮肚 do²¹¹du²¹³
鄱 阳	新娘子 ɕin²¹n̠iẽ²⁴tsʅ⁰	攐肚 kˈuãn²¹tˈu²¹
铅 山	新人 ɕin³³n̠in²⁴	驮大肚 tˈo²⁴tˈai²¹tˈu³³
抚 州	新娘子 ɕin³²n̠iɔŋ²⁴tsʅ⁰	怀崽 fai²⁴tsai³⁵
资 溪	新娘子 sin³¹n̠iɔŋ¹³tsʅ⁰	怀崽 uai¹³tsoi³⁵
宜 黄	新人 ɕin³³n̠in⁴⁵	□大肚 saʔ⁵xai²²fu³³
丰 城	新娘子 ɕin³⁵n̠iɔŋ³³tsʅ⁰	怀肚 vai³³tˈu²¹³
高 安	新新 sin³⁵sin³⁵	有崽 iu⁴²tsai⁴²
新 余	新人 sʅŋ⁴⁵n̠in⁰	兜崽 tɛu⁴⁵tsai²¹³
吉 安	新人 ɕin³³⁴n̠in²¹	怀崽/身 fai²⁴tsei³⁵/ɕin³³⁴
遂 川	新人 ɕĩn⁵³n̠in²²	有肚 iu²¹⁴tˈu³⁵
宁 都	新人 ɕin⁴²nən¹³	有好事 iəu⁴²xau²¹⁴sə⁴⁴
瑞 金	新人姐 ɕin⁴⁴n̠in³⁵tɕi²¹²	攐肚 kˈan⁴²tˈu⁴⁴
于 都	新人子 sẽ³¹n̠iẽ⁴⁴tsʅ⁰	有肚 y³¹tˈu³¹
赣 县	新娘子 ɕiəŋ²⁴n̠iɔ²¹²tsʅ⁰	怀崽 uæ²¹²tsei⁵³
南 康	新人嘞 ɕiəŋ³³n̠iəŋ¹¹lə⁰	怀大肚 xuæ¹¹tˈæ³³tˈu³³
龙 南	新人嘚 ɕin²⁴n̠in³¹²teʔ⁰	得到崽 teʔ⁴³tau⁰tse⁵³
寻 乌	新娘 ɕin²⁴n̠iɔŋ²¹⁴	攐大肚 kˈuan⁵⁵tˈai⁵⁵tu⁵⁵
黄 坳	新娘子 ɕin²⁴n̠iɔŋ²¹²tsʅ⁰	攐大肚 kˈɔn²⁴tˈai⁵³tˈu³³
铜 鼓	新娘子 sin²¹⁴n̠iɔŋ¹³tsʅ⁰	攐肚 kˈuan⁵¹tu²¹
大 溪	新娘 sɯn⁵²n̠iɔŋ²¹³	大肚 tˈæ⁴³tu⁴³⁵
太 源	新人 sin⁴⁴n̠in²¹²	怀崽 xuai²⁴tsɔi³²⁵
九 江	新娘 ɕin³¹liã⁴⁴	□肚 xau²¹təu²¹
赣 州	新娘子 ɕiəŋ³³n̠iãn⁴²tsʅ⁰	怀肚 xuæ⁴²tu²¹²
白 槎	新媳妇 ɕin⁴²ɕi⁴²fu⁰	怀肚 xai⁵⁵təu³¹²
浮 梁	新娘 sen⁵⁵n̠ia²⁴	攐肚 kˈo⁵⁵tˈɛu³³
婺 源	新人 sæn⁵⁵iæn¹¹	攐儿 kˈum⁵¹n̠i⁰
上 饶	新娘 sĩn⁵²n̠iãn⁴²³	大肚 do²¹du²³¹
广 丰	新娘 sĩn⁵²n̠iãn⁰	大腹 do²¹puʔ⁵
铜 山	新娘 ɕien³³niũ²⁴	大腹肚 tua²¹pæʔ²tɔ⁴⁴³

	259 生孩子	260 坐月子
南昌	生崽 saŋ⁴²tsai²¹³	坐月子 tsʻo²¹ȵyot⁵tsɿ⁰
修水	生伢崽 saŋ²⁴ŋa²⁴tsai²¹	做月子 tsɿ⁵⁵ȵuɛt³²tsɿ⁰
湖口	豢伢儿嘚 gon⁴²ŋan⁴²tɛ⁰	坐房 dzo²¹³foŋ²¹¹
鄱阳	生细伢儿子 sən²¹ɕi³⁵ŋãn²⁴tsɿ	坐月 tsʻo²¹ȵye⁴⁴
铅山	生儿 sen³³ȵi²⁴	做产嬷 tso²¹san⁴⁵mo⁰
抚州	生崽 saŋ³²tsai⁴⁵	打月里 ta⁴⁵ȵyot⁵ti⁰
资溪	生崽 saŋ³¹tsoi³⁵	打月 ta³⁵uot⁵
宜黄	生□□ saŋ³³tsen⁴⁵³xa³³	坐月子 tʻo³³uɛt⁵tsɿ⁰
丰城	生细人 saŋ³⁵ɕio²¹³ȵin³³	坐月子 tsʻo²¹³ȵyɛʔ³²tsɿ⁰
高安	生崽 saŋ³⁵tsai⁴²	坐月 tsʻo²²yɔt⁵tsu⁰
新余	生崽 saŋ⁴⁵tsai²¹⁴	做月子 tsɿ⁴²ȵio?⁵tsɿ⁰
吉安	生细伢哩 saŋ³³⁴ɕi²¹⁴ŋa²¹li⁰	坐月子 tsʻo²¹⁴ye²¹⁴tsɿ⁰
遂川	养细伢嘚 iõ³¹ɕi⁵⁵ŋa²²tɛ⁰	坐月子 tsʻo³⁵ȵye²¹⁴tsɿ⁰
宁都	生细人 saŋ⁴²ɕie³¹nən¹³	做月子 tso³¹nat⁵tsə⁰
瑞金	供细人 tɕivŋ⁴²ɕie⁴²nin⁴⁴	做月子 tso⁴²ȵyɛʔ⁴tsɿ⁰
于都	供子 tɕiəŋ³²³tsɿ⁰	做月子 tsɣ³²³ȵye⁴²tsɿ⁰
赣县	供细伢子 tɕiəŋ⁴⁴se⁴⁴ŋa²¹²tsɿ⁰	做月 tsəu⁴⁴ȵiɛʔ⁵
南康	供细伢嘞 tɕiəŋ³³se⁵³ŋa¹¹lə⁰	坐月嘞 tsʻo⁵³ȵiɛ⁵³lə⁰
龙南	供细伢嘚 tɕiəŋ⁴⁴se⁴⁴ȵ³¹²te?⁰	做月嘚 tsʊ⁴⁴ȵyoi?²³te?⁰
寻乌	供细鬼子 kiuŋ⁵⁵ɕie⁵⁵kui⁴²tsɿ⁰	做月 tso⁵⁵ȵiɛʔ²¹
黄坳	养人 iɔŋ³¹ȵin²¹²	做月 tsɔ⁵³ȵiet⁵
铜鼓	做徕子 tsɔ⁵¹lai⁵¹tsɿ⁰	做月子 tsɔ⁵¹ȵiet⁵tsɿ⁰
大溪	供子嘞 tɕiəŋ⁵²tsɿ⁴³lɿ?⁰	做月 tsɔ⁵²ȵye?⁵
太源	养崽 iɔŋ⁴⁴tsɔi³²⁵	做月 tsɔ⁴²ŋuai?²
九江	生伢儿 sən³¹ŋɒ⁴⁴ɚ⁰	坐月子 tso²¹ɥai⁵³tsɿ⁰
赣州	生小鬼 səŋ³³ɕiɔ⁴⁵kue⁴⁵	做月子 tso²¹²yɛʔ³²tsɿ⁴⁵
白槎	生伢儿 sən⁴²ŋa⁵⁵	坐月子 tsu³¹²ɥɛ⁵⁵tsɿ⁰
浮梁	生细鬼 ɕia⁵⁵se²¹³kuɛ³¹	做产妇儿 tso²¹³ʂo³¹fuər⁰/坐房 tsʻo³³faŋ²⁴
婺源	生细人 sɔ̃⁵⁵si³⁵iæn¹¹	做生妇 tsu³⁵sɔ̃⁵⁵fu³¹
上饶	生儿 ɕiæn⁴⁴ni⁴²³	做月 tso⁴³ȵyɔʔ²³
广丰	养儿 yãn²¹ŋ̍⁵²	做月 tso⁴⁴ȵyæʔ²³
铜山	生团团 ɕĩ³³kien⁴⁴kiã⁴⁴³	做月里 tsuəi⁴⁴gə²¹lai⁵⁵

去世 死的讳称，注意多种说法

南　昌	过了 ko⁴⁵lɛu⁰
修　水	过世 kuo⁵⁵sʅ⁵⁵ / 老嘚 lau²¹tɛt⁵ / 过□嘚 kuo⁵⁵kua⁴⁴tɛt⁵
湖　口	过世 ku⁴⁵⁵ɕi⁴⁵⁵ / 过避 ku⁴⁵⁵bi⁴⁵⁵
鄱　阳	过了 ko³⁵liau⁰
铅　山	过世 ko²⁴sʅ²¹
抚　州	过□了 kuo⁴¹tiɛ⁰ / 老□ lau⁴⁵tiɛ⁰
资　溪	□过 tsɔʔ³kuo⁵³
宜　黄	过了 kuo⁴²tɛ⁰ / 老了 lɔu⁴⁵³tɛ⁰
丰　城	过哩 ko²¹³li⁰ / 走哩 tsɛu⁴¹li⁰
高　安	老 lau⁴²
新　余	过哩 kuo⁴² / 老哩 lau²¹ / 走哩 tsɛu²¹li⁰
吉　安	过坏哩 ko²¹⁴puᵒliᵒ / 走坏哩 tsɛu⁵³puᵒliᵒ
遂　川	归西 kui⁵³ɕi⁵³
宁　都	过世 ko³¹sai³¹
瑞　金	过世 ko⁴²sʅ⁴² / 归家 kue⁴⁴ka⁴⁴ / 过边 ko⁴²piɛn⁴⁴
于　都	唔在 ŋ̍⁴⁴tsʰuɛ³¹
赣　县	过身 kəu⁴⁴sən²⁴ / 唔在子 ŋ̍⁵³tsʰue⁴⁴tsʅ⁰
南　康	唔在咯 əŋ⁵³tsʰuæ³³lɔ⁰
龙　南	老了 lau⁵³liau⁰ / 走了 tsɛu⁵³liau⁰
寻　乌	过身 ko⁵⁵ɕin²⁴
黄　坳	归身 kui²⁴sən²⁴
铜　鼓	过哩 kɔ⁵¹li⁰
大　溪	过世 ko⁵²sʅ⁵²
太　源	过世 ko⁴²sɛ⁴⁴ / 过背 ko⁴²pɔi⁴⁴ / 未在 mɔi⁴²tsʰɔi⁴⁴
九　江	走 tsəu²¹³ / 过 ko²¹
赣　州	过世 ko²¹sʅ²¹²
白　槎	过世 ko³¹²sʅ³¹²
浮　梁	过的 kuo²¹³ti⁰
婺　源	过之 ku³⁵tɕi⁰
上　饶	过身 / 世 ko⁴³ɕĩn⁴⁴ / sʅ⁴³⁴
广　丰	过身 / 背 kye⁴⁴s̃in⁴⁴ / puɐi⁴³⁴
铜　山	过身 kə⁴⁴ɕien³³

	262 埋葬梁、祝死后~在一块儿	263 坟墓梁、祝合起来修了一座~
南 昌	埋 mai^{45}	坟 fin^{45}
修 水	埋 mai^{24}	坟 fɛn^{24}
湖 口	埋 mai^{211}	坟 fən^{211}
鄱 阳	葬 tsãn^{35} / 埋 mai^{24}	坟 fən^{24}
铅 山	埋 mai^{24}	坟 fen^{24}
抚 州	葬 tsoŋ^{41} / 埋 mai^{24}	坟 fun^{24}
资 溪	埋 mai^{13}	坟 fin^{13}
宜 黄	埋 mai^{45}	坟 fɛn^{45}
丰 城	埋 mai^{33}	坟 fən^{33}
高 安	埋 mai^{213}	坟 fɛn^{213}
新 余	埋 mai^{42}	墓佬 mu^{42}lau^0
吉 安	葬 tsɔŋ^{214}	坟 fən^{21}
遂 川	葬 tsõ^{55}	坟 fɛ̃n^{22}
宁 都	埋 mai^{13}	墓脑 mu^{44}nau^{214}
瑞 金	上山 sɔŋ^{44}san^{44}	地 tⁱi^{51}
于 都	埋 mæ^{44}	地 tⁱi^{42}
赣 县	埋 mæ^{212}	地 tⁱi^{44}
南 康	埋 mæ^{11}	地□ tⁱi^{33}puæ^{21}
龙 南	埋 mai^{312}	地 tⁱi^{44}
寻 乌	葬 tsɔŋ^{55}	地 tⁱi^{55}
黄 坳	葬 tsɔŋ^{53}	地 tⁱi^{53}
铜 鼓	埋 mai^{13}	坟 fən^{13}
大 溪	葬 tsɔŋ^{52}	坟 fɛn^{213}
太 源	葬 tsɔŋ^{44}	坟 pʰuen^{212}
九 江	埋 mai^{44}	坟 fən^{44}
赣 州	葬 tsãn^{212}	坟 fəŋ^{42}
白 槎	埋 mai^{55}	老坟 lau^{214}fən^{55}
浮 梁	埋 ma^{24}	坟 fɛn^{24}
婺 源	葬 tsã^{35}	坟 fæn^{11}
上 饶	埋 mæ^{423} / 葬 tsã^{434}	坟 fin^{423}
广 丰	殡 pĩn^{434} / 葬 tsãŋ^{434}	坟 fuẽn^{231}
铜 山	掩 ian^{443} / 葬 tsɔŋ^{21}	墓 bɔ^{21}

	264	265
	过旧历年时举行祭祀	灶神
南　昌	敬菩萨 tɕin⁴⁵pʻu²⁴sat⁵	灶王爷 tsau⁴⁵uoŋ⁴⁵ia⁰
修　水	敬菩萨 tɕian⁵⁵bu²⁴sæt⁴²	灶公大王 tsau⁵⁵kəŋ³⁴dai²²uoŋ²⁴
湖　口	供神 tɕioŋ⁴⁵⁵sən²¹¹	司命爹爹 sๅ⁴²mian²¹³tia⁴²tia⁰
鄱　阳	拜祖宗老子 pai³⁵tsu⁴²tsəŋ²¹lau⁴²tsๅ⁰	司命爷 sๅ²¹min²¹io²⁴
铅　山	请年 tɕʻin⁴⁵ȵien²⁴	灶司公 tsau²¹sๅ³³koŋ³³
抚　州	□□ tɕiu⁴¹ȵioŋ⁰	灶公公 tsau⁴¹kuŋ³²kuŋ⁰
资　溪	还年福 uan¹³ȵien¹³fuʔ³	灶公 tsau⁵³kuŋ³¹
宜　黄	拜年 pai⁴²ȵien⁴⁵	灶额公公 tou⁴²ȵiaʔ⁵kuŋ³³kuŋ³³
丰　城	敬祖宗 tɕin⁴⁵tsๅ⁴¹tsuŋ³⁵	灶姑娘娘 tsau²¹³ku³⁵ȵioŋ³³ȵioŋ⁰
高　安	敬公婆祖宗 tɕin⁴⁴kuŋ³⁵pʻɔ⁴²tsu⁴²tsuŋ³⁵	灶神 tsau⁴⁴sən²¹³
新　余	敬神 tɕin⁴²sɛn⁴²	灶神菩萨 tsau⁴²sɛn⁴²pʻu⁴²sa⁴²
吉　安	敬菩萨 tɕin²¹⁴pʻu²¹sa³³⁴	火神菩萨 fo⁵³sən⁴²pʻu²¹sa³³⁴
遂　川	敬菩萨 tɕĩ⁵⁵pʻu²²sa⁵⁵	灶人姑姐 tsɔ⁵⁵ȵin²²ku⁵³tɕi³¹
宁　都	上神 soŋ⁴⁴sən¹³	灶神 tsau³¹sən¹³
瑞　金	敬神 tɕɔ⁴²ɕin³⁵	灶君老太 tsɔ⁴²tɕin⁴⁴lɔ⁴⁴tʻɛ⁴²
于　都	敬神 kẽ³²³sẽ⁴⁴	灶□太太 tsɔ³²³kæ³¹tʻæ³²³tʻæ³²³
赣　县	供神 tɕiəŋ⁴⁴səŋ²¹²	灶君奶奶 tsɔ⁴⁴tɕiəŋ²⁴næ⁵³næ⁰
南　康	供神 tɕiəŋ³³sẽ¹¹	灶君奶奶 tsɔ⁵³tɕyəŋ³³næ³³næ⁰
龙　南	祭□ tɕi⁴⁴ȵioŋ⁵³	灶姐 tsau⁴⁴tɕia⁵³
寻　乌	敬神 kin⁵⁵ɕin²¹⁴	灶君奶奶 tsau⁵⁵kin²⁴nai⁴²nai⁰
黄　坳	敬神 kin⁵³sən²¹²	灶□□ tsau⁵³fu³¹ɕiu²⁴
铜　鼓	还年福 van¹³ȵien¹³fuk³	灶君 tsau⁵¹tɕin²¹⁴
大　溪	请年 tɕʻian⁴³ȵien²¹³	灶司公 tsau⁵²sๅ³³kəŋ³³
太　源	做年 tso⁴²nan²¹²	灶司公 tsau⁴²sๅ⁴⁴kuŋ⁴⁴
九　江	供饭 koŋ³¹fan²¹	灶老爷 tsau²¹lau²¹³iɛ⁴⁴
赣　州	挂纸 kua²¹tsๅ⁴⁵	灶君奶奶 tsɔ²¹²tɕiəŋ³³næ³³næ⁰
白　槎	敬祖宗 tɕin³¹²tsəu²¹⁴tsəŋ⁰	灶神 tsau³¹²ʂən⁵⁵
浮　梁	敬祖宗佬 kai²¹³tsəu²¹tsoŋ⁵⁵lau⁰	灶司菩萨 tsau²¹³sๅ⁵⁵pʻu²⁴sa⁰
婺　源	请祖宗 tsʻɔ²tsu³⁵tsɛm⁵⁵	灶司老爷 tsɔ³⁵sๅ⁵⁵lɔ³⁵ie¹¹
上　饶	请年 tsʻĩn⁴⁴ȵiẽ⁴²³	灶司公 tsou⁴³sๅ⁴⁴koŋ⁴⁴
广　丰	请年 tsʻĩn⁴³ȵiẽ²³¹	灶司公 tsɔɯ⁴⁴sɤ⁴⁴koŋ⁴⁴
铜　山	请年 tɕʻiã⁴⁴ȵĩ²⁴	灶司公 tsau⁴⁴sๅ³³koŋ³³

	266 为受惊的孩子招魂	267 干活整天~
南　昌	收吓 ɕiu⁴²xat⁵	做事 tsu⁴⁵sʅ²¹
修　水	叫惊 su³⁴tɕian³⁴	做事 tsʅ⁵⁵sʅ²²
湖　口	徕吓 lai⁴⁵⁵xa⁰	做事 tso⁴⁵⁵sʅ²¹³
鄱　阳	叫吓 tɕiau³⁵xɒ⁴⁴	做事 tso³⁵sʅ²¹
铅　山	喊魂 xan⁴⁵fen²⁴	做事 tso²⁴sʅ²¹
抚　州	喊魂 xam⁴⁵fun²⁴	做事 tsʅ⁴¹sʅ²¹²
资　溪	喊魂 xam³⁵fin¹³	做事 tso⁵³sʅ²²
宜　黄	喊魂 xam⁴⁵³fen⁴⁵	做事 to⁴²sʅ²²
丰　城	烧夜纸 sau³⁵ia²¹³tsʅ⁴¹	做事 tsʅ²⁴sʅ²¹³
高　安	收吓 sɛu³⁵xat⁵	做事 tsu⁴⁴sʅ²²
新　余	收魂 sɛu⁴⁵fun⁴²	做事 tsʅ⁴²sʅ⁰
吉　安	收吓 ɕiu³³⁴xa³³⁴	做事 tso²¹⁴sʅ²¹⁴
遂　川	喊魂 xãn³¹fɛ̃n²²	做事 tso⁵⁵se²¹⁴
宁　都	喊□ xan⁴²tsan⁴²	做事 tso³¹sə⁴⁴
瑞　金	喊夜 xan⁴⁴ia⁵¹	做事 tso⁴²ɕie⁵¹
于　都	喊细徕 xã⁴⁴si³²³læ⁴⁴	做工夫 tsɣ³²³kəŋ³¹fu³¹
赣　县	喊□□ xã⁵³t'əŋ²¹²ni̯²¹²	做工夫 tsɛu⁴⁴kəŋ²⁴fu²⁴
南　康	□惊 ts'ɛ⁵³tɕiən³³	做工夫 tso⁵³kəŋ³³fu³³
龙　南		做事 tsu⁴⁴se²²
寻　乌	喊鬼子 xan⁵⁵kui⁴²tsʅ⁰	做事 tso⁵⁵ɕie⁵⁵
黄　坳	喊魂 xan³¹fən²¹²	做事 tsɔ⁵³tsʅ⁵³
铜　鼓	摸惊 mɔ²¹⁴tɕian²¹⁴	做事 tsɔ⁵¹sʅ⁵¹
大　溪	叫魂 tɕiau⁵²fen²¹³	做事 tso⁵²sʅ⁴³⁵
太　源	话魂 vo³²⁵p'un²¹²	做事 tso⁴⁴sʅ⁴²
九　江	叫吓 tɕiau²¹xai⁵³	做事 tsəu²¹sʅ²¹
赣　州	喊回来 xãn⁴⁵xue⁴²læ⁴²	做事 tso²¹sʅ²¹²
白　槎	收吓 səu⁴²xa⁴²	搞活儿 kau²¹⁴xor⁵⁵
浮　梁	收吓 ɕiɛu⁵⁵xa²¹³	做□儿 tso²¹³xər³³
婺　源	叫魂 tɕiɔ³⁵xuæn¹¹	做事 tsu³⁵ɕi⁵¹
上　饶	叫魂 tɕiɔu⁴⁴uĩn⁴²³	做事 tso⁴⁴sʅ²¹²
广　丰	吆吓 iəu⁴⁴ɯæʔ⁵	做事 tso⁴⁴se²¹²
铜　山	叫惊 kiə⁴⁴kiã³³	做穑 tso⁴⁴ɕie⁴²

	268 歇息 整天不~一一会儿	269 说话
南 昌	歇 ɕiɛt⁵	话事 ua²¹sๅ²¹
修 水	歇 ɕiɛt⁴²	话事 ua²²sๅ²²
湖 口	歇 ɕie⁴⁵⁵	说话 ɕyɛ⁴⁵⁵ua²¹³
鄱 阳	歇 ɕie⁴⁴	话事 uɒ²¹sๅ²¹
铅 山	休歇 xiu³³xiɛʔ⁴	话事 ua²⁴sๅ²¹
抚 州	歇 ɕiɛt²	话事 ua²¹²sๅ²¹²
资 溪	歇 ɕiɛt³	话事 ua³¹sๅ²²
宜 黄	歇 ɕiɛt²	话事 ua²²sๅ²²
丰 城	歇 ɕiɛʔ³²	话事 va²⁴sๅ²¹³
高 安	敆 xɛu²⁴²	话事 ua²²sๅ²²
新 余	敆 xɛu²¹³	话事 ua¹²sๅ⁰
吉 安	歇 ɕie³³⁴	话事 ua²¹⁴sๅ²¹⁴
遂 川	休歇 ɕiu⁵³ɕiɛ⁵⁵	话事 ua²¹⁴sɛ²¹⁴
宁 都	歇肩 ɕiɛt³²tsan⁴²	话事 va⁴⁴sə⁴⁴
瑞 金	放肩 xɔŋ⁴²tɕiɛn⁴⁴	话事 va⁵¹sๅ⁵¹
于 都	放肩 xõ³²³tɕʅ³¹	话事 va⁴²sๅ⁴²
赣 县	敆 t'æ⁴⁴	话事 ua⁴⁴sๅ⁴⁴
南 康	休歇 ɕiu³³ɕiɛ⁵³	话事 va⁵³sๅ⁵³
龙 南	敆 t'ɛu⁵³	讲事 kɔŋ⁵³sๅ²²
寻 乌	摆肩 liau⁵⁵kiɛn²⁴	讲□ kɔŋ⁴²ŋa⁵⁵
黄 坳	敆 t'ɛu⁵³	话事 va⁵³sๅ⁵³
铜 鼓	歇 ɕiɛt⁵	讲事 kɔŋ²¹sๅ⁵¹
大 溪	歇 ɕiɛʔ⁴	话事 ua⁴³sๅ⁴³⁵
太 源	歇 sɛʔ⁴	讲话 kɔŋ³²⁵va⁴²
九 江	歇 ɕie⁵³	说话 ʂʮai⁵³xuɒ²¹
赣 州	歇 ɕiɛ²¹²	讲话 tɕiãn⁴⁵xua²¹²
白 槎	歇 ɕiɛ⁴²	说话 ʂʮɛ⁴²xua³¹²
浮 梁	歇□ ɕie²¹³pau²⁴	话事儿 uo³³sər³³
婺 源	歇气 ɕie⁵¹	讲话 kã²vɵ⁵¹
上 饶	歇 ɕiɛʔ⁴	话事 ua²⁴sๅ²¹²
广 丰	歇 xiæʔ⁴	话事 ye²⁴se²¹²
铜 山	歇 xiə⁴²	订话 ta⁴⁴ue²¹

	270 打盹 靠着沙发~	271 睡觉 在床上~
南 昌	打/春/栽瞌睏 ta²¹³/tsuŋ⁴²/tsai⁴²kʻot⁵kʻun⁰	睏觉 kʻun²¹³kau⁴⁵
修 水	打瞌睡 ta²¹xot⁴²fi²²	睏觉 guən²⁴kau⁵⁵
湖 口	春瞌睏 tşoŋ⁴²go²¹³gun²¹³	睏醒 gun²¹³ɕiaŋ³⁴³
鄱 阳	打瞌睏 tʋ⁴²kʻo⁴⁴kʻuən⁰	睏觉 kʻuən³⁵kau³⁵
铅 山	打春顿 ta⁴⁵tʃoŋ³³ŋen³³	睏觉 kʻuen²¹kau²¹
抚 州	打瞌睏 ta⁴⁵kʻop²kʻun⁴¹	睏觉 kʻun⁴¹kau⁴¹
资 溪	打瞌睏 ta³⁵kʻop³kʻun⁵³	睏觉 kʻun⁵³kau⁵³
宜 黄	打瞌睏 ta⁴⁵³kʻop²kʻun⁴²	睏觉 kʻun⁴²kau⁴²
丰 城	打瞌睏 ta⁴¹kʻɔʔ³²kʻuən²¹³	睏 kʻuən²¹³
高 安	打瞌睏 ta⁴²kʻɔt⁵kʻuən²²	睏觉 kʻuən²²kau⁴⁴
新 余	打瞌睡 ta²¹³kʻɔʔ⁵suoi¹²	睏瞌觉 kʻun¹²kʻɔʔ⁵kau¹²
吉 安	打瞌睡 ta⁵³kʻo³³⁴sui²¹⁴	睡觉 sui²¹⁴kau²¹⁴
遂 川	打冷睡 ta⁵³lã³⁵sui⁵⁵	睏觉 fẽ⁵⁵kɒ²¹⁴
宁 都	起眼栽 tɕʻi²¹⁴ŋan²¹⁴tsai⁴²	栽眼 tsai⁴²ŋan²¹⁴
瑞 金	起眼歇 tɕʻi⁴⁴ŋan⁴⁴ɕieʔ²	歇眼 ɕieʔ²ŋan²¹²
于 都	打眼沉 ta³⁵ŋã³⁵tsʻẽ⁴⁴	歇眼 ɕieʔ³²³ŋã³⁵
赣 县	钓鱼子 tio⁴⁴əŋ²¹²tsɿ⁰	歇眼 ɕieʔ³²ŋã⁵³
南 康	起眼歇 tɕʻi²¹ŋã²¹ɕie⁵³	歇觉 ɕie⁵³kɔ⁵³
龙 南	□眼 tɕin²²ŋain⁵³	歇觉 ɕieʔ⁴³kau⁴⁴
寻 乌	起眼歇 ɕi⁴²ŋan⁴²ɕieʔ²¹	睡目/眼 suɐi⁵⁵muʔ²¹/ŋan⁴²
黄 坳	起目歇 tɕʻi³¹muk²ɕiet²	睡目 sɔi⁵³muk²
铜 鼓	打瞌睡 ta⁴¹xɔk³sɔi⁵¹	睡目 sɔi⁵¹muk³
大 溪	春目眉 tsəŋ³³məʔ⁵xuɛ⁵²	睡 fɛ⁵²/眉 xuɛ⁵²
太 源	坐睏 tsʻo⁴⁴fen⁴⁴	睏 fen⁴⁴
九 江	栽瞌睏 tsai³¹kʻo⁵³kʻuən²¹	睏醒 kʻuən²¹ɕin²¹³
赣 州	打瞌睡 ta⁴⁵kʻ ʔ³²sue²¹²	睡觉 sue²¹tɕiɔ²¹²
白 槎	打瞌睡 ta²¹⁴kʻiɛ⁵⁵sei³¹²	睡 sei³¹²
浮 梁	春睏 tşoŋ⁵⁵kʻuen²¹³	睏觉 kʻuen²¹³kau²¹³
婺 源	春睏 tsɐm⁵⁵kʻuɐn³⁵	睏觉 kʻuɐn³⁵kɔ³⁵
上 饶	打春睏 ta⁴³tɕγoŋ⁵²kʻũĩn⁴³⁴	睏 kʻũĩn⁴³⁴
广 丰	射/锄目眉 ɕie²¹/sã²¹mɔʔ²xɐi⁴³⁴	打目眉 tai⁴³mγʔ²xɐi⁴³⁴/瞑 mĩn²³¹
铜 山	□眠 tu⁴⁴bien²⁴	睏 kʻuon²¹

	272	273
	做梦	起床该~上学了
南 昌	眠/发梦 faʔ⁵/miɛn²⁴muŋ²¹	起来 tɕʰi²¹³lai²⁴
修 水	做梦 tsɿ⁵⁵məŋ²²	起床 dzi²¹dzɔŋ²⁴
湖 口	做梦 tsu⁴⁵⁵mɔŋ²¹³	起床 dʑi³⁴³dzɔŋ²¹¹
鄱 阳	眠梦 miẽn²⁴məŋ²¹	起来 tɕʰi⁴²lai²⁴
铅 山	眠梦 miɛn²⁴mɔŋ²¹	逃起 tʰau²⁴tɕʰi⁴⁵
抚 州	眠梦 miɛn²⁴muŋ²¹²	起来 tɕʰi⁴⁵loi²⁴
资 溪	眠梦 miɛn¹³muŋ²²	起床 tɕʰi³⁵sɔŋ¹³
宜 黄	眠梦 miɛn⁴⁵muŋ²²	起来 tɕʰi⁴⁵lɛi⁴⁵
丰 城	发梦□ fæʔ³²muŋ²¹³tʰiɛn⁰	起来 tɕʰi⁴¹lei³³
高 安	做梦 tsu⁴⁴muŋ²²	起来 tɕʰi⁴²lai²¹³
新 余	眠梦 miɛn⁴²muŋ¹²	起来 tɕʰi²¹lai⁰
吉 安	做梦 tso²¹⁴muŋ²¹⁴	起起 tɕʰi⁵³tsʰɔŋ²¹
遂 川	做梦 tso²¹⁴mɛ̃ŋ²¹⁴	起床 ɕi³¹tsʰõ²²
宁 都	做梦 tso³¹muŋ⁴⁴	□床 xɔŋ⁴²tsʰɔŋ¹³
瑞 金	眠梦 miɛn³⁵mʏŋ⁵¹	□床 xɔŋ⁴²tsʰɔŋ³⁵
于 都	眠梦 mĩ⁴⁴məŋ⁴²	起床 ɕi³⁵tsʰõ⁴⁴
赣 县	发梦 faʔ³²məŋ⁴⁴	□床 xɔ̃⁴⁴tsʰɔ̃²¹²
南 康	发梦 fa⁵³məŋ⁵³	爬起 pʰa¹¹ɕi²¹/□床 xɔ̃³³tsʰɔ̃¹¹
龙 南	发梦 fæʔ⁴³məŋ²²	□床 xɔŋ⁴⁴tsʰɔŋ³¹²
寻 乌	□梦 puaiʔ²¹muŋ⁵⁵	□床 xɔŋ⁵⁵tsʰɔŋ²¹⁴
黄 坳	发梦 faitˀmuŋ⁵³	□床 xɔn⁵³tsʰɔŋ²¹²
铜 鼓	做梦 tsɔ⁵¹məŋ⁵¹	□床 xɔn⁵¹tsʰɔŋ¹³
大 溪	得梦 tɯʔ⁵məŋ⁴³⁵	爬起 pʰa²¹tɕʰi⁴³³
太 源	眠梦 miɛn²⁴muŋ⁴²	振床 tsen⁴⁴tʃʰɔŋ²¹²
九 江	做梦 tsəu²¹mɔŋ²¹	起床 tɕʰi²¹³tʂʰua̯⁴⁴
赣 州	发梦 faʔ³²məŋ²¹²	爬起 pʰa⁴²tɕʰi⁴⁵
白 槎	做梦 tso³¹²məŋ³¹²	起来 tɕʰi²¹⁴lai⁰
浮 梁	眠梦 mi²⁴lɛ²⁴	起来 tɕʰi³¹lɛ²⁴
婺 源	做梦 tsu³⁵mɐm⁵¹	起来 tɕʰi³⁵le¹¹
上 饶	做梦 tso⁴⁴mɔŋ²¹²	爬条起 ba⁴²diɔu⁴²tɕʰi⁵²
广 丰	得梦 tɯʔ⁴mɔŋ²¹²	爬起 ba²³¹xi⁰
铜 山	得梦 tieʔ⁴ban²¹	觉起 kiau⁴⁴kʰi⁴⁴³

	274	275	276
	穿（衣服）	脱（衣服）	**做饭** 统称
南　昌	穿 tsʻon⁴²	脱 tʻot⁵	弄饭 luŋ²¹fan²¹
修　水	穿 dɛn³⁴	脱 tʻuət⁴²	舞饭 u²¹fan²²
湖　口	穿 dʑɛn⁴²	脱 dɔ²¹³	舞饭 u³⁴³fan²¹³
鄱　阳	穿 tɕʻyõn²¹	脱 tʻo⁴⁴	□饭 lu⁴⁴fãn²¹
铅　山	穿 tʃʻuɛn³³	脱 tʻoʔ⁴	弄饭 lon²¹fan²¹
抚　州	着 toʔ²	脱 xot²	弄饭 luŋ²¹²fan²¹²
资　溪	着 tɔʔ³	脱 xɔʔ³	弄饭 luŋ²²fan²²
宜　黄	着 tɔʔ²	脱 xot²	□饭 pei³³fan²²
丰　城	穿 tsʻon³⁵	脱 xɔʔ³²	弄饭 nuŋ²⁴fan²¹³
高　安	穿 tʻɔn³⁵	脱 xɔt⁵	舞饭 u⁴²fan²²
新　余	穿 tʻuon³⁴	脱 xʌʔ³⁴	舞饭 u²¹fan¹²
吉　安	着 tso³³⁴	脱 tʻo³³⁴	舞饭 u⁵³fan²¹⁴
遂　川	着 tio⁵⁵	脱 tʻo⁵⁵	搞饭 kɒ³¹fãn²¹⁴
宁　都	着 tsɔk³²	脱 tʻuət³²	做饭 tso³¹pʻan⁴⁴
瑞　金	着 tsoʔ²	脱 tʻuɛʔ²	做饭 tso⁴²fan⁵¹
于　都	着 tsɣʔ⁵	脱 tʻuæʔ⁵	做饭 tsɣ³²³fã⁴²
赣　县	着 tsoʔ³²	脱 tʻoʔ³²	做饭 tsəu⁴⁴fã⁴⁴
南　康	着 tso⁵³	剥 po⁵⁵	做饭 tsu⁵³fã⁵³
龙　南	着 tsɔʔ⁴³	脱 tʻɔʔ⁴³	煮饭 tsu⁵³fain³¹²
寻　乌	着 tsɔʔ²¹	脱 tʻuaiʔ²¹	做饭 tso⁵⁵fan⁵⁵
黄　坳	着 tsɔk²	脱 tʻɔk²	做□ tsɔ⁵³ɕiu⁵³
铜　鼓	着 tɔt³	脱 tʻɔk³	舞饭 u²¹fan⁵¹
大　溪	着 tsəʔ⁴⁵	脱 tʻəʔ⁴⁵	装饭 tsɔŋ³³pʻuon⁴³⁵
太　源	着 tʃɔʔ⁴	脱 tʻɔʔ⁴	弄饭 luŋ⁴²pʻʌn⁴²
九　江	穿 tʂʻuõ³¹	脱 tʻo⁵³	做饭 tsəu²¹fan²¹
赣　州	穿 tsʻõn³³	脱 tʻo²¹²	弄饭 ləŋ²¹fãn²¹²
白　槎	穿 tʂʻuan⁴²	脱 tʻo⁴²	烧饭 ʂau⁴²fan³¹²
浮　梁	着 tɕia²¹³	脱 tʻɛ²¹³	□饭 lɛu²⁴fo³³
婺　源	着 tsa⁵¹	脱 tʻo⁵¹	弄饭 lɛm⁵¹fum⁵¹
上　饶	穿 tɕʻyõn⁴⁴	脱 tʻɔʔ⁵	装饭 tɕyõŋ⁴⁴fãn²¹²
广　丰	着 tæʔ⁵	除 dɣ²³¹/ 褪 tʻin⁴³⁴	装饭 tsãŋ⁴⁴fãn²¹²
铜　山	穿 tɕʻien²¹	褪 tʻən²¹	煮糜 tsɿ⁴⁴mãi³³

	277	278	279		
	清水中煮~鸡蛋	腌~鱼肉	吃（饭）| 喝（茶）| 抽（烟）		
南昌	煠 tsʻat² /煮 tsu²¹³	腌 iɛn⁴²	喫 tɕʰiaʔ⁵		
修水	炆 uən²⁴	腌 iɛn³⁴	喫 tɕʰiaʔ⁵		
湖口	煮 tɕy³⁴³ /□ guɛ²¹³	腌 iɛ⁴⁵⁵	喫 dʑia²¹³ | 喝 xo²¹³ | 喫 dʑia²¹³		
鄱阳	煮 tɕy⁴² /炆 uən²⁴	腌 iɛn²¹	喫 tɕʰiɒ⁴⁴ | 喝 fo⁴⁴ | 喫 tɕʰiɒ⁴⁴		
铅山	煠 seʔ⁴	潦 len⁴⁵	喫 tɕʰiʔ⁴		
抚州	煠 saʔ²	腌 iep²	喫 tɕʰiaʔ²		
资溪	煠 saʔ⁵	腌 iɛp³	喫 tɕʰiaʔ²		
宜黄	煮 tɛ⁴⁵³	腌 iɛn³³	喫 tɕʰiaʔ²		
丰城	煠 sæʔ⁵	□ ŋau²¹³	喫 tɕʰiaʔ³²		
高安	煠 sat⁵	□ ŋau⁴²	喫 ɕiak⁵		
新余	煠 saʔ⁵	□ ŋau²¹³	喫 tɕʰiak³		
吉安	煮 tu⁵³	□ ŋau⁵³	喫 tɕʰia³³⁴		
遂川	煮 tɕy³¹	腌 iẽn⁵³	喫 tɕʰia⁵⁵		
宁都	煮 tɕiɛ²¹⁴	□ tak³²	食 sək³²		
瑞金	煠 saʔ⁴	□ tʻaʔ²	食 ɕiʔ⁴ | 唉 suɛʔ² | 食 ɕiʔ⁴		
于都	煠 sæ⁴²	□ laʔ⁵	食 sɛ⁴²		
赣县	煠 saʔ⁵	□ tɕĩ⁴⁴	食 sɛʔ⁵		
南康	煠 sa⁵³	□ ŋɔ⁵³	食 sə⁵³		
龙南	煠 sæʔ²³	腌 iɛʔ²³	食 seʔ²³ | 唉 sɔʔ⁴³ | 食 seʔ²³		
寻乌	煠 saiʔ³⁴	□ laʔ²¹	食 ɕiʔ³⁴		
黄坳	煠 sait⁵	腌 ian²⁴	食 sɿ⁵		
铜鼓	煠 sat⁵	□ ŋau²¹	食 sɛk⁵		
大溪	煠 seʔ⁵	腌 iɛn³³	食 sɿʔ⁵		
太源	煮 tɕy³⁵	卤 lu³²⁵	食 seʔ²		
九江	煮 tʂʯ²¹³	腌 iɛn³¹	喫 tɕʰi⁵³ | 喝 xo⁵³ | 抽 tʂʰəu³¹		
赣州	煮 tɕy⁴⁵	腌 ĩn³³	喫 tɕʰiɛ²¹²		
白槎	煮 tʂʯ²¹⁴	腌 ian⁴²	喫 tsʰʯ⁴² /□ kʻɛ⁴² /食 sai²¹⁴ | 喝 xo⁴² | 喫 tsʰʯ⁴²		
浮梁	煠 so³³	腌 iɛ²¹³	喫 tɕʰiai²¹³		
婺源	煮 tɕy²	腌 ĩ⁵⁵	喫 tɕʰiɔ⁵¹		
上饶	煠 seʔ²³	腌 iẽn⁴⁴	喫 tɕʰiɿʔ⁵		
广丰	煠 sæʔ²³	潦 læn²⁴	哐 tiɿʔ⁵		
铜山	煠 sa⁵⁵	□ ɕĩ²¹	食 tɕiæʔ⁴		

	280	281	282
	夹（菜）	（用菜）下饭	饿肚~了|~了两天
南 昌	拈 ȵiɛn⁴²	下饭 xa²¹fan²¹	饿 ŋo²¹
修 水	钳 dʑiɛn²⁴	下饭 xa²²fan²²	饿 ŋo²²
湖 口	夹 ka⁴⁵⁵	□饭 sən⁴⁵⁵fan²¹³	饿 ŋo²¹³
鄱 阳	拈 ȵiẽn²¹	下饭 xɒ²¹fãn²¹	饿 ŋo²¹
铅 山	搛 tɕiɛn³³	下饭 xa²¹fan²¹	饿 ŋo²¹
抚 州	钳 tɕʰiɛm²⁴	下饭 xa²¹²fan²¹²	饿 ŋo²¹²
资 溪	夹 kap³	下饭 xa²²fan²²	饿 ŋo²²
宜 黄	钳 tɕʰiɛm⁴⁵	下饭 xa²²fan²²	饿 ŋo²²
丰 城	挟 tɕʰiɛʔ³²	配饭 pʰei²⁴fan²¹³	饿 ŋo²¹³
高 安	钳 ɕiɛn²¹³	派饭 pʰai⁴⁴fan²²	饿 ŋo²²
新 余	挟 tɕʰiɛʔ³⁴	咽饭 iɛn⁴²fan¹²	饿 ŋo¹²
吉 安	夹 kɛ³³⁴	咽饭 iɛn²¹fan²¹⁴	饿 ŋo²¹⁴
遂 川	夹 ka⁵⁵	下饭 xa²¹⁴fãn²¹⁴	饿 ŋo²¹⁴
宁 都	钳 tsʰan¹³	傍饭 pɔŋ²¹⁴pʰan⁴⁴	饿 o⁴⁴
瑞 金	钳 tɕiɛn³⁵	傍饭 pɔŋ⁴²fan⁵¹	□饥 ȵiɛʔ²tɕi⁴⁴
于 都	挟 tɕiɛ³²³	傍饭 põ³²³fã⁴²	饥 tɕi³¹
赣 县	钳 tɕʰi²¹²	傍饭 pɔ⁵³fã⁴⁴	饥 tɕi²⁴
南 康	钳 tɕʰiĩ¹¹	傍饭 pɔ²¹fã⁵³	饥 tɕi³³
龙 南	钳 tɕʰiain³¹²	傍饭 pɔŋ⁵³fain³¹²	饥 tɕi²⁴
寻 乌	夹 kiɛʔ²¹	傍饭 pɔŋ⁴²fan⁵⁵	饥 ki²⁴
黄 坳	夹 kait²	傍饭 pɔŋ³¹fan⁵³	饥 ki²⁴
铜 鼓	夹 tɕiɛt³	傍饭 pɔn²¹fan⁵¹	饿 ŋo⁵¹
大 溪	搛 tɕiɛn³³	傍饭 pɔŋ⁴³pʰuon⁴³⁵	饿 ŋo⁴³⁵
太 源	钳 tɕʰiɛn²⁴	送饭 suŋ⁴²pʰʌn⁴²	饥 tɕyi⁴⁴
九 江	挟 kɒ⁵³	下饭 ɕiɒ²¹fan²¹	饿 ŋo²¹
赣 州	钳 tɕʰĩn⁴²	傍饭 pãn⁴⁵fãn²¹²	饿 o²¹²
白 槎	拈 ȵian⁴²	下饭 ɕia³¹²fan³¹²	饿 ŋo³¹²
浮 梁	夹 ko²¹³	□饭 to²¹³fo³³	饿 ȵiɛ³³
婺 源	夹 kə⁵¹	下饭 xə³¹fum⁵¹	饿 ge⁵¹
上 饶	搛 tɕiẽn⁴⁴	下饭 xa²⁴fãn²¹²	饿 ŋ²¹²
广 丰	夹 gæʔ²³	配饭 pʰuɐi⁴⁴fãn²¹²	饥 kɐi⁴⁴ | 饿 uai²¹²
铜 山	□ uəi⁴⁴³	配糜 pʰə⁴⁴mãi³³	枵 iau³³

	283	284	285
	洗澡	拉（屎、尿）	擤鼻涕
南 昌	洗澡 ɕi²⁴tsau²¹³	屙 ŋo⁴²	擤鼻涕 sen²¹³pʰitʰ²tʰi⁰
修 水	洗澡 ɕi²¹tsau²¹	屙 uo³⁴	□鼻涕 xai⁴⁴bit²di²³
湖 口	洗澡 ɕi³⁴³tsau³⁴³	屙 uo⁴²	擤鼻屎 sən³⁴³pi²¹¹ɕi⁴⁵⁵
鄱 阳	洗澡 ɕi⁴²tsau⁴²	屙 u²¹	擤鼻涕 sən⁴²pi²⁴tʰi⁰
铅 山	洗澡 ɕi⁴⁵tsau⁴⁵	屙 o³³	擤鼻脓 ɕin⁴⁵piʔ²noŋ²⁴
抚 州	洗澡 ɕi⁴⁵tsau⁴⁵	屙 o³²	擤鼻□ sen⁴⁵pʰitʰ⁵ɲin⁰
资 溪	做洗 tso⁵³ɕi³⁵	屙 ŋo³¹	擤鼻泥 sen³⁵pʰitʰ⁵ɲi¹³
宜 黄	做洗 to⁴²ɕi⁴⁵³	屙 ŋo³³	擤鼻泥 ɕin⁴⁵³pʰitʰ⁵ɲi⁴⁵
丰 城	洗澡 ɕi⁴¹tsau⁴¹	屙 vo³⁵	擤鼻脓 sen⁴¹piʔ⁵nuŋ³³
高 安	脏洗 tsɔŋ³⁵sai⁴²	□ lo³⁵	擤鼻脓 sen⁴²pʰitʰ⁵luŋ²¹³
新 余	洗澡 ɕi²¹tsau²¹³	屙 ŋo³³⁴	擤□□ sen⁴²pʰin³⁴pʰin³⁴
吉 安	洗澡 ɕi⁵³tsau⁵³	屙 uo³³⁴	擤鼻涕 sən⁵³pi²¹⁴tʰi²¹
遂 川	洗澡 ɕi³¹tsɒ³¹	屙 o⁵³	擤鼻泥 sẽn³¹pi²¹⁴ɲi²²
宁 都	洗汤 ɕie²¹⁴tʰɔŋ⁴²	屙 ŋo⁴²	□鼻 suŋ³¹pi⁴⁴
瑞 金	洗浴 ɕie⁴⁴iɤʔ⁴	屙 o⁴⁴	擤鼻 sen⁴⁴pi⁴²
于 都	洗澡 sɛ³⁵tsɔ³⁵	屙 ɣ³¹	擤鼻□ sẽ³⁵pi⁴²tʰɔ⁴⁴
赣 县	洗澡 sei⁵³tsɔ⁵³	屙 o²⁴	擤鼻头 sɔŋ⁴⁴pi⁴⁴tʰɔ²¹²
南 康	洗澡 ɕi²¹tsɔ²¹	屙 o³³	擤鼻脓 sẽ²¹ɕi³³ləŋ¹¹
龙 南	洗身 se⁵³sen²⁴	屙 ʊ²⁴	擤鼻 sain⁴⁴pi³¹²
寻 乌	洗身 ɕie⁴²ɕin²⁴	屙 o²⁴	擤鼻 ɕin⁴²pi⁵⁵
黄 坳	洗身 sɛ³¹sen²⁴	屙 ɔ²⁴	擤鼻 sən³¹pitʰ⁵
铜 鼓	洗身 sɛ²¹sen²⁴	落 ɔ²¹⁴	擤鼻脓 sen²¹pʰitʰ⁵nəŋ¹³
大 溪	洗浴 sɛ⁴³yəʔ⁵	屙 o³³	□鼻脓 xɛn⁴³pi²¹nəŋ²¹³
太 源	洗浴 sai³⁵iɔʔ²	屙 vo⁴⁴	擤鼻 sen³⁵pʰiʔ²
九 江	洗澡 ɕi²³tsau²¹³	屙 uo³¹	揩鼻脓泡 kʰai³¹pi⁵³loŋ⁴⁴pʰau³¹
赣 州	洗澡 ɕi⁴⁵tsɔ⁴⁵	屙 o³³	擤鼻鼻 sɔŋ⁴⁵pi²pi⁰
白 槎	洗澡 ɕi²¹⁴tsau²¹⁴	屙 o⁴²	□鼻涕 kən⁴²pi⁵⁵tʰi⁰
浮 梁	洗澡 sɛ³¹tsau³¹	屙 uo⁵⁵	擤鼻头 sen³¹pʰɛ³³tʰau²⁴
婺 源	洗浴 si²ia⁵¹	放 fa³⁵	擤□涕 sæn³⁵pʰutʰi³⁵
上 饶	洗浴 ɕi⁴³yɔʔ²³	屙 o⁴⁴	□鼻头屎 xoŋ⁵²bɐʔ²de⁴²ɕi⁵²
广 丰	洗浴 ɕi⁴³yoʔ²³	屙 o⁴⁴	□□/□□头 pʰe⁴⁴dzɐi²⁴/dzɐi²¹me²⁴dyuɣ⁰
铜 山	洗浴 suəi⁴⁴ieʔ⁴	放 pan²¹	擤□ sən⁴⁴pi²¹

	286 打喷嚏	287 打冷战
南　昌	打哈啐 ta²¹³xat⁵tɕʻiu⁰	打抖 ta²¹³tɛu²¹³
修　水	打哈啐 ta²¹xat⁴²dʑi³⁴	打□ ta²¹dʑin²²
湖　口	打哈啐 ta³⁴³xa⁴²ɕi⁴⁵⁵	打□□ ta³⁴³in²¹¹in⁰
鄱　阳	打嚏 tɒ⁴²tʻi³⁵	打抖抖子 tɒ⁴²tɒu⁴²tɒu⁴²tsɿ⁰
铅　山	打哈啐 ta⁴⁵xa³³tɕʻiɛ⁰	打缩战 ta⁴⁵sɣʔ⁴tsɛn²¹
抚　州	打哈啐 ta⁴⁵xat⁵tsʻoi⁴¹	打冷□ ta⁴⁵laŋ⁴⁵sɛn³²
资　溪	打哈啐 ta³⁵xat⁵tsʻi⁵³	做寒 tso⁵³xon¹³
宜　黄	打哈啐 ta⁴⁵³xaʔ²tɕʻi⁴²	作冷 tot²laŋ⁴⁵³
丰　城	打哈啐 ta⁴¹xæʔ²tɕʻi⁰	打冷□ ta⁴¹laŋ⁴¹sɛn⁰
高　安	打哈啐 ta⁴²xa³⁵tsʻi⁰	打冷□ ta⁴²laŋ⁴²sɛn⁴⁴
新　余	打啊啐 ta²¹aʔ⁵tɕʻiɛ⁴²	打□宽 ta²¹ɕin¹²kʻuan¹²
吉　安	打啊啐 ta⁵³a³³⁴tɕʻiɛ⁵³	打□ ta⁵³tɕʻiaŋ⁵³
遂　川	打哈啐 ta³¹xa³tɕʻiɛ⁵⁵	打□□□ ta³¹kə³¹ku⁵⁵tɕʻin³¹
宁　都	打哈啐 ta²¹⁴xat³²tsʻei¹³	打冷□ ta²¹⁴nən⁴²tɕi³¹
瑞　金	打哈啐 ta⁴⁴xaʔ²⁴tɕʻiɛ⁴²	打□□ ta⁴⁴n̩in⁴²tɕʻin⁵¹
于　都	打啊啐 ta³⁵a³¹tsʻɛ³⁵	抖抖动 tɛ³⁵tɛ³⁵tʻəŋ⁴²
赣　县	打哈啐 ta⁵³xa²⁴tɕʻiɛʔ³²	抖抖动 tɛ⁵³tɛ⁵³tʻəŋ²⁴
南　康	打啊啐 ta²¹a³³tɕʻiɛ⁵³	打□□ ta⁴²ŋã⁵³tɕʻiã¹¹
龙　南	打啊啐 ta⁵³æʔ⁴³tɕʻi⁵³	打□震 ta⁵³n̩in³¹²tsɛn⁴⁴
寻　乌	打哈啐 ta⁴²aʔ²³⁴tɕʻi⁴²	打□□ ta⁴²n̩in⁵⁵tɕʻin⁵⁵
黄　坳	打啊啐 ta³¹a²⁴tɕʻiɛt⁰	打□震 ta³¹kak²tsɛn⁵³
铜　鼓	打啊欠 ta²¹at³tɕʻiɛn⁵¹	打夹战 ta²¹kat⁵tɛn⁵¹
大　溪	打哈啐 ta⁴³xa³³tsʻɛ⁵²	打夹抖 ta⁴³kɐʔ⁴tɛ⁵²
太　源	打哈□ taŋ³⁵xa⁴⁴tsɿ²¹²	打缩战 taŋ³²⁵soʔ⁴tsɛn⁴³²
九　江	打喷嚏 tɒ²¹³pən³¹tʻi⁰	打摆子 tɒ²³pai²¹³tsɿ⁰
赣　州	打啊啐 ta⁴⁵aʔ³²tɕʻiɛ²¹²	打抖 ta⁴⁵tieu⁴⁵
白　槎	打喷啐 ta⁵⁵pʻən³¹²tɕʻi⁰	打冷噤 ta²¹lən²¹⁴tɕin⁴²
浮　梁	打啐 ta³¹tsʻɛ²¹³	打□□儿 ta³¹pʻɛn⁵⁵tsʻɛn⁵⁵n̩i⁰
婺　源	打啐 ta²tsʻi³⁵	打□□ ta³¹sæn³⁵tɕʻiɔ̃⁰
上　饶	打啐 ta⁴³tɕʻiɛ⁵²	□□震 sa²¹sa²³¹tɕĩn⁴³⁴
广　丰	打啐 tai⁴³tsʻɐi⁵²	打寒震 tai⁴³xuɛ̃n²⁴tsĩn⁰
铜　山	拍啊啐 pʻa⁴²a³³tsʻe⁴²	□□□ kʻə²¹kʻə²¹tsʻua⁴²

	288	289
	坐牢	画押
南 昌	坐牢 tsʻo²¹lau⁴⁵	按手印 ŋon⁴⁵ɕiu²¹³in⁴⁵
修 水	坐牢 dzo²²lau²⁴	□指拇头印 dɛn²²tɛ²¹mu²¹dɐi²⁴in⁵⁵
湖 口	坐班房 dzo²¹³pan⁴²foŋ²¹¹	按手模 ŋan⁴⁵⁵ʂɛu³⁴³mo²¹¹
鄱 阳	坐班房 tsʻo²¹pãn²¹fãn²⁴	按手模 ŋõn³⁵səu⁴²mu²⁴
铅 山	坐班房 tʻso³³pan³³fon²⁴	打手印 ta⁴⁵ɕiu⁴⁵in²¹
抚 州	坐牢 tsʻo²¹²lau²⁴	画押 fa²¹²ap²
资 溪	坐班房 tsʻo²²pan³¹foŋ¹³	打手模 ta³⁵ɕiu³⁵mu¹³
宜 黄	坐班房 tʻo³³pan³³foŋ⁴⁵	按手印 ŋon⁴²ɕiu⁴⁵³in⁴²
丰 城	坐牢 tsʻo²¹³lau³³	画押 fa²¹³ŋæʔ³²
高 安	坐牢 tsʻo²²lau²¹³	打手印 ta⁴²sɛu⁴²in⁴⁴
新 余	坐牢 tsʻo¹²lau⁴²	打手印 ta²¹sʐ²¹³in⁴²
吉 安	坐班房 tsʻo²¹⁴pan³³⁴foŋ²¹	按手印 ŋon²¹⁴ɕiu⁵³in²¹⁴
遂 川	坐牢 tsʻo³⁵lɔ²²	画押 xua²¹⁴a⁵⁵
宁 都	坐牢 tsʻo⁴²lau¹³	画押 fa⁴⁴ŋat³²
瑞 金	坐班房 tsʻo⁴⁴pan⁴⁴foŋ³⁵	按手模 uɛn⁴²ɕiu⁴⁴mu³⁵
于 都	坐牢 tsʻɤ³¹lɔ³⁵	按手印 ã⁴²ɕy³⁵iẽ³²³
赣 县	坐牢 tsʻəu²⁴lɔ²¹²	按手印 ŋa²⁴se⁵³iəŋ⁵³
南 康	坐牢 tsʻo³³lɔ¹¹	按手印 uɛ̃⁵³sɛ²¹iəŋ⁵³
龙 南	坐牢 tsʻo²⁴lau³¹²	按手印 uɛn⁴⁴sɛu⁵³in⁴⁴
寻 乌	坐班房 tsʻo²⁴pan²⁴foŋ²¹⁴	印手指模 in⁵⁵ɕiu⁴²tsʐ⁴²mu²¹⁴
黄 坳	坐班房 tsʻɔ⁵³pan²⁴foŋ²¹²	打手模 ta³¹ɕiu³¹mu²¹²
铜 鼓	坐班房 tsʻɔ⁵¹pan²⁴foŋ¹³	打手模 ta²¹sɛu²¹mu¹³
大 溪	坐班房 tsʻo⁴³pan⁵²foŋ²¹³	打花字 ta⁴³xua³³tsʻʐ⁴³⁵
太 源	坐班房 tsʻo⁴⁴pan⁴⁴foŋ²¹²	捺手印 naʔ²sɛu³⁵in⁴²
九 江	坐牢 tso²¹lau⁴⁴	画押 xuɒ²¹iɒ⁵³
赣 州	坐牢 tso²¹lɔ⁴²	按手模 ŋãn²¹²ɕiu⁴⁵mo⁰
白 槎	坐牢 tso³¹²lau⁵⁵	按手印 an³¹²səu²¹⁴in³¹²
浮 梁	坐班房 tsʻo³³po⁵⁵faŋ²⁴	□手模儿 ȵi²¹³ɕiɛu³¹mər²⁴
婺 源	坐班房 tsʻθ⁵¹pum⁵⁵fã⁰	按手模 m̩³⁵sa³⁵bu⁰
上 饶	坐班房 dzo²¹pãn⁴⁴fõŋ⁴²³	打花字 ta⁴³xua⁵²dzʐ²¹²
广 丰	坐□房 dzo²¹pai⁵²fãŋ⁰	打花字 tai⁴³xuɑ⁴³dzɣ⁰
铜 山	坐公房 tsə²¹kɔŋ³³pan²⁴	拍花字 pʻa⁴²xuəi³³li²¹

290

（作客时）**讲客气** 多吃菜，别~

南 昌	作礼 tsɔʔ⁵li²¹³／作客气 tsɔʔ⁵kʻaʔ⁵tɕʻi⁰
修 水	做礼 tsʅ⁵⁵li²¹
湖 口	作礼 tso⁴⁵⁵li³⁴³
鄱 阳	作礼 tso⁴⁴li⁴²
铅 山	做客 tso²¹kʻɛʔ⁴
抚 州	作礼 tsoʔ²¹²ti⁴⁵
资 溪	作礼 tsoʔ³ti³⁵
宜 黄	作礼 tɔʔ²ti⁴⁵³
丰 城	作礼 tsɔʔ³²li⁴¹
高 安	装客 tsɔŋ³⁵kʻak⁵／作礼 tsɔk⁵li⁴²
新 余	拘礼 tsʅ⁴²li²¹³
吉 安	演文 iɛn⁵³un²¹
遂 川	演文 iẽn⁵³uẽn²²
宁 都	演文 iɛn²¹⁴mən¹³
瑞 金	□□ tɕia⁴⁴tɕʻi⁴²／演文 iɛn⁴⁴vin³⁵
于 都	演文 ĩ³⁵vuẽ⁴⁴
赣 县	演文 ĩ⁵³uəŋ²¹²
南 康	演文 iĩ²¹vẽ¹¹
龙 南	拘礼 tɕi²⁴li⁵³／演文 iɛn⁵³ven³¹²
寻 乌	生疏 saŋ²⁴su²⁴
黄 坳	拘礼 ki²⁴li³¹
铜 鼓	拘礼 tsʅ²¹⁴li²¹
大 溪	做客 tso⁵²kʻɛʔ⁴⁵
太 源	拘礼 tɕy⁴⁴li³²⁵／做客 tso⁴²xaʔ⁴
九 江	作礼 tso⁵³li²¹³
赣 州	演文 ĩin⁴⁵vəŋ⁴²
白 槎	讲礼 tɕiaŋ²¹li²¹⁴
浮 梁	拘礼 tɕy⁵⁵lɛ³¹
婺 源	客气 kʻo⁵¹tɕʻi³⁵
上 饶	做客 tso⁴³kʻɛʔ⁵
广 丰	做客 tso⁴⁴kʻæʔ⁵／拘礼 kye⁴⁴li⁴⁴
铜 山	做客 tsuəi³³kʻe⁴²

丢脸做这样的丑事实在是～

南　昌	折面子 $sit^2mien^{21}ts\gamma^0$ / 跌脸 $tiet^5lien^{213}$
修　水	出丑 $d\partial t^{32}du^{21}$
湖　口	丢丑 $tieu^{42}dz\varepsilon u^{343}$
鄱　阳	跌古 $tie^{44}ku^{42}$
铅　山	跌古 $tie\mathbf{?}^4ku^{45}$
抚　州	折面子/人 $s\varepsilon t^5\underline{mien^{212}ts\gamma^0}/\underline{\eta in^{24}}$
资　溪	折面子 $s\varepsilon t^5mien^{22}ts\gamma^0$
宜　黄	跌古 $tiet^2ku^{453}$ / □人 $\varsigma in^{45}\eta in^{45}$
丰　城	现世 $\varsigma ien^{24}s\gamma^{213}$ / 折人 $s\varepsilon\mathbf{?}^5\eta in^{33}$
高　安	折人 $s\varepsilon t^5in^{213}$
新　余	跌古 $tie\mathbf{?}^5ku^{213}$ / 掩人 $ien^{21}\eta in^{42}$
吉　安	跌古 $tie^{334}ku^{53}$ / 丢面子 $tiu^{334}mien^{214}ts\gamma^0$
遂　川	失面子 $s\varepsilon^{55}mi\tilde{\varepsilon}n^{214}ts\gamma^0$
宁　都	倒脸面 $tau^{214}lien^{214}mien^{44}$
瑞　金	跌苦 $tie\mathbf{?}^2k\text{'}u^{212}$
于　都	跌古 $tie\mathbf{?}^5ku^{35}$
赣　县	跌古 $tie\mathbf{?}^{32}ku^{53}$
南　康	丢面嘞 $tiu^{33}mi\tilde{\imath}^{53}l\partial^0$ / 倒架嘞 $t\partial^{21}ka^{53}l\partial^0$
龙　南	丢面嘚 $tieu^{24}mien^{22}te\mathbf{?}^0$ / 倒架嘚 $tau^{53}ka^{44}te\mathbf{?}^0$
寻　乌	折 / 跌面子 $\varsigma ie\mathbf{?}^{34}$ / $tie\mathbf{?}^{21}mien^{55}ts\gamma^0$
黄　坳	丢面子 $teu^{24}mien^{53}ts\gamma^0$
铜　鼓	丢面子 $tiu^{214}mien^{51}ts\gamma^0$
大　溪	耻人家 $ts\gamma^{43}\eta in^{21}ka^{33}$
太　源	跌鼓 $tie\mathbf{?}^4ku^{325}$
九　江	丢丑 $ti\partial u^{31}ts\text{'}\partial u^{213}$
赣　州	倒架子 $t\partial^{45}t\varsigma ia^{212}ts\gamma^0$
白　槎	好嫌 $xau^{214}\varsigma ian^{55}$
浮　梁	跌古 $tie^{213}ku^{31}$ / 现眼 $\varsigma i^{33}\eta o^{31}$
婺　源	跌古 $te^{51}ku^2$
上　饶	跌古 $t\text{'}ie\mathbf{?}^4ku^{52}$
广　丰	跌古 $tir\mathbf{?}^4ku\gamma^{52}$ / 耻世 $ts\text{'}e^{43}\varsigma i^{434}$
铜　山	跌古 $tie\mathbf{?}^4k\partial^{443}$ / □□ $\varsigma iau^{44}lu\partial i^{443}$

	292	293
	谢谢（你）	**聊天**和朋友在茶馆里～
南　昌	多谢 $to^{42}\varphi ia^{21}$/谢谢 $\varphi ia^{21}\varphi ia^{0}$	谈坨 $t'an^{24}t'o^{24}$
修　水	谢谢 $\varphi ia^{22}\varphi ia^{22}$	兜天 $t\varepsilon i^{34}di\varepsilon n^{23}$
湖　口	□□ $nau^{211}un^{455}$	谈评 $dan^{211}bin^{211}$
鄱　阳	难为 $n\tilde{o}n^{24}u\varepsilon i^{21}$	话事 $u\upsilon^{21}s\gamma^{21}$
铅　山	多谢 $to^{33}t\varphi i\varepsilon^{21}$	谈大 $t'an^{24}t'i\varepsilon n^{33}$
抚　州	多谢 $to^{32}\varphi ia^{212}$/谢谢 $\varphi ia^{212}\varphi ia^{212}$	话闲事 $ua^{212}xan^{24}s\gamma^{212}$
资　溪	谢谢 $\varphi ia^{22}\varphi ia^{22}$	话闲事 $ua^{31}xan^{13}s\gamma^{22}$
宜　黄	谢谢 $\varphi ia^{22}\varphi ia^{22}$/ 难为 $lan^{45}ui^{45}$	学事 $x\mathit{ɔ}?^{5}s\gamma^{22}$
丰　城	承谢 $ts'\varepsilon n^{33}\varphi ia^{213}$	□事 $tsei^{41}s\gamma^{213}$/訬天 $ts'au^{35}t'i\varepsilon n^{35}$
高　安	劳□ $lau^{213}in^{213}$/多谢 $to^{35}ts'ia^{22}$	扯天 $t'\varepsilon^{42}t'i\varepsilon n^{35}$
新　余	多谢 $to^{45}sa^{12}$	□劲 $t\varepsilon^{21}t\varphi in^{42}$
吉　安	多谢 $to^{334}\varphi ia^{214}$/ 难□ $nan^{13}mei^{13}$	谈坨 $t'an^{21}t'o^{21}$
遂　川	难为 $lan^{22}ui^{22}$	扯闲谈 $ts'a^{31}x\tilde{a}n^{22}t'\tilde{a}n^{22}$
宁　都	谢谢 $\varphi ia^{44}\varphi ia^{44}$/ 难□ $lan^{21}ui^{21}$	訬大 $ts'au^{42}t'i\varepsilon n^{42}$
瑞　金	多谢 $to^{44}\varphi ia^{51}$	訬天 $ts'\mathit{ɔ}^{44}t'i\varepsilon n^{44}$
于　都	多谢 $t\gamma^{31}ts'ia^{42}$/ 难费 $n\tilde{a}^{44}fi^{42}$	訬天 $ts'\mathit{ɔ}^{31}t'\tilde{i}^{31}$
赣　县	谢谢 $\varphi ia^{44}\varphi ia^{0}$	訬天 $ts'\mathit{ɔ}^{24}t'\tilde{i}^{24}$
南　康	多谢 $to^{33}\varphi ia^{53}$/ 难□ $n\tilde{a}^{11}v\tilde{\varepsilon}^{11}$	訬天 $ts'\mathit{ɔ}^{33}t'\tilde{i}^{33}$
龙　南	难为 $nain^{312}vi^{312}$	訬天 $ts'au^{312}t'iain^{24}$
寻　乌	多谢 $to^{24}t\varphi ia^{55}$	讲闲天 $k\mathit{ɔ}\mathit{ŋ}^{42}\varphi i\varepsilon n^{214}t'i\varepsilon n^{24}$
黄　坳	多谢 $t\mathit{ɔ}^{24}t\varphi ia^{53}$	扯斯文 $ts'a^{31}s\gamma^{24}v\mathit{ə}n^{212}$
铜　鼓	多谢 $t\mathit{ɔ}^{214}\varphi ia^{51}$	扯闲谈 $ts'a^{21}xan^{13}t'an^{13}$
大　溪	多谢 $to^{33}\varphi ia^{435}$	谈天 $t'an^{21}t'i\varepsilon n^{33}$
太　源	多谢 $to^{44}sia^{42}$	讲□嘴 $k\mathit{ɔ}\mathit{ŋ}^{35}la?^{2}t\int\mathit{ɔi}^{325}$
九　江	谢谢 $\varphi i\varepsilon^{21}\varphi i\varepsilon^{0}$	□白 $k'u\upsilon^{53}pai^{53}$
赣　州	谢谢 $\varphi i\varepsilon^{212}\varphi i\varepsilon^{0}$	訬天 $ts'\mathit{ɔ}^{33}t'\tilde{i}n^{33}$
白　槎	多谢 $to^{42}\varphi i\varepsilon^{312}$	扯白 $ts'\varepsilon^{55}p\varepsilon^{55}$
浮　梁	难为 $no^{24}u\varepsilon^{33}$	谈评 $t'o^{24}p'ai^{24}$
婺　源	难为 $num^{11}y^{11}$/ 相承 $s\mathit{ɔ}^{55}ts'\mathit{ɔ}^{11}$	谈天 $t'um^{11}t'\tilde{i}^{55}$
上　饶	多谢 $to^{52}dze^{212}$	谈天 $d\tilde{a}n^{42}t'i\tilde{e}n^{44}$
广　丰	多承 $to^{44}s\tilde{i}n^{52}$	谈天 $d\tilde{a}n^{21}t'i\tilde{e}n^{44}$/訬天 $t\varphi i\tilde{a}i^{44}t'i\tilde{e}n^{44}$
铜　山	多承 $to^{33}\varphi ien^{24}$	谈天 $t'an^{21}t'ian^{33}$

	294	295
	开玩笑别~，说正经的	胡说他不讲实话，就喜欢~
南 昌	□ tse²¹³	乱嚼 luon²¹tɕʻiɔʔ²¹/打乱话 ta²¹³luon²¹ua²¹
修 水	话到戏 ua²²tau⁵⁵ɕi⁵⁵	打乱话 ta²¹lon²²ua²²
湖 口	说耍嘚 ɕyɛ⁴⁵⁵sa³⁴³tɛ⁰	乱扯 lon²¹³dzạ³⁴³
鄱 阳	好嬉嬉子 xau⁴²ɕi²¹ɕi²¹tsʅ⁰	乱话 luõn²¹uɒ²¹
铅 山	搞笑 kau⁴⁵ɕiau²¹	打乱话 ta⁴⁵lon²¹ua²¹
抚 州	话猥个 ua²¹²oi⁴¹ko⁰	乱话 lon²¹²ua³²
资 溪	开玩笑 kʻɛi³¹uan³⁵ɕiau⁵³	打麻话 ta³⁵ma¹³ua²²
宜 黄	开玩笑 kʻɛi³³uan⁴⁵³ɕiau⁴²	乱说 lon²²ua³³
丰 城	话得猥 va²¹³tɛʔ³²uei⁴¹	打冈话 ta⁴¹mɔŋ⁴¹va²¹³
高 安	打笑话 ta⁴²siɛu⁴⁴ua²²	打乱话 ta⁴²lon²²ua²²
新 余	打笑话 ta²¹sɛu⁴²fa⁰	打乱话 ta²¹luon⁴²fa⁰
吉 安	□ tsɛ⁵³	乱话 lon²¹⁴ua²¹⁴
遂 川	开玩笑 kʻuɛ⁵³uãn²²ɕio⁵⁵	乱话 luɛ̃n²¹⁴ua²¹⁴
宁 都	开玩笑 kʻɔi⁴²van²¹⁴ɕiau³¹	乱话 luon⁴⁴va⁴²
瑞 金	开玩笑 kʻuɛ⁴⁴van⁴⁴ɕiɔ⁴²	打□话 ta⁴⁴ȵien⁴²va⁵¹
于 都	开玩笑 kʻuɛ³¹vã³⁵siɔ³²³	乱话 nõ⁴²va⁴²
赣 县	话笑 ua⁴⁴ɕiɔ⁴⁴	乱话 lõ⁴⁴ua⁴⁴
南 康	话搞笑 va⁵³kɔ²¹ɕiɔ⁵³	乱说 luɛ̃³³va⁵³
龙 南	开玩笑 kʻɔi²⁴vain³¹²ɕiau⁴⁴	乱扯 luon²²tsʻe⁵³
寻 乌	开玩笑 kʻuɐi²⁴van⁴²ɕiau⁵⁵	乱讲 luan⁵⁵kɔŋ⁴²
黄 坳	讲搞笑 kɔŋ²¹kau²¹ɕiau⁵¹	乱话 luan⁵³va⁵³
铜 鼓	讲搞笑 kɔŋ³¹kau³¹siau⁵³	乱话 lɔn⁵¹ua⁵¹
大 溪	搞笑 kau⁴⁵ɕiau⁵²	乱话 luon⁴³ua⁴³⁵
太 源	搞笑 kɑu³⁵sɑu⁴⁴	乱讲话 lʌn⁴²kɔŋ³⁵va⁴²
九 江	开玩笑 kʻai³¹uan⁴⁴ɕiau²¹	乱扯 luã²¹tsʻei²¹³
赣 州	剐□ kua⁴⁵pæ³³	打□慌 ta⁴⁵sɣ ʔ³²xuãn⁴⁵
白 槎	开玩笑 kʻai⁴²van⁵⁵ɕiau³¹²	瞎说 ɕia⁴²ʂɣɛ⁴²
浮 梁	搞笑 kau³¹ɕiau²¹³	乱话 lɛn³³uo³³
婺 源	讲笑/好戏 ka²siɔ³⁵/xɒ⁵¹ɕi³⁵	乱讲/□num⁵¹ka̱²/pĩ¹
上 饶	搞笑 kɔu⁴³ɕiɔu⁴³⁴	打乱话 ta⁴³luõn²⁴ua²¹²
广 丰	搞笑 kɑu⁴³tɕʻiɔu⁴³⁴	打乱话 tai⁴³lĩn²⁴ye⁰
铜 山	□笑 kuon⁴⁴tɕʻiɔ²¹	野订 ia⁴⁴ta̱²¹

	296 吵嘴 他们经常为小事～	297 打架
南 昌	讲仗 kaŋ²¹³tsɔŋ⁴⁵	打架 ta²¹³ka⁴⁵
修 水	喊架 xan²⁴ka⁵⁵	打架 ta²¹ka⁵⁵
湖 口	讲□ kɔŋ³⁴³ŋɔ²¹³	打架 ta³⁴³tɕia⁴⁵⁵
鄱 阳	相骂 ɕiẽn²¹mɒ²¹	打架 tɒ⁴²kɒ³⁵
铅 山	相骂 ɕian³³ma²¹	打架 ta⁴⁵ka²¹
抚 州	讲口 koŋ⁴⁵kʻɛu⁴⁵	打架 ta⁴⁵ka⁴¹
资 溪	相骂 ɕiɔŋ³¹ma²²	打架 ta³⁵ka⁵³
宜 黄	□嘴 tɕien³³tɕi⁴⁵³	打架 ta⁴⁵³ka⁴²
丰 城	翻牙 fan³⁵ŋa³³	打架 ta⁴¹ka²¹³
高 安	相骂 siɔŋ³⁵ma⁴⁴	打架 ta⁴²tɕia⁴⁴
新 余	嗙口 pʻaŋ⁴²kʻiɛu²¹³	打架 ta²¹ka⁴²
吉 安	讲口 koŋ⁵³kʻɛu⁵³	打架 ta⁵³ka²¹⁴
遂 川	讲口 kõ³¹xiə³¹	打交 ta³¹kɒ⁵³
宁 都	讲口 kɔŋ²¹⁴kʻəu²¹⁴	打交 ta²¹⁴kau⁴²
瑞 金	讲口 kɔŋ⁴⁴xɤ²¹²	相打 ɕiɔŋ⁴⁴ta²¹²
于 都	讲口 kõ³⁵xieu³⁵	打交 ta³⁵kɔ³¹
赣 县	讲口 kõ⁵³xe⁵³	打交 ta⁵³kɔ²⁴
南 康	讲口 kõ²¹xɛ²¹	打交 ta²¹kɔ³³
龙 南	讲口 kɔŋ⁵³xɛu⁵³	打交 ta⁵³kau²⁴
寻 乌	讲嘴子 kɔŋ⁴²tsuɐi⁴²tsɿ⁰	打交 ta⁴²kau²⁴
黄 坳	讲口 kɔŋ³¹xɛu³¹	打交 ta³¹kau²⁴
铜 鼓	相骂 xiɔŋ²¹⁴ma⁵¹	打架 ta²¹ka⁵¹
大 溪	讲口 kɔŋ⁴³kʻɛ⁴³³	打架 ta⁴³ka⁵²
太 源	驳嘴 pɔʔ⁴tʃɔi³²⁵	打架 taŋ³⁵ka⁴⁴
九 江	□□ ko⁵³lie⁵³	打架 tɒ²¹³tɕiɒ²¹
赣 州	吵口 tsʻɔ⁴⁵kʻieu⁴⁵	打架 ta⁴⁵tɕia²¹²
白 槎	吵嘴 tsʻau²¹tsei²¹⁴	打架 ta²¹⁴tɕia³¹²
浮 梁	讲□ kaŋ³¹tɕien⁵⁵	打架 ta³¹ko²¹³
婺 源	吵死 tsʻɔ³⁵sɿ²	打架 ta²kə³⁵
上 饶	相骂 ɕiãn⁵²ma²¹²/搅家 kɔu⁴³ka⁴⁴	打架 ta⁴³ka⁴³⁴
广 丰	相骂 ɕiãn⁴⁴mie²¹²/搅家 kiɑu⁴³kaʻ⁴⁴	打架 tai⁴³ka⁴³⁴
铜 山	相骂 san³³mã²¹	拍架 pʻa⁴⁴ke²¹

	298 拍马屁	299 接吻
南 昌	托卵袋 tʼɔʔ⁵lon²¹³tʼi⁰	亲嘴 tɕʼin⁴²tsui²¹³
修 水	拍马屁 baʔ³²maʔ²¹bi³⁵	□嘴 po⁵⁵ɕi²¹
湖 口	托卵袋喈 dɔ⁴⁵⁵lon³⁴³dai²¹³tɛ⁰	斗嘴喈 tɛu⁴⁵⁵tɕy³⁴³tɛ⁰
鄱 阳	拍马屁 pʼə⁴⁴mɒ⁴²pʼi³⁵	嗅嘴 ɕyõŋ³⁵tsɛi⁴²
铅 山	托卵脬 tʼɐʔ⁴lon⁴⁵pʼau³³	打□ ta⁴⁵pe⁴⁵
抚 州	拍马屁 pʼaʔ²ma⁴⁵pʼi⁴¹	亲嘴 tɕʼin³²tɕi⁴⁵
资 溪	拍马屁 pʼaʔ³ma³⁵pʼi⁵³	亲嘴 tɕʼin³¹tɕi³⁵
宜 黄	托马屁 xɔʔ⁵ma⁴⁵pʼi⁴²	亲嘴 tɕʼin³³tɕi⁴⁵³
丰 城	拍马屁 pʼaʔ³²ma⁴¹pʼi²¹³	亲嘴 tɕʼin³⁵tɕi⁴¹
高 安	拍马屁 pʼak⁵ma⁴²pʼi⁴⁴	津嘴 tsin³⁵tsi⁴²
新 余	拖卵泡 tʼo³⁴luon²¹pʼau¹²	相嘴 sɔŋ⁴⁵tɕi²¹³
吉 安	拍马屁 pʼa³³⁴ma⁵³pʼi²¹⁴	亲嘴 tɕʼin³³⁴tɕi⁵³
遂 川	拍马屁 pʼa⁵⁵ma⁵³pʼi⁵⁵	打哺 ta³¹pu³⁵
宁 都	拍马屁 pʼat³²ma²¹⁴pʼi³¹	□嘴 ɕin⁴²tsuoi²¹⁴/□嘴 pei⁴²tsuoi²¹⁴
瑞 金	托卵（袋） tʼɔʔ²luɛn⁴⁴（tʼuɛ⁵¹）	做□ tso⁴²pe⁴⁴
于 都	托卵坨 tʼɣʔ⁵lɔ³⁵tʼ⁴⁴	亲/□嘴 tsʼɛ̃³¹/pɔ³¹tsuɛ³⁵
赣 县	托卵袋 tʼoʔ⁵lɔ⁵³tʼuɛ⁴⁴	□嘴 pəu⁴⁴tsuɛ⁵³
南 康	托卵砣 tʼo⁵⁵luɛ̃²¹tʼo¹¹	□嘴 po³³tsuæ²¹
龙 南	托马屁 tʼɔʔ⁴³ma⁵³pʼi⁴⁴	挨嘴喈 ai²⁴tsɔi⁵³teʔ⁰
寻 乌	拍马屁 pʼɔʔ²¹ma⁴²pʼi⁵⁵	津嘴 tɕin²⁴tsuɐi⁴²
黄 坳	托马屁 tʼɔk²ma³¹pʼi⁵³	亲嘴 tɕʼin²⁴tsɔi³¹
铜 鼓	拍马屁 pʼak³ma²¹pʼi⁵¹	亲嘴 tɕʼin²¹⁴tui²¹
大 溪	托卵脬 tʼɐʔ⁴luon⁴³pʼau³³	打□ ta⁴³pəŋ³³
太 源	托卵袋 tʼɔʔ⁴lʌn³⁵tʼɔi⁴²	打□ taŋ³²⁵poʔ⁴
九 江	托屁□ tʼo⁵³pʼi²¹təu⁵³	亲嘴 tɕʼin³¹tsei²¹³
赣 州	托卵坨 tʼoʔ³²lõn⁴⁵tʼo⁴²	亲嘴 tɕʼiən³³tsue⁴⁵
白 槎	好□ xau²¹⁴tɕʼin³¹²	□嘴 tʼən³¹²tsei²¹⁴
浮 梁	拍马屁 pʼo²¹³mo³¹pʼɛ²¹³	打□ ta³¹poŋ²⁴
婺 源	拍马屁 pʼɔ⁵¹bə²pʼi³⁵	□嘴 tsɐm⁵⁵tsi² / □嘴 xɒ⁵¹tsi²
上 饶	托卵脬 tʼɔʔ⁴luõn²¹pʼou⁴⁴	打□ ta⁴³poŋ⁴⁴
广 丰	托卵脬 tʼuæʔ⁴lãn²¹pʼau⁴⁴	津嘴 tɕyoŋ⁴⁴tɕy⁵² / 打□ tai⁴³poŋ⁴⁴
铜 山	托卵脬 tʼɔʔ⁴lan²¹pʼa³³	□喙 puon³³tsʼui²¹

300

发生婚外性关系 从男的角度说 | 从女的角度说（注意男、女的区别）

南　昌	找野老婆/女人 tsau²¹³ia²⁴lau²¹³ pʻo⁰/nͺy²¹³nͺin⁰ ｜ 偷人 tʻɛu⁴²nͺin⁴⁵
修　水	偷野老婆 dɛi³⁴ia²²lau²¹bɔ²⁴ ｜ 偷野老公 dɛi³⁴ia²²lau²¹kəŋ³⁴
湖　口	玩女人 uan²¹¹nͺy³⁴³nͺin²¹¹ ｜ 偷男人 dɛu⁴²non²¹nͺin²¹¹
鄱　阳	偷野老婆 tʻəu²¹iɒ⁴²lau⁴²pʻo⁰ ｜ 偷野老公 tʻəu²¹iɒ⁴²lau⁴²kuɐŋ²¹
铅　山	偷想象子 tʻɛu³³ɕian⁴⁵ɕian²¹tsͻ⁰ ｜ 驮人 tʻo²⁴nͺin²⁴
抚　州	嫖娘子人 pʻiɛu²⁴nͺiɔŋ²⁴tsͻ⁰nͺin²⁴ ｜ 偷人 xɛu³²nͺin²⁴
资　溪	□女子人 lɛu³⁵nͺi³⁵tsͻ⁰nͺin¹³ ｜ 偷野老公 xɛu¹³ia³⁵lau³⁵kuŋ¹³
宜　黄	嫖娘子人 pʻiau⁴⁵nͺiɔŋ⁴⁵tsͻ⁰nͺin⁴⁵ ｜ 偷人 xɛu³³nͺin⁴⁵ / 买贱 mai⁴⁵³tɕʻiɛn²²
丰　城	搞野老婆 kau⁴¹ia⁴¹lau⁴¹pʻo³³ ｜ 搞野老公 kau⁴¹ia⁴¹lau⁴¹kuŋ³⁵
高　安	偷人 tʻɛu³⁵in²¹³ ｜ 偷野老公 tʻɛu³⁵ia⁴²lau⁴²kuŋ³⁵
新　余	偷人 xɛu³⁴nͺin⁴²
吉　安	嫖女个 pʻiau²¹nͺy⁵³ko⁰ ｜ 偷人 tʻɛu³³⁴nͺin²¹
遂　川	嫖货 pʻiɒ²²xo⁵⁵ ｜ □人 tiã³¹nͺɛ̃n²²
宁　都	嫖女个 pʻiau¹³nͺiɛ²¹⁴kɛi³¹ ｜ □人 lok⁵nan¹³
瑞　金	带伙计 tɛ⁴²xo⁴⁴tɕi⁴² ｜ 络人 lɔʔ²nͺin³⁵
于　都	带伙计 tæ³²³xɣ³⁵tɕi³²³ /嫖女个 pʻiɔ⁴⁴nͺiɛ³⁵kæ⁰ ｜ 偷契公 tʻiɛu³¹kʻɛ³²³kəŋ³¹
赣　县	有妇娘子 i²⁴fu²⁴nͺiɔ̃²¹²tsͻ⁰ ｜ 偷男子人 tʻe²⁴nã²¹²tsͻ⁰nͺiəŋ²¹²
南　康	嫖货 pʻiɔ¹¹xo⁵³ ｜ 偷人 tʻɛ³³nͺiəŋ¹¹
龙　南	嫖妇娘 pʻiau³¹²fu²⁴nͺiɔŋ³¹² ｜ 偷人 tʻɛu²⁴nͺin³¹²
寻　乌	带伙计 tai⁵⁵xo⁴²ki⁵⁵
黄　坳	走野路 tsɛu³¹ia³¹lu⁵³
铜　鼓	偷人 tʻɛu²¹⁴nͺin¹³
大　溪	偷妇娘 tʻe³³pu⁴³nͺiɔŋ²¹³ ｜ 㨄人 tɕʻia²¹nͺin²¹³
太　源	偷婆娘 tʻəu³³pʻo²¹²nͺiɔŋ²¹² ｜ 㨄人 tɕʻia⁴⁴nͺin²¹²
九　江	□□ sɒ⁵³kʻo⁵³ ｜ □□ pɒ⁵³ko⁵³
赣　州	捞女人 lɔ³³nͺy⁴⁵iĩn⁴² ｜ 㧜男人 lɔ³³nãn⁴²iĩn⁴²
白　槎	偷人 tʻəu⁴²zən⁵⁵ ｜ 养汉 iaŋ²¹⁴xan³¹²
浮　梁	寻野老婆 tsʻɐn²⁴ie³³lau³¹pʻo²⁴ ｜ 偷人 tʻau⁵⁵iɛn²⁴
婺　源	偷妇女 tʻa⁵⁵fu³¹li³¹ ｜ 偷汉仍 tʻa⁵⁵xum³⁵la⁰
上　饶	偷堂客 tʻe⁴⁴dãn⁴²kʻɐʔ⁵ ｜ 跟野男子 kĩn⁴⁴ie²⁴nuõn⁴²tsͻ⁵²
广　丰	偷堂客 tʻɣɯ⁴⁴dɔ̃ŋ²¹kʻæʔ⁵ ｜ 㧜男子 lo²¹nãn²³¹tsͻɣ⁰/跟农 kæ̃n⁴⁴noŋ²³¹
铜　山	偷查某 tʻau³³tsa³³bo⁴⁴³ ｜ □丈夫/农 tə²¹ta³³pͻ̃³³/lan²⁴

		301	302
		挣钱出门～去了｜赚钱这生意非常～	亏本
南 昌		赚钱 ts'an²¹tɕ'iɛn²⁴	折本 sɛʔ²pin²¹³
修 水		赚钱 dzan²²dʑiɛn²⁴	亏本 gui³⁴pən²¹
湖 口		寻钱 dʑin²¹¹dʑian²¹¹｜赚钱 dzan²¹³dʑian²¹¹	折本 ʂɛ²¹¹pən³⁴³
鄱 阳		寻钱 tɕ'in²⁴tɕ'iẽn²⁴｜赚钱 ts'uõn³⁵tɕ'iẽn²⁴	折本 ɕyə⁴⁴pən⁴²
铅 山		赚钱 ts'an²¹tɕ'iɛn²⁴	折本 sɛʔ⁴pen⁴⁵
抚 州		赚钱 ts'an²¹²tɕ'iɛn²⁴	折本 sɛt⁵pun⁴⁵
资 溪		赚钱 tsan²²tɕ'iɛn¹³	折本 sɛt⁵pin³⁵
宜 黄		赚钱 t'an²²tɕ'iɛn⁴⁵	折本 ɕiet⁵pen⁴⁵³
丰 城		赚钱 ts'an²¹³tɕ'iɛn³³	折本 sɛʔ⁵pən⁴¹
高 安		赚钱 ts'an²²tɕ'iɛn²¹³	折本 sɛt⁵pin⁴²
新 余		赚钱 ts'an¹²tɕ'iɛn⁴²	折本 sɛʔ⁵pun²¹³
吉 安		赚钱 ts'an²¹⁴tɕ'iɛn²¹	折本 sɛ²¹⁴pun⁵³
遂 川		赚钱 ts'ã²¹⁴tɕ'iẽn²²	亏本 k'ui⁵³pẽn³¹
宁 都		赚票子 ts'an⁴⁴p'iau³¹tsɿ⁰	亏本 k'oi⁴²pən²¹⁴
瑞 金		赚票子 ts'an⁵¹p'iɔ⁴²tsɿ⁰｜赚钱 ts'an⁵¹tɕ'iɛn³⁵	折本 ɕie²¹⁴pin²¹²
于 都		赚票子 ts'ã̃⁴²p'iɔ³²³tsɿ⁰｜赚钱 ts'ã̃⁴²tsɿ̃⁴⁴	垫本 t'ĩ⁴²puẽ³⁵
赣 县		赚钱 ts'ã̃⁴⁴tɕ'ɿ²¹²	亏 k'uei²⁴
南 康		寻钱 tɕ'iəŋ¹¹tɕ'ĩ¹¹｜赚钱 ts'ã̃⁵³tɕ'ĩ¹¹	垫本 t'ĩ⁵³pɛ²¹
龙 南		赚钱 ts'ain²²tɕ'iain³¹²	折本 sæʔ²³pen⁵³
寻 乌		寻钱 tɕ'in²¹⁴tɕ'ian²¹⁴｜赚钱 ts'an⁵⁵tɕ'ian²¹⁴	折本 ɕie²³⁴pun⁴²
黄 坳		寻钱 tɕ'in²¹²tɕ'ian²¹²｜赚钱 ts'an⁵³tɕ'ian²¹²	折本 sɛt⁵puən³¹
铜 鼓		赚钱 ts'an⁵¹tɕ'iɛn¹³	折本 sek⁵pən²¹
大 溪		赚钱 ts'an⁴³tɕ'iɛn²¹³	折本 sɛʔ⁵pin⁴³³
太 源		赚钱 ts'an⁴²ts'an²¹²	折本 sɛʔ²pun³²⁵
九 江		赚钱 tʂʅ'uõ²¹tɕ'iɛn⁴⁴	亏本 k'uei³¹pən²¹³
赣 州		挣钱 tsəŋ²¹tɕ'ĩn⁴²	亏本 k'ue³³pəŋ⁴⁵
白 槎		赚钱 tʂuan³¹²tɕ'ian⁵⁵	亏本 k'uei⁴²pən²¹⁴
浮 梁		赚钱 ts'ɛn³³tɕ'ɿ̃²⁴	折本 ɕie³³pen³¹
婺 源		赚钱 ts'um⁵¹tsɿ¹¹	折本 ɕie⁵¹pæn²
上 饶		赚钱 dzãn²⁴dʑiɛn⁴²³	折本 ɕiɐʔ²pĩn⁵²
广 丰		赚钱 dzãn²⁴dʑiɛn²³¹	折本 ɕiæʔ²poŋ⁵²
铜 山		趁钱 t'an²¹tɕ'ĩ²⁴	折本 ɕi²¹puon⁴⁴³

	303 买~酒｜~肉｜~豆腐｜~布	304 **自行车** 旧称
南　昌	买 mai²¹³｜斫 to⁴⁵｜捡 tɕien⁴⁵｜扯 tsʻa²¹³	脚踏车 tɕioʔ⁵tʻa²²tsʻa⁴²
修　水	买 mai²¹｜斫 toʔ⁴²｜买 mai²¹｜扯 da²¹	自行车 dzʅ²²ɕin²⁴da³⁴
湖　口	打 ta³⁴³｜斫 to⁴⁵⁵｜买 mai³⁴³｜撕 dzʅ⁴²	脚车嗝 tɕio⁴⁵⁵dza⁴²tɛ⁰
鄱　阳	打 tɒ⁴²｜斫 to⁴⁴｜买 mai⁴²｜扯 tsʻɒ⁴²	脚踏车 tɕio⁴⁴tʻo⁴⁴tsʻɒ²¹
铅　山	打 ta⁴⁵｜斫 tsɐʔ⁴｜捡 tɕien⁴⁵｜扯 tsʻɛ⁴⁵	脚踏车 tɕieʔ⁴tʻɐʔ⁴tsʻɛ³³
抚　州	买 mai⁴⁵｜斫 toʔ²｜买 mai⁴⁵｜扯 tʻa⁴⁵	钢丝车 koŋ³²sʅ³²tʻa³²
资　溪	买 mai³⁵｜斫 tɔʔ³｜买 mai³⁵｜扯 tʻa³⁵	钢丝车 kɔŋ³¹sʅ³¹tʻa³¹
宜　黄	打 ta⁴⁵³｜斫 tot²｜捡 tɕien⁴⁵³｜扯 tʻa⁴⁵³	钢丝车 kɔŋ³³sʅ³³tʻa³³
丰　城	打 ta⁴¹｜斫 tsɔʔ³²｜称 tsʻɛn³⁵｜扯 tsʻa⁴¹	脚车崽 tɕiɔ³²tsʻa³⁵tsei⁰
高　安	买 mai⁴²｜斫 tɔk⁵｜买 mai⁴²｜扯 tʻɛ⁴²	线车子 sien⁴⁴tʻa³⁵tsu⁰
新　余	买 mai²¹³｜掇 to⁵｜买 mai²¹³｜扯 tʻa²¹³	脚车仔 tɕioʔ⁵tʻa³⁴tɛ⁰
吉　安	打 ta⁵³｜斫 to³³⁴｜捡 tɕien⁵³｜扯 tʻa⁵³	线车哩 ɕien²¹⁴tsʻa³³⁴li⁰
遂　川	打 ta³¹｜斫 to⁵⁵｜买 mæ³¹｜扯 tsʻa³¹	单车 tãn⁵³tsʻa⁵³
宁　都	打 ta²¹⁴｜斫 tsɔk³²｜掇 tʻot³²｜剪 tɕien²¹⁴	单车 tan⁴²tsʻa⁴²
瑞　金	打 ta²¹²｜斫 tsɔʔ²｜兜 tɤ⁴⁴｜量 tiɔŋ³⁵	单车 tan⁴⁴tsʻa⁴⁴
于　都	舀 iɔ³¹｜斫 tsɣʔ⁵｜买 mæ³¹｜剪 tsi³⁵	单车 tã³¹tsʻa³¹
赣　县	打 ta⁵³｜砍 kʻa⁵³｜捡 tɕi⁵³｜剪 tɕi⁵³	单车 tã²⁴tsʻa²⁴
南　康	舀 iɔ²¹｜斫 tso⁵³｜捡 tɕiĩ²¹｜剪 tɕiĩ²¹	单车 tã³³tsʻa³³
龙　南	买 mai⁵³｜斫 tsɔʔ⁴³｜端 tuɔn²⁴｜剪 tɕien⁵³	边/单车 pain²⁴/tain²⁴tsʻa²⁴
寻　乌	买 mai²⁴｜斫 tsʻɔʔ²¹｜端 tuan²⁴｜量 liɔŋ²¹⁴	单车 tan²⁴tsʻa²⁴
黄　坳	打 ta³¹｜斫 tsɔk²｜捡 tɕien³¹｜扯 tsʻa³¹	单车 tan²⁴tsʻa²⁴
铜　鼓	打 ta²¹｜斫 tok³｜掇 to¹³｜扯 tʻa²¹	自行车 tsʅ⁵¹ɕin¹³tsʻa²¹⁴
大　溪	打 ta⁴³³｜斫 tsɔ²⁴⁵｜捞 lau³³｜扯 tsʻa⁴³³	踏脚车 tʻɛʔ⁵tɕieʔ⁴tsʻɛ³³
太　源	打 tɒŋ³²⁵｜斫 tʃɔʔ⁴｜捡 tɕian³²⁵｜扯 tsʻa³²⁵	脚踏车 tɕio⁴tʻa²²tsʻa⁴⁴
九　江	买 mai²¹³｜买 mai²¹³｜买 mai²¹³｜扯 tsʻei²¹³	自行车 tsʅ²¹ɕin⁴⁴tsʻei²¹³
赣　州	买 mæ⁴⁵｜砍 kʻãn⁴⁵｜捡 tɕiĩn⁴⁵｜扯 tsʻe⁴⁵	单车 tãn³³tsʻe³³
白　槎	打 ta⁴²｜割 kɤ⁴²｜称 tsʻən⁴²｜扯 tʂʻo²¹⁴	洋车 iaŋ²¹⁴tʂʻe⁴²
浮　梁	打 ta³¹｜剁 to²¹³｜买 ma³¹｜扯 tɕʻie³¹	脚踏车 tɕia²¹³tʻo³³tɕʻie⁵⁵
婺　源	打 to²｜剁 tu³⁵｜买 mɔ³¹｜剪 tsi²	脚踏车 tɕiɔ⁵¹tʻɔ⁵¹tɕʻie⁵⁵
上　饶	打 ta⁵²｜斫 tɕieʔ⁵｜捡 tɕien⁵²｜扯 tɕʻie⁵²	脚踏车 tɕieʔ⁴dɐʔ²tɕʻie⁴⁴
广　丰	打 tai⁴³｜斫 tɕiæʔ⁵｜□ do²³¹｜剪 tɕiẽn⁵²	脚踏车 kiæʔ⁴dæʔ²tɕʻie⁴⁴
铜　山	拍 pʻai⁴²｜□ kʻuã²¹｜□ kʻiə⁴²｜拆 tʻia⁴²	踏脚车 tæʔ²kiæʔ⁴tɕʻia³³

	轮子	识字~的人明白道理
南昌	砣 tʰo²⁴	认得字 n̠in²¹tɛt⁰tsɿ²¹
修水	轮子 lɛn²⁴tsɿ⁰	认字 n̠in²²dzɿ²²
湖口	滚轮嘚 kun³⁴³lun²¹¹tɛ⁰	眼珠亮嘚 ŋan³⁴³tɕy⁴²liəŋ²¹³tɛ⁰
鄱阳	砣 tʰo²⁴	认得字 n̠iən²¹tə⁰tsɿ²¹
铅山	毂 ku⁴⁵	认得到字 n̠in²¹tɛʔ⁴tau⁰tsɿ²¹
抚州	□ xo²⁴	认得字 n̠in²¹²tɛʔ⁰tsɿ²¹²
资溪	轮 tin¹³	认得字 n̠in²²tɛʔ⁰tsɿ²²
宜黄	轮儿 tin⁴⁵ɛ⁰	识得字 n̠in²²tɛʔ⁰tsɿ²²
丰城	轮子 lən³³tsɿ⁰	识得字 n̠in²¹³tɛ³²tsɿ²¹³
高安	轮盘哩 lin²¹³pʰan²¹³li⁰	认得字 in²²tɛt⁰tsʰu²²
新余	转盘 tuon⁴²pʰan⁴²	认得字 lin¹²tɛʔ⁰tsɿ¹²
吉安	轮子 lun²¹tsɿ⁰	认得到字 n̠in²¹⁴tɛ³³⁴tau⁰tsɿ²¹⁴
遂川	轮子 luĩn²²tsɿ⁰	认得字 n̠in²¹⁴tɛ⁵⁵tsɿ²¹⁴
宁都	轮子 lun¹³tsə⁰	认得字 nən⁴⁴tə³²tsʰə⁴⁴
瑞金	轮子 luin³⁵tsɿ⁰	有字墨 iu⁴⁴tsɿ⁵¹miʔ⁴
于都	轮子 luẽ⁴⁴tsɿ⁰	认得字 n̠i⁴²tɛʔ⁵tsɿ⁴²
赣县	轮饼 ləŋ²¹²piəŋ⁵³	认得字 n̠ĩ⁴⁴tɛ³²tsɿ⁴⁴
南康	轮嘞 lɛ̃¹¹lə⁰⁰	认字 n̠iəŋ⁵³tsɿ⁵³
龙南	轮子 len³¹²tsɿ⁰	认字 n̠in²²tsɿ²²
寻乌	轮子 lun²¹⁴tsɿ⁰	认得字 n̠in⁵⁵tiʔ²¹tsɿ⁵⁵
黄坳	轮子 luən²¹²tsɿ⁰	认字 n̠in⁵³tsɿ⁵³
铜鼓	轮子 lən¹³tsɿ⁰	认得字 n̠in⁵¹tɛk³tsɿ⁵¹
大溪	毂 ku⁴³³	认得到字 n̠in⁴³tɿʔ⁴to⁰tsɿ⁴³⁵
太源	轮轱 luen²⁴ku³²⁵	认得到字 n̠in⁴²tɛʔ⁴tau⁰tsɿ⁴²
九江	轮子 lən⁴⁴tsɿ⁰	认得字 ʐən²¹tai⁵³tsɿ²¹
赣州	轮饼 luəŋ⁴²piəŋ³³	认得字 iəŋ²¹tɤ ɣ³²tsɿ²¹²
白槎	轮胎 lən⁵⁵tʰai⁴²	认得字 zən²¹tɛ⁴²tsɿ³¹²
浮梁	轮儿 lɛn²⁴n̠i⁰	认得到字 n̠iɛn³³tɛ⁵¹tə⁰tsɿ³³
婺源	车轮 tɕʰie⁵⁵lɛn¹¹	晓得字 ɕiɔ²tɔ⁵¹tsɿ⁵¹
上饶	毂 ku⁵²	认得到字 n̠ĩn²¹tɿʔ⁵tou⁰dzɿ²¹²
广丰	毂 kuɤ⁵²	认得着字 n̠ĩn²¹tɿʔ⁴dæʔ²³dzɤ²¹²
铜山	毂 kɔ⁴⁴³	认得着字 lien²¹tie ʔ⁴tiə⁰li²¹

	307 砚台	308 洇 墨水在纸上~开	309 玩儿 整天不干活，就知道~
南 昌	砚台 ȵien²¹t'ai⁰	洇 in⁴⁵	□ ȵiet⁵
修 水	墨台 met⁵²dei²⁴	漾 ioŋ⁵⁵	戏 ɕi⁵⁵
湖 口	砚池 ȵien²¹³dzʅ²¹¹	洇 in⁴⁵⁵	耍嘚 sa³⁴³tɛ⁰
鄱 阳	砚台 ȵiẽ²¹t'ai²⁴	洇 in²⁴	戏 ɕi³⁵
铅 山	砚瓦 ȵien²¹ŋa⁴⁵	迋 uon²¹	嬉 ɕi³³
抚 州	砚池 ȵien²¹²t'i²⁴	洇 iɛn³²	猥 oi⁴⁵
资 溪	砚瓦 ȵien²²ua¹³	洇 ien³¹	猥 uoi³⁵
宜 黄	墨□ mɛʔ⁵taŋ³³	洇 in⁴²	猥 uɛi⁴⁵³
丰 城	砚台 ȵien²¹³t'ei³³	洇 in²¹³	猥 uei⁴¹
高 安	砚子 yɔn²²tsu⁰	□ tu⁴⁴	□ iet⁵/ □ k'iɛu⁴²
新 余	墨盘 mɛʔ⁵p'on⁴²	洇 in⁴²	□ t'an²¹³
吉 安	砚台 ȵien²¹⁴t'ai²¹	洇 in³³⁴	歇 ɕiɛ³³⁴
遂 川	砚台 ȵiẽ²¹⁴t'ue²²	洇 in⁵³	搞 kɒ³¹
宁 都	墨盘 mək⁵p'uon¹³	□ t'ən³¹	猥 xɔi²¹⁴
瑞 金	墨盘 miʔ⁴p'uen³⁵	洇 in⁴²	仙 ɕien⁴⁴
于 都	墨盘 mɛʔ⁵p'ã⁴⁴	□ tsa³¹	搞 kɔ³⁵ / 嬲 liɔ⁴⁴
赣 县	墨盘 mɛʔ⁵p'õ²¹²	□ tsa⁴⁴	嬲 liɔ²⁴
南 康	墨盘 mə⁵³p'uɛ̃¹¹	渗 sɛ̃⁵³	嬲 liɔ⁵³
龙 南	墨瓦 mæ²³ŋa⁵³	□ tsa⁴⁴	嬲 liau²²
寻 乌	墨盘 mɔʔ²¹p'an²¹⁴	洇 in⁵⁵	搞 kau⁴²
黄 坳	墨盘 mɛt⁵p'an²¹²	渍 tɕit²	嬲 liau⁵³
铜 鼓	墨盘 mɛk⁵p'an¹³	淥 tuk⁵	嬲 liau⁵¹
大 溪	砚瓦盘 ȵien⁴³ŋa⁴³puon²¹³	迋 uoŋ⁴³⁵	嬲 liau⁴³³
太 源	墨盘 mɛʔ²p'ʌn²¹²	漾 ioŋ⁴²	嬲 lɑu³²⁵
九 江	砚台 ien²¹t'ai⁴⁴	洇 in²¹	玩儿 uan⁴⁴ɚ⁰
赣 州	砚台 ĩn²¹²t'æ⁴²	散 sãn²¹²	玩 vãn⁴²
白 槎	砚磨 ŋan⁵⁵mo³¹²	洇 in⁴²	玩 van⁵⁵
浮 梁	砚瓦 ȵi³³ŋo²¹³	渲 ɕyen²¹³	戏 ɕi²¹³
婺 源	砚瓦 ȵĩ⁵¹ŋo³¹	烊 iã¹¹/ 渲 ɕiæn³⁵	嬉 ɕi⁵⁵
上 饶	砚瓦 ȵiẽ²¹ua²³¹	迋 uɔ̃ŋ²¹²	嬉 ɕi⁴⁴
广 丰	□瓦 miẽn²¹uɑ²⁴	迋 yan²¹²	嬉 xi⁴⁴
铜 山	墨砚□ bæʔ²xien²¹ti⁵⁵	漾 iũ²¹	愓□ t'ieʔ⁴t'o²⁴

捉迷藏躲起来让人找的儿童游戏

南 昌	蒙蒙躲躲	muŋ⁴²muŋ⁰to²¹³to⁰
修 水	寻躲 tɕ'in²⁴to²¹ / 捉蒙蒙 tsɔʔ⁴²məŋ³⁴məŋ⁰	
湖 口	躲密□嘚 to³⁴³mi⁴⁵⁵lɛu²¹¹tɛ⁰	
鄱 阳	躲谋谋子 to⁴²məu²⁴məu²⁴tsɿ⁰	
铅 山	捉乌□□ tʃuoʔ⁴u³³mɛn³³mɛn³³	
抚 州	寻躲嘚 tɕ'im²⁴to⁴⁵tɛʔ⁰	
资 溪	寻寻躲躲 ts'im¹³ts'im¹³to³⁵to³⁵	
宜 黄	寻寻躲 tɕ'im⁴⁵tɕ'im⁴⁵to⁴⁵³	
丰 城	钻□□ tsuɵn³⁵kɔn³⁵kɔn⁰	
高 安	寻缩缩 ts'in²¹³sɔk⁵sɔk⁵	
新 余	躲伴 to²¹pan⁴²	
吉 安	捉蒙牯 tso³³⁴muŋ³³⁴ku⁵³	
遂 川	躲偋□ to³¹piã⁵⁵tɛ⁰	
宁 都	□□ tok³²miaŋ⁴⁴	
瑞 金	打偋偋 ta⁴⁴piaŋ⁴²piaŋ⁴⁴	
于 都	打偋 ta³⁵piã³²³	
赣 县	打偋子 ta⁵³piã⁴⁴tsɿ⁰	
南 康	打偋嘞 ta²¹piã⁵³lə⁰	
龙 南	打猫猫公嘚 ta⁵³miau²⁴miau²⁴kəŋ²⁴tɛʔ⁰	
寻 乌	偋□子 piaŋ⁵⁵tsu²¹⁴tsɿ⁰	
黄 坳	偋扑子 piaŋ⁵³p'u⁵³tsɿ⁰	
铜 鼓	偋扑子 piaŋ⁵¹p'u⁵¹tsɿ⁰	
大 溪	捉乌□ tsəʔ⁴u³³mɛn⁵²	
太 源	捉蒙□ tʃɔʔ⁴mɛn⁴²fu⁴⁴	
九 江	捉迷儿 tso⁵³mi⁴⁴ɚ⁰	
赣 州	蒙眼狗狗 məŋ³³iĩn⁰kieu⁴⁵kieu⁴⁵	
白 槎	藏迷的 ts'aŋ⁵⁵mi³¹²ti⁰	
浮 梁	躲夜猫儿 to³¹iɛ³³mo⁵⁵n̠i⁰	
婺 源	闭躲 pi³⁵tə²	
上 饶	躲躲寻寻 to⁴³to⁵²dzĩn⁴²dzĩn⁴²³	
广 丰	躲捯 to⁴³lo²⁴	
铜 山	踮□ tian³³ts'ə²¹	

311

翻跟斗

南　昌	翻跟斗 fan⁴²kiɛn⁴²tɛu⁰
修　水	翻跟头 fan³⁴kiɛn³⁴dɛi²⁴
湖　口	翻跟头嘚 fan⁴²kɛn⁴²dɛu²¹¹tɛ⁰
鄱　阳	翻筋头 fãn²¹tɕin²¹tʻəu²⁴
铅　山	打跧斗 ta⁴⁵tʃuɛn³³tɛu⁴⁵
抚　州	栽跟斗 tsai³²kɛn³²xɛu⁰
资　溪	栽跧头筋 tsai³¹kuon³¹xɛu⁰tɕin³¹
宜　黄	栽跧斗 tai³³kuan³³tɛu⁴⁵³
丰　城	栽鹬子翻 tsai³⁵iau²¹³tsⱭ⁰fan³⁵
高　安	打阴沟 / 翻车哩 ta⁴²in³⁵kiɛu³⁵ / fan³⁵tʻa³⁵li⁰
新　余	折翻间 taʔ⁵fan⁴⁵tɕiɛn⁴⁵
吉　安	翻筋斗 fan³³⁴tɕin³³⁴tɛu⁵³
遂　川	翻筋斗 fãn⁵³tɕin⁵³tiə³¹
宁　都	翻跧斗 fan⁴²tsan⁴²tiəu²¹⁴
瑞　金	翻跧头 fan⁴⁴tɕiɛn⁴⁴tʻɤ³⁵
于　都	打筋头 ta³⁵tɕiẽ³¹tʻieu⁴⁴ / 打翻交 ta³⁵fã³¹kɔ³¹
赣　县	翻筋头 fã²⁴tɕiəŋ²⁴tʻɛ²¹²
南　康	翻筋头 fã³³tɕiəŋ³³tʻɛ¹¹
龙　南	翻筋斗嘚 fain²⁴tɕin²⁴tɛu⁵³tɛʔ⁰
寻　乌	打翻车 ta⁴²xan²⁴tsʻa²⁴
黄　坳	打筋头 ta³¹tɕin²⁴tʻɛu²¹²
铜　鼓	打筋斗 ta²¹tɕin²¹⁴tɛu²¹
大　溪	打跧斗 ta⁴³tɕyon³³tɛ⁴³³
太　源	打滚斗 taŋ³⁵kuɛn³⁵tɛu³²⁵
九　江	翻跟头 fan³¹kən³¹tʻəu⁰
赣　州	打筋斗 ta⁴⁵tɕiəŋ³³tieu⁴⁵
白　槎	翻跟头 fan⁴²kən⁴²tʻəu⁰
浮　梁	翻跧头儿 fo⁵⁵kuɛn⁵⁵tʻaur⁰
婺　源	翻跧斗 fum⁵⁵kuæn⁵⁵ta²
上　饶	翻跧顶 fãn⁴⁴tɕyõn⁴⁴tĩn⁵²
广　丰	翻跧斗 fãn⁴⁴kyẽn⁴⁴tɣɯ⁵²
铜　山	翻颠斗 xuan³³tien³³tau⁴⁴³

	312 玩龙灯 春节村里组织～	313 下棋
南　昌	耍龙灯 sua²¹³luŋ⁴⁵tɛn⁰	下棋 xa²¹tɕi²⁴
修　水	戏龙灯 ɕi⁵⁵ləŋ²⁴tɛn³⁴	下棋 xa²²dʑi²⁴
湖　口	□龙 iaŋ²¹¹lioŋ²¹¹	走棋 tsɛu³⁴³dʑi²¹¹
鄱　阳	□龙 in²⁴ləŋ²⁴tən²¹	同棋 tʰəŋ²⁴tɕi²⁴
铅　山	滚龙灯 kuen⁴⁵loŋ²⁴ten³³	同棋 tʰoŋ²⁴tɕi²⁴
抚　州	猥龙灯 oi²⁴tiuŋ²⁴tɛn³²	下棋 xa²¹²tɕi²⁴
资　溪	猥龙灯 uoi¹³tiuŋ¹³tɛn³¹	做棋 tso⁵³tɕi¹³
宜　黄	打龙灯 ta⁴⁵³tiuŋ⁴⁵tɛn³³	作棋 tɔʔ²tɕi⁴⁵
丰　城	猥龙灯 uei⁴¹luŋ³³tɛn³⁵	走棋 tsɛu⁴¹tɕi³³
高　安	□龙 iaŋ²¹³liuŋ²¹³	着棋 tsɔk⁵tɕi²¹³
新　余	舞龙灯 u²¹³luŋ⁴²tɛn⁴⁵	掇棋 tɔʔ⁵tɕi⁴²
吉　安	打龙灯 ta⁵³luŋ²¹tɛn³³⁴	下棋 xa²¹⁴tɕi²¹
遂　川	搞龙灯 kɒ³¹lɛ̃ŋ²²tɛ̃n⁵³	着棋 tso⁵⁵tɕi²²
宁　都	猥龙灯 xɔi²¹⁴liuŋ¹³tən⁴²	着棋 tsɔk³²tɕi¹³
瑞　金	甯龙灯 tsʰuen⁴⁴tiɣŋ³⁵ten⁴⁴ˈ	下棋 xa⁵¹tɕi³⁵
于　都	搞龙灯 kɔ³⁵ləŋ⁴⁴tɛ̃³¹	同棋 tʰəŋ⁴⁴tɕi⁴⁴
赣　县	搞龙灯 kɔ⁵³ləŋ²¹²təŋ²⁴	走棋 tse⁵³tɕi²¹²
南　康	搞龙灯 kɔ²¹ləŋ¹¹təŋ³³	走棋 tse²¹tɕi¹¹
龙　南	打龙灯啯 ta⁵³ləŋ⁵³tain²⁴tɛʔ⁰	下棋 xa²²tɕi³¹²
寻　乌	搞龙灯 kau⁴²luŋ²¹⁴tin²⁴	着棋子 tsɔʔ²¹kʰi²¹⁴tsɿ⁰
黄　坳	打龙灯 ta³¹lioŋ²¹²tʰən²⁴	着棋 tsɔk²kʰi²¹²
铜　鼓	搞龙灯 kau²¹lieŋ¹³tɛn²¹⁴	着棋 tsɔk³ɕi¹³
大　溪	滚龙灯 kuen⁴³ləŋ²¹tɛn³³	同棋 tʰəŋ²¹tɕi²¹³
太　源	滚龙灯 kuen³⁵luŋ²¹²ten⁴⁴	下棋 xa⁴²tɕi²¹²
九　江	玩龙灯 uan⁴⁴loŋ⁴⁴tən³¹	下棋 ɕin²¹tɕi⁴⁴
赣　州	打龙灯 ta⁴⁵ləŋ⁴²təŋ³³	走棋 tɕieu⁴⁵tɕi⁴²
白　槎	玩龙灯 van⁵⁵ləŋ⁵⁵tən⁴²	走棋 tsəu²¹⁴tɕi⁵⁵
浮　梁	□龙灯 ŋai²⁴loŋ²⁴tai⁵⁵	走棋 tsau³¹tɕi²⁴
婺　源	滚龙灯 kuæn³⁵liɐŋ¹¹tɔ⁵⁵	走棋 tsa³⁵tɕi¹¹
上　饶	滚龙灯 kuĩn⁴³noŋ⁴²tĩn⁴⁴	走棋 tɕiu⁴⁴dʑi⁴²³
广　丰	舞龙灯 moŋ²¹loŋ²¹tĩn⁴⁴	同棋 doŋ²⁴gi²³¹
铜　山	□龙灯 ia²¹lien²¹tien³³	揭棋 kia²¹kʰi²⁴

	314	315
	猜谜~很有意思	讲故事
南 昌	猜谜子 tsʻai⁴²mi⁴⁵tsʅ⁰	讲故事 kɔŋ²¹³ku⁴⁵sʅ⁰
修 水	猜谜 dzai²³mi²⁴	□故事 dau²¹ku⁵⁵sʅ²²
湖 口	猜谜嘚 dzai⁴²mi²¹¹tɛ⁰	讲故事 kɔŋ³⁴³ku⁴⁵⁵sʅ²¹³
鄱 阳	猜谜子 tsʻai²¹mi²⁴tsʅ⁰	讲古 kãn⁴²ku⁴²
铅 山	猜谜 tsʻai³³mi²⁴	讲古 kan⁴⁵ku⁴⁵
抚 州	猜谜子 tsʻai³²mi²⁴tsʅ⁰	讲古 kɔn⁴⁵ku⁴⁵
资 溪	估谜 ku³⁵moi³¹	讲古 kɔn³⁵ku³⁵
宜 黄	打谜□ ta⁴⁵³mi⁴⁵ᴵi⁰	话故事 ua²²ku⁴²sʅ²²
丰 城	猜谜哩 tsʻai³⁵mi³³li⁰	讲古话 kɔŋ⁴¹ku⁴¹va²¹³
高 安	猜谜子 tsʻai³⁵mi²¹³tsu⁰	讲故事 kɔŋ⁴²ku⁴⁴sʅ²²
新 余	猜谜子 tsʻai³⁴mi³⁴tsʅ⁰	讲故事 kɔŋ²¹ku⁴²sʅ⁴²
吉 安	猜谜语 tsʻai³³⁴mi²¹n̠y⁵³	讲故事 kɔŋ⁵³ku²¹⁴sʅ²¹⁴
遂 川	猜谜 tsʻæ̃⁵³mi²²	讲故事 kõ³¹ku²¹⁴sɛ²¹⁴
宁 都	打谜 ta²¹⁴mɛi¹³	讲故事 kɔŋ²¹⁴ku²¹⁴sə⁴⁴
瑞 金	猜谜 tsʻɛ⁴⁴me⁵¹	讲古 kɔŋ⁴⁴ku²¹²
于 都	猜估 tsʻɛ³¹ku³⁵	话故事 va⁴²ku³²³sʅ⁴²
赣 县	打估 taɔ̃⁴³ku⁵³	讲故事 kɔ̃⁵³ku⁴⁴tsʅ⁰
南 康	打估 taɔ̃²¹ku²¹	讲聊天 kɔ̃²¹liɔ¹¹tʻĩ³³
龙 南	打估嘚 ta⁵³ku⁵³teʔ⁰	讲故事嘚 kɔŋ⁵³ku⁴⁴sʅ²²teʔ⁰
寻 乌	猜谜子 tsʻai²⁴mi²¹⁴tsʅ⁰	讲古 kɔŋ⁴²ku⁴²
黄 坳	猜应 tsʻai²⁴iaŋ⁵³	讲斯文 kɔŋ³¹sʅ²⁴vən²¹²
铜 鼓	猜应 tsʻai²¹⁴iaŋ⁵¹	讲白话 kɔŋ²¹pʻak⁵¹va⁵¹
大 溪	猜谜 tsʻæ³³mi²¹³	讲古 kɔŋ⁴³ku⁴³³
太 源	打谜 taŋ³⁵mi²¹²	讲古 kɔŋ³⁵ku³²⁵
九 江	猜谜儿 tsʻai³¹mi⁴⁴ɚ⁰	讲故事 tɕiã²¹³ku²¹sʅ⁰
赣 州	打谜 ta⁴⁵mi⁴²	讲故事 tɕiæn⁴⁵ku²¹²sʅ⁰
白 槎	猜谜 tsʻai⁴²mi³¹²	说故事 ʂuɛ⁴²ku³¹²sʅ⁰
浮 梁	猜谜儿 tsʻɛ⁵⁵mər⁰	讲古儿 kaŋ³¹ku³¹n̠i⁰
婆 源	猜谜 tsʻɔ⁵⁵bi⁵¹	讲故事 kã²ku³⁵ɕi⁵¹
上 饶	猜谜儿 tsʻæ⁴⁴mĩn⁴²³	讲古 kãn⁴³ku⁵²
广 丰	打谜儿 tai⁴³mĩn²¹²	讲古 kãŋ⁴³kuɤ⁵²
铜 山	猜命 tsʻai³³miã²¹	讲古 kan⁴⁴kɔ⁴⁴³

	316	317
	划拳	潜水 他很会~
南 昌	划拳 fa⁴⁵tɕʻyon²⁴	入泅古子 lit⁵mi²¹ku⁰tsʅ⁰
修 水	猜拳 dzai²³guɛn²⁴	打泅子 da²¹mi²²tsʅ²¹
湖 口	划拳 xua²¹¹dʑɛn²¹¹	钻水 tson⁴⁵⁵ɕy³⁴³
鄱 阳	划拳 xuɒ²⁴tɕʻyõn²⁴	泅脑 mi⁴⁴nau⁴²
铅 山	划拳 fa²⁴tʃʻuɛn²⁴	钻泅子 tson³³mi³³tsʅ⁰
抚 州	划拳 fa²⁴tɕʻyon²⁴	□泅子 sa³²mi²¹²tsʅ⁰
资 溪	打拳 ta³⁵kuon¹³	钻水 tson³¹fi³⁵
宜 黄	划拳 fa⁴⁵tɕʻiɛn⁴⁵	钻泅子 ton³³tɕim⁴²mit²
丰 城	划拳 fa³³tɕʻyɛn³³	钻泅子 tsuɐn³⁵mi²¹³tsʅ⁰
高 安	划拳 fa²¹³tʃʻɔn²¹³	□泅子 sa²²mi²¹³tsu⁰
新 余	赛拳 sai⁴⁵tɕion⁴²	下泅子 xa¹²mi²¹tsʅ⁰
吉 安	划拳 fa²¹tɕʻyon²¹	打泅牯哩 ta⁵³mi²¹ku⁵³li⁰
遂 川	划拳 xua²²tɕʻyɛ̃n²²	作泅 tso⁵⁵mi⁵⁵
宁 都	划拳 fa¹³tsʻan¹³	打浸泅 ta²¹⁴tɕin³¹mei⁴⁴
瑞 金	猜拳 tsʻɛ⁴⁴tɕʻyɛn³⁵	打浸泅 ta⁴⁴tɕin⁴²mɛ⁵¹
于 都	猜拳 tsʻæ³¹tɕʻiõ⁴⁴	打□泅 ta³⁵ʃui³⁵mɛ⁴²
赣 县	猜拳 tsʻe²⁴tɕʻiõ²¹²	钻泅□子 tsõ²⁴mi⁴⁴ɕi⁴⁴tsʅ⁰
南 康	划拳 xua¹¹tɕʻyĩ¹¹	打洄泅 ta²¹tɕʻiaʰ¹¹mi⁵³
龙 南	猜拳 tsʻain²⁴tɕʻyon³¹²	泅水 mi⁴⁴ɕi⁵³
寻 乌	猜拳 tsʻai²⁴tɕʻiɛn²¹⁴	泅水子 mi⁵⁵sui⁴²tsʅ⁰
黄 坳	划拳 fa²¹²kʻiɛn²¹²	泅水 mit⁵sui³¹
铜 鼓	打拳 ta²¹tɕʻiɛn¹³	泅水 mi⁵¹sɛ²¹
大 溪	猜拳 tsʻæ²⁴tɕʻyon²¹³	钻乌□ tsuon³³uʰ³³mɛn⁵²
太 源	划拳 xa²⁴tʃʻuʌn²¹²	钻泅崽 tsuʌn⁴⁴miʔ²tsɔi³²⁵
九 江	划拳 xuɒ⁴⁴tʂʻyõ⁴⁴	捉泅□ tso⁵³mi⁵³mɒ⁰
赣 州	划拳 xua⁴²tɕʻyĩn⁴²	打闭气 ta⁴⁵pi²¹tɕʻi²¹²
白 槎	划拳 xuaʰ⁵⁵tʂʻųan⁵⁵	钻泅子 tsan⁴²mi⁴²tsʅ⁰
浮 梁	划拳 xo²⁴tɕʻyi²⁴	钻水□儿 tsɛn⁵⁵ɕy³¹mər³³
婺 源	划拳 xɔ¹¹tɕʻỹ¹¹	钻黄□ tsum⁵⁵vã¹¹sæn³⁵
上 饶	猜拳 tsʻæ⁴⁴dʑyõn⁴²³	钻乌泅儿 tsuõn⁴⁴u⁵²mẽn⁰
广 丰	吆三 iəɯ⁴⁴sãn⁴⁴	钻水泅儿 tsãn⁴⁴ɕy⁴³miẽn²¹²
铜 山	猜拳 tsʻai³³kuan²⁴	踮水□ tian⁵tsui⁴⁴pʻi²¹

	318 点（头）~头答应了	319 闻~一下气味	320 张（嘴）嘴~开
南　昌	啄 tɔʔ⁵	嗅 ɕiun⁴⁵	丫 ŋa⁴²
修　水	锁 ŋon²¹	嗅 ɕin⁵⁵	□ ma³⁴
湖　口	□ ŋɔ²¹³	嗅 ɕioŋ⁴⁵⁵	□ ba²¹¹
鄱　阳	春 tɕyən²¹	嗅 ɕyən³⁵	丫 ŋɔ²¹
铅　山	锁 ŋen⁴⁵	□ pʻoŋ³³	丫 ŋa³³
抚　州	锁 ŋon³²	嗅 ɕiuŋ⁴¹	丫 ŋa³²
资　溪	锁 ŋon³⁵	嗅 ɕiuŋ⁵³	丫 ŋa³¹
宜　黄	锁 ŋam⁴⁵³	嗅 ɕiuŋ⁴²	丫 a³³
丰　城	点 tʻiɛn⁴¹	嗅 ɕiuŋ²¹³	丫 ŋa³⁵
高　安	锁 ŋɔn⁴²	嗅 ɕiuŋ⁴⁴	丫 ŋa³⁵
新　余	墫 tun⁴⁵	嗅 ɕiu¹²	丫 ŋa³⁴
吉　安	点 tiɛn⁵³ / □ tsan³³⁴	嗅 ɕiuŋ²¹⁴	丫 ŋa³³⁴
遂　川	点 tiɛn³¹	嗅 ɕiu⁵⁵	张 tsõ⁵³
宁　都	锁 ŋan³¹	□ pʻi³¹	丫 ŋa³³⁴
瑞　金	锁 ŋan²¹²	鼻 pʻi⁵¹	丫 ŋa⁴⁴
于　都	锁 ŋẽ³¹	嗅 ɕy³²³	丫 ŋa³¹
赣　县	锁 ŋã⁵³	嗅 ɕiu⁴⁴	丫 ŋa²⁴
南　康	锁 ŋã³³ / 点 tĩ²¹	嗅 ɕiu⁵³	丫 ŋa³³
龙　南	锁 ŋain⁵³	嗅 ɕieu⁴⁴	丫 ŋa²⁴
寻　乌	锁 ŋan⁴²	鼻 pʻi⁵⁵	□ paʔ²¹
黄　坳	锁 ŋan²⁴	鼻 pʻi⁵³	□ ta²¹²
铜　鼓	锁 an²¹⁴	嗅 ɕiəŋ⁵¹	□ mak³
大　溪	啄 tɔʔ⁴⁵	□ pʻəŋ³³	丫 ŋa³³
太　源	锁 ŋʌn⁴⁴	□ pʻi⁴² / □ pʻuŋ⁴⁴	丫 ŋa⁴⁴
九　江	点 tiɛn²¹³	闻 uən⁴⁴	张 tʂã³¹
赣　州	点 tĩn⁴⁵	闻 vən⁴²	丫 a³³
白　槎	点 tian²¹⁴	闻 vən⁵⁵	张 tsan⁴²
浮　梁	点 ti³¹	嗅 ɕioŋ²¹³	□ ma⁵⁵
婺　源	点 tĩ²	嗅 ɕiɛm³⁵	□ bɔ⁵¹
上　饶	啄 tuʔ⁵	□ pʻoŋ⁴⁴	丫 ŋa⁴⁴
广　丰	□ sɑ²³¹ / 啄 tuʔ⁵	□ pʻoŋ⁴⁴	丫 ŋa⁴⁴
铜　山	啄 tɔʔ⁴²	□ pʻi²¹	丫 a³³

	321	322	323
	嚼 饭不~烂难消化	舔 把碗~干净	吮 ~手指头不卫生
南 昌	噍 tɕʻiɛu²¹	舔 tʻiɛn²¹³	軟 tɕit⁵
修 水	噍 dʑiau²²	舔 diɛn²¹	軟 tɕit⁴²
湖 口	嚼 dʑiɔ²¹³	舐 ʂɛ²¹³	吮 dʑin²¹¹
鄱 阳	嚼 tɕʻia⁴⁴	舔 tʻiɛn⁴²	軟 tɕi⁴⁴
铅 山	噍 tɕʻiau²¹	□ liɛn³³	軟 tsuʏʔ⁴
抚 州	噍 tɕʻiɛu²¹³	舐 sɛ²¹³	軟 tɕit² / □ suʔ²
资 溪	噍 tɕʻiau²²	舐 sɛ²²	□ lat⁵
宜 黄	噍 tɕʻiau²²	舐 sɛ³³	軟 tɕit² / □ lam²²
丰 城	噍 tɕʻiɛu³²	舐 ʂɛ²⁴	津 tɕin³⁵
高 安	噍 tsʻiɛu²²	舐 sɛ⁴²	軟 tsit⁵
新 余	噍 tɕʻiɛu²¹³	舐 sɛ²¹³	軟 tɕiɛʔ⁵
吉 安	噍 tɕʻiau²¹⁴	舔 tʻiɛn⁵³	吸 çi³³⁴
遂 川	噍 tɕʻiɒ²¹⁴	舔 tʻiẽn³¹	□ tɕʻia⁵⁵
宁 都	噍 tɕʻiau³¹	舐 sai⁴²	咬 ŋau⁴²
瑞 金	噍 tɕʻiɔ⁵¹	□ le⁴⁴	吮 suɛn⁴⁴
于 都	噍 tɕʻiɔ⁴²	舐 sɛ⁴²	吮 sõ³¹
赣 县	噍 tɕʻiɔ⁵³	舐 sɛ²⁴	□ mei⁵³
南 康	噍 tɕʻiɔ⁵³	□ liɔ³³	□ me³³
龙 南	噍 tɕʻiau²²	舐 sɛ²⁴	吮 tɕʻyen²⁴
寻 乌	噍 tɕʻiau⁵⁵	舐 çie²⁴	□ luɛi²⁴
黄 坳	噍 tɕʻiau⁵³	舐 sɛ²⁴	吮 tɕʻyən²¹²
铜 鼓	噍 tɕʻiau⁵¹	□ liɛt³	軟 tsɔk³
大 溪	嚼 tɕʻiɐʔ⁵	舔 tʻiɛn⁴³³	吮 tɕʻyɪn⁴³⁵
太 源	嚼 tsʻiaʔ²	□ liɛn⁴⁴	嘣 ʃue ʔ⁴
九 江	咬 ŋau²¹³	舔 tʻiɛn²¹³	吸 çi⁵³
赣 州	嚼 tɕiɔ⁴²	舐 sɛ⁴⁵	□ me⁴⁵
白 槎	嚼 tɕiau⁵⁵	舔 tʻian²¹⁴	吸 çi⁴²
浮 梁	嚼 tsʻa³³	舔 tʻi³¹	軟 tsɛu²¹³
婺 源	嚼 tɕʻia⁵¹ / 咬 gɒ³¹	□ tæn⁵⁵ / 舐 tsʻɛ⁵¹	吮 tsʻæn⁵¹
上 饶	嚼 dʑiɐʔ²³	舔 tʻiẽn⁵²	吮 çyin²³¹
广 丰	嚼 çiæʔ²³	舔 tʻiẽn⁵² / 舐 dʑie²⁴	吮 çyoŋ²⁴
铜 山	哺 pɔ²¹	舐 tɕi⁵⁵ / □ tʻa²¹	吮 tsən⁵⁵

	324	325	326
	拿手~了一把刀	抱~小孩	放拿不动就~在地上
南　昌	拿 laʔ⁵	□ luon²¹³	搁 kɔʔ⁵
修　水	捉 tsɔʔ⁴²	捧 bəŋ²¹	放 fɔŋ⁵⁵
湖　口	捏 nie⁴⁵⁵	抱 bau²¹³	假 ka⁴⁵⁵
鄱　阳	捏 nie⁴⁴	抱 pʻau²¹	假 kɒ³⁵
铅　山	撇 iaʔ⁴	抱 pʻau³³	假 ka²¹
抚　州	拿 la²⁴	捧 puŋ⁴⁵	搁 koʔ²
资　溪	拿 naʔ³	捧 puŋ³⁵	放 fɔŋ⁵³
宜　黄	拿 nat⁵	捧 puŋ⁴⁵³	搁 kɔʔ²
丰　城	拿 laʔ³²	捧 puŋ⁴¹	放 fɔŋ²¹³
高　安	拿 lak⁵	□ lɔŋ⁴²	搁 kɔk⁵
新　余	拿 laʔ⁵	捧 puŋ²¹³	放 fon⁴²
吉　安	拿 na²¹	捧 puŋ⁵³	放 fɔŋ²¹⁴
遂　川	□ nãn⁵³	捧 põŋ³¹	放 xõ⁵⁵
宁　都	拿 nat⁵	□ tiak³²	放 fɔŋ³¹
瑞　金	拿 na²¹²	捧 pɤŋ²¹²	放 xɔŋ⁴²
于　都	拿 na³¹	捧 pəŋ³⁵	放 xõ³²³
赣　县	拿 na²⁴	捧 pəŋ⁵³	□ səŋ⁴⁴/ 放 fɔ̃⁴⁴
南　康	拿 na³³	捧 pəŋ⁵³	放 fɔ̃⁵³
龙　南	□ nain²⁴	捧 pəŋ⁵³	放 fɔŋ⁴⁴
寻　乌	拿 na²¹⁴	揽 lan⁴²	放 fɔŋ⁵⁵
黄　坳	拿 na²⁴	□ nan⁵³	放 fɔŋ⁵³
铜　鼓	拿 nak⁵	捧 pəŋ²¹	放 fɔŋ⁵¹
大　溪	拿 na⁴³⁵	□ liʔ⁵	俜 pian⁵²
太　源	□ nan⁴⁴	□ tsʻʌn³²⁵	放 piɒŋ⁴⁴
九　江	捏 liɛ⁵³	抱 pau²¹	搁 ko⁵³
赣　州	拿 na⁴²	捧 pəŋ⁴⁵	放 fãn²¹²
白　槎	拿 la⁵⁵	抱 pau³¹²	放 fan³¹²
浮　梁	□ tʻo²⁴	抱 pʻau³³	园 kʻaŋ²¹³
婺　源	拎 nɔ̃⁵⁵	抱 pʻɒ⁵¹	园 kʻa³⁵
上　饶	撇 iɛʔ⁵	抱 bou²³¹	假 ga²¹²/ 放 fɔŋ⁴³⁴
广　丰	撇 iæʔ⁵	抱 buɤ²⁴	假 ga²¹²/ 园 kʻãŋ⁴³⁴
铜　山	□ lə⁴²	抱 pʻo⁵⁵	放 pan²¹/ 假 ke²¹

	327 扔 没有用的东西~掉算了 | 看谁石头~得远	328 拣、挑 ~好菜吃
南 昌	□ tʻaŋ⁴⁵	拣 kan²¹³
修 水	□ faʔ⁴²	拣 kan²¹
湖 口	丢 tiɛu⁴² | 矴 tin⁴²	拣 kan³⁴³
鄱 阳	丢 tiəu²¹ | 矴 tin³⁵	拣 kãn⁴²
铅 山	丢 tɛu³³ | 矴 tin³³	拣 kan⁴⁵
抚 州	叮 tiaŋ⁴¹	拣 kan⁴⁵
资 溪	叮 tiaŋ⁵³	拣 kan³⁵
宜 黄	叮 tiaŋ⁴²	拣 kan⁴⁵³
丰 城	撩 liau²¹³ / 矴 tiaŋ²¹³	拣 kan⁴¹
高 安	撩 liɛu³⁵	拣 kan⁴²
新 余	撩 liɛu¹²	拣 kan²¹³
吉 安	丢 tiu⁵³ / 叮 tiaŋ³³⁴	拣 kan⁵³
遂 川	丢 tiu⁵³	拣 kiãn³¹
宁 都	□ mak³² / 丢 tiəu⁵³	择 tʻok⁵
瑞 金	□ fiʔ² | 矴 tin⁴⁴	择 tʻɔʔ⁴
于 都	□ ɕyɛ³²³ | 叮 tiã³¹	择 tʻɣ⁴²
赣 县	□ fiɛʔ³² | 矴 tiã²⁴	择 tʻo⁵
南 康	丢 tiu³³ | 矴 tiã³³	择 tʻo³³
龙 南	□ fəʔ⁴³ / 丢 tiɛu²⁴	择 tʻɔʔ²³ / 拣 kan⁵³
寻 乌	□ tɔʔ²¹	择 tʻɔʔ³⁴
黄 坳	丢 tiu²⁴ | □ tse²⁴	择 tʻɔʔ⁵
铜 鼓	丢 tiu²¹⁴	择 tʻok⁵
大 溪	□ ɕyəʔ⁴⁵ | 矴 tɛn³³	拣 kan⁴³³
太 源	□ tɕʻiʔ⁴ | 叮 tɛn⁴⁴	拣 kan³²⁵
九 江	丢 tiəu³¹	拣 tɕiɛn²¹³
赣 州	丢 tiu³³	拣 tɕĩn⁴⁵
白 槎	□ pan⁵⁵ | 撩 liau³¹²	挑 tʻiau⁴²
浮 梁	□ tɕʻyɛ⁵⁵ / 丢 tiɛu⁵⁵	拣 ko³¹
婺 源	□ le⁵¹	拣 kε²
上 饶	掼 guãn²¹²	拣 kãn⁵²
广 丰	□ xyuʔ⁵ / 掼 guãn²¹² | 矴 fin⁴³⁴	拣 kãn⁵²
铜 山	□ kæ⁴²	拣 kãi⁴⁴³

	329	330	331
	推车发动不了大家～一卜	（用虎口）掐～喉咙	拔～萝卜
南 昌	搓 suŋ²¹³	拓 kʻa⁴²	扯 tsʻa²¹³
修 水	搓 dzən²¹	搭 xæt⁴²	拔 bæt³²
湖 口	□ dzoŋ⁴⁵⁵	拓 xa⁴²	扯 dzạ³⁴³
鄱 阳	搓 sən⁴²	拓 kʻɒ²¹	拔 pʻɒ³⁵
铅 山	搓 soŋ⁴⁵	拓 kʻa³³	扯 tsʻɛ⁴⁵
抚 州	搓 suŋ⁴⁵	拓 kʻa³²	□ tsaŋ⁴¹
资 溪	搓 suŋ³⁵	拓 kʻa³¹	□ tsaŋ⁵³
宜 黄	搓 soŋ⁴⁵³	拓 kʻa³³	拔 pʻap⁵
丰 城	□ tsʻuŋ²¹³	拓 kʻa³⁵	扯 tsʻa⁴¹
高 安	□ kʻuan³⁵	拓 kʻa³⁵	拔 pʻat⁵
新 余	□ tɕʻiuŋ²¹³	拓 kʻa³⁴	拔 pʻaiʔ³⁴
吉 安	□ tsʻuŋ⁵³	拓 kʻa³³⁴	扯 tsʻa⁵³
遂 川	□ tsʻəŋ⁵⁵	拓 kʻa⁵³	□ pã⁵³
宁 都	□ tsʻuŋ²¹⁴	拓 kʻa⁴²	□ paŋ⁴²
瑞 金	□ tsʻɤŋ²¹²	搭 kʻaʔ²	□ pã³²³
于 都	□ tsʻəŋ³²³	拓 kʻa³¹	□ paŋ⁴⁴
赣 县	搓 səŋ⁵³	拓 kʻa²⁴	□ pã²¹²/ □ mɔ⁵³
南 康	□ tsʻəŋ⁵³	拓 kʻa³³	□ pã³³
龙 南	□ tsʻəŋ⁵³	拓 kʻa²⁴	□ paŋ²⁴
寻 乌	搓 səŋ⁴²	拓 kʻa²⁴	□ paŋ²¹⁴
黄 坳	搓 soŋ⁵³	拓 kʻa²⁴	□ paŋ³¹
铜 鼓	□ tsʻəŋ²¹	拓 kʻa²¹⁴	□ kak³
大 溪	搓 səŋ⁴³³	拓 kʻa³³	扯 tsʻa⁴³³
太 源	搓 suŋ⁴²	□ ta⁴²	挽 mʌn³²⁵
九 江	搓 soŋ²¹³	拓 kʻɒ⁵³	拔 pɒ⁵³
赣 州	推 tʻue³³	拓 kʻa³³	拔 pa²¹²
白 槎	□ tsʻəŋ²¹⁴	掐 tɕʻia⁴²	□ tɕin³¹²
浮 梁	搓 soŋ³¹	□ tʂʻo⁵⁵/ 拓 kʻo⁵⁵	拔 pʻo³³
婺 源	搓 sɐm²	拓 kʻɵ⁵¹	拔 pʻɵ⁵¹
上 饶	搓 soŋ⁵²	拓 kʻa⁴⁴	扯 tɕʻie⁵²
广 丰	搓 soŋ⁵²/ 攧 tiẽ⁴⁴	拓 kʻɑ⁴⁴	扯 tsʻe⁴³⁴/ 拽 tsuai⁵²
铜 山	搓 sõn⁴⁴³/ 攧 tiẽ³³	拓 kʻe³³	挽 ban⁴⁴³

	332	333	334
	塞用布团~住瓶口	掰把橘子~开	擦把黑板上的粉笔字~ 卓
南 昌	塞 sit⁵	扳 pan⁴²	擦 tsaʔ⁵
修 水	塞 sɛt⁴²	扳 pan³⁴	擦 dzæt³²
湖 口	塞 se⁴⁵⁵	搣 ma⁴⁵⁵	擦 dza⁴⁵⁵
鄱 阳	塞 sə⁴⁴	扳 pãn²¹	揩 kʻai²¹
铅 山	㨃 tʃɣʔ⁴	搣 miɛʔ⁴	拭 tsʻeʔ⁴
抚 州	塞 sɛʔ²	搣 miɛt²	□ tɛ²⁴
资 溪	㨃 tsit³	搣 miɛt³	□ tu¹³
宜 黄	塞 sɛʔ⁵	扳 pan³³	抹 mɔʔ⁵
丰 城	塞 sɛʔ³²	搣 miɛʔ⁵	□ tɕiʔ³²
高 安	㨃 tsɛt⁵	搣 miɛt⁵	揩 kʻai³⁵
新 余	塞 sɛʔ⁵	搣 miɛʔ⁵	揩 kʻai³⁴
吉 安	塞 se³³⁴	搣 mie²¹⁴	擦 tsʻɛ³³⁴
遂 川	塞 se⁵⁵	扳 pãn⁵³	抹 mo²¹⁴
宁 都	塞 sɛt³²	搣 miɛt⁵	抹 mɔit⁵
瑞 金	㨃 tsuʔ⁴	搣 miɛʔ²	□ tsʻui²
于 都	塞 sɛʔ⁵	拗 ɔ³⁵	□ tsʻɛʔ⁵
赣 县	塞 sɛʔ³²	搣 miɛʔ⁵	抹 maʔ⁵
南 康	塞 sɛ⁵⁵	搣 mie⁵⁵	擦 tsʻa⁵⁵
龙 南	塞 sæʔ⁴³	搣 miɛʔ⁴³	□ tsʻeʔ⁴³
寻 乌	塞 ɕiɛʔ²¹	搣 miɛʔ²¹	□ tsʻui²¹
黄 坳	塞 sɛt²	掰 pɔk²	□ tsʻɿt²
铜 鼓	塞 sɛk³	搣 miɛt³	擦 tsʻak³
大 溪	㨃 sɿʔ⁴⁵	搣 mɛʔ²	拆 tɕiau⁴³³
太 源	塞 sɛʔ⁴	搣 mɛʔ	拆 tɕiɑu³²⁵
九 江	㨃 tʂəu⁵³	撇 pʻie⁵³	擦 tsʻɒ⁵³
赣 州	塞 se²¹²	搣 mie²¹²	擦 tsʻa²¹²
白 槎	塞 se⁴²	搣 mie⁴²	□ tsʻəu³¹²
浮 梁	㨃 tsər²¹³	搣 ma³³	拆 tɕiau³¹
婺 源	㨃 tɕi⁵¹	掰 pɒ⁵¹	揩 kʻɔ⁵⁵
上 饶	㨃 tɕiɿʔ⁵	搣 mɛʔ⁵	拆 tɕiɔu⁵²
广 丰	㨃 tyæʔ⁵	搣 mæʔ⁵/擘 pæʔ⁵	拆 kiɯ⁵²
铜 山	□ ɕiau⁴⁴³	擘 pe⁴²	□ tɕʻie⁴²

	335	336	337
	拔~鸡毛	砍~树	码堆叠：把砖头~齐
南 昌	挦 tɕʰiɛn²⁴	剁 to²⁴	码 ma²¹³
修 水	扯 da²¹	剁 to⁵⁵	码 ma²¹
湖 口	扯 dza³⁴³	斫 to⁴⁵⁵	堆 ty⁴²
鄱 阳	挦 tɕʰiɛn²⁴	斫 tso⁴⁴	砌 tɕʰi³⁵
铅 山	挦 tɕʰiɛn²⁴	斫 tsɐʔ⁴	码 ma⁴⁵
抚 州	挦 tɕʰiɛm²⁴	斫 toʔ²	叠 tʰiɛp⁵
资 溪	挦 tɕʰiɛm¹³	斫 toʔ³/ 劈 pʰiaʔ³	堆 toi³¹
宜 黄	挦 tɕʰiɛn⁴⁵	斫 toʔ²	叠 tʰiɛt²
丰 城	挦 tɕʰiɛn³³	斫 tsoʔ³²	□ tɕʰi⁴¹
高 安	挦 tsʰiɛn²¹³	斫 tɔt⁵	□ tsen³⁵
新 余	挦 tɕʰiɛn⁴²	剁 to⁴²	层 tɕʰiɛn⁴²
吉 安	挦 tɕʰiɛn²¹	斫 to³³⁴	码 ma⁵³
遂 川	修 ɕiu⁵³	斫 tso⁵⁵	码 ma³¹
宁 都	□ paŋ⁴²	剁 to³¹	堆 tui⁴²
瑞 金	□ tsʅ³⁵	□ ŋan⁵¹	□ laʔ²
于 都	□ tsʅ⁴⁴	□ ŋæ⁴²/倒 tɔ³⁵	堆 tue³¹
赣 县	□ tsʅ²¹²	倒 tɔ⁵³	层 tsʰəŋ²¹²
南 康	□ tsʅ¹¹	剁 to⁵³	堆 tuæ³³
龙 南	□ tsʅ³¹²	倒 tau⁵³	□ tuɔn²⁴
寻 乌	□ tsʅ²¹⁴	倒 tau⁴²	堆 tuɐi²⁴
黄 坳	□ tsʅ³¹	斫 tsɔk²	堆 tɔi²⁴
铜 鼓	挦 tɕʰiɛn¹³	斫 tɔk³	码 ma²¹
大 溪	挦 tɕʰiɛn²¹³	斫 tsəʔ⁴⁵	叠 tʰiɛʔ⁵
太 源	挦 tɕʰiɛn²¹²	斫 tʃoʔ⁴	叠 tʰaʔ²
九 江	拔 pɒ⁵³	砍 kʰan²¹³	码 mɒ²¹³
赣 州	□ tsʅ⁴²	砍 kʰan⁴⁵	码 ma⁴⁵
白 槎	挦 ɕian⁵⁵	砍 kʰan²¹⁴	码 ma²¹⁴
浮 梁	拔 pʰo³³	斫 tɕia²¹³	码 mo³¹
婺 源	拔 pʰɵ⁵¹	斫 tsa⁵¹	码 mɵ³¹
上 饶	扯 tɕie⁵²	斫 tɕieʔ⁵	□ dziõŋ²³¹
广 丰	挦 dziẽn²³¹/□ dze²³¹	斫 tɕiæʔ⁵	□ dzãŋ²⁴
铜 山	挽 ban⁴⁴³	斫 tsʰo⁴²	叠 tʰa⁵⁵

	338 垫把桌子腿~平	339 刻~图章	340 挑（担）
南 昌	楔 ɕiɛt⁵	刻 kʰiɛt⁵	挑 tʰiɛu⁴²
修 水	垫 diɛn²²	刻 xɛt⁴²	担 tan³⁴
湖 口	□ dzən²¹³	雕 tiau⁴²	挑 diau⁴²
鄱 阳	楔 ɕie⁴⁴	雕 tiau²¹	担 tan²¹
铅 山	垫 tʰiɛn²¹	刻 kʰɛʔ⁴	担 tan³³
抚 州	楔 ɕiɛt²	刻 kʰɛʔ²	担 tam³²
资 溪	楔 ɕiɛt³	刻 kʰiɛʔ³	担 tan³¹
宜 黄	垫 ɕiɛn²²	刻 kʰɛʔ²	担 tan³³
丰 城	楔 ɕieʔ³²	雕 tiau³⁵	挑 tʰiɛu³⁵
高 安	楔 sit⁵	雕 tiɛu³⁵	挑 tʰiɛu³⁵
新 余	垫 tʰiɛn¹²	雕 tiɛu⁴⁵	挑 tʰiɛu³⁴
吉 安	垫 tʰiɛn²¹⁴	刻 kʰɛ³³⁴	担 tan³³⁴
遂 川	垫 tʰiɛ̃n²¹⁴	刻 kʰɛ⁵⁵	挑 tʰiɒ⁵³
宁 都	垫 tʰiɛn⁴⁴	刻 kʰək³²	孩 kʰai⁴²
瑞 金	□ tʰieʔ²	□ tʰiɔ⁴⁴	孩 kʰie⁴⁴
于 都	垫 tʰĩ⁴²	刻 kʰɛʔ⁵	孩 kʰæ³¹
赣 县	□ səŋ²¹²	刻 kʰɛʔ³²	孩 kʰæ²⁴
南 康	楔 se⁵³	刻 kʰɛ⁵³	孩 kʰæ³³
龙 南	垫 tʰiain²²	刻 kʰɛʔ⁴³	孩 kʰai²⁴
寻 乌	□ tʰieʔ²¹	刻 kʰaiʔ²¹	孩 kʰai²⁴
黄 坳	楔 ɕiɛt²	刻 kʰɛʔ²	孩 kʰai²⁴
铜 鼓	楔 ɕiɛt³	刻 kʰɛk³	孩 kʰai²¹⁴
大 溪	垫 tʰiɛn⁴³⁵ / 楔 ɕiɛʔ⁴⁵	雕 tiau³³	孩 kʰai³³
太 源	楔 sɛʔ⁴	雕 tiɒu⁴⁴	担 tʌn⁴⁴
九 江	垫 tiɛn²¹	刻 kʰai⁵³	挑 tʰiau³¹
赣 州	垫 tĩn²¹²	刻 kʰɛ²¹²	挑 tʰiɔ³³
白 槎	□ təŋ³¹²	雕 tiau⁴²	挑 tʰiau⁴²
浮 梁	楔 ɕie²¹³ / 叠 tɛ³³	雕 tiau⁵⁵	挑 tʰiau⁵⁵
婺 源	楔 se⁵¹ / 垫 tʰĩ⁵¹	雕 tiɔ⁵⁵	担 tum⁵⁵
上 饶	楔 ɕiɛʔ⁵	雕 tiou⁴⁴	担 tãn⁴⁴
广 丰	楔 ɕiæʔ⁵	雕 tiɯɛʔ⁴⁴	担 tãn⁴⁴
铜 山	垫 tian²¹	雕 tiau³³	担 tã³³

<table>
<tr><th></th><th>341
扛一人～一根 | 抬两人～一根</th><th>342
站～住别动</th><th>343
蹲～下去</th></tr>
<tr><td>南 昌</td><td>□ sat^{5} | 抬 tʻai^{24}</td><td>徛 tɕʻi^{42}</td><td>跍 kʻu^{24}</td></tr>
<tr><td>修 水</td><td>肩 tɕiɛn^{34} | □ dɛn^{24}</td><td>徛 dʑi^{22}</td><td>跍 gu^{24}</td></tr>
<tr><td>湖 口</td><td>掆 kɔŋ^{42}</td><td>徛 dʑi^{455}</td><td>蹲 tsən^{42}</td></tr>
<tr><td>鄱 阳</td><td>掆 kãn^{21} | □ tʻən^{24}</td><td>徛 tɕʻi^{21}</td><td>蹲 tsʻən^{24}</td></tr>
<tr><td>铅 山</td><td>驮 tʻo^{24} | 掆 kon^{33}</td><td>徛 tɕʻi^{33}</td><td>怄 ŋɛu^{21} / 跍 kʻu^{24}</td></tr>
<tr><td>抚 州</td><td>□ saʔ^{5} | 掆 koŋ^{32}</td><td>徛 tɕʻi^{32}</td><td>跍 kʻu^{32} / 蹲 tsʻun^{24}</td></tr>
<tr><td>资 溪</td><td>驮 xo^{14} | 掆 kɔŋ^{31}</td><td>徛 tɕʻi^{22}</td><td>蹲 tʻun^{13}</td></tr>
<tr><td>宜 黄</td><td>□ saʔ^{5} | 掆 kɔŋ^{33}</td><td>倚 tɕʻi^{33}</td><td>蹲 tʻɛn^{42}</td></tr>
<tr><td>丰 城</td><td>□ saʔ^{5} | 掆 kɔŋ^{35}</td><td>徛 tɕʻi^{214}</td><td>蹲 tsʻuən^{213} / 跍 kʻu^{33}</td></tr>
<tr><td>高 安</td><td>肩 tɕiɛn^{35} | 掆 kɔŋ^{35}</td><td>徛 tɕʻi^{22}</td><td>跍 ku^{35}</td></tr>
<tr><td>新 余</td><td>肩 tɕiɛn^{45} | 掆 koŋ^{45}</td><td>立 liɛʔ^{5}</td><td>跍 kʻu^{213}</td></tr>
<tr><td>吉 安</td><td>□ sɛ^{334} | 掆 kɔŋ^{334}</td><td>立 li^{214} /站 tsan^{11}</td><td>蹲 tun^{334} / 趌 pʻu^{21}</td></tr>
<tr><td>遂 川</td><td>掆 kõ^{53} | 抬 tʻuɛ^{22}</td><td>徛 tɕʻi^{35}</td><td>趌 pʻu^{22}</td></tr>
<tr><td>宁 都</td><td>驮 tʻo^{13} | 掆 kɔŋ^{42}</td><td>徛 tɕʻi^{42}</td><td>跍 ku^{214}</td></tr>
<tr><td>瑞 金</td><td>驮 tʻo^{35} | 掆 kɔŋ^{44}</td><td>徛 tɕʻie^{44}</td><td>趌 pu^{44}</td></tr>
<tr><td>于 都</td><td>驮 tʻɤ^{44}/□ pi^{323} | 掆 kã^{31}</td><td>徛 tɕʻiɛ^{31}</td><td>趌 pu^{31}</td></tr>
<tr><td>赣 县</td><td>驮 tʻo^{212} | 掆 kɔ̃^{24}</td><td>徛 tɕʻi^{24}</td><td>趌 pu^{24}</td></tr>
<tr><td>南 康</td><td>□ po^{53} | 掆 kɔ̃^{33}</td><td>徛 tɕʻi^{33}</td><td>趌 pu^{33}/ □ pia^{33}</td></tr>
<tr><td>龙 南</td><td>背 pi^{44} | 掆 kɔŋ^{24}</td><td>倚 tɕʻi^{24}</td><td>趌 pʊ^{24}</td></tr>
<tr><td>寻 乌</td><td>背 pi^{55} | 掆 kɔŋ^{24}</td><td>徛 kʻi^{24}</td><td>趌 pu^{24}</td></tr>
<tr><td>黄 坳</td><td>掆 kɔŋ^{24} | □ mau^{21}</td><td>徛 kʻi^{24}</td><td>趌 pu^{24}</td></tr>
<tr><td>铜 鼓</td><td>肩 tɕiɛn^{214} | 掆 kɔŋ^{214}</td><td>徛 tɕʻi^{13}</td><td>跍 kʻu^{214}</td></tr>
<tr><td>大 溪</td><td>揺 tɕʻia^{213} | 抬 tʻæ^{213}</td><td>徛 tɕʻi^{435}</td><td>□ ŋɛ^{52}</td></tr>
<tr><td>太 源</td><td>揺 tɕʻia^{212} | 掆 kɔŋ^{44}</td><td>徛 tɕʻi^{44}</td><td>□ kɔŋ^{42}/ 跍 kʻu^{212}</td></tr>
<tr><td>九 江</td><td>扛 kʻã^{44} | 抬 tʻai^{44}</td><td>站 tsan^{21}</td><td>蹲 tən^{31}</td></tr>
<tr><td>赣 州</td><td>扛 kʻãn^{42} | 抬 tʻæ^{42}</td><td>站 tsãn^{212}</td><td>趌 pu^{33}</td></tr>
<tr><td>白 槎</td><td>驮 tʻo^{55} | 抬 tʻai^{55}</td><td>站 tsan^{312}</td><td>跍 kʻu^{55}</td></tr>
<tr><td>浮 梁</td><td>驮 tʻo^{24} | 掆 kaŋ^{55}</td><td>徛 tɕʻi^{33}</td><td>跍 kʻu^{24}/ 踘 tɕʻy^{24}</td></tr>
<tr><td>婺 源</td><td>驮 tʻɵ^{11} | 掆 kã^{55}</td><td>徛 tɕʻi^{31}</td><td>□ tɕiɐm^{2}/ □ pʻu^{51}</td></tr>
<tr><td>上 饶</td><td>端 tuõn^{44} | 抬 dæ^{423}</td><td>徛 dʑi^{231}</td><td>□ ŋe^{434}</td></tr>
<tr><td>广 丰</td><td>驮 do^{231} | 抬 dɐi^{231}</td><td>徛 gɐi^{24}</td><td>□ iɤɯ^{434}</td></tr>
<tr><td>铜 山</td><td>揭 kia^{24} | 扛 kə̃n^{33}</td><td>徛 kʻia^{55}</td><td>跍 kʻu^{24}</td></tr>
</table>

	344	345
	走 一天~了一百里路	跑 慢慢走，别~
南 昌	走 tsɛu²¹³	跑 pʻau²¹³
修 水	走 tsɛ²¹	跑 bau²¹
湖 口	走 tsɛu³⁴³	跑 bau³⁴³
鄱 阳	走 tsəu⁴²	波 po²¹
铅 山	行 xɛn²⁴ / 走 tsɛu⁴⁵	打赵 ta⁴⁵liɛʔ²⁴ / 跑 pʻau⁴⁵
抚 州	行 xaŋ²⁴ / 走 tsɛu⁴⁵	跑 pʻau⁴⁵
资 溪	走 tsɛu³⁵	跑 pʻau³⁵
宜 黄	行 xaŋ⁴⁵	走 tɛu⁴⁵³
丰 城	走 tsɛu⁴¹	□ tsɔn³⁵
高 安	走 tsau⁴²	走 tsau⁴²/快□哩走 kʻuai⁴⁴ma⁴²li⁰tsau⁴²
新 余	行 xan⁴²	□ tuoi⁴²
吉 安	走 tsɛu⁵³	跑 pʻau⁵³
遂 川	走 tsə³¹	赵 tʻɛ⁵⁵ / 跑 pʻɔ³¹
宁 都	走 tsəu²¹⁴	跑 pʻau³¹/走 tsəu²¹⁴
瑞 金	行 xaŋ³⁵	跑 pʻɔ⁴⁴
于 都	行 xã⁴⁴	跑 pʻɔ³⁵
赣 县	走 tse⁵³	波 pəu⁴⁴
南 康	走 tsɛ²¹	波 po²¹
龙 南	走 tsɛu⁵³	□ lɔiʔ²³
寻 乌	行 xaŋ²¹⁴	跑 pʻau²¹⁴ / □ lɔŋ²⁴
黄 坳	走 tsɛu³¹	打□□子 ta³¹ti²⁴kɛu³¹tsɿ⁰
铜 鼓	走 tsɛu²¹	跑 pʻau²¹
大 溪	走 tse⁴³³ / 行 xɛn²¹³	□□走 kəŋ²¹kəŋ²¹tsɛ⁴³³
太 源	行 xaŋ²¹²	跑 pʻau³²⁵
九 江	走 tsəu²¹³	跑 pʻau²¹³
赣 州	走 tɕieu⁴⁵	波 po³³/跑 pʻɔ⁴⁵
白 槎	走 tsəu²¹⁴	跑 pʻau²¹⁴
浮 梁	走 tsau³¹	□ pʻɔ⁵⁵ / 跑 pʻau²⁴
婺 源	走 tsa²	□ liɔ³³ / □ tθ⁵¹ / 跑 pʻɔ²
上 饶	行 xẽn⁴²³ / 走 tɕiu⁵²	跋跋走 bɐʔ²bɐʔ²tɕiu⁵²
广 丰	走 tsɣɯ⁵²	跋跋走 bæʔ²bæʔ²tsɣɯ⁵²
铜 山	行 kiã²⁴ / 走 tsau⁴⁴³	飞□走 pə³³kɔŋ³³tsau⁴⁴³

	346	347
	挤 从人群~过去	跳 ~了五米远｜从车上~下来
南 昌	挤 tɕi⁴²	纵 tsuŋ⁴⁵ / 跳 tʰiɛu²¹³
修 水	挤 tɕi²¹	纵 dzən³⁵
湖 口	□ kan⁴⁵⁵	跳 diau²¹³
鄱 阳	□ kãn²¹	纵 tsən³⁵
铅 山	夿 tsa²¹	跳 tʰiau²¹
抚 州	□ kaŋ⁴¹	跳 tʰiau⁴¹ / 蹦 puŋ⁴¹
资 溪	□ maŋ⁵³	跳 tiau⁵³
宜 黄	□ maŋ²²	跳 çiau⁴² / 蹦 puŋ⁴²
丰 城	挤 tɕi⁴¹	跳 tʰiau⁴¹
高 安	钻 tsɔn³⁵	跳 tʰiɛu⁴⁴
新 余	挤 tɕiɛ²¹³	跳 tʰiɛu⁴²
吉 安	挤 tɕi¹¹	跳 tʰiau²¹⁴ / 蹦 puŋ²¹⁴
遂 川	挤 tɕi³¹	跳 tʰiɒ⁵⁵
宁 都	□ tɕien⁴²	跳 tʰiau³¹
瑞 金	□ tɕien⁴⁴	飙 piɔ⁴⁴
于 都	挤 tsi³⁵	飙 piɔ³¹ / 跳 tʰiɔ³²³
赣 县	挤 tɕi⁵³	跳 tʰiɔ⁴⁴
南 康	挤 tɕi²¹	跳 tʰiɔ⁵³
龙 南	㰒 tɕiain²⁴	飙 piau²⁴｜跳 tʰiau⁴⁴
寻 乌	□ tɕʰien²⁴	飙 piau⁵⁵
黄 坳	□ tɕian²⁴	跳 tʰiau²⁴
铜 鼓	挤 tɕi²¹	跳 tʰiau⁵¹ / □ pʰiau⁵¹
大 溪	挤 tɕi⁴³³ / 夿 tsa⁵²	跳 tʰiau⁵² / 纵 tsəŋ⁵²
太 源	挤 tsiɛ³²⁵	跳 tʰɑu³²⁵
九 江	挤 tɕi²¹³	跳 tʰiau²¹
赣 州	挤 tɕi⁴⁵	跳 tʰiɔ²¹²
白 槎	钻 tsan⁴²	跳 tiau³¹²
浮 梁	挤 tsɛ³¹	跳 tʰiau²¹³
婺 源	挤 tsi²	跳 tʰiɔ³⁵
上 饶	夿 tsa⁵²	跳 tʰiɔu⁵² / 纵 tɕyoŋ⁴³⁴
广 丰	夿 tsɑ⁴³⁴	跳 tʰiɯu⁵² / 纵 tɕyoŋ⁴³⁴ / □ dzãn²³¹
铜 山	挤 tɕi⁴⁴³ / 夿 tsa²¹	跳 tʰiau²¹ / □ tsãn²⁴

	348	349	350
	摔老人~断了腿	赶快~上他｜把他~走	捉~住坏人
南 昌	跌 tat⁵	超 tsʻɛu⁴²｜拧 pʻaŋ⁴²	捉 tsɔʔ⁵
修 水	跌 tæt⁴²	baŋ³⁴	捉 tsɔʔ⁴²
湖 口	跌 ta⁴⁵⁵	赶 kon³⁴³	捉 tsɔ⁴⁵⁵
鄱 阳	跌 tʊ⁴⁴	拧 pʻãn²¹｜赶 kõn⁴²	揸 tɕiɒ²¹
铅 山	跌 tiɛʔ⁴ ／ 胆 tan⁴⁵	拧 pʻɛn³³	捉 tʃuoʔ⁴
抚 州	跌 tiɛt²	拧 pʻaŋ³²	捉 tsɔʔ²
资 溪	跌 tiɛt³	拧 paŋ³¹	捉 tsɔʔ³
宜 黄	跌 tiɛt²	追 tu³³｜拧 pʻaŋ³³	拘 kʻa³³
丰 城	胆 tan⁴¹	追 tsʮ³⁵｜赶 kɔn⁴¹	拘 kʻa³⁵
高 安	□ tsan⁴²	追 tsui³⁵｜	揸 tsɔ³⁵
新 余	跌 tʻiɛʔ⁵	赵 laiʔ⁵	捉 tɕio⁴⁵
吉 安	跌 tʻiɛ³³⁴	追 tsui³³⁴｜赶 kon⁵³	捉 tsɔ³³⁴
遂 川	跌 tiɛ⁵⁵	赶 kuɛ̃n³¹	捉 tsɔ⁵⁵
宁 都	跌 tiɛt³²	追 tsuoi⁴²｜赵 liak⁵	捉 tsok³²
瑞 金	胆 tan⁴²	赵 tiɛʔ⁴	□ tʻia³⁵
于 都	跌 tiɛʔ⁵	赵 liɛʔ⁵	捉 ts ɤ ʔ⁵
赣 县	跌 tiɛʔ³²	赵 liɛʔ⁵	捉 tsɔʔ³² ／ □ mɔ⁵³
南 康	跌 tiɛ⁵³	追 tse³³｜赵 tiɛ⁵³	捉 tsɔ⁵³
龙 南	跌 tiɛʔ⁴³	赵 tiɛʔ²³	捉 tsɔʔ⁴³
寻 乌	跌 tiɛʔ²¹	赵 tiɛʔ²¹	捉 tsɔʔ²¹
黄 坳	跌 tɛt²	赶 kɔn³¹	捉 tsʅt²
铜 鼓	跌 tiɛt³	赶 kɔn²¹	捉 tsok³
大 溪	跌 tiɛʔ⁴⁵	拧 pʻɛn³³	捉 tsəʔ⁴⁵
太 源	跌 tiɛʔ⁴	拧 pʻɛn⁴⁴	捉 tʃɔʔ⁴
九 江	跌 tʊ⁵³	赶 kan²¹³	捉 tsɔ⁵³
赣 州	跌 tiɛ²¹²	撵 nĩin⁴⁵	抓 tsua³³
白 槎	跌 ta⁴²	撵 nian²¹⁴	逮 tai²¹⁴
浮 梁	跌 to²¹³	拧 pʻaŋ⁵⁵｜赶 kiɛn³¹	拘 kʻo⁵⁵
婺 源	跌 te⁵¹	追 tɕy⁵⁵｜赶 kum²	捉 tsɔ⁵¹
上 饶	跌 tiɛʔ⁵	拧 pʻɛ̃n⁴⁴ ／ 赵 liɛʔ²³	捉 tɕyʔ⁵
广 丰	跋 pɑ⁵²	拧 pʻæ̃n⁴⁴ ／ 赵 liæʔ²³	捉 tsuæʔ⁵
铜 山	跋 pua⁵⁵	□ tɕie⁴²｜赶 kuã⁴⁴³	搦 lia⁵⁵

	351	352	353
	遇见~熟人	收拾~行李出门	掺往酒里~水
南　昌	碰到 pʻuŋ²¹³tau⁰	捡 tɕiɛn²¹³	掺 tsʻan⁴²
修　水	碰到 bəŋ³⁵tau⁰	收拾 su³⁴sʅt⁴²	掺 dzan³⁴
湖　口	碰到 boŋ²¹³tau⁰	捡 tɕian³⁴³	掺 dzan⁴²
鄱　阳	碰到 pʻəŋ³⁵tau⁰	捡 tɕiẽ⁴²	掺 tsã²¹
铅　山	撞到 tʃʻuon²¹tau⁰	捡 tɕiɛn⁴⁵	掺 tsʻan³³
抚　州	碰到 pʻuŋ⁴¹tau⁰	捡 tɕʻiɛm⁴⁵	□ tsʻɛu⁴⁵
资　溪	碰到 pʻuŋ⁵³tau⁵³	收拾 ɕiu³¹ɕip⁵	掺 tʻam³¹
宜　黄	碰到 pʻuŋ⁴²tɔu⁰	捡拾 tɕiɛn⁴⁵³ɕip⁵	掺 tʻam³³
丰　城	碰到 pʻuŋ²¹³tau⁰	捡 tɕiɛn⁴¹	掺 tsʻan³⁵
高　安	撞到 tsʻɔŋ²²tau⁰	捡担来 tɕiɛn⁴²tan⁴⁴lai⁰	掺 tsʻan³⁵
新　余	撞到 tsʻoŋ¹²tau⁰	捡担来 tɕiɛn²¹tʻan⁰lai⁴²	掺 tsʻan³⁴
吉　安	碰到 pʻuŋ²¹⁴tau⁰	捡 tɕiɛn⁵³	掺 tsʻan³³⁴
遂　川	碰到 pʻə̃ŋ²¹⁴tɤ⁰	捡 tɕiẽ³¹	掺 tsʻã⁵³
宁　都	碰到 pʻuŋ³¹tau⁰	捡 tsan²¹⁴	掺 tsʻan⁴²
瑞　金	碰到 pʻʋŋ⁴²tɔ⁰	捡 tɕiɛn²¹²	□ tsʻe⁴⁴
于　都	碰到 pʻəŋ³²³tɔ³²³	捡 tɕi³⁵	掺 tsʻã³¹
赣　县	碰到 pʻəŋ⁴⁴tɔ⁰	捡 tɕĩ⁵³	掺 tsʻã²⁴
南　康	碰到 pʻəŋ⁵³tɔ⁰	捡 tɕĩ²¹	掺 tsʻã³³
龙　南	碰到 pʻəŋ⁴⁴tau⁰	捡 tɕiain⁵³	兑 tui²²
寻　乌	撞到 tsʻɔŋ⁵⁵tau⁰	捡 kiɛn⁴²	加 ka²⁴
黄　坳	撞到 tsʻɔŋ⁵³tau⁵³	捡 kiɛn³¹	兑 tui⁵³
铜　鼓	碰到 pʻəŋ⁵¹tau⁵¹	捡担 tɕiɛn²¹tan⁵¹	掺 tsʻan²⁴
大　溪	碰到 pʻəŋ⁵²to⁴³³	捡 tɕiɛn⁴³³	□ san⁴³⁵
太　源	碰着 pʻuŋ⁴²tʃʻɔ²	捡 tɕian³²⁵	掺 tsʻan⁴⁴
九　江	碰到 pʻoŋ²¹tau⁰	捡 tɕiɛn²¹³	掺 tsʻan³¹
赣　州	碰到 pʻəŋ³³tɔ³³	捡 tɕiĩn⁴⁵	掺 tsʻã̃³³
白　槎	碰到 pʻəŋ³¹²tau⁰	捡 tɕian²¹⁴	掺 tsʻan⁴²
浮　梁	碰到 pʻoŋ²¹³tau⁰	捡 tɕi³¹	掺 tʂʻo⁵⁵
婺　源	碰着 pʻɔ̃⁵¹tsʻɔ⁵¹	收拾 sa⁵⁵sa⁵¹	掺 tsʻum⁵⁵
上　饶	碰倒 pʻoŋ⁴³tɔu⁵²	捡 tɕiẽ⁵²	加 ka⁴⁴
广　丰	碰着 pʻoŋ⁴³dæʔ²³	□ tsʻʅʔ⁵	□ sã²¹²
铜　山	碰到 pʻəŋ²¹tə⁰	抾 kʻiə⁴²	冲 tɕʻiɔŋ³³

	354 藏你把书~在哪里	355 躲、藏他在山洞里~了半年	356 丢失~了一本书
南 昌	弄 kie²¹³	躲 to²¹³	跌 tiɛt⁵
修 水	囥 xɔŋ³⁵	躲 to²¹	落 lo⁴³²
湖 口	收 ʂɛu⁴²	躲 to³⁴³	落 lo⁴⁵⁵
鄱 阳	囥 kʰã³⁵	躲 to⁴²	落 lo⁴⁴
铅 山	囥 kʰon²¹	躲 to⁴⁵	跌 tiɛʔ⁴
抚 州	囥 kʰoŋ⁴¹	躲 to⁴⁵	跌 tiɛt²
资 溪	囥 kʰɔŋ⁵³	躲 to³⁵	落 lɔʔ⁵
宜 黄	囥 kʰɔŋ⁴²	躲 to⁴⁵³	落 lɔʔ⁵ / □ xɔŋ⁴⁵
丰 城	弄 kei⁴¹	躲 to⁴¹ / 钻 tsuɵn³⁵	跌 tiɛʔ³²
高 安	弄 kie⁴²	缩 sɔk⁵	丢 tiu³⁵
新 余	偋 pan⁴²	躲 to²¹³	跌 tiɛʔ⁵
吉 安	偋 piaŋ²¹⁴	躲 to⁵³	跌 tie³³⁴
遂 川	偋 piã⁵⁵	躲 to³¹	跌 tie⁵⁵
宁 都	偋 piaŋ⁴²	偋 piaŋ⁴²	跌 tiɛt³²
瑞 金	偋 piaŋ⁴²	偋 piaŋ⁴²	□ mɔ⁴⁴
于 都	偋 piã³²³	偋 piã³²³	跌 tie³²³
赣 县	偋 piã⁴⁴	偋 piã⁴⁴	跌 tiɛʔ³²
南 康	偋 piã⁵³	偋 piã⁵³ / 躲 to²¹	跌 tie⁵³ / 丢 tiu³³
龙 南	偋 piaŋ⁴⁴	偋 piaŋ⁴⁴	跌 tiɛʔ⁴³
寻 乌	偋 piaŋ⁵⁵	偋 piaŋ⁵⁵	跌 tiɛʔ²¹
黄 坳	偋 piaŋ⁵³	偋 piaŋ⁵³	跌 tɛt²
铜 鼓	偋 piaŋ⁵¹	偋 piaŋ⁵¹	跌 tiɛt³
大 溪	囥 kʰɔŋ⁵²	躲 to⁴³³	跌 tiɛʔ⁴⁵
太 源	囥 kʰɔŋ⁴⁴	偋 piaŋ³²⁵	跌落 tiɛʔ⁴lɔʔ²
九 江	收 ʂɵu³¹	躲 to²¹³	掉 tiau²¹
赣 州	偋 piãn²¹²	躲 to⁴⁵	跌 tie²¹²
白 槎	藏 tsʰaŋ⁵⁵	躲 to²¹⁴	掉 tiau³¹²
浮 梁	囥 kʰaŋ²¹³	躲 to³¹	跌 tɛ²¹³
婺 源	囥 kʰã³⁵	躲 tɵ²	跌 te⁵¹
上 饶	囥 kʰɔ̃ŋ⁴³⁴	躲 to⁵²	跌 tiɛʔ⁵
广 丰	囥 kʰɑ̃ŋ⁴³⁴	躲 to⁵²	跋 pɑ⁵²
铜 山	囥 kʰɔ̃n²¹	踞 tiãn²¹	落 læ⁴²

	357	358	359
	寻找~丢失的书	有~钱	没有~钱
南　昌	寻 tɕʰin²⁴	有 iu²¹³	冇有 mau²¹iu²¹³
修　水	寻 dzin²⁴	有 iu²¹	□有 mən²²iu²¹
湖　口	寻 dʑin²¹¹	有 iɛu³⁴³	没有 miɛu³⁴³
鄱　阳	寻 tɕʰin²⁴	有 iəu⁴²	没有 mə⁴⁴iəu⁴²
铅　山	寻 tɕʰin²⁴	有 iu⁴⁵	没有 miu⁴⁵
抚　州	寻 tɕʰim²⁴	有 iu⁴⁵	冇有 mau³²iu⁴⁵
资　溪	寻 tsʰim¹³	有 iu³⁵	冇有 mau²²iu³⁵
宜　黄	寻 tɕʰim⁴⁵	有 iu⁴⁵³	冇 mɔu⁴⁵
丰　城	寻 tɕʰin³³	有 iu⁴¹	冇 mau³³
高　安	寻 tsʰin²¹³	有 iu⁴²	冇 mau²²
新　余	寻 tɕʰin⁴²	有 iu²¹³	冇 mau¹²
吉　安	寻 tɕʰin²¹	有 iu⁵³	冇有 mau²¹iu⁵³
遂　川	寻 tɕʰin²²	有 iu³¹	冇 mɒ²¹⁴
宁　都	寻 tɕʰin¹³	有 iəu⁴²	冇 mau¹³
瑞　金	寻 tɕʰin³⁵	有 iu⁴⁴	冇 mɔ³⁵
于　都	寻 tsʰẽ⁴⁴	有 y³¹	冇 mɔ⁴⁴
赣　县	寻 tɕʰiəŋ²¹²	有 iu²⁴	冇 mɔ²¹²
南　康	寻 tɕʰiəŋ¹¹	有 iu³³	冇 mɔ¹¹
龙　南	寻 tɕʰin³¹²	有 ieu²⁴	冇 mau³¹²
寻　乌	寻 tɕʰin²¹⁴	有 iu²⁴	冇 mau²¹⁴
黄　坳	寻 tɕʰin²¹²	有 iu³¹	冇 mau²¹²
铜　鼓	寻 tɕʰin¹³	有 iu²¹	冇 mau¹³
大　溪	寻 tɕʰim²¹³	有 iu⁴³⁵	无有 mo²¹iu⁴³⁵
太　源	寻 tsʰen²¹²	荷 xo⁴⁴	冇 mɑu²¹²
九　江	找 tʂau²¹³	有 iəu²¹³	没有 miəu²¹³
赣　州	寻 tɕiin⁴²	有 iu⁴⁵	没有 miu⁴⁵
白　槎	找 tsau²¹⁴	有 iəu²¹⁴	没得 mei³¹²tɛ⁰
浮　梁	寻 tsʰɛn²⁴	有 iɛu³¹	冇 mau²⁴
婺　源	寻 tsʰæn¹¹	□荷 i²xɵ⁵⁵	无 bə¹¹
上　饶	寻 dʑin⁴²³	有 iu²³¹	没有 miu²³¹
广　丰	捋 lo²⁴	有 iɣɯ²⁴	无 muɣ⁵²/ 无有 muɣ⁴³iɣɯ⁴⁴
铜　山	□ tsʰə²¹	有 u⁵⁵	无 bo²⁴

	360	361	362
	在 老王不~家｜老王~家里休息	是 他~南昌人	知道 这件事我~
南　昌	在 tsʻɨi²¹	是 ɕi²¹	晓得 ɕiɛu²¹³tɛt⁰
修　水	在 dzɛi³⁴	是 sʅ²²	晓得 ɕiau²¹tɛt⁴²
湖　口	在 dzai²¹³	是 sʅ²¹³	晓得 ɕiau³⁴³tɛ⁰
鄱　阳	在 tsʻai²¹	是 sʅ²¹	晓得 ɕiau⁴²tə⁰
铅　山	在 tsʻoi²¹	是 sʅ³³	晓得 ɕiau⁴⁵tɛʔ⁰
抚　州	在 tsʻai²¹²	是 ɕi²¹²	晓得 ɕiɛu⁴⁵tɛʔ⁰
资　溪	在 tʻɛ²²	是 ɕi²²	晓得 ɕiau³⁵tɛʔ⁰
宜　黄	在 tʻɛi²²｜当 tɔŋ³³	是 ɕi²²	晓得 ɕiau⁴⁵³tɛʔ⁰
丰　城	□ lei²¹³｜到 tau⁴¹	是 sʅ²¹³	晓得 ɕiau⁴¹tɛʔ⁰
高　安	□ lai²²	是 sɵ²²	晓得 ɕiɛu⁴²tɛt⁰
新　余	在 tsʻai¹²	是 ɕi¹²	晓得 sɛu²¹tɛʔ⁵
吉　安	在 tsʻoi²¹⁴	是 sʅ²¹⁴	晓得 ɕiau⁵³tɛ⁰
遂　川	在 tsʻɛ³⁵	是 ɕiɛ³⁵	晓得 ɕiɔ³¹tɛ⁰
宁　都	系 xɛi⁴⁴	系 xɛi⁴⁴	晓得 sau²¹⁴tək⁰
瑞　金	□ tsʻuɛ⁴⁴｜□ eʔ⁴	系 xɛ⁵¹	晓得 ɕiɔ²¹²tɛʔ⁰
于　都	在 tsʻuɛ³¹	系 xɛ⁴²	晓得 ɕiɔ³⁵tɛʔ⁵
赣　县	在 tsʻue²⁴	系 xɛ⁴⁴	晓得 ɕiɔ⁵³tɛʔ³²
南　康	在 tsʻuæ³³	系 xɛ⁵³	晓得 ɕiɔ²¹tæ⁰
龙　南	在 tsʻɔi²⁴	系 xɛ²²	晓得 ɕiau⁵³tæ⁰
寻　乌	在 tsʻuɐi²⁴	系 xie⁵⁵	晓得 sau⁴²tiʔ²¹
黄　坳	是 ɕi²⁴｜在 tsʻɔi²⁴	系 xɛ²⁴	知得 ti²⁴tɛt²
铜　鼓	在 tsʻɔi²¹⁴	系 xɛ⁵¹	晓得 ɕiau²¹tɛk⁵
大　溪	在 tsʻuɛ³³	系 xɛ⁴³⁵	晓得 ɕiau⁴³tɛʔ⁴⁵
太　源	在 tsʻɔi⁴⁴	是 sʅ⁴⁴	晓得 ɕiɛu³²⁵tɛʔ⁰
九　江	在 tsai²¹	是 sʅ²¹	晓得 ɕiau²¹³tai⁵³
赣　州	在 tsæ²¹²	是 sʅ²¹²	晓得 ɕiɔ⁴⁵tɤʔ³²
白　槎	在 tsai³¹²	是 sʅ³¹²	晓得 ɕiau²¹⁴tɛ⁴²
浮　梁	在 tsʻɛ³³	是 ɕi³³	省得 ɕiai³¹tai⁰
婺　源	在 tsʻe⁵¹｜躲 tɵ³⁵	是 ɕi³¹	晓得 ɕiɔ³⁵tɔ⁵¹
上　饶	在 dzʻæ²³¹	是 ɕi²³¹	晓得 ɕiou⁵²tɿʔ⁰
广　丰	是 dzʻi²⁴｜缩 suæʔ⁵/落 luæʔ²³/躲 to⁵²	是 dzʻi²⁴	晓得 xiɯ⁵²tɿʔ⁰
铜　山	佇 tɯ⁵⁵｜跍 kʻu⁴⁴³	是 ɕi⁵⁵	晓得 xiau⁴⁴tieʔ⁰

	363 认识这个人我~	364 会他很~唱歌	365 要我~回家
南 昌	认得 n̠in²¹tɛt⁰	会 ui²¹	要 iɛu⁴⁵
修 水	认得 n̠in²²tɛt⁴²	会 ui²²	要 iau⁵⁵
湖 口	认得 n̠in²¹³tɛ⁰	会 uei²¹³	要 iau⁴⁵⁵
鄱 阳	认得 in²¹tə⁰	会 uɛi²¹	要 iau³⁵
铅 山	认得到 n̠in²¹tɛʔ⁴tau⁰	会 foi²¹	要 iau²¹
抚 州	认得 n̠in²¹²tɛʔ⁰	会 oi²¹²	要 iɛu²¹²
资 溪	认得 n̠in²²tɛʔ⁰	会 uoi²²	要 iau⁵³
宜 黄	认得 n̠in²²tɛʔ⁰	□□ taŋ⁴⁵³;i⁰	要 iau⁴²
丰 城	认得 n̠in²¹³tɛʔ⁰	会 vei²¹³	要 iau²¹³
高 安	认得 in²²tɛt⁰	会 ɔi²²	要 iɛu⁴⁴
新 余	认得 lin¹²tɛʔ⁵	会 uoi¹²	要 iɛu⁴²
吉 安	认得 n̠in²¹⁴tɛ⁰	会 foi²¹⁴	要 iau²¹⁴
遂 川	认得 n̠in²¹⁴tɛ⁰	会 uɛ²¹⁴	要 iɒ⁵⁵
宁 都	认得到 nən⁴⁴tək³²tau⁰	会 vei⁴⁴	要 iau⁴⁴
瑞 金	认得到 n̠in⁵¹tɛʔ⁰tɔ⁰	会 ve⁵¹	要 ɔi⁴²
于 都	认得到 n̠i̠⁴²tɛʔ⁵tɔ³²³	会 vue⁴²	要 iɔ³²³
赣 县	认得 n̠iəŋ⁴⁴tɛʔ⁰	会 ue⁴⁴	要 ɔi⁴⁴
南 康	认得 n̠iəŋ⁵³tæ⁰	会 væ⁵³ / 晓得 çiɔ²¹tæ⁰	要 iɔ⁵³
龙 南	认得 n̠in²²tæʔ⁰	会 vai²²	爱 ɔi⁴⁴
寻 乌	晓得 sau⁴²tiʔ³⁴	会 vei⁵⁵	爱 uei⁵⁵
黄 坳	识得 sʅʔ²tɛt²	会 ui⁵³	爱 ɔi⁵³
铜 鼓	认得 n̠in⁵¹tɛk³	会 vɔi⁵¹	爱 ɔi⁵¹
大 溪	认得到 n̠im²¹tɛʔ⁵to⁰	会 ue⁴³⁵	爱 uɛ⁵²
太 源	认到 n̠in⁴²tau⁰	解 xai⁴⁴	爱 ɔi⁴⁴
九 江	认得 ʒən²¹tai⁵³	会 xuei²¹	要 iau²¹
赣 州	认得 iəŋ²¹²tɤʔ³²	会 xue²¹²	要 iɔ²¹²
白 槎	认得 zən³¹²tɛ⁴²	会 fei⁴²	要 iau³¹²
浮 梁	认得 iɛn³³tai⁰	会 ue³³	要 iau²¹³
婺 源	认得 n̠iæn⁵¹tɔ⁰	会 xe⁵¹ / □□ xã²tã³⁵	要 iɔ³⁵
上 饶	认得倒 n̠ĩn²¹tiʔ⁵tou⁰	会 ui²³¹	要 iɔu⁴³⁴
广 丰	认得着 n̠ĩn²¹tiʔ⁵dæʔ⁰	解 xai²⁴	□ sɑu²⁴
铜 山	认得着 lien²¹tieʔ⁴tiə⁰	会 uəi⁵⁵	□ bo⁴²

	366	367	368
	喜欢 他很~唱歌	盼望 ~孩子考上大学	忘记 那件事我~了
南 昌	欢喜 fon⁴²ɕi²¹³	望 moŋ²¹	忘记 uoŋ⁴²tɕi⁰
修 水	欢喜 fon³⁴ɕi²¹	指望 te²¹moŋ²²	赖 lai²¹tɕi⁵⁵
湖 口	喜欢 ɕi³⁴³xuan⁴²	望 moŋ²¹³	忘记 moŋ²¹³tɕi⁴⁵⁵
鄱 阳	欢喜 xuõn²¹ɕi⁴²	望 mãn²¹	忘记 mãn²¹tɕi³⁵
铅 山	喜欢 ɕi⁴⁵fan⁰	望 mon²¹	赖记 lai²⁴tɕi²¹
抚 州	喜欢 ɕi⁴⁵fon³²	望 moŋ²¹²	赖记 lai²⁴tɕi⁴¹
资 溪	喜欢 ɕi³⁵fon³¹	望 moŋ²²	赖记 lai¹³tɕi⁵³
宜 黄	喜欢 ɕi⁴⁵³fon³³	望 moŋ²²	赖记 lai⁴⁵tɕi⁴²
丰 城	欢迎 fen³⁵n̠in³³	望 voŋ²¹³	赖记 lai²⁴tɕi²¹³
高 安	欢喜 fɔn³⁵ɕi⁴²	想 ɕioŋ⁴²	赖 lai²¹³
新 余	喜欢 ɕi²¹fon⁴⁵	望 maŋ⁴²	赖 lai⁴²
吉 安	喜欢 ɕi⁵³fan³³⁴	指望 tsʐ⁵³uoŋ²¹⁴	赖 lai²¹
遂 川	喜欢 ɕi³¹xuɛ̃⁵³	指望 tsʐ³¹mõ²¹⁴	赖 læ²²
宁 都	喜欢 ɕi²¹⁴fan⁴²	望 moŋ⁴⁴	□赖 tʰit³²lai⁴⁴
瑞 金	欢喜 xuɛn⁴⁴ɕi²¹²	望 moŋ⁵¹	赖记 le³⁵tɕi⁴²
于 都	喜欢 ɕi³⁵xõ³¹	指望 tsʐ³⁵mõ⁴²	记忘 tɕi³²³mõ⁴²
赣 县	喜欢 ɕi⁵³xõ²⁴	指望 tsʐ⁵³mõ⁴⁴	记唔得 tɕi⁴⁴ŋ̍²¹²teʔ⁰
南 康	欢喜 xuɛ̃³³ɕi²¹	指望 tsʐ²¹mõ⁵³	记忘 tɕi⁵³mõ⁵³ / 赖 læ¹¹
龙 南	欢喜 fain²⁴ɕi⁵³	盼 pʰain⁴⁴tɕin⁵³	忘 moŋ²²
寻 乌	欢喜 xuan²⁴ɕi⁴²	望 moŋ⁵⁵	□□ tʰiɛn²¹⁴poŋ⁴²
黄 坳	喜欢 ɕi³¹xuan²⁴	望 moŋ⁵³	□□ tʰian²¹²poŋ⁵³
铜 鼓	欢喜 fɔn²¹⁴ɕi²¹	望 uon⁵¹	赖记 lɔi¹³tɕi⁵¹
大 溪	喜欢 ɕi⁴³xuon³³	望 moŋ⁴³⁵	忘记 moŋ⁴³tɕi⁵²
太 源	喜欢 ɕi³⁵xʌn⁴⁴	望 moŋ⁴²	□□ tʰai⁴⁴n̠ioŋ⁴⁴
九 江	喜欢 ɕi²¹³xuõ⁰	盼 pʰõ²¹	忘 uã²¹
赣 州	喜欢 ɕi⁴⁵xõn³³	希望 ɕi³³vãn²¹²	记不得 tɕi²¹²pɤʔ³²tɤʔ³²
白 槎	喜欢 ɕi²¹⁴xuan⁰	想 ɕiaŋ²¹⁴	忘 vaŋ³¹²
浮 梁	欢喜 xɛn⁵⁵ɕi⁰	□望 tɕi³¹moŋ³³	忘记 maŋ³³tɕi⁰
婺 源	喜欢 ɕi³⁵xum⁵⁵	望 mã⁵¹	忘记 mã⁵¹tɕi³⁵
上 饶	欢喜 xuõn⁴⁴ɕi⁵²	望 mõŋ²¹²	忘记 mõŋ²⁴tɕi⁴³⁴
广 丰	欢喜 xuɛ̃n⁴⁴xi⁵²	望 miãn²⁴	忘记□ moŋ²⁴ke⁴³tsɿʔ⁰
铜 山	爱 ai²¹	望 ban²¹	勿会记 buəi²¹ki²¹

	369	370	371
	受惊孩子~生病了	害怕走夜路我不~	生气别为小事~
南 昌	吓到 xaʔ⁵tau⁰	怕 pʻa²¹³	着气 tsʻɔʔ²tɕʻi²¹³
修 水	吓到 xæt⁴²tau⁵⁵	怕 ba²⁴	着气 dɔʔ⁴²dzi²⁴
湖 口	吓到 xa²¹³tau⁰	怕 ba²¹³	发气 fa⁴⁵⁵dzi⁰
鄱 阳	吓到 xɒ⁴⁴tau⁰	怕 pʻɒ³⁵	发气 fɒ⁴⁴tɕʻi³⁵
铅 山	着吓 tsʻɐʔ⁴xɛʔ⁴	吓 xɛʔ⁴	着气 tsʻɐʔ⁴tɕʻi²¹
抚 州	着吓 tʻɔʔ⁵xaʔ²	怕 pʻa⁴¹	着气 tʻɔʔ⁵tɕʻi⁴¹
资 溪	着吓 tʻɔʔ⁵xaʔ³	怕 pʻa⁵³	着气 tɔʔ⁵tɕʻi⁵³
宜 黄	着吓 tʻɔʔ⁵xaʔ²	怕 pʻa⁴²	着气 tʻɔʔ⁵tɕʻi⁴²
丰 城	吓到 xaʔ³²tau⁰	怕 pʻa²¹³	着气 tsʻɔʔ⁵tɕʻi²¹³
高 安	吓到 xak⁵tau⁰	怕 pʻa⁴⁴	着气 tʻɔk²tɕʻi⁴⁴
新 余	着吓 tʻɔʔ³⁴xaʔ³⁴	怕 pʻa⁴²	着气 tʻɔʔ³⁴tɕʻi⁴²
吉 安	吓到 xa³³⁴tau⁰	怕 pʻa²¹⁴	着气 tsʻo²¹⁴tɕʻi²¹⁴
遂 川	吓到 xa⁵⁵tɔ⁰	怕 pʻa⁵⁵	气肚 tɕʻi⁵⁵tu³⁵
宁 都	吓到 xak³²tau⁰	畏怕 vɛi⁴⁴pʻa³¹	着气 tsʻok⁵tɕʻi³¹
瑞 金	吓到 xaʔ²tɔ⁰	怕 pʻa⁴²	发气 faʔ²tɕʻi⁴²
于 都	吓到 xa³²³tɔ³²³	怕 pʻa³²³	发气 fa³²³ɕi³²³
赣 县	吓到 xaʔ⁴⁴tɔ⁰	怕 pʻa⁴⁴	气 ɕi⁴⁴
南 康	吓到 xa⁵³tɔ⁰	怕 pʻa⁵³	发性 fa²⁴ɕiəŋ⁵³
龙 南	吓到 xaʔ⁴³tau⁰	怕 pʻa⁴⁴	发性 fæʔ⁴³ɕiaŋ⁴⁴
寻 乌	吓到 xaʔ²¹tau⁰	怕 pʻa⁵⁵	□性 puaiʔ²¹ɕiaŋ⁵⁵
黄 坳	着惊 tsʻɔk²kiaŋ²⁴	怕 pʻa⁵³	发气 faitʔ²tɕʻi⁵³
铜 鼓	着吓 tsʻɔk³xak³	怕 pʻa⁵¹	着气 tʻɔk³tɕʻi⁵¹
大 溪	吓到 xɐʔ²to⁰	吓 xɐʔ⁴⁵	着气 tsʻɔʔ⁵tɕʻi⁵²
太 源	着吓 tʃʻɔʔ²xaʔ⁴	畏 vui⁴⁴	着气 tʃʻɔʔ²ɕyi⁴⁴
九 江	吓倒 xai⁵³tau⁰	怕 pʻɒ²¹	生气 sən³¹tɕʻi²¹
赣 州	吓倒 ɕia²³²tɔ⁴⁵	怕 pʻa²¹²	发火 faʔ³²xo⁴⁵
白 槎	吓着 ɕia³¹²tʂo⁴²	怕 pʻa³¹²	有气 iəu²¹⁴tɕʻi³¹²
浮 梁	吓到 xa²¹³to⁰	怕 pʻo²¹³	气 tɕʻi²¹³
婺 源	吓之 xo⁵¹tɕʻi	怕 pʻɔ³⁵	气 tɕʻi³⁵
上 饶	吓着 xɐʔ⁵dziɐ⁰	吓 xɛʔ⁵	气 tɕʻi⁴³⁴
广 丰	吓着 xæʔ⁵daʔ⁰	吓 xæʔ⁵	气 kʻi⁴³⁴
铜 山	惊着 kiã³³tiə⁰	惊 kiã³³	气 kʻi²¹

	372 哭	373 熄灭灯~了	374 失火村子里~了
南 昌	哭 kʰuʔ⁵	歇 ɕiet⁵	起火 tɕʰi²⁴fo²¹³
修 水	哭 guʔ³²	暗 ŋon⁵⁵	着火 dɔʔ³²fo²¹
湖 口	哭 gu²¹³	过 ku⁴⁵⁵	起火 dʑi³⁴³xu³⁴³
鄱 阳	哭 kʰu⁴⁴	乌 u²¹	起火 tɕʰi⁴²fo⁴²
铅 山	哭 kʰuɤʔ⁴	乌 u³³	起火 tɕʰi⁴⁵xo⁴⁵
抚 州	哭 kʰuʔ²	乌 u³²	着火 tʰɔʔ⁵fo⁴⁵
资 溪	啼 ɕi¹³	乌 u³¹	着火 tʰɔʔ⁵fo³⁵
宜 黄	哭 kʰuʔ²	乌 u³³	着火 tʰɔʔ⁵fo⁴⁵³
丰 城	哭 kʰuʔ⁵	乌 vu³⁵	着火 tsʰɔʔ⁵fo⁴¹
高 安	哭 kʰuk⁵	□ yɔn²¹³	着火 tsʰɔk²fo⁴²
新 余	哭 kʰu³⁴	乌 u⁴⁵	着火 tɔʔ³⁴fo²¹³
吉 安	哭 kʰu³³⁴	灭 miɛ¹³³⁴	起火 tɕʰi⁵³fo⁵³
遂 川	叫 tɕiɒ²¹⁴	灭 miɛ⁵⁵	□火 tsõ²²xo³¹
宁 都	□ vau²¹⁴	□ fu³¹	着火 tsɔk³²fo²¹⁴
瑞 金	叫 tɕiɔ⁴²	□ ɕia⁴²	火烧屋 xo²¹²sɔ⁴⁴vuʔ²
于 都	叫 tɕiɔ³²³	乌 vu³¹	起火 ɕi³⁵xɤ³⁵
赣 县	叫 tɕiɔ⁴⁴	乌 u²⁴	起火 ɕi⁵³xəu⁵³
南 康	叫 tɕiɔ⁵³	乌 vu³³	着火 tsʰə⁵³xo²¹
龙 南	叫 tɕiau⁴⁴	乌 vu²⁴	着火 tsʰɔʔ²³xv⁵³
寻 乌	叫 kiau⁵⁵	乌 vu²⁴	着火 tsʰɔʔ³⁴xo⁴²
黄 坳	叫 tɕiau⁵³	乌 u²⁴	着火 tsʰɔk²fɔ³¹
铜 鼓	叫 tɕiau⁵¹	乌 vu²¹⁴	失火 sʅʔ³fɔ²¹
大 溪	□ o⁴³³	乌 u³³	火烧屋 xo⁴³sau³³uə⁴⁵
太 源	叫 tɕiɛu⁴⁴	乌 vu⁴⁴	火烧寮 fu³⁵sɛu⁴⁴lɑu²¹²
九 江	哭 kʰu⁵³	灭 miɛ⁵³	着火 tso⁵³xo²¹³
赣 州	哭 kʰo²¹²	乌 u³³	起火 tɕʰi⁴⁵xo⁴⁵
白 槎	哭 kʰu⁴²	过 ko³¹²	火烧 xo²¹⁴sau⁴²
浮 梁	哭 kʰu²¹³	乌 u⁵⁵	失火 ɕi²¹³xo³¹
婺 源	哭 kʰu⁵¹	乌 vu⁵⁵	火喜 xə³⁵ɕi²
上 饶	哭 kʰuʔ⁵	乌 u⁴⁴	火烧屋 xo⁴³ɕiɔu⁴⁴uʔ⁵
广 丰	啼 die²³¹	乌 uɤ⁴⁴	火烧屋 xye⁴³ɕiəu⁴⁴uʔ⁵
铜 山	吼 xau⁴⁴³	乌 ɔ³³	火烧处 xə⁴⁴ɕiə³³tsʰu²¹

	375 上面~挂着画	376 下面~摆了一张桌子
南　昌	上头 soŋ²¹t'əu⁰	底家 tit⁵ka⁰/下头 xa²¹t'əu⁰
修　水	上底 soŋ²²ti²¹	下底 xa²²ti²¹
湖　口	上里 ʂoŋ²¹³li⁰	卜里 xa²¹³li⁰
鄱　阳	上头 sãn²¹t'əu⁰	下头 xɒ²¹t'əu⁰
铅　山	上底/头 san²¹ti⁴⁵/t'əu²⁴	下底／头 xa²¹ti⁴⁵/t'əu²⁴
抚　州	上头 soŋ²¹²xɛu²⁴	下头 xa²¹²xɛu²⁴
资　溪	上头 soŋ²²xɛu¹³	下头 xa²²xɛu¹³
宜　黄	上里 soŋ²²ti⁴⁵³	下里 xa³³ti⁴⁵³
丰　城	上里 soŋ²¹³li⁰	下里 xa²¹³li⁰
高　安	上等 soŋ²²tɛn⁰	下等 xa²²tɛn⁰
新　余	上里 soŋ¹²li⁰	下里 xa¹²li⁰
吉　安	上头 soŋ²¹⁴t'ɛu⁰	卜头 xa²¹⁴t'ɛu⁰
遂　川	上背 sõ²¹⁴pɛ⁵⁵	下背 xa²¹⁴pɛ⁵⁵
宁　都	上高 soŋ⁴²kau⁴²	下高 xa⁴²kau⁴²
瑞　金	上高 soŋ⁵¹kɔ⁴⁴	下高 xa⁴⁴kɔ⁴⁴
于　都	上高/里 sõ⁴²kɔ³¹/li⁰	下头/里 xa⁴²t'ieu⁴⁴/li⁰
赣　县	上高 sõ⁵³kɔ²⁴	下高 xa⁴⁴kɔ²⁴ ｜ 下底 xa⁴⁴te⁵³
南　康	上向 sõ⁵³çiõ⁵³/□□ nõ³³kõ³³	下底 xa⁵²ti²¹
龙　南	上高 soŋ²²kau²⁴	卜底 xa²²te⁵³
寻　乌	上背 soŋ⁵⁵puɐi⁵⁵	下背 xa²⁴puɐi⁵⁵
黄　坳	上背 soŋ⁵³pɔi⁵³	下背 xa⁵³pɔi⁵³
铜　鼓	上背 soŋ⁵¹pɔi⁵¹	下背 xia²¹⁴pɔi⁵¹
大　溪	上头 soŋ⁴³t'ɛ²¹³	卜头 xa⁴³t'ɛ²¹³
太　源	上底 ʃoŋ⁴⁴tai³²⁵	□下 tɤʔ⁴xa⁴²
九　江	高头 kau³¹t'əu⁰	底下 ti²¹³xɒ⁰
赣　州	上头 sãn²¹t'ieu⁴²	底下 ti⁴⁵çia⁰
白　槎	上头 san³¹²t'əu⁰	下头 çia³¹²t'əu⁰
浮　梁	上头 çia³³t'au²⁴	下头 xo³³t'au²⁴
婺　源	上头/边 çia⁵¹t'a¹¹/pĩ⁵⁵	下头/边 xə³¹t'a¹¹/pĩ⁵⁵
上　饶	上□/底 çiãn²¹dɐʔ²³/ti⁵²	下□/底 xa²¹dɐʔ²³/ti⁵²
广　丰	上头/底 dʑiãn²¹dɣuu²⁴/tie⁵²	下头/底 xo²¹dɣuu²⁴/tie⁵²
铜　山	顶面 tien⁴⁴bien²¹	下底 e²¹tuəi⁴⁴³

	377	378
	前面房子~有一棵树｜~没有位子了	后面房子~有一个菜园｜~还有空位子

<table>

	377 前面房子~有一棵树｜~没有位子了	378 后面房子~有一个菜园｜~还有空位子
南昌	前头 tɕʰiɛn²⁴tʰɛu⁰	背后 pi⁴⁵xɛu²¹
修水	前底 dzɛn²⁴ti²¹	后底 xɛi²²ti²¹
湖口	前里 dzɛn²¹¹li⁰	后里 xɛu²¹³li⁰
鄱阳	前头 tɕʰiẽn²⁴tʰəu⁰	后头 xəu²¹tʰəu⁰
铅山	前底/ 头 tɕʰiɛn²⁴ti⁴⁵/ tʰɛu²⁴	后底/ 头 xɛu²¹ti⁴⁵/ tʰɛu²⁴
抚州	前头 tɕʰiɛn²⁴xɛu²⁴	背后 poi⁴¹xɛu²¹²
资溪	前头 tɕʰiɛn¹³xɛu¹³	背后 poi⁵³xɛu¹³
宜黄	前头 tɕʰiɛn⁴⁵xɛu⁴⁵	背后 pei⁴²xɛu⁴⁵
丰城	面前 miɛn²¹³tɕʰiɛn³³	背后 pei²⁴xɛu²¹³
高安	前头 tɕʰiɛn²¹³tʰɛu⁰	后头 xɛuɐ²²tʰɛu⁰
新余	面前 miɛn⁴²tɕʰiɛn⁰	后随 xɛu¹²suəi⁰
吉安	前头 tɕʰiɛn²¹tʰɛu⁰	后头 xɛu²¹⁴tʰɛu⁰
遂川	前头 tɕʰiẽn²²tʰiə²²	后背 xə²¹⁴pɛ⁵⁵
宁都	前高 tɕʰiɛn¹³kau⁴²	背高 poi³¹kau⁴²
瑞金	面前 miɛn⁵¹tɕʰiɛn³⁵	屎背 sɿ⁴⁴puɛ⁴²/ 背后 puɛ⁴²xɣ⁴⁴
于都	前头 tɕʰi⁴⁴tʰieu⁴⁴	后屎背/ 头 xieu⁴²sɿ³⁵puɛ³²³/ tʰieu⁴⁴
赣县	前头 tɕʰi²¹²tʰe²¹²	后背 xe⁴⁴puɛ⁴⁴
南康	前头 tɕʰĩ¹¹tʰe¹¹	后背 xe⁵³puæ⁵³
龙南	前面 tɕʰiain³¹²miain²²	后背 xɛu²²pɔi⁴⁴｜后口背 xɛu²²sɿ²²pɔi⁴⁴
寻乌	前头 tɕʰiɛn²¹⁴tʰiu²¹⁴	后头 xiu⁵⁵tʰiu²¹⁴｜屎背 sɿ⁴²puɛi⁵⁵
黄坳	前头 tsʰɛn²¹²tʰɛu²¹²	后头 xɛu⁵³tʰɛu²¹²
铜鼓	前头 tɕʰiɛn¹³tʰɛu¹³	后背 xɛu⁵¹pɔi⁵¹
大溪	前头 tɕʰiɛn²¹tʰɛ²¹³	后头 xɛ⁴³tʰɛ²¹³
太源	前头 tsʰan²⁴tʰɛu²¹²	屎背 sɿ³⁵pɔi⁴⁴
九江	前头 tɕʰiɛn⁴⁴tʰəu⁰	后头 xəu²¹tʰəu⁰
赣州	前头 tɕʰĩn⁴²tʰieu⁴²	后头 xieu²¹tʰieu⁴²
白槎	前头 tɕʰian⁵⁵tʰəu⁰	后头 xəu³¹²tʰəu⁰
浮梁	前头 tɕʰi²⁴tʰau⁰	后头 xau³³tʰau²⁴
婺源	前头/ 边 tsɿ̃¹¹tʰa¹¹/ pĩ⁵⁵	后头/ 边 ɕia³¹tʰa¹¹/ pĩ⁵⁵
上饶	前口/ 底 dziɛ̃n⁴²dɐʔ²³/ ti⁵²	后口/ 底 xe²¹dɐʔ²³/ ti⁵²
广丰	前头/ 底 suɐi²¹dyɯ²⁴/ tie⁵²	后头/ 底/ 背 u²¹dyɯ²⁴/ tie⁵²/buɐi²³¹
铜山	头前 tʰau²¹tsuĩ²⁴	后面 au²¹bien²¹

</table>

	379	380
	左边	右边
南　昌	左手 tso²¹³ɕiu⁰	右手 iu²¹ɕiu⁰
修　水	左边 tso²¹piɛn³⁴	右边 iu²²piɛn³⁴
湖　口	反边 fan³⁴³piɛn⁰	顺边 ɕyn²¹³piɛn⁰
鄱　阳	反边 fãn⁴²piẽn²¹	顺边 ɕyən²¹piẽn²¹
铅　山	反边 pan⁴⁵piɛn³³	顺边 ʃuɛn²¹piɛn³³
抚　州	左边 tso⁴⁵piɛn³²	右边 iu²¹²piɛn³²
资　溪	左边 tso³⁵piɛn³¹	右边 iu²²piɛn³³
宜　黄	左边 to⁴⁵³piɛn³³	右边 iu²²piɛn³³
丰　城	左边 tso⁴¹piɛn³⁵	右边 iu²¹³piɛn³⁵
高　安	左手哩 tso⁴²ɕiu⁴²li⁰	右手哩 iu²²ɕiu⁴²li⁰
新　余	左边 tso²¹piɛn⁴⁵	右边 iu¹²piɛn⁴⁵
吉　安	左边 tso⁵³piɛn³³⁴	右边 iu²¹⁴piɛn³³⁴
遂　川	左边 tso³¹piẽn⁵³	右边 iu²¹⁴piẽn⁵³
宁　都	左边 tso²¹⁴piɛn⁴²	右边 iəu⁴⁴piɛn⁴²
瑞　金	细 / 反手边 ɕie⁴² / fan⁴⁴ɕiu⁴⁴pʻiɛn⁴⁴	大 / 顺手边 tʻɛ⁵¹ / suin⁵¹ɕiu⁴⁴pʻiɛn⁴⁴
于　都	左边 tsɣ³⁵pĩ³¹	右边 y⁴²pĩ³¹
赣　县	左边 tsəu⁵³pĩ²⁴	右边 iu⁴⁴pĩ²⁴
南　康	左边 tso²¹pĩĩ³³	右边 iu⁵³pĩĩ³³
龙　南	左边 tso⁵³pian²⁴	右边 iu³¹²piain²⁴
寻　乌	反手边 fan⁴²ɕiu⁴²piɛn²⁴	顺手边 sun⁵⁵ɕiu⁴²piɛn²⁴
黄　坳	左□ tso³¹pʻɛn²⁴	右□ iu⁵³pʻɛn²⁴
铜　鼓	走边 tso²¹piɛn²¹⁴	右边 iu⁵¹piɛn²¹⁴
大　溪	反边 pan⁴³piɛn³³	顺边 suɛn⁴³piɛn³³
太　源	反边 xʌn³⁵pan⁴⁴	顺边 ʃuɛn⁴²pan⁴⁴
九　江	左边 tso²¹³piɛn⁰	右边 iəu²¹piɛn⁰
赣　州	左边 tso⁴⁵pĩn³³	右边 iu²¹²pĩn³³
白　槎	小 / 反手 ɕiau²¹⁴ / fan²¹⁴səu²¹⁴	大 / 正手 ta³¹² / tsən³¹²səu²¹⁴
浮　梁	反边 fo³¹pi⁵⁵	顺边 ɕyɛn³³pi⁵⁵
婺　源	反边 fum²pĩ⁵⁵	顺边 sæn⁵¹pĩ⁵⁵
上　饶	反手边 pãn⁴³ɕiu⁵²piẽn⁰	顺手边 ɕyĩn²¹ɕiu⁵²piẽn⁰
广　丰	反手边 pãn⁴³tɕʻye⁴³piẽn⁴⁴	顺手边 ɕyoŋ²¹tɕʻye⁴³piẽn⁴⁴
铜　山	反手 pãi⁴⁴tɕʻiu⁴⁴³	正手 tɕiã⁴⁴tɕʻiu⁴⁴³

	381	382
	中间坐在~的是老王	**里面**~很黑，看不清
南 昌	中间 tsuŋ⁴²kan⁴²	里手 li²¹³ɕiu⁰
修 水	中间 təŋ³⁴kan³⁴	内底 ȵi²²ti²¹
湖 口	中间 tʂoŋ⁴²kan⁴²	里里 li³⁴³li⁰
鄱 阳	中间 tɕyəŋ²¹kãn⁰	里头 li⁴²tʰəu⁰
铅 山	中间（心） tʃoŋ³³kan³³（ɕin³³）	里底/头 li⁴⁵ti⁴⁵/tʰɛu²⁴
抚 州	中间 tuŋ³²kan³²	里头 ti⁴⁵xɛu²⁴
资 溪	中间 tuŋ³¹kan³¹	里头 ti³⁵xɛu¹³
宜 黄	中间 tuŋ³³kan³³	里头 ti⁴⁵³xɛu⁴⁵
丰 城	中间 tsuŋ³⁵kan³⁵	肚里 tʰu²¹³li⁰
高 安	中间 tuŋ³⁵kan³⁵	肚里 tʰu²²li⁰
新 余	中间 tuŋ³⁴kan⁴⁵	内里 lɛ¹²li⁰
吉 安	中间 tsuŋ³³⁴kan³³⁴	里头 li⁵³tʰɛu⁰
遂 川	中间 tsə̃ŋ⁵³kiãn⁵³	里背 lɛ³¹pɛ⁰
宁 都	中间 tsuŋ⁴²kan⁴²	□高 nan⁴⁴kau⁴²
瑞 金	中间 tsɤŋ⁴⁴kan⁴⁴	内里 luɛ⁵¹li⁴⁴
于 都	中间 tsəŋ³¹kã³¹	内里 ȵiɛ⁴²li⁰
赣 县	中间 tsəŋ²⁴kã²⁴	顶□ tiəŋ⁵³nã⁴⁴
南 康	中间 tsəŋ³³kã³³	顶□ tiəŋ²¹nã⁵³
龙 南	中间心 tsəŋ³¹²kain²⁴ɕin²⁴	顶□ tin⁵³xɔŋ²²	顶内 tin⁵³ni²²
寻 乌	中间 tsuŋ²⁴kan²⁴	里背 li⁴²puɐi⁵⁵
黄 坳	中间 tsɔŋ²⁴kɛn²⁴	里背 ti³¹pɔi⁵³
铜 鼓	中间 tsəŋ²¹⁴kan²¹⁴	肚里 tu³¹li⁰
大 溪	中央心 tsəŋ³³iɔŋ³³ɕin³³	里头/背 li⁴³tɛ²¹³/puɛ⁵²
太 源	中间 tʃuŋ⁴⁴kan⁴⁴/ 当央 tɑŋ⁴⁴ɔŋ⁴⁴	内喏 nɔi⁴²tɛ⁰/ 里边 li³⁵pan⁴⁴
九 江	中间 tʂoŋ³¹kan³¹	里头 li²¹³tʰəu⁰
赣 州	中间 tsəŋ³³tɕiĩn³³	里头 li⁴⁵tʰieu⁴²
白 槎	当中 taŋ⁴²tsəŋ⁴²	里头 li²¹⁴tʰəu⁰
浮 梁	中间 tʂoŋ⁵⁵ko⁵⁵	里头 lɛ³¹tʰau²⁴
婺 源	中间 tsɛm⁵⁵kẽ⁵⁵	里头/边 li³¹tʰa¹¹/pĩ⁵⁵
上 饶	中间（心） tɕyoŋ³³kãn³³（ɕĩn⁴⁴）	里□/底 li⁴²dɛʔ²³/ti⁵²
广 丰	中央（心） toŋ⁴⁴iãn⁴⁴（sĩn⁴⁴）	里头/底 li²¹dɯɯ²⁴/tie⁵²
铜 山	中央（心） toŋ³³ŋ̍³³（ɕien³³）	里面 lai²¹bien²¹

	383 外面~进来很多人	384 里在房间~看书	385 上放在桌~
南　昌	外手/头 uai^{21}ɕiu^0/t'ɛu^0	里 li^0	上 sɔŋ^{21}
修　水	外底 ŋai^{22}ti^{21}	里 di^{21}	上 sɔŋ^{22}
湖　口	外里 ŋai^{213}li^0	里里 li^{343}li^0	上 ʂɔŋ^{213}
鄱　阳	外头 uɛi^{21}t'əu^0	里 li^0	面上 miẽn^{21}sãn^0
铅　山	外底/头 ŋai^{21}ti^{45}/t'ɛu^{24}	里 li^0	上 san^0
抚　州	外头 uai^{212}xɛu^{24}	里 ti^{45}	上 sɔŋ^{212}
资　溪	外头 uai^{22}xɛu^{13}	里 ti^{35}	上 sɔŋ^{22}
宜　黄	外头 uai^{22}xɛu^{45}	里 ti^{453}	上 sɔŋ^{22}
丰　城	外里 ŋai^{213}li^0	里 li^0	上 sɔŋ^{213}
高　安	外身 ŋai^{22}sən^{35}	肚里 t'u^{22}li^0	上等 sɔŋ^{22}tɛn^0
新　余	口前 kiɛu^{21}tɕ'iɛn^0	内里 lɛ^{12}li^0	上 sɔŋ^{12}
吉　安	外头 uai^{214}t'ə^0/ 出背 t'ə^{334}pei^{214}	里 li^0	上 sɔŋ^{214}
遂　川	外向 uæ^{214}ɕiõ^{55}	里 ti^{35}	上 sõ^0
宁　都	外高 ŋɔi^{44}kau^{42}	高 kau^{42}	□ xɔŋ^{42}
瑞　金	□头 luɛ^{51}t'ɤ^{35}	□ kɔ^{51}	□ ɔ^{212}
于　都	外里 vuɛ^{44}li^0	里 li^0	脑 nɔ^{35}
赣　县	外头 uæ^{44}t'e^{53}	高 kɔ^{24}	高 kɔ^{24}
南　康	外头 væ^{53}t'ɛ^{11}	□ nã^{53}	上 sõ^{33}
龙　南	外头 ŋɔi^{22}t'ɛu^{312}	□ teʔ^0	□ xɔn^{24}
寻　乌	外背 ŋuɐi^{55}puɐi^{42}	□ xɔŋ^{55}	□ xɔŋ^{55}
黄　坳	外背 uai^{53}pɔi^{53}	里背 ti^{21}pɔi^{53}	□ xɔŋ^{53}
铜　鼓	外身 ŋɔi^{51}sen^{214}	肚里 tu^{21}li^0	上 sɔŋ^{51}
大　溪	外头 ŋæ^{43}t'e^{213}	肚里 tu^{52}li^0	上 sɔŋ^{435}
太　源	外边 ŋai^{42}pan^{44}	嘚 tɛ^0	嘚 tɛ^0
九　江	外头 uai^{21}t'əu^0	里 li^{213}	上 sã^{21}
赣　州	外头 væ^{21}t'ieu^{42}	里头 li^{45}t'ieu^{42}	上 sãn^{212}
白　槎	外头 vai^{312}t'əu^0	里 li^{214}	上 saŋ^{312}
浮　梁	外头 ua^{33}t'au^0	里 lɛ^{31}	高□ kau^{55}tau^0
婺　源	外头/边 gɔ^{51}t'a^{11}/ pĩ^{55}	里 li^0	上 ɕiã^0
上　饶	外□/底 ŋæ^{21}dɤʔ^{23}/ti^{52}	里 li^0	上 ɕiãn^0
广　丰	外头/底 uai^{21}dɣɯ^{24}/tie^{52}	里 li^0/腹 puʔ^5	里 li^0
铜　山	外面 ua^{21}bien^{21}	里 lai^{55}	□ tə^0

	386 底下 躲在桌子~	387 旁边 小区~有一个公园
南 昌	底家 tit⁵ka⁰	边上 piɛn⁴²sɔŋ⁰
修 水	底下 ti²¹xa²²	侧舷 tsɛt⁴²ɕiɛn²⁴
湖 口	冢下 tu⁴⁵⁵xa⁰	边里 pien⁴²li⁰
鄱 阳	冢下 to⁴⁴xɒ⁰	边上 pʻiɛ̃²¹sã⁰
铅 山	冢底 tuɣʔ⁴ti⁴⁵	边上 piɛn³³san⁰
抚 州	冢下 tuʔ²xa²¹²	旁边 pʻɔŋ²⁴piɛn³²
资 溪	底下 ti³⁵xa²²	侧边 tsɛʔ⁵piɛn³¹
宜 黄	冢下 tuʔ²xa³³	侧边 tʻɛʔ²piɛn³³
丰 城	下 xa²¹³	横边 vaŋ³³piɛn³⁵
高 安	下等 xa²²tɛn⁰ /底下 ti⁴²ŋa⁰	边□ piɛn³⁵iɔŋ³⁵
新 余	下 xa¹²	边里 piɛn⁴⁵li⁰
吉 安	底下 ti⁵³xa²¹⁴	旁边 pʻɔŋ²¹piɛn³³⁴
遂 川	底下 ti³¹xa⁰	边上 piɛ̃⁵³sõ⁰
宁 都	冢下 tok³²xa⁴⁴	边舷 piɛn⁴²ɕiɛn¹³
瑞 金	脚下 tɕiɔʔ²xa⁴⁴	边□ piɛn⁴⁴nɔ⁵¹
于 都	底下 tɛ³⁵xa³¹	侧边子 tsɛʔ⁵pĩ³¹tsɿ⁰
赣 县	底下 tɛ⁵³xa⁴⁴	边高 pĩ²⁴kɔ²⁴
南 康	底下 ti²¹xa³³	边上 pĩĩ³³sõ⁰
龙 南	底下 tɛ⁵³xa²⁴	侧边嘚 tsɛʔ⁴³piain²⁴tɛʔ⁰
寻 乌	底下 ti⁴²xa⁵⁵	边上 piɛn²⁴sɔŋ⁵⁵
黄 坳	底下 tɛ³¹xa²⁴	侧边 tsɛt²pɛn²⁴
铜 鼓	底下 tɛ²¹xa⁵¹	边上 piɛn²¹⁴sɔŋ⁵¹
大 溪	底下 tɛ⁴³xa⁴³⁵	旁边 pʻɔŋ²¹pien³³
太 源	□下 tɣʔ⁴xa⁴²	一边 iʔ⁴pan⁴⁴
九 江	底下 ti²¹³xɒ⁰	旁边 pʻã⁴⁴pien³¹
赣 州	底下 ti⁴⁵ɕia⁰	边上 pĩin³³sãn⁰
白 槎	底下 ti²¹⁴ɕia⁰	边上 pian³¹²saŋ³¹²
浮 梁	冢底 tɛu²¹³tɛ⁰	舷边儿 ɕi²⁴pi⁵⁵n̩i⁰
婺 源	冢底 tu⁵¹ti²	边上 pĩ⁵⁵ɕiã⁵¹
上 饶	下□/ 底 xa²¹dɔʔ²³/ ti⁵²	旁边 bɔŋ⁴²piɛ̃⁴⁴
广 丰	底头 tie⁴³dɯ²⁴	边里 piɛ̃⁴⁴li⁰
铜 山	骹□ kʻa³³tə⁰	边头 pĩ³³tʻau⁰

	388	389
	跟前儿到我~来悄悄说	我
南　昌	眼面前 ŋan²¹³mien²¹tɕʰien²⁴	我（□）ŋo²¹³（nin⁰）
修　水	面前 mien²²dziɛn²⁴	我 ŋo²¹
湖　口	跟前 kən⁴²dzian²¹¹	我 ŋo³⁴³
鄱　阳	眼前 ŋãn⁴²tɕʰiẽn²⁴	我 ŋo⁴²
铅　山	怀前 uai²⁴tɕʰien²⁴	阿 a³³ / 阿哩 a³³li⁰
抚　州	眼边前 ŋan⁴⁵piɛn³²tɕʰien²⁴	我 ŋo⁴⁵
资　溪	眼边前 ŋan³⁵piɛn³¹tɕʰien¹³	阿 a³¹
宜　黄	眼前 ŋan⁴⁵³tɕʰien⁴⁵	我 ŋo³³
丰　城	眼面前 ŋan⁴¹mien²¹³tɕʰien³³	我 ŋo³⁵
高　安	面前 mien²²tsʰien²¹³	我 ŋo³⁵
新　余	面前 mien⁴²tɕʰien⁰	阿 ŋa⁴⁵ / 我 ŋo⁴⁵
吉　安	面前 mien²¹⁴tɕʰien²¹	阿 ŋa⁵³ / 我 ŋo⁵³
遂　川	面前 miẽn²¹⁴tɕʰiẽn²²	阿 ŋa³⁵ / 我 ŋo³⁵
宁　都	面前 mien⁴⁴tɕʰien¹³	偓 ŋai⁴²
瑞　金	额面前 ȵiaʔ²mien⁵¹tɕʰien³⁵	偓 ŋɛ⁴⁴
于　都	面前 mĩ⁴²tɕʰĩ⁴⁴	偓 ŋæ³¹
赣　县	眼前 ŋãn⁵³tɕʰĩ¹¹	偓 ŋæ²¹²
南　康	面前 mĩ⁵³tɕʰĩ¹¹	偓 ŋæ¹¹
龙　南	面前 miain²²tɕʰiain³¹²	偓 ŋai³¹²
寻　乌	面前 mien⁵⁵tɕʰien²¹⁴	偓 ŋai²¹⁴
黄　坳	脚下 tɕiɔk²xa²⁴	偓 ŋai³¹
铜　鼓	面前 mien⁵¹tɕʰien¹³	偓 ŋai²¹
大　溪	面前 mien⁴³tɕʰien²¹³	偓 ŋæ²¹³ / 阿 a²¹³
太　源	面□ mien⁴²xan⁰	偓 ŋɔi⁴⁴
九　江	面前 mien²¹tɕʰien⁴⁴	我 ŋo²¹³
赣　州	面前 mĩn²¹tɕʰĩn⁴²	我 ŋo⁴⁵
白　槎	面前 mian³¹²tɕʰian⁵⁵	我 ŋo²¹⁴
浮　梁	眼面前 ŋo³¹mi³³tɕʰi²⁴	我儿 o³¹ȵi⁰
婺　源	面前 mĩ⁵¹tsʰĩ¹¹	我 ɵ³¹ / □ so⁵¹
上　饶	面前 miẽn²¹dʑiẽn⁴²³	阿 a²⁴ / 阿人 a²⁴ȵin⁰
广　丰	目前 moʔ²⁴suɐi²³¹	阿 ɑ²⁴ / 阿农 ɑ²¹noŋ²⁴
铜　山	门前 bən²¹tsuĩ²⁴	我 ua⁴⁴³

我们～两人等你半天了，｜～三人一块去吃饭吧

南 昌	我等/ 们/ 个哩	ŋo²¹³tin⁰ / min⁰ / ko⁰li⁰
修 水	我哩	ŋo²¹di⁰
湖 口	我□人	ŋo³⁴³sɛn⁰n̠in²¹¹
鄱 阳	我帮（个）人	ŋo⁴²pãn²¹（ko⁰）n̠in⁰
铅 山	阿得	a³³tɛʔ⁰
抚 州	我人	ŋo⁴⁵n̠in²⁴
资 溪	阿多	a³¹to⁰
宜 黄	我人	ŋo³³n̠in⁴⁵
丰 城	我等 ŋo³⁵tɛn⁴¹ / 我个哩	ŋo³⁵ko⁰li⁰
高 安	我哩	ŋo³⁵li⁰
新 余	阿来 ŋa⁴⁵lai⁰ / 阿哩	ŋa⁴⁵li⁰
吉 安	阿东 ŋa⁵³tuŋ³³⁴ / 我东	ŋo⁵³tuŋ³³⁴
遂 川	阿嘚 ŋa³⁵tɛ⁰ / 阿伙	ŋa³⁵xo³¹
宁 都	𠊎多	ŋai⁴²to¹³
瑞 金	𠊎班	ŋɛ⁴⁴pan⁴⁴
于 都	𠊎哩 ŋæ³¹li⁰ / 𠊎人 ŋæ³¹n̠iẽ⁴⁴ ｜ 𠊎□	ŋæ³¹n̠i⁰
赣 县	𠊎等 ŋæ²¹²tən²⁴ ｜ 𠊎们	ŋæ²¹²mən²⁴
南 康	𠊎人	ŋæ¹¹n̠iən¹¹
龙 南	𠊎等	ŋai³¹²ten²⁴
寻 乌	𠊎众人	ŋai²¹⁴tsuŋ⁵⁵n̠in²¹⁴
黄 坳	𠊎兜	ŋai³¹tɛu²⁴
铜 鼓	𠊎等	ŋai²¹tɛn⁰
大 溪	阿□ a²¹tsʅ³³ / 阿哩	ŋa⁵²lɛʅ⁰
太 源	𠊎多（人） ŋɔi⁴⁴to⁴⁴（n̠in²¹²） / 𠊎嘚	ŋɔi⁴⁴tɛ⁰
九 江	我们	ŋo²¹³mən⁰
赣 州	我们	ŋo⁴⁵mən⁴²
白 槎	我些	ŋo²¹⁴ɕiɛ⁴²
浮 梁	我□	o³¹sɛn⁵⁵
婺 源	我/ □□ θ³¹/ so⁵¹xã⁵⁵ ｜ □跟尔	so⁵¹kã⁵⁵n̠³¹
上 饶	阿（大家）a²⁴（da²¹ka⁰）｜ 阿（大家）	ŋa⁵²（da²¹ka⁰）
广 丰	阿来 ɑ²¹lɐi²³¹ ｜ 矮来	ai⁵²lɐi⁰
铜 山	□ uon⁴⁴³ ｜ □	lan⁴⁴³

	391 你	392 你们
南　昌	尔（□）ŋ²¹³（nin⁰）/ 恁 nin²¹³	尔们/个哩 ŋ²¹³min⁰ / ko⁰li⁰
修　水	尔 ŋ²¹	尔哩 ŋ²¹di⁰
湖　口	尔 ŋ³⁴³	尔□人 ŋ³⁴³sɛn⁰nin²¹¹
鄱　阳	你 n̠i⁴²	你帮（个）人 n̠i⁴²pãn²¹（ko⁰）n̠in⁰
铅　山	尔 ŋ³³ / 尔哩 ŋ³³li⁰	尔得 ŋ³³tɛʔ⁰
抚　州	你 n̠i⁴⁵	你人 n̠i⁴⁵n̠in²⁴
资　溪	你 nɛ³⁵	你多 nɛ³⁵to⁰
宜　黄	你 lɛ³³	你人 lɛ³³n̠in⁴⁵
丰　城	你 n̠i³⁵	你等/个哩 n̠i³⁵tɛn⁴¹ / ko⁰li⁰
高　安	尔 ŋ³⁵	尔哩 ŋ³⁵li⁰
新　余	你 n̠i⁴⁵	你来/哩 n̠i⁴⁵lai⁰ / li⁰
吉　安	你 n̠i⁵³	你东 n̠i⁵³tuŋ³³⁴
遂　川	你 n̠i³⁵	□伙 n̠io³⁵xo³¹
宁　都	你 niɛ⁴²	你多 niɛ⁴²to¹³
瑞　金	你 n̠i⁴⁴	你班 n̠i⁴⁴pan⁴⁴
于　都	你 n̠i³¹	你哩 n̠i³¹li⁰ / 你支人 n̠i³¹tsʐ³⁵n̠iɛ⁴⁴
赣　县	你 ni²¹²	你等/们 ni²¹²təŋ²⁴ / məŋ²⁴
南　康	你 n̠i¹¹	你人 n̠i¹¹n̠iən¹¹
龙　南	你 n̠i³¹²	你等 n̠i³¹²ten²⁴
寻　乌	尔 ŋ²¹⁴	尔众人 ŋ²¹⁴tsuŋ⁵⁵n̠in²¹⁴
黄　坳	你 n̠i³¹	你兜 n̠i³¹tɛu²⁴
铜　鼓	你 n̠i²¹	你等 n̠i²¹tɛn⁰
大　溪	尔 ŋ²¹³	尔□ ŋ²¹tsʐ³³
太　源	你 n̠i⁴⁴	你多（人）/ 嗰 n̠i⁴⁴to⁴⁴（nin²¹²/tɛ⁰
九　江	尔 ŋ²¹³	尔们 ŋ²¹³mən⁰
赣　州	你 n̠i⁴⁵	你们 n̠i⁴⁵mən⁴²
白　槎	尔 ŋ²¹⁴	尔些 ŋ²¹⁴ɕiɛ⁴²
浮　梁	尔□ ŋ³¹na⁰	尔□ ŋ³¹sɛn⁵⁵
婺　源	尔 ŋ³¹	尔□ ŋ³¹xã⁵⁵
上　饶	尔 ŋ²⁴ / 尔人 ŋ²⁴ñn⁰	尔大家 ŋ²⁴da²¹ka⁰
广　丰	尔 ŋ²⁴ / 尔农 ŋ²¹noŋ²⁴	尔来 nɐi²³¹
铜　山	汝 lɯ⁴⁴³	□ lien⁴⁴³

	393 他	394 他们
南　昌	渠 tɕʰie²¹³	渠们/个哩 tɕʰie²¹³min⁰ / ko⁰li⁰
修　水	渠 xɛ²⁴	渠哩 xɛ²⁴di⁰
湖　口	伊 i²¹³	伊□人 i²¹³sɛn⁰ȵin²¹¹
鄱　阳	渠 tɕʰie²⁴	渠帮（个）人 tɕʰie²⁴pãn²¹（ko⁰）ȵin⁰
铅　山	渠（哩） kʰɯ³³（li⁰）	渠得 kʰɯ³³tɛʔ⁰
抚　州	渠 kɛ⁴⁵	渠人 kɛ⁴⁵ȵin⁰
资　溪	渠 kɛ³⁵	渠多 kɛ³⁵to⁰
宜　黄	渠 kɛ³³	渠们 kɛ³³ȵin⁴⁵
丰　城	渠 tɕie³⁵	渠个哩 tɕie³⁵ko⁰li⁰
高　安	渠 kie³⁵	渠哩 kie³⁵li⁰
新　余	渠 kie⁴⁵	渠来/哩 kie⁴⁵lai⁰/li⁰
吉　安	渠 kie⁵³	渠东 kie⁵³tuŋ³³⁴
遂　川	渠 tɕi³⁵	□伙 tɕio³⁵xo³¹
宁　都	渠 tɕiɛ⁴²	渠多 tɕiɛ⁴²to¹³
瑞　金	渠 ku⁴⁴	渠班 ku⁴⁴pan⁴⁴
于　都	渠 ku³¹	渠哩 ku³¹li⁰
赣　县	渠 tɕi²¹²	渠等/们 tɕi²¹²təŋ²⁴/məŋ²⁴
南　康	渠 tɕi¹¹	渠人 tɕi¹¹ȵiəŋ¹¹
龙　南	渠 tɕi³¹²	渠等 tɕi³¹²ten²⁴
寻　乌	渠 ki²¹⁴	渠众人 ki²¹⁴tsuŋ⁵⁵ȵin²¹⁴
黄　坳	渠 ki³¹	渠兜 ki³¹tɛu²⁴
铜　鼓	渠 tɕi²¹	渠等 tɕi²¹tɛn⁰
大　溪	渠 kɛ²¹³	渠□ kɛ²¹tsɿ³³
太　源	渠 tɕiu⁴⁴	渠多（人）tɕiu⁴⁴to⁴⁴（ȵin²¹²）
九　江	渠 kʰei⁴⁴	渠们 kʰei⁴⁴mən⁰
赣　州	他 tʰa³³	他们 tʰa³³məŋ⁴²
白　槎	他 tʰa⁴²	他些 tʰa⁴²ɕie⁴²
浮　梁	渠 tɕi²⁴	渠□ tɕi²⁴sɛn⁵⁵
婺　源	渠 tɕʰie¹¹	渠□ tɕʰie¹¹xã⁵⁵
上　饶	渠 gə²⁴ / 渠人 gə²⁴ȵ̃n	渠大家 gə²⁴da²¹ka⁰
广　丰	渠 ŋɣ²⁴ / 渠农 ŋɣ²¹noŋ²⁴	渠来 ɣʔ⁵lɛi⁵²
铜　山	伊 i³³	□ ien³³

	395 自己~的事~做	396 别人把方便让给~
南　昌	自家儿 tsʮ²¹kan²¹³	别人 pʼiɛt⁵n̠in⁴⁵
修　水	自家儿 dzʮ²²kan³⁴	别家 biɛt³²ka³⁴
湖　口	自己 dzʮ²¹³tɕi³⁴³	别人 biɛ²¹³n̠in²¹¹
鄱　阳	自家儿 tsʮ²¹kãn⁰	别个 pʼie⁴⁴ko⁰
铅　山	自己 tsʮ²¹tɕi⁴⁵	别人 pʼiɛʔ⁴n̠in⁰
抚　州	自己 tsʮ²¹²tɕi⁴⁵	别人 pʼiɛt⁵n̠in²⁴
资　溪	自己 tsʮ²²tɕi³⁵	别人 pʼiɛt⁵n̠in¹³
宜　黄	自该 tsʮ²²kai³³	人家 n̠in⁴⁵ka³³ / 别人 pʼiɛt⁵n̠in⁴⁵
丰　城	自家儿 sʮ²¹³kan³⁵	别人家 pʼiɛʔ⁵n̠in⁰ka³⁵
高　安	自家 tsʼu²²ka³⁵	别家哩 pʼiɛt⁵ka³⁵li⁰
新　余	自家 sʮ⁴⁵ka⁴⁵	别人家 pʼiɛʔ³⁴n̠in⁴²ka⁴⁵
吉　安	自家 tsʮ²¹⁴ka³³⁴	人家 n̠in²¹ka³³⁴
遂　川	自家 tsʮ²¹⁴ka³⁵	□家 ŋ̍⁵⁵ka⁵³
宁　都	自家 tsʮ⁴⁴ka⁴²	别人家 pʼiɛt⁵nən¹³ka⁴²
瑞　金	自家 sʮ⁵¹ka⁴⁴	别家 pʼiɛn⁴²kʼa⁴⁴
于　都	自家 sʮ⁴²ka³¹	人家 n̠iẽ⁴⁴ka³¹ / 别□人 pʼiɛ⁴²liɔ³¹n̠iẽ⁴⁴
赣　县	自家 sʮ⁵³ka²⁴	□家 ŋ̍²¹²ka²⁴
南　康	自家 sʮ⁵³ka³³	别人 pʼiɛ⁵³n̠iəŋ¹¹
龙　南	自家 sʮ²²ka²⁴	别人家 pʼiain³¹²ka²⁴
寻　乌	自家 ɕi⁵⁵ka²⁴	别□人 piɛʔ³⁴liau⁵⁵n̠in²¹⁴
黄　坳	自家儿 tɕʼi⁵³kan²⁴	别人家 pʼɛt²n̠in²¹²ka²⁴
铜　鼓	自家 tsʮ⁵¹ka²¹⁴	别人家 pʼit³n̠in¹³ka²¹⁴
大　溪	自家 tsʮ⁴³ka³³	别人 pʼiɛʔ⁵n̠in⁰
太　源	自家 tsʼi⁴²ka⁴⁴	别人 pʼiɛʔ²n̠in²¹²
九　江	自己 tsʮ²¹tɕi²¹³	别个 pie⁵³ko⁰
赣　州	自家 tsʮ²¹tɕia³³	人家 iəŋ⁴²tɕia³³
白　槎	自己 tsʮ³¹²tɕi²¹⁴	人家 zən⁵⁵tɕia⁴²
浮　梁	自家 sʮ³³ko⁵⁵	别人 pʼiɛ³³iɛn⁰
婺　源	自家 tsʮ⁵¹kɵ⁵⁵	别人家 pʼĩ⁵¹iæn¹¹kɵ⁵⁵
上　饶	自家 dzʮ²¹ga⁰	人家 n̠iĩn⁴²ka⁴⁴/ 别人家 piẽn²⁴ka⁰
广　丰	自家 dzeʔ²kɑ²⁴	别农 bɣʔ²noŋ²³¹
铜　山	家已 kæʔ⁴ki²¹	别农 pæʔ²lan²⁴

	397 谁	398 什么 你要买～？｜这是～字？
南 昌	哪个 la²¹³ko⁰	什哩 ɕit⁵li⁴⁵
修 水	谁 fi²⁴	么哩 mɔ²¹di⁰
湖 口	哪个 na³⁴³ko⁴⁵⁵	么嘚 mo⁴⁵⁵tɛ⁰｜么 mo⁴⁵⁵
鄱 阳	何个 xo²⁴ko⁰	什么 sɿ⁴⁴mo²⁴
铅 山	么人 moʔ²⁴n̠in²⁴	么哩 moʔ²li⁰｜么 moʔ²⁴
抚 州	何一个 xoi²⁴ko⁴¹	什个 sɛʔ⁵ko⁰
资 溪	何一个 xoi¹³kɛ⁵³	什□ sɛt⁵tɕiau⁵³
宜 黄	何一个 xai⁴⁵ko⁴²	什个 ɕit⁵ko⁴²
丰 城	什个 sɿʔ³²ko²¹³	什哩 sɿʔ³²li⁰
高 安	何一个 xɔi²¹³ko⁰	什哩 sɵt⁵li⁰
新 余	哪西 lai⁴⁵ɕi⁴⁵	啥么 sa²¹ma⁴²
吉 安	哪一个 lai⁵³ko²¹⁴	咋个 tsa⁵³ko²¹⁴
遂 川	□人 lɔ̃ŋ⁵⁵n̠in⁰	□嘚 la⁵⁵tɛ⁰
宁 都	□人 ɕiɛ¹³nən⁴⁴	□什 sə²¹⁴sət³²
瑞 金	□个 n̠iɛ²¹²ke⁴²	么 me⁴⁴
于 都	□人 tʃẽ³²³n̠iɛ⁴⁴	□个 tsɿ⁴⁴kæ³²³
赣 县	哪一个 næ⁵³kæ⁴⁴	么个 mɔ⁴⁴kæ⁴⁴
南 康	哪人 næ²¹n̠iən¹¹／哪个 næ²¹kæ⁵³	么个 mə⁵³kæ⁵³
龙 南	哪人 nan⁵³n̠in³¹²	其个 sen⁵³kai⁴⁴
寻 乌	么人 ma⁴²n̠in²¹⁴	么个 maʔ³⁴kie⁵⁵
黄 坳	哪人 na³¹n̠in²¹²	么个 ma³¹kɛ²⁴
铜 鼓	哪人 nai²¹n̠in¹³	么个 ma²¹kɛ⁵¹
大 溪	□个 ni⁴³kæ⁵²	么什 mɛʔ⁵ɕi³³
太 源	若个 lɔʔ²kai⁴⁴	什（个）嘚 sɛʔ⁴（kɛ⁰）tɛ³²⁵
九 江	哪个 lɔ²¹³ko⁰	么事 mo²¹³sɿ⁰
赣 州	哪个 na⁴⁵ko⁰	什么 sən⁴²mo²¹²
白 槎	哪个 la²¹⁴ko⁰	么事 mo²¹⁴sɿ³¹²
浮 梁	何个 xɛ²⁴kie²¹³	什么个 ɕi²¹³me³³kie²¹³
婺 源	□□ sɔ⁵⁵lɔ⁵⁵／何□物 xɵ¹¹tʼɵ²bɵ⁵¹	□物 tʼɵ²bɵ⁵¹
上 饶	哪人 na²³¹n̠ĩn⁴²³	咋个 tsɛʔ⁵kə⁴³⁴｜咋 tsɛʔ⁵
广 丰	咋农 tsa⁴³noŋ²⁴	咋什 tsa⁴³ɕiiʔ⁵｜咋 tsa⁵²
铜 山	仟农 san²⁴	什个 sæʔ⁴e²⁴｜什 sæʔ⁴

399

干什么你在～？

南 昌	做什哩 tsu^{45}ɕit^{5}li^{45}
修 水	干么 kan^{55}mɔ^{21}
湖 口	做么嘚 tso^{455}mo^{455}tɛ^{0}
鄱 阳	做什么 tso^{35}sɿ^{44}mo^{0}
铅 山	做么哩 tso^{21}moʔ^{4}li^{0}
抚 州	做什个 tsɿ^{41}sɛʔ^{5}ko^{0}
资 溪	做什东西 tso^{53}sɛt^{5}tuŋ^{31}si^{31}
宜 黄	做什个 to^{42}ɕit^{5}ko^{42}
丰 城	做什哩 tsɿ^{213}sɪʔ^{32}li^{0}
高 安	做什哩 tsu^{44}sɵt^{5}li^{0}
新 余	舞啥么 u^{21}sa^{21}ma^{42}
吉 安	做咋个 tso^{214}tsa^{53}ko^{214}
遂 川	舞□嘚 u^{31}la^{55}tɛ^{0}
宁 都	做□什 tso^{31}sə^{214}sət^{32}
瑞 金	舞么 vu^{212}me^{44}
于 都	舞□个 vu^{35}tsɿ^{44}kæ^{323}
赣 县	舞么个 u^{53}mɔ^{212}kæ^{44}
南 康	做什么 tso^{53}sə^{21}mə^{24}
龙 南	做甚个 tsʊ^{44}sen^{53}kai^{44}
寻 乌	做么个 tso^{55}maʔ^{34}kie^{55}
黄 坳	做么个 tsɔ^{53}ma^{31}kɛ^{24}
铜 鼓	做么个 tsɔ^{51}ma^{21}kɛ^{51}
大 溪	做么什 tso^{52}mɛʔ^{5}ɕi^{33}
太 源	做什（个）嘚 tso^{42} seʔ^{4} （kɛ^{0} ）tɛ^{0}
九 江	做么事 tsəu^{21}mo^{213}sɿ^{0}
赣 州	干什么 kãn^{21}səŋ^{42}mo^{212}
白 槎	搞么事 kau^{214}mo^{214}sɿ^{312}
浮 梁	做么个 tso^{213}mɛ^{33}kiɛ^{213}
婺 源	做□物 tsu^{35}tʻɵ^{2}bɵ^{51}
上 饶	做咋个 tso^{43}tsɛʔ^{5}kə^{0}
广 丰	做咋什 tso^{43}tsɑ^{43}ɕiɪʔ^{5} / 做什 dzo^{24}ɕiɪʔ^{5}
铜 山	么□ bæʔ^{2}tɕi^{21}

怎样他这个人～？｜～才能学好外语？

南 昌	郎样 loŋ⁴⁵ioŋ²¹
修 水	□什样 lɔʔ⁴²sʅt⁴²ioŋ²²
湖 口	么样 mo⁴⁵⁵ioŋ²¹³｜哪样的 na³⁴³ioŋ²¹³ti⁰
鄱 阳	何□个 xo²⁴n̠in²⁴ko⁰
铅 山	咋样 tsau³³ian²¹
抚 州	怎哩 tɕin⁴⁵li⁰｜郎样 lan²⁴ioŋ²¹²
资 溪	怎哩样 tɕin⁵³li⁰ioŋ²²
宜 黄	□样 lan⁴⁵n̠ioŋ²²
丰 城	恨（个）样 xɛn²¹³（ko⁰）ioŋ²¹³
高 安	争样 tsaŋ³⁵ioŋ²²
新 余	才样 tsʻai³⁴ioŋ⁰
吉 安	□样 tɕʻioŋ³³⁴ioŋ²¹⁴｜□法哩 loŋ⁵³fa³³⁴li⁰
遂 川	□ tsʻõ²¹⁴
宁 都	□□嗻 noŋ⁴⁴ni¹³tək⁰
瑞 金	样般 n̠ioŋ⁵¹puɛn⁴⁴
于 都	□□（子）n̠iõ³¹tʃʻuʔ⁵（tsʅ⁰）｜□□ n̠iõ³¹tʃʻuʔ⁵
赣 县	□□子 iõ⁴⁴mɔ²¹²tsʅ⁰
南 康	□□嘞 nõ⁵³tsʻɛ̃³³lɔ⁰
龙 南	仰□ n̠ioŋ⁵³tʻin⁴⁴
寻 乌	哪子 na⁴²tsʅ⁰
黄 坳	□□子 iu⁵³mɛn²¹²tsʅ⁰
铜 鼓	□板子 n̠ioŋ⁵¹pan²¹tsʅ⁰
大 溪	□生 noŋ⁴³sɛn³³
太 源	样生 ioŋ⁴²sɛn⁴⁴
九 江	怎么样 tsən²¹³mo⁰iã²¹
赣 州	怎么样 tsən⁴⁵mo⁰iã̃²¹²
白 槎	么样 mo²¹⁴iaŋ⁰
浮 梁	何样 xɛ²⁴n̠ia³³
婆 源	□□ tsɔ⁵¹xɔ⁵¹
上 饶	什样 sɐʔ⁵iã̃²¹²｜仵样弄法 ɕiã̃⁵²noŋ²³¹fɐʔ⁰
广 丰	咋样 tsa⁵²iã̃²¹²｜能庄 nɐ̃n²⁴tsã̃⁴⁴
铜 山	什样 sæʔ⁴iũ²¹｜怎生 tseʔ²ɕĩ³³

401

为什么你～迟到?

为什么 你~迟到?

南　昌	为什哩 ui²¹ɕit⁵li⁴⁵
修　水	干么 kan⁵⁵mɔ⁰
湖　口	□的 ʂo²¹¹ti⁰
鄱　阳	何□子 xo²⁴lau¹¹tsʅ⁰
铅　山	做么哩 tso²¹moʔ²⁴li⁰
抚　州	做什个 tsʅ⁴¹sɛʔ⁵ko⁰
资　溪	□ laŋ¹³
宜　黄	做什个 to⁴²ɕit⁵ko⁴²
丰　城	舞什哩 vu⁴¹sɿʔ³²li⁰
高　安	做什哩 tsu⁴⁴sət⁵li⁰
新　余	舞啥么 u²¹³sa²¹ma⁴²
吉　安	为咋个 ui²¹⁴tsa⁵³ko²¹⁴
遂　川	舞□嘚 u³¹la⁵⁵tɛ⁰
宁　都	做□什 tso³¹sə²¹⁴sət³²
瑞　金	做么 tso⁴²me⁴⁴
于　都	□□嘚 ȵiõ³¹tʃʼuʔ⁵tɛʔ⁵
赣　县	□□子 iõ⁴⁴mɔ²¹²tsʅ⁰ / 舞么个 u⁵³mɔ²¹²kæ⁴⁴
南　康	做什么 tso⁵³sə²¹mɔ²⁴ / □□嘞 nɔ̃⁵³tsɛ̃³³lə⁰
龙　南	做甚个 tsʊ⁴⁴sen⁵³kai⁴⁴ / 为甚个 vi²²sen⁵³kai⁴⁴
寻　乌	做么个 tso⁴²maʔ³⁴kie⁵⁵
黄　坳	做么个 tso⁵³ma³¹ke²⁴
铜　鼓	做么个 tso⁵¹ma²¹ke⁵¹
大　溪	做么什 tso⁵²mɛʔ⁵ɕi³³
太　源	做什（个）嘚 tso⁴²seʔ⁴（kɛ⁰ ）tɛ⁰
九　江	为么事 uei²¹mo²¹³sʅ⁰
赣　州	怎么 tsəŋ⁴⁵mo⁰
白　槎	为么事 vei³¹²mo²¹⁴sʅ³¹²
浮　梁	何样 xɛ²⁴ȵia³³
婺　源	□物事 tʼɵ²bɔ⁵¹ɕi⁵¹
上　饶	为咋个 ui²¹tsɛʔ⁵kə⁴³⁴
广　丰	为咋事 ui²¹tsa⁵²se²¹² / 做什 dzo²⁴ɕiʔ⁵
铜　山	么□ bæʔ²tɕi²¹

	402	403
	怎么办车票忘记带了，～?	**哪个**你要～苹果?
南 昌	郎办 loŋ⁴²pan⁴⁵	哪个 la²¹³ko⁴⁵
修 水	□什办 lɔʔ⁴²sʅt⁴²pan²²	哪个 lɔ²¹kɔ⁵⁵
湖 口	哪样的 na³⁴³iɔŋ²¹³ti³⁴³	哪只 na³⁴³tʂa⁰
鄱 阳	何□个办 xo²⁴n̲in²⁴ko⁰pãn²¹	何一个 xo²⁴i⁴⁴ko³⁵
铅 山	咋为舞 tsau³³ui²¹u⁴⁵	哪个 na⁴⁵ko²¹
抚 州	郎办 laŋ²⁴pan²¹²	何一个 xoi²⁴ko⁰
资 溪	□哩办 tɕin⁵³li⁰pan⁵³	何一个 xoi¹³ko⁵³
宜 黄	□□办 n̲iɔŋ⁴⁵˙⁰i⁰pan²²	何一个 xai⁴⁵ko⁴²
丰 城	恨个舞 xɛn²¹³ko⁰vu⁴¹	何一个 xɛi³³ko²¹³
高 安	争样办 tsaŋ³⁵iɔŋ²²pan²²	何一个 xɔi²¹³ko⁰
新 余	才样办 tsʰai³⁴iɔŋ⁵¹pʰan¹²	哪一个 lai²¹ko⁴²
吉 安	□办 tɕʰiɔŋ³³⁴pan²¹⁴	哪个 la⁵³ko²¹⁴
遂 川	□办 tsʰɔ̃²¹⁴pãn²¹⁴	哪一个 næ³¹kiæ⁵⁵
宁 都	□□嗻□ nɔŋ⁴⁴n̲i¹³tək⁰tsʰu²¹⁴	哪只 na²¹⁴tsat³²
瑞 金	样般舞 n̲iɔŋ⁵¹puɛn⁴⁴vu²¹²	哪只 n̲iɛ²¹²tsaʔ²
于 都	□□办 n̲iɔ̃³¹tʃuʔ⁵pʰã⁴²	□个 næ³¹kæ³²³
赣 县	样么子舞 iɔ⁴⁴mɔ²¹²tsʅ⁰u⁵³	哪个 næ⁵³kæ⁴⁴
南 康	□么办 n̲i²⁴ma²¹pã⁵³	哪只 næ²¹tsa⁵⁵
龙 南	仰□舞 n̲iɔŋ⁵³tʰin⁴⁴vu⁵³	哪一个 nai²²kai⁴⁴
寻 乌	么个舞 maʔ³⁴kie⁵⁵vu⁴²	呢只 n̲i⁴²tsaʔ²¹
黄 坳	□么办 n̲iɔŋ⁵³ma³¹pan⁵³	哪一只 nai³¹tsak²
铜 鼓	□板办 n̲iɔŋ⁵¹pan²¹pan⁵¹	哪一只 nai²¹tat³
大 溪	□生弄法 nɔŋ⁴³sɛn³³lɔŋ⁴³fɛʔ⁴⁵	□个 n̲i⁴³kæ⁵²
太 源	样生办 iɔŋ⁴²sɛn⁴⁴pan⁴²	若个 lɔʔ²kai⁴⁴
九 江	怎么办 tsən²¹³mo⁰pan²¹	哪个 lɒ²¹³ko⁰
赣 州	怎么办 tsəŋ⁴⁵mo⁰pãn²¹²	哪个 na⁴⁵ko⁰
白 槎	咋搞 tsa²¹kau²¹⁴	哪个 la²¹⁴ko⁰
浮 梁	何样办 xɛ²⁴n̲ia³³po³³	何一个 xɛ²⁴˙⁰i⁰kiɛ⁰
婺 源	□□办 tsɔ⁵¹xɔ̃⁵¹pʰum⁵¹	何一只 xɵ¹¹˙⁵¹i⁰tsɔ⁵¹
上 饶	咋样办 tseʔ⁵iæ̃²¹bæ̃²¹²	哪个 na²³¹kæ⁴³⁴
广 丰	能庄撰法 nɛ̃²⁴tsũɐ̃⁴⁴tɕyɛn²¹fæʔ⁵	□个来 tsʰai⁴³kyʔ⁵lei⁴⁴
铜 山	怎生弄法 tseʔ²ɕĩ³³lɔŋ²¹fuæ⁴²	□一个 ɕi²¹tɕieʔ²e²⁴

	404	405
	哪里 你家在～?	**这个**
南　昌	哪里 la²¹³li⁴⁵	个个 ko²¹³ko⁴⁵
修　水	哪里 lɔ²¹di⁰	个个 kɔ²¹kɔ⁵⁵
湖　口	哪里 na³⁴³li⁰	伊只 i⁴⁵⁵tʂa⁰
鄱　阳	何里 xo²⁴li⁰	个个 ko³⁵ko⁰
铅　山	哪里 na⁴⁵li⁰	这个 tsɛ²¹ko⁰
抚　州	何里 xoi²⁴ti⁰	该个 koi³²ko⁰
资　溪	何里 xoi¹³li³⁵	该个 koi³¹ko⁵³
宜　黄	何里 xai⁴⁵ti⁴⁵³	个个 ko⁴⁵ko⁴²
丰　城	何里 xɛi³³li⁰	该个 kei³⁵ko²¹³
高　安	何□ xɔi²¹³tɵ⁰	该个 kɔi³⁵ko⁰
新　余	哪里 lai⁴⁵li⁰	该个 ko³⁴li⁰
吉　安	哪里 na⁵³li⁰	个只 ko²¹⁴ta³³⁴
遂　川	哪□ na³¹uɛ⁵⁵	底个 ti³¹kiæ⁵⁵
宁　都	哪嘚 na²¹⁴tək³²	底只 ti²¹⁴tsat³
瑞　金	哪□子 ȵie²¹²to⁴⁴tsʅ⁰	底只 ti²¹²tsaʔ²
于　都	哪□ næ³¹nã⁰	底只 ti³⁵kæ³²³
赣　县	哪块子 næ⁵³kʼuæ⁴⁴tsʅ⁰	改个 kæ⁵³kæ⁴⁴
南　康	哪嘞 næ²¹lə⁰	改只 kæ²¹tsa⁵⁵
龙　南	哪嘚 nai²²teʔ⁰	该个 kai³¹²kai⁴⁴
寻　乌	呢拨 ȵi⁴²pɔʔ²¹	底只 ti⁴²tsaʔ²¹
黄　坳	哪子 nai³¹tsʅ⁰	伊只 i²⁴tsak²
铜　鼓	哪子 nai²¹tsʅ⁰	伊个 i²¹⁴kɛ⁵¹
大　溪	□块 ni⁴³kʼuæ⁵²	□个 ti⁴³kæ⁵²
太　源	若落 lɔʔ²lɔʔ⁴	该个 kai³⁵kai⁴⁴
九　江	哪里 lɒ²¹³li⁰	□个 tei²¹ko⁰
赣　州	哪块 na⁴⁵kʼuæ⁰	这个 tse²¹²ko⁰
白　槎	哪合儿 la²¹⁴xar³¹²	□个 lɛ³¹²ko⁰
浮　梁	何□ xɛ²⁴tɛ³³	□一个 lɛ⁵⁵;⁰i⁰kie⁰
婺　源	何□□ xɵ¹¹tã⁵¹nĩ⁰	伊只 i⁵⁵tsɔ⁵¹
上　饶	哪里 na²³¹li⁰	这个 dzie²⁴kə⁰
广　丰	□里 tsʼai⁴³li²⁴	□个 iiʔ⁵ky⁰
铜　山	底囝 teʔ²kiã⁴⁴³	即一个 tɕi⁴²tɕieʔ²e²⁴

	406 那个	407 这里
南　昌	许个 xe²¹³ko⁴⁵	个里 ko²¹³li⁰
修　水	□个 xɛn²⁴kɔ⁵⁵	个哩 kɔ²¹di⁰
湖　口	唔只 ŋ³⁴³tʂa⁰	伊里 i⁴⁵⁵li⁰
鄱　阳	呢个 ni²⁴ko⁰	个里 ko³⁵li⁰
铅　山	唔个 ŋ²¹ko⁰	这里 tsɛ²¹li⁰
抚　州	诶个 ɛ³²ko⁰	该里 koi³²ti⁰
资　溪	唔个 ŋ³¹ko⁵³	该里 koi³¹li³⁵
宜　黄	伊个 i⁴⁵ko⁴²	个里 ko⁴⁵ti⁴⁵³
丰　城	许个 xei⁴¹ko⁰	个里 ko³⁵li⁰
高　安	许个 xai³⁵kɔ⁰	个□ kɔ³⁵tθ⁰
新　余	□个 xɛ³⁴ko⁴²	伊里 i²¹li⁰ / 个里 ko⁴⁵li⁰
吉　安	许只 xɛ²¹ta³³⁴	个里 ko²¹⁴li⁰
遂　川	□个 kæ³⁵kiæ⁵⁵	□□ tiə⁵⁵tiə⁵⁵
宁　都	介只 kai²¹⁴tsat³²	底□子 ti²¹⁴tiau⁴⁴tsə⁰
瑞　金	介只 kiɛ²¹²tsaʔ²	底□子 ti²¹²to⁴⁴tsɿ⁰
于　都	介个 kæ³²³kæ³²³	底□ ti³⁵nã⁰
赣　县	□个 mi⁴⁴kæ⁴⁴	改块子 kæ⁵³kʰuæ⁴⁴tsɿ⁰ / 底子 ti⁵³tsɿ⁰
南　康	□只 niɛ³³tsa⁵⁵	改嘞 kæ²¹lə⁰
龙　南	□个 nen⁴⁴ke⁴⁴	该啴 kai³¹²teʔ⁰
寻　乌	□只 ai⁴²tsaʔ²¹	底拨 ti⁴²pɔʔ²¹
黄　坳	介个 kai⁵³tsak²	□子 iɔŋ²⁴tsɿ⁰
铜　鼓	介个 kai⁵¹kɛ⁵¹	伊子 i²¹⁴tsɿ⁰
大　溪	□个 kɛ⁴³kæ⁵²	底里 ti⁴³li⁰ / □□ nɔŋ⁴³lɛ⁰
太　源	唔个 ŋ³⁵kai⁴⁴	该落 kai³⁵lɔʔ⁴
九　江	□个 uei²¹ko⁰	□里 tei²¹li⁰
赣　州	那个 na²¹²ko⁰	这块 tse²¹kʰuæ⁴⁵
白　槎	那个 la³¹²ko⁰	□合儿 lɛ³¹²xar³¹²
浮　梁	唔一个 ŋ⁵⁵ni²¹³kiɛ⁰	□□ lɛ⁵⁵te³³
婺　源	个只 ke³⁵tsɔ⁵¹	伊落 i⁵⁵lɔ⁵¹ / 唔兜 ŋ³¹ta⁵⁵
上　饶	□个 muʔ⁵kə⁰	这里 dʑie²⁴li⁰
广　丰	□ / □个 xɣʔ⁵/mɔʔ⁵kɣ⁰	□来 xɣʔ⁵lɛi⁴⁴ / □搭 iʔ⁵tæʔ⁰
铜　山	许一个 xɯ⁴⁴tɕieiʔ²e²⁴	这□ tse²¹tə⁰

		408 那里	409 怎么 这个字~读?
南 昌		许里 xɛ²¹³li⁰	郎 lɔŋ⁴²
修 水		□里 xɛn²⁴di⁰	□什 lɔʔ⁴²sๅt⁴²
湖 口		唔里 ŋ³⁴³li⁰	哪样的 na³⁴³iɔŋ²¹³
鄱 阳		呢里 n̠i²⁴li⁰	何□个 xo²⁴n̠in²⁴ko⁰
铅 山		唔里 ŋ̍²¹li⁰	咋样 tsau³³ian²¹
抚 州		诶里 ɛ³²ti⁰	郎 laŋ²⁴
资 溪		唔里 ŋ̍³¹li³⁵	□样 tɕin⁵³lɔŋ⁵³
宜 黄		伊里 i⁴⁵ti⁴⁵³	□□ n̠iɔŋ⁴⁵·⁰
丰 城		许里 xɛ⁴¹li⁰	恨个 xɛn²¹³ko⁰
高 安		许□ xai⁴²tə⁰	争样/ 个 tsaŋ³⁵iɔŋ²²/ko⁰
新 余		许里 xɛ³⁴li⁰	才样 sᶟai³⁴iɔŋ⁰
吉 安		许里 xɛ²¹li⁰	□ tɕᶟiɔŋ³³⁴
遂 川		介□ kæ³⁵tiə⁵⁵	□ tsᶟõ²¹⁴
宁 都		介□子 kai²¹⁴tiau⁴⁴tsə⁰	□□嘚 nɔŋ⁴⁴ni¹³tək⁰
瑞 金		该□子 kie²¹²to⁴⁴tsๅ⁰	样般 n̠iɔŋ⁵¹puɛn⁴⁴
于 都		介□ kæ³²³nã⁰	□□ n̠iõ³¹tʃuʔ⁵
赣 县		□子 mi⁴⁴tsๅ⁰	□□子 iõ⁴⁴mɔ²¹²tsๅ⁰
南 康		□嘞 n̠iɛ³³lə⁰	□□ n̠iõ̃²⁴ma²¹
龙 南		□嘚 nen⁴⁴teʔ⁰	仰□ n̠iɔŋ⁵³tᶟin⁴⁴
寻 乌		□拨 ai⁴²pɔʔ²¹	哪子 na⁴²tsๅ⁰
黄 坳		介子 kai⁵³tsๅ⁰	□□ iɔŋ⁵³men²⁴
铜 鼓		介子 kai⁵¹tsๅ⁰	□板子 n̠iɔŋ⁵¹pan²¹tsๅ⁰
大 溪		□里 kɛ⁴³li⁰	□生 nɔŋ⁴³sɛn³³
太 源		唔落 ŋ̍³⁵lɔʔ⁴	样生 iɔŋ⁴²sɛn⁴⁴
九 江		□里 uei²¹li⁰	怎么 tsən²¹³mo⁰
赣 州		那块 na²¹kᶠuæ⁴⁵	怎么 tsən⁴⁵mo⁰
白 槎		那合儿 la³¹²xar³¹²	么样 mo²¹⁴iaŋ³
浮 梁		何□ xɛ²⁴tɛ³³	何样 xɛ²⁴n̠ia⁰
婺 源		个落 ke³⁵lɔ⁵¹	咋□ tsɔ⁵¹xɵ⁵¹
上 饶		□里 muʔ⁵li⁰	什样 ɕiãn⁵²
广 丰		□搭 xɣʔ⁵tæʔ⁰	能庄 næ̃n²⁴tsãŋ⁴⁴
铜 山		货□ xə²¹tə⁰	怎生 tseʔ²ɕi³³

	410 多少一共~钱？| 多离市区有~远？	411 长绳子~	412 短绳子~
南 昌	儿多 tɕi²¹³to⁴² | 儿 tɕi²¹³	猛 maŋ²¹³	短 ton²¹³
修 水	儿多 tɕi²¹tɔ³⁴ | 儿 tɕi²¹	猛 maŋ²¹	□ lon²¹
湖 口	儿多 tɕi³⁴³to⁴²| 儿 tɕi³⁴³	猛 maŋ³⁴³	短 ton³⁴³
鄱 阳	儿多 tɕi⁴²to²¹ | 儿 tɕi⁴²	猛 mən⁴²	短 tõn⁴²
铅 山	儿多 tɕi⁴⁵to³³ | 儿 tɕi⁴⁵	猛 mɛn⁴⁵	短 ton⁴⁵
抚 州	儿多 tɕi⁴⁵to³² | 儿 tɕi⁴⁵	猛 maŋ⁴⁵	短 ton⁴⁵
资 溪	儿多 tɕi³⁵to³¹ | 儿 tɕi³⁵	猛 maŋ³⁵	短 ton³⁵
宜 黄	儿多 tɕi⁴⁵to³³ | 儿 tɕi⁴⁵³	猛 maŋ⁴⁵³	短 ton⁴⁵³
丰 城	儿多 tɕi³²to³⁵	猛 maŋ⁴¹	□ naŋ⁴¹
高 安	儿多 tɕi⁴²to³⁵	猛 maŋ⁴²	□ lan⁴²
新 余	儿多 tɕi²¹to⁴⁵ | 儿 tɕi²¹³	猛 man²¹³	□ lan⁴²
吉 安	儿多 tɕi⁵³to³³⁴ | 儿 tɕi⁵³	长 tsʻɔŋ¹¹	短 ton⁵³
遂 川	儿多 tɕi³¹to⁵³	长 tsʻõ²²	短 tuẽn³¹
宁 都	儿多 tɕi²¹⁴to⁴²	猛 maŋ⁴⁴	□ naŋ¹³
瑞 金	儿多 tɕi⁴⁴to⁴⁴ | 儿 tɕi⁴⁴	猛 maŋ⁴⁴	□ naŋ³⁵
于 都	儿多 tɕi³⁵tɤ³¹	猛 mã³¹	短 tõ³⁵
赣 县	儿多子 tɕi⁵³təu²⁴tsŋ⁰| 儿 tɕi⁵³	猛 mã⁵³	短 tõ⁵³
南 康	儿多 tɕi²¹to³³ | 儿 tɕi²¹	长 tsʻɔ̃¹¹	短 tuɛ²¹
龙 南	儿多嘚 tɕi⁵³to²⁴teʔ⁰ | 儿 tɕi⁵³	长 tsʻɔŋ³¹²	短 tuain³¹²
寻 乌	儿多 ki⁴²to²⁴ | 儿 ki⁴²	长 tsʻɔŋ²¹⁴	短 tuan⁴²
黄 坳	儿多 ki³¹tɔ²⁴	长 tsʻɔŋ²¹²	短 tuan³¹
铜 鼓	儿多 tɕi²¹to²¹⁴ | 儿 tɕi²¹	长 tʻɔŋ¹³	短 ton²¹
大 溪	儿多 tɕi⁴³to³³ | 儿 tɕi⁴³³	长 tsʻɔŋ²¹³	短 tuon⁴³³
太 源	儿多 tɕi³⁵to⁴⁴ | 儿 tɕi³²⁵	长 tʃʻɔŋ²¹²	短 tʌn³²⁵
九 江	儿多 tɕi²¹³to³¹	长 tʂã⁴⁴	短 tuõ²¹³
赣 州	儿多 tɕi⁴⁵to³³	长 tsʻã⁴²	短 tõn⁴⁵
白 槎	多少 to⁴²sau²¹⁴	长 tsʻaŋ⁵⁵	短 tan²¹⁴
浮 梁	儿多 tɕi³¹to⁵⁵ | 儿 tɕi³¹	猛 maŋ³¹	短 tɛn³¹
婺 源	儿多 tɕi³⁵tɤ⁵⁵	长 tɕʻiã¹¹	短 tum²
上 饶	儿多 tɕi⁵²to⁴⁴ | 儿 tɕi⁵²	长 dʑiãn⁴²³	短 tuõn⁵²
广 丰	儿多 kɐi⁵²to⁰ | 儿 kɐi⁵²	长 dæn²³¹	□ ti⁴⁴
铜 山	偌□ lua²¹tsuəi²¹ | 偌 lua²¹	长 tən²⁴	□ tə⁴⁴

	413	414	415
	小字写得太~ | 细绳子~	宽路有二丈~	窄路~不能开车
南　昌	小 ɕieu²¹³ | 细 ɕi⁴⁵	阔 kʻuot⁵	狭 xat²
修　水	□ mɛt⁴² | 细 ɕi⁵⁵	宽 guon²³	狭 xæt⁴²
湖　口	细 ɕi⁴⁵⁵	宽 guan⁴²	狭 xa²¹³
鄱　阳	细 ɕi³⁵ | 瘦 səu³⁵	阔 kʻua⁴⁴	狭 xɒ⁴⁴
铅　山	细 ɕi²¹ | 细 ɕi²¹ / 嫩 nen²¹	阔 kʻuɐʔ⁴	狭 xɐʔ⁴
抚　州	小 ɕieu⁴⁵ | 细 ɕi⁴¹	宽 kʻuon³²	狭 xat⁵
资　溪	小 ɕiau³⁵ | 细 si⁵³	宽 kuon³¹	狭 xat⁵
宜　黄	小 ɕiau⁴⁵³ | 细 ɕi⁴²	阔 kʻuot²	狭 xat⁵
丰　城	细 ɕi²¹³	阔 kʻuɐʔ³²	狭 xɐʔ⁵
高　安	细 sai⁴⁴	阔 kʻɔt⁵	狭 xat²
新　余	细 ɕi⁴²	阔 kʻuoʔ³⁴	狭 xaʔ³⁴
吉　安	小 ɕiau⁵³ | 细 ɕi²¹⁴	宽 kʻuon³³⁴	窄 tsɛ³³⁴
遂　川	细 ɕi⁵⁵	宽 kʻuẽn⁵³	窄 tsæ⁵⁵
宁　都	细 ɕiɛ³¹	阔 kʻuət³²	狭 xat⁵
瑞　金	细 ɕie⁴² | 嫩 nuin⁵¹	阔 kʻue²²	狭 xaʔ⁴
于　都	细 sɛ³²³	宽 kʻõ³¹	狭 xa⁴²
赣　县	细 se⁴⁴ | 嫩 nəŋ⁴⁴	阔 kʻuaʔ³²	窄 tsɐʔ³²
南　康	细 se⁵³	阔 kʻue²⁴	□ tɕʻie²⁴
龙　南	细 se⁴⁴	阔 kʻuɐʔ⁴³	狭 tɕʻiɛʔ²³
寻　乌	细 ɕie⁵⁵	宽 kʻuan²⁴	狭 kʻiɛʔ³⁴
黄　坳	细 sɛ⁵³	阔 kʻɔit²	□ kʻai⁵³
铜　鼓	细 ɕi⁵¹ | 嫩 lən⁵¹	阔 kʻɔt³	狭 xat⁵
大　溪	细 sɛ⁵²	阔 kʻuɐʔ⁴⁵	窄 tsɐʔ⁴⁵
太　源	细 sai⁴⁴	阔 xuɛʔ⁴	狭 xaʔ²
九　江	小 ɕiau²¹³ | 细 ɕi²¹	宽 kuõ³¹	窄 tsai⁵³
赣　州	小 ɕiɔ⁴⁵ | 细 ɕi²¹²	宽 kʻõn³³	窄 tsæ²¹²
白　槎	小 ɕiau²¹⁴ | 细 ɕi³¹²	宽 kʻuan⁴²	窄 tse⁴²
浮　梁	细 sɛ²¹³ | □ miau²⁴	阔 kʻue²¹³	狭 xo³³
婺　源	细 si³⁵	阔 kʻɵ⁵¹	狭 xɵ⁵¹
上　饶	细 sui⁴⁴ | 细 ɕi⁴³⁴	阔 kʻuɐʔ⁵	狭 xɐʔ²³
广　丰	细 suai⁴⁴ | 细 ɕi⁴³⁴	阔 kʻuæʔ⁵	狭 xæʔ²³
铜　山	细 suəi²¹ | 幼 iu²¹	阔 kʻua⁴²	狭 uəi⁵⁵

	416 高个儿~|飞得~	417 矮个儿~|低飞得~	418 陡坡太~,爬得累死了
南　昌	猛 maŋ²¹³ | 高 kau⁴²	矮 ŋɛ²¹³	陡 tiɛu²¹³
修　水	猛 maŋ²⁴ | 高 kau³⁴	矮 ŋai²¹ | 低 ti³⁴	陡 tɛi²¹
湖　口	猛 maŋ³⁴³ | 高 kau⁴²	矮 ŋai³⁴³ | 低 ti⁴²	陡 tɛu³⁴³
鄱　阳	猛 mən⁴² | 高 kau²¹	矮 ŋai⁴²	陡 təu⁴²
铅　山	高 kau³³	矮 ŋai⁴⁵	□ ɕin²¹
抚　州	高 kau³²	矮 ŋai³⁵ | 低 ti³²	陡 tɛu⁴⁵
资　溪	高 kau³¹	矮 ŋai³⁵ | 低 ti³¹	斜 tɕia⁵³
宜　黄	高 kɔu³³	矮 ŋai⁴⁵³	斜 tɕia⁴⁵
丰　城	长 tsʻɔŋ³³ | 高 kau³⁵	矮 ŋai⁴¹ | 低 ti³⁵	斜 tɕia³³
高　安	猛 maŋ⁴² | 高 kau³⁵	□ lan⁴² | 矮 ŋai⁴²	□ tuɐn⁴²
新　余	高 kau⁴⁵	矮 ŋai²¹³	陡 tɛu²¹³
吉　安	高 kau³³⁴	矮 ŋai⁵³ | 低 ti³³⁴	陡 tɛu⁵³
遂　川	高 kɒ⁵³	矮 æ³¹	陡 tiə³¹
宁　都	高 kau⁴²	矮 ŋai²¹⁴ | 低 tiɛ⁴²	斜 tɕia¹³
瑞　金	高 kɔ⁴⁴	矮 ɛ²¹²	斜 tɕia³⁵
于　都	高 kɔ³¹	矮 ŋæ³⁵	崎 tɕʻiɛ³¹
赣　县	高 kɔ²⁴	矮 ŋæ⁵³ | 低 te²⁴	陡 te⁵³ / 崎 tɕʻi²¹²
南　康	高 kɔ³³	矮 æ²¹ | 低 ti³³	崎 tɕʻi³³
龙　南	高 kau²⁴	矮 ŋai⁵³ | 低 te²⁴	崎 tɕʻi²⁴
寻　乌	高 kau²⁴	矮 ai⁴² | 低 tie²⁴	崎 kʻi²⁴
黄　坳	高 kau²⁴	矮 ai³¹	崎 kʻi²⁴
铜　鼓	高 kau²¹⁴	矮 ai²¹	陡 tɛu²¹
大　溪	高 kɔ³³	矮 ŋɛ⁴³³	斜 tɕʻia²¹³
太　源	高 kɑu⁴⁴	矮 ai³²⁵	崎 □ tɕʻi⁴⁴
九　江	高 kau³¹	矮 ŋai²¹³ | 低 ti³¹	陡 təu²¹³
赣　州	高 kɔ³³	矮 ȵiɛ⁴⁵ | 低 ti³³	陡 tiɛu⁴⁵
白　槎	高 kau⁴²	矮 ŋai²¹⁴	陡 təu²¹⁴
浮　梁	高 kau⁵⁵	矮 ŋa³¹ | 低 tɛ⁵⁵	□ ʂɛn²¹³
婺　源	高 kɔ⁵⁵	矮 gɔ³¹	□ tɕʻi³¹
上　饶	高 kɔu⁴⁴	矮 ŋæ⁵²	斜 dze⁴²³
广　丰	高 kəɯ⁴⁴	矮 ai⁵²	□ sãn²⁴
铜　山	悬 kũi²⁴	矮 uəi⁴⁴³	斜 tɕʻia²⁴

	419 歪帽子戴~了	420 咸菜~	421 稠稀饭~
南 昌	歪 uai⁴²	咸 xan²⁴	□ tɕʰit² / 浓 ȵiuŋ⁴⁵
修 水	□ tsɔ⁵⁵	咸 xan²⁴	□ ȵien²²
湖 口	□ tiɛ²¹³	咸 xan²¹¹	浓 ȵioŋ²¹¹
鄱 阳	斜 tɕʰiɔ²⁴	咸 xãn²⁴	浓 ȵyən²⁴
铅 山	聱 ŋau²⁴	咸 xan²⁴	浓 ȵioŋ²⁴
抚 州	歪 uai³²	咸 xam⁴⁵	浓 ȵiuŋ²⁴
资 溪	□ iɛ¹³	咸 xam¹³	浓 ȵiuŋ¹³
宜 黄	聱 ŋau⁴⁵/ 歪 uai³³	咸 xam⁴⁵	浓 ȵiuŋ⁴⁵
丰 城	斜 tɕʰia³³	咸 xan³³	浓 ȵiuŋ³³
高 安	斜 tɕʰia³⁵	咸 xan²¹³	实 sɵt²
新 余	斜 tɕʰia⁴²	咸 xan⁴²	浓 iuŋ⁴²
吉 安	斜 tɕʰia²¹	咸 xan²¹	浓 ȵiuŋ²¹
遂 川	歪 uæ⁵³	咸 xãn²²	□ tɕʰiẽn²¹⁴
宁 都	歪 vai⁴²	咸 xan¹³	□ tsʰət³²
瑞 金	聱 ŋɔ³⁵	□咸 maʔ²⁴xan³⁵	□ nɣ³⁵
于 都	聱 ŋɔ⁴⁴	咸 xã⁴⁴	浓 ȵiəŋ²¹²/□ tɕʰyɛʔ⁵⁴
赣 县	聱 ŋɔ²¹²	咸 xã²¹²	□ ne²¹²
南 康	歪 væ³³	咸 xã¹¹	□ ne¹¹
龙 南	聱 ŋau³¹²	咸 xain³¹²	□ nɛu²²
寻 乌	聱 ŋau²¹⁴	咸 xan²¹⁴	□ niu²¹⁴
黄 坳	聱 ŋau²¹²	咸 xan²¹²	□ nɛu⁵³
铜 鼓	□ tɕiɔ²¹	咸 xan¹³	硬 ŋan⁵¹
大 溪	歪 uɛ³³	咸 xan²¹³	浓 ȵiəŋ²¹³
太 源	聱 ŋau²¹²	咸 xan²¹²	□ nɛn²¹²
九 江	歪 uai³¹	咸 xan⁴⁴	□ lien²¹
赣 州	歪 væ³³	咸 ɕĩn⁴²	□ nio⁴²
白 槎	歪 vai⁴²	咸 ɕian⁵⁵	□ ȵiɛ³¹²
浮 梁	歪 ua⁵⁵	咸 xo²⁴	稠 tɕʰiɛu²⁴
婺 源	歪 va⁵⁵	咸 xẽ¹¹	硬 ŋɔ̃⁵¹
上 饶	歪 uæ⁴⁴	咸 xãn⁴²³	浓 ȵyoŋ⁴²³
广 丰	歪 uɐi⁴⁴	咸 xãn²³¹	浓 ȵyoŋ²³¹ / □gaʔ²³
铜 山	歪 uai³³	咸 kian²⁴	□ kʰɔ³³

	422 稀稀饭~｜秧插得~	423 黑把头发染~	424 亮灯很~
南 昌	稀 ɕi⁴²	乌 u⁴²	光 kuɔŋ⁴²
修 水	清 dzin²³｜疏 ɕiɛ³⁴	乌 u³⁴	光 kuɔŋ³⁴
湖 口	稀 ɕi⁴²‖宴 lɔŋ⁴⁵⁵	乌 u⁴²	亮 diɔŋ²¹³
鄱 阳	清 tɕʰin²¹｜开 kʰɐi²¹	乌 u²¹	光 kuãn²¹
铅 山	清 tɕʰin³³｜宴 lan³³	乌 u³³	光 kuon³³
抚 州	清 tɕʰiaŋ³²｜疏 sɛ³²	乌 u³²	光 kuɔŋ³²
资 溪	清 tɕʰiaŋ³¹｜疏 sɛ³¹	乌 u³¹	光 kuɔŋ³¹
宜 黄	清 tɕʰiaŋ³³｜疏 sɛ³³	乌 u³³	光 kuɔŋ³³
丰 城	清 tɕʰiaŋ³⁵｜稀 ɕi³⁵	乌 vu³⁵	光 kuɔŋ³⁵
高 安	清 tɕʰiaŋ³⁵｜稀 ɕi³⁵	乌 u³⁵	光 kuɔŋ³⁵
新 余	清 tɕʰiaŋ³⁴｜稀 ɕi⁴⁵	乌 u⁴⁵	光 kuɔŋ⁴⁵
吉 安	稀 ɕi³³⁴	乌 u³³⁴	光 kuɔŋ³³⁴
遂 川	稀 ɕi⁵³｜□ lɔ³¹	乌 u⁵³	亮 liõ²¹⁴
宁 都	鲜 ɕiɛn⁴²｜□ lau³¹	乌 vu⁴²	亮 liɔŋ⁴⁴
瑞 金	□ tɕiɛn⁴⁴｜□ lɔ⁴²	乌 vu⁴⁴	亮 liɔŋ⁵¹
于 都	鲜 sɿ³¹｜□ lɔ³²³	乌 vu³¹	光 kõ³¹
赣 县	鲜 ɕĩ²⁴｜□ lɔ⁵³	乌 u²⁴	光 kõ²⁴
南 康	鲜 ɕĩ³³｜□ lɔ⁵³	乌 vu³³	光 kõ³³
龙 南	鲜 ɕiɛn²⁴｜□ lau⁴⁴	乌 vu²⁴	皓 xau²²
寻 乌	鲜 ɕiɛn²⁴｜□ lau⁵⁵	乌 vu²⁴	光 kɔŋ²⁴
黄 坳	鲜 ɕiɛn²⁴｜□ lau⁵³	乌 u²⁴	亮 liɔŋ⁵³
铜 鼓	□ iau¹³｜□ lau⁵¹	乌 vu²¹⁴	光 kuɔŋ²¹⁴
大 溪	清 tɕʰian³³｜宴 lɔŋ³³	乌 u³³	光 kuɔŋ³³
太 源	清 tsʰɛn⁴⁴｜疏 ɕio⁴⁴	乌 vu⁴⁴	皓 xɑu⁴²
九 江	稀 ɕi³¹	黑 xai⁵³	亮 liã²¹
赣 州	稀 ɕi³³	黑 xæ²¹²	亮 liæn²¹²
白 槎	稀 ɕi⁴²	黑 xɛ⁴²	亮 liaŋ³¹²
浮 梁	稀 ɕi⁵⁵	乌 u⁵⁵	光 kuaŋ⁵⁵
婺 源	□ ia³⁵｜疏 su⁵⁵	乌 vu⁵⁵	光 kuã⁵⁵
上 饶	清 tsʰĩn⁴⁴｜宴 nãn⁴⁴	乌 u⁴⁴	光 kuõŋ⁴⁴／□ dæ²³¹
广 丰	清 tsʰĩn⁴⁴｜宴 lõŋ⁴⁴	乌 uɣ⁴⁴	光 kyãn⁴⁴／□ dɐi²⁴
铜 山	□ tɕiẽn³³｜宴 lan³³	乌 ɔ³³	着 to⁵⁵

	425 暗 窗户小，房间里很~	426 热、烫 刚出锅的油条真~ ｜ 手~伤了
南　昌	暗 ŋon⁴⁵	烧 siɛu⁴²
修　水	暗 ŋon⁵⁵	□ uɔʔ⁴²
湖　口	暗 ŋon⁴⁵⁵	□ uɔŋ³⁴³ ｜ □ uo²¹³
鄱　阳	暗 ŋõn³⁵	滚 kuɛn⁴² ｜ 烫 t‘ãn³⁵
铅　山	暗 ŋon²¹	滚 kuen⁴⁵ ｜ 烫 t‘an²¹
抚　州	暗 ŋon⁴¹	烧 sɛu³² ｜ □ lat⁵
资　溪	暗 ŋon⁵³	烧 sau³¹ / 热 ȵiɛt⁵ ｜ □ lat⁵
宜　黄	暗 ŋon⁴²	烧 sau³³ ｜ □ lait⁵ ｜ □ lait⁵
丰　城	暗 ŋon²¹³	滚 kuən⁴¹ / □ læʔ⁵
高　安	暗 ŋon²²	滚 kuən⁴² / 烧人 sɛu³⁵in²¹³ ｜ 烧 sɛu³⁵
新　余	暗 ŋan⁴²	泡人 p‘au¹² ȵin⁴² ｜ □ xaʔ³⁴
吉　安	暗 ŋon²¹⁴	滚 kun⁵³ ｜ 烫 t‘ɔŋ²¹⁴
遂　川	暗 uɛ̃n²¹⁴	滚 kũin³¹ ｜ 爁 la²¹⁴
宁　都	暗 ŋon³¹	滚 kun²¹⁴ / 爁 lok⁵ ｜ 爁 lok⁵
瑞　金	暗 vɛn⁴²	滚 kuin²¹² ｜ 爁 lɣʔ⁴
于　都	暗 ŋõ³²³	滚 kuẽ³⁵ ｜ □ læ⁴²
赣　县	暗 õ⁴⁴	滚 kuəŋ⁵³ ｜ □ lɛʔ⁵
南　康	暗 vɛ̃⁵³	滚 kuɛ̃²¹ ｜ □ na⁵³
龙　南	暗 ain⁴⁴	滚 kuen⁵³ ｜ □ næʔ⁴³
寻　乌	暗 an⁵⁵	滚 kun⁴² ｜ 爁 luʔ²⁴
黄　坳	暗 an⁵³	□ pi⁵³ ｜ 爁 luk²
铜　鼓	暗 an⁵¹	滚 kuəŋ³¹ ｜ 爁 luk³
大　溪	暗 ŋuon⁵²	滚 kuen⁴⁵ ｜ 烫 t‘an⁵²
太　源	暗 ʌn⁴²	滚 kuen³²⁵ ｜ □ luʔ⁴
九　江	暗 ŋan²¹	泡 p‘au²¹ ｜ 烫 t‘ã²¹
赣　州	暗 ŋãn²¹²	滚 kuəŋ⁴⁵ ｜ □ læ²¹²
白　槎	黑 xɛ⁴²	热 ʮɤ⁴² ｜ 烫 t‘aŋ³¹²
浮　梁	暗 uɛn²¹³	烫 t‘aŋ²¹³
婺　源	暗 ŋuæn³⁵	滚 kuæn² ｜ 灼 tsu⁵¹
上　饶	暗 ŋuõn⁴³⁴	滚 kũin⁵² ｜ 烫 t‘an⁴³⁴
广　丰	乌荫 uɣ⁴⁴ĩn⁴³⁴	滚 kuẽn⁵² ｜ 烫 t‘ãŋ⁴³⁴
铜　山	暗 an²¹	滚 kuon⁴⁴³ ｜ 烙 luə⁴²

	427 冷天~ ｜ 凉饭~了再热一热	428 干晒~ ｜ 渴口~
南 昌	冷 laŋ²¹³	干 kon⁴²
修 水	冷 liaŋ²¹	干 kon³⁴
湖 口	凉 liɔŋ²¹¹ ｜ 冷 lən³⁴³	干 kon⁴²
鄱 阳	冷 lən⁴²	干 kõn²¹
铅 山	冷 lɛn⁴⁵	干 kon³³
抚 州	冷 laŋ⁴⁵	干 kon³²
资 溪	冷 laŋ³⁵	干 kon³¹
宜 黄	冷 laŋ⁴⁵³	燋 tau³³ ｜ 干 kon³³
丰 城	冷 laŋ⁴¹	干 kɔn³⁵
高 安	冷 laŋ⁴²	干 kɔn³⁵
新 余	冷 laŋ²¹³	干 kon⁴⁵
吉 安	冷 laŋ⁵³	干 kon³³⁴
遂 川	冷 lã³⁵	干 kuẽn⁵³
宁 都	寒 xon¹³ ｜ 冷 laŋ⁴²	干 kuon⁴² ｜ 燋 tsau⁴²
瑞 金	冷 len⁴⁴	燋 tsɔ⁴⁴
于 都	冷 liã³¹	燋 tsɔ³¹
赣 县	冷 lã²⁴	燋 tsɔ²⁴ ｜ 干 kõ²⁴
南 康	冷 lã³³	燋 tsɔ³³ ｜ 干 kuẽ³³
龙 南	冷 laŋ²⁴	燋 tsau²⁴ ｜ 渴 xɔiʔ⁴³
寻 乌	冷 liaŋ²⁴	燋 tsau²⁴ ｜ 渴 xuaiʔ²¹
黄 坳	冷 laŋ³¹	燋 tsau²⁴
铜 鼓	冷 laŋ²¹	干 kɔn²¹⁴
大 溪	冷 lɛn⁴³³	燋 tsau³³ ｜ 干 kuon³³
太 源	冷 laŋ³²⁵	燋 tsau⁴⁴
九 江	冷 lən²¹³	干 kan³¹ ｜ 渴 kʻo⁵³
赣 州	凉 liãn⁴² ／ 冷 ləŋ⁴⁵ ｜ 冷 ləŋ⁴⁵	燋 tsɔ³³ ｜ 干 kãn³³
白 槎	冷 ləŋ²¹⁴	干 kan⁴²
浮 梁	冷 nai³¹	干 kiɛn⁵⁵
婺 源	冻 tɐm³⁵ ｜ 冷 nɔ̃²	干 kum⁵⁵
上 饶	冷 nɛ̃n²³¹	干 kuõn⁴⁴
广 丰	冷 lɛ̃n²⁴ ／ 寒 xuɛ̃n²³¹ ｜ 冷 lɛ̃n²⁴	燥 sɐɯ⁵²
铜 山	寒 kuã²⁴ ／ 严 gan²⁴ ｜ 严 gan²⁴	焦 ta³³

	429 湿 下了雨，路上很~	430 快 走路~ ｜ 刀很~	431 晚 八点起床太~了
南 昌	湿 ɕit⁵	快 kʻuai²¹³	晏 ŋan⁴⁵
修 水	湿 sʅt⁴²	快 guai³⁵	晏 ŋan⁵⁵
湖 口	湿 ʂa⁴⁵⁵	□ ʂau⁴⁵⁵ ｜ 快 guai²¹³	晏 ŋan⁴⁵⁵
鄱 阳	湿 sə⁴⁴	快 kʻuai³⁵	晏 ŋãn³⁵
铅 山	湿 seʔ⁴	快 kʻuai²¹	晏 ŋan²¹
抚 州	湿 ɕit²	快 kʻuai⁴¹	晏 ŋan⁴¹
资 溪	湿 sit³	快 kʻuai⁵³	晏 ŋan⁵³
宜 黄	湿 ɕit⁵	快 kʻuai⁴²	晏 ɛn⁴²
丰 城	湿 sʅʔ³²	快 kʻuai²¹³	晏 ŋan²¹³
高 安	湿 sɵt⁵	快 kʻuai⁴⁴	晏 ŋan⁴⁴
新 余	湿 səʔ⁵	快 kʻuai⁴²	晏 ŋan⁴²
吉 安	湿 sɛ³³⁴	快 kʻuai¹¹	晏 ŋan²¹⁴
遂 川	湿 sɛ⁵⁵	快 kʻuæ⁵⁵ ｜ 利 li²¹⁴	晏 ãn⁵⁵
宁 都	湿 sət³²	快 kʻai³¹	晏 ŋan³¹
瑞 金	湿 ɕiʔ²	快 kʻie⁴² ｜ 利 li⁵¹	晏 an⁴²
于 都	湿 sɛʔ⁵	快 kʻuæ³²³ ｜ 利 li⁴²	晏 ã³²³
赣 县	湿 sɛʔ³²	快 kʻuæ⁴⁴ ｜ 利 li⁴⁴	晏 ã⁴⁴
南 康	湿 sɛ⁵³	快 kʻuæ⁵³ ｜ 利 li⁵³	晏 ŋã⁵²
龙 南	湿 sɛʔ⁴³	快 kʻai⁴⁴	晏 ain⁴⁴
寻 乌	湿 ɕiʔ²¹	快 kʻai⁵⁵ ｜ 利 li⁵⁵	昼 tɕiu⁵⁵
黄 坳	湿 sʅt²	快 kʻuai⁵³ ｜ 利 li⁵³	昼 tɕiu⁵³
铜 鼓	湿 sɛk³	快 kʻuai⁵¹ ｜ 利 li⁵¹	晏 ɔn⁵¹
大 溪	湿 sɛʔ⁴⁵	快 kʻuæ⁵²	晏 ŋuon⁵²
太 源	湿 sɤʔ⁴	快 ɕiai⁴⁴ ｜ 利 li⁴²	晏 an⁴²
九 江	湿 ʂʅ⁵³	快 kʻuai²¹	晚 uan²¹³ ／ 晏 ŋan²¹
赣 州	湿 sæ²¹²	快 kʻuæ²¹² ｜ 利 li²¹²	晚 vãn⁴⁵ ／ 晏 ŋãn²¹²
白 槎	湿 ʂʅ⁴²	快 kʻuai³¹²	晚 van²¹⁴
浮 梁	湿 ɕi²¹³	快 kʻua²¹³	晏 ŋo²¹³
婺 源	□ tsʻa⁵¹	快 kʻua³⁵	晏 ŋẽ³⁵
上 饶	湿 ɕiʔ⁵	快 kʻuæ⁴³⁴	晏 ŋãn⁴³⁴
广 丰	湿 sæʔ⁵	快 kʻuai⁴³⁴	晏 uẽn⁴³⁴
铜 山	溚 tan²⁴	快 kʻuai²¹	晏 uã²¹

	干净	肮脏
南 昌	干净 kon⁴²tɕʻaŋ²¹	腌臜 ŋa⁴²tsa⁰
修 水	干净 kon³⁴dzin²²	□□ uɛ⁴⁴sɛt⁴²
湖 口	干净 kon⁴²tɕin⁴⁵⁵	□□ nɛu²¹³tɕin⁰
鄱 阳	干净 kõn²¹tɕʻin²¹	邋屑 lai²¹sai⁰
铅 山	爽利 ʃuon⁴⁵li²¹	醒醒 uoʔ²ʃʻuoʔ⁴
抚 州	伶俐 tiaŋ²⁴ti⁰	邋遢 lapʔ²tapʔ²
资 溪	伶俐 tiaŋ¹³ti⁵³	□□邋遢 pi⁵³pa⁵³lapʔ³tapʔ³
宜 黄	伶俐 tiaŋ⁴⁵ti⁰	邋遢 latʔ⁵tatʔ⁰
丰 城	伶俐 liaŋ³³li²¹³	邋遢 lɛʔ⁵tʻaʔ³²
高 安	伶俐 liaŋ²¹³li⁰	邋□ lai³⁵pʻat⁵
新 余	客气 kʻiɛʔ³⁴tɕʻi⁴²	刮赖 kuɛʔ⁵lai¹²
吉 安	干净 kon³³⁴tɕʻiaŋ²¹⁴	□□ ŋa³³⁴tsa³³⁴/ 邋遢 la³³⁴tʻa³³⁴
遂 川	干净 kuɛ̃n⁵³tɕʻiã²¹⁴	邋屑 la⁵⁵sɛ⁰
宁 都	伶□ liaŋ¹³tʻi³¹	醒糟 vo²¹⁴tsau⁴²
瑞 金	伶□ len³⁵tʻi⁵¹	醒糟 o⁴⁴tsɔ⁴⁴
于 都	伶俐 lẽ⁴⁴li⁴²	邋屑 lɤʔ⁵⁴ɕiɛʔ⁵⁴/ 醒糟 vɤ³¹tsɔ³¹
赣 县	伶俐 liəŋ²¹²li⁴⁴	邋屑 laʔ⁵sɛʔ³²
南 康	□净 mə⁵³tɕʻiã⁵³	邋屑 la⁵³sɛ⁵³/ 醒糟 o³³tsɔ³³
龙 南	净 tɕʻiaŋ²²	醒醒 vɤʔ²³tsʻɤʔ⁴³
寻 乌	净 tɕʻiaŋ⁵⁵	醒糟 o²⁴tsau²⁴
黄 坳	伶俐 laŋ²¹²li³¹	邋□ lɛt²tsɛt²
铜 鼓	伶俐 laŋ¹³li⁵¹	醒糟 ɔ²¹⁴tsau²¹⁴
大 溪	清拣 tsʻin³³kan⁴³³	邋遢 lɛʔ⁴tɛʔ⁴⁵
太 源	爽利 ʃɔŋ³⁵li⁴²	邋□ laʔ²taʔ⁴
九 江	干净 kan³¹tɕin⁰	邋□ lai³¹tai⁰
赣 州	干净 kãn³³tɕiĩn⁰	邋屑 laʔ³²sæ²¹²
白 槎	干净 kan⁴²tɕin³¹²	脏 tsaŋ⁴²
浮 梁	干净 kien⁵⁵tsʻai³³	邋遢 lo²¹³tʻo⁰
婺 源	干净 kẽ⁵⁵tsɔ⁵¹	□□ ŋã⁵¹i⁵¹
上 饶	清拣 tsʻĩn⁴⁴kãn⁵²	邋遢 lɛʔ⁴tɛʔ⁵
广 丰	清拣 tsʻĩn⁴⁴kãn⁵²	醒醒 uæʔ²tsʻuæʔ⁵/ 污□ uɣ⁴⁴ləɯ⁴⁴
铜 山	清拣 tɕʻien³³kan⁴⁴³	邋遢 læʔ⁴tʻæ⁴²

	434 热闹 人街上很～	435 腻 肥肉太～人，我不敢吃	436 （药）有效 中药对慢性病很～
南 昌	闹热 lau²¹lɛt⁵	腻 ȵia²¹	对症 ti⁴⁵tsin⁴⁵
修 水	吵人 tsau²¹ȵin²⁴	□ ioŋ⁵⁵	有用 iu²¹iəŋ²²
湖 口	闹人 nau²¹³ȵin²¹¹	□ ioŋ⁴⁵⁵	有效 iu³⁴³ɕiau²¹³
鄱 阳	闹热 nau²¹ye⁴⁴	□ uai³⁵/□ iẽn²⁴	灵 lin²⁴/管用 kuãn⁴²yəŋ²¹
铅 山	闹热 nau²¹ȵiɛʔ⁴	□ ue²¹	见功 tɕiɛn²¹koŋ³³
抚 州	炀 ioŋ²¹²	□ iɛ²¹²	有用 iu⁴⁵iuŋ²¹²
资 溪	炀 ioŋ²²	□ ȵia³¹	有用 iu³⁵iuŋ²²
宜 黄	炀相 ioŋ²²ɕioŋ³³	□ ȵia²²	见功 tɕiɛn⁴²kuŋ³³
丰 城	炀相 ioŋ²⁴ɕioŋ²¹³	□ iɛ³³	有用 iu⁴¹iuŋ²¹³
高 安	炀 ioŋ²²	油 iu²¹³	见功 tɕiɛn⁴⁴kuŋ⁴⁴
新 余	热闹 lɛʔ⁵lau¹²	油 iu⁴²	有用 iu²¹iuŋ¹²
吉 安	炀 ioŋ²¹⁴	□ ȵia⁵³	有用 iu⁵³iuŋ²¹⁴
遂 川	炀 iõ²¹⁴	□ ȵia⁵⁵	有用 iu³¹iə̃ŋ²¹⁴
宁 都	炀相 ioŋ⁴⁴ioŋ³¹	□ noŋ⁴⁴	有用 iəu⁴²iuŋ⁴⁴
瑞 金	炀 ioŋ⁵¹	□ noŋ⁵¹	见效 tɕiɛn⁴²xɔ⁵¹
于 都	炀 iõ⁴²/闹热 nɔ²¹ȵiɛʔ⁵	□ ȵiã⁴²	有用 ieu³¹iəŋ⁴²
赣 县	炀 iõ⁴⁴	□ nõ⁴⁴	有用 iu²⁴iəŋ⁴⁴
南 康	炀 iõ⁵³	腻 ȵi⁵³	有用 iu³³iəŋ⁵³
龙 南	炀 ioŋ²²	腻 ne³¹²	有用 iu²⁴iəŋ²²
寻 乌	炀 ioŋ⁵⁵	腻 ȵie⁵⁵	有用 iu²⁴iuŋ⁵⁵
黄 坳	炀 ioŋ⁵³	□ pʰi²⁴	有用 iu⁵³iuŋ⁵³
铜 鼓	闹热 nau⁵¹ȵiɛt⁵	□ ȵia⁵¹	有效 iu²¹xau⁵¹
大 溪	闹 nau⁴³⁵	□ ŋɛ⁴³⁵	有用 iu⁴³iəŋ⁴³⁵
太 源	□ ioŋ⁴²	□ vɛʔ²	见效 tɕiɛn⁴²xɑu⁴²
九 江	热闹 ɥai⁵³lau²¹	腻 li²¹	有用 iəu²¹³ioŋ²¹
赣 州	炀 iãn²¹²	腻 ni²¹²	有用 iu⁴⁵iəŋ²¹²
白 槎	热闹 ɥɛ⁴²lau⁰	□ ȵian³¹²	有用 iəu²¹⁴ɥəŋ³¹²
浮 梁	闹热 lau³³iɛ³³	□ yɛ²⁴	有效 iɛu³¹ɕiau²¹³
婺 源	闹热 lɔ⁵¹ȵie⁵¹	□ ø³⁵	对□ te³⁵vã¹¹
上 饶	闹热 nou²¹ȵiɛ²³	□ tʰiʔ⁵	见功 tɕiẽn⁴³koŋ⁴⁴
广 丰	闹热 nɑu²¹nyæʔ⁵	猰 le²³¹/□ ŋɣ²³¹	见功 kiẽn⁴⁴koŋ⁴⁴
铜 山	闹热 nau²¹liæʔ⁴	猰农 le²⁴lan⁰	见功 kian⁴⁴koŋ³³

第五章・江西方言代表方言點詞語對照

	437 （气味）刺（鼻）氨 水气味很~鼻	438 （光线）刺（眼）100瓦 的灯太~眼	439 胖人~｜肥猪~
南昌	冲 tsʰuŋ⁴²	□ iaʔ²／□ tɕʰiɔŋ²⁴	胖 pʰɔn²¹³｜壮 tsɔŋ⁴⁵
修水	□ duʔ³²	□ dziɔŋ⁵⁵	胖 bɔŋ³⁵｜壮 tsɔŋ⁵⁵
湖口	□ dzɔŋ⁴²	□ ia²¹³	胖 bɔŋ²¹³｜壮 tʂɔŋ⁴⁵⁵
鄱阳	冲 tɕʰyəŋ³⁵	旺 uãn²¹／□ ɕiau²¹	壮 tsã³⁵
铅山	冲 tʃʰɔŋ²¹	旺 uon²¹	壮 tʃuon²¹
抚州	冲 tsʰuŋ⁴¹	□ iaʔ⁵	胖 pʰɔn⁴¹｜壮 tsɔŋ⁴¹
资溪	□ tʰuʔ³	□ iaʔ⁵	胖 pʰɔn⁵³｜壮 tsɔŋ⁵³
宜黄	□ tʰuʔ²	□ taŋ⁴⁵	壮 tɔŋ⁴²
丰城	□ tsʰuʔ³²	□ tsʰan³³	胖 pʰɔn²¹³｜壮 tsɔŋ²¹³
高安	冲 tsʰuŋ⁴⁴	射 sa²²	壮 tsɔŋ⁴⁴
新余	冲 tʰuŋ³⁴	射 sa¹²	壮 tsoŋ⁴²
吉安	呛 tɕʰiɔŋ²¹⁴	刺 tsʰɿ²¹⁴	壮 tsɔŋ²¹⁴
遂川	冲 tsʰə̃ŋ⁵⁵	□ tsʰã⁵³	壮 tsõ⁵⁵
宁都	冲 tɕʰiuŋ³¹	撑 tsʰaŋ⁴²	肥 pʰɛi¹³
瑞金	□ tsʰɤʔ⁴	□ tsʰaŋ³⁵	壮 tsɔŋ⁴²
于都	触 tɕʰiuʔ⁵／冲 tsʰə̃ŋ⁴⁴	□ tsʰã³¹	壮 tsõ³²³
赣县	□ nõ²¹²	□ sɿ⁴⁴	肥 fei²¹²｜壮 tsõ⁴⁴
南康	冲 tsʰə̃ŋ⁵³	刺 tsʰɿ⁵³	肥 fe¹¹
龙南	冲 tsʰəŋ⁴⁴	□ læ²³	壮 tsɔŋ⁴⁴
寻乌	冲 tsʰuŋ⁵⁵	□ tsʰaŋ⁴²	壮 tsɔŋ⁵⁵
黄坳	□ tsʰuk⁵	刺 tsʰɿ⁵³	壮 tsɔŋ⁵³
铜鼓	冲 tsʰəŋ⁵¹	射 ɕiɛ⁵¹	壮 tsɔŋ⁵¹
大溪	冲 tsʰəŋ⁵²	旺 uɔŋ⁴³⁵	壮 tsɔŋ⁵²
太源	冲 tʃʰɤŋ⁴²	眄 vɔŋ⁴²	壮 tʃɔŋ⁴²
九江	呛 tɕʰia²²¹	刺 tsʰɿ²¹	胖 pʰã²¹｜肥 fei⁴⁴
赣州	呛 tɕʰiæn²¹²	□ tsʰãn⁴²	肥 fe⁴²
白槎	冲 tsʰəŋ³¹²	□ tsʰau³¹²	胖 pʰaŋ³¹²
浮梁	冲 tʂʰoŋ²¹³	旺 uan³³	胖 pʰaŋ²¹³｜壮 tʂaŋ²¹³
婺源	呛 tɕʰia³⁵	旺 iã³⁵	胖 pʰã³⁵｜壮 tɕia³⁵
上饶	冲 tsʰoŋ⁴³⁴	旺 uõŋ²¹²	壮 tɕyõŋ⁴³⁴
广丰	冲 tɕʰyoŋ⁴³⁴	旺 yæn²¹²／□ dziɑu²¹²	壮 tsãŋ⁴³⁴
铜山	冲 tɕʰiɔŋ²¹	刺 tsʰɿ²¹	肥 pui²⁴

	440 好、妥帖你放心，事情都安排～了	441 差，次这件事老王办得太～
南 昌	正 tsaŋ⁴⁵	□ so⁴⁵
修 水	正 tsaŋ⁵⁵	差劲 tsʻa⁴⁴tɕin⁵⁵
湖 口	正 tʂaŋ⁴⁵⁵	差劲 dzạ⁴²tɕin⁴⁵⁵
鄱 阳	正 tsən⁴²	琐 so²⁴/ 崇 sən²⁴
铅 山	熨帖 yeʔ⁴tʻieʔ⁴	琐 so⁴⁵/ 差板 tsʻa³³pan⁴⁵
抚 州	正 taŋ⁴¹	□ so²⁴
资 溪	好 xau³⁵	□ so¹³
宜 黄	正 taŋ⁴²	□ so⁴⁵
丰 城	好 xau⁴¹	□ so³³/ 差劲 tsʻa³⁵tɕin²¹³
高 安	正 taŋ⁴⁴/ 熨帖 yɔtʻiet⁵	□ so²¹³
新 余	熨帖 ioʔⁿtʻieʔ³⁴	陋傻 lɛu¹²sɛu⁰
吉 安	正 tsaŋ²¹⁴	□ so²¹/ 烂 lan²¹⁴
遂 川	好 xɒ³¹	□ so²²
宁 都	正 tsaŋ³¹	崇 ɕiuŋ¹³
瑞 金	□□ liɔʔtɕʻieʔ⁴	□ ɕia³⁵/ □ so³⁵/ □ pe²¹²
于 都	正 tsã³²³	崇 səŋ⁴⁴/ □ pe³⁵
赣 县	好 xɔ⁵³	□ tɕi⁴⁴
南 康	正 tsã⁵³	□ pe⁵³
龙 南	正 tsaŋ⁴⁴	□ pe⁵³
寻 乌	正 tsaŋ⁵⁵	□ pie⁴²
黄 坳	妥帖 tʻɔ³¹tʻiet²	差 tsʻa²⁴
铜 鼓	正 tʂan⁵¹	□ sɔ²¹⁴
大 溪	稳当 uɛn⁴³tɔŋ⁵²	差 tsʻa³³
太 源	好 xɑu³²⁵	麻色 ma²⁴sɛʔ⁴
九 江	熨帖 ʯ⁵³tʻie⁵³	□ so⁴⁴
赣 州	好 xɔ⁴⁵	□ pe⁴⁵
白 槎	好 xau²¹⁴	没落 mu³¹²lo²¹⁴
浮 梁	利落 lɛ³³lau⁰	□ tʻo²⁴/ □ so²¹³
婺 源	熨帖 y⁵¹tʻe⁵¹	崇 sɛm¹¹
上 饶	熨帖 yɐʔ²⁴tʻiɐʔ⁵	推板 tʻui⁴⁴pãn⁵²
广 丰	熨帖 yæʔ²⁴tʻiɐʔ⁵	推板 tʻuɐi⁴⁴pãn⁵²/ □ so⁵²
铜 山	熨帖 uæʔ²⁴tʻiæ⁴²	差劲 tsʻa³³kien²¹

	442 **事不顺利**事情搞得～，很麻烦	443 **有本事、能干**老王真～
南 昌	结赖 tɕiɛt⁵lai²¹	煞辣 sat⁵lat⁵
修 水	不顺 pit⁵sɛn⁴⁴	来事 lɛi²⁴sɿ⁴⁴
湖 口	□□ tsɛu⁴²ta²¹³	能干 nən²¹¹kɔn⁴⁵⁵
鄱 阳	结赖 tɕiɛ⁴⁴lai²¹	有本事 iəu⁴²pən⁴²sɿ²¹
铅 山	结结赖赖 tɕiɛʔ²⁴tɕiɛʔ²⁴lai²¹lai²¹	停当 tʰin²⁴tan²¹
抚 州	结赖 tɕiɛt²lai²¹²	停当 tʰin²⁴tɔŋ⁴¹
资 溪	结赖 tɕiɛt³lai²²	停当 tʰin¹³tɔŋ⁵³
宜 黄	结赖 tɕiɛt²lai²²	□□ pa⁴⁵³taʔ²
丰 城	结赖 tɕiɛʔ³²lai²¹³	停当 tʰin³³tɔŋ²¹³
高 安	急赖 tɕit⁵lai²²	泼辣 pʰɔt⁵lat⁵ / 喫价 tɕʰiak⁵ka⁴⁴
新 余	急赖 tɕiɛʔ⁵lai¹³	喫价 tɕʰia³⁴ka⁴²
吉 安	急赖 tɕiɛ³³⁴lai²¹⁴	有本事 iu⁵³pən³¹sɿ²¹⁴
遂 川	结赖 tɕiɛ⁵⁵la⁵⁵	□ tsan³¹ / 有本事 iu³¹pɛ̃n³¹sɿ²¹⁴
宁 都	结结赖赖 tɕiɛt³²tɕiɛt³²lai⁴⁴lai⁴⁴	能干 nən¹³kuon³¹
瑞 金	急赖 tɕiɛʔ²lɛ⁵¹	能干 nen³⁵kuɛn²¹² / □ tɕiaʔ²
于 都	结赖 tɕiɛ³²³læ⁴²	有本事 y³¹puẽ³⁵sɿ⁴² / □ tɕiaʔ⁵⁴
赣 县	□衰 maʔ⁵suei²⁴	有本事 iu²⁴pən⁵³sɿ⁴⁴
南 康	结赖 tɕiɛ²⁴læ⁵³	有本事 iu²¹pən²¹sɿ⁵³
龙 南	□□ læʔ²³tʰæʔ⁴³	能干 nen³¹²kuɔn⁴⁴
寻 乌	唔顺 ŋ̍²¹²sun⁵⁵	□□ na²¹⁴tsau⁵⁵
黄 坳	结赖 kiɛt²lai⁵³	有本事 iu³¹puən³¹sɿ⁵³
铜 鼓	急赖 tɕit³lai⁵¹	有本事 iu²¹pən²¹sɿ⁵¹
大 溪	丫板 ŋa³³pan⁴³³	好佬 xo⁴³lo⁴³³
太 源	吶顺 m̩²¹²ʃun⁴²	停当 tʰin²⁴tɔŋ⁴⁴
九 江	结结赖赖 tɕiɛ⁵³tɕiɛ⁵³lai²¹lai²¹	能干 lən⁴⁴kan²¹
赣 州	结赖 tɕiɛʔ³²læ²¹²	能干 nəŋ⁴²kãn²¹²
白 槎	难搞 nan⁴²kau²¹⁴	厉害 li³¹²xai³¹²
浮 梁	结赖 tɕiɛ²¹³la³³	有能 iɛu³¹nai²⁴
婺 源	不顺 pø⁵¹sæn⁵¹	本事 pæn²ɕi⁵¹
上 饶	丫板 ŋa⁴⁴pãn⁵²	停当 dĩn²³¹tãn⁰ / 好佬 xɔu⁴³lɔu²³¹
广 丰	□手 ko⁴³tɕʰye⁵²	停当 dĩn²⁴tãŋ⁰ / 好佬 xɣɯ⁴³lau²⁴
铜 山	□手 ko⁴⁴tɕʰiu⁴⁴³	势 gau²⁴

	444 吝嗇 作人不能太~，要大方 些	445 勤快 年轻人要~一些
南　昌	嗇 sɛt⁵	勤快 tɕʼin²⁴kʼuai⁰
修　水	精作 tɕin²tsɔʔ⁴²	勤快 tɕʼin²⁴kʼuai⁰
湖　口	小气 ɕiau³⁴³dʑi⁴⁵⁵	勤快 dʑin²¹¹guai²¹³
鄱　阳	精 tɕin²¹	勤力 tɕʼin²⁴ni⁰
铅　山	小量 ɕiau⁴⁵lian²¹	发狠 fɐʔ⁴xɛn⁴⁵
抚　州	小气 ɕiɛu⁴⁵tɕʼi⁴¹	勤力 tɕʼin²⁴tit⁵
资　溪	小气 ɕiau³⁵tɕʼi⁵³	勤力 tɕʼin¹³tit⁵
宜　黄	小气 ɕiau⁴⁵³tɕʼi⁴²	勤快 tɕʼin⁴⁵kʼuai⁴²
丰　城	□ kau²¹³/ 小气 ɕiau⁴¹tɕʼi²¹³	勤快 tɕʼin³³kʼuai²¹³
高　安	小气 siɛu⁴²tɕʼi⁴⁴	舍交 sa⁴²kau³⁵
新　余	小气 sɛu²¹tɕʼi⁴²	勤快 tɕʼin⁴²kʼuai⁴²
吉　安	小气 ɕiau⁵³tɕʼi²¹⁴	勤快 tɕʼin²¹kʼuai²¹⁴
遂　川	小气 ɕin³¹tɕʼi⁵⁵	勤快 tɕʼin²²kʼuæ⁵⁵
宁　都	小气 ɕiau²¹⁴tɕʼi³¹	勤 tsʼən¹³
瑞　金	精□ tɕin⁴⁴kaʔ²	□□动 tɕʼiɛn⁴²tɕʼiɛn⁴²tʼɤŋ⁴⁴
于　都	小气 ɕiɔ³⁵ɕi³²³	勤□ tɕʼiẽ⁴⁴tɕʼɤ³¹
赣　县	舍唔得 sa⁵³ŋ²¹²tɛʔ⁰	勤耕 tɕʼiəŋ²¹²kəŋ²⁴
南　康	小气 ɕiɔ²¹tɕʼi⁵³	勤耕 tɕʼiəŋ¹¹kã³³
龙　南	小气 ɕiau⁵³tɕʼi⁴⁴	勤 kʼen³¹²
寻　乌	□□ ɲiɛʔ³⁴ɕiɛʔ²¹	煞□ saʔ²¹ŋa²¹⁴
黄　坳	小气 ɕiau³¹kʼi⁵³	勤 kʼin²¹²
铜　鼓	小气 ɕiɛu²¹tɕʼi⁵¹	勤快 tɕʼin¹³kʼuai⁵¹
大　溪	小口 ɕiau⁴³kʼɛ⁵²	发狠 fɐʔ⁴xɛn⁴³³
太　源	小量 sɑu³⁵liɔŋ⁴²	发狠 xaiʔ⁴xɛn³²⁵
九　江	小气 ɕiau²¹³tɕʼi⁰	勤快 tɕʼin⁴⁴kʼuai⁰
赣　州	小气 ɕiɔ⁴⁵tɕʼi⁰	勤快 tɕʼiəŋ⁴²kʼuæ⁰
白　槎	小气 ɕiau²¹⁴tɕʼi³¹²	勤快 tɕʼin⁵⁵kʼuai⁰
浮　梁	□ tʂɛn³¹	勤快 tɕʼiɛn²⁴kʼua⁰
婺　源	□□ sɐm⁵⁵bɔ²	勤做 tɕʼiæn¹¹tsu³⁵
上　饶	小气 ɕiɔu⁴³tɕʼi⁴³⁴	勤板 dʑiĩn²³¹pãn⁰
广　丰	小气 ɕiɯu⁴⁴kʼi⁴³⁴/ 钻□ tsãn⁴⁴tsɣɯ⁴⁴	勤板 giĩn²⁴pãn⁰
铜　山	小气 ɕiau⁴⁴kʼi²¹	□勤 tɕʼia³³kʼi²⁴

	爽捷 老王做事很~	（人）灵活
南 昌	撇脱 pʰiɛt⁵tʰot⁰	精 tɕin⁴² ／ 活 uot²
修 水	麻利 ma²⁴li²²	精 tɕiaʔ⁵
湖 口	爽 sɔŋ³⁴³	活便 xuɛ²¹³piɛn⁴⁵⁵
鄱 阳	爽快 sãn⁴²kʰuai³⁵	精 tɕin²¹
铅 山	爽撇 san⁴⁵pʰiɛʔ⁴	活但 fɛʔ⁴tʰan²¹
抚 州	□捷 tsʰau²⁴tɕʰiɛt⁵	活赞 uot⁵tsan⁴¹
资 溪	□捷 tsʰau¹³tɕʰiɛt⁵	活赞 uot⁵tsan⁵³
宜 黄	爽快 sɔŋ⁴⁵³kʰuai⁴²	乖 kuai³³
丰 城	撇脱 pʰiɛʔ³²tʰuɵʔ³²	活（动） vɛʔ⁵（tʰuŋ⁰）
高 安	撇道 pʰiɛt⁵tʰau²²	□活 ɕiɛt⁵uɛt⁵
新 余	撇道 pʰiɛʔ³⁴tʰau⁰	活脚 uoʔ⁵tɕiaʔ⁵
吉 安	利落 li²¹⁴lo²¹⁴ ／ 煞辣 sa³³⁴la³³⁴	精 tɕiaŋ³³⁴
遂 川	爽快 sõ³¹kʰuæ⁵⁵	活 xuɛ²¹⁴
宁 都	干脆 kuon⁴²tsʰuoi³¹	活□ fuət⁵liak⁵
瑞 金	快爽 kʰiɛ⁴²ɕiɔŋ²¹²	活（□） xuɛʔ⁴（tɕiaʔ²）
于 都	撇脱 pʰiɛ³²³tʰɤʔ⁵	刁 tio³¹ ／ 精 tɕia³¹
赣 县	利落 li⁴⁴loʔ⁵	行道 xɔ²¹²tʰɔ⁴⁴
南 康	撇脱 pʰiɛ⁵³tʰo⁵³	刁 tio²⁴
龙 南	直爽 tsʰɛʔ²³sɔŋ⁵³	灵活 lin³¹²fæ²³
寻 乌	□□ kiaʔ³⁴ɕiaʔ²¹	调皮 tʰiau²¹⁴pʰi²¹⁴
黄 坳	爽快 sɔŋ³¹kʰuai⁵³	精 tɕin²⁴
铜 鼓	爽利 sɔŋ²¹li⁵¹	灵活 lin¹³uɛk⁵
大 溪	爽撇 san⁴⁵pʰiɛʔ⁴⁵	活动 xuɛʔ⁵tʰən⁴³⁵
太 源	爽撇 sɔŋ³⁵pʰiɛʔ⁴	活 fuɛʔ⁴
九 江	煞辣 sɔ⁵³lɒ⁵³	灵活 lin⁴⁴xuai⁵³
赣 州	干脆 kãn³³tsʰuɛ²¹²	活络 xoʔ³²lo²¹²
白 槎	快 kʰuai³¹²	精 tɕin³¹²
浮 梁	爽快 ʂaŋ³¹kʰua²¹³	活 uɛ³³
婺 源	爽快 sã²kʰua³⁵	活□ vɵ⁵¹liɔ³⁵
上 饶	撇脱 pʰiɛʔ⁴tʰɛʔ⁵	活（动） uɛʔ²（tɔŋ²³¹）
广 丰	撇脱 pʰiæʔ⁴tʰɐʔ⁵	活（动） uæʔ²（tɔŋ²⁴）
铜 山	撇脱 pʰiɛʔ⁵tʰɔ⁴²	活□ ua²¹tʰan²¹

	448	449
	愚蠢 老王很~	漂亮 那女孩真~
南 昌	蟬 sɛn⁴⁵/蠢 tʻɛn²⁴/木 muʔ⁵	客气 kʻiɛt⁵tɕʻi⁰
修 水	蠢 tʻɛn²¹	齐正 tɕʻi²⁴taŋ⁵⁵
湖 口	孬 nau⁴²	好看 xau³⁴³gon²¹³
鄱 阳	木 mu⁴⁴/惛 xuən²¹	排场 pʻai²⁴tsãn²⁴
铅 山	二兼 ɛ²¹tɕien³³	齐整 tɕʻi²⁴tsen⁴⁵/清拣 tɕʻien³³kan⁴⁵
抚 州	□ nien²⁴/蠢 tʻun²⁴	排场 pʻai²⁴tʻɔŋ²⁴
资 溪	□ ŋɛn¹³	齐正 tɕʻi¹³taŋ⁵³
宜 黄	□ iɛ⁴²	排场 pʻai⁴⁵tʻɔŋ⁴⁵
丰 城	崇 suŋ³³	喫价 tɕʻiaʔ³²ka²¹³
高 安	呆 ŋɔi²¹³	客气 kʻiɛt⁵tɕʻi⁰/齐整 tɕʻi²¹³tsaŋ⁴⁴
新 余	蠢 tʻun²¹³	客气 kʻiɛʔ³⁴tɕʻi⁴²
吉 安	蠢 tsʻun⁵³	客气 kʻɛ³³⁴tɕʻi³³⁴/标致 piau³³⁴tsʅ²¹⁴
遂 川	蠢 tɕʻỹn³¹	俏 tɕʻiɒ⁵⁵/标致 piɒ⁵³tsʅ⁵⁵
宁 都	傻气 sa⁴²tɕʻi³¹	标致 piau⁴²tsə³¹
瑞 金	□ ŋo⁴²/蠢 tsʻuin²¹²	标致 piɔ⁴⁴tsʅ⁴²
于 都	木 məŋ⁴²	标致 piɔ³¹tsʅ³²³
赣 县	木 mo⁴⁵	靓 liã⁴⁴
南 康	笨 pẽ⁵²	靓 liã⁵³/标致 piɔ³³tsʅ⁵³
龙 南	木 məʔ²³/蠢 tsʻuen⁵³	靓 liaŋ⁴⁴
寻 乌	蠢 tsʻun⁴²	精 tɕiaŋ²⁴
黄 坳	蠢 tsʻuən³¹	精 tɕiaŋ²⁴
铜 鼓	蠢 tsʻən²¹	精 tɕiaŋ²¹⁴
大 溪	木 məʔ⁵	清拣 tsʻɯn³³kan⁴³³
太 源	蠢 tʃʻuen³²⁵	齐整 tsʻi²⁴tsaŋ³²⁵
九 江	蠢 tʂʻʯən²¹³	刮气 kuɒ⁵³tɕʻi⁰
赣 州	笨 pəŋ²¹²	靓 liãn²¹²
白 槎	傻 sa²¹⁴	客气 kʻɛ⁵⁵tɕʻi⁰
浮 梁	□ ŋau³³	排场 pʻa²⁴tɕia⁰
婺 源	笨 pʻæn⁵¹	好看 xɔ⁵¹kʻum³⁵/姿媞 tsʅ³⁵tʻi³¹
上 饶	□ dzie²¹²/二兼 ə²¹tɕiẽ⁴⁴	清拣 tsʻɯn⁴⁴kãn⁵²
广 丰	□□ dziãʔ²pɐi⁵²/二兼 ŋ²¹kiẽn⁴⁴	清拣 tsʻɯn⁴⁴kãn⁵²/姿媞 tsʅ⁴³di²⁴
铜 山	□ gɔŋ²¹/二兼 li²¹kian³³	清拣 tɕʻien³³kan⁴⁴³

	450	451
	丑 别嫌他长得~	刚 车子~到｜四十码的鞋我穿~好
南 昌	难看 lan⁴⁵kʻon²¹³	刚刚 kɔŋ⁴²kɔŋ⁴²
修 水	丑 du²¹	还□正 xan²⁴ŋan⁵⁵taŋ⁵⁵｜还□ xan²⁴ŋa⁵⁵
湖 口	不好看 pu⁴⁵⁵xau³⁴³gon²¹³	算哩 son⁴⁵⁵li⁰｜正 tʂən²¹³
鄱 阳	难看 nãn²⁴kʻõn³⁵	刚脚 kãn²¹tɕio⁴⁴｜将 tɕiɔŋ²¹
铅 山	崇 ʃoŋ²⁴	恰脚 kʻeʔ⁴tɕieʔ⁴｜刚刚 kan³³kan³³
抚 州	崇 ɕiuŋ²⁴	正脚 taŋ⁴²tɕioʔ²｜正刚 taŋ⁴²kɔŋ³²
资 溪	□死 so¹³sʅ³⁵	恰恰 kʻap³kʻap³
宜 黄	崇 ɕiuŋ⁴⁵	刚刚 kɔŋ³³kɔŋ³³
丰 城	冇成 mau³³saŋ³³	刚刚 kɔŋ³⁵kɔŋ³⁵
高 安	崇 ɕiuŋ²⁴/难看 lan²¹³kɔn⁴⁴	还正 xan²¹³taŋ⁴⁴
新 余	陋馊 lɛu¹²sɛu⁰	正 tan⁴²
吉 安	丑 tɕʻiu⁵³	刚 kaŋ³³⁴/刚刚 kɔŋ³³⁴kɔŋ³³⁴
遂 川	丑 tɕʻiu³¹	刚 kõ⁵³
宁 都	□人 sai¹³nən¹³	正 tsaŋ⁴²
瑞 金	崇 ɕivŋ²¹²	刚刚子 tɕiɔŋ⁴⁴tɕiɔŋ⁴⁴tsʅ⁰
于 都	崇 sən⁴⁴	正正 tʃã³²³tʃã³²³｜将将 tɕiã³¹tɕiã³¹
赣 县	崇 sən²¹²	将 tɕiɔ²⁴tɕiɔ̃⁴²
南 康	□崇 tiəŋ²¹sən¹¹	正 tsã⁵³/正正 tsã⁵³tsã⁵³
龙 南	崇 sən³¹²	正 tsaŋ⁴⁴｜将 tɕiɔŋ²⁴
寻 乌	丑 tɕʻiu⁴²	正 tsaŋ⁵⁵｜□ tɕʻin⁵⁵
黄 坳	丑 ɕiu³¹	正 tsaŋ²⁴
铜 鼓	丑 tsʻu²¹	正 tsaŋ⁵¹
大 溪	崇 səŋ²¹³	刚刚 kʻɔŋ³³kʻɔŋ³³
太 源	崇 suŋ²¹²	正正 tsaŋ⁴⁴tsaŋ⁴⁴
九 江	丑 tʂʻou²¹³	刚 kã³¹
赣 州	丑 tɕʻiu⁴⁵	老才 lɔ⁴⁵tsʻæ⁴²｜刚 kan³³
白 槎	丑 tsʻəu²¹⁴	将 tɕiaŋ⁴²
浮 梁	丑 tɕʻiɛu³¹	□□ kʻo²⁴tʻai⁰
婺 源	崇 sɛm¹¹	刚刚 tɕiã⁵⁵tɕiã⁵⁵
上 饶	崇 soŋ⁴²³	刚刚 kʻãn⁴⁴kʻãn⁴⁴
广 丰	崇 soŋ²³¹	刚刚 kʻãŋ⁴⁴kʻãŋ⁴⁴
铜 山	崇 soŋ²⁴	□□ tu³³tu⁰

	452 **常常** 他~到我这儿来玩	453 **总** 该走啦，别~在那儿说话
南　昌	突□ tʼuʔ⁵tɕi⁰	尽 tɕin²¹³
修　水	经常 tɕʼien²⁴tʼɔŋ⁴⁴	总 tən²¹
湖　口	常常 dzɔŋ²¹¹	尽 dʑin³⁴³
鄱　阳	老是 lau⁴²sʅ⁰	□个 tsʅ⁴⁴ko⁰
铅　山	老老 lau⁴⁵lau⁰	尽 tɕin⁴⁵
抚　州	成日 ɕin²⁴n̠it⁵	尽 tɕin⁴⁵
资　溪	成日 saŋ¹³n̠it⁵	尽 tɕin³⁵
宜　黄	成日嗼 saŋ⁴⁵n̠it⁵tɛ⁰	尽 tɕin⁴⁵³
丰　城	□□ tuŋ³⁵ŋa⁰	尽在 tɕʼin²⁴tsʼei²¹³
高　安	净个 tsʼaŋ²²ko⁰	尽 tɕin⁴²
新　余	专么 tuon⁴⁵mo⁴²	紧 tɕin²¹³
吉　安	一□哩 i³³⁴u³³⁴li⁰	紧 tɕin⁵³
遂　川	常 tsʼõ²²	紧 tɕĩn³¹
宁　都	经常 tsən⁴²sɔŋ¹³	总□□ tsuŋ²¹⁴ta²¹⁴kɛi⁰ / 紧 tsən²¹⁴
瑞　金	□□子 lɔ⁴²lɔ⁴²tsʅ⁰	净 tɕʼian⁵¹
于　都	时常 ʃʅ⁴⁴ʃõ⁴⁴	尽 tɕiẽ³⁵
赣　县	□□ tsən²¹²kã²⁴	尽 tɕiən⁵³
南　康	常时 sɔ̃¹¹sʅ¹¹	尽 tɕiən⁵³ / 尽□嘞 tɕiən⁵³kã³³lə⁰
龙　南	□□ piain⁴⁴piain⁴⁴	总 tsən⁵³
寻　乌	□□子 lau⁵⁵lau⁵⁵tsʅ²¹⁴	净 tɕʼin⁵⁵
黄　坳	时刻 sʅ²¹²kʼɛt²	紧 kin³¹
铜　鼓	常□ tsʼɔŋ¹³ɕiɔŋ¹³	紧 tɕin²¹
大　溪	□□ tɪn³³tɪn³³	罔/ 尽管 mɔŋ⁴³/ tsɪn⁴³kuon⁴³³
太　源	老是 lau³⁵sʅ⁴²	尽 tsin³²⁵
九　江	总是 tsoŋ²¹³ʂʅ²¹	总 tsoŋ²¹³
赣　州	经常 tiəŋ³³tsʼã⁴²	尽 tɕiəŋ²¹²
白　槎	老 lau²¹⁴	老 lau²¹⁴
浮　梁	□□常儿 tɕʼi⁵⁵tɕʼia²⁴n̠i⁰	包总 pau⁵⁵tsoŋ⁰
婺　源	常时 tɕʼiã¹¹ɕi¹¹	尽个尽 tsæn³¹kɤ⁰tsæn³¹
上　饶	老是 lɔu²³¹ɕi⁰	尽 tsĩn⁵² / 罔管 mɔ̃ŋ⁴⁴kuɔ̃n⁵²
广　丰	老□ lau²¹sʅʔ⁵	尽 tsĩn⁵² / 罔罔 mãŋ⁴⁴mãŋ⁵²
铜　山	定定 tiã²¹tiã²¹	尽 tɕien⁴⁴³ / 罔罔 bɔŋ⁴⁴bɔŋ⁴⁴³

	454 都 大家～来了	455 净 小孩就喜欢～吃菜不吃饭	456 只有 他还太小，～十岁
南 昌	都 tu⁴²	净 tɕʰin²¹	还只 xai²⁴tsit⁵
修 水	都 tu⁴⁴	专门 tɛn⁴⁴mət⁵	只有 tɕi²¹iu²¹
湖 口	□ xa²¹³	光 kuɔŋ⁴²	就只 dʑiɛu²¹³tʂʅ⁴⁵⁵
鄱 阳	都 tu²¹	净 tɕʰin²¹	就 tɕʰiəu²¹³
铅 山	都 tu³³	净净 tɕʰin²¹tɕʰin²¹	□有 na²¹iu⁴⁵
抚 州	都 tu³²	□ ia³²	□有 ia⁴⁵iu⁴⁵
资 溪	都 tu³¹	专门 tuon³¹min¹³	就□ tɕʰiu²²ia²²
宜 黄	都 tu³³	净 tɕʰim¹³	□有 la²²iu⁴⁵³
丰 城	都 tu³⁵	净 tɕʰiaŋ²¹³	只有 tsʅ³³iu⁴¹
高 安	都 tu³⁵	专门 tʃʰɔn³⁵mən⁰	还正 xan²¹³taŋ⁴⁴ / □sai⁴⁴
新 余	都 tu⁴⁵	专门 tuon⁴⁵mɛn⁴²	正 tan⁴²
吉 安	都 tu³³⁴	净 tɕʰin²¹⁴	就只 tɕʰiu²¹⁴tsʅ³³⁴
遂 川	都 tu⁵³	净 tɕʰin²¹⁴	只□ tsa⁵⁵pi⁰
宁 都	都 təu⁴²	光 kɔŋ⁴² / 净 tɕʰiaŋ⁴⁴	就□ tsʰəu⁴⁴na⁴⁴
瑞 金	都 tu⁴⁴	净 tɕʰiaŋ⁵¹	正 tsaŋ⁴²
于 都	□ tʰu³¹	净 tsʰia⁴²	□ tʃɛ³²³
赣 县	□ ia⁴⁴	净 tɕʰia⁴⁴	正 tsa²⁴
南 康	都 tu³³	净 tɕʰiã⁵³	□正 lɔ⁵³tsaŋ³³
龙 南	都 tu²⁴	净 tɕʰiaŋ²²	正 tsaŋ⁴⁴
寻 乌	都 tu²⁴	净 tɕʰiaŋ⁵⁵	还正 xan²¹⁴tsaŋ⁵⁵
黄 坳	都 tu²⁴	净 tɕʰin⁵³	正 tsaŋ⁵³
铜 鼓	都 tu²¹⁴	光 kuaŋ²¹⁴	只 tsʅtʰ³
大 溪	□ təʔ⁵	光 kuaŋ³³	□ təʔ⁵
太 源	都 tu⁴⁴	净 tsʰin⁴²	正 tsaŋ⁴⁴
九 江	都 təu³¹	光 kuã³¹	只有 tsʅ⁵³iəu²¹³
赣 州	都 tu³³	净 tɕiəŋ²¹²	老才 lɔ⁴⁵tsʰæ⁴²
白 槎	都 təu⁴²	光 kuaŋ⁴²	只有 tsʅ⁴²iəu²¹⁴
浮 梁	都 tɛu⁵⁵	光 kuaŋ⁵⁵	□□ xo²⁴tsʅ⁰
婺 源	都 tu⁵⁵	净 tsʰɔ⁵¹	就 tsʰɤ⁵¹
上 饶	□ tuʔ⁵	净□ dʑĩn²¹sɿʔ⁵	□法 nɛʔ²fɐʔ⁵
广 丰	□ tɿʔ⁵	净净 dʑĩn²¹dʑĩn²⁴	□有 næʔ²ivɯ²⁴
铜 山	□ tʰɔ³³	净 tɕien²¹	□有 næʔ²u⁵⁵

	457 **无缘无故**你怎么~就不干了?	458 **特意**这是我~给你买的
南 昌	好哩哩 xau²¹³li⁴⁵li⁴⁵	特事 t‘et⁵sɿ⁰
修 水	好好哩 xau²¹xau²¹li⁰	特事 t‘ɛt⁵sɿ⁴⁴
湖 口	无故嘚 u²¹¹ku⁴⁵⁵tɛ⁰	竟为嘚 tɕin⁴⁵⁵uei²¹³tɛ⁰
鄱 阳	好好子 xau⁴²xau⁴²tsɿ⁰	竟为子 tɕin³⁵uɛi²¹tsɿ⁰
铅 山	好溜溜 xau⁴⁵liu³³liu⁰	特事 t‘eʔ⁴sɿ²¹
抚 州	好好哩 xau⁴⁵xau⁴⁵li⁰	特竟 xɛʔ⁵tɕin⁴¹/ 竟意 tɕin⁴¹i⁴¹
资 溪	冒头冒脑 mau²²xɛu¹³mau²²nau³⁵	特意 xɛʔ⁵i⁵³
宜 黄	好好哩哩 xɔu⁴⁵³xɔu⁴⁵³ti⁰ti⁰	竟事 tɕin⁴²sɿ²²
丰 城	好好哩哩 xau⁴¹xau⁴¹li⁰li⁰	□事 xɛʔ⁵sɿ²¹³
高 安	好妈哩 xau⁴²ma³⁵li⁰	特事 t‘ɛt²sɿ²²
新 余	相牯相好 soŋ⁴⁵ku⁰soŋ⁴⁵xau²¹³	专门 tuon⁴⁵mɛn⁴²
吉 安	好好哩 xau⁵³xau⁵³li⁰	特意 t‘ɛ³³⁴i²¹⁴
遂 川	好好哩 xɒ³¹xɒ³¹li⁰	特意 t‘ɛ²¹⁴i⁵⁵
宁 都	好好嘚 xau²¹⁴xau²¹⁴tə⁰	特意 t‘ət⁵i³¹
瑞 金	好好哩 xɔ⁴⁴xɔ²¹²li⁰	特事 t‘iʔ⁴sɿ⁵¹
于 都	冇哪个 mɔ⁴⁴næ³¹kæ³²³	特事 t‘ie⁵ʔsɿ⁴²
赣 县	冇□冇□ mɔ²¹²tɔ̃²⁴mɔ²¹²ta⁵³	特事 t‘ɛʔ⁵sɿ⁴⁴
南 康	冇□冇□ mɔ¹¹tɔ̃³³mɔ¹¹ta⁵³	特意 t‘ɛ⁵³i⁵³
龙 南	冇□冇□ mau³¹²toŋ²⁴mau³¹²tæʔ⁴³	特事 t‘æ²³sɿ²²
寻 乌	好好哩 xau⁴²xau⁴²li⁰	特心 t‘iʔ³⁴ɕin²⁴
黄 坳	平白无故 p‘in²¹²p‘ak⁵u²¹²ku⁵³	专门 tsuan²⁴muən²¹²
铜 鼓	飘空 p‘iau²¹⁴k‘əŋ²¹⁴	特事 t‘ɛk⁵sɿ⁵¹
大 溪	好溜溜 xo⁴³lɛ³³lɛ³³	特事 t‘eʔ⁵sɿ⁴³⁵
太 源	好溜溜 xau³²⁵liu⁴⁴liu⁰	特事 t‘eʔ²sɿ⁴²
九 江	无缘无故 u⁴⁴yɒ̃⁴⁴u⁴⁴ku²¹	特意 t‘ai⁵³i²¹
赣 州	蛮蛮好 mãn⁴² mãn⁴²xɔ⁴⁵	特意事 t‘ɤʔ³²i²¹²sɿ³³
白 槎	好好哩 xau²¹xau²¹⁴li⁰	特意 t‘ɛ³¹²i³¹²
浮 梁	好哩哩 xau³¹li⁰li⁰	单□ to⁵⁵ts‘ai³³
婺 源	无事哩哩 bɘ¹¹ɕi⁵¹nĩ⁵⁵nĩ⁵⁵	专门 tɕỹ⁵⁵mæn¹¹
上 饶	好哩哩 xɔu⁵²li⁴⁴li⁴⁴	特意 dɐ²³i⁰
广 丰	好好溜 xɵɯ⁵²xɵɯ⁴⁴lɣɯ⁴⁴	挑挑 t‘iɐɯ⁴⁴t‘iɐɯ⁴⁴
铜 山	好溜溜 xo⁴⁴liu³³liu⁰	挑挑 t‘iau³³t‘iau³³

		459	460	461
		幸亏 出事时我~没在	个 一~人	头 一~牛
南 昌		好得 $xau^{213}tɛt^0$	个 ko^{45}	只 $tsaʔ^5$
修 水		好得 $xau^{21}tɛt^5$	个 ko^{55}	只 $taʔ^{42}$
湖 口		幸好 $çin^{213}xau^{343}$	只 $tʂa^{455}$	条 $diau^{211}$
鄱 阳		好得 $xau^{42}tə^0$/ 还好 $xai^{24}xau^{42}$	个 ko^{35}	条 $tʰiau^{24}$
铅 山		喜得 $çi^{45}tɛʔ^0$	个 ko^{21}	条 $tʰiau^{24}$
抚 州		喜得 $çi^{45}tɛʔ^0$	个 ko^{41}	只 $taʔ^2$
资 溪		好在 $xau^{35}tˢʰɛ^{22}$	个 ko^{53}	只 $taʔ^3$
宜 黄		幸好 $çin^{22}xɔu^{453}$	个 $kɔ^{42}$	只 $taʔ^2$
丰 城		得家 $tɛʔ^{32}ka^{35}$	个 ko^{213}	只 $tsaʔ^{32}$
高 安		好得 $xau^{42}tɛt^0$	只 tat^5	只 tat^5
新 余		好得 $xau^{21}tɛʔ^5$	个 ko^{42}	只 ta^{45}
吉 安		还好 $xai^{21}xau^{53}$	个 ko^{214}	只 ta^{334}
遂 川		好在 $xɒ^{31}tsʰæ^{35}$	个 $kæ^{55}$	只 tsa^{55}
宁 都		好得 $xau^{214}tək^{32}$	个 $kɛi^{31}$	只 $tsat^{32}$
瑞 金		好在 $xɔ^{212}tsʰɛ^{51}$	个 ke^{42} / 只 $tsaʔ^2$	只 $tsaʔ^2$
于 都		好得 $xɔ^{35}tɛʔ^5$	个 $kæ^{323}$	只 $tʃaʔ^5$
赣 县		好得 $xɔ^{53}tɔʔ^0$	个 $kæ^{44}$	只 $tsaʔ^{32}$
南 康		好得 $xɔ^{21}tæ^0$	个 $kæ^{24}$	只 tsa^{53}
龙 南		好得 $xau^{53}tɛʔ^0$	个 kai^{44}	只 $tsaʔ^{43}$
寻 乌		好在 $xau^{42}tsʰuɐi^{55}$	只 $tsaʔ^{21}$	只 $tsaʔ^{21}$
黄 坳		好得 $xau^{53}tɛt^2$	只 $tsak^2$	条 $tʰiau^{212}$
铜 鼓		好得 $xau^{21}tɛk^3$	个 $kɛ^{51}$	只 $tsak^3$
大 溪		好□ $xo^{43}lɛʔ^5$	个 $kæ^{52}$	条 $tʰiau^{213}$
太 源		好得 $xɑu^{35}tɛʔ^0$	个 kai^{44}	条 $tʰɑu^{212}$
九 江		还好 $xai^{44}xau^{213}$	个 ko^{21}	头 $tʰəu^{44}$
赣 州		好得 $xɔ^{45}tɤʔ^0$	个 ko^{212}	头 $tʰieu^{42}$
白 槎		亏得 $kʰui^{312}tɛt^0$	个 ko^{312}	头 $tʰəu^{55}$
浮 梁		好得 $ʂɛ^{31}tai^0xau^{31}$	个 $kɛ^{213}$	条 $tʰiau^{24}$
婺 源		好得 $xɔ^2tɔ^{51}$	个 ke^{35} / 只 $tsɔ^{51}$	皮 $pʰi^{11}$
上 饶		好得 $xɔu^{52}tɿʔ^0$	个 $kə^{434}$	条 $diəu^{423}$
广 丰		好得 $xəɯ^{52}tɿʔ^0$	个 $kɤ^{434}$	条 $diəu^{231}$
铜 山		好得 $xo^{44}tieʔ^0$	个 e^{24}	只 $tçia^{42}$

	462 口一~猪	463 只一~鸡	464 尾一~鱼
南 昌	只 tsaʔ⁵	只 tsaʔ⁵	只 tsaʔ⁵
修 水	只 taʔ⁴²	只 taʔ⁴²	条 tʰiɛu²⁴
湖 口	头 dɛu²¹¹	只 tʂa⁴⁵⁵	条 diau²¹¹
鄱 阳	头 tʰəu²⁴	只 tsə⁴⁴	只 tsə⁴⁴
铅 山	只 tseʔ⁴	只 tseʔ⁴	条 tʰiau²⁴
抚 州	只 taʔ²	只 taʔ²	只 taʔ²
资 溪	只 taʔ³	只 taʔ³	条 ɕiau¹³
宜 黄	只 taʔ²	只 taʔ²	只 taʔ²
丰 城	只 tsaʔ³²	只 tsaʔ³²	只 tsaʔ³²
高 安	只 tat⁵	只 tat⁵	只 tat⁵
新 余	只 ta⁴⁵	只 ta⁴⁵	只 ta⁴⁵
吉 安	只 ta³³⁴	只 ta³³⁴	只 ta³³⁴
遂 川	只 tsa⁵⁵	只 tsa⁵⁵	只 tsa⁵⁵
宁 都	只 tsat³²	只 tsat³²	只 tsat³²
瑞 金	只 tsaʔ²	只 tsaʔ²	只 tsaʔ²
于 都	只 tʃaʔ⁵	只 tʃaʔ⁵	只 tʃaʔ⁵
赣 县	只 tsaʔ³²	只 tsaʔ³²	条 tsʰiɔ²¹²
南 康	只 tsa⁵³/ 头 tʰɛ¹¹	只 tsa⁵³	只 tsa⁵³
龙 南	只 tsaʔ⁴³	只 tsaʔ⁴³	只 tsaʔ⁴³
寻 乌	只 tsaʔ²¹	只 tsaʔ²¹	条 tʰiau²¹⁴
黄 坳	条 tʰiau²¹²	只 tsak¹	条 tʰiau²¹²
铜 鼓	只 tsak³	只 tsak³	只 tsak³
大 溪	条 tʰiau²¹³	个 kæ⁵²	条 tʰiau²¹³
太 源	条 tʰɑu²¹²	个 kai⁴⁴	条 tʰɑu²¹²
九 江	头 tʰəu⁴⁴	只 tʂʅ³¹	条 tʰiau⁴⁴
赣 州	头 tʰieu⁴²	个 ko²¹²	条 tʰiɔ⁴²
白 槎	头 tʰəu⁵⁵	只 tʂʅ⁴²	条 tʰiau⁵⁵
浮 梁	只 tɕiai²¹³	只 tɕiai²¹³	条 tʰiau²⁴
婺 源	头 tʰa¹¹	只 tsɔ⁵¹	条 tʰiɔ¹¹
上 饶	条 diɔu⁴²³	只 tɕiʔ⁵	条 diɔu⁴²³
广 丰	条 diɑu²³¹	个 kɤ⁴³⁴	皮 bi²³¹
铜 山	只 tɕia⁴²	个 e²⁴	尾 bə⁴⁴³

	465 块—~水田	466 棵—~树	467 片—~树叶
南　昌	块 kʻuai²⁴	蔸 tɛu⁴²	皮 pʻi²⁴
修　水	块 guai³⁵	棵 kʻɔ³⁴	片 biɛn²⁴
湖　口	块 guai²¹³	棵 go⁴²	片 biɛn²¹³
鄱　阳	块 kʻuai³⁵	棵 kʻo²¹	皮 pʻi²⁴
铅　山	丘 kʻɛu³³	株 tɕy³³	皮 pʻi²⁴
抚　州	丘 kʻɛu³²	头 xɛu²⁴	皮 pʻi²⁴
资　溪	丘 kʻɛu³¹	头 xɛu¹³	皮 pʻi¹³
宜　黄	丘 kʻiu³³	头 xɛu⁴⁵	皮 pʻi⁴⁵
丰　城	块 kʻuai²¹³	只 tsaʔ³²	片 pʻiɛn²¹³
高　安	丘 kʻiɛu³⁵	只 tat⁵	皮 pʻi²¹³
新　余	丘 tɕʻiu³⁴	兜 tɛu⁴⁵	皮 pʻi¹²
吉　安	丘 kʻɛu³³⁴	棵 kʻo³³⁴	片 pʻiɛn²¹⁴
遂　川	块 kʻuæ⁵⁵	条 tʻiɒ²²	片 pʻiɛ̃⁵⁵
宁　都	丘 sɐu⁴²	头 tʻiɜu¹³	片 pʻiɛn³¹
瑞　金	丘 tɕʻiu⁴⁴	头 tʻɤ³⁵	皮 pʻi³⁵
于　都	丘 ɕieu³¹	头 tʻieu⁴⁴	皮 pʻi⁴⁴
赣　县	丘 ɕiu²⁴	头 tʻe²¹²	皮 pʻi²¹²
南　康	丘 ɕiu³³	头 tʻe¹¹	皮 pʻi¹¹
龙　南	丘 ɕieu²⁴	头 tʻɛu³¹²	片 pʻiain⁴⁴
寻　乌	丘 ɕiu²⁴	杕 kuan⁴²	皮 pʻi²¹⁴
黄　坳	丘 kʻiu²⁴	蔸 tɛu²⁴	皮 pʻi²¹²
铜　鼓	丘 tɕʻiu²¹⁴	只 tsak³	皮 pʻi¹³
大　溪	丘 kʻɛ³³	株 tɕy³³	皮 pʻi²¹³
太　源	丘 ɕiu⁴⁴	蔸 tɛu⁴⁴	皮 pʻi²¹²
九　江	块 kʻuai²¹	棵 kʻo³¹	片 pʻiɛn²¹
赣　州	块 kʻuæ⁴⁵	□ tieu³³	皮 pʻi⁴²
白　槎	块 kʻuai²¹⁴	棵 kʻo⁴²	块 kʻuai²¹⁴
浮　梁	丘 kʻau⁵⁵	棵 kʻo⁵⁵	皮 pʻi²⁴
婺　源	丘 tɕʻia⁵⁵	根 kuæn⁵⁵	皮 pʻi¹¹
上　饶	丘 kʻe⁴⁴	株 tɕy⁴⁴	皮 bi⁴²³
广　丰	丘 kʻiɣɯ⁴⁴	丛 dʑyoŋ²³¹	皮 bi²³¹
铜　山	丘 kʻu³³	丛 tsan²⁴	皮 pʻɔ²⁴

	468 幢一~房子	469 扇墙上开了~门	470 床一~被子
南 昌	幢 tʻuŋ²¹	扇 sɛn²¹	床 tsʻɔŋ²⁴
修 水	只 taʔ⁴²	扇 sɛn⁴⁴	床 tsʻɔŋ²⁴
湖 口	栋 toŋ⁴⁴⁵	扇 ʂɛn⁴⁵⁵	床 dzɔŋ²¹¹
鄱 阳	重 tɕʻyəŋ²⁴	块 kʻuai³⁵	床 sãn²⁴
铅 山	栋 toŋ²¹	皮 pʻi²⁴	床 ʃuon²⁴
抚 州	栋 tuŋ⁴¹	扇 sɛn⁴¹	床 son²⁴
资 溪	栋 tuŋ⁵³	个 ko⁵³	床 sɔŋ¹³
宜 黄	只 taʔ²	个 ko⁴²	床 sɔŋ⁴⁵
丰 城	只 tsaʔ³²	扇 sɛn²¹³	床 tsʻɔŋ³³
高 安	栋 tuŋ⁴⁴	片 pʻiɛn⁴⁴	床 tsʻɔŋ²¹³
新 余	栋 tuŋ⁴²	片 pʻiɛn⁴²	床 son⁴²
吉 安	栋 tuŋ²¹⁴	扇 sɛn²¹⁴	床 tsʻɔŋ²¹
遂 川	栋 tɐ̃ŋ⁵⁵	扇 sɛ̃n⁵⁵	床 tsʻõ²²
宁 都	栋 tuŋ³¹	扇 san³¹	床 tsʻɔŋ¹³
瑞 金	栋 tʏŋ⁴²	扇 ɕiɛn⁵¹ / □tʻʏŋ⁴²	床 tsʻɔŋ³⁵
于 都	栋 təŋ³²³	□ tʻieu³²³	床 tsʻõ⁴⁴
赣 县	栋 təŋ⁴⁴	□ tʻɛʔ³²	床 tsʻɔ̃²¹²
南 康	栋 təŋ⁵³	扇 sɛ̃⁵³	床 tsʻɔ̃¹¹
龙 南	栋 təŋ⁴⁴	□ tʻen³¹²	床 tsʻɔŋ³¹²
寻 乌	栋 tuŋ⁵⁵	皮 pʻi²¹⁴	床 tsʻɔŋ²¹⁴
黄 坳	栋 tuŋ⁵³	皮 pʻi²¹²	床 tsʻɔŋ²¹²
铜 鼓	只 tsak³	扇 sɛn⁵¹	床 tsʻɔŋ¹³
大 溪	向 ɕiɔŋ⁵²	皮 pʻi²¹³	床 sɔŋ²¹³
太 源	栋 tuŋ⁴⁴	皮 pʻi²¹²	床 tʃʻɔŋ²¹²
九 江	栋 toŋ²¹	扇 ʂɛ²¹	床 tʂʻuɑ̃⁴⁴
赣 州	栋 təŋ⁴⁵	条 tʻiɔ⁴²	床 tsʻuãn⁴²
白 槎	栋 təŋ³¹²	个 ko³¹²	床 tsʻan⁴²
浮 梁	幢 tʂʻaŋ²⁴	重 tʂʻoŋ²⁴	床 ʂan²⁴
婺 源	堂 tʻã¹¹	扇 ɕi³⁵	床 ɕiã¹¹
上 饶	向 ɕiãn⁴³⁴	皮 bi⁴²³	床 ɕyõŋ⁴²³
广 丰	向 xiãn⁴³⁴	皮 bi²³¹	铺 pʻuɣ⁴⁴
铜 山	□ tɔ²¹	皮 pʻɔ²⁴	领 niã⁴⁴³

	471 套 包括上衣、裤子：一～衣服	472 辆 一～手推车	473 叠 一～碗
南 昌	套 t'au²¹³	只 tsaʔ⁵	垛 t'o²¹
修 水	套 t'au²⁴	只 taʔ⁴²	□ tiɛt⁵
湖 口	套 dau²¹³	乘 dzən²¹¹	□ don²¹³
鄱 阳	套 t'au³⁵	把 pɒ⁴²	□ tən²¹
铅 山	身 sen³³	把 pa⁴⁵	重 tʃuon²⁴
抚 州	身 ɕin³²	只 taʔ²	叠 t'iɛp⁵
资 溪	身 sin³¹	只 taʔ³	重 t'uŋ¹³
宜 黄	身 ɕin³³	只 taʔ²	层 t'ɛn⁴⁵
丰 城	身 sɛn³⁵	张 tsɔŋ³⁵	□ tsɛn³⁵
高 安	身 sɛn³⁵	张 tɔŋ³⁵	□ tsɛn³⁵
新 余	身 sɿn⁴⁵	张 tɔŋ⁴⁵	□ tɕiɛn⁴⁵
吉 安	身 sən³³⁴	把 pa⁵³	叠 t'a²¹⁴
遂 川	套 t'ɒ⁵⁵	副 fu⁵⁵	拉 la³⁵
宁 都	身 sən⁴²	只 tsak³²	叠 t'iat⁵
瑞 金	身 ɕin⁴⁴	架 ka⁴²	筒 t'ʏŋ³⁵ / □ laʔ²
于 都	套 t'ɔ³²³	只 tʃaʔ⁵	叠 t'ɜ⁴²
赣 县	身 səŋ²⁴	只 tsaʔ³²	叠 t'aʔ⁵
南 康	套 t'ɔ⁵³	架 ka⁵³	叠 t'a⁵³
龙 南	套 t'au⁴⁴	架 ka⁵³	叠 t'ɔ²³
寻 乌	身 ɕin²⁴	架 ka⁵⁵	□ laʔ³⁴/筒 t'uŋ²¹⁴
黄 坳	身 sən²⁴	辆 liɔŋ⁵³	□ lai⁵³
铜 鼓	身 sɛn²¹⁴	乘 səŋ⁵¹	□ lɔ⁵¹
大 溪	统 t'ɔŋ⁴³³	把 pa⁴³³	重 ts'ɔŋ⁴³⁵
太 源	身 sɛn⁴⁴	把 pa³²⁵	□ tsɿ⁴⁴
九 江	套 t'au²¹	辆 liɛ²¹	叠 tiɛ⁵³
赣 州	套 t'ɔ²¹²	部 pu²¹²	沓 t'aʔ³²
白 槎	套 t'au³¹²	辆 liaŋ³¹²	摞 lo³¹²
浮 梁	筒 t'oŋ²⁴	辆 nia³¹²	□ tʂ'o³³
婺 源	统 t'ɛm²	部 p'u⁵¹	重 ts'ɛm¹¹
上 饶	统 t'oŋ⁵²	把 pa⁵²	重 dzʏɔ̃ŋ²³¹
广 丰	统 t'oŋ⁵²	把 pie⁵²	重 dzãŋ²⁴
铜 山	统 t'ɔŋ⁴⁴³	把 pe⁴⁴³	叠 t'a⁵⁵

	474 阵 一~雨	475 顿 ~饭｜挨了　~打	476 遍 说了好几~
南　昌	□ sa²¹	餐 tsʻan⁴²	到 tau⁴⁵
修　水	呢嘚 nɛi³⁴tet⁰	餐 dzan³⁴	遍 bien²⁴
湖　口	□ lɔŋ²¹³	餐 dzan⁴²｜顿 tən⁴⁵⁵	道 tau⁴⁵⁵
鄱　阳	阵 tsʻən²¹	餐 tsʻan²¹｜顿 tən³⁵	到 tau³⁵
铅　山	□ tɕʻi²¹	餐 tsʻan³³	到 tau²¹
抚　州	下 xa²¹²	餐 tsʻan³²	转 ton⁴¹
资　溪	阵 tʻin²²	餐 tʻan³¹	迈 mai²²
宜　黄	场 tʻɔŋ⁴⁵³	餐 tʻan³³｜顿 tɛn⁴²	到 tou⁴²
丰　城	阵 tsʻɛn³³	餐 tsʻan³⁵	回 fei³³
高　安	交 kau³⁵	餐 tsʻan³⁵	遍 pʻien⁴⁴
新　余	□ sai¹²	餐 tsʻan³⁴　顿 dun⁴²	到 tau⁴²
吉　安	阵 tsʻən²¹⁴	餐 tsʻan³⁴｜顿 tun²¹⁴	遍 pʻien²¹⁴
遂　川	场 tsʻõ³¹	餐 tsʻãn⁵³	遍 piẽn⁵⁵
宁　都	阵 tsʻən⁴⁴	餐 tsʻan⁴²	遍 pʻien³¹
瑞　金	交 kɔ⁴² / 阵 tɕʻin⁵¹	餐 tsʻan⁴⁴｜套 tʻɔ⁴²	转 tsuen²¹²
于　都	阵 tsʻẽ⁴²	餐 tsʻã³¹	到 tɔ³²³
赣　县	阵 tsʻəŋ⁴⁴	餐 tsʻã⁴⁴	遍 pĩ⁴⁴
南　康	□ tsʻɔ⁵³	餐 tsʻã³³	到 tɔ⁵³
龙　南	阵 tsʻen²²	餐 tsʻain²⁴	到 tau⁴⁴
寻　乌	□ tɕʻi⁵⁵	餐 tsʻan²⁴	下 xa⁵⁵
黄　坳	下子 xa⁵³tsʅ⁰	餐 tsʻuan²⁴	次 tsʅ⁵³
铜　鼓	阵 tsʻən⁵¹	餐 tsʻan²⁴｜顿 tuən⁵¹	道 tʻau⁵¹
大　溪	稍 sau⁵²	餐 tsʻan³³｜趟 tʻɔŋ⁵²	到 to⁴³⁵ / 遍 pien⁵²
太　源	□ tɕʻi⁴²	餐 tsʻuʌn⁴⁴	遍 pʻien⁴²
九　江	阵 tʂən²¹	餐 tsʻan³¹｜顿 tən²¹	遍 pien²¹
赣　州	阵 tsən²¹²	餐 tsʻãn³³｜顿 tuəŋ²¹²	遍 pĩn²¹²
白　槎	下 xa³¹²	顿 tən³¹²	下 xa³¹²
浮　梁	阵 tsʻɛn³³	餐 tsʻo⁵⁵	到 tau²¹³
婺　源	阵 tsʻæn⁵¹	餐 tsʻum⁵⁵｜顿 tæn³⁵	遍 pĩ³⁵
上　饶	稍 sou⁴³⁴	餐 tsʻãn⁴⁴	到 tou⁴³⁴ / 遍 piẽn⁴³⁴
广　丰	稍 sɑu⁴³⁴ / □dʑi²¹²	餐 tsʻãn⁴⁴	到 tɑu⁴³⁴ / 遍 piẽn⁴³⁴
铜　山	稍 sau²¹	顿 tən²¹｜出 tsʻuə⁴²	遍 pian²¹

	477 次 我这是第一～来南昌	478 二十六 二十说不说Ⅱ？
南 昌	回 fɨi⁴⁵	二十六 θ²¹sit²liuʔ²
修 水	道 dau²²	二十六 ε⁴⁴sɿtˀ⁵liuʔ⁵
湖 口	回 xuei²¹¹	二十六 ɚ²¹³sɿ²¹³dieu²¹³
鄱 阳	回 xuɛi²⁴	二十六 ɚ²⁴sɿ⁴⁴lieu³⁵
铅 山	回 fui²⁴	二十六 ε²¹seʔ⁴lyʔ⁴
抚 州	回 fi²⁴／ 次 tsˀɿ⁴¹／ 转 ton⁴¹	二十六 ɚ²¹²ɕit⁵tiuʔ⁵
资 溪	转 ton⁵³	廿六 ȵien²²tiuʔ⁵
宜 黄	次 tsˀɿ⁴²	二六 ε²²tiuʔ²
丰 城	回 fei³³	二十六 θ²¹³sɿʔ²liuʔ⁵
高 安	回 fi²¹³／ 转 tʃon⁴⁴	二十六 θ²²θt²liuk⁵
新 余	到 tau⁴²	二十六 ə¹²səʔ⁵liu⁴⁵
吉 安	次 tsˀɿ²¹⁴	二十六 θ²¹⁴sɿ²¹⁴liu²¹⁴
遂 川	次 tsˀɿ⁵⁵	二十六 ȵi²¹⁴sε²¹⁴tio⁵⁵
宁 都	回 fɛi¹³	二十六 ȵi⁴⁴sat⁵liuk⁵
瑞 金	回 fe³⁵	二十六 ȵi⁵¹ɕiʔ⁴tiyʔ²
于 都	次 tsˀɿ³²³	二十六 ȵi⁴²sε⁴²lyʔ⁵
赣 县	回 xue²¹²	二十六 ȵi⁴⁴sεʔ⁵tioʔ⁵
南 康	次 tsˀɿ⁵³	二十六 ȵi⁵³sε⁵³liu⁵³
龙 南	次 tsˀɿ⁴⁴／ 回 xɔi³¹²	二十六 ȵi²²seʔ²³tiəʔ²³
寻 乌	道 tau⁵⁵	二十六 ȵi⁵⁵ɕiʔ³⁴liuʔ³⁴
黄 坳	次 tsˀɿ⁵³	二十六 ȵi⁵³sɿtˀ⁵liuk⁵
铜 鼓	道 tˀau⁵¹	二十六 ȵit⁵¹sɿtˀ⁵liuk⁵
大 溪	次 tsˀɿ⁵²／ 回 xuε²¹³	二十六 ȵi⁴²sεʔ⁵təʔ⁵
太 源	回 fɔi²¹²	二十 ȵi⁴²sɤʔ²liuʔ²
九 江	次 tsˀɿ²¹	二十六 ɚ²¹sɿ⁵³ləu⁵³
赣 州	回 xue⁴²	二十六 a²¹²sɤʔ³²lo²¹²
白 槎	次 tsˀɿ³¹²	二十六 ɚ³¹²sɿ⁵⁵ləu³¹²
浮 梁	回 fɛ²⁴	二十六 ər³³ɕi³³lieu³³
婺 源	回 xe¹¹	二十六 ø⁵¹sa⁵¹la⁵¹
上 饶	回 xui⁴²³	二十六 ɚ²¹sεʔ⁴loʔ⁵
广 丰	转 tyẽ⁵²／ 出 tɕˀyæʔ⁵	廿六 ȵiẽ²¹lyʔ²³
铜 山	过 kə²¹／ 伐 xuæʔ⁴	二六 li²¹læʔ⁴

一百五十 _{最简单的省略说法}

南　昌	一百五. $it^5pa\text{ʔ}^{5}\text{l}\eta^{213}$
修　水	一百五. $it^5pa\text{ʔ}^{5}\text{l}\eta$
湖　口	一百五. $i^{455}p\varepsilon^{455}\text{l}^{343}$
鄱　阳	一百五. $i^{44}pə^{44}u^{42}$
铅　山	一百五. $i\text{ʔ}^4p\varepsilon\text{ʔ}^{4}\text{l}\eta^{45}$
抚　州	一百五. $it^2pa\text{ʔ}^{2}\text{l}^{45}$
资　溪	一百五. $it^3pa\text{ʔ}\eta^{3}\text{l}^{35}$
宜　黄	一百五. $i^{33}pat^{2}\text{l}^{453}$
丰　城	一百五. $i\text{ʔ}^{32}pa\text{ʔ}^{32}\text{l}^{41}$
高　安	一百五. $it^5pak^{5}\text{l}^{42}$
新　余	一百五. $i\varepsilon\text{ʔ}^5pa\text{ʔ}^{5}\text{l}\eta^{213}$
吉　安	一百五. $i^{334}pa^{334}\text{l}\eta^{53}$
遂　川	一百五. $i^{55}pa^{55}ə\eta^{31}$
宁　都	一百五. $it^{32}pak^{32}\text{l}\eta^{214}$
瑞　金	一百五. $i\text{ʔ}^2pa\text{ʔ}^{2}\text{l}\eta^{212}$
于　都	一百五. $i\varepsilon\text{ʔ}^5pa\text{ʔ}^5ə\eta^{35}$
赣　县	一百五. $i\varepsilon\text{ʔ}^{32}pa\text{ʔ}^{32}\text{l}\eta^{53}$
南　康	一百五. $i^{24}pa^{53}ə\eta^{21}$
龙　南	一百五. $ie\text{ʔ}^{43}pa\text{ʔ}^{43}\eta^{53}$
寻　乌	（一）百五　（$i\text{ʔ}^{21}$）$pa\text{ʔ}^{21}\text{l}\eta^{42}$
黄　坳	一百五. $it^2pak^{2}\text{l}\eta^{31}$
铜　鼓	一百五. $it^3pak^{3}\text{l}\eta^{21}$
大　溪	（一）百五　（$i\text{ʔ}^4$）$p\varepsilon\text{ʔ}^{4}\text{l}\eta^{433}$
太　源	一百五. $i\text{ʔ}^4pa\text{ʔ}^{4}\text{l}\eta^{325}$
九　江	一百五. $i^{53}pai^{53}u^{213}$
赣　州	一百五. $i\varepsilon\text{ʔ}^{32}p\gamma\text{ʔ}^{32}vu^{45}$
白　槎	一百五十 $i^{214}p\varepsilon^{42}vu^{214}s\text{ʅ}^{55}$
浮　梁	一百五. $i^{213}pa^{213}u^{31}$
婺　源	一百五. $i^{51}pɔ^{51}vu^2$
上　饶	一百五. $ii\text{ʔ}^4p\varepsilon\text{ʔ}^{5}\text{l}\eta^{231}$
广　丰	（一）百五　（$i\text{ʔ}^2$）$pæ\text{ʔ}^4\eta o^{24}$
铜　山	（一）百五　（$t\varepsilon ie\text{ʔ}^2$）$pa^{42}go^{55}$

480

（很少的）**一点儿** 没胃口，~东西也不想吃

南　昌	一滴子 it⁵tiaʔ⁵tsɿ⁰/（一）滴家子（it⁵）tiaʔ⁵ka⁰tsɿ⁰/滴把子 tiaʔ⁵pa²¹³tsɿ⁰
修　水	一呢嘚 it⁴²nɛi³⁴tɛt⁰
湖　口	一点点嘚 i⁴⁵⁵tiɛn³⁴³tiɛn³⁴³tɛ⁰
鄱　阳	一点点子 i⁴⁴tiẽn⁴²tiẽn⁴²tsɿ⁰
铅　山	点点子 tiɛn⁴⁵tiɛn⁴⁵tsɿ⁰
抚　州	积积儿 tɕit⁵tɕit⁰iʔ⁰/滴滴儿 tiaʔ²tiaʔ²iʔ⁰
资　溪	积积 tsiʔ³tsiʔ³
宜　黄	积积 tɕit⁵tɕit⁰/滴滴儿 tiaʔ²tiaʔ²ɛ⁰
丰　城	一些些崽 iʔ³²ɕie³⁵ɕie⁰tsei⁰ / 一米米叽 iʔ³²mi³⁵mi⁰tɕi⁰
高　安	一□□子 it⁵tɵt⁵tɵt⁵tsu⁰
新　余	一豁嘚 iɛʔ⁵foʔ⁵tɛ⁰
吉　安	一发哩 i³³⁴fa³³⁴li⁰
遂　川	一□□嘚 i⁵⁵ma⁵⁵ma⁵⁵tɛ⁰
宁　都	点点子 tiɛn⁴²tiɛn²¹⁴tsɿ⁰
瑞　金	滴滴子 tiʔ²⁴tiʔ²⁴tsɿ⁰/ 多多子 to⁴⁴to⁴⁴tsɿ⁰
于　都	一滴崽 iɛʔ⁵tiɛʔ⁵tse⁰ / 一滴滴 iɛʔ⁵tiɛʔ⁵tiɛʔ⁰
赣　县	一滴子 iɛʔ³²tiɛʔ³²tsɿ⁰
南　康	一滴嘞 i²⁴ti²⁴lə⁰ / 一滴子 i²⁴ti²⁴tsɿ⁰
龙　南	一滴滴嘚 ieʔ⁴³tiʔ⁴³tiʔ⁴³teʔ⁰
寻　乌	一点子 iʔ³⁴tiɛn⁴²tsɿ⁰
黄　坳	一滴滴子 it²tit⁰tit⁰tsɿ⁰
铜　鼓	一滴子 it³tit³tsɿ⁰
大　溪	点点儿 tiɛn⁴³tiɛn⁴³ȵi³³
太　源	一滴滴 iʔ⁴tiʔ⁴tiʔ⁰
九　江	一点儿 i⁵³tiɛn²¹³ɚ⁰
赣　州	一□子 iɛʔ⁵mo³³tsɿ⁰
白　槎	一点儿 i³¹²tiar²¹⁴
浮　梁	点点儿 ti³¹ti³¹ȵi⁰
婺　源	一□儿 i⁵¹¹tiɔ³⁵ȵĩ⁰
上　饶	点点子 / 儿 tiẽn⁴³tiẽn⁴³tsɿ⁴⁴/ȵi⁴⁴
广　丰	个丝丝子 kɤʔ⁵sɤ⁴⁴sɤ⁵²tsɤ⁰
铜　山	一□□（囝） tɕieʔ⁴ȵĩ³³ȵĩ⁴²（kiã⁴⁴³）

江西文庫 A0701B26

贛文化通典（方言卷）　第三冊

主　　編　鄭克強

版權策畫　李　鋒

責任編輯　林以邠

發 行 人　陳滿銘

總 經 理　梁錦興

總 編 輯　陳滿銘

副總編輯　張晏瑞

編 輯 所　萬卷樓圖書股份有限公司

排　　版　菩薩蠻數位文化有限公司

印　　刷　維中科技有限公司

封面設計　菩薩蠻數位文化有限公司

出　　版　昌明文化有限公司

桃園市龜山區中原街 32 號

電話　(02)23216565

發　　行　萬卷樓圖書股份有限公司

臺北市羅斯福路二段 41 號 6 樓之 3

電話　(02)23216565

傳真　(02)23218698

電郵　SERVICE@WANJUAN.COM.TW

大陸經銷　廈門外圖臺灣書店有限公司

電郵　JKB188@188.COM

ISBN 978-986-496-351-5

2018 年 1 月初版

定價：新臺幣 360 元

如何購買本書：

1. 轉帳購書，請透過以下帳戶

合作金庫銀行　古亭分行

戶名：萬卷樓圖書股份有限公司

帳號：0877717092596

2. 網路購書，請透過萬卷樓網站

網址 WWW.WANJUAN.COM.TW

大量購書，請直接聯繫我們，將有專人為您

服務。客服：(02)23216565 分機 610

如有缺頁、破損或裝訂錯誤，請寄回更換

版權所有·翻印必究

Copyright©2016 by WanJuanLou Books CO., Ltd.

All Right Reserved　　　**Printed in Taiwan**

國家圖書館出版品預行編目資料

贛文化通典. 方言卷 / 鄭克強主編. -- 初版.
-- 桃園市 ： 昌明文化出版 ；臺北市 ： 萬卷
樓發行, 2018.01

　冊 ；　公分

ISBN 978-986-496-351-5 (第三冊 ： 平裝). --

1.贛語 2.江西省

672.408　　　　　　　　　　107002012

本著作物經廈門墨客知識產權代理有限公司代理，由江西人民出版社授權萬卷樓圖書
股份有限公司出版、發行中文繁體字版版權。

本書為金門大學華語文學系產學合作成果。　　　校對：林庭羽